KRIEG UND FRIEDEN
EINE DEUTSCHE ZARIN IN SCHLOSS PAWLOWSK

KRIEG UND FRIEDEN

EINE DEUTSCHE ZARIN IN SCHLOSS PAWLOWSK

HAUS DER KUNST MÜNCHEN

*IN ZUSAMMENARBEIT MIT DEM STAATLICHEN
MUSEUM UND NATURSCHUTZPARK PAWLOWSK
ST. PETERSBURG*

DÖLLING UND GALITZ VERLAG

Inhalt

EIN DEUTSCHES ZARENHAUS	Hubertus Gaßner KABALE UND LIEBE	9
	Nikolaj S. Tretjakow DIE BESITZER VON SCHLOSS PAWLOWSK	16
	Natalja Werschinina MARIA FJODOROWNA UND DIE MODE IHRER ZEIT	54
	Gisela Zick MARIA FJODOROWNA UND DIE MEDAILLENKUNST	78
DIE GRAND TOUR	Alexej N. Gusanow DIE GRAND TOUR DES COMTE UND DER COMTESSE DU NORD	98
SCHLOSS PAWLOWSK – ARCHITEKTUR	Alexej N. Gusanow PAWLOWSK UND SEINE ARCHITEKTEN	152
DER PARK	Ljudmila W. Kowal HUBERT ROBERT UND DER NOUVEAU GOÛT IN PAWLOWSK	194
	Ljudmila W. Kowal DER SCHLOSSPARK ZU PAWLOWSK	206
	Anna Ananieva ERINNERUNG UND IMAGINATION	226
	Heinrich Storch BRIEFE ÜBER DEN GARTEN ZU PAWLOWSK	281
	Anna Ananieva PARKBESCHREIBUNG UND GARTENERLEBNIS	307
SCHLOSS PAWLOWSK – INTERIEUR	Alexandra V. Alexejewa MOBILIAR	316
	Eleanora Nesterowa PORZELLAN UND KERAMIK	338
DER MUSENHOF	Nina I. Stadnitschuk, Albina A. Wassiljewa DIE KÜNSTLERIN MARIA FJODOROWNA	392
ZERSTÖRUNG UND WIEDERAUFBAU	Nikolaj S. Tretjakow DIE EVAKUIERUNG	420
	A. S. Jolkina AUS SCHUTT UND ASCHE	428
ANHANG	VERZEICHNIS DER AUSGESTELLTEN BÜCHER	438
	AUSGEWÄHLTE LITERATUR	443
	ANMERKUNGEN ZU DEN ESSAYS	447

ZUM GELEIT

Das Zarenschloß Pawlowsk mit seinem weitläufigen Parkensemble, ca. dreißig Kilometer südlich von St. Petersburg gelegen, kann mit Fug und Recht als Schöpfung einer deutschen Prinzessin bezeichnet werden. Sein internationaler Ruf ist untrennbar verbunden mit dem Namen Maria Fjodorowna, geborene Prinzessin Sophie Dorothée Auguste von Württemberg-Mömpelgard. Der Errichtung und Ausgestaltung von Schloß und Parkanlage hat die deutsche Prinzessin und nachmalige Großfürstin, Zarin und Zarenwitwe vierzig Jahre ihres Lebens gewidmet. Mit all ihrer Energie, mit ihrer großen künstlerischen Begabung, ihren botanischen Kenntnissen, ihrem sozialen Engagement und nicht zuletzt mit den ihr als Großfürstin und Zarin zur Verfügung stehenden finanziellen Mitteln hat sie Pawlowsk von einer naturbelassenen Wildnis in ein kulturelles Zentrum deutsch-russischer Beziehungen verwandelt, das weit über ihr Leben hinaus gewirkt hat und auch heute noch eine wichtige Rolle im kulturellen Leben Rußlands spielt.

Unter den weltbekannten Sommerresidenzen der russischen Zaren ist Pawlowsk aufgrund seiner künstlerischen Ausstattung, ästhetischen Geschlossenheit und Stimmigkeit, die überall die persönliche Handschrift seiner Schöpferin erkennen lassen, sicher dasjenige Ensemble von Schloß und Park, von Kultur und Natur, das am ehesten den Namen *Gesamtkunstwerk* verdient. Das Schloß und die Gartenlandschaft von Pawlowsk zählen in ihrer künstlerischen Vielfalt und stilistischen Vollendung zu den schönsten Beispielen der harmonischen Verbindung von Kunst, Natur und Leben, die im späten 18. und frühen 19. Jahrhundert das Ideal des „romantischen Klassizismus" begründete. In dem heute noch vorhandenen architektonischen und landschaftlichen Ensemble wird ein Weltentwurf anschaulich greifbar, in dem die russisch-deutsche Adelskultur des 18. Jahrhunderts und das Gedankengut der Aufklärung eine einzigartige Synthese eingehen.

Die Ausstellung will jene historischen Aspekte sichtbar machen, die zur Gründung von Pawlowsk geführt haben und ein lebhaftes Bild von den in Schloß und Park verwirklichten Ideen und Lebensidealen entwerfen. Einen überzeugenden Eindruck von der hohen künstlerischen Qualität der gesamten Anlage und ihrer Ausstattung vermitteln die mehr als 500 Exponate aus allen Gattungen der Kunst und des Kunsthandwerks. Darüber hinaus erzählen die ausgestellten Werke eindrücklich von der bewegten Geschichte des Schlosses und dem Leben seiner Bewohner am Ende des 18. und Anfang des 19. Jahrhunderts, als der russische Adel politisch und kulturell in voller Blüte stand – eine Geschichte, die Graf Tolstoj in seinem Roman *Krieg und Frieden,* von dem die Ausstellung ihren Titel entlehnt, so einfühlsam und plastisch beschrieben hat.

Erstmalig wird eine so große und in ihrer Qualität so hervorragende Anzahl von Exponaten – von Maria Fjodorowna und Paul I. eigens für Pawlowsk erworben – in einer Ausstellung außerhalb des Schlosses zu sehen sein. Dies verdankt sich der Tatsache, daß durch die logistische und finanzielle Unterstützung deutscher und russischer Firmen umfangreiche Sicherheits- und Sanierungsmaßnahmen in Pawlowsk durchgeführt werden, die von der BMC unter der Leitung von Eduard Bechter initiiert worden sind. Diese konservatorischen Maßnahmen verstehen sich auch als eine Wiedergutmachung, waren es doch gerade die deutschen Besatzer, die dieses Kleinod russischer und europäischer Kultur zerstört haben. Heute, nach mehr als sechzig Jahren kontinuierlicher Restaurierungsarbeiten, erstrahlen Schloß und Parkanlagen in neuem Glanz, ausgestattet mit den Tausenden von originalen Werken der Malerei, Skulptur und angewandten Kunst, die während des Krieges evakuiert oder vor Ort vergraben und so gerettet worden waren.

Thematische Kapitel gliedern die Ausstellung. Sie blättern die kulturhistorischen und künstlerischen Aspekte von Pawlowsk wie in einem Bilderbuch auf und lassen uns so in den Raum der Geschichte und des Schlosses eintreten. Nachdem die Protagonisten, wie die Prinzessin Sophie Dorothée von Württemberg/Maria Fjodorowna und Paul I., aber auch ihre Eltern, Herzog Friedrich Eugen und Friederike Sophie Dorothée von Württemberg sowie Katharina II. und Peter III. vorgestellt worden sind, führen uns Exponate die Jugend der Sophie Dorothée, ihre Heirat mit Großfürst Paul in Berlin, ihre Kinder und die Ermordung ihres Gatten Paul I. sowie ihr Leben als Witwe anschaulich vor Augen.

Es folgt die Dokumentation der Grand Tour des großfürstlichen Paares durch West- und Südeuropa, festgehalten in Gemälden und Schenkungen der großen Fürsten- und Königshäuser an die erlauchten Gäste. Präsentiert werden neben den fürstlichen Geschenken Service, Ziervasen, Uhren, Stoffe und Möbel, Gemälde und antike Skulpturen, die das unter dem Pseudonym *Comte und Comtesse du Nord* (Graf und Gräfin des Nordens) reisende Paar in Italien, Deutschland und vor allem in Frankreich eigens für Schloß Pawlowsk in Auftrag gab oder erwarb, um den im Entstehen begriffenen Bau nach dem neuesten Geschmack einzurichten. Gemälde kaufte oder bestellte das russische Fürstenpaar unter anderem von Angelika Kauffmann, Anton R. Mengs und Pompeo Batoni in Rom sowie von Hubert Robert und Claude-Joseph Vernet in Paris. Aus Italien kamen antike Marmorwerke – Statuen, Büsten und Urnen, die während der jüngsten

Ausgrabungen in Pompeji geborgen worden waren. Aus Frankreich wurden vor allem Gobelins, Möbel, Möbelbezüge, Kamin- und Tischuhren, Kandelaber und Porzellanservice nach Petersburg geschifft. In Ölgemälden, Aquarellen und Stichen aus den letzten Jahrzehnten des 18. und den ersten Jahrzehnten des 19. Jahrhunderts werden im dritten Kapitel zahlreiche Ansichten von Schloß und Park vorgeführt, deren Baumeister Charles Cameron, Vincenzo Brenna, Andrej Woronichin und Carlo Rossi mit Architekturentwürfen vertreten sind. Aus den Prunk- und Wohnräumen werden zahlreiche Kostproben des Mobiliars französischer, deutscher und russischer Ebenisten des 18. und frühen 19. Jahrhunderts gezeigt.

Aus der Werkstatt des Kunsttischlers David Roentgen werden in Pawlowsk mehr als ein Dutzend Möbel aufbewahrt, die Maria Fjodorowna für Schloß Pawlowsk erwarb. Roentgens Schüler Heinrich Gambs, der mit dem Meister nach St. Petersburg gekommen war und dort eine eigene Werkstatt eröffnete, sollte nach 1796 die meisten Möbelstücke für die Ausstattung von Pawlowsk fertigen. Die Ausstellung präsentiert nicht nur Einzelstücke, sondern ganze Möbelensembles sowie dekorative Arrangements aus Uhren, Vasen und Leuchtern oder umfangreiche Service für die Morgentoilette, den Tee und die große Speisetafel.

Ein weiteres Kapitel ist der eigenen künstlerischen und kunsthandwerklichen Tätigkeit von Maria Fjodorowna gewidmet. Hier werden die von ihr selbst gefertigten Zeichnungen, Medaillen, steinernen und gläsernen Kameen, Stickereien und Gemäldekopien gezeigt. Dazu Gemälde von Angelika Kauffmann, Anton R. Mengs und Hubert Robert, die ihre schöpferische Phantasie inspiriert haben, sowie Text- und Bilddokumente zu verschiedenen Tableaux vivants, mit denen die Zarenfamilie sich selbst nach antiken Bildmotiven inszeniert hat. Überdies sind Bücher und Druckwerke aus der reichhaltigen Schloßbibliothek zu sehen, die von Maria Fjodorowna erworben wurden und einen Eindruck vom intellektuellen wie literarischen Leben in Pawlowsk vermitteln.

Die moderne Ausstellungsarchitektur von Simone Schmaus evoziert die elegante und zugleich intime Atmosphäre eines russischen Adelspalastes des ausgehenden 18. Jahrhunderts. Die Lichtführung und zahlreichen Diaprojektionen wie auch die Sequenzen aus der russischen Verfilmung von *Krieg und Frieden* verleihen den Ausstellungsräumen die Anmutung der sonnigen Räume eines Landschlosses, das als Familiensitz Verkörperung und Schauplatz der ästhetisch verfeinerten femininen Kultur des späten 18. und frühen 19. Jahrhunderts war. Denn in der von den Idealen der Aufklärung geleiteten höfischen Kultur spielten Frauen, und nicht zuletzt Maria Fjodorowna, eine weit größere Rolle und hatten erheblich mehr Einfluß auf das gesellschaftliche und kulturelle Leben ihrer Zeit als im folgenden bürgerlichen Zeitalter des 19. und 20. Jahrhunderts.

Wir würden uns freuen, wenn es der Ausstellung gelänge, dem Besucher ein Bild der einstmals engen Verflechtungen, die zwischen Deutschen und Russen im 18. und 19. Jahrhundert bestanden, zu vermitteln und deutlich zu machen, daß „die Geschichte zwischen Russen und Deutschen keine Geschichte dieses Jahrhunderts ist, sondern die Geschichte einer fruchtbaren, oft auch furchtbaren Begegnung in Jahrhunderten" (Johannes Rau). Denn „zu manchen ihrer Nachbarn haben die Deutschen ältere, aber zu keinem tiefere Beziehungen als zu den Russen" (Richard von Weizsäcker).

Für das Privileg, diese Ausstellung im Haus der Kunst zeigen zu können, schulden wir vor allem dem Staatlichen Museum und Naturschutzpark Pawlowsk und insbesondere seinem Direktor Nikolaj Tretjakow sowie seinem Hauptkurator Alexej Gusanow aufrichtigen Dank. Gedankt sei auch allen Mitarbeitern des Schloßmuseums sowie den anderen Museen, die uns Leihgaben zur Verfügung gestellt haben. Dem russischen Kultusministerium sind wir für die behördliche Abwicklung zu Dank verpflichtet. Ebenso geht mein Dank an die Autoren, die mit ihren Essays wesentlich zum Verständnis der Geschichte und Gestalt von Pawlowsk und seiner Bewohner beitragen. Die Ausführungen von Anna Ananieva, auf deren Vorschlag auch die *Briefe über den Garten zu Pawlowsk* von Heinrich Storch im Katalog publiziert wurden, stellen den Landschaftspark in eine europäische Perspektive, die von dem Sonderforschungsprojekt „Erinnnern und Erfinden" der Justus-Liebig-Universität Gießen entwickelt worden ist. Außerordentlich hilfreich für die Fertigstellung des Kataloges waren auch die gute Zusammenarbeit mit den Übersetzern unter der Leitung von Matthias Dondl sowie die gestalterische Sensibilität und das Engagement des Graphikbüros von Sabine Schmid und Lutz Widmaier. Besonders danken möchten wir Isabella Kredler, die bei der Erarbeitung der Exponatenliste mitgeholfen hat. Wie stets haben Tina Köhler und ihr Team die Aufgaben und Hürden der Organisation von Transport und Aufbau mit Bravour gemeistert. An sie sowie Jesús del Pozo, unseren Restaurator, und an Glenn Rossiter wie auch an alle anderen Mitarbeiter des Hauses der Kunst geht unser herzlichster Dank.

Christoph Vitali *Hubertus Gaßner*

KABALE UND LIEBE

Hubertus Gaßner

Als der deutsche, für längere Zeit in russischen Diensten stehende Literat und Spätaufklärer Johann Gottfried Seume im Sommer 1805 eine Fahrt nach Sankt Petersburg unternahm, war Schiller wenige Monate zuvor im fernen Weimar gestorben. Maria Fjodorowna lud den reisenden Schriftsteller in die *Farm* (Kat. 160), ihren Lieblingsaufenthalt im Park von Pawlowsk ein, um sich mit ihm über seine Wanderungen durch Europa und vor allem über den Verstorbenen zu unterhalten. „Die Kaiserin fragte mich viel über Schiller, dessen Tod noch das Gespräch der Stadt (St. Petersburg) war, und sprach von seinen Schriften mit hoher Achtung, und von manchen mit einer so feinen Kritik, daß auch Schiller, hätte er sie gehört, sie gewiß benutzt hätte. Da ich mit Schiller immer in freundschaftlichen Verhältnissen gewesen war, konnte ich mit wahrer Wärme von seinem Charakter sprechen." Schiller, so fährt Seume in seinem Reisebericht *Mein Sommer 1805* fort, „ist mir am liebenswürdigsten gewesen als Hausvater", und er erzählte der Zarin, wie dieser einmal vorzeitig den Zirkel seiner Freunde verlassen habe und nach Weimar zurückgekehrt sei, da ihn das Wohl seiner kleinen Tochter beunruhigt habe. Maria Fjodorowna, selbst Mutter von zehn Kindern und schon zu ihren Lebzeiten als Inbild einer treu sorgenden Familienmutter gerühmt, schien diese Schilderung der liebenswürdigen Vaterseite des großen Schriftstellers „nicht unangenehm zu seyn. Sie sprach noch manches über unsere Literatur, und mit vieler Bestimmtheit und Klarheit, und einer Kenntnis, die mich vielleicht bald in Verlegenheit gebracht haben würde: denn es ist natürlich, daß die Kaiserin mehr Zeit und Mittel hat viel und gut zu lesen und sich zu unterrichten, als ich". (Seume 1815, S. 210)

Seumes Bewunderung für Maria Fjodorownas Belesenheit und die Trefflichkeit ihres literarischen Urteils wäre sicher noch gestiegen, hätte er gewußt, daß sie sich von Maria Pawlowna (Kat. 49), ihrer mit Carl Friedrich, Erbherzog und späterer Großherzog von Sachsen-Weimar-Eisenach, verheirateten Tochter, seit 1805 aus Weimar die Werke von Goethe, Herder, Schiller und Wieland schicken ließ, um ihre mehrere tausend Bände umfassende Bibliothek mit den noch fehlenden Werken des Viergestirns zu komplettieren.

Ob Maria Fjodorowna auch Schillers Trauerspiel *Kabale und Liebe* gelesen hat, ist nicht überliefert. Möglich wäre es durchaus. Wie wir wissen, waren in Maria Fjodorownas Kabinett in Gatschina Schillers sämtliche Dramen außer *Wallensteins Lager* vorgetragen worden. Der Titel des deutschen Trauerspiels bringt den im Verlaufe des 18. Jahrhunderts sich herausbildenden Gegensatz zwischen der höfisch-absolutistischen, die Politik beherrschenden Sphäre und der allmählich entstehenden bürgerlichen Öffentlichkeit, die sich in der häuslich-familiären Privatsphäre vorbereitet, auf eine prägnante Formel: *Kabale*, das ist die höfische Welt der Intrigen mit ihren Mechanismen der Machterhaltung, der Einflußnahme und der hedonistischen Lebensführung der Herrschenden. Die *Liebe* hingegen geht vom Glücks- und Freiheitsverlangen aller Menschen aus, beruft sich auf die innerlichen, psychischen und geistigen Werte und klagt als Gefühlsinstanz gegen die Ansprüche der Machthaber das Recht der Untertanen auf physische und seelische Integrität ein.

Pawlowsk sollte nach dem Willen seiner Schöpferin zum Lebensraum einer so verstandenen Liebe werden, vor der die Kabalen schweigen und weichen. Unter den Dichtern am Weimarer Musenhof schätzte Maria Fjodorowna vor allem Christoph Martin Wieland. Seine Dichtung und Prosa zeichnete sich für sie durch eine wünschenswerte „tiefe Kenntnis des menschlichen Herzens" aus, das der Dichter zurecht „von seiner schönen Seite" (Brief an Maria Pawlowna 18.1.1805) zeige. Die Darstellung menschlicher Schwächen, Leidenschaften und Sünden auf der Bühne, die Goethe und Schiller z.B. nicht scheuten, lehnte Maria Fjodorowna hingegen strikt ab. In der Kunst wie im Leben suchte Maria Fjodorowna die ,Gemeinschaft der schönen Seelen'. Sie entsteht, wenn sich die Sprache des Herzens mit natürlicher Schönheit paart, mit jener Anmut und Grazie, die unwillkürlich ist, von Herzen kommt und dergestalt alle künstliche und gestellte Schönheit, alle höfischen Gespreiztheiten und Verstellungen zum Feind hat. Gegen die leere Rhetorik der schön gesetzten Worte und Gesten, die zumeist den wahren Zweck der Kabalen verdecken wollen, heißt es in Christoph Martin Wielands Epos *Idris und Zenide*, in dem sich alles um die wahre Liebe und ihre unendlichen Erscheinungsformen dreht: „Du sprichst, versetzte sie, sehr gut, ich muß gestehn; / Allein, was hälf' es dir, sprächst du auch noch so schön? / Mich kann mein Herz nur überzeugen."

Eine solche ,Gemeinschaft schöner Seelen' stellt auf beispielhafte Weise das einzige Gruppenporträt dar, das von Maria Fjodorownas Familie existiert. Wir meinen das im Familienzimmer von Schloß Pawlowsk aufbewahrte Familienbildnis von Gerhard von Kügelgen, *Porträt Zar Paul I. mit Familie*, das im Jahre 1800 entstanden ist (Kat. 30). Zu sehen ist das Zarenpaar vor der Kulisse von Schloß Pawlowsk mit allen zehn Kindern, einschließlich der bereits verstorbenen Olga Pawlowna, die in Gestalt einer Büste präsent ist.

Die intime Selbstdarstellung der kaiserlichen Familie inmitten einer Naturidylle, die Männer in Uniformen, die Frauen in den luftigen, stark körperbetonten Gewändern im antikisierenden Stil der zeitgenössischen Mode, vermittelt das überaus harmonische Bild einer Gemeinschaft empfindsamer Menschen, die gegenseitige Zuneigung,

Pavillon der Drei Grazien, 1800 entworfen von Charles Cameron. Die Skulpturengruppe ist eine Kopie der Drei Grazien von Antonio Canova, 1803 ausgeführt von dem Bildhauer Paolo Triscorni.

Natürlichkeit und musische Bildung mehr schätzen als die Demonstration von Macht, Reichtum und Überlegenheit. Diese Selbstinszenierung verfehlte ihre Wirkung nicht. Johann Gottfried Seume, der im Sommer 1805 das Gemälde in Pawlowsk sah, notierte dazu in seinem Reisebericht: „Pauls Familie von Kügelgen, in einem anderen Zimmer, wird vielleicht einst ein Familienstück von unschätzbarem Werth seyn; die Arbeit des Künstlers verdient schon jetzt großen Beifall." Beifall in Seumes Augen vor allem deshalb, weil die Präsentation der Zarenfamilie so ganz seinem harmonistischen Gesellschaftsmodell entsprach, das von dem aufgeklärten Monarchen weiterhin die Reform der gesellschaftlichen Mißstände erwartete. Paul I. und seine Familie schienen ihm für diese Hoffnung der rechte Garant zu sein, und das von Kügelgen gemalte Bildnis der kaiserlichen Familie schien hierfür einen anschaulichen Beweis zu liefern, führt es uns doch eine Vorbild-Familie vor Augen, die ganz nach dem Geschmack der Zeit inszeniert ist. Mit seiner Vorstellung, daß die intakte Mikroökonomie der Regentenfamilie zur „Makroökonomie eines vorbildlichen Gemeinwesens" führen könnte, stand Seume nicht alleine. Solche „platteren Gedanken der Aufklärung sind auch bei Wieland zu finden". Sie gründen bei beiden Schriftstellern, die einander sehr schätzten, auf „ganz wirklichkeitsfernen Vorstellungen vom harmonischen Zusammenhang von großer und kleiner Welt, von der Tendenz menschlicher Verhältnisse, zu solchen Harmonien hinzustreben, wenn man sie nur läßt". (Jan Philipp Reemtsma)

Kügelgens Familienbild entwirft die schon beinahe utopisch zu nennende Vision einer Humanisierung der menschlichen Beziehungen in der Familie, die im Denken der Spätaufklärer zur Keimzelle eines menschenfreundlichen Staatswesens avanciert, in dem jedem Individuum seine freie Entfaltung gemäß seiner eigenen Natur belassen wird. Daß sich diese Hoffnung auf eine Humanisierung der ehelichen und elterlichen Liebe, die eine bessere, bürgerliche, die höfische Liebespraxis überwindende Gesellschaft antizipiert, ausgerechnet im Familienbildnis des Zarenhauses manifestiert, gehört zu den zahlreichen Paradoxien des ausgehenden 18. Jahrhunderts.
Wie überall in Europa, so wird auch in Rußland der Teil des Adels, der sich von der höfischen Sphäre und ihren Kabalen absetzt, zu einem wichtigen Träger der Emanzipationsbewegung, in der das Recht auf eine Privatsphäre und die Innerlichkeit der Gefühle, auf eine individuelle Moral und die Liebesharmonie in der Schutzzone der Familie erfochten wird. Im russischen Adel konnte sich eine solche private, vor allem im familiären und Freundeskreis entstehende Sphäre der Innerlichkeit herausbilden, nachdem Peter III. in seinem *Manifest über die Freiheit des Adels* diesen von seinen Pflichten im Staatsdienst befreit hatte, zu dem ihn zuvor Peter der Große verpflichtet hatte. Katharina II. festigte noch diese Vorrechte des russischen Adels, der die neu erworbene Freiheit nutzte, um sich auf seine Landgüter zurückzuziehen. Unter den daraufhin im letzten Drittel des 18. Jahrhunderts nach der neuesten englischen Mode entstandenen Landsitzen und Schlössern, Parks und Landschaftsgärten ist Pawlowsk nur ein Landschloß von vielen. Wenn auch vielleicht das vollkommenste und schönste. Die sich auf diesen Landsitzen vor St. Petersburg und Moskau seit den 70er Jahren entfaltende Adelskultur suchte die positiven Aspekte der städtischen Kultur mit der Natürlichkeit, Ungezwungenheit und Annehmlichkeit des Landlebens zu verknüpfen. So entstand der „Mythos des russischen Landsitzes" (Gennadij Wdowin), der mit der höfisch geprägten Kultur und dem Lebensstil unter Katharina II. zu konkurrieren begann. Wie Paul und Maria Fjodorowna, so gehörten auch die adligen Erbauer dieser Landsitze vor der Stadt einer neuen Generation an. Waren ihre Eltern zumeist noch „glänzende Würdenträger am Hofe von Elisabeth Petrowna und Katharina II. gewesen, die der Meinung waren, daß die Grundlagen des Lebens aus dem ‚Dienst und dem Zufall' bestehen – so achteten ihre Kinder, die Knaben mit dem kurzgeschorenen Haar, die schluchzend den Plutarch lasen, und das kulturelle Leben in Rußland in den späten Jahren der Herrschaft Katharinas II. und der kurzen Regentschaft Pauls I. und des jungen Alexanders I. prägten, auf die Stimme der Gefühlskultur und der Empfindsamkeit". (Gennadij Wdowin)

Empfindsamkeit und Aufklärung gehören zusammen wie die zwei Seiten einer Medaille, ebenso wie sich die klare, symmetrisch reguläre und rational geplante Architektur des Klassizismus bestens verträgt mit den stimmungsvollen Irregularitäten, den geheimnisvoll verschatteten Hainen, mäandrierenden Flüssen oder aufwühlenden Kaskaden, Felsen und Schluchten in der nachgebauten Natur des englischen Landschaftsgartens bzw. diese aufs schönste ergänzt, um Chaos und Ordnung, Gefühl und Verstand, Individualität und Sozietät zu zwangloser Einheit zu fügen. Tiefe Empfindung, echtes Gefühl, Offenheit und ungekünstelte Natürlichkeit im Verhalten, Freundschaftskult und Naturliebe bestimmen die Kultur der Empfindsamkeit, die in den letzten Jahrzehnten des 18. Jahrhunderts an vielen, vor allem den kleineren Höfen Europas, aber auch im Bürgertum tonangebend wurde. Die Kultivierung der seelenvollen und zartfühlenden, aber auch moralisch gefestigten Empfindsamkeit grenzte sich gegen zwei Seiten ab: sowohl gegen die steife Etikette und rhetorischen Floskeln des höfischen Zeremoniells der Barockzeit und ihrer Verflüssigung in den arabeskenhaften Galanterien des Rokoko, als auch gegen die Leistungsethik des aufstrebenden Bürgertums im heraufdämmernden Industriezeitalter.

In seinem Bestsellerroman *La Nouvelle Héloïse* gestaltete Rousseau zum ersten Mal in der Literatur die Liebe des modernen ‚empfindsamen' Menschen als wirkliche Leidenschaft, wobei er die bewußt von den erotischen Spielereien des galanten Rokokos abgehobenen Begegnungen der liebenden in elementare Naturerlebnisse einbettete, um ihre ‚Natürlichkeit' und ‚Reinheit' hervorzuheben. Wie Rousseau in Deutschland mehr Anhänger fand als in Frankreich, dessen politische und geistige Elite ihre Zukunftshoffnungen mehr auf das reine Verstandesdenken im Sinne einer rationalisierten Aufklärung setzte, so auch am kleinen Hofe von Montbéliard im Grenzland zwischen Frankreich und Deutschland, wo Sophie Dorothée aufwuchs. Bei ihren Eltern war der Philosoph und Schriftsteller hoch geschätzt, wirkte sich doch die Freundschaft ihres Onkels Fürst Ludwig-Eugen von Württemberg mit Rousseau - er bezeichnete sich als Schüler des Philosophen - auf die Geisteshaltung der ganzen Familie aus. Das Interesse des Vaters Friedrich Eugen von Württemberg für die Natur und Botanik, seine Begeisterung für die Landschaftsgestaltung, die er im Garten seiner Sommerresidenz Étupes seit 1771 zum Wohlgefallen der Familie und mit öffentlicher Anerkennung verwirklichen konnte (Kat. 157), prägten die Jugend von Sophie Dorothée ebenso wie die von ihrer Mutter vermittelten Ideale eines einfachen und natürlichen Lebens, in dem das häusliche Familienglück an oberster Stelle stand. Denn ganz im Unterschied zu den erotischen Eskapaden und Frivolitäten der Libertins der Rokokozeit mündet das Liebesleid oder Liebesglück bei Rousseau letztendlich ins Familienglück. Die in inniger Liebe einander Zugetanen verwandeln sich fast immer in brave und tüchtige Eltern, umgeben von einer fröhlichen Kinderschar, wenn es nicht gleichgeschlechtlich schlagende Herzen sind, die mit empfindsamem Zartsinn die Bande ihrer Freundschaft verknüpfen.

Mutterschaft und Vaterglück in diesem Sinn stellt das kaiserliche Paar Maria Fjodorowna und Paul I. mit seinen zehn Kindern in von Kügelgens Familienbildnis demonstrativ zur Schau. Die Sehnsucht nach dem privaten Glück des harmonischen Familienlebens, den einfachen häuslichen Tugenden und der Befreiung von der streng reglementierten Hofetikette einerseits, den Restriktionen der naturbeherrschenden Zivilisation andererseits kommt sowohl in der Naturkulisse, in die die Menschengruppe eingebettet ist, als auch in der gelösten Kleidung und natürlichen Haltung der Personen deutlich zum Ausdruck.

Die Diskussion um die „neue Mutterschaft", die auf dem Gemälde mit der gefühlvollen Hinwendung Maria Fjodorownas zu dem an sie geschmiegten Nikolaj demonstriert wird, wurde im 18. Jahrhundert vor allem in Frankreich und Deutschland und dann auch in Rußland leidenschaftlich geführt – zunächst nicht von den Frauen selbst, sondern von den Philosophen, Pädagogen und Schriftstellern. Ihre Ideen zur Fürsorgepflicht der Eltern gegenüber dem Kind und die Anerkennung seiner spezifischen Bedürftigkeit, die am besten von den stillenden Müttern und nicht von männlichen Erziehern zu befriedigen sei, wurden seit den 70er Jahren des 18. Jahrhunderts von Künstlerinnen und Künstlern mit den Mitteln der Malerei und mit Nachstichen publikumswirksam propagiert. Noch von Kügelgen setzt 1800 das Postulat von Rousseaus viel gelesenem Erziehungsroman *Émile* (1762), die Frauen müßten sich auf ihre ‚weibliche Natur' und Mutterrolle rückbesinnen und dieser Aufgabe ihre ökonomischen, gesellschaftlichen und geistigen Interessen nachordnen, mit bildnerischen Mitteln in Szene. In ihrer empfindsam hingegossenen Haltung scheint sich Maria Fjodorowna ihrer neuen und verantwortungsvollen, von Rousseau am eingängigsten formulierten Aufgabe, zur Entstehung einer „natürlichen Gesellschaft" aus dem Schoße der intakten Familie beizutragen, vollends bewußt zu sein. Auf ihrer Reise durch Frankreich im Jahr 1782 besuchte sie wie so viele ihrer Zeitgenossen die letzte Ruhestätte des Philosophen und Gesellschaftskritikers im Park von Ermenonville. Eine Nachbildung der dortigen Urne mit seiner Asche, um die sich ein regelrechter Rousseau-Kult bildete, stellte die Zarin im Park von Pawlowsk im Zentrum des von ihr angelegten Familienhains auf (Kat. 167). Bei der Geburt eines jeden ihrer zehn Kinder ließ sie in diesem Hain einen Baum pflanzen, der mit einer Namenstafel des Neugeborenen versehen war.

Auch in ihrem Erziehungsstil wandelte Maria Fjodorowna auf den von Rousseau empfohlenen Wegen einer „negativen Erziehung". Denn die Pädagogik des *Émile* besteht im wesentlichen darin, das Kind möglichst lange von den verderblichen Einflüssen der Kultur und Zivilisation fernzuhalten, damit sich die in ihm angelegten Neigungen zum Guten ungehindert entfalten können. Die natürliche, nach den Gesichtspunkten ihrer pädagogischen Nützlichkeit angelegte Landschaft bildet für Rousseau die ideale Umwelt für die Entfaltung der positiven Anlagen des Kindes. Vor allem im Landschaftspark von Pawlowsk hat Maria Fjodorowna diese Idee von der gestalteten Natur als wahre Erzieherin zur Anwendung gebracht. Jedes der Kinder hatte ein eigenes Gartenstück, für das es selbst verantwortlich war. Der Gemüsegarten um das im Stile eines Schweizer Bauernhauses gebaute *Alte Chalet* (Kat. 165) wurde gemeinsam bewirtschaftet, säen, pflanzen, Unkraut zupfen und ernten gehörten zu den Aufgaben der Kinder. Der Umschlag dieses Katalogs gibt ein Hinterglasbild wieder, auf dem die beiden ältesten Söhne, Alexander und Konstantin, beim Pflanzen eines Baumes zu sehen sind, unter der Aufsicht und Anleitung der Eltern und Katharinas, die in Gestalt einer Büste der Erziehung im Stil des *Émile* zuschaut. Auf den Weiden um den Milchhof lernten die Kinder die Pflege der Kühe und das Melken, im Gartenhaus des *Neuen Chalets* (Kat. 161) nahm die Familie nach getaner Arbeit oder ausgedehnten Spaziergängen im Park auf Baumstümpfen und an groben Holztischen eine Erfrischung ein. Die unendliche, von der Mutter gepflegte Vielfalt der Blumen und Pflanzen im Park tat ein übriges zur Belehrung der Heranwachsenden über die individuellen Besonderheiten und Eigenheiten alles Lebendigen. Später sollte die Zarenmutter mit den Mädchen der von ihr gegründeten Erziehungsanstalt in den Rosarien um den Rosenpavillon (Kat. 168) sitzen und sich mit nützlichen Handarbeiten (Kat. 269-272) beschäftigen, die für Einkünfte sorgten und die Handfertigkeit übten.

Nicht von ungefähr umfängt auf dem Familienbildnis Maria Fjodorowna mütterlich mit ihren Armen gerade Nikolaj. War er doch der erste unter ihren vier Söhnen, um dessen Erziehung sie sich selbst kümmern konnte, während die beiden älteren, hinter Nikolaj stehenden Söhne Alexander und Konstantin der Mutter unmittelbar nach der Geburt von Katharina entrissen und von beauftragten Erziehern großgezogen wurden. Die beiden jungen Männer verkörpern gleichsam noch den alten Erziehungsstil ohne die aktive mütterliche Fürsorge, die im Adel und den gehobenen Schichten des Bildungsbürgertums erst im letzten Drittel des 18. Jahrhunderts einsetzte. Die tragfähige Basis einer solchen liebevollen Kindererziehung konnte nur eine Ehe sein, die auf Neigung und Wahlfreiheit begründet ist, kaum aber mehr die materiellen, standes- und machtpolitischen Erwägungen herkömmlicher Eheverträge, wie sie besonders für dynastische Ehen ausschlaggebend waren. An das zunächst vor allem von Männern entworfene Ideal der guten Mutter, dem auch Maria Fjodorowna so vorbildlich entsprach, wie mündliche und schriftliche Berichte von Zeitgenossen, aber auch ihre Korrespondenz mit den Kindern und deren Verhalten bezeugen, richtete sich die Hoffnung der betroffenen Frauen auf eine Vermenschlichung der Beziehungen zwischen den Ehepartnern, aber auch zwischen den Eltern und Kindern.

Der Aufruf an die Mütter, ihre neue Weiblichkeit und Erziehungsfunktion zum Wohle der Familie und der Nation wahrzunehmen, legte ihre Rolle als Frau auf die Mütterlichkeit fest. Sie schien ihr nun als naturgegeben, weshalb die Ästhetisierung der Mutterrolle in der klassizistischen Kunst des ausgehenden 18. Jahrhunderts das erotisch-frivole Frauenbild des vorausgehenden Rokoko ablöste. Die koketten Maskeraden und Versteckspiele, die verstohlenen Blicke auf lasziv entblößte Körperteile und die prickelnden Tendeleien wichen den Darstellungen natürlicher Menschen, ihrer freundschaftlichen Verbundenheit und ehelichen Treue. Während die von Marie-Antoinette und Ludwig XVI. dem russischen Großfürstenpaar geschenkten Gobelins (Kat. 186, 187) noch ganz dem sinnlichen Hedonismus der Rokoko-Kultur entstammen und beliebte Motive aus dem Reper-

Kat. Nr. 1a
Dreiteiliges Tête-à-tête
Deutschland, Berlin, Königliche Porzellanmanufaktur, 1776
Porzellan, Aufglasurbemalung, goldstaffiert
Tablett: Höhe: 4 cm; Länge: 28,5 cm; Breite: 15,4 cm;
Tassen: Höhe: 10,7 cm; Durchmesser: 7 cm
Kobaltmarke unter Glasur: Zepter
Inv. Nr. CCh-7046-I, 7047-I, 7048-I
Provenienz: Schloß Pawlowsk, ursprünglicher Bestand
Ausstellungen: *Vystavka russkogo i zapadnoevropejskogo farfora v Pavlovskom dvorce-muzee.* Pawlowsk 1974-1984; *Von Sanssouci nach Europa – Geschenke Friedrichs des Großen an europäische Höfe.* Potsdam 1994

In der Mitte des ovalen Tabletts das Monogramm *PM* für Paul und Maria Fjodorowna; die beiden Tassen mit den plastischen monochromen Porträts des Großfürstenpaares.

toire göttlicher Verführungskünste zeigen, bei denen stets die ahnungslose junge Frau das Opfer ist, und auch das Toilettengeschirr (Kat. 120), das Maria Fjodorowna von der französischen Königin vermacht wurde, nicht mit erotischen Reizen geizt, ist die von Maria Fjodorowna selbst für Pawlowsk gewählte Ikonographie voll von Hinweisen auf die Gatten- oder Mutterliebe und den Kult der Freundschaft, den das Zeitalter der Empfindsamkeit so exzessiv feierte. So symbolisieren z.B. die gemalten Pfauen in den illusionistischen Rundfenstern im Plafond des Paradeschlafzimmers (Abb. S. 126, 282) die eheliche Treue, während die mit Blumen, Fruchtgirlanden und Gartengeräten bemalten Wände, Vorhänge und Sitzbezüge die weibliche Fruchtbarkeit in dieser Ehe verkörpern. Auf dem Schreibpult des Schreibtisches in der Mitte der Paradebibliothek steht ein Phantasietempel aus Elfenbein (Abb. S. 394), nach einem Entwurf und unter der Mitarbeit von Maria Fjodorowna gestaltet. In der Mitte dieses Tempelchens erhebt sich eine Bronzestatuette, die nach ihrer eigenen Auskunft mit „Attributen der ehelichen und Sohnesliebe" versehen ist. Auf den Sockel der Statuette hat Maria Fjodorowna alle Monogramme ihrer Kinder aus Rosen und Myrthen gemalt.

Nicht nur die neue Weiblichkeit und die Elternliebe, sondern auch die Freundschaft als eine intime und auf Vertrauen aufgebaute Gefühlsbeziehung zwischen Mann und Frau oder bei gleichgeschlechtlichen Paaren erlangte in der Epoche der Empfindsamkeit einen so hohen Stellenwert unter den Adligen und dem Bildungsbürgertum, daß die Rede vom Freundschaftskult nicht ungerechtfertigt erscheint. In der pietistischen Denkungsart des 18. Jahrhunderts, von der weder Pauls Familie der Romanows noch Maria Fjodorownas Familie der Herzöge von Württemberg unbeeinflußt blieb, galt die ideale eheliche Liebe als eine spezifische Form der Freundschaft zwischen verwandten „Seelen", die auch der sinnlichen Liebe entsagen konnten. In der ohne Pietismus nicht zu denkenden Kultur der Empfindsamkeit spielt die Feier dieser Seelenverwandtschaft in Form des besagten Freundschaftskultes eine besondere Rolle.

Die ästhetischen Erscheinungsformen der ‚weiblichen Natur', der Familie und Freundschaft in der Malerei und den angewandten Künsten, in der Architektur und den Parkbauten der Zeit sollten maßgeblich mitwirken an ihrer Verbreitung und Durchsetzung in der Gesellschaft. Die große Sammlung der Freundschaftsbilder und Freundschaftstassen, die sich noch heute in Pawlowsk befindet und ein liebenswürdig empfindsames Bild seiner Bewohner zeichnet, nimmt wahrscheinlich ihren Anfang mit dem Tête-à-tête, das Friedrich der Große dem Großfürsten Paul schenkte, als dieser im Juli 1776 in Berlin weilte, um aus der Hand des Preußenkönigs seine Braut zu empfangen. „Das Geschenk, welches auf königl. Befehl dem Großfürsten in einem sehr vollzähligen fein bemalten und reich vergoldeten Tafel- und einem dergl. Café-Service (Kat. 55), auch in zwei großen ebenfalls fein bemalten Vasen-Aufsätzen (Kat. 28, 29), in vielen staffirten Figuren von verschiedene Größen und anderen Porzellanen durch mich überreicht wurde, machte die größte Freude. Der Großfürst betrachtete ein Stück nach dem andern, doch keins länger und aufmerksamer als zwei Paar Tassen, auf deren einem Paar das Portrait seiner Braut und auf dem anderen das Portrait des Prinzen ziemlich ähnlich und schön gemalet war." Die Freundschaftstassen (Kat. 1a) auf denen sich sein privates Glück spiegelte, faszinierten den jungen Thronfolger offensichtlich mehr als das Parade-Service mit dem martialischen schwarzen Doppeladler der Romanows, das ihm von Preußens König aus staatspolitischen Gründen offeriert worden war.

Auf der Profilansicht seiner künftigen Gemahlin, der er wenige Tage zuvor im Hause von Elisabeth-Christina, Königin von Preußen, erstmals vorgestellt worden war, haben seine Augen mit wachsender Verzückung geruht, glaubt man seinen enthusiastischen Worten, die er nach der ersten Begegnung an seine Mutter in St. Petersburg schrieb. Sein Herz war übervoll und vor lauter Begeisterung „nicht fähig, seinen Stolz und seine Freude zu beschreiben". Die Begeisterung blieb nicht unerwidert. Am 26./15. Juli 1776 gesteht Sophie Dorothée ihrer Busenfreundin Fürstin Henriette Louise von Waldner-Freundstein, verheiratete Baroness Oberkirch: „Meine liebste Freundin, ich bin zufrieden und mehr als zufrieden..., nie bin ich glücklicher gewesen; der Großfürst ist so liebenswert, wie er nur sein kann und vereint alles Gute auf sich." Wenig später teilt sie der Freundin ganz im Stil der Empfindsamen mit, daß sie Paul „bis zum Wahnsinn" liebe.

Die sogenannten Freundschaftstassen, die solche Medaillons trugen, um den Trinkenden an den fernen Freund, die ferne Freundin zu gemahnen und zu unverbrüchlicher Treue zu bewegen, waren in den letzten Jahrzehnten des 18. Jahrhunderts en vogue. Besonders beliebt war damals das Tête-à-tête oder Déjeuner für zwei Personen (Kat. 1a, 235), bei dem zwei wahlverwandte Seelen einander das Herz ausschütten oder in gemeinsamen Erinnerungen schwelgen konnten. Was lag näher, als daß Friedrich der Große dem angehenden Brautpaar ein solches Tête-à-tête-Service mit auf den Weg in ihr fürderhin gemeinsames Leben gab?

A ls sich zu dieser Zeit in Europa das Ideal der Liebesehe durchzusetzen begann, opferte man ihm gerne die brennenden Herzen auf dem Altar der Ehe. So sind auch auf der Medaille, die zur Eheschließung des russischen Thronfolgers mit der württembergischen Prinzessin im September 1776 herausgegeben wurde (Abb. S. 84), zwei füreinander entflammte Herzen zu sehen, die die „Neue Hoffnung Rußlands" symbolisieren sollen. Füreinander entflammt sind die beiden Herzen auch auf dem mit *MF* signierten Altar im Tempel der Freundschaft, abgebildet auf der Untertasse eines Services, dessen Tasse das Doppelporträt von Maria Fjodorowna und Paul als Silhouette zeigt (Kat. 27). Das Schattenbild des Silhouettenporträts galt den Zeitgenossen, allen voran Lavater, als Abdruck der empfindsamen, körperlosen Seele.

Doch nicht nur die Ehe, auch die Freundschaft schuf sich in der Bildkultur der Empfindsamkeit Tempel und Altäre. Ein schönes Beispiel für diese halböffentliche Inszenierung von intimen Empfindungen und Herzensergüssen ist auch das *Solitaire*-Service aus der Königlich Preußischen Porzellan-Manufaktur von 1776 (Kat. 26), das Sophie Dorothée wahrscheinlich von ihrer Freundin Henriette zum Abschied in Berlin überreicht worden ist. Das Teeservice für eine Person inszeniert den empfindsamen Freundschaftskult auf eine sentimentalische Weise in mehreren Bildern und Inschriften, die ein ganzes Programm der Freundschaftsbeziehung zwischen zwei Frauen entfalten. Die Wiederentdeckung gleichgeschlechtlicher Freundschaften kommt am Ende des 18. Jahrhunderts gemeinsam mit der Neubewertung der ehelichen Liebe und der innerfamiliären Bande auf, zu einem Zeitpunkt, als die höfischen Verhaltensnormen sowohl für die Herrschenden als auch für die Untertanen ihre absolute Gültigkeit verlieren und dem privaten Glück der Verbundenheit eigene Rechte eingeräumt werden. Das erste in Pawlowsk errichtete Gebäude, noch Jahre vor dem Baubeginn für das Schloß, war der von Charles Cameron in den Jahren 1780-1782 entworfene und erbaute Tempel der Freundschaft (Kat. 111-113, 213).

Den Tempel haben Paul und Maria Fjodorowna ihrer Mutter und Schwiegermutter aus Dankbarkeit für die Schenkung von Pawlowsk gewidmet. Im Inneren stand dem Eingang gegenüber eine Porträtstatue Katharinas II. in der Gestalt der Göttin Minerva. Denn die Zarin wollte sich selbst als die Schutzgöttin der Künste und Wissenschaften verstanden wissen. An der Außenwand des Tempels sind zwischen den Säulen medaillonartige Flachreliefs von Rachette angebracht, die in allegorischen Figuren die Tugenden der Stifterin preisen: Sie personifizieren die Freigebigkeit und die Gerechtigkeit, stellen die siegbringende Minerva dar und zeigen die Aushändigung der Schenkungsurkunde der Besitzungen von Pawlowsk an den Sohn und die Schwiegertochter. Über der Eingangstür zum Innenraum war in Goldlettern die Huldigung an die Stifterin zu lesen: „In Liebe, Verehrung und Dankbarkeit". Der Fries ist mit Delphinfiguren als Wahrzeichen der Freundschaft und ehelichen Treue und mit Blumenkränzen geschmückt.

Einen Freundschaftstempel anderer Art stellt auch der 1800 von Charles Cameron entworfene *Pavillon der Drei Grazien* (Abb. S. 8) dar, mit der Skulpturengruppe der drei unbekleideten Schönheiten, die sich auf Zehenspitzen um eine Säule im Zentrum des Pavillons gruppieren, um auf ihr eine mit Masken verzierte Vase zu halten. Die drei im Schloß und Park Pawlowsk mehrfach gegenwärtigen Grazien Euphrosyne (Frohsinn), Thaleia (Blüte) und Aglaia (Glanz) verkörpern als Begleiterinnen der Schönheitsgöttin Aphrodite (Kat. 80) im Denken und Empfinden des Klassizismus die unzertrennliche Einheit von Schönheit, Liebe und Freundschaft. Zumeist nach antikem Vorbild in zärtlicher, schwesterlicher Umarmung dargestellt, haben die Drei Grazien dem Liebeslust und Liebesleid verbreitenden Amor die Pfeile entwendet und die Flügel gestutzt. Die absichtslose Anmut, „unwillkürliche Grazie" (Schiller) und natürliche Schönheit der drei jungen Frauen treibt die von Amors Pfeilen entfachte Wollust, die Verstellungen, Intrigen und Eifersüchtelei in die Flucht, denn sie verkörpern die Einheit von Sinnlichkeit und Sittlichkeit, die auch Schiller in seiner Abhandlung „Über Anmut und Würde" (1793) im Bild der Drei Grazien verwirklicht sah. Wieder ist es Wieland, der das Vermögen der Grazien, die sinnliche Liebe auf Freundschaft zu gründen, am treffendsten in Worte gefaßt hat: „In der That, der kleine Gott (Amor) wußte selbst nicht recht, wie ihm geschah. Er kannte sich nicht mehr, seitdem er bey diesen holden Mädchen war. Alle Schelmerey ging weg. ... diese lieblichen Mädchen, in denen alles, was naive Unschuld, gefällige Güte und frohe Heiterkeit Göttliches hat, wie in der Knospe entwickelt lag, konnte er nur – lieben; so lieben, als ob es ihm geahndet hätte, daß sie seine Schwestern wären." (Die Grazien, 1769)

Nicht nur die einzelnen Kunstwerke, das ganze Ensemble von Schloß und Park Pawlowsk atmet diese weibliche Anmut und Grazie, mit denen natürliche Schönheit uns zu beglücken vermag.

Die 1803 aufgestellte Statue der dem Bade entstiegenen Venus jedoch, die einst gegenüber der Liebesinsel am Venusteich stand und sich heute im Eckzimmer des Schlosses befindet (Abb. S. 367), wendet wie plötzlich den Kopf ab, vielleicht, um sich in ihrer Blöße den indiskreten Blicken des Betrachters zu entziehen, vielleicht aber auch, weil die Göttin der Schönheit, Amors Mutter, aufgeschreckt wurde und verstört ist von all dem Leid und Krieg, die sie auch inmitten des Pawlowsker Friedens durch die Jahrhunderte mitansehen mußte.

EIN DEUTSCHES ZARENHAUS
Eltern – Kindheit – Hochzeit in Berlin – Familie – Regentschaft und Tod des Zaren

DIE BESITZER VON SCHLOSS PAWLOWSK

N. S. Tretjakow

Das 18. Jahrhundert war von herausragender Bedeutung für die historische Entwicklung Rußlands. Zentrale Fragen standen zur Entscheidung an: Wohin steuert Rußland, nach Europa oder nach Asien? Sinkt Rußland, eingebettet in seine endlosen Ebenen, in einen jahrhundertelangen Schlaf? Geraten seine vielen Völker in Unruhe und führen letztlich eine Spaltung Rußlands herbei?

Daß Rußlands einzig richtiger Weg nach Europa führen würde, zeichnete sich bereits unter der Herrschaft der ersten Romanows ab. Aber erst unter Peter dem Großen beschleunigte sich diese Entwicklung.

Peter der Große nahm entscheidenden Einfluß auf den Fortgang der russischen Geschichte, und er war damit auch Vorbild für Großfürst Paul, der sich berufen fühlte, das Werk seines Urgroßvaters fortzusetzen. Wie dieser war Großfürst Paul davon überzeugt, daß nur der Zar in seiner Verantwortung für das Land dazu befähigt sei, staatspolitische Entscheidungen zu treffen.

Großfürst Paul mußte als direkter Thronfolger den Großteil seines Lebens auf den Machtantritt warten. Erst im Alter von 42 Jahren wurde er als Paul I. Zar und regierte danach nur vier Jahre, vier Monate und vier Tage. Er träumte davon, Rußland zu erneuern, mit seinen Reformen jedoch löste er nur allseitige Unzufriedenheit aus. Seine Herrschaft stand unter keinem guten Stern. Zuletzt ereilte ihn dasselbe Schicksal wie seinen Vater, als er während der letzten Palastrevolution in der russischen Geschichte zu Tode kam.

Pauls Vater Peter III. (Kat. 12) wurde am 21. Februar 1728 in der deutschen Stadt Kiel geboren. Sein Geburtsname war Karl Peter Ulrich von Holstein-Gottorp. Sein Vater Karl Friedrich war der Herzog von Holstein-Gottorp, seine 1708 geborene Mutter Anna Petrowna war die Tochter von Peter dem Großen und Marta Skawronskaja, der späteren Katharina I.

Kat. Nr. 1
Alexander Roslin (?)
1718 Malmö – 1793 Paris
Großfürstin Maria Fjodorowna in Lebensgröße, um 1777
Öl auf Leinwand
245 x 167 cm
Inv. Nr. CCh-3749-III
Provenienz: Aus der Staatlichen Eremitage, seit 1963 in Pawlowsk
Ausstellungen: *Legacy of a Czar and Czarina.* Miami, New York 1995-1996; *Palaces of St. Petersbourg. Russian Imperial Style.* Jackson 1996; *Jewels of the Romanovs. Treasures of the Russian Imperial Court.* Washington, Houston, San Diego, Memphis, New York 1997-1998

Großfürstin Maria Fjodorowna (1759-1828) – siehe Kat. 17.
Die Großfürstin ist dargestellt mit dem roten Band, Orden und Stern des Ordens der Heiligen Katharina, den Peter der Große zu Ehren seiner Gemahlin Katharina I. gegründet hatte. Dieser Orden wurde allen weiblichen Nachkommen der Zarenfamilie bei der Geburt verliehen, später auch den Frauen der Großfürsten. Katharina II. beschreibt die Großfürstin Maria Fjodorowna: „Sie ist schlank wie eine Nymphe, von lilienweißer Gesichtsfarbe mit rosigen Wangen und makelloser Haut, groß von Wuchse mit wohlproportionierten Schultern und dabei umgänglich: Ihr Antlitz strahlt Sanftmut, Herzensgüte und Aufrichtigkeit aus, alle sind von ihr begeistert."

Der Maler Alexander Roslin erhielt seine Ausbildung vom Porträtisten G. Schroders in Stockholm. Er arbeitete zuerst in Schweden, später an deutschen Höfen. In den Jahren um 1750 lebte er in Italien, später siedelte er nach Paris um. Von 1775-77 arbeitete er in Rußland, wo er Aufträge des russischen Hofes und der russischen Aristokratie ausführte.

Das Porträt aus Pawlowsk ist eine Replik oder eine Kopie des großen Porträts, das Roslin im Jahre 1777 im Auftrag Katharinas II. malte, zusammen mit seinem Pendant, dem Porträt des Großfürsten (Eremitage 1357; 265 x 178 cm). Beide Porträts waren bis 1918 in der Romanow-Galerie der Eremitage zu sehen. Das Porträt aus Pawlowsk scheint nicht von Roslin selbst zu sein. In seinen *Aufzeichnungen* schreibt Jakob Stellin: „Sein (Roslins, N. S.) größter Kopist war Monsieur Dalman, den Roslin am Anfang seines Aufenthalts in Rußland zu sich nahm und dem er erlaubte, alle bedeutenden Werke zu kopieren, zumeist ohne spätere Korrekturen. Dalman war so sehr von Roslins Stil und Kolorit geprägt, daß er auch nach dessen Abreise im Jahr 1778 zahlreiche Kopien von Roslins Werken anfertigte, die sich kaum oder nur mit Mühe von den Originalen unterscheiden ließen. Der zweite Kopist neben Dalman, dem Ihre Hoheit erlaubte, Kopien von Porträts aus der Galerie des Winterpalastes anzufertigen – von ihrem eigenen wie auch von den Porträts des Großfürsten und der Großfürstin –, war der russische Maler Lewizki, der Roslin fast noch eifriger kopierte ..." (Stellin, 1990, S. 92). Stellin erwähnt an anderer Stelle seiner *Aufzeichnungen*, daß Dalman für die Kopie eines Porträts einer großfürstlichen Hoheit fünfzig Rubel verlangte (S. 435). *N. S.*

Kat. Nr. 2
Kleid der Großmeisterin des Ordens der Heiligen Großmärtyrerin Katharina
St. Petersburg, Rußland (?), nach 1796
Handgenäht, Samt, weiße Seide, Pailletten, Glanzbrokat, Kantillen
Rock, Länge: 120 cm (Inv. Nr. CCh-2744-II)
Oberteil (Inv. Nr. CCh-2746-II)
Schleppe, Länge: 280 cm (Inv. Nr. CCh-2745-II)
Provenienz: Schloß Pawlowsk, aus dem Zentrallager für Museumsbestände 1945
Ausstellungen: *Splendeur et intimité à la cour impériale de Russie 1780-1820.* Montbéliard 1995

Das Kleid gehörte Maria Fjodorowna. G. W. Skerletowa, eine Mitarbeiterin des Pawlowsker Schloßmuseums, vermutet, daß dieses Kleidermodell von der französischen Modeschöpferin Rose Bertin (1747-1812) entworfen wurde.
Der aus silbernem Glanzbrokat genähte Rock ist in den Hüften breit geschnitten und an der Taille in Falten gelegt. Die Verzierung ist aus grünem Lyoner Samt gearbeitet. Sie besteht aus fünf vertikalen, gewellten Streifen, die von der Taille ab nach unten verlaufen und sich am unteren Rand fortsetzen. Der Samt ist mit gestickten Ornamenten aus Goldfaden, Kantillen und vergoldeten Silberpailletten besetzt.
Eng anliegendes Oberteil mit Dekolleté, vorne spitz zulaufend und mit Zacken am unteren Rand, genäht aus silbernem Glanzbrokat und mit zwölf Fischbeinstäben versteift, gefüttert mit weißer Seide, am Rücken geschnürt, verziert mit dekorativ geformten, diagonal verlaufenden Streifen aus Lyoner Samt, die an den Rändern mit vergoldeten Silberpailletten bestickt sind. Der Ausschnitt und die Ärmel sind mit Spitzen besetzt. *N. W.*

S eine Berufung als Thronfolger verdankte der zukünftige Peter III. seiner Tante, der Zarin Elisabeth, die fast zwanzig Jahre lang (1742-1762) regierte. Elisabeth fühlte sich zu keiner Zeit sicher auf ihrem Thron, da Peter der Große die bis zu seiner Zeit gültige Thronfolgeregelung abgeschafft hatte. Diese sah den ältesten Vertreter der männlichen Linie als Thronfolger vor. Peter der Große führte dagegen die freie Wahl des Thronfolgers ein. Damit öffnete er natürlich jenen Tür und Tor, die den Wechsel des Monarchen auf dem Wege einer Palastrevolution zu regeln gedachten, nicht selten ohne den Tod des bisherigen Monarchen abzuwarten. Auch Elisabeth hatte ja, obwohl Tochter Peters des Großen, in den Augen vieler kein Anrecht auf den Thron. Denn ihre Mutter wurde erst 1712 mit Peter dem Großen vermählt, und somit war die 1709 geborene Elisabeth ein uneheliches Kind. Selbst durch eine Palastrevolution an die Macht gekommen, wollte Elisabeth auf keinen Fall, daß ihre Nachfolger diesem Beispiel folgen. Sie verstand sehr gut, wie wichtig eine friedlich geregelte Thronfolge für Rußland war, zumal angesichts seiner aktiven Rolle im Konzert der europäischen Mächte und angesichts der gewaltigen militärischen und wirtschaftlichen Erfolge des Landes in der Mitte des 18. Jahrhunderts. Elisabeth hatte keine eigenen Kinder, und so berief sie im Jahre 1742 ihren damals 14jährigen Neffen Karl Peter als Thronfolger nach Rußland. Karl Peter wurde nach Petersburg gebracht und erhielt bei seinem Übertritt zum orthodoxen Glauben den Namen Peter Fjodorowitsch. In Petersburg bekam er auch neue Erzieher. Anstelle des Holsteiners Otto Friedrich Graf von Brümmer kümmerte sich nun der bekannte Gelehrte Jakob von Stählin um die Bildung des Jünglings. Allerdings war es in den „Zeiten der fröhlichen Elisabeth" mit ihren ständigen Festivitäten und Umzügen von Palast zu Palast nur eingeschränkt möglich, Peter eine umfassende und systematische Bildung angedeihen zu lassen. Großfürst Peter wurde am 5. Januar 1762 als Peter III. Zar von Rußland. Um seinen Namen ranken sich viele Geschichten und Anekdoten, die ihn als einen unreifen, ungebildeten und in seinen Leidenschaften ungezügelten Menschen darstellen. Ein großer Teil dieser Legenden jedoch wurde von denjenigen in die Welt gesetzt, die nach dem Sturz und der Ermordung Peters III. an die Macht gekommen waren. Sie setzten Peter damit nachträglich in ein schlechtes Licht, um die von ihnen angezettelte Palastrevolution zu rechtfertigen. Der schon erwähnte Jakob von Stählin äußerte sich im Gegensatz dazu positiv über Peter. Dieser sei „von ausreichendem Verstande", sei gut bewandert in den Kriegswissenschaften des Festungsbaus und des Artilleriewesens, liebe außerdem die Musik und spiele hervorragend Geige.

Kat. Nr. 3
„Russisches" Hofkleid von Maria Fjodorowna
St. Petersburg, Rußland, 1796-1800
Handarbeit, Wollkrepp, Pailletten, Silberfaden, Silberfolie, Kunstperlen, Spitzen
Oberteil mit Schleppe, Länge: 210 cm (Inv. Nr. CCh-2755-II)
Rock, 110 x 134 cm (Inv. Nr. CCh-2757-II)
Provenienz: Schloß Pawlowsk, aus dem Zentrallager für Museumsbestände 1945
Ausstellungen: *Splendeur et intimité à la cour impériale de Russie 1780-1820*. Montbéliard 1995

Oberteil aus weißem Wollkrepp, versteift mit eingenähten Fischbeinstäben, mit tiefem Ausschnitt, kurzen Ärmeln und langer Schleppe. Die vorderen Ränder sind mit einer gestickten Girlande aus Weintrauben und Weinblättern sowie mit einem Rautenornament aus Kunstperlen verziert. Der Ausschnitt und die Ärmel sind mit Spitzen besetzt. An der Brust ist das Malteserkreuz mit acht Spitzen aus weißem Leinen aufgenäht.
Der weite Rock aus weißem Wollkrepp ist an der Taille drapiert. Der untere Rand des Rocks ist mit einer gestickten Weinblättergirlande und mit einem Rautenornament aus Kunstperlen verziert. Das Futter ist aus weißem Batist. *N. W.*

Die Herrschaft Zar Peters III. nach dem Tode von Elisabeth dauerte nur sechs Monate und ist von Widersprüchen gekennzeichnet. Denn trotz oder vielleicht gerade dank des Umstands, daß Peter nach Aussagen von Zeitgenossen „wenig Sympathien hegte" für Sprache, Religion und Bewohner des russischen Staates, „den zu regieren er weder besondere Lust verspürte noch dazu im Stande war", sind die Ergebnisse seiner Regierungszeit gar nicht hoch genug einzuschätzen. Denn diese weisen ihn als ernsthaften Reformer aus. Dabei gab es in seiner Umgebung keine herausragenden Ratgeber, auf deren Meinung der junge Zar sich hätte stützen können. Das übliche Porträt Peters III. war das eines unglücklicherweise auf dem Thron gelandeten Versagers. An diesem Porträt Peters hatte Katharina II. eifrig mitwirkt, und es verzerrte sein politisches Gesicht für lange Zeit, wenn nicht für immer. Aus heutiger Sicht kann man sagen: Peter III. hatte durchaus das Potential für den russischen Zarenthron, und er war auch mit einigen radikalen Reformen erfolgreich, aber letztlich hat er es nicht geschafft, alle Möglichkeiten auszuschöpfen, um den riesigen russischen Staat erfolgreich zu regieren. Durch eine Palastrevolution am 28. Juni 1762 wurde Peter III. vom Thron gestürzt und bald darauf in Ropscha ermordet.

S ein Sohn Großfürst Paul war damals noch keine acht Jahre alt. Dennoch hätten es einige höchstrangige Staatsmänner mit dem Grafen Nikita Iwanowitsch Panin an der Spitze vorgezogen, den Knaben auf den Thron zu erheben und seine Mutter als Regentin einzusetzen. Für ein solches Verfahren gab es einige Beispiele in der russischen Geschichte: Iwan V., Peter den Großen 1682-1696 und Iwan VI. 1740-1741. Diesmal jedoch nahmen die Dinge einen anderen Lauf: Am 28. Juni 1762 gelangte die Gattin Peters III. mit Hilfe der Garden an die Macht und proklamierte sich zur Zarin Katharina II.
Katharina II. (Kat 7-10) wurde im Frühjahr 1729 in Stettin als Tochter eines in preußischen Diensten stehenden Generals geboren und genoß eine gute Bildung. Als die kleine Sophie 13 Jahre alt war, empfahl sie Friedrich der Große der Zarin Elisabeth als Braut für den Großfürsten Peter. 1744 wurde die junge Prinzessin Sophie Auguste Friederike von Anhalt-Zerbst nach Rußland gebracht und erhielt nach ihrem Übertritt zum orthodoxen Glauben den Namen Katharina Alexejewna. Das junge Mädchen war klug und ehrgeizig. Von Anfang an bereitete sich Katharina eifrig auf ihre zukünftige Rolle als Großfürstin und danach als Gattin des russischen Zaren vor. Die Ehe zwischen Katharina und Peter III. sollte jedoch kein glückliches Ende nehmen.
Am 1. Oktober 1754 gebar Katharina einen Sohn, den Großfürsten Paul. Dies war ein historisch bedeutsames Ereignis, denn nach Peter dem Großen waren die russischen Herrscher kinderlos geblieben, und beim Tod eines Monarchen gab es jedesmal Verwirrung und Streit um die Nachfolge. Unter Peter III. und Katharina hatte man nun die Hoffnung, daß der Staat in dieser Hinsicht an Stabilität gewinnen würde. Angesichts der Art und Weise, wie Katharina auf den Thron gelangte, mußte man aber erkennen, daß diese Hoffnung vergebens war.

Kat. Nr. 4
Wladimir Borowikowski (Kopie nach W. B.)
1757 Mirgorod – 1825 St. Petersburg
Zar Paul I.
Öl auf Leinwand
304 x 202 cm
Inv. Nr. CCh-3588-III
Provenienz: Schloß Pawlowsk, erworben in den Jahren 1870-80 durch Großfürst Nikolaj Konstantinowitsch

Das Original dieses Porträts, das Borowikowski im Jahre 1800 fertigstellte, befindet sich im Staatlichen Russischen Museum. Paul I. trägt die große Zarenkrone, eine Dalmatika und den kaiserlichen Hermelinmantel. In der Hand hält er das Zepter. Rechts neben ihm, auf dem kleinen Tisch neben dem Thron die Malteser Krone, das Siegel und Schwert des Glaubens. Wladimir Borowikowski, 1757 in der Ukraine geboren, wurde von seinem Vater, einem Ikonenmaler, ausgebildet. Nach dem Militärdienst lernte er ab 1788 bei Dmitri Lewizki und Johann-Baptist Lampi. *N. S.*

Kat. Nr. 5
Dreispitz, Offiziershut aus schwarzem Filz
Handgenäht, Weberei, Filz, Straußenfeder, Atlas, Litze (Galon), Silberfaden, Leder, Ripsband, 16 x 50 cm (Inv. Nr. CCh-1646-II)
Stulpenhandschuhe aus weißem Wildleder, 26 cm
(Inv. Nr. CCh-1644-II)
St. Petersburg, Rußland, Ende der 90er Jahre des 18. Jahrhunderts
Provenienz: Schloß Pawlowsk, aus dem Zentrallager für Museumsbestände 1948 *N. W*

EIN DEUTSCHES ZARENHAUS 21

Kat. Nr. 6
Uniform
St. Petersburg, Rußland, 1778, handgenäht, Tuch, Samt, Kupferknöpfe, Länge: 103 cm
Bez. im Futter des linken Ärmels mit Tinte: *Am 9. Juni 1787 Ihrer Hoheit Nr. 93* (Inv. Nr. CCh-1636-II)
Kamisol (Weste), handgenäht, Tuch, Seidenfutter, Leinen, Länge: 62 cm (Inv. Nr. CCh-1638-II)
Schuhe, 1799, handgenäht, Leder, 8 x 26 x 8 cm
Bez. auf der Innenseite der Zunge in schwarzer Tusche: *Geruhten zu tragen am 10. April 1799* (Inv. Nr. CCh-1481-II)
Provenienz: Schloß Pawlowsk, aus dem Zentrallager für Museumsbestände 1945
Ausstellungen: *Anna Pavlovna en Het Russishe hof 1795-1865*. Apeldoorn 1995; *Splendeur et intimité à la cour impériale de Russie 1780-1820*. Montbéliard 1995; *Kultura i sztuka Rosji konca XVIII i poczatku XIX wieku*. Szczecin, Poznan 1996; *Pavlovsk. Zolotoj vek russkoj kul'tury*. Moskau 1998

Gerade geschnittene Uniform aus dunkelgrünem Tuch mit schräg geschnittenen Rockschößen, Umlegekragen aus scharlachrotem Samt, glatte Kupferknöpfe und Futter aus grünem Wollstoff, lange, mit zwei Nähten gearbeitete Ärmel, im Ellbogen abgerundet, am Ende mit Aufschlägen und Klappen mit zwei Knöpfen versehen und mit weißem Seidenstoff gefüttert, an den Rockschößen eingeschnittene Taschen mit dekorativ geformten Patten, Schlitze hinten in der Mittelnaht und in den Falten der Seitennähte, Haken- und Ösenverschluß vorne.
Kamisol aus weißem Tuch, Ärmel aus weißem Seidenstoff mit Aufschlägen aus weißem Tuch, Rückenteil eingeschnitten und mit weißem Seidenband verschnürt, glatte vergoldete Kupferknöpfe, an den Schößen Taschen mit Patten und Knöpfen, Futter aus Leinen.
Schuhe aus schwarzem Leder mit breiter Spitze, hoher Zunge, dicker Ledersohle und niedrigem Absatz, innen mit hellem Leder gefüttert. *N. W.*

In der ersten Regierungsphase war Katharina II. vor allem um die Legitimierung ihrer Macht besorgt. Denn im Gegensatz zu Peter III., der zwar eine Antipathie gegen Rußland hegte, aber wenigstens zur Hälfte (mütterlicherseits) Russe war und darüber hinaus immerhin der Enkel von Peter dem Großen, war Katharina nicht einmal eine entfernte Verwandte der rechtmäßigen Nachfolger, sondern lediglich die Gattin des Thronerben.

Um die Gunst des Adels bemüht, bestätigte Katharina II. die Dekrete (*ukasy*) ihres Gatten über die Privilegien des Adels (Dienstbefreiung) und über die Bewahrung der Religion. 1767 ging sie einen Schritt weiter und berief eine Kommission gewählter Vertreter ein, die ein neues Gesetzbuch (*uloshenije*) ausarbeiten sollte. Damit knüpfte sie an die Tradition der berühmten Landesversammlungen (*Semskije Sobory*) des 17. Jahrhunderts an. Die Gesetzgebungsinitiativen Katharinas II. wurden zwiespältig aufgenommen. Viele interpretierten sie als ein „aufgeklärtes" Spektakel, das die Selbstherrschaft in den Augen der fortschrittlichen Öffentlichkeit im Ausland in ein besseres Licht rücken sollte, und als ein Maßnahmenbündel, das die führende Rolle des Adels festigen sollte. Dazu ist anzumerken, daß der Adel mit einem Bevölkerungsanteil von lediglich einem Prozent besonders in wirtschaftlicher Hinsicht keinen realen Einfluß auf das Gedeihen des Gesamtstaates hatte. Die Ereignisse, die sich im Innenleben des Staates abspielten, zeigten jedoch, daß es eine Vielzahl ungelöster Probleme gab. Der Staatsapparat war aufgebläht und schwer zu kontrollieren, die Beamten waren korrupt. Die „Befreiung" des Adels ging zu Lasten der Bauern, denn zur Finanzierung von Luxus und Prunksucht wurden die von den Bauern zu leistenden Abgaben (*obrok*) um das Zwei- bis Dreifache erhöht. Das Volk dürstete nach Freiheit, was letztlich auch zum Pugatschow-Aufstand führte.

Mehr Erfolg hatte Katharina II. mit ihrer Außenpolitik. Unter ihrer Herrschaft erlebte Rußland seine größte Expansion seit der Eroberung Sibiriens und des Wolgabeckens im 16. und 17. Jahrhundert. Die südwestlichen Grenzen des europäischen Teils Rußlands nahmen neue Konturen an. Die Südukraine, die Krim und ein großer Teil Polens wurden dem Imperium einverleibt. Der gewonnene Ausgang zum Schwarzen Meer, die Siege im Mittelmeer und die Entstehung der gemeinsamen Grenze mit Österreich und Preußen ermöglichten es Rußland, eine entscheidende Rolle auf dem Balkan und in Südosteuropa zu spielen. Auch gegenüber Schweden konnte sich Rußland erfolgreich behaupten. All diese Errungenschaften, aber auch die vielen ungelösten Probleme erbte nach dem Tode Katharinas II. ihr Sohn Paul.

Der Thronfolger Großfürst Paul war der einzige, wenn auch offenkundig ungeliebte Sohn von Großfürst Peter und Katharina. Für das miserable Verhältnis zwischen Katharina und ihrem Sohn gibt es mehrere Gründe. Paul wurde schon in jungen Jahren von seinen Eltern getrennt und wuchs unter der unmittelbaren Aufsicht der Zarin Elisabeth auf. Nach dem Tod seines Vaters hätte Paul als einzig legitimer Nachfolger als Zar inthronisiert werden müssen unter Einrichtung einer Regentschaft bis zu seiner Volljährigkeit. Aber dazu kam es ja bekanntlich nicht. Wenn es um die Macht ging, waren Katharina verwandtschaftliche Gefühle offensichtlich fremd. Bei der Ermordung ihres Gatten hatte sie vermutlich ihre Hand im Spiel, ihren Sohn räumte sie aus dem Weg ...

Paul genoß eine ausgezeichnete Bildung im Geiste der französischen Aufklärung. Er beherrschte mehrere Sprachen und hatte Kenntnisse in Mathematik, Geschichte und angewandten Wissenschaften. Erst im Alter von 42 Jahren, am 17. November 1796, bestieg er den Thron. Zu jener Zeit war er längst eine geformte Persönlichkeit mit festgefügten Ansichten und Gewohnheiten und – wie er selbst glaubte – mit einem fertigen Regierungskonzept. Schon 1783 hatte Paul jeglichen Kontakt zu seiner Mutter abgebrochen. Er vertiefte sich in theoretische Betrachtungen über nötige Veränderungen im russischen Staat. In der Abgeschiedenheit von Pawlowsk entwarf er ein Modell des neuen Rußlands, das ihm als Vorbild bei der Regierung des Landes dienen sollte. Im Alter von dreißig Jahren hatte er von seiner Mutter eine lange Liste literarischer Werke zum intensiven Studium bekommen. Darunter waren Bücher von Voltaire, Montesquieu, Corneille, Hume und anderen berühmten französischen und englischen Autoren. Daneben liebte Paul alles Preußische. In Briefen an Friedrich den Großen brachte er diesem gegenüber seine tiefe Verehrung und Ergebenheit zum Ausdruck. Paul orientierte sich stark an Berlin und war entschlossen, preußische Disziplin, die preußische Militärordnung, preußische Architektur und sogar den preußischen Kleiderschnitt in Rußland einzuführen. Von französischen und preußischen Einflüssen war Paul auch als Staatsoberhaupt geprägt, von den französischen in der Theorie und von den preußischen in der Praxis. Ziel des Staates war nach Pauls Ansicht „die Glückseligkeit jedes einzelnen und aller". Die monarchische Selbstherrschaft hielt er für die beste und einzig akzeptable Regierungsform, obwohl er wußte, daß sie „mit Unannehmlichkeiten für die Menschen verbunden" sei.

Die größte Leidenschaft Pauls war das Militär. Konsultationen des kampferprobten Generals Pjotr Iwanowitsch Panin und das Vorbild Friedrichs des Großen begeisterten ihn für das Kriegshandwerk. Zur politischen Tatenlosigkeit verurteilt, brachte Paul viele Stunden damit zu, Militärübungen mit seinen Privatbataillonen abzuhalten. Zu jener Zeit entstand und festigte sich bei Paul jener

Abbildung folgende Seite: Blick von Süden auf den Mitteltrakt des Schlosses, den südlichen (links im Bild) und den nördlichen (rechts im Bild) Seitenflügel (Entwurf Charles Cameron, fertiggestellt 1782), die sich um den Ehrenhof schließen. Der italienische Architekt Vincenzo Brenna, der 1784 die Bauplanung übernimmt, erhöht die Säulengalerie der einstöckigen Seitenflügel um ein Geschoß, das im Süden die neu eingerichtete Gemäldegalerie aufnimmt und später (1822-1824) im Norden die Rossi-Bibliothek.

"Korpsgeist", den er der ganzen russischen Armee einzuimpfen gedachte. Die russische Armee unter Katharina II. war in seinen Augen eher ein ungeordneter Haufen als ein wohlorganisiertes Heer. Die Veruntreuung von Staatseigentum war gang und gäbe, Soldaten wurden nicht selten zum Arbeiten auf die Gutshöfe der Kommandeure geschickt, und vieles andere lag im Argen. Die Regimenter der russischen Armee hatten auch keine einheitliche Kleidung, da jeder Kommandeur seine Soldaten nach seinem eigenen Gusto einkleidete. Dabei wurde mitunter eifrig gespart, um einen Teil der für die Uniformierung bereitgestellten Mittel in die eigene Tasche stecken zu können. Andererseits wurde der russischen Armee unter Katharina II. auch großer Kampfgeist nachgesagt. Paul war entschlossen, das Werk Peters des Großen fortzusetzen und Rußland zu erneuern. Sein Ideal war jedoch die preußische Armee, die damals – nebenbei bemerkt – auch die schlagkräftigste Armee in Europa war. Paul führte eine neue Uniform ein, neue Vorschriften und eine neue Bewaffnung. Den Soldaten wurde es neuerdings gestattet, sich über mißbräuchliche Einsätze durch die Kommandeure zu beschweren. Alle Vorschriften wurden streng kontrolliert, der Zustand der Armee wurde insgesamt besser. Als Beispiel sei die verbesserte Lage der niederen Dienstgrade erwähnt.

Trotz seiner Vorliebe fürs Militärische zeichnete Paul sich durch eine gewisse Friedensliebe aus. Während der Regierungszeit von Katharina II. (1762-1796) war Rußland an sieben Kriegen beteiligt. Der bedeutsamste davon war der Annexionskrieg gegen Polen, der sich mit Unterbrechungen von 1764 bis 1796 hinzog. Insgesamt dauerten all diese Kriege über 25 Jahre und fügten der Wirtschaft und dem Prestige Rußlands erheblichen Schaden zu. Nach seiner Thronbesteigung beklagte Paul, daß das russische Volk unter Katharina II. zu häufig für Kriege benutzt worden sei, während man die inneren Angelegenheiten des Landes vernachlässigt habe.

Über die Außenpolitik sagte Paul, sie müsse sich an der „physischen und moralischen Lage jedes Volkes" orientieren. Von der Stärke und Unabhängigkeit Rußlands war er überzeugt: „Wir bedürfen nicht sonderlich irgend jemandes Hilfe, wir sind selbst stark genug, wenn wir unsere Kraft einsetzen wollen." Außerdem wollte er Rußland nicht isoliert wissen: „Es müssen Verbindungen und Verpflichtungen geschaffen werden, die allerdings nicht für ewig bestehen bleiben können, sondern sich je nach den politischen Umständen verändern werden." „Es ist wichtig", schrieb Paul, „daß niemand die Freiheit des anderen bedrohen könne." In einem Brief an Napoleon Bonaparte schrieb er im Jahre 1801: „Ich ... will mich nicht über die Menschenrechte streiten, noch über die Prinzipien der verschiedenen in den jeweiligen Ländern installierten Regierungen. Bemühen wir uns, der Welt den Frieden und die Ruhe

Kat. Nr. 7
Dmitri Lewizki (?)
1735 Kiew – 1822 St. Petersburg
Katharina II., um 1782
Öl auf Leinwand
145 x 114 cm
Inv. Nr. CCh-3539-III
Provenienz: Aus der Sammlung des Alexanderpalastes in Zarskoje Selo („Zarendorf"), nach 1945 in Pawlowsk
Ausstellungen: *Splendeur et intimité à la cour impériale de la Russie 1780-1820.* Montbéliard 1995; *Jewels of the Romanovs. Treasures of the Russian Imperial Court.* Washington, Houston, San Diego, Memphis, New York 1997-1998; *Splendore della Corte degli Zar.* Turin, Rom 1999

Katharina II. (1729-1796), geborene Prinzessin Sophie Auguste Friederike von Anhalt-Zerbst, wurde in Stettin geboren und entstammt der Familie des Gouverneurs von Pommern Christian-August, der am Hofe Friedrichs I. von Preußen in Diensten stand. 1743 wurde sie mit dem russischen Thronfolger verheiratet, dem Enkel Peters des Großen und Neffen der Zarin Elisabeth, dem Großfürsten Peter Fjodorowitsch und zukünftigen Zaren Peter III. Seit 1745 war sie Großfürstin und seit 1762 – nach einer Palastrevolution – Alleinherrscherin Rußlands. Das Porträt war zunächst dem dänischen Künstler Vigilius Erichsen (1722-1782) zugeschrieben worden, der von 1757-72 in Rußland gelebt und gearbeitet hatte. In den *Aufzeichnungen* des ersten russischen Kunsthistorikers Jakob Stellin wird dagegen Lewizki als Maler des Porträts der Zarin im „purpurroten russischen Kleid" genannt. Auf der Grundlage dieses Zeugnisses sowie weiterer Archivalien ordnete man das Porträt 1968 dem Werk Lewizkis zu. 1987 wurde vom Staatlichen Russischen Museum eine wissenschaftliche Untersuchung seiner Maltechnik durchgeführt, die diese Neuzuweisung nicht bestätigte. Das Porträt zeigt Katharina II. mit blauem Band und Stern des Ordens des Heiligen Andreas des Erstberufenen sowie mit rot-schwarzem Band und Stern des Ordens des Heiligen Wladimir, den die Zarin im Jahre 1782 gründete.

Der berühmte russische Maler Dmitri Lewizki wurde zunächst von seinem Vater, der Geistlicher und Radierer war, ausgebildet, danach von A. Antropow in Kiew, später in St. Petersburg. Seine Kunst wurde am russischen Hof sehr geschätzt, so daß er mehrmals mit Porträts der Zarin und ihrer Familie beauftragt wurde. *N. S.*

Kat. Nr. 8
Büste der Zarin Katharina II.
Rußland, St. Petersburg, Kaiserliche Porzellanmanufaktur, Beginn des 20. Jahrhunderts
Porzellan, Biskuitporzellan
Höhe: 35 cm
Inv. Nr. CCh-10263-I
Provenienz: Seit 1947 in Pawlowsk

Dieses Porträt der Zarin fertigte der Modellmeister der Kaiserlichen Manufaktur J. D. Rachette in den 90er Jahren des 18. Jahrhunderts nach einer Marmorbüste von F. I. Schubin an.
Das ausgestellte Exemplar wurde zu Beginn des 20. Jahrhunderts von Pawel Schmakow gegossen; seine Initialen sind auf der Rückseite des Werks in den Teig gedrückt. Es sind auch undeutliche Spuren eines Datums zu Beginn des 20. Jahrhunderts und des Monogramms von Zar Nikolaus II. (mit Krone) in einem grünen Aufglasurstempel auszumachen.
Bei der Büste handelt es sich um ein Brustbild mit Lockenperükke und Kokoschnik. Die Locken reichen der Zarin bis auf die Schultern.
Die Büste ruht auf einem Profilsockel.
Literatur: Erstveröffentlichung; das Original von J. D. Rachette befindet sich in der Staatlichen Eremitage St. Petersburg, s. Kudriavzeva, Tamara *Das weiße Gold der Zaren*. Darmstadt 2000, Kat. 38. *E. N.*

wiederzugeben, die sie so sehr braucht." Noch als Thronfolger schrieb Paul: „Wenn ich es nötig hätte, eine eigene Partei zu gründen, dann könnte ich zu den Mißständen schweigen und bekannte Persönlichkeiten schonen, aber in meiner jetzigen Stellung kann ich weder eine Partei, noch sonst ein Interesse vertreten, außer das Interesse des Staates, und bei meinem Charakter fällt es mir schwer, mitansehen zu müssen, wie die Dinge allenthalben aus dem Ruder laufen und daß Nachlässigkeit und persönliche Ambitionen dafür die Ursache sind. Möge man mich lieber für eine rechte Sache hassen, als für eine unrechte lieben."
1787 legte Paul in einer Denkschrift (*nakas*) seine Herrschaftsgrundsätze nieder. Dabei ging er auf alle Schichten der Bevölkerung ein. So schrieb er auch über den Bauernstand, der „durch seine Arbeit alle übrigen Teile trägt. Folglich gebührt ihm besondere Achtung und eine Bestärkung seiner Lage." Paul hielt es auch für geboten, „die Lage der den Fabriken zugeteilten Bauern zu berücksichtigen, ihr Los zu ändern und zu entscheiden". Später versuchte er, per Dekret durchzusetzen, daß leibeigene Bauern nur noch an drei Tagen in der Woche für den Gutsherrn arbeiten müssen und an Sonntagen generell nicht mehr zu Arbeitsdiensten herangezogen werden dürfen. In letzter Konsequenz führte dies aber zu einer noch schlimmeren Versklavung der Bauern. Beispielsweise waren bei der Bauernbevölkerung in der Ukraine vor Pauls Intervention Frondienste gar nicht üblich. Nun aber wurde ein dreitägiger Frondienst für sie eingeführt, zur Freude der kleinrussischen Gutsherren, von denen viele Offiziere in den Pawlowsker Bataillonen waren. Im übrigen Land war es sehr schwierig, die im Dekret geforderte Begrenzung der Frondienste zu überwachen.

Nicht weniger Achtung hatten nach Pauls Ansicht auch die Domänenbauern verdient. Aber seine „guten Absichten" gegenüber dem Bauernstand fanden keinen Niederschlag in der Wirklichkeit. Im Gegenteil, er hielt es sogar für eine besondere Wohltat, staatseigene Bauern – natürlich in ihrem eigenen Interesse und im Interesse des Landes – als Leibeigene an die Gutsbesitzer zu verteilen. Allein im Zeitraum vom 6. November bis zum 31. Dezember 1796 wurden 89.000 Seelen männlichen Geschlechts in Rußland und mehr als hundert einzelne Gutshöfe im Baltikum an Höflinge verschenkt. Im Jahr 1797 wurden 152.000 Seelen männlichen Geschlechts verschenkt. Insgesamt verschenkte Paul in nicht einmal viereinhalb Jahren etwa 600.000 Seelen beiderlei Geschlechts. Zum Vergleich: Katharina II. verschenkte während ihrer 34jährigen Regierungszeit 400.000 Seelen männlichen Geschlechts. Die meisten Leibeigenen erhielten Offiziere der Pawlowsker Bataillone. So wurden u. a. folgende Pawlowsker Amtsträger bedacht: A. G. Bobrinski, A. A. Besborodko, A.

Kat. Nr. 9
Uniformkleid von Katharina II.
St. Petersburg, Rußland, zweite Hälfte des 18. Jahrhunderts
Goldfadenstickerei, Rips
Kleid, Länge: 123 cm, Taillenumfang: 96 cm, Umfang Rockunterkante: 360 cm (Inv. Nr. CCh-2687-II)
Überkleid, 137 x 344 cm, Bez. innen im Rückenteil mit schwarzer Tusche: *1774* (Inv. Nr. CCh-2688-II)
Provenienz: Schloß Pawlowsk, aus dem Zentrallager für Museumsbeständen 1945
Ausstellungen: *Splendeur et intimité à la cour impériale de Russie 1780-1820*. Montbéliard 1995; *Splendore della Corte degli Zar*. Turin, Rom 1999

Das Kleid ist einer Matrosenuniform nachempfunden. Die Vorderseite des Oberteils und der Rock sind aus grünem Rips genäht, das Rückenteil und die langen Ärmel aus weißem Rips. Das Kleid ist mit weißem dünnen Seidenleinen gefüttert. Der Rock hat eine tiefe Tasche.
Das vorne offene Überkleid ist aus weißem Seidenrips genäht, hat einen Umlegekragen, offene Ärmelausschnitte, lange schmale „zurückschlagbare" Ärmel und eine Schleppe. Der Kragen, die vorderen Kleidränder, die Umrandung der Ärmelausschnitte und die Ärmelmanschetten sind aus grünem Rips genäht und mit Goldfadenstickereien, Kantillen, Flitter, Pailletten und Goldfolieverzierungen besetzt. Im Rückenteil des Kleides sind oberhalb der Taille Fischbeinstäbe eingenäht. *N. W.*

Kat. Nr. 10
Johann-Baptist Lampi
1751 Romeno – 1830 Wien
Katharina II., um 1793
Öl auf Leinwand
75 x 55 cm
Inv. Nr. CCh-2174-III
Provenienz: Aus der Sammlung Schloß Gatschina, nach 1945 in Pawlowsk
Ausstellungen: *Kultura i sztuka Rosji konca XVIII i poczatku XIX wieku*. Szczecin, Poznan 1996; *Pavlovsk. Zolotoj vek russkoj kul'tury*. Moskau 1998

Katharina II. (1729-1796)
Diese Skizze ist eine Variante zum großen, im Jahre 1793 vollendeten Porträt aus der Sammlung der Staatlichen Eremitage. Katharina II. ist neben dem Thron stehend dargestellt, sie trägt die kleine Zarenkrone und hält das Zepter in der Hand. Unter dem blauen Band des Ordens des Heiligen Andreas des Erstberufenen sind zudem das orange-schwarz gestreifte Band des Ordens des Heiligen Georgs zu sehen, den Katharina II. im Jahre 1769 gründete, sowie das rot-schwarze Band des Ordens des Heiligen Wladimir.
Der österreichische Maler Johann-Baptist Lampi erhielt seine Ausbildung in Salzburg und arbeitete danach in Wien und Italien. 1792 folgte er der Einladung des Fürsten Grigori Potjomkin nach Rußland. Er schuf zahlreiche Porträts von Angehörigen der Zarenfamilie sowie dem Hofe Katharinas II. nahestehenden Personen. 1797 kehrte er zurück nach Wien. *N. S.*

B. Kurakin, N. W. Repnin, W. P. Musin-Puschkin. In dieser Liste entdecken wir auch den Namen des ehemaligen Hofbarbiers und später zum Grafen ernannten I. P. Kutaissow. Dieser wurde mit über 3.000 Leibeigenen und über 30.000 Desjatinen (ca. 33.700 ha) Land beschenkt. Wenn man sich die Preismaßstäbe des 18. Jahrhunderts vor Augen führt, erkennt man, welch realer Gunstbeweis des Zaren die Schenkung von Leibeigenen war. Paul erkaufte sich damit bewußt die zukünftige Unterstützung seiner Politik. Andersherum ließ er mißliebigen Herrschaften ihre Besitzungen abnehmen. Wir wissen zum Beispiel, daß Pauls Sohn Alexander I. schon am dritten Tag nach seiner Thronbesteigung den Grafen S. R. Woronzow und L. G. Orlow-Tschesmenski ihre Besitzungen zurückgab, die im Februar 1800 konfisziert worden waren.
Bezüglich der Staatsfinanzen vertrat Paul die Auffassung, daß die Staatseinnahmen dem Staat gehören und nicht dem Herrscher persönlich. Bei der Verwendung der Einnahmen seien bestimmte Ausgaben festzusetzen und diese müßten mit den Bedürfnissen des Staates übereinstimmen. Er ließ einen Großteil des Tafelsilbers aus dem Winterpalast in Münzen umschmelzen und fast zwei Millionen Papierrubel (Assignaten) vernichten, um die Staatsschulden zu verringern.

Auch dem Bildungswesen schenkte Paul Beachtung. Er genehmigte die Wiedereröffnung der Universität in Dorpat (das heutige Tartu/Estland). Vier Jahre später, bereits unter Alexander I., nahm diese deutschsprachige Universität den Lehrbetrieb auf. In St. Petersburg wurden die Medizinisch-chirurgische Akademie, viele Schulen und Institute eröffnet. Gleichzeitig ergriff Paul aber auch Maßnahmen, um Rußland vor den Ideen des „lasterhaften und verbrecherischen" Frankreichs zu bewahren. So wurden Auslandsstudien ganz verboten, die Einfuhr ausländischer Bücher wurde einer strengen Zensur unterzogen, und sogar das Kartenspiel wurde untersagt. Interessant ist, daß sich der neue Zar aus verschiedenen Gründen um eine Verbesserung der russischen Sprache bemühte. Schon bald nach seiner Thronbesteigung gab er die Anweisung, sich in allen amtlichen Dokumenten „im reinsten und einfachsten Stile auszudrücken, dabei mit größtmöglicher Genauigkeit zu verfahren und sich zu bemühen, lieber die Sache selbst darzulegen, schwülstige Ausdrücke dagegen, die ihren Sinn verloren hätten, tunlichst zu vermeiden".
Mit all diesen Maßnahmen versuchte Paul, einen Staat nach dem Vorbild des aufgeklärten Absolutismus von Friedrich dem Großen zu schaffen. Da er für dieses Vorhaben aber kein systematisches Konzept hatte, verzettelte er sich mit verschiedenen Einzelmaßnahmen, deren Sinn sich der von Katharina II. „erzogenen" Gesellschaft nicht erschloß.

Kat. Nr. 11
Uniform eines Offiziers der Leibgarde des Kavallerieregiments, gehörte angeblich Peter III. (1728-1762)
St. Petersburg, Rußland, 60er Jahre des 18. Jahrhunderts
Handarbeit, Tuch, Litze (Galon), Seide
Länge: 99 cm, Rückenbreite: 30 cm
Inv. Nr. CCh-4281-II
Provenienz: Schloß Pawlowsk, aus dem Historischen Artilleriemuseum 1951
Ausstellungen: *Kultura i sztuka Rosji konca XVIII i poczatku XIX wieku*. Szczecin, Poznan 1996; *Splendore della Corte degli Zar*. Turin, Rom 1999

Uniform aus blauem Tuch mit Ärmelaufschlägen und Kragen aus scharlachrotem Tuch. An den vorderen Rändern, Ärmelaufschlägen, Taschenpatten und am Umlegekragen sind Goldlitzen aufgenäht. Die Knöpfe sind halbkugelig und vergoldet, das Futter ist aus scharlachroter Seide. Der Uniform beigefügt ist ein Etikett mit dem Stempel des Historischen Artilleriemuseums „Nr. 8. Zar Peters III. Uniform und Pantalons des Leibgarde-Kavallerieregiments im Uniformschnitt der Jahre 1730-1796 aus der Garderobe von Peter III." *N. W.*

Kat. Nr. 12
Lucas Conrad Pfanzelt
1716 Ulm – 1786 St. Petersburg
Zar Peter III., 1763
Öl auf Leinwand
86 x 67,5 cm
Bez. auf der Rückseite: *Luc ... Conrad Pfanzelt pinxit 1763*.
Inv. Nr. CCh–3652-III
Provenienz: Schloß Pawlowsk, ursprünglicher Bestand
Ausstellungen: *Splendeur et intimité à la cour impériale de la Russie 1780-1820*. Montbéliard 1995; *Splendore della Corte degli Zar*. Turin, Rom 1999

Peter III. (Karl Peter Ulrich) (1728-1762) war Sohn des Herzogs Karl Friedrich von Holstein-Gottorp (des Neffen Karls XII. von Schweden) und der Tochter Peters des Großen, Anna Petrowna. Im Jahre 1742 wurde er von der Zarin Elisabeth zum Nachfolger des russischen Throns ernannt. 1745 heiratete er die Großfürstin Katharina Alexejewna, geborene Prinzessin Sophie Friederike von Anhalt-Zerbst und zukünftige Zarin Katharina II. Seit 1761 war er russischer Zar. Am 28. Juni 1762 wurde er von Katharina II. entthront und am 6. Juli desselben Jahres von Verschwörern in Ropscha ermordet. Er war der Vater des Großfürsten Paul, des zukünftigen Zaren Paul I.
Das Bild zeigt Peter III. in ritterlichem Harnisch, kaiserlichem Hermelinmantel sowie mit dem blauen Band des höchsten russischen Ordens des Heiligen Andreas des Erstberufenen. Die Inschrift auf der Rückseite der Leinwand weist darauf hin, daß der Maler das Porträt erst nach dem Tod des Zaren fertiggestellt hat.
Lucas Conrad Pfanzelt ging bei seinem Vater, dem Porträtisten Georg Friedrich Pfanzelt, in die Lehre. 1743 trat er in russische Dienste ein. Als Gehilfe G. H. Groots arbeitete er zunächst an der Restaurierung von Bildern in St. Petersburg und den umliegenden Zarenresidenzen. Später malte er Porträts und Kompositionen mit religiösen und mythologischen Themen. *N. S.*

Das Urteil der russischen Gesellschaft über Paul und seine Regierungsmaßnahmen fiel zwiespältig aus. Historiker äußerten verschiedentlich die Meinung, unter Paul seien ungebildete und grobschlächtige Menschen an die Staatsspitze gelangt. Damit waren Persönlichkeiten wie der Graf Alexej Andrejewitsch Araktschejew gemeint, und zur Illustration ihres Charakters zitierte man gern einen Ausspruch von F. W. Rostoptschin, der sagte, daß „es noch der beste von ihnen verdient, gerädert zu werden." Man sollte aber nicht vergessen, daß unter diesen Leuten an der Staatsspitze auch ehrliche und anständige Männer wie N. W. Repnin, S. I. Pleschtschew und A. L. Bekleschow waren. Zu Pauls Gefolgsleuten zählten auch Persönlichkeiten wie S. M. Woronzow, N. I. Saltykow, A. W. Suworow, G. R. Derschawin, der bereits unter Katharina II. aktiv war, sowie der glänzende Staatsmann M. M. Speranski. Insgesamt war Paul bemüht, Staat und Gesellschaft ein anderes Gesicht als unter Katharina II. zu verleihen. Von einer starken Animosität gegen den Adel geleitet, beschnitt er dessen Privilegien. Das war für diese von den Gunstbeweisen der vorhergehenden Zaren verwöhnte Schicht natürlich ein Affront.

Viele bekannte Persönlichkeiten des 18. Jahrhunderts beurteilten Pauls Regentschaft durchaus positiv, zum Beispiel A. T. Bolotow. Als Erfolge wertet dieser die Wiedereinsetzung der Kollegien in der Staatsverwaltung, eine Senatsreform, den entschlossenen Kampf gegen die Bestechlichkeit und den inzwischen legendär gewordenen Kampf Pauls gegen runde Hüte, Fräcke usw. Tatsächlich wurden Unsummen für Kleidung ausgegeben. Eine Uniform kostete zum Beispiel 120 Rubel. Für damalige Verhältnisse war das eine gewaltige Summe. Die adligen Herrschaften trugen teure Fräcke, Westen, Pelze, Seidenstrümpfe etc. und machten horrende Schulden, um sich all das leisten zu können. Mit dieser Verschwendung machte Paul kurzen Prozeß: Er führte eine preiswerte Uniform ein und verbot das Tragen ausländischer Kleidung. Mit folgendem Beispiel illustriert Bolotow Pauls Entschlossenheit, von allen ehrenhafte Pflichterfüllung zu verlangen: „Als der Zar einmal durch die Stadt fuhr, sah er einen Offizier, der ohne Degen seines Weges ging. Ein Stück dahinter folgte ihm ein Offiziersbursche, der einen Degen und einen Pelz trug. Paul ging zu dem Soldaten und fragte ihn, was er da für einen Degen trage. Der antwortete: ‚Der gehört dem Offizier, der dort vorne geht.' ‚Dem Offizier!' antwortete Paul. ‚Ja, kann denn der seinen Degen nicht selber tragen? Also, du nimmst dir jetzt den Degen und gibst ihm dafür dein Bajonett!'" So machte Paul aus dem Soldaten einen Offizier und degradierte den Offizier zum gemeinen Soldaten. Angeblich hat diese kleine Geschichte gewaltigen Eindruck auf die Soldaten und Offiziere gemacht, insbesondere die letzteren hätten ihren Dienst von da an gewissenhafter versehen, um nicht auch eine Degradierung von höchster Stelle zu riskieren.

Kat. Nr. 13
Johann Heinrich von Dannecker
Herzog Friedrich Eugen von Württemberg, 1797
Gewandbüste in carrarischem Marmor
Höhe: 78 cm
Bez. auf d. Rückseite: *DANNECKER / FECIT / ANNO / 1797*
Provenienz: Schloßmuseum Gatschina

Maria Fjodorowna beauftragte Dannecker, den Hofbildhauer ihres Onkels Karl Eugen, mit der Marmorfassung des Porträts ihres Vaters, an dem der Künstler arbeitete, nachdem Friedrich Eugen 1795 die Regierung in Württemberg übernommen hatte. Der Porträtierte hat seinen Kopf leicht nach vorne geneigt: ein milder, gütiger Zug, der auch in den nachdenklichen Augen und der entspannten Mundpartie zum Ausdruck kommt. Unterstrichen wird diese Charakterisierung des Herrschers durch die antikisierende Toga, die ihm lose um die Schulter fällt und von der Feldherrnrüstung nur einen kleinen Ausschnitt sehen läßt. Der Vater Maria Fjodorownas erscheint so als ein volksnaher, gütiger Landesvater und seelenvoller Mensch. Er war weniger der Kunst, dafür aber um so mehr der Botanik, der Musik und Literatur zugetan. *H. G.*

Kat. Nr. 14
Christian Wilhelm Ketterlinus
1766 Stuttgart – 1803 Sankt Petersburg
Porträt des Herzogs Friedrich Eugen von Württemberg, 1796-1801
Italienischer Stift auf Pergament
27,8 x 20,9 cm
Unter dem Bild: *Dessinée à St. Petersbourg par W. Kitterlinus Frederic Eugen, Duc regnant de Wirtemberg. Dédié a mon August. Protectrice, Sa Majesté Impériale Marie Feodorowna L'Impératrice de toutes les Rußies A. Z.*
Darunter: *par Son plus de ses serviteurs W. Kitterlinus.*
Inv. Nr. CCh-2094-XI
Provenienz: Schloß Pawlowsk, bis 1945 Schloßmuseum Gatschina

Wilhelm Ketterlinus, Hofgraveur des Herzogs von Württemberg, kam 1799 nach Petersburg, wo er zum Kaiserlichen Hofgraveur und Mitglied der Kaiserlichen Akademie der Künste ernannt wurde.
Als Vorlage für dieses Porträt diente entweder ein von Ketterlinus selbst angefertigter Stich oder ein früheres Bildnis des Herzogs (1732-1797), da dieser bereits verstorben war, als diese Zeichnung entstand. Maria Fjodorownas Vater hatte erst 1795 die Regierungsgeschäfte übernommen, war also nur kurze Zeit Herzog von Württemberg. Wahrscheinlich ist dieses Porträt tatsächlich erst nach Ketterlinus' Ankunft in Petersburg entstanden, wohl nach einem früheren Original. Erhaltene Dokumente belegen, daß das Bildnis in Pauls Ankleidezimmer in Gatschina hing. Außerdem sollen sich in den Asservatenkammern des Schlosses noch zwei weitere Porträts von Ketterlinus' Hand befunden haben: eines von Friederike Sophie Dorothée, der Mutter Maria Fjodorownas, sowie eines von Alexander I. Diese Arbeiten existieren heute jedoch nicht mehr. *O. L.*

Kat. Nr. 15
Peter Eduard Ströhling
1768 Düsseldorf – nach 1826 London
Porträt der Herzogin Dorothee von Württemberg mit ihrer Enkeltochter, der Großfürstin Olga Pawlowna, 1792
Elfenbein, Aquarell
10,7 x 9,2 cm, Oval
Bez. vo. li.: *P. Stroeling 1792.*
Auf dem Rahmen der Wiege: *Je l'attendais avec inquiétude* und auf der Wiegenkartusche: *OLINKA*
Inv. Nr. CCh-45/1-2
Aufschrift auf dem vergoldeten Bronzerahmen: *S.A.R. MADAME LA DUCHESSE DOROTHEE DE WURTEMBERG*
12,6 x 11 cm
Provenienz: Aus der Sammlung von Maria Fjodorowna im Winterpalast, kam nach 1945 mit der Sammlung Schloß Gatschina nach Pawlowsk

Die Mutter Sophie Dorothées, Friederike Sophie Dorothée von Württemberg (1736-1798), war die Tochter des Markgrafen von Brandenburg-Schwedt, mütterlicherseits eine Nichte des preußischen Königs Friedrich des Großen. 1753 heiratete sie Friedrich Eugen von Württemberg.
Großfürstin Olga Pawlowna (1792-1795) war die fünfte Tochter in der Familie des Großfürsten Paul. Das Porträt ist „apokryph", weil die Mutter Maria Fjodorownas Rußland niemals besuchte. Ströhling reiste 1796 nach St. Petersburg. Die Miniatur kann daher nur aus der Ferne, wahrscheinlich im Auftrag der Herzogin, angefertigt worden sein. Der seltsam anmutende Wunsch, neben der noch nie gesehenen Enkeltochter gemalt zu werden, hängt eng zusammen mit der Sentimentalität dieser Epoche. Die Aufschrift auf der Wiege, „Ich erwartete Dich mit Unruhe", deutet darauf hin, daß alle Geburten Maria Fjodorownas sehr schwer verliefen und stets große Sorge bei den ihr nahestehenden Menschen auslösten. *N. S.*

Bei den meisten Zeitgenossen stieß Pauls Regentschaft auf Ablehnung. Sie verstanden seine Politik nicht, hielten ihn für einen „Tyrannen", für einen „brutalen", ja sogar für einen „wahnsinnigen" Herrscher. Pauls größter Fehler war – um es mit den Worten von A. W. Suworows Biografen, General Petruschewski, zu sagen –, daß das Morgen für ihn nicht eine Folge des Heute war. Dennoch wurden die meisten Ansätze der Pawlowsker Zeit von Pauls Nachfolgern weiterverfolgt.

Paul liebte Pawlowsk, wo er dem Beginn seiner Regentschaft entgegensah. Nachdem er Zar geworden war, begann er mit dem Bau einer neuen Residenz, des Michail-Schlosses. In ebenjenem Schloß wurde er in der Nacht vom 23. auf den 24. März 1801 ermordet, in seiner Geburtsstadt, und obwohl das Schloß wie eine Festung zum Schutz des Herrschers ausgebaut war. Es war ein tragisches Ende, zwar ausführlich, aber nicht immer wahrheitsgetreu geschildert von den Beteiligten jener Nacht, die als die letzte Palastrevolution des russischen Imperiums in die Geschichte einging.

Paul war eine zwiespältige Persönlichkeit. Geprägt vom Geist des verlöschenden Jahrhunderts, war er nicht imstande, seinen Platz im 19. Jahrhundert zu finden, in dem der Pragmatismus der Gesellschaft und die relative Freiheit der oberen Zehntausend nicht mehr nebeneinander existieren konnten. Die Gesellschaft, die noch vor hundert Jahren alle Launen von Peter dem Großen stoisch ertragen hatte, war nun nicht mehr bereit, Paul zu ertragen.

„Unser romantischer Zar", wie Alexander Puschkin Paul I. nannte, scheiterte an einem Land, das nicht nur die Mehrung der Macht, sondern vor allem innenpolitische Reformen von ihm erwartete. Diesen Anspruch konnte Paul nicht erfüllen. Seine Erziehung und Bildung, seine religiösen Überzeugungen, sein getrübtes Verhältnis zu seinem Vater und vor allem zu seiner Mutter standen ihm dabei im Wege.

Eine besondere Rolle im Leben des Großfürsten Paul spielte Pawlowsk. 1777 schenkte ihm seine Mutter, die Zarin Katharina II., aus Anlaß der Geburt seines ersten Sohnes Alexander 362 Desjatinen (ca. 400 ha) Land. Dieser Grundbesitz lag in einer praktisch unbesiedelten, malerischen Gegend mit Sümpfen und Wäldern an den Ufern der Slawjanka. Bereits vorhanden waren dort die beiden Jagdhütten Krik und Krak, die Katharina II. und ihrem Gefolge als Rastplatz dienten, wenn sie ihrer weidmännischen Leidenschaft frönten. 1778 begann man mit der Erschließung des Geländes, in dem die Residenz des Thronfolgers entstehen sollte. Den Bau des neuen Schlosses nach Plänen von Charles Cameron beaufsichtigte in erster Linie Maria Fjodorowna.

Nur eine Woche nach dem Tod Katharinas II. und seiner Inthronisation erließ Paul I. folgendes Dekret: „Das Dorf Pawlowsk, das wir Ihrer Kaiserlichen Majestät, unsrer liebenswürdigen Gattin, über-

Schloßansicht: Abschluß des südlichen Seitenflügels mit dem zweistöckigen Wirtschaftstrakt von Vincenzo Brenna.

Kat. Nr. 16
Livre de Mythologie pour Madame La Princesse Dorothée
(Unterrichtsheft zur Mythologie), 1771
Papier, Tinte
25 zusammengeheftete Seiten
22,7 x 18 cm
Inv. Nr. CCh-196-XIII
Provenienz: Schloß Pawlowsk, Historisches Archiv

In ihrer Kindheit erhielt Maria Fjodorowna eine hervorragende Ausbildung, die sich nicht nur darauf beschränkte, das kleine Mädchen auf seine Aufgaben in der Familie und die Repräsentationspflichten vorzubereiten. Sie bekam Unterricht in den verschiedensten Fächern – Mathematik, Geographie, Geschichte der Antike und der Neuzeit, Philosophie usw. Lesen und Schreiben lernte sie bereits ziemlich früh, nämlich im Alter von sechs Jahren. Ihr Anfangsunterricht, beaufsichtigt von ihrer Mutter, lag in den Händen ihrer Gouvernante Frau Bork, die ihr auch die französische Sprache und Arithmetik beibrachte. Mit neun Jahren begann ihre Unterweisung in Geschichte und Geographie. Später unterrichtete sie der Erzieher ihrer Brüder, ein gewisser Mockler, in Geometrie und Lasemann in Geschichte. Sie eignete sich ebenso die bedeutendsten Grundsätze der Logik und der Psychologie an und erwarb die allerwichtigsten Kenntnisse in den Naturwissenschaften. Gegen Ende ihrer Ausbildung kam zum Erlernen der deutschen und der französischen Sprache auch noch Italienischunterricht hinzu. Mit der Unterweisung in Heraldik, einem Fach, das zu jener Zeit für die Angehörigen der oberen Gesellschaftsschichten obligatorisch war, schloß ihre Ausbildung ab.

Das „Heft" über die Mythologie aus dem Archiv des Schlosses Pawlowsk hat die zwölfjährige württembergische Prinzessin eigenhändig in Französisch, der Unterrichtssprache aller ihrer Fächer, abgefaßt. Man bemerkt, daß die Handschrift der Schülerin nicht sehr sauber und ordentlich war. *N. S.*

eignet haben, ernennen wir zur Stadt, damit seine Verwaltung auf derselben Grundlage stattfinde, wie sie nach unsrem Willen zuvor dort eingeführt wurde, und es hat mitsamt seiner jetzigen Umgebung unmittelbar als Stadt zu gelten." Schon bald verlieh Paul I. der Stadt Pawlowsk weitere Privilegien. Das kleine Dorf verwandelte sich in die Residenz des Zaren. Das Schloß wurde erweitert und der Park ausgebaut. 1797 begründete man in Pawlowsk Stadtverwaltung und Rathaus. Über die Aufenthalte des Zarenhofs in Pawlowsk schrieb der Admiral A. S. Schischkow in seinen Erinnerungen: „Unser Zeitvertreib in Pawlowsk war eintönig und langweilig. Nach dem Mittagessen gingen wir würdevoll und gemessenen Schrittes im Garten spazieren. Nach einer kleinen Rast versammelten wir uns dann täglich zu einer überaus ermüdenden Unterhaltung. Dabei saß der Herrscher mit den Großfürsten und Großfürstinnen zusammen, und sie ergingen sich in trockenen Gesprächen, während wir außen herum auf Stühlen saßen." N. A. Sablukow schrieb: „Ihre Majestäten weilten vorwiegend im Frühjahr oder im Frühsommer in Pawlowsk, da sie während der sommerlichen Hitze dem Peterhof am Finnischen Meerbusen als dem kühleren Orte den Vorzug gaben. Pawlowsk, Privatbesitz von Maria Fjodorowna, war überaus edel geschmückt, und jeder irgend geeignete Flecken Boden dort war durchdrungen von ihrem Geschmack, ihren Vorlieben und ihren Erinnerungen an Reisen im Ausland. Jeden Abend fanden rustikale Feste, Ausfahrten, Tafeln, Theatervorstellungen, Improvisationen, verschiedene Überraschungen, Bälle und Konzerte statt, und die Zarin, ihre reizenden Töchter und Schwiegertöchter verliehen diesen Vergnügungen mit ihrer Eleganz ein bezauberndes Flair. Auch Zar Paul I. selbst nahm mit Genuß daran teil."

Pawlowsk bewahrt das Andenken an Großfürst Paul und seine Familie in den romantischen Namen der Parkalleen *Junger Bräutigam* oder *Schwarzer Hut* und in wunderbaren Pavillons, dem Tempel der Freundschaft, dem Pil-Turm und dem abgeschieden gelegenen Mausoleum.

Eine wichtige Rolle bei der Entstehung von Pawlowsk spielte Maria Fjodorowna, die Gattin von Großfürst Paul. Sie war eine großgewachsene (um einen Kopf größer als Paul) und lebensfrohe junge Frau. Katharina II. selbst hatte diese Ehe initiiert. Pauls erste Ehe war nur von kurzer Dauer gewesen. 1773 heiratete er die Prinzessin Augustine Wilhelmine, die Tochter des Landgrafen von Hessen-Darmstadt, die bei ihrem Übertritt zum orthodoxen Glauben den Namen Natalja Alexejewna erhielt. Drei Jahre später starb sie im Kindbett. Katharinas Wahl fiel nun auf die attraktive württembergische Prinzessin Sophie Dorothée, die sie schon 1767 ins Auge

Kat. Nr. 17
Unbekannter Maler des 18. Jahrhunderts (Deutschland?)
Prinzessin Sophie Dorothée von Württemberg, um 1770
Öl auf Leinwand
78,5 x 65 cm
Inv. Nr. CCh-1989-III
Provenienz: Aus der Sammlung Schloß Gatschina, nach 1945 in Pawlowsk
Ausstellungen: *Splendeur et intimité à la cour impériale de la Russie 1780-1820.* Montbéliard 1995; *Kultura i sztuka Rosji konca XVIII i poczatku XIX wieku.* Szczecin, Poznan 1996

Sophie Dorothée Auguste Luise (1759-1828) war die Tochter Friedrich Eugens, des Herzogs von Württemberg. Durch ihre Hochzeit mit dem russischen Thronfolger Paul im Jahre 1776 wurde Sophie Dorothée russische Großfürstin. Bei ihrem Übertritt zum orthodoxen Glauben erhielt sie den Namen Maria Fjodorowna.

Von 1796 bis 1801 war ihr Gatte als Paul I. Zar von Rußland. Sophie Dorothée wurde in Stettin geboren – wie dreißig Jahre zuvor die künftige russische Zarin Katharina II. Zeitgenossen zufolge war die junge, wohlproportionierte Prinzessin von beeindruckender Schönheit und Gesundheit. Es war daher kein Zufall, daß Katharina II. sie schon im Jahre 1773 als mögliche Braut für den Großfürsten Paul ausgesucht hatte. Durch die Intervention Friedrichs II. sollte indes zunächst Wilhelmine von Hessen-Darmstadt (die spätere Großfürstin Natalja Alexejewna) die Braut des Großfürsten werden. Nach deren Tod erinnerte sich Katharina II. an ihre „Liebste", wie sie Sophie Dorothée gerne nannte. Schon die Kürze, in der die nötigen diplomatischen Verhandlungen abgeschlossen und die Formalitäten erledigt waren, zeigt, wie groß der Wunsch Katharinas gewesen sein mochte, die württembergische Prinzessin für ihren Sohn zu gewinnen. Die Ehe konnte bereits am 26. September 1776, also nur wenige Monate nach dem Tod der ersten Frau des Großfürsten, geschlossen werden. *N. S.*

gefaßt hatte, die damals aber noch nicht im heiratsfähigen Alter war. Per Kurier ließ man ein Porträt von Sophie Dorothée nach Rußland bringen. Katharina II. zeigte es Paul und sagte, diese Prinzessin sei „sanft, hübsch und reizend, mit einem Wort: ein Juwel, und ein Juwel bringe Freude mit sich". Der Großfürst verliebte sich immer mehr in das Bildnis und drängte zum Aufbruch nach Potsdam.

Im Juli 1776 wurde dem russischen Thronfolger im Palast von Friedrich dem Großen in Potsdam seine Braut, die junge Prinzessin Sophie Dorothée, vorgestellt. Danach schrieb Paul an seine Mutter: „Meine Braut ist so, wie ich sie mir besser nicht hätte wünschen können: hübsch, groß, schlank, nicht schüchtern, sie antwortet klug und schlagfertig. Was nun ihr Herz betrifft, so ist sie überaus einfühlsam und liebevoll ... Sie ist reich an Kenntnissen, und was mich nicht wenig erstaunte, war unser Gespräch über die Geometrie, als sie äußerte, diese Wissenschaft sei notwendig, damit man lerne, zu fundierten Schlüssen zu kommen. Sie ist sehr einfach im Umgang, liebt es, zu Hause zu sein und sich mit Lektüre und Musik zu beschäftigen. Ganz begierig ist sie, Russisch zu lernen, weil sie weiß, wie nötig das ist, und weil sie das Beispiel ihrer Vorgängerin vor Augen hat."

Sophie Dorothée wurde dazu erzogen, die Familie zu lieben und zu achten. Sie hatte tadellose Manieren, beschäftigte sich gerne mit Handarbeiten und übte sich in der Briefschreibekunst. Zudem genoß sie eine ausgezeichnete häusliche Bildung, wurde in Philosophie, alter Geschichte und Mathematik unterrichtet. Ihre außergewöhnliche Vielseitigkeit wußte auch ihr zukünftiger Gatte zu schätzen.

B ei der Verabschiedung in Potsdam überreichte Großfürst Paul seiner Braut auf einigen Blättern eine 14 Punkte umfassende Belehrung, wie sie sich nach ihrer Ankunft in Rußland zu verhalten habe. Darin hält er sie unter anderem dazu an: „1. Den Glauben zu wahren, also alles, was die kirchlichen Gebräuche betrifft. 2. Ihrer Majestät Ehre zu zollen und sich ihr gegenüber in gebührender Weise zu verhalten. 3. Sich mir gegenüber so zu verhalten, wie ich das wünsche ... 6. Auf die russische Sprache und andere Kenntnisse des Landes zu achten ... 8. Bezüglich des Geldes, der Garderobe und anderer Ausgaben die gebotene Sparsamkeit walten zu lassen ..." Die Belehrung enthielt außerdem den Hinweis, sie habe sich als seine Gattin „vor allem mit Geduld und Sanftmut zu wappnen, um meine Hitzigkeit, wechselnde Gemütsverfassung wie auch meine Ungeduld zu ertragen". Maria Fjodorowna hob diese Belehrungen sorgfältig auf und schrieb einige Zeit später als Anmerkung dazu, zu dem darin geforderten Verhalten sei sie von Kindheit an erzogen worden und nur die unglückliche erste Ehe könne ihren Gatten dazu veranlaßt haben, eine solche Instruktion zu verfassen.

Kat. Nr. 18
Jean-Louis Voille
1744 Paris, gestorben nach 1806 an unbekanntem Ort
Großfürst Paul, 1771
Öl auf Leinwand
77,5 x 63,5 cm
Bez. auf der Vorderseite links: *Voille 1771*.
Inv. Nr. CCh-1997-III
Provenienz: Aus der Sammlung Schloß Gatschina, nach 1945 in Pawlowsk
Ausstellungen: *Splendeur et intimité à la cour impériale de la Russie 1780-1820*. Montbéliard 1995; *Kultura i sztuka Rosji konca XVIII i poczatku XIX wieku*. Szczecin, Poznan 1996; *Jewels of the Romanows. Treasures of the Russian Imperial Court*. Washington, Houston, San Diego, Memphis, New York 1997-1998

Großfürst Paul (1754-1801) – siehe Kat. 20.
Der Großfürst ist dargestellt mit dem blauen Band und Stern des höchsten russischen Ordens des Heiligen Andreas des Erstberufenen sowie mit dem St.-Anna-Orden zweiten Grades. Jakob Stellin schreibt in seinen *Aufzeichnungen*: „1771: In der Porträtmalerei tat sich der französische Komödiant des Hoftheaters Voille besonders hervor. Die Porträts Seiner Kaiserlichen Hoheit des Großfürsten ..., des preußischen Abgesandten Graf Solms usw. sind sehr ausdrucksstark und von beeindruckender Ähnlichkeit." Trotz seines hitzigen Temperaments hinterließ Großfürst Paul meist einen sehr angenehmen Eindruck. 1773, während der Heiratsverhandlungen mit Prinzessin Wilhelmine, beschrieb Graf Solms den jungen Fürsten so: „Es ist für jedes Mädchen leicht, sich in ihn zu verlieben. Obgleich er nicht groß ist, so hat er doch ein sehr schönes Gesicht; er ist von harmonischer Gestalt; ... bescheiden und überaus höflich, er ist aufmerksam und besitzt ein frohes Gemüt. Unter diesem fabelhaften Äußeren verbirgt sich zudem eine vortreffliche und erhabene Seele ..." Eine Replik des Gemäldes befindet sich im Staatlichen Russischen Museum in St. Petersburg (Sh-5386), eine weitere im Staatlichen Kunstmuseum Usbekistans, Taschkent. 1773 Stich von Antoine Radigues nach dem Porträt (vermutlich nach dem Porträt in der Romanow-Galerie der Eremitage, Ausstellungskatalog 1902).

Voille studierte bei François-Hubert Drouais in Paris. Von 1770-1803 arbeitete er – mit einigen Unterbrechungen – in Rußland. Im Jahre 1788 wurde er an die St. Petersburger Akademie der Künste berufen. In den über dreißig Jahren, die Voille in Rußland arbeitete, schuf er zahlreiche Porträts von Angehörigen der Zarenfamilie und Vertretern der russischen Aristokratie. *N.S.*

Kat. Nr. 19
Autor unbekannt
Stammbaum der Familie Pauls I., 1798
Feder, Pinsel, Tusche, Gouache auf Pergament
54 x 68 cm
Inv. Nr. CCh-137-XI
Provenienz: Schloß Pawlowsk
Ausstellungen: *Splendeur et intimité à la cour impériale de la Russie 1780-1820.* Montbéliard 1995

Das Blatt ist ein Fragment des *Stammbuchs der Rußländischen Kaiserlichen Familie* aus den Beständen des Staatlichen Schloßmuseums Pawlowsk. Es befand sich hinter dem Titelblatt, worauf auch die Unterschrift des Fürsten Alexej Borissowitsch Kurakin „Minister des Departements der Apanagen Fürst Kurakin" hinweist, von der sich je ein Wort auf jedem Blatt des Stammbuchs befindet. Rechts unten auf dem Blatt des Stammbaums ist dementsprechend das Wort „Departement" zu lesen. Alexej Borissowitsch Kurakin war der Bruder Alexander Kurakins, eines Jugendfreunds Pauls. 1797 wurde er zum Minister des damals neu gegründeten Departements ernannt, und das Stammbuch war wohl ein Zeichen der Dankbarkeit für dieses hohe Amt.

Den dekorativen Rahmen zieren unter anderem russische Stadtwappen. Im Schatten des Baumes stehen Allegorien des Wohlstands, der Gerechtigkeit und der Barmherzigkeit, während die Figur des Kriegsgottes Mars im Vordergrund Stärke symbolisiert. Das Namensschild der 1795 verstorbenen Großfürstin Olga Pawlowna ist verdunkelt dargestellt.

Das Stammbuch wurde bis zur Geburt des zehnten und letzten Kindes der Familie, des Großfürsten Michail Pawlowitsch (28.1.1798), geführt. *O. L.*

Unter dem Eindruck der ersten Begegnung in Potsdam verliebte sich Großfürst Paul mit jugendlicher Heftigkeit in seine Braut. Bereits während seiner Rückkehr nach Zarskoje Selo war er voll Ungeduld, sie wiederzusehen, und schrieb ihr glühende Liebesbriefe von unterwegs.

Im August reiste Sophie Dorothée nach Rußland. Unter Anleitung von Katharina II. bereitete sie sich auf den Übertritt zum orthodoxen Glauben vor, bei dem sie ihren neuen Namen Maria Fjodorowna erhielt. In ihrer Liste mit bedeutsamen Daten vermerkte sie dieses Ereignis: „... am 14/2 September empfing ich die heilige Taufe ..." Vor der Hochzeit schrieb sie Großfürst Paul in einem mit ihrem neuen Namen unterzeichneten Brief: „Mit diesem Papier schwöre ich, Euch mein ganzes Leben lang zu lieben, zu verehren und Euch immer liebevoll verbunden zu sein; nichts in der Welt kann mich dazu bringen, meine Einstellung Euch gegenüber zu ändern. So fühle ich als Eure Euch für immer liebevoll zugeneigte, treueste Freundin und Braut." Maria Fjodorownas Gefühle für Paul sollten sich noch verstärken. Wenige Monate nach der Hochzeit schrieb sie: „Dieser liebe Ehemann ist ein Engel, ich liebe ihn bis zum Wahnsinn."

Ende September 1776 wurden Großfürst Paul und Maria Fjodorowna getraut. Am Tag nach der Hochzeit überreichten ihnen die Kirchenväter im Namen der Heiligen Synode feierlich zwei Ikonen mit den Bildern ihrer Namenspatrone, des Apostels Paulus und der Maria Magdalena.

Die Ehegatten lebten in völliger Harmonie. Großfürst Paul war gut gelaunt und gesprächig. Seine glückliche Stimmung kommt in einer kleinen Notiz an seine Frau zum Ausdruck: „Jegliche Bezeugung deiner Freundschaft, meine Liebste, ist mir unendlich teuer, und ich schwöre dir, mit jedem Tag liebe ich dich mehr. Gott segnet unsere Verbindung, wie er sie auch schuf." Die junge Großfürstin war eine vorbildliche Ehefrau und bezauberte den ganzen Hof mit ihrem Charme. Auch die Zarin Katharina II. war aufs höchste zufrieden mit ihr. Frucht dieser glücklichen ersten Monate der Ehe zwischen Großfürst Paul und Maria Fjodorowna war die Geburt ihres ersten Sohnes Alexander am 23. Dezember 1777.

Die Freude über dieses Ereignis wurde jedoch sogleich getrübt. Katharina II. trennte das Kind von seinen Eltern und ließ es in ihre Gemächer bringen. Hier drängen sich natürlich historische Parallelen auf, denn genau so war die Zarin Elisabeth mit dem neugeborenen Paul verfahren. Aus Anlaß der Geburt Alexanders und vielleicht auch, um die ihres Sohnes beraubten Eltern ein wenig zu beschwichtigen, schenkte Katharina II. „den Kindern" ein neues Spielzeug: ein Stück Land zur Errichtung einer Sommerresidenz. In Pawlowsk – so wurde dieser Ort nach seinem neuen Besitzer benannt – entstanden auch bald zwei Gebäude mit den hübschen Namen Paullust und Marienthal. Pawlowsk wurde für Großfürst Paul und Maria Fjodorowna zum Hort ihrer Familienglücks, das allerdings immer wieder durch die Interventionen der ‚liebenden' Mutter und Großmutter Katharina getrübt wurde.

Kat. Nr. 20
Maler unbekannt, zweites Drittel des 18. Jahrhunderts
Großfürst Paul in der Uniform des General-Admirals
Öl auf Leinwand
59,2 x 46,7 cm
Inv. Nr. CCh-3815-III
Provenienz: Schloß Pawlowsk, erworben von der Kommission für Ankäufe des Kulturkomitees der Stadt St. Petersburg im Jahr 2000

Großfürst Paul (1754-1801) war der Sohn Peters III. und Katharinas II. Seit 1762 war er russischer Thronfolger und seit 1796 russischer Zar. 1773 heiratete er Prinzessin Wilhelmine von Hessen-Darmstadt (nach dem Übertritt zum orthodoxen Glauben: Natalja Alexejewna). Nach ihrem Tod schloß er im Jahre 1776 die Ehe mit Prinzessin Sophie Dorothée von Württemberg (nach dem Übertritt zum orthodoxen Glauben: Maria Fjodorowna). In der Nacht vom 23. auf den 24. März 1801 wurde Paul I. von Verschwörern im St. Petersburger Michail-Schloß ermordet. Großfürst Paul ist auf dem Gemälde in der Uniform des General-Admirals der Russischen Flotte dargestellt; er trägt den Orden des Heiligen Andreas des Erstberufenen und den St.-Anna-Orden zweiten Grades. Dieser wurde von seinem Großvater, dem Herzog von Holstein, zu Ehren seiner Gemahlin, der Tochter Peters des Großen, Anna Petrowna, gegründet. Die Ernennung des Großfürsten in den Rang des General-Admirals der Russischen Flotte erfolgte am 20. Dezember 1762 durch ein Dekret Katharinas II. *N. S.*

Kat. Nr. 21
Russischübungen der Großfürstin Maria Fjodorowna, 1776
Papier, Tinte
23,2 x 18,5 cm
2 separate Blätter
Inv. Nr. CCh-294-XIII
Provenienz: Schloß Pawlowsk, Historisches Archiv

Zarin Katharina II. entsandte Staatsrat Pastuchow, der der zukünftigen Braut in Memel entgegenkam, damit die württembergische Prinzessin bereits auf ihrer Reise nach St. Petersburg die russische Sprache erlernen konnte. Aufgrund der erhaltenen Papiere aus dem Archiv von Maria Fjodorowna läßt sich ablesen, daß der Unterricht kontinuierlich und fast täglich stattfand und das ganze folgende Jahr über andauerte. Jedes Blatt mit Übungen ist datiert und mit „Maria Großfürstin" signiert.
1. Blatt: Datiert auf den 17. Oktober 1776. Es enthält eine Übung mit der Konjugation des russischen Verbs für „beabsichtigen". Am Schluß wird der Satz „Ich beabsichtige, heute in die Akademie zu fahren" angeführt.
2. Blatt: Datiert auf den 22. Dezember 1776. Es enthält ein kleines Diktat oder eine Abschrift eines Texts, der offensichtlich einer Zeitung entstammt:
„Aus Spanien kam die Nachricht, dass Marqués de Grimaldi in Rom zum Botschafter ernannt und an seiner Stelle Herr Monino zum Außenminister bestimmt wurde. Daraus läßt sich schließen, daß der Krieg gegen Portugal binnen kurzem erklärt wird, denn bereits erwähnter Marqués de Grimaldi konnte, wie man hört, trotz all seiner Bemühungen der offensichtlich überall bemerkbaren Aufrüstung nicht Einhalt gebieten. Es wurde versichert, daß der Minister selbst um seine Entlassung vom Ministerposten ersucht hatte.
22. Dezember des Jahres 1776 Maria Großfürstin" *N. S.*

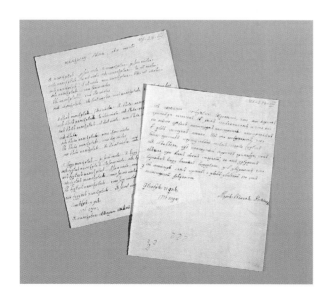

G leichgültig gegenüber ihrem Sohn, ließ Katharina II. all ihre unverbrauchten mütterlichen Gefühle dem Enkel angedeihen. Seiner Erziehung und Bildung widmete sie nicht weniger Aufmerksamkeit als den Belangen des Staates.

Zu einer weiteren ‚fürsorglichen' Einmischung sah sich Katharina II. genötigt, als im Sommer 1779 der zweite Sohn des Großfürstenpaares geboren wurde. Die Großmutter nannte ihn Konstantin. Schon bald wurde er zusammen mit seinem Bruder Alexander unterrichtet. Für den jüngeren Konstantin war das sehr ermüdend. Er hätte sich lieber mit seinem Alter angemessenen Spielen beschäftigt, als mit seinem älteren Bruder zu lernen. Die Oberaufsicht über die Erziehung ihrer Enkel übertrug Katharina dem Grafen Nikolaj Iwanowitsch Saltykow, den sie schriftlich instruierte, wie ihre Enkel zu erziehen seien. Für die beiden Knaben verfaßte sie eigens ein Büchlein, das sich *Großmutters Fibel* nannte. Der wichtigste Erzieher und Lehrer ihrer Enkel wurde aber der republikanisch gesinnte Schweizer Frédéric-César de La Harpe. Sie berief ihn auf Empfehlung ihres Korrespondenten Friedrich Melchior Grimm. Aus anderen Quellen geht hervor, daß Katharina II. sich mit der Absicht trug, den französischen Enzyklopädisten d'Alambert als Erzieher und Lehrer zu verpflichten. Letzterer war von dieser Absicht aufs äußerste erstaunt und erteilte eine höfliche Absage. Es war den Eltern gestattet, ihre Kinder an bestimmten Tagen zu sehen, obwohl die Großmutter davon überzeugt war, sie würden einen schlechten Einfluß auf die Erziehung ihrer Enkel nehmen.
Im September 1781 brachen Großfürst Paul und Maria Fjodorowna zu einer Europareise auf, die 14 Monate dauern sollte. Während ihrer Abwesenheit begann man in Pawlowsk mit dem Bau des Schlosses nach einem Entwurf des schottischen Baumeisters Charles Cameron. Das Großfürstenpaar schmückte das Schloß später mit vielen kunstvollen Einrichtungsgegenständen, die sie auf ihrer Reise erworben hatten oder die ihnen von europäischen Monarchen geschenkt worden waren.
1783 gebar Maria Fjodorowna ihre erste Tochter Alexandra. Aus Anlaß ihrer Geburt schenkte Katharina II. Paul das Schloß Gatschina, das sie von Graf Grigori Orlow erworben hatte. In den Folgejahren brachte Maria Fjodorowna weitere Töchter zur Welt: 1784 Helene, 1786 Maria und 1788 Katharina. Der Erziehung und Bildung der Großfürstentöchter nahm sich wiederum die Großmutter an. Als Erzieherin berief sie die Gräfin und spätere Fürstin Charlotte K. Lieven, die zu einer engen Vertrauten der großfürstlichen Familie wurde. Erfreut über ihre vielen Enkel, schrieb Katharina 1789 in einem Brief an ihre Schwiegertochter: „Wirklich, meine Gnädigste, du bist eine Meisterin darin, Kinder auf die Welt zu bringen." Insgesamt war das Großfürstenpaar mit vier Söhnen und sechs Töchtern gesegnet. Für Maria Fjodorowna war es eine Demütigung, daß Katharina II. ihr nur eine Nebenrolle bei der Erziehung ihrer eigenen Kinder zubilligte. Nichtsdestoweniger war sie ihnen eine liebende und fürsorgliche Mutter. Von Natur aus mit vielen Talenten begabt, hinterließ sie eine Zeichnung mit Profilporträts ihrer Kinder (Kat. 265). Diese auf Milchglas ausgeführte Kamee wurde mit verschiedenen Materialien und Techniken mehrfach reproduziert.

Kat. Nr. 22
Büste der Großfürstin Maria Fjodorowna
Frankreich, Sèvres, 1857 (Nachbildung des Werks von L. S. Boizot aus dem Jahre 1782)
Porzellan, Biskuitporzellan, Kobalt, Glasur, goldstaffiert
Höhe: 29 cm
Marken und Zeichen: in den Teig gedrückt: *Sevres57, 38*; grüne Aufglasurmarke: Stempel im Oval *S 57*; rote Aufglasurmarke *N* mit Krone, *57*
Inv. Nr. CCh-7142-I
Provenienz: Schloß Pawlowsk
Ausstellungen: *Splendeur et intimité à la cour impériale de Russie 1780-1820*. Montbéliard 1995; *Pavlovsk. Zolotoj vek russkoj kul'tury*. Moskau 1998

Diese Büste ist das Pendant zur Büste des Großfürsten Paul (Kat. 23).
Sie zeigt Kopf und Schultern der Großfürstin. Ihr Kopf ist leicht nach rechts gewandt. Am tiefen Ausschnitt des Kleidoberteils verlaufen ein Band und Spitzen, die linke Brustseite ziert ein Ordensstern. An den Schultern ist das Kleid in tiefe Falten gelegt. Die Großfürstin trägt eine hohe Perücke mit Locken am Hinterkopf und mit Blumen und Straußenfedern im Haar. Die Büste ruht auf einem runden Profilsockel aus Kobalt mit Goldborten. *E. N.*

Kat. Nr. 23
Büste des Großfürsten Paul
Frankreich, Sèvres, 1857 (Nachbildung des Werks von L. S. Boizot aus dem Jahre 1782)
Porzellan, Biskuitporzellan, Kobalt, Glasur, goldstaffiert
Höhe: 22 cm
Marken und Zeichen: in den Teig gedrückt: *Sevres57, 38*; grüne Aufglasurmarke: Stempel im Oval *S 57*; rote Aufglasurmarke *N* mit Krone
Inv. Nr. CCh-7143-I
Provenienz: Schloß Pawlowsk
Ausstellungen: *Splendeur et intimité à la cour impériale de Russie 1780-1820*. Montbéliard 1995; *Pavlovsk. Zolotoj vek russkoj kul'tury*. Moskau 1998

Dieses Exemplar blieb im Schloß erhalten und war im Gegensatz zu der Originalbüste aus dem 18. Jahrhundert auch Ende des 19., Anfang des 20. Jahrhunderts auf Fotografien in den Gemächern des Großfürsten Konstantin und seiner Schwester Olga Konstantinowna, der späteren Königin der Hellenen, zu sehen. Die Originalbüste war – ebenso wie ihr Pendant, eine Büste von Maria Fjodorowna – 1782 in Sèvres angefertigt worden und sollte rechtzeitig zur Ankunft des Comte und der Comtesse du Nord fertiggestellt werden. Boizots Arbeiten verzögerten sich jedoch, und so gelangten die Büsten erst später nach Pawlowsk. Leider wurden die Originale aus dem 18. Jahrhundert in der Zeit zwischen 1928 und 1932 aus dem Schloßbestand entfernt, ihr weiteres Schicksal ist unbekannt.
Um Pauls Schultern liegt in großen Falten ein Hermelinmantel. Die Büste ruht auf einem runden Profilsockel aus Kobalt mit Goldborten. *E. N.*

Kat. Nr. 24 **Gawril Iwanowitsch Skorodumow**, *Großfürst Paul*, um 1782

Kat. Nr. 25 **Gawril Iwanowitsch Skorodumow**, *Großfürstin Maria Fjodorowna*, um 1782

Kat. Nr. 24
Gawril Iwanowitsch Skorodumow
1755 St. Petersburg – 1795 St. Petersburg
Großfürst Paul, um 1782
Öl auf Leinwand
87,5 x 65,5 cm
Oval in einem Rechteck
Bez. u. re.: *Gavrila Skorodumov"*
Inv. Nr. CCh-1991-III
Provenienz: 1925 aus dem Museumsbestand an Schloß Gatschina, nach 1945 in Pawlowsk
Ausstellungen: *La table des tsars. Porcelaines du palais de Pavlovsk.* Montbéliard 1994; *Legacy of a Czar and Czarina.* Miami, New York 1995-1996; *Kultura i sztuka Rosji konca XVIII i poczatku XIX wieku.* Szczecin, Poznan 1996; *Cathérine II lectrice de Jean-Jacques Rousseau.* Montmorency 1998-1999; *Hubert Robert (1733-1808) et Saint-Petersbourg.* Ville de Valence 1999

Gawril Skorodumow war nicht nur in Rußland, sondern auch in Westeuropa bekannt wegen seiner Radierungen, die er nach den Werken Angelika Kauffmanns anfertigte. Er stammte aus der Familie eines Malers und Dekorateurs und studierte das Stechen an der St. Petersburger Akademie der Künste. 1773 ging er nach London, um sein Können bei Francesco Bartolozzi zu vervollkommnen. Im Jahre 1782 kehrte er nach St. Petersburg zurück, wo er zum Hofgraveur Ihrer Kaiserlichen Hoheit ernannt wurde.
Beide Porträts (vgl. das *Porträt der Großfürstin Maria Fjodorowna*) sind – trotz Skorodumows Signatur – Kopien von Werken, die sich in der Residenz Scheremetjewo in Kuskowo bei Moskau befanden und dem Maler Lewizki zugeschrieben werden. Die Originale wurden nach 1782 angefertigt, da sie den Großfürsten Paul mit dem Orden des Heiligen Wladimirs zeigen, der erst in jenem Jahr von Katharina II. gegründet wurde. *N. S.*

Kat. Nr. 25
Gawril Iwanowitsch Skorodumow
1755 St. Petersburg – 1795 St. Petersburg
Großfürstin Maria Fjodorowna, um 1782
Öl auf Leinwand
87,5 x 65,5 cm
Oval in einem Rechteck
Bez. u. re.: *Gavrila Skorodumov"*
Inv. Nr. CCh-1992-III
Provenienz: 1925 aus dem Museumsbestand an Schloß Gatschina, nach 1945 in Pawlowsk
Ausstellungen: *La table des tsars. Porcelaines du palais de Pawlowsk.* Montbéliard 1994; *Legacy of a Czar and Czarina.* Miami, New York 1995-1996; *Kultura i sztuka Rosji konca XVIII i poczatku XIX wieku.* Szczecin, Poznan 1996; *Cathérine II lectrice de Jean-Jacques Rousseau.* Montmorency 1998-1999; *Hubert Robert (1733-1808) et Saint-Petersbourg.* Ville de Valence 1999. *N. S.*

Alle Entscheidungen bezüglich ihrer Enkel traf die Zarin Katharina II. höchstpersönlich, ohne sich mit deren Eltern zu beraten. So kam es ihr bemerkenswert früh in den Sinn, Alexander zu verheiraten. Im Jahre 1792 reiste die ihm zur Frau bestimmte junge Prinzessin Luise Marie Auguste von Baden nach St. Petersburg. Fast ein Jahr lang wurde sie am russischen Hofe erzogen und erhielt bei ihrer orthodoxen Salbung den Namen Elisabeth Alexejewna. Am 9. Oktober 1793 wurde sie mit Großfürst Alexander verheiratet. Hintergrund dieser Hochzeit war Katharinas Plan, Paul die Thronfolge zu verweigern. „Mein Alexander wird verheiratet", schrieb sie an Grimm, „und danach mit allem Zeremoniell gekrönt." Der Bräutigam Alexander war zu jener Zeit gerade einmal 16 Jahre alt, seine Braut stand im 15. Lebensjahr. Aus Anlaß der Eheschließung fand auch in Pawlowsk ein großes Fest statt.

Nach der Hochzeit Alexanders beschloß Katharina II., nun auch den Großfürsten Konstantin unter die Haube zu bringen. Zu diesem Zwecke reiste im Herbst 1795 die 14jährige Prinzessin Juliane von Sachsen-Coburg in Begleitung ihrer Mutter nach St. Petersburg. Sie erhielt den Namen Anna Fjodorowna und wurde im Februar des darauffolgenden Jahres mit Großfürst Konstantin vermählt.
Zu familiärem Glück gereichten diese beiden frühen Ehen keinem der Beteiligten. Anfänglich spielten die blutjungen Ehegatten noch die Verliebten und schrieben sich rührende Briefchen. Aber schon bald kühlten ihre Beziehungen aus, und man verstand sich nicht mehr. Erst viele Jahre später, als sich sein Leben schon dem Ende zuneigte, sollte Alexander in seiner Frau eine treue, ergebene und verständnisvolle Freundin finden. Großfürst Konstantin dagegen verstieß gegen die allgemeingültigen Normen und ließ sich von seiner Gattin scheiden, die Rußland daraufhin verließ. Als Statthalter des Fürstentums Warschau verliebte er sich in die attraktive Polin Joanna Grudzinska, die spätere Gräfin Lowitsch, mit der er eine nicht standesgemäße Ehe einging. Seiner Stellung und Bestimmung nach Soldat, war Konstantin doch sensibel und romantisch veranlagt. So verzichtete er um seines privaten Glückes willen darauf, als Konstantin I. Zar von Rußland zu werden.
Die Verheiratung seiner Söhne verschlechterte das ohnehin schon verdorbene Verhältnis von Großfürst Paul zu seiner Mutter. Am Hofe gingen Gerüchte, er solle von der Thronfolge ausgeschlossen werden. Pauls depressive Stimmung wurde zusätzlich von niederschmetternden Nachrichten aus Westeuropa getrübt: Revolution in Frankreich; Louis XVI. und Marie Antoinette, die Paul vor noch gar nicht langer Zeit so gastfreundlich bei sich aufgenommen hatten, hingerichtet auf dem Schafott.
Auch die großfürstliche Familie hatte ihren ersten Verlust zu beklagen: 1795 starb die dreijährige Olga. Schon bald jedoch wurde der Schmerz über ihren Verlust durch die Geburt der jüngsten Tochter Anna gemildert. Zur Freude seiner Eltern wuchs und gedieh das

Kat. Nr. 26
Sechsteiliges Teeservice „Solitaire"
Deutschland, Berlin, Königliche Porzellanmanufaktur,
1776 – 80er Jahre des 18. Jahrhunderts
Porzellan, Aufglasurbemalung mit Purpur und Gold
Tablett, Höhe: 4 cm; Länge: 36 cm; Breite: 25 cm
(Inv. Nr. CCh-7144-I)
Teekanne, Höhe: 11 cm; Durchmesser: 17 cm
(Inv. Nr. CCh-7145-I)
Zuckerdose mit Deckel, Höhe: 10 cm; Durchmesser: 8 cm
(Inv. Nr. CCh-7146-I)
Sahnekännchen mit Deckel, Höhe: 11 cm; Durchmesser: 9 cm
(Inv. Nr. CCh-7147-I)
Tasse, Höhe 7 cm; Durchmesser 7 cm (Inv. Nr. CCh-7148/1)
Untertasse, Durchmesser: 14 cm (Inv. Nr. CCh-7148/2)
Provenienz: Schloß Pawlowsk
Ausstellungen: *Vystavka russkogo i zapadnoevropejskogo farfora v Pavlovskom dvorce-muzee*. Pawlowsk 1974-1984; *Von Sanssouci nach Europa – Geschenke Friedrichs des Großen an europäische Höfe*. Potsdam 1994

Den Spiegel des Tabletts schmückt ein ovales vergoldetes Medaillon mit einer Blumengirlande und einem Band mit der Inschrift *Elles furent séparées mais jamais désunies*. Im Medaillon sind zwei weibliche Figuren abgebildet, die zu beiden Seiten eines von Bäumen umgebenen Rundtempels stehen.
Das eine Medaillon auf der Teekanne zeigt zwei weibliche Figuren zwischen Bäumen, im fernen Hintergrund ist die Pforte eines Tempels zu sehen; das zweite Medaillon trägt die Inschrift *Des bons Gaulois / de leurs mains le fondèrent / A l'Amitié / leurs Cœurs le dédièrent*.
Das eine Medaillon auf der Zuckerdose zeigt zwei weibliche Figuren, die eine Blumengirlande in den Händen halten, das zweite Medaillon trägt die Inschrift *Nœud charmant! / Vous ferez toujours cher / à mon Cœur*.
Das eine Medaillon auf dem Sahnekännchen zeigt zwei weibliche Figuren im Tempel neben einem runden Altar, das zweite trägt die Inschrift *Qu'est-ce que tout / Ou tu n'es pas?*
Im Spiegel der Untertasse sind zwei weibliche Figuren in der Pforte eines Tempels abgebildet, die einander die Hände reichen. *E. N.*

Kat. Nr. 27
Tasse mit Silhouettenporträts, mit Deckel und Untertasse
Deutschland, Berlin, Königliche Porzellanmanufaktur,
70er - 80er Jahre des 18. Jahrhunderts
Porzellan, Aufglasurbemalung, goldstaffiert
Höhe der Tasse: 10 cm; Durchmesser der Untertasse: 13 cm
Unterglasurmarke Kobalt: Zepter
Inv. Nr. CCh-6202/1,2-I
Provenienz: Schloß Pawlowsk

Konische Tasse nach oben verbreitert, mit Ohrhenkel. Die Tasse ist weiß und ganz mit feinen purpurnen „Vermiculen" bemalt. Entlang des Randes verlaufen ein hellgrüner Saum und ein weißes, leicht plastisches Band mit kleinen vergoldeten Ovalen. Ein ebensolches Band und ein hellgrüner Saum finden sich auch auf dem Deckel und auf der Untertasse: um den Spiegel herum und am Rand der Fahne.
Umrahmt von einem leicht plastischen Kranz ist ein Doppelporträt auf weißem Grund abgebildet: eine Silhouette, Schulterbild, Profil nach rechts; vorne eine männliche Silhouette in Schwarz mit Zopfperücke mit Band, im Hintergrund eine weibliche Silhouette in Hellgrau mit hoher Perücke. Den Deckel schmückt ein plastischer goldstaffierter Pinienzapfen.
Auf der Untertasse ist auf weißem Grund ein hellgrauer Tempel abgebildet: eine Rotunde, auf deren Sims der Schriftzug *A la Reconaissance* verläuft. Im Tempel ist ein Altar mit zwei flammenden Herzen abgebildet, darunter stehen die Initialen Maria Fjodorownas: *M. F.*
Vermutlich waren diese Tasse und Untertasse Erinnerungsstücke Maria Fjodorownas an ihren Aufenthalt in Berlin bei der Familie des preußischen Königs und an die Brautwerbung von Großfürst Paul, worauf die abgebildeten beiden brennenden Herzen hinweisen.
Tasse und Untertasse behielt Maria Fjodorowna, ebenso wie andere ihr teure Souvenirs, stets in ihren privaten Gemächern.
E. N.

gesunde und fröhliche Kind prächtig. Als das geliebte Pawlowsk im Jahre 1795 den letzten Schliff erhalten hatte, verfaßte Maria Fjodorowna eine Beschreibung des Schlosses. Die Bibliothek (Abb. S. 336) ihres Gatten beschrieb sie wie folgt: „Die Wände sind unterteilt und jeder Wandabschnitt ist mit Gobelins geschmückt ... (ein Geschenk des seligen französischen Königs). In der Mitte der Wand hängt mein Porträt ... Entlang der Wände stehen niedrige Bibliothekschränke, die mit Marmorplatten abgedeckt und mit Marmorbüsten und einigen Skulpturengruppen geschmückt sind. In der etwas hervorgehobenen Mitte des Bibliothekschranks befindet sich ein von mir selbst angefertigter Tempel mit Opferaltar aus Elfenbein ... Der riesige Schreibtisch steht auf zwölf Säulen aus Elfenbein, die ich selbst gedrechselt habe. Ein elegant geformtes Schreibpult nimmt ein Drittel des Schreibtischs ein und dient als Sockel für einen rechteckigen, schön gestalteten Tempel aus Elfenbein ..."
Im August 1796 brach Katharina II. zeitiger als gewöhnlich von Zarskoje Selo nach St. Petersburg auf, um den schwedischen König zu empfangen. Der 17jährige Gustav IV. Adolf war in Begleitung seines Onkels und Vormunds, des Herzogs Karl von Södermanland, nach Rußland gereist. Katharina II. war bestrebt, das Bündnis zwischen Rußland und Schweden zu festigen, und plante zu diesem Zwecke, ihre älteste Enkelin Alexandra Pawlowna mit dem schwedischen König zu verheiraten.

A lexandra war noch ein Kind von 13 Jahren, aber Katharina II. hatte es eilig, ihre politischen Vorhaben in die Tat umzusetzen. Bei den Verhandlungen aber, die von endlosen Bällen und Festen umrahmt waren, gab es unvorhergesehene Schwierigkeiten: Katharina hatte gefordert, daß die Großfürstin Alexandra nach der Eheschließung ihre orthodoxe Glaubenszugehörigkeit beibehalten könne, die Minister von König Gustav jedoch lehnten dies hartnäckig ab. Schließlich platzte die geplante Verlobung im letzten Augenblick. Für die blutjunge sensible Alexandra war das eine herbe Enttäuschung.
Das höchst peinliche Scheitern der Verlobung zwischen Alexandra Pawlowna und Gustav IV. Adolf war offenbar auch der Gesundheit von Katharina II. nicht gut bekommen. Am 16. November 1796 erlitt sie in ihren Gemächern einen Gehirnschlag. Unzählige Kuriere machten sich sofort auf den Weg nach Gatschina, um dem Großfürsten Paul, der sich dort mit seiner Familie aufhielt, diese Nachricht zu überbringen. Als erster informierte ihn Graf Nikolaj Subow. Am nächsten Tag starb die Zarin in Anwesenheit ihres Sohnes, ihrer Enkel und ihr nahestehender Höflinge, ohne das Bewußtsein wiedererlangt zu haben. Bereits in der Nacht zum 18. November wurden alle Beteiligten auf den neuen Zaren vereidigt.
Im Winterpalast kehrte nun hektische Betriebsamkeit ein. Veränderungen standen an. Das ruhige und beschauliche Pawlowsk wurde zur Zarenresidenz ausgebaut. Der von Paul hochgeschätzte Architekt und Dekorateur Vincenzo Brenna erweiterte das Schloß, baute neue Gebäudeflügel an und richtete Paradesäle ein. Im Park entstanden mit Skulpturen geschmückte „grüne Säle" unter freiem Himmel: Die Großen Kreise (Abb. S. 250) und die Alte Sylvia (Abb. S. 249). Bereits seit 1797 „Protektor des Malteserordens", wurde Paul I. im November 1798 zum Großmeister des Malteserordens gewählt. In Pawlowsk fanden regelmäßig Treffen und Feste der Ordensritter statt. So wurden am Tag des Heiligen Johannes von Jerusalem Lagerfeuer auf dem Paradefeld entfacht. Der Einfluß des Ordens hinterließ auch im Schloß seine Spuren: Das Malteserkreuz befindet sich im Zentrum der Deckenbemalung des von Vincenzo Brenna gestalteten Rittersaals.

In diesen Jahren entfernte sich Paul von seiner Familie, das Verhältnis zwischen ihm und Maria Fjodorowna verschlechterte sich. Von den Intrigen am Hofe blieb auch das Familienleben Pauls I. nicht verschont. Es wurden Gerüchte gestreut, Maria Fjodorowna sei ihrem Gatten nicht treu, Paul widerum würde sich weigern, den 1796 geborenen Nikolaj und den 1798 geborenen Michail als seine Söhne anzuerkennen. Der eigentlich vertrauensselige und offenherzige Paul wurde immer argwöhnischer. Die heimtückischen Intrigen des einflußreichen Militärgouverneurs Graf Peter Palen brachten ihn schließlich so weit, sogar ihm sehr nahe stehende Menschen als potentielle Feinde anzusehen. Selbst bei den Familienfesten des Jahres 1799 kam bei den Beteiligten keine rechte Freude mehr auf. Im Oktober jenes Jahres fanden in Gatschina zwei Hochzeiten statt. Helene Pawlowna heiratete den Erbgroßherzog Friedrich Ludwig von Mecklenburg-Schwerin, Alexandra Pawlowna den österreichischen Thronfolger Erzherzog Joseph. Die Hochzeit von Alexandra, die eigentlich der Festigung des Bündnisses mit Österreich dienen sollte, brachte nur weiteres Unglück. Die von ihrer österreichischen Umgebung nicht akzeptierte Alexandra verfiel und starb schließlich 1801 im Kindbett. Die Nachricht von ihrem Tod erreichte Maria Fjodorowna kurz nach dem tragischen Ende ihres Gatten. Sie ließ im Schloßpark von Pawlowsk eine Gedenkstätte (Kat. 167a) für sie errichten. Auch Alexandras Schwester Helene sollte schon bald der Tod ereilen. 1803 starb sie in der Blüte ihrer Jugend und Schönheit, wie ihre Schwester bei einer Geburt (Kat. 152).
Kurz nach der Jahrhundertwende hatte Maria Fjodorowna viele schwere Prüfungen und Verluste zu verkraften. Am schlimmsten aber traf sie der Tod von Paul, der – nur ein paar Dutzend Schritte weit von ihr entfernt – in seinem Schlafzimmer im Michail-Schloß erdrosselt wurde.
Ihr restliches Leben widmete Maria Fjodorowna ganz ihrer Familie und dem Andenken ihres Gatten. Am Rande des Schloßparks von Pawlowsk befindet sich inmitten dichter Waldungen über einer Schlucht das Mausoleum Pauls I., das nach einem Entwurf von Thomas de Thomon entstand (Kat. 63, Abb. S. 90). Seine Frontseite trägt die Inschrift „Dem Gatten und Wohltäter". Die einem antiken Tempel nachempfundene Anlage wirkt majestätisch und schweigsam. Es ist, als würde die Natur ringsum zusammen mit der Witwe trauern, die der große Iwan Martos hier in Marmor gemeißelt hat. Die Familie von Zar Paul I. und Maria Fjodorowna schenkte Rußland eine Dynastie, die den Staat bis 1917 regieren sollte. Aber das ist nicht das Wichtigste. Von größerer Bedeutung erscheint uns, was diese Familie in kultureller, moralischer und menschlicher Hinsicht für das Land geleistet hat.
Maria Fjodorowna brachte aus Deutschland menschenfreundliche Traditionen nach Rußland und war die Begründerin der Wohltätigkeit in einem rauhen Land. Ihr Verstand und Talent haben dazu beigetragen, den Staat Anfang des 19. Jahrhunderts zu reformieren. Ihr beharrliches Streben nach Eleganz und Schönheit manifestierte sich in Pawlowsk, einem vollendeten Ensemble aus Schloß und Landschaftsgarten, das in Rußland seinesgleichen sucht.

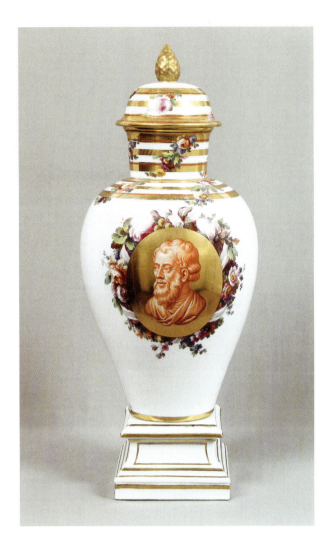

Kat. Nr. 28, 29
Paar Deckelvasen mit Porträts antiker Philosophen
Deutschland, Berlin, Königliche Porzellanmanufaktur, 1776
Porzellan, mehrfarbige Aufglasurbemalung, goldstaffiert
Höhe: 41 cm; Durchmesser: 16 cm
Marke Kobalt: Zepter
Inv. Nr. CCh-6215-I, Inv. Nr. CCh-6216-I
Provenienz: Schloß Pawlowsk
Ausstellungen: *Von Sanssouci nach Europa – Geschenke Friedrichs des Großen an europäische Höfe*. Potsdam 1994

Der Rumpf der beiden Vasen ist eiförmig und verjüngt sich nach unten. Sie haben einen kurzen Hals und einen umgebogenen Rand. Sie sind weiß mit breiten vergoldeten, konzentrischen Borten an Schulter, Hals und Deckel und diagonal über diese verlaufenden Blumenbändern. Im Mittelteil des Rumpfes sind auf beiden Vasen auf jeweils zwei glänzenden goldenen Medaillons zwei sepiafarbige Brustporträts antiker Philosophen abgebildet. Unter den beiden Porträts der einen Vase steht der Name *DEMOKRIT*, unter dem anderen der Name *ANACHARSIS*; unter den beiden Porträts der anderen Vase *HERACLITYS* und *PIA*. Die Medaillons sind eingefaßt von einem üppigen Blumenkranz mit hellblauem Band. Der hohe halbrunde Deckel der einen Vase ist mit einem großen vergoldeten Pinienzapfen dekoriert. Beide Vasen stehen auf einem hohen, weißen quadratischen Profilfuß mit goldenen Borten.
Es ist bekannt, daß Großfürst Paul 1776 während seines Aufenthalts in Berlin, wo er um die Hand der Württembergischen Prinzessin Sophie Dorothée, der Nichte König Friedrichs II., anhielt, zahlreiche Geschenke erhielt. Darunter waren auch meisterhafte Stücke aus der Königlichen Porzellanmanufaktur in Berlin, u. a. eine aus einigen Vasen bestehende Sammlung. Zwei dieser Vasen werden hier ausgestellt. *E. N.*

Zimmer der Kammerfräulein mit Durchblick zum ersten Durchgangskabinett. In diesem sind auf dem Sims der Kaminverkleidung die beiden Philosophenvasen (Kat. 28, 29) zu sehen. Entwurf der Raumdekoration 1797-1799 von V. Brenna. Das Zylinderschreibpult links von David Roentgen, darüber ein Porträt von Maria Fjodorowna (Jean Voille, 1792), davor ein Sekretär mit einem nach A. Kauffmann gemalten Einsatz von Maria Fjodorowna.

MARIA FJODOROWNA UND DIE MODE IHRER ZEIT

Natalja Werschinina

Maria Fjodorowna war eine äußerst attraktive Frau. Dies bezeugen Äußerungen ihrer Zeitgenossen und zahlreiche Porträts. Die prägnanteste Beschreibung ihrer Schönheit in jungen Jahren verdanken wir ihrer Schwiegermutter Zarin Katharina II., die in einem Brief schrieb: „Ich muß Ihnen gestehen, ich bin hingerissen von dieser im wahrsten Sinne des Wortes bezaubernden Prinzessin; sie ist genau so, wie ich es mir gewünscht habe: schlank wie eine Nymphe, von lilienweißer Gesichtsfarbe mit rosigen Wangen und makelloser Haut, groß von Wuchse mit wohlproportionierten Schultern und dabei umgänglich: Ihr Antlitz strahlt Sanftmut, Herzensgüte und Aufrichtigkeit aus, alle sind von ihr begeistert, und wer sie nicht lieb gewinnt, der irrt, denn dafür ist sie geboren und sie tut alles, um geliebt zu werden. Mit einem Wort, meine Prinzessin entspricht ganz meinen Wünschen, und so bin ich's zufrieden."[1]

Auch Großfürst Paul brachte in einem Brief an seine Mutter Katharina II. zu Papier, welchen Eindruck er von seiner zukünftigen Gattin hatte: „Meine Braut ist so, wie ich sie mir besser nicht hätte wünschen können: hübsch, groß, schlank, nicht schüchtern, sie antwortet klug und schlagfertig, und ich bin mir schon gewiß, wenn sie mein Herz in Rührung gebracht hat, dann ist auch sie ihrerseits nicht ohne Gefühle geblieben ... Meine Wahl ist getroffen ..."[2] Darüber hinaus verfügte die württembergische Prinzessin über einen wachen Verstand und hatte einen freundlichen Charakter. Wie viele andere Töchter aus aristokratischen Familien des Elsaß genoß sie eine vielseitige Bildung, die sich auf die zweisprachige Kultur dieser Region gründete, und erhielt sich zeit ihres Lebens eine unstillbare Wißbegier.

Das Familienkabinett diente den Zusammenkünften der Familienmitglieder und ihrem musischen Zeitvertreib. Unter den zahlreichen Gemälden und Zeichnungen, unter denen sich auch Arbeiten von der Hand Maria Fjodorownas und ihrer Kinder finden, nimmt das Familienporträt von Kügelgen (Abb. S. 56) den zentralen Platz ein. Neben ihm Porträts von Helene Pawlowna (Kat. 40) und Maria Fjodorowna als Witwe (Kat. 62).

Die intime Selbstdarstellung der kaiserlichen Familie inmitten einer Naturidylle, die Männer in Uniformen, die Frauen in den luftigen, stark den Körper betonenden Gewändern im antikisierenden Stil der zeitgenössischen Mode, vermittelt das überaus harmonische Bild einer Gemeinschaft „schöner Seelen", die Empfindsamkeit, gegenseitige Zuneigung, Natürlichkeit und musische Bildung mehr schätzen als die Demonstration von Macht, Reichtum und Überlegenheit. Diese Selbstinszenierung verfehlte ihre Wirkung nicht. Der deutsche Schriftsteller Johann Gottfried Seume z.B., der Pawlowsk im Sommer 1905 besuchte und dort das Gemälde sah, notierte dazu in seinem Reisebericht: „Pauls Familie von Kügelgen, in einem anderen Zimmer, wird vielleicht einst ein Familienstück von unschätzbarem Werth seyn; die Arbeit des Künstlers verdient schon jetzt großen Beifall." Beifall vor allem deshalb, weil die Präsentation der Zarenfamilie so ganz dem harmonistischen Gesellschaftsmodell entsprach, dem Seume

Kat. Nr. 30 (nicht in der Ausstellung)
Gerhard von Kügelgen
Porträt Zar Paul I. mit Familie, 1800
Provenienz: Schloß Pawlowsk, ursprünglicher Bestand
Auf dem Familienbild ist das Zarenpaar mit allen zehn Kindern, einschließlich der bereits verstorbenen Olga Pawlowna, die in Gestalt einer Büste präsent ist, zu sehen. Von links nach rechts:

1. Büste Peters des Großen
2. Großfürst Alexander Pawlowitsch
3. Großfürst Konstantin Pawlowitsch
4. Großfürst Nikolaj Pawlowitsch
5. Zarin Maria Fjodorowna
6. Großfürstin Katharina Pawlowna
7. Großfürstin Maria Pawlowna
8. Großfürstin Olga Pawlowna (Büste)
9. Großfürstin Anna Pawlowna
10. Zar Paul I.
11. Großfürst Michail Pawlowitsch
12. Großfürstin Alexandra Pawlowna
13. Großfürstin Helene Pawlowna

entgegen aller eigenen bitteren Erfahrung von Armut, Freiheitsberaubung und Willkür der Mächtigen anhing, wenn er von dem aufgeklärten Monarchen weiterhin die Reform der gesellschaftlichen Mißstände erwartete. Paul I. und seine Familie schienen ihm für diese Hoffnung der rechte Garant zu sein. „Man glaubt wohl mit Recht", schreibt Seume, „daß in keinem Fürstenhause mehr Innigkeit und freundliche Humanität, mehr Güte und wahre Aufklärung herrscht, als in der hiesigen kaiserlichen Familie." *H. G.*

Maria Fjodorowna war von schöner Gestalt, bewegte sich elegant und hatte ein hübsches Gesicht. So konnte sie es sich leisten, jede Art von Gewand zu tragen, und war in ihrer Auswahl durch keinerlei Makel eingeschränkt, den sie mit Hilfe der Kleidung hätte verbergen müssen.

Ihr Äußeres und ihren Modegeschmack in jungen Jahren veranschaulicht ein Porträt aus der Sammlung von Schloß Pawlowsk, das ein unbekannter Künstler Mitte der 70er Jahre des 18. Jahrhunderts von ihr gemalt hat. Es zeigt Sophie Dorothée von Württemberg in einem blauen Seidenkleid. Sein Schnitt entsprach der damaligen Pariser Hofmode: Das vorne geöffnete Oberteil liegt eng am Körper an, der weite Rock betont die schmale Taille, die Ärmel reichen bis zu den Ellbogen, und die zarten Hände bleiben frei. Das Kleid ist mit blauweiß gestreiften Schleifen verziert und mit Spitzen, die um den Ausschnitt herum und in Form von einigen Rüschenreihen an den Ärmeln angenäht sind. Die dunkelblonden Haare der Prinzessin sind aus der Stirn gekämmt. In der statischen Pose wirkt sie kühl und ein wenig geziert.

Bald nach der Hochzeit von Sophie Dorothée mit dem Großfürsten Paul fertigte der schwedische Maler Alexander Roslin im Auftrag des russischen Hofes im Jahre 1777 ein Paradeporträt (Kat. 1) von ihr an, das wesentlich besser gemalt ist als das zuvor erwähnte Werk. Es zeigt die Großfürstin in voller Größe vor dem Hintergrund eines Parks, in dem ein imposanter Kuppelbau zu sehen ist. Maria Fjodorowna trägt ein Hofkleid. Die glänzende Oberfläche des rosafarbenen Stoffes, aus dem es genäht ist, bildet einen wirkungsvollen Hintergrund für die kunstvoll angeordneten Spitzenrüschen. Unterhalb des Ausschnitts ist eine schmucke grüne Schleife befestigt. Die hohe Frisur ist mit bunten Straußenfedern und Perlenschnüren verziert. Die Großfürstin hält lange Handschuhe und einen Fächer, beides unverzichtbare Accessoires eines Hofkleides, in den Händen. Trotz allen Prunks wirkt das Kleid jedoch keineswegs überfrachtet. Es zeugt von gutem Geschmack und läßt Raum für die Individualität Maria Fjodorownas, die innerhalb kurzer Zeit die Wandlung von einer Provinzprinzessin zur Lebenspartnerin des Thronfolgers eines riesigen Staates vollzog.

Erheblichen Einfluß auf das Modebewußtsein Maria Fjodorownas hatte eine Europareise, die sie gemeinsam mit ihrem Gatten unternahm. Während dieser Reise weilte sie im ausgehenden Frühjahr 1782 am französischen Königshof und machte die persönliche Bekanntschaft von Marie Antoinette. Einem damaligen Beobachter verdanken wir Aufzeichnungen über den Besuch des jungen Großfürstenpaares in Frankreich. Er schrieb: „21. Mai 1782. Am 18ten ist das russische Großfürstenpaar unter dem Namen Comte und Comtesse du Nord nach Paris gekommen. Sie wohnen im Haus der russischen Botschaft, dem sogenannten hôtel de Lévis. Das ist in der rue de Gramont, in der Nähe der Boulevards. Seither ist das hôtel ständig von Leuten umgeben. Den Grafen finden sie unattraktiv, dafür ist die Gräfin großartig; der Körperfülle nach ist sie eine echte Deutsche und erinnert an die Duchesse de Mazarin."[3]

Die französische Hofmode erreichte damals – zumindest was den Aufwand anbetrifft – ihren Höhepunkt. Die Kleider waren kompliziert geschnitten und reich verziert mit Spitzen, Stickereien, Kunstblumen, Pelzwerk und Federn exotischer Vögel. Zu den prachtvollen Toiletten trugen die Damen hohe Frisuren und raffiniert geformte Hüte. Dank ihrer Größe, ihrer schlanken Taille und ihrer schönen Gesichtsfarbe konnte Maria Fjodorowna es sich leisten, sich nach dem letzten Schrei der Pariser Mode zu kleiden. Dabei nutzte sie durchaus ihren gesellschaftlichen Rang und bestellte ihre Kleider für höfische Anlässe bei Rose Bertin (1747-1812), der Modeberaterin der Königin.

Einkäufe in Modeateliers waren zu jener Zeit eine Frage des staatlichen Prestiges. Der französische Historiker Henri Martin bemerkte dazu: „Die Kleidung einer Dame in diesem Land ist eine politische Angelegenheit wegen ihres großen Einflusses auf den Handel und die Manufakturen."[4]

Die Höfe vieler europäischer Staaten von Portugal bis Schweden erwarben in Paris Kleidung und Accessoires.

Die Baronin von Oberkirch, Louise Henriette von Waldner, eine enge Freundin von Maria Fjodorowna seit ihren Kindertagen, kam am 15. Mai 1782 aus Montbéliard nach Paris, um sich mit ihr zu treffen. Maria Fjodorowna bat sie darum, das Atelier von Rose Bertin aufzusuchen, um sich nach den Kleidern zu erkundigen, die die Großfürstin dort bestellt hatte. Am 17. Mai begab sich die Baronin in das Atelier. Ihre Eindrücke von diesem Besuch bei Rose Bertin hat sie ausführlich niedergeschrieben: „Der ganze Modeladen arbeitete für sie (Maria Fjodorowna – N. W.) und quoll über von Damas[5], Dauphine[6], gemustertem Atlas, Brokat und Spitzen. Die Hofdamen (des französischen Königshofes – N. W.) wollten die Sachen gerne sehen, aber es war verboten, die Modelle irgend jemandem zu zeigen, bevor die Fürstin sie trug."[7]

Bald zeigte sich Maria Fjodorowna der Pariser Gesellschaft im strahlenden Glanz der neuesten Mode und mit dem bezaubernden Charme ihrer Jugend. „Am 26. Mai gab Marie Antoinette ein glänzendes Fest im Petit Trianon. Im Theatersaal, einem richtigen Schmuckstück, wurde *Zemira und Azor* von Grétry aufgeführt. Es war eine regelrechte Ausstellung von Brillanten, von deren Glanz man geblendet wurde. Die Comtesse du Nord trug ein kleines Vögelchen aus Edelsteinen auf dem Kopf, das so heftig funkelte, daß man es kaum direkt ansehen konnte. Es wippte auf einer Feder und schlug mit den Flügeln gegen eine rosarote Blume."[8]

Kat. Nr. 31
F. Penna (Italienischer Bildhauer, war von Ende des 18. bis Anfang des 19. Jahrhunderts tätig)
Büste Maria Fjodorowna, 1806
Marmor, geschliffen, poliert
80 x 46 x 24 cm
Inschrift rückseitig an der Büste: *Maria Russorum Imperatrix Semper Augusta. Et Ann MDCCCVI*
Signatur rückseitig am Fuß: *Penna F.*
Inv. Nr. CCh-249-VIII
Provenienz: Schloß Pawlowsk, ursprünglicher Bestand

Kat. Nr. 32
Büste Paul I.
Rußland, St. Petersburg, Kaiserliche Porzellanmanufaktur, 1797-1801
Porzellan; Biskuitporzellan; Modell von J. D. Rachette nach Marmorbüste von F. I. Schubin
Höhe: 28 cm
Keine Marke
Inv. Nr. CCh-11920-I
Provenienz: Aus privatem Besitz, seit 1998 in Pawlowsk

Brustbild des Zaren. Sein Kopf ist nach links und leicht nach oben gewandt, über seine rechte Schulter verläuft ein Band. Auf seiner linken Brustseite trägt er zwei Ordenssterne: den Orden des Heiligen Andreas des Erstberufenen und den Alexander-Newski-Orden. Über dem Revers hängt ein weiterer Orden am Band. Den Hals des Zaren schmückt ein Tuch, er trägt eine Zopfperücke mit Band am Hinterkopf. Die Büste ruht auf einer Plinthe und einem niedrigen hohlen Profilsockel mit runder Standfläche. *E. N.*

Auch nach dem Besuch von Maria Fjodorowna in Paris fertigte Rose Bertin noch mehrere Jahre lang Kleider und Accessoires für sie an. Dies geht aus Dokumenten hervor, die vor kurzem im Historischen Staatsarchiv Rußlands in St. Petersburg gefunden wurden. Dabei handelt es sich um einen Briefwechsel des Staatssekretärs Willamow mit dem Grafen Carlo Andrea Pozzo di Borgo.[9] Unter den Briefen befindet sich eine Abschrift der Rechnungen des Ateliers von Rose Bertin mit einem vollständigen Verzeichnis aller ausgeführten Aufträge. Darin sind sowohl der Preis für jedes einzelne Stück aufgeführt als auch die Gesamtsummen für jedes Jahr und die Endsumme für alle Dienstleistungen: „Generalrechnung für alle Lieferungen an Ihre Kaiserliche Hoheit Madame Großfürstin von ganz Rußland. Von Mademoiselle Bertin, Modeverkäuferin der Königin von Frankreich". In diesem Dokument werden alle verwendeten Materialien und Schnitte, Farben, Details und Accessoires ausführlich beschrieben. Aus den Angaben in der Rechnung geht hervor, daß das Atelier Bertin im Zeitraum von 1788 bis 1792 insgesamt 39 Kleider für Maria Fjodorowna angefertigt hat. Außerdem bestellte die Großfürstin bei Rose Bertin allerlei Hüte, Hauben, Umschlagtücher, Jabots, Fichus[10], Spitzenmanschetten, Kunstblumen, Federn exotischer Vögel und Frisurenschmuck, den man *pouff*[11] nannte. In jener Epoche hatten politische Neuigkeiten sogar Auswirkungen auf das Sortiment der Kunstblumen, die man zur Verzierung von Kleidern und Hüten verwendete. So bestellte Maria Fjodorowna im Jahr 1788, als die amerikanische Verfassung in Kraft trat, neben Dijonrosen und Königsmargeriten, die sie regelmäßig orderte, auch blühende Zweige der amerikanischen Kirsche.

Bei den Kleiderbestellungen machen den Großteil Hofkleider unterschiedlicher Machart aus: 16 „russische Kleider", elf türkische Kleider, vier Hofkleider ohne genauere Angaben zur Fasson, drei eng anliegende Kleider (le fourreau), ein Kleid „à la Nymphe Calipso" und ein Kleid „à l'armemant" (Uniformkleid). Freizeitkleider spielten offenbar eine relativ bescheidene Rolle, denn davon bestellte Maria Fjodorowna lediglich drei Stück.

Während der Herrschaftszeit von Marie Antoinette hatten die Kleider zwar verschiedene Namen, in Schnitt und Silhouette waren sie aber nahezu gleich. Das Hofkleid bestand aus einem Rock *(jupe)*, der über einem breiten Reifrock *(panier)* getragen wurde, und einem Oberteil *(robe)* mit großem Ausschnitt. Die Ärmel reichten bis zum Ellbogen und waren mit breiten Spitzenvolants besetzt. Die verschiedenen Namen hingen mit den unterschiedlichen Verzierungen zusammen. Ein Kleid „à la française" war im Vergleich zu anderen Modellen besonders reich verziert, ein Kleid „à la polonaise" wurde hinten oberhalb des Rocks zu Bäuschen hochgerafft, ein

Kat. Nr. 33
Wladimir Borowikowski
1757 Mirgorod – 1825 St. Petersburg
Großfürst Konstantin Pawlowitsch, 1795
Öl auf Leinwand
72,5 x 59 cm
Bez. u. li.: *gemalt von Borovikovskij 1795*
Inv. Nr. CCh-3622-III
Provenienz: Schloß Pawlowsk, ursprünglicher Bestand
Ausstellungen: *Splendeur et intimité à la cour impériale de la Russie 1780-1820*. Montbéliard 1995

Großfürst Konstantin Pawlowitsch (1779-1831) war der zweite Sohn des russischen Thronfolgers Paul und der Großfürstin Maria Fjodorowna. 1796 heiratete er Prinzessin Juliane von Sachsen-Coburg, die bei ihrem Übertritt zum orthodoxen Glauben den Namen Anna Fjodorowna erhielt. 1820 schloß er mit der Gräfin Joanna Grudzinska, der späteren Fürstin Lowitsch, eine nicht standesgemäße Ehe, wodurch ihm das Recht auf die russische Thronfolge aberkannt wurde. Die zwei ältesten Söhne des Großfürsten Paul, Alexander und Konstantin, wuchsen unter der Aufsicht von Katharina II. auf, die mit allen Mitteln versuchte, sie von ihren Eltern und deren Einfluß fernzuhalten. Großfürst Konstantin Pawlowitsch ist hier vor dem Hintergrund eines Heerlagers in der Uniform des Preobrashenski-Regiments dargestellt. Im Frühling des Jahres 1795 wurde es den Großfürsten Alexander und Konstantin durch die Vermittlung ihres Lehrers Frédéric-César de La Harpe (1754-1838) erlaubt, ihre Eltern statt einmal nun viermal wöchentlich zu besuchen. Paul I. beschäftigte seine Söhne während ihrer Besuche mit Manövern, Kriegsübungen und Paraden. *N.S.*

Kat. Nr. 34
Auguste Rivière
arbeitete in der zweiten Hälfte des 18. Jahrhunderts in Rußland
Die Großfürstentöchter Alexandra Pawlowna und Helene Pawlowna, 1797
Öl auf Leinwand
27 x 26,5 cm
Kreis in einem Quadrat
Bez. u. re.: *Riviere 1797*
Inv. Nr. CCh-1984-III
Provenienz: Nach 1945 in Pawlowsk, früher in der Sammlung Schloß Gatschina
Ausstellungen: *Splendeur et intimité à la cour impériale de la Russie 1780-1820*, Montbéliard 1995

Großfürstentochter Alexandra Pawlowna (1783-1801) war die älteste Tochter und das dritte Kind in der Familie des Großfürsten Paul. Seit 1799 war sie Palatinin von Ungarn.

Großfürstentochter Helene Pawlowna (1784-1803) war die zweite Tochter des russischen Thronfolgers Paul und der Großfürstin Maria Fjodorowna. Seit 1799 war sie Prinzessin von Mecklenburg-Schwerin. „Meine älteste Tochter (Alexandra) ist eine kleine und liebe Person, sanft, empfindsam und klug; sie ist ganz allerliebst, wenn auch keine Schönheit. Dafür ist Helene besonders hübsch; sie hat ein gutes Herz und ist äußerst lebhaft" schrieb Großfürstin Maria Fjodorowna in einem Brief an ihre Familie.

Im Jahr 1796 fertigte die französische Malerin Elisabeth-Louise Vigée-Lebrun im Auftrag der Zarin Katharina II. ein Porträt ihrer beiden ältesten Enkeltöchter an. Man weiß, daß Katharina II. nicht zufrieden war mit dem Ergebnis. Die „rot-violetten, groben Farbtöne der Tuniken" gefielen ihr ebensowenig wie die „zerzausten Frisuren der liederlichen Mädchen mit Weintrauben". Es wurden dennoch mehrere Kopien des Porträts angefertigt. Diese stammt von dem unbekannten Künstler Rivière, der zum engeren Kreis Vigée-Lebruns zählte. *N. S.*

Kat. Nr. 35
Dmitri Lewizki
1735 Kiew – 1822 St. Petersburg
Großfürstin Maria Pawlowna, um 1790/95
Öl auf Leinwand
62 x 49,2 cm
Inv. Nr. CCh-1986-III
Provenienz: Aus der Sammlung Schloß Gatschina, nach 1945 in Pawlowsk
Ausstellungen: *GRM* (Staatliches Russisches Museum) 1987; *Splendeur et intimité à la cour impériale de la Russie 1780-1820.* Montbéliard 1995; *Pavlovsk. Zolotoj vek russkoj kul'tury.* Moskau 1998; *Splendore della Corte degli Zar.* Turin, Rom 1999

Großfürstin Maria Pawlowna (1786-1859) war die dritte Tochter des russischen Thronfolgers Paul und der Großfürstin Maria Fjodorowna. Im Jahre 1804 heiratete sie Carl Friedrich Herzog von Sachsen-Weimar-Eisenach (1783-1853) und übersiedelte nach Weimar. Dort hielt sie engen Kontakt mit den Geistesgrößen der Weimarer Klassik, insbesondere mit Goethe, Schiller und Wieland.
Wie die anderen Enkeltöchter Katharinas II. war auch Maria Pawlowna sehr klug und besaß eine große Begabung für Malerei und Musik. Als ihr Mann im Jahre 1828 Großherzog wurde, nahm sich Maria Pawlowna, nun Großherzogin von Sachsen-Weimar-Eisenach, in verstärktem Maße der Förderung von Wissenschaft und Kunst an. Sie arrangierte Lesungen am Hof, die sehr geschätzt wurden. Goethe nannte Maria Pawlowna eine der bedeutendsten Frauen seiner Zeit. So ist auch die Errichtung der sogenannten Dichtergalerie im Weimarer Schloß, die Goethe, Herder, Schiller und Wieland gewidmet ist, das Verdienst Maria Pawlownas. *N. S.*

Kat. Nr. 36
Dmitri Lewizki
1735 Kiew – 1822 St. Petersburg
Großfürstin Katharina Pawlowna, um 1790/95
Öl auf Leinwand
61,5 x 49 cm
Inv. Nr. CCh-1994-III
Provenienz: Aus der Sammlung Schloß Gatschina, nach 1945 in Pawlowsk
Ausstellungen: *GRM* (Staatliches Russisches Museum) 1987; *Splendeur et intimité à la cour impériale de la Russie 1780-1820.* Montbéliard 1995; *Kultura i sztuka Rosji konca XVIII i poczatku XIX wieku.* Szczecin, Poznan 1996

Großfürstin Katharina Pawlowna (1788-1819) war die vierte Tochter des russischen Thronfolgers Paul und der Großfürstin Maria Fjodorowna. Während der Geburt Katharina Pawlownas hing das Leben ihrer Mutter an einem seidenen Faden – Maria Fjodorowna konnte nur durch die Geistesgegenwart und das entschlossene Handeln Katharinas II., die sieben Stunden lang am Bett ihrer Schwiegertochter wachte, gerettet werden. Aus Dankbarkeit taufte man das neugeborene Kind auf den Namen seiner Großmutter.
Nach der Hochzeit Katharina Pawlownas mit dem Prinzen von Holstein-Oldenburg im Jahre 1809 ließ sie sich mit ihrem Mann im russischen Twer nieder. In ihrem Salon verkehrten bedeutende russische Gelehrte, darunter auch der Historiker Karamsin. Von 1813-15 begleitete Katharina Pawlowna ihren Bruder Alexander I. auf den Feldzügen und nahm später Einfluß auf den Verlauf des Wiener Kongresses. Im Jahre 1816 heiratete sie ihren Cousin, den Thronfolger Wilhelm von Württemberg, der noch im selben Jahr König wurde. *N. S.*

Kat. Nr. 37
Maler unbekannt, Anfang des 19. Jahrhunderts
Großfürstin Anna Pawlowna, 1810-20
Öl auf Leinwand
71 x 55 cm
Inv. Nr. CCh-2569-III
Provenienz: Aus der Sammlung Schloß Gatschina, nach 1945 in Pawlowsk
Ausstellungen: *Splendeur et intimité à la cour impériale de la Russie 1780-1820*. Montbéliard 1995; *Anna Pavlovna en Het Russishe hof 1795-1865*. Apeldoorn 1995

Anna Pawlowna (1795-1865) war die sechste Tochter des russischen Thronfolgers Großfürst Paul und der Großfürstin Maria Fjodorowna. 1816 wurde sie Prinzessin von Oranien, 1840 Königin der Niederlande.
Im Jahre 1809 bemühte sich Napoleon – in Sorge um den Fortbestand der Dynastie – um eine Annäherung zum russischen Hof und hielt um die Hand Anna Pawlownas an. Die Verhandlungen dauerten fast ein Jahr und endeten mit einer höflichen Absage. 1816 heiratete Anna Pawlowna den Kronprinzen Wilhelm Friedrich Georg von Oranien-Nassau (1792-1849). Anläßlich der Hochzeitsfeierlichkeiten wurden in Pawlowsk Schauspiel- und Ballettvorführungen gezeigt, es gab feierliche Illuminationen, Theaterfestspiele und einen großen Ball. Im Jahre 1840 verzichtete der König der Niederlande, Wilhelm I., auf den Thron – zugunsten seines Sohnes, des Gemahls Anna Pawlownas, fortan Wilhelm II. Nach dessen Tod im Jahre 1849 wurde Alexander Paul Friedrich Ludwig, ältester Sohn Anna Pawlownas und Wilhelms II., als Wilhelm III. König der Niederlande. *N. S.*

Kleid „à la sultane" war mit Pelzbesatz verziert, ein Kleid „à la russe" schließlich hatte zurückschlagbare Ärmel. Nach Aussagen von Zeitgenossen führte die Zarin Katharina II. höchstselbst dieses Detail in die Mode ein, um der russischen Hofkleidung eine originelle Note zu verleihen, die an die alten Gewänder russischer Bojaren und ihrer Frauen erinnerte.
Unter den Kleidern, die das Atelier Bertin 1792 lieferte, waren auch Hemdkleider aus Lino-Batist. Diese kamen ab 1780 in Mode und orientierten sich an englischen Kleidern, die für den Aufenthalt der Aristokratie in ihren außerhalb der Stadt gelegenen Residenzen bestimmt waren. Vor der Porträtmalerin Vigée-Lebrun posierte Marie Antoinette in einem Hemdkleid, das mit einem breiten Gürtel aus leichtem durchsichtigen Stoff gebunden war. Dazu trug sie einen Strohhut mit Federn.[12] Obwohl dieses Porträt, das die Königin ihren Untergebenen in derart leichtsinnigem Gewande zeigt, in der Pariser Gesellschaft Mißvergnügen bis hin zum Skandal auslöste, kamen die bequemen Hemdkleider schnell in Mode. Die russische Großfürstin folgte mutig dem Beispiel der französischen Königin und bestellte sich einige hochmodische Hemdkleider. Am Hof beschäftigte Künstler haben sie in diesen Kleidern gemalt. Ein Porträt von Jean-Louis Voille (Schloßmuseum Pawlowsk) zeigt Maria Fjodorowna in einem weißen Hemdkleid, das mit Spitzen und blauen Seidenbändern besetzt ist. Mit weichen Körperkonturen und einer ruhigen Lichtverteilung betont der Künstler die Weiblichkeit und Natürlichkeit der Großfürstin. Diese Eigenschaften kommen auch in einem von F. S. Rokotow angefertigten Porträt zur Geltung (Schloßmuseum Pawlowsk). Auf diesem Porträt trägt Maria Fjodorowna ein Negligé, das über der Brust aufreizend nachlässig geöffnet ist. Man kann durchaus sagen, daß die Kultivierung des neuen Kleiderschnitts zur Entstehung eines neuen Genres in der russischen Porträtmalerei führte, nämlich zum Intimporträt im Gegensatz zum Paradeporträt.

S chon bald nach ihrer Rückkehr nach Petersburg sah sich Maria Fjodorowna mit einem Dekret Katharinas II. konfrontiert, in dem die Länge der Schleppen, die Breite der Röcke und die Reichhaltigkeit der Verzierung der Hofkleider reglementiert wurden. Viele Historiker sehen in diesem Dekret eine Bosheit Katharinas II. gegenüber ihrer Schwiegertochter, da es dieser praktisch verbot, die aus Paris mitgebrachten Kleider in Petersburg zu tragen. „Am 26. Oktober und am 6. November 1782 wurden die Hofdamen angewiesen, auf den Kleidern keinerlei Besatz zu tragen, der aus mehreren Stoffstücken besteht oder breiter als 2 Werschok (8,8 cm) ist, des weiteren sei es Ihrer Majestät genehm, so hieß es weiter in dem Dekret, daß sie, wie im übrigen auch die anderen Damen, denen der Zutritt zum Hof gestattet sei, bei der Auswahl der Kleider auf Einfachheit und Zurückhaltung achten und keine Sachen verwenden, deren einziger Wert in ihrer Neuheit bestünde. Es wurde verfügt, keinen Kopfschmuck zu tragen, der von der Stirne ab mehr als 2 Werschok in der Höhe mißt. An großen Festtagen war es den Damen erlaubt, Kleider aus Moskauer Brokatstoffen mit oder ohne Stickereien zu tragen mit der gleichen Auflage bezüglich des Besatzes. An sonstigen Festtagen und anderen Tagen war es ihnen erlaubt, beliebige Seidenstoffe mit Stickereien und anderem Besatz zu tragen, allerdings unter Beachtung der erlaubten Breite des Besatzes. Adligen war es gestattet, einfarbige Kleider zu tragen und in ihnen Zutritt zum Hofe zu haben. Nach den Worten des Dekrets sollte dies dazu dienen, den adligen Wohlstand auf das beste und nützlichste zu bewahren und verschwenderischen Luxus abzuwenden."[13]

Es ist schwer zu sagen, ob Katharina damit tatsächlich ihrer Schwiegertochter am Zeug flicken wollte. Wie derselbe Historiker bemerkt, war der Hauptgrund für die erwähnten Dekrete, daß Rußland zu jener Zeit mit Modeerzeugnissen aus dem Ausland geradezu überschwemmt wurde.[14] Der Fürst M. Schtscherbatow schrieb in einer Denkschrift über den Verfall der Sitten in Rußland[15]: „Zwar fand die Zarin in ihrer Jugend keinen Gefallen an golddurchwirkten Gewändern und verurteilte die Zarin Elisabeth[16] dafür, daß sie ‚eine ziemlich große Garderobe hinterlassen habe, mit der man ein ganzes Heer einkleiden könnte'; in dem Bestreben jedoch, den vom Alter angerichteten Schaden zu verbergen, entwickelte auch sie selbst mit den Jahren eine Leidenschaft dafür, geeignete Kleider zu entwerfen und diese reich zu verzieren." Eine übermäßige Prunksucht bei der Kleidung, wie sie am Hof von Marie Antoinette vorherrschte und teilweise recht groteske Züge annahm, war nicht nach dem Geschmack Katharinas II. Hüte, die aussahen wie Blumenbeete, und mit Blumengirlanden übersäte, mit Volants und Draperien verzierte Kleider paßten nicht mehr zu ihrem Alter. Als Inhaberin des Throns konnte sie es den anderen Damen und selbst ihrer Schwiegertochter nicht gestatten, prunkvollere Gewänder zu tragen als sie selbst.

Kat. Nr. 38
Hofkleid der Großfürstin Katharina Pawlowna (1788-1819)
St. Petersburg (?), Rußland (?), 90er Jahre des 18. Jahrhunderts
Handarbeit, Samt, silberner Glanzbrokat, Pailletten
Rock, 116 x 264 cm (Inv. Nr. CCh-2778-II)
Oberteil, Länge: 30 cm, Taillenumfang: 53 cm
(Inv. Nr. CCh-2779-II)
Schleppe, 280 x 260 cm (Inv. Nr. CCh-2780-II)
Provenienz: Schloß Pawlowsk, aus dem Zentrallager für Museumsbestände 1945

Katharina Pawlowna war die Lieblingsschwester von Alexander Pawlowitsch (ab 1801 Zar Alexander I.). Sie heiratete Prinz Georg von Oldenburg. 1812 wurde sie Witwe und heiratete 1816 den Kronprinzen Wilhelm von Württemberg.
An den Hüften weit ausladender Rock mit kleinen Falten an der Gürtellinie, aus fünf Streifen silbernen Glanzbrokats genäht, entlang des Rockschoßes verziert mit einer Stickerei aus goldfarbenen Pailletten, Goldfaden und Kantillen. Das Motiv der Stickerei sind Zweige mit Blättern, die mit einer Applikation aus Goldfolie gearbeitet sind. Der Rock ist an der Gürtellinie mit weißem Seidenband geschnürt und mit weißem Taft gefüttert. Tailliert geschnittenes Oberteil aus silbernem Glanzbrokat mit tiefem ovalen Ausschnitt und kurzen schmalen Ärmeln mit je drei Abnähern an der Ärmelkugel. Schnürung am Rücken mit acht Schnürlöchern. Seitlich der Kleidöffnung sind Fischbeinstäbe eingenäht. Ärmel und Ausschnitt sind mit Spitzen vom Ende des 19. Jahrhunderts besetzt. Das Futter ist aus weißer Seide.
Die Schleppe, die mit einem Oberteil verbunden ist, besteht aus gestreiftem Samt. Der orangefarbene Streifen ist mit Goldfaden durchwirkt, der schwarze Samtstreifen mit einem polychromen Ornament ausgefüllt. Das Oberteil ist tailliert geschnitten, hat offene Ärmelausschnitte und zurückschlagbare, lange, schmale Ärmel. Die Schleppe ist hinten an der Taille in tiefe Falten gelegt. Die Schleppenränder, die Schultern des Oberteils und die Ärmelaufschläge sind mit Silberpailletten, Silberfaden und einer Applikation aus Silberfolie bestickt. Das Ornament stellt stilisierte Blumenmotive dar. Der Unterstoff ist aus weißem Taft. *N. W.*

Kat. Nr. 39
Orest Kiprenski
1782 nahe St. Petersburg – 1836 Rom
Großfürst Nikolaj Pawlowitsch, 1816
Öl auf Leinwand
37 x 30,5 cm
Bez. u. li.: *OK 1816*
Inv. Nr. CCh-2685-III
Provenienz: Aus der Sammlung Schloß Gatschina, nach 1945 in Pawlowsk
Ausstellungen: *GRM (Staatliches Russisches Museum)* 1988; *Splendeur et intimité à la cour impériale de la Russie 1780-1820*. Montbéliard 1995; *Splendore della Corte degli Zar*. Turin, Rom 1999

Großfürst Nikolaj Pawlowitsch (1796-1855) war der dritte Sohn und das neunte Kind des russischen Thronfolgers Großfürst Paul und der Großfürstin Maria Fjodorowna. Im Jahre 1817 verheiratete er sich mit Charlotte, der Tochter des Königs von Preußen, Friedrich Wilhelms III. Bei ihrem Übertritt zum orthodoxen Glauben erhielt Charlotte den Namen Alexandra Fjodorowna. 1825 wurde Nikolaj Pawlowitsch russischer Zar, genannt Nikolaj I. Nikolaj Pawlowitsch ist dargestellt in der Uniform des Nördlichen Reiter- und Jägerregiments, dessen Befehlshaber er seit 1816 war.
Nach seinem Studium an der St. Petersburger Akademie der Künste arbeitete Orest Kiprenski in Moskau und am Hof der Großfürstin Katharina Pawlowna und ihres Gatten, des Prinzen von Oldenburg, im russischen Twer. Kiprenski hatte bereits 1814 ein Porträt der beiden jüngsten Söhne Pauls I. angefertigt, unterrichtete Nikolaj und Michail Pawlowitsch in der Kunst des Stechens und war der kaiserlichen Familie gut bekannt. *N. S.*

I m Jahr 1794 malte Johann Baptist Lampi ein Paradeporträt von Maria Fjodorowna. Er wählte dafür ein traditionelles Motiv. Die Großfürstin ist vor dem Hintergrund eines Parks dargestellt, in dem ein Minervatempel zu sehen ist. Vor ihr sind eine Büste ihres Gatten und Porträts ihrer Kinder zu sehen, außerdem anderes Beiwerk, das ihre vielseitigen Interessen und Tugenden dokumentiert. Die Großfürstin trägt ein weißes, mit Spitzen reich verziertes Kleid.
In den Beständen von Schloß Pawlowsk ist ein „russisches" Hofkleid (Kat. 3) von Maria Fjodorowna erhalten, das eine gewisse Ähnlichkeit mit dem auf dem Porträt dargestellten Kleid hat. Gefertigt ist das Kleid aus einem weißen Wollstoff, der eine äußerst fein gearbeitete Kreppbindung aufweist. Es besteht aus einem Rock und einem Oberteil, das mit einer Schleppe verbunden ist. Die Ränder des geöffneten Oberteils und der untere Teil des Rocks sind mit einer Stickerei verziert. Diese stellt eine Weingirlande dar und ist mit Silberfaden, Pailletten verschiedener Größe und mit einer Applikation aus Silberfolie gearbeitet. Der Ausschnitt und die Ärmelkanten sind mit Spitzen besetzt.[17] Der Verschluß ist auf der Vorderseite angebracht und besteht aus Haken und Ösen, die in zwei Reihen angenäht sind. Dadurch war es möglich, die Taille weiter zu machen, wenn ein veränderter Körperumfang dies erforderte, zum Beispiel während einer Schwangerschaft. Auf der linken Brustseite ist mit weißer Seide das achtspitzige Kreuz des Malteserordens aufgenäht. Im Jahre 1798 war Paul I. Großmeister des Malteserordens geworden, und seit jener Zeit trugen die Familienmitglieder das Ordenszeichen. Der Schnitt des weißen Kleides von Maria Fjodorowna ist charakteristisch für den Zeitraum von 1770 bis 1790. Die Verwendung des veralteten Schnitts am Hofe des russischen Zaren zeugt von dessen konservativer Haltung und seinem Bestreben, alten bewährten Vorbildern zu folgen und vielleicht sogar zu Modellen der Vergangenheit zurückzukehren. Die der Antike nachempfundenen Kleiderformen, die damals in Frankreich in Mode kamen und die bereits die inzwischen verstorbene Katharina II. goutiert hatte,[18] waren in den Augen Pauls I. allerdings das Attribut einer unzulässigen weil revolutionären Einstellung.

Kat. Nr. 40
Josef Grassi
ca. 1758 Wien – 1838 Dresden
Porträt der Großfürstin Helene Pawlowna, 1802
Öl auf Leinwand
62,5 x 47,5 cm
Bez.: *J. Grassi pinx. 1802. Dresden*
Inv. Nr. CCh-2026-III
Provenienz: Aus der Sammlung Schloß Gatschina, nach 1945 in Pawlowsk
Ausstellungen: *Splendeur et intimité à la cour impériale de la Russie 1780-1820.* Montbéliard 1995

Der österreichische Maler Josef Grassi absolvierte sein Studium an der Wiener Akademie der Künste. In den Jahren nach 1790 lebte er längere Zeit in Warschau, wo auch die Zusammenarbeit mit Johann-Baptist Lampi begann. Später arbeiteten Josef Grassi und Johann-Baptist Lampi gemeinsam in Wien. Von 1800 bis 1816 lehrte Grassi als Professor an der Akademie der Künste in Dresden. Einige Zeit arbeitete Grassi auch in Italien. Er ist bekannt für seine zahlreichen Porträts von regierenden Herzögen in Polen und Deutschland. *N. S.*

Kat. Nr. 41
Orest Kiprenski
1782 nahe St. Petersburg – 1836 Rom
Großfürst Michail Pawlowitsch, 1816
Öl auf Leinwand
37,7 x 31,9 cm
Inv. Nr. CCh-2686-III
Provenienz: Aus der Sammlung Schloß Gatschina, nach 1945 in Pawlowsk
Ausstellungen: *GRM* (Staatliches Russisches Museum) 1988; *Splendeur et intimité à la cour impériale de la Russie.* Montbéliard 1995; *Splendore della Corte degli Zar.* Turin, Rom 1999

Großfürst Michail Pawlowitsch (1798-1849) war der vierte Sohn und das zehnte Kind Pauls I. und Maria Fjodorownas. 1824 heiratete er Prinzessin Marie Friederike Charlotte von Württemberg, die spätere Großfürstin Helene Pawlowna. Durch testamentarische Verfügung Maria Fjodorownas wurde Michail Pawlowitsch im Jahre 1828 Besitzer von Schloß Pawlowsk. Michail Pawlowitsch ist dargestellt in der Uniform des Perejaslawsker Reiter- und Jägerregiments, dessen Befehlshaber er seit 1816 war. In den Jahren 1817-19 bereiste Großfürst Michail Pawlowitsch in Begleitung seines Lehrers Frédéric-César de La Harpe Europa. Während seines Aufenthaltes in Rom beriet Kiprenski den jungen Fürsten beim Kauf von Gemälden für seine Mutter Maria Fjodorowna. *N. S.*

Kat. Nr. 42
Barett von Maria Fjodorowna
St. Petersburg, Rußland, 20er Jahre des 19. Jahrhunderts
Handgenäht, Atlas, Tüll, Vogelfedern
Durchmesser: 22 cm
Inv. Nr. CCh-2772-II
Provenienz: Schloß Pawlowsk, aus dem Zentrallager für Museumsbestände 1945

Barett aus cremefarbenem Tüll mit sechs verschieden großen Straußenfedern und zwei Büscheln aus gelben und weißen Reiherfedern, außerdem verziert mit einer Draperie aus cremefarbenem Atlas, der in breite Falten gelegt ist. *N. W.*

Kat. Nr. 43
Stiefeletten
St. Petersburg, Rußland, 1827
Handgenäht, Atlas, Leder
23 x 18 cm
Inv. Nr. CCh-2771-II
Provenienz: Schloß Pawlowsk, aus dem Zentrallager für Museumsbestände 1945
Ausstellungen: *Anna Pavlovna en het Russishe hof 1795-1865* Apeldoorn 1995

Stiefeletten aus hellgelbem Atlas mit Ledersohle, seitlich geschnürt. Die Oberkante und der Einschnitt für die Schnürung sind mit einem schmalen gelben Band eingefaßt, vorne befindet sich ein Schleifchen aus gelbem Atlas, das Schnürband ist goldfarben. *N. W.*

Aus den späten 90er Jahren des 18. Jahrhunderts stammt das Kleid der Großmeisterin des Ordens der Heiligen Großmärtyrerin Katharina. Der Orden mit der Devise „Für Liebe und Vaterland" wurde 1714 von Peter dem Großen zu Ehren seiner Gattin Katharina gegründet. Sein endgültiges Statut erhielt der Orden 1797 mit den „Bestimmungen für die Russischen Orden", die am Tag der Thronbesteigung von Zar Paul I. veröffentlicht wurden. Mitglieder des Ordens waren alle Zarinnen, Großfürstinnen und Großfürstentöchter aus dem Hause der Romanows und darüber hinaus Damen aus den vornehmsten Familien. Laut Ordensstatut war die Zarin Oberhaupt des Ordens auf Lebenszeit. Zu den Ordensfesten, die jährlich am 24. November stattfanden, hatten die Ordensdamen in besonderen Kleidern am Hof zu erscheinen. Der Monarch selbst legte fest, wie die Kleider auszusehen hatten. Muster der Ordensgewänder sind im Russischen Ordenskapitel erhalten. In Paragraph sechs der „Bestimmungen für die Russischen Orden" ist das Gewand des Katharinenordens ausführlich beschrieben: „Goldbestickter Glanzstoff mit goldenen Schnüren und Quasten, die Schleppe aus grünem Samt; bei unseren Großfürstinnen und Großfürstentöchtern müssen diese länger sein als bei den übrigen, und bei Ihrer Majestät der Zarin noch länger als bei jenen. Alle tragen Hüte aus grünem Samt, darauf sich ein Halbrund befindet, bei Ihrer Majestät aus Diamanten und mit mehr Edelsteinen als bei den anderen; unsere Großfürstinnen und Großfürstentöchter und ebenso Prinzessinnen gekrönter Höfe tragen ein Halbrund mit Diamanten, die übrigen solche, die mit Silber bestickt sind. Ihre Majestät die Zarin trägt darüber hinaus einen grünen Samtumhang mit Hermelinpelz."[19]

Kat. Nr. 44
Ballkleid von Maria Fjodorowna
St. Petersburg, Rußland, 20er Jahre des 19. Jahrhunderts
Handgenäht, Moiré, Atlas, Spitzen, Länge: 210 cm
(Inv. Nr. CCh-2769-II)
Gürtel, handgenäht, Atlas, 79 x 7,5 cm (Inv. Nr. CCh-2770-II)
Provenienz: Schloß Pawlowsk, aus dem Zentrallager für Museumsbestände 1946
Ausstellungen: *Anna Pavlovna en het Russishe hof 1795-1865* Apeldoorn 1995

Ballkleid aus gelbem Seidenrips mit kariertem Moiré-Muster. Das Kleid hat kurze Ärmel und eine erhöhte Taillenlinie. Der Rock ist nach unten stark ausgestellt und läuft in einer langen Schleppe aus. Die Ärmel und der untere Teil des Rocks sind mit lanzettförmigen Verzierungen aus gelbem Atlas besetzt, am Rockschoß ist ein Volant aus „blonden" Spitzen und Tüll angenäht. Dem Kleid ist eine Notiz mit folgendem Text beigefügt: „Kleid der Herrscherin Zarin Maria Fjodorowna, angefertigt im Jahre 1827 und Lieblingskleid Ihrer Majestät, 1832 aus dem Warschauer Schloß Belvedere überbracht, zum Kleid gehören Kopfschmuck, Handschuhe und Stiefeletten."
Gürtel aus gelbem Atlas mit weißem Taft als Unterstoff, glatt, am Verschluß mit dekorativer Schleife aus demselben Material, Verschluß aus drei Metallhaken. *N. W.*

Kat. Nr. 45
Dmitri Iwanowitsch Jewreinow
1742 St. Petersburg – 1814 St. Petersburg
Porträt des Zaren Paul I.
Kupfer, Email
13 x 10 cm, Oval
Bez. u. li.: *Evreinov"*
Inv. Nr. CCh-444/1-2-XI
Rechteckiger Rahmen aus vergoldeter Bronze mit ovalem Ausschnitt, Aufsatz in Form der Zarenkrone
25 x 15,7 cm
Provenienz: Schloß Pawlowsk, ursprünglicher Bestand
Ausstellungen: *Pavlovsk. Zolotoj vek russkoj kul'tury.* Moskau 1998

Das ikonographische Porträt geht auf ein Gemälde des Künstlers Stepan Schtschukin zurück (vgl. Kat. Nr. 4). Paul I. ist vor dem Hintergrund des Schlosses Gatschina dargestellt, einer der Zarenresidenzen in der Nähe von St. Petersburg. Das Schloß, das an eine mittelalterliche Burg erinnert, wurde für seinen ersten Besitzer Graf Grigori Orlow, einen Günstling Katharinas II., erbaut. Nach dem Tod des Grafen schenkte Katharina II. Schloß und Park Gatschina ihrem Sohn, dem russischen Thronfolger Paul, aus Anlaß der Geburt seiner ersten Tochter, Großfürstin Alexandra Pawlowna, im Jahre 1783. Im Bild vorne links ist in etwas weiterer Entfernung ein Heeresregiment in Formation zu sehen – ein Hinweis auf die Lieblingsbeschäftigung des Zaren Paul I.
Ewreinow studierte möglicherweise in Genf. 1776 erhielt er den Titel eines Akademischen Malers, 1780 wurde er zum Hofmaler ernannt. *N. S.*

Kat. Nr. 46
Pjotr Gerassimowitsch Sharkow
1742 ? – 1802 St. Petersburg
Porträt der Großfürstin Maria Fjodorowna
Elfenbein, Aquarell, Gouache
8,1 x 6,2 cm
Inv. Nr. CCh-2865/1-2-XI
Rechteckiger Rahmen aus vergoldeter Bronze, mit Ausbuchtungen, Aufsatz in Form einer Zarenkrone
16 x 10 cm
Provenienz: Aus der Staatlichen Eremitage, seit 1961 in Pawlowsk
Ausstellungen: *Pavlovsk. Zolotoj vek russkoj kul'tury.* Moskau 1998

Die Miniatur geht auf das Original des Künstlers Jean-Louis Voille zurück. Dieses wurde über viele Jahre hinweg von verschiedenen Künstlern kopiert und variiert, da es die äußere Erscheinung der Großfürstin besonders gut und naturgetreu wiedergab. Die Serie von Miniaturen mit Porträts der Familie des Großfürsten Paul wurde kurze Zeit vor seiner Krönung zum Zaren im Jahre 1796 angefertigt; die Rahmen sind deshalb bereits mit den Zarenkronen versehen.
Sharkow hat möglicherweise bei A. Antropow studiert. 1777 erhielt er den Titel Akademischer Maler, seit 1779 stand er der Klasse für Miniaturmalerei der Akademie der Künste in St. Petersburg vor. *N. S.*

Maria Fjodorowna erhielt den Katharinenorden im Sommer 1776 in Berlin bei ihrer Verlobung mit dem russischen Thronfolger aus den Händen ihres Bräutigams. Katharina II., die den Orden ihrer zukünftigen Schwiegertochter und deren Mutter, der Prinzessin Friederike Sophie Dorothée von Württemberg, verlieh, äußerte in Begleitbriefen ihre Hoffnung, „daß Ihr nach dem Erhalt des Ordenszeichens der Heiligen Katharina die Zeichen der Liebe und des Vaterlandes tragen möget. Dies teilt Rußland Euch durch mich mit und reicht Euch die Hände. Rußland erwartet von der Schönheit Eurer Seele und von der Güte Eures Herzens, daß Ihr nach dem Wechsel des Vaterlandes Gefühle lebendigster und tiefster Ergebenheit empfinden werdet für Euer neues Vaterland, das Euch aufnimmt, nachdem es Euch bei der Auswahl den Vorzug gab." Der Brautmutter schrieb sie: „Eure Dienste sind ganz im Sinne der Devise dieses Ordens: Eure Tochter ist ein Geschenk, das Ihr dem Vaterlande darbringt."[20]

I n all den Jahren seines Bestehens erlebte der Katharinenorden die prunkvollsten Feste während der Regierungszeit Pauls I. Über das erste Ordensfest nach dessen Thronbesteigung sind Augenzeugenberichte und Aufzeichnungen im Kammerfurier-Buch erhalten. Am 24. November 1797 wurde im Winterpalast ein großer Empfang gegeben, der mit einem feierlichen Gottesdienst eröffnet wurde. Danach begaben sich die Anwesenden in den Thronsaal. Dort nahm Maria Fjodorowna Gratulationen entgegen, zunächst von den Mitgliedern ihrer Familie, danach von den ordentragenden Staatsdamen und den Hofkavalieren. Sie trug die Krone und den Kaisermantel, „dessen Schleppe vier Kammerherrn trugen und ein fünfter ihr Ende".[21] Nach dieser Zeremonie zogen sich alle in ihre Privatgemächer zurück. Am Abend desselben Tages fand ein Ball statt, zu dem der Prinz Condé und der polnische König Stanislaus August als Ehrengäste geladen waren. Letzterer überliefert uns in seinem Tagebuch eine ausführliche Beschreibung der Ordenskleider: „Im Gedenken an die Leiden der Heiligen Katharina trugen die Damen des Ordens der Heiligen Katharina auf großen Paniers silberne Röcke, verziert mit kleinen grünen Samtrüschen und goldenen Stickereien, die Hüte der Damen waren mit einem Halbrund aus Silber geschmückt, die der Großfürstinnen und Großfürstentöchter mit Brillanten."[22]

An diesem Tag trug Maria Fjodorowna ein Kleid, das sich heute in Schloß Pawlowsk befindet (Kat. 2). Es besteht aus drei Teilen: Oberteil, Rock und Schleppe. Das Oberteil ist aus silbernem Glanzstoff genäht, hat einen tiefen Ausschnitt, kurze Ärmel und eine nach unten verschobene Taillenlinie. Ausschnitt und Ärmel sind in mehreren Reihen mit Spitzen besetzt.[23] Der Rock des Ordenskleides ist an den Hüften weit geschnitten und wie das Oberteil aus silbernem Glanzstoff genäht. Vertikal sind Streifen aus Samt aufgenäht, und der Rockschoß ist mit einem breiten Streifen aus grünem Samt abgesetzt. Zur Verzierung gehören außerdem Paillettenstickereien, Schleifen, Schnüre mit Quasten und kreisrunde Ornamente mit Sternen in der Mitte. Die Schleppe ist ganz aus grünem Samt auf weißem Seidenunterstoff gearbeitet und an den Rändern mit denselben Paillettenornamenten wie der Rock verziert. Sie ist 280 cm lang und 161 cm breit. Die einzelnen Teile des Ordenskleides bilden eine nobel und elegant wirkende Gesamtkomposition mit schöner Silhouette, harmonischen Proportionen und einer schlichten, aber edlen Verzierung.

Im Schloßmuseum von Gatschina wird eine Puppe aufbewahrt, die mit einem Ordenskleid in Miniaturgröße gekleidet ist. Daraus läßt sich schließen, daß das beschriebene Kleid nicht in Rußland entworfen wurde, sondern höchstwahrscheinlich im Atelier von Rose Bertin, die damals nach wie vor Aufträge von Maria Fjodorowna ausführte. Das Ordenskleid von Maria Fjodorowna ist das einzige in Rußland erhaltene Ordenskleid und deswegen von einzigartiger kunsthistorischer Bedeutung.

Die drei bislang beschriebenen Kleider sind typische Beispiele für die Damenhofmode in der zweiten Hälfte des 18. Jahrhunderts. Sie bestehen aus einem eng geschnittenen, vorne geöffneten Oberteil mit stark eingeschnürter Taille und einem betonten, stark ausgestellten Rock. Bei den festlichsten Modellen kommt noch eine Schleppe von imposanter Länge hinzu. Diese Silhouette bestimmte die Hofmode fast ein ganzes Jahrhundert lang. Im letzten Jahrzehnt des 18. Jahrhunderts jedoch kam es bekanntlich zum Bruch mit der alten Ästhetik. Ab jener Zeit beschritt die Mode neue Wege.

Ein gutes Beispiel für den neuen Stil ist ein Kleid Maria Fjodorownas aus meerfarbenem Atlas, das mit sandfarbenem Samt verziert ist. Das kurze Oberteil des Kleides endet unterhalb der Brust und hat einen ovalen Ausschnitt. Die Ärmel reichen knapp bis zu den Ellbogen. Der Rock mit kleiner Schleppe ist am Oberteil angenäht, am Rücken in kleine Falten gerafft und wird nach unten hin gleichmäßig breiter. Der leichte Stoff des Kleides umspannte sanft den Körper, engte ihn aber nicht ein. Vielleicht war es das letzte Kleid Maria Fjodorownas, in dem ihr Gatte sie sah. Der Legende nach

Kat. Nr. 47
Pjotr Gerassimowitsch Sharkow
1742 ? – 1802 St. Petersburg
Porträt der Großfürstin Katharina Pawlowna
Elfenbein, Aquarell, Gouache
8,1 x 6,4 cm
Inv. Nr. CCh-2871/1-2-XI
Rechteckiger Rahmen aus vergoldeter Bronze, mit Ausbuchtungen, Aufsatz in Form einer Zarenkrone
15,7 x 9,7 cm
Provenienz: Aus der Staatlichen Eremitage, seit 1961 in Pawlowsk
Ausstellungen: *Pavlovsk. Zolotoj vek russkoj kul'tury.*
Moskau 1998

Die Miniatur stellt eine freie Kopie eines Porträts dar, das Dmitri Lewizki von der Großfürstentochter Katharina Pawlowna malte. Wie bei den anderen Miniaturen fügte Sharkow dem Porträt das rote Band des Ordens der Heiligen Katharina hinzu und legte ihr einen Fächer in die Hand. *N. S.*

Kat. Nr. 48
Pjotr Gerassimowitsch Sharkow
1742 ? – 1802 St. Petersburg
Porträt der Großfürstin Alexandra Pawlowna
Elfenbein, Aquarell, Gouache
8,2 x 6,5 cm
Inv. Nr. CCh-2868/1-2-XI
Rechteckiger Rahmen aus vergoldeter Bronze, mit Ausbuchtungen, Aufsatz in Form einer Zarenkrone
16 x 9,7 cm
Provenienz: Aus der Staatlichen Eremitage, seit 1961 in Pawlowsk
Ausstellungen: *Pavlovsk. Zolotoj vek russkoj kul'tury.*
Moskau 1998

Die Miniatur geht auf ein Porträt zurück, das Dmitri Lewizki von Großfürstin Alexandra Pawlowna malte und das sich in der Sammlung des Schloßmuseums Pawlowsk befindet. Sharkow fügte dem Porträt das rote Band des Ordens der Heiligen Katharina sowie einen Korb mit Blumen hinzu. *N. S.*

Kat. Nr. 49
Pjotr Gerassimowitsch Sharkow
1742 ? – 1802 St. Petersburg
Porträt der Großfürstin Maria Pawlowna
Elfenbein, Aquarell, Gouache
8,2 x 6,3 cm
Inv. Nr. CCh-2870/1-2-XI
Rechteckiger Rahmen aus vergoldeter Bronze, mit Ausbuchtungen, Aufsatz in Form einer Zarenkrone
15,7 x 9,7 cm
Provenienz: Aus der Staatlichen Eremitage, seit 1961 in Pawlowsk
Ausstellungen: *Pavlovsk. Zolotoj vek russkoj kul'tury.*
Moskau 1998

Die Miniatur geht auf ein Porträt zurück, das Dmitri Lewizki von Großfürstin Maria Pawlowna malte und das sich in der Sammlung des Schloßmuseums Pawlowsk befindet. Sharkow fügte dem Porträt das rote Band des Ordens der Heiligen Katharina hinzu, ‚schmückte' die kleine Großfürstin mit einem Perlencollier und ‚legte' ihr einen kleinen Schirm in die Hand. *N. S.*

Kat. Nr. 50
Pjotr Gerassimowitsch Sharkow
1742 ? – 1802 St. Petersburg
Porträt der Großfürstin Helene Pawlowna
Elfenbein, Aquarell, Gouache
8,1 x 6,4 cm
Inv. Nr. CCh-2869/1-2-XI
Rechteckiger Rahmen aus vergoldeter Bronze, mit Ausbuchtungen, Aufsatz in Form einer Zarenkrone
15,7 x 9,7 cm
Provenienz: Aus der Staatlichen Eremitage, seit 1961 in Pawlowsk
Ausstellungen: *Pavlovsk. Zolotoj vek russkoj kul'tury.*
Moskau 1998

Die Miniatur stellt eine leicht abgewandelte Kopie des Porträts dar, das Dmitri Lewizki von Großfürstin Helene Pawlowna malte. Sharkow fügte der Miniatur das rote Band des Ordens der Heiligen Katharina hinzu sowie Ohrringe, Perlenfäden im Haar Helene Pawlownas und einen Tisch mit Büchern. *N. S.*

trug sie es am Abend des 11. März 1801, einen Tag vor dem Tod Pauls I. Den Maßen nach zu schließen, hatte Maria Fjodorowna zu jener Zeit eine schlanke Taille und war „noch immer sehr schön, groß gewachsen und von beeindruckendem Auftreten", wie D. Ch. Liven in ihren Erinnerungen schrieb.[24]

Ein Beispiel für die Kleidermode etwa in der Mitte des Jahrzehnts von 1810 bis 1820 ist das sogenannte „Uniformkleid" Maria Fjodorownas. Schon auf den ersten Blick erkennt man, daß der Entwurf dieses Kleides einer Militäruniform nachempfunden ist: An der Brust sind Kordeln angeordnet, die an den Schnurbesatz einer Husarenuniform erinnern. Das Einsickern militärischer Elemente in die Damenmode ist vor dem Hintergrund der Napoleonischen Kriege zu sehen, die damals in Europa tobten. Allerdings dürften hier nicht nur diese äußeren Einflüsse eine Rolle gespielt haben, denn es war in Rußland schon länger Tradition, daß die Zarinnen Militärparaden und Manöver mit ihrer Anwesenheit beehrten. Dabei trugen sie speziell für diese Anlässe angefertigte Kleider, deren Farbe und Besatz der Uniform des jeweiligen Regiments der russischen Armee entsprachen. Man weiß, daß Maria Fjodorowna im erwähnten Kleid „bei einer Parade der polnischen Truppen 1818 in Warschau anwesend zu sein geruhte."[25] Auch die Himbeerfarbe des „Uniformkleides" war offensichtlich nicht zufällig ausgewählt. Diese Farbe und der Schnurbesatz verleihen ihm Ähnlichkeit mit der Paradeuniform der Leibgarde-Husaren, die einen himbeerfarbenen Dolman mit Schnüren an der Brust trugen. Maria Fjodorowna schenkte den Offizieren des Leibgarde-Husarenregiments Seiner Majestät besondere Aufmerksamkeit und besuchte regelmäßig die Regimentsfeste. Nach dem Tod von Zar Paul I. hielten die Husaren in den Schlössern und Palästen von Pawlowsk, Gatschina und St. Petersburg regelmäßig Wache, wenn die verwitwete Zarin sich in ihnen aufhielt.

Anfang der 20er Jahre des 19. Jahrhunderts wurden zwei weitere Hofkleider für Maria Fjodorowna angefertigt. Das eine ist aus weißem Kaschmir gearbeitet und mit rotem Samt, Silberborte und seidenen Klöppelspitzen verziert, das andere aus blauer Seide gefertigt und mit silbernen Stickereien besetzt. Die Oberteile der Kleider haben einen ovalen Ausschnitt und sind im Brustbereich drapiert. Die Kleider haben eine hohe Taille, die Röcke verbreitern sich nach unten hin gleichmäßig. Die durch den speziellen Schnitt erzielte strenge Silhouette hat annähernd die Form zweier Trapeze, die an der schmalen Seite miteinander verbunden sind.

Den Abschluß der Kleiderkollektion von Maria Fjodorowna bildet ein gelbes Kleid aus kariertem Moiré (Kat. 44), das ein Jahr vor ihrem Tod genäht wurde. Im Begleitschein, der dem Kleid beigelegt wurde, als es aus dem Warschauer Schloß nach Gatschina gebracht wurde, heißt es: „Gelbes Kleid mit Schleppe, angefertigt 1827 und Lieblingskleid der verstorbenen Zarin, dazu Kopfschmuck und Stiefeletten."[26]

Das Kleid besteht aus einem kurzen, anliegenden Oberteil mit Dekolleté, prachtvollen kurzen Ärmeln mit Manschetten und einem nach unten stark ausgestellten Rock mit kleinen Falten am Rücken, der in einer langen Schleppe ausläuft. Es ist mit pikförmigen Aufsätzen aus gelbem Atlas, Volants aus den damals besonders modischen „blonden" Klöppelspitzen und einem breiten Gürtel mit einer Schleife am Rücken verziert. Ein wattegefütterter Seidenwulst, der an der Unterseite von Rock und Schleppe angenäht ist, gibt dem aus leichtem Stoff genähten Kleid eine klare Silhouette, was im Zeitraum von 1820 bis 1830 ein wichtiges Kriterium für modische Damenkleider war. Zum Kleid gehören gelbe Atlasschuhe mit niedrigem Absatz (Kat. 43) sowie ein flacher Hut aus cremefarbenem Atlas und Tüll mit einer Verzierung aus Straußen- und Reiherfedern (Kat. 42). Von einem solchen Hut war möglicherweise die Rede, als Cornelia de Wassenar, eine vornehme Dame, die 1825 im Gefolge der Königin der Niederlande, Anna Pawlowna, aus Holland nach Petersburg gekommen war, folgendes schrieb: „Die herrschende Zarin[27] begab sich mit ihrem Hoffräulein Mlle. Walujewa in Gatschina zum Mittagessen. Sie trug ein sehr einfaches Seidenkleid mit hohem Kragen und einen kleinen Hut. Die verwitwete Zarin dagegen kleidet sich von Tag zu Tag immer noch aufwendiger, sie trägt auserlesene Seidenkleider mit raffinierten Verzierungen, dazu kleine Häubchen oder ausnehmend elegante Hüte".[28]

Die drei zuletzt beschriebenen Kleider trug Maria Fjodorowna in den 20er Jahren des 19. Jahrhunderts. Nach Meinung von Pierre Lacroix hatte sich „die verwitwete Zarin, die im siebenundsechzigsten Lebensjahre stand, noch immer ihre Frische, zumindest jedoch ihre Jugendlichkeit bewahrt."[29] Ganz im Sinne dieser Beschreibung wurde Maria Fjodorowna von dem englischen Maler George Dawe porträtiert, der am russischen Hofe tätig war. Das ganzfigurige Porträt (Kat. 286) zeigt sie in einem weißen Atlaskleid, mit einem zierlichen, federgeschmückten Hut auf dem Kopf.

Die hellen Stoffe und die eleganten Verzierungen der Kleider, die sie in ihren letzten Lebensjahren trug, standen in keinerlei Widerspruch zu ihrem Aussehen. Zwar war sie fülliger geworden und bewegte sich nicht mehr so geschmeidig. Aber sie hatte sich auch in diesem Alter ihre naturgegebene Figur bewahrt, wenn auch mit Hilfe einiger Kniffe, wie die vorhin schon zitierte aufmerksame Beobachterin bemerkte: „Sie ist eine großgewachsene Frau, ziemlich beleibt für ihre Größe und sieht für ihre 65 Jahre gut erhalten aus, was unzähligen kleinen Vorrichtungen an ihrem Kleid zu verdanken ist. Ihr Korsett ist so eng, daß sie sich nur mit kleinen Schritten fortbewegen kann. Sie kann sich auch nicht bücken und die Hand nicht weit genug ausstrecken, um ihre Handschuhe glattzuziehen im Falle, daß sie lange trägt."[30]

Resümierend läßt sich sagen, daß sich Maria Fjodorowna zeit ihres Lebens immer für die Veränderungen in der Mode interessiert hat. Sie versuchte nicht, an den Kleiderformen festzuhalten, die in ihrer Jugend üblich waren. Die Kleidungsstücke, die uns von ihr erhalten sind, zeugen von ihrem Sinn für vornehme Eleganz. Schwarze Kleidung trug Maria Fjodorowna nur in Trauerfällen. Ihr optimistisches Wesen spiegelte sich in ihrer offenkundigen Vorliebe für helle Farbtöne wieder. Auch in ihren letzten Lebensjahren blieb sie bei der Auswahl ihrer Kleider den lebensfrohen Farben treu.

Kat. Nr. 51
Karl Josef Raabe
1780 Deutsch-Wartenberg – 1846 Breslau
Porträt der Großfürstin Anna Pawlowna, um 1815
Elfenbein, Aquarell, Gouache
9,2 x 7,1 cm
Bez. u. re.: *J. Raabe p.*
Inv. Nr. CCh-56/1-2-XI
Ovaler Rahmen aus vergoldeter Bronze, Verzierung in Form eines Bandes mit der Aufschrift: *LA G^{DE} DUCHESSE ANNA PAWLOWNA*
12 x 8,4 cm
Provenienz: Aus der Sammlung Schloß Gatschina, nach 1945 in Pawlowsk
Ausstellungen: *Anna Pavlovna en Het Russishe hof 1795-1865.* Apeldoorn 1995; *Pavlovsk. Zolotoj vek russkoj kul'tury.* Moskau 1998

MARIA FJODOROWNA UND DIE MEDAILLENKUNST

Ausgewählte Arbeiten in westeuropäischen Sammlungen

Gisela Zick

ls Maria Fjodorowna während ihrer Deutschlandreise des Jahres 1818, die primär dem Besuch ihrer beiden in Stuttgart und Weimar verheirateten Töchter galt, am Ende des Jahres auch Berlin besuchte, bedeutete dies für sie die Wiederbegegnung mit einer Stadt, in der sie 42 Jahre zuvor, im Juli 1776, durch ihren Großonkel Friedrich II. von Preußen ihrem zukünftigen Ehemann Großfürst Paul zugeführt wurde, der erst wenige Monate zuvor nach nur dreijähriger Ehe Witwer geworden war.[1]

Ebenso wie ihrer Schwiegermutter, der Zarin Katharina II. (1729-1796), war es der deutschen Prinzessin, der ältesten Tochter des bis 1769 in preußischen Diensten stehenden Herzogs Friedrich Eugen von Württemberg (1732-1797) und seiner Gemahlin Friederike Sophie Dorothee von Brandenburg-Schwedt (1736-1798), nicht an der Wiege gesungen worden, daß sie eines Tages an der Seite ihres Gatten den russischen Zarenthron innehaben würde. In Stettin geboren und bis zum zehnten Lebensjahr unter ziemlich limitierten Verhältnissen in Treptow/Pommern inmitten einer großen Geschwisterschar aufgewachsen, verbrachte sie anschließend ihre Jugendzeit bis zum 16. Lebensjahr (1769-1776) in Mömpelgard (Montbéliard), einer württembergischen Enklave in der Franche Comté, wo noch heute das Andenken an die württembergischen Herzöge wachgehalten wird.[2] Da sie schon drei Jahre zuvor als mögliche Heiratskandidatin für den Großfürsten in das Blickfeld der Zarin geraten, aber wegen zu großer Jugend – damals erst dreizehnjährig – zurückgestellt worden war, hatte Prinz Heinrich von Preußen (1726-1802), jüngerer Bruder Friedrichs des Großen, der sich zu diesem Zeitpunkt in diplomatischer Mission in Petersburg aufhielt, ein leichtes Spiel, die Zarin, die nach der Devise „Die Toten sind tot, man muß an die Lebenden denken" auf eine rasche Wiederverheiratung ihres einzigen Sohnes drängte, für eine Ehe mit Sophie Dorothée von Württemberg zu gewinnen. Eine solche Ehe war ganz im Sinne Friedrichs II., der hoffte, Rußland, das sich neuerdings in einer für Preußen gefährlichen Weise nach Österreich und Frankreich zu orientieren schien, auf diesem dynastischen Wege wieder stärker an sich zu binden.

Kat. Nr. 52 (nicht in der Ausstellung)
Stepan Semjonowitsch Schtschukin
(1762-1828)
Porträt Zar Pauls I. 1796/97.
Öl auf Leinwand
154 x 116 cm
St. Petersburg, Eremitage

Die Regentschaft Pauls I. als Zar von Rußland währte lediglich von 1796 bis 1801. Dargestellt ist er in der Uniform des Garderegiments Preobrashenski. Er trägt das blaue Band und den Stern des Ordens des Hl. Andreas des Erstberufenen, sowie um den Hals das Kreuz des Annenordens.

Kat. Nr. 53
Johann Gottfried Schadow
Friedrich II. mit Windspielen, 1822
Bronze (Guß 1906 durch Noack, Berlin)
90 x 46 x 35 cm
Gießerstempel rückseitig rechts auf der Plinthe:
GUSS/H. NOACK/FRIEDENAU – BERLIN
Provenienz: Staatliche Museen zu Berlin, Nationalgalerie,
Inv. Nr. B I 237

Ohne Auftrag modellierte Darstellung Friedrichs des Großen. Durch den Verzicht auf allegorische Details sowie durch die Hinzufügung des Spazierstocks und der beiden Hunde erhält die Statuette trotz konventioneller Herrscherpose einen anekdotischen Zug. Von den Zeitgenossen wurde die eher ungewohnte Darstellung zunächst ohne großen Enthusiasmus aufgenommen. Erst nach 1840, dem Jubiläumsjahr Friedrichs des Großen, gewann die liebenswürdige Plastik breitere Zustimmung, wovon die zahlreichen Nachbildungen zeugen. *H. G.*

Kat. Nr. 54
Johann Gottfried Schadow
1764-1850
Großfürst Paul in der Gestalt des preußischen Königs Friedrich des Großen
Bronze, dunkel patiniert
St. Petersburg September - Oktober 1790; Guß und Ziselierung von E. Gastecloux (Frankreich, Ende des 18. – Anfang des 19. Jahrhunderts tätig), Ateliers der Akademie der Künste, St. Petersburg 1796
Höhe: 90 cm
Auf der Rückseite des Sockels eingraviert: *Fondu a l'Academie imperiàle des beaux arts de St Petersbourg par E. Gastecloux 1798*
Inv. Nr. CCh-250-VIII
Provenienz: Schloß Pawlowsk, seit 1956
Ausstellungen: *Splendeur et intimité à la cour impériale de Russie 1780-1820*. Montbéliard 1995; *Kultura i sztuka Rosji konca XVIII i poczatku XIX wieku*. Szczecin, Poznan 1996

Von dieser Statue sind insgesamt acht völlig identische Exemplare bekannt, die sich in verschiedenen Museen befinden. Den Signaturen zufolge wurden sie von E. Gastecloux gegossen. Drei davon sind auf das Jahr 1796, drei weitere auf das Jahr 1798 datiert (1).
Großfürst Paul ist mit Uniform und Hut Friedrichs des Großen dargestellt, mit dem über die Schulter gelegten Ordensband und dem achtspitzigen Ordensstern. Sowohl die Maße der Statue als auch alle Details von Kleidung und Aufmachung stimmen exakt mit der bekannten Bronzestatue Friedrichs des Großen aus dem Schloß Sanssouci überein, die der Bildhauer Johann Gottfried Schadow im Jahre 1822 vollendete (2). Sogar die Frisuren sind gleich, obgleich Großfürst Paul nie eine solche Frisur hatte. Eine so starke Übereinstimmung aller Formen läßt sich nur dadurch erklären, daß die beiden Statuen nach demselben Modell gegossen wurden. Sie unterscheiden sich nur in einigen Details, die auch gußtechnisch separat gearbeitet wurden. So fehlen bei Großfürst Paul die Quasten am Stock und die Hundefiguren. Sein Degen ist anders geformt. Außerdem wurde der bei der Statue Friedrichs dargestellte Adler in der Mitte des Ordensterns bei der Statue Pauls durch das Kreuz des Andreasordens ersetzt. Das Ordensband allerdings ist wie beim preußischen Orden des Roten Adlers, mit dem Friedrich dargestellt ist, über die linke Schulter gelegt, obwohl das Ordensband des Andreasordens eigentlich über der rechten Schulter getragen wurde. Um dieser Tatsache gerecht zu werden, hätte das Modell der Statue verändert werden müssen, was der Bildhauer offenbar vermeiden wollte. Der einzige prinzipielle Unterschied zwischen den Statuen besteht in den stark ausgeprägten Gesichtsporträts. Besonders ungewöhnlich ist die Tatsache, daß im Falle dieser beiden Statuen das Original um mehr als zwanzig Jahre später datiert als die Kopie. Historisch läßt sich dies folgendermaßen erklären: Ab 1790 arbeitete Schadow vermehrt am Bildnis des preußischen Königs Friedrich des Großen. Im Zeitraum von 1791 bis 1793 schuf er eine Marmorstatue des verstorbenen Königs für Stettin und fertigte zahlreiche Skizzen für ein Reiterdenkmal in Berlin an. 1791 unternahm er Reisen nach Kopenhagen, Stockholm und St. Petersburg, um Erfahrungen für die

Anfertigung von Reiterdenkmälern zu sammeln. In St. Petersburg besuchte er die Bronzegießerei der Akademie der Künste, deren Leiter damals Gastecloux war (3). Offenbar hatte Schadow nach St.-Petersburg ein kleines Modell der Friedrichstatue mitgebracht – eine Variante des Modells für das Denkmal in Stettin –, und er traf höchstwahrscheinlich mit Großfürst Paul zusammen, der ein glühender Verehrer des preußischen Königs war und sich damals ganz besonders für die Bildhauerkunst interessierte. Für ihn dürfte dann auch eine Kopie von diesem Modell gemacht worden sein. Für das Denkmal in Stettin verwendete Schadow eine andere Variante des Modells. Dreißig Jahre später besann sich der deutsche Bildhauer wieder auf jene Variante, die er nach St. Petersburg mitgebracht hatte, ergänzte sie mit zwei Hundefiguren und machte von dieser Skulpturengruppe einen Bronzeabguß.

Die Frage nach dem Urheber des Gesichtsporträts läßt sich nicht so eindeutig beantworten. Wahrscheinlich entstand es gleich nach der Anfertigung der Modellkopie im Jahr 1791 und nicht erst bei der Herstellung der ganzen Serie von Bronzeabgüssen, da drei von ihnen auf 1796 datiert sind und Großfürst Paul erst im November jenes Jahres Zar wurde. Die vielen Kopien von Pauls Porträt wurden jedoch sicher erst nach seiner Thronbesteigung angefertigt. Der Schöpfer des Gesichtsporträts war zweifellos ein großer Bildhauer. Um das Jahr 1790 herum war Jean Dominique Rachette der wichtigste Porträtist von Großfürst Paul und fertigte verschiedene Büsten von ihm an (4). Allerdings unterscheidet sich der ikonographische Typus von Rachette grundsätzlich vom Gesicht der Statue aus Pawlowsk. Noch stärker weichen zwei Büsten Pauls I. ab, die Fedot Schubin 1798 und 1800 schuf (5). Am wahrscheinlichsten ist es, daß Johann Gottfried Schadow das Gesichtsporträt selbst anfertigte, als er in St. Petersburg war. Dafür sprechen auch die vielen stilistischen Ähnlichkeiten in der Ausführung der Gesichter bei den beiden Statuen. Durch die Herausarbeitung der individuellen Gesichtszüge in der unveränderten räumlich-linearen Struktur geht das Gesicht Pauls gleichsam aus dem von Friedrich hervor. Am wenigsten wahrscheinlich ist, daß das Gesichtsporträt von Gastecloux stammt, über dessen Arbeiten als Bildhauer nichts bekannt ist.

Zur Geschichte des Werks:
Aller Wahrscheinlichkeit nach gelangte die Statue schon sehr früh nach Pawlowsk, dokumentiert ist sie dort aber erst ab Anfang des 20. Jahrhunderts, 1941 wurde sie nach Leningrad evakuiert und befand sich von 1944-1956 im Leningrader Zentrallager für die Museumsbestände der umliegenden Schlösser. Seit 1956 gehört sie zum Bestand des Schloßpark-Museums Pawlowsk. *Je. K.*

(1) Evdokimova, V.A. *Skul'pturnye portrety Pavla I v sobranii Jusupovych*, in: *Pavlovskie čtenija. Sbornik materialov naučnych konferencij 1996-1997 gg.* St. Petersburg 1998, S. 113
(2) *Johann Gottfried Schadow 1764-1850. Bildwerke und Zeichnungen.* Ausst.-Kat. Staatliche Museen zu Berlin, Nationalgalerie, 1964-1965, S. 169ff. (Friedrich II mit Windspielen, 1822)
(3) Eckart, Götz *Johann Gottfried Schadow 1764-1850. Der Bildhauer.* Leipzig 1990, S. 54-55
(4) Staatliches Russisches Museum, Nr. 1057, 1058, 1059, S. 132
(5) Staatliches Russisches Museum, Nr. 1474, 1476, S. 167-168

Kat. Nr. 55
Tafelservice für den Großfürsten Paul Petrowitsch
Deutschland, Berlin, Königliche Porzellanmanufaktur, 1778
Porzellan, weiß, glasiert, vergoldet, mit russischem doppelköpfigem Adler in Aufglasurmalerei
Unterglasurmarke: blaues Zepter
2 ovale Körbchen, 3,5 x 11 x 8 cm (Inv. Nr. CCh 5590-1, 5595-1)
2 Väschen mit Doppelhenkel, 8 x 3,6 cm (Inv. Nr. CCh 5818-1, 5620-1)
Runder Korb mit Unterschale, Korb 9 x 20 cm, Unterschale 4 x 35 x 25,7 cm (Inv. Nr. CCh 5581-1, 5580-1)
Ovaler Korb mit Unterschale, Korb 9,5 x 29 x 21,5 cm, Unterschale 3,7 x 33,3 x 26 cm (Inv. Nr. CCh 5579/1-1, 5579/2-1)
Provenienz: Schloß Pawlowsk, ursprünglicher Bestand

Nachdem Großfürst Paul Petrowitsch von Friedrich dem Großen 1776 in Erinnerung an die Siege im Russisch-türkischen Krieg ein großes Service mit Darstellungen der Kampfszenen zum Geschenk erhalten hatte, wurde ihm 1778 ein weiteres Prunkservice vom Preußenkönig übergeben. Friedrichs Bestellung lautet auf ein „sehr vollständiges Tafel Service mit dem Russischen Wappen und sehr reicher Vergoldung". Die meisten Formen dieses Services haben sich vom Geist des Rokkoko abgewandt. Die sich verabschiedende Epoche ist lediglich noch in den zwei Tischväschen präsent. Noch weiter entfernt vom üblichen Erscheinungsbild des Berliner Porzellans ist das ungewöhnliche Motiv des malerischen Dekors: die schwarze Silhouette des doppelköpfigen russischen Adlers, der die Wappenschilde von Rußland und Holstein-Gottorp trägt.
Teile eines Kaffee- und Teeservices mit demselben Adler, aber bereichert durch Kette und Band des russischen Andreasordens, befinden sich in verschiedenen Sammlungen. Man kann vermuten, daß Paul, begeistert vom Geschenk Friedrichs des Großen, dieses Service selbst bestellt hat. *H. G.*

Der Übertritt Sophie Dorothées zum russisch-orthodoxen Glauben, eine conditio sine qua non für die Einheirat in das russische Herrscherhaus, bereitete keine Schwierigkeiten. Es erwies sich als günstig, daß man die Konfirmation der im lutherischen Glauben aufgewachsenen, zum Zeitpunkt ihrer Eheschließung bereits knapp 17jährigen Prinzessin noch nicht vorgenommen hatte, um ihr die Möglichkeit zu einem Glaubenswechsel bei Verheiratung offen zu halten.

Die Wiedervermählung des russischen Großfürsten stellte die „Neue Hoffnung Russlands" dar, wie der Text im oberen Medaillenrund der Gedenkmedaille versichert, die aus Anlaß der Vermählung am 26. September 1776 geprägt worden war und die mit einer Ausgabe in Gold, Silber und Bronze auf die übliche weite Verbreitung zielte. Wir bilden sie hier in einem Bronzeexemplar der Bibliothèque nationale in Paris ab (Abb. 1a und b).[3] Der Avers, signiert von dem deutschstämmigen, in Petersburg ansässigen Medailleur Johann Georg Jaeger,[4] zeigt unter der kyrillischen Inschrift in Versalien „Großfürst Paul Petrowitsch – Großfürstin Maria Fjodorowna" das Doppelbildnis der Neuvermählten im Rechtsprofil hintereinandergestaffelt, wobei Maria Fjodorowna ihren geharnischten Ehemann weit überragt. Schuld daran ist nicht nur ihre modische, hochgetürmte und mit Straußenfedern geschmückte Frisur, wie man sie seit circa 1775 in Paris trug, die nicht dazu angetan war, Größenunterschiede zu kaschieren oder auch nur zu mildern: Sie war tatsächlich fast einen Kopf größer als Paul. Dies beweist nicht nur der Scherenschnitt des in Petersburg tätigen Johann Friedrich Anting (1753-1805), der das Paar mit seinen beiden ältesten Söhnen beim Spaziergang im Schloßpark von Pawlowsk zeigt.[5] – Der Revers der Medaille (Abb. 1b) mit der Signatur von Johann Georg Wächter

Abb. 1a
Johann Georg Jäger u. Johann Georg Wächter:
Medaille auf die Vermählung von Großfürst Paul mit Großfürstin Maria Fjodorowna.
1776. Bronze. Paris, Bibliothèque nationale

Kat. Nr. 56
Stepan Schtschukin (?)
1762 Moskau – 1828 St. Petersburg
Zar Paul I., um 1800
Öl auf Leinwand
58 x 40,8 cm
CCh-2930-III
Provenienz: Aus dem Artillerie-Museum in Leningrad, seit 1948 in Pawlowsk

Paul I. ist dargestellt in der Uniform der Leibgarde des Preobrashenski-Regiments mit Dreispitz. Er trägt das Band und den Stern des Ordens des Heiligen Andreas des Erstberufenen, den Stern des Ordens des Heiligen Alexander Newski, das mit Brillanten besetzte Kreuz des St.-Anna-Ordens ersten Grades sowie das Malteserkreuz.
Stepan Schtschukin begann seine Ausbildung in der Moskauer Erziehungsanstalt, einer von Katharina II. gegründeten Bildungseinrichtung. 1776 wurde er in die Porträtklasse Dmitri Lewizkis an der St. Petersburger Akademie der Künste aufgenommen. Im Rahmen eines Stipendiums studierte er von 1782-86 bei Joseph-Benoît Suvée und Alexander Roslin in Paris. Im Jahre 1797 wurde Schtschukin für das Porträt Pauls I. (Kat. 52) der Titel eines Akademischen Malers verliehen. Dieses Porträt, das Paul I. offensichtlich besonders gefiel, wurde sowohl von Schtschukin selbst wiederholt als auch von anderen Künstlern kopiert. *N. S.*

Kat. Nr. 58
Tasse mit Porträt des Zaren Paul I., mit Deckel und Untertasse
Deutschland, Berlin, Königliche Porzellanmanufaktur, 1797-1801
Porzellan, monochrome Aufglasurbemalung, goldstaffiert, radiert
Höhe der Tasse: 11 cm; Durchmesser der Untertasse: 14 cm
Unterglasurmarke: Zepter
Inv. Nr. CCh-7154/1,2-I
Provenienz: Schloß Pawlowsk
Ausstellungen: *Pavlovsk. Zolotoj vek russkoj kul'tury*. Moskau 1998

Zylindrische Tasse mit Ohrhenkel und Deckel; vergoldet in zwei Schattierungen: Die matte Oberfläche bildet den Hintergrund für den polierten, leicht plastischen Dekor in Form zarter Ranken des Akanthusblattes.
Diese Art der Vergoldung war in der Kaiserlichen Porzellanmanufaktur in Rußland unter der Bezeichnung „goldgehöht" bekannt und fand in den Jahren von 1790-1800 breite Anwendung. Auf einem großen ovalen Medaillon ist ein im Grisaillestil in Grautönen gearbeitetes Porträt des Zaren Paul I. im Profil nach rechts und mit Lockenperücke abgebildet. Umrahmt wird das Medaillon von einer weißen Einfassung mit der Inschrift: *Il relève les trônes et les peuples abatus*.
Den gewölbten Deckel schmückt ein profilierter Zapfen.
Die Untertasse ist flach mit flacher Fahne. In der Mitte ist auf weißem Grund das Monogramm des Zaren *PI* abgebildet, umrandet von sternförmig auseinanderlaufenden Strahlen – ähnlich dem Ordensstern – auf goldstaffiertem Grund; darauf folgt ein polierter Streifen. Den übrigen Teil des Spiegels und der Fahne schmückt dasselbe Ornament wie die Tasse.
Gemäß den heute noch erhaltenen Verzeichnissen des Schlosses Pawlowsk stand diese Tasse mit Untertasse bis zum Jahr 1828 im Schlafgemach oder Ankleidezimmer Maria Fjodorownas, ebenso wie die Tassen mit den Porträts von Alexander Pawlowitsch (Kat. 172) und Katharina Pawlowna und die Geschenke Maria Pawlownas.
Offensichtlich war diese Tasse ein besonderes Geschenk zu Ehren des Regierungsantritts von Paul I. *E. N.*

(1724-1797) und der Inschrift „Eheschließung zelebriert am 26. September 1776" versinnbildlicht die „Neue Hoffnung Russlands" in Form eines Strauches auf der Brüstung links mit einem üppig sprießenden und einem abgestorbenen Zweig. Dabei wird mit dem letzteren offensichtlich auf die erste Ehe Pauls angespielt, aus der kein Thronerbe hervorgegangen war, und auf seine erste Ehefrau, die im Kindbett gestorben war und um die zu trauern Katharina II. ihrem Sohn nicht viel Zeit eingeräumt hatte.
Im Zentrum kettet der schwungvoll herbeieilende Hymen als großflügeliger Genius die beiden entflammten Herzen aneinander. Sie ruhen auf einem Dreifuß in der modischen Form der „Athénienne", an deren Fuß das russische Wappen lehnt und eine Fackel liegt, die offensichtlich den gewaltigen Rauchpilz entfacht hat, der über dem Dreifuß emporsteigt.
Dieses Bild, eine in der zweiten Hälfte des 18. Jahrhunderts gängige Eheallegorie, sollte sich tatsächlich realisieren. Davon zeugt nicht nur jener oft zitierte emotionale Nachsatz in einem Brief der Jungvermählten an die Freundin und Vertraute ihrer Jugendjahre, Henriette Louise von Waldner-Freundstein, spätere Baronin Oberkirch (1754-1803), der sie lebenslang in Freundschaft verbunden blieb („Dieser liebe Ehemann ist ein Engel, ich liebe ihn bis zum Wahnsinn"),[6] sondern die rasch auf zehn anwachsende Zahl von Kindern, die Maria Fjodorowna ihrem Ehemann in den Jahren zwischen 1777 und 1798 geboren hat und die auch ihre Schwiegermutter beeindruckte. Soweit man sehen kann, existiert nur ein einziges Familienbildnis (Kat. 30), das die inzwischen kaiserliche Familie komplett, sogar mit der einzigen schon als Kind verstorbenen Tochter Olga (1792-1795) in effigie, zeigt. Dieses Gruppenporträt, dessen dokumentarischer Wert wesentlich höher ist als sein künstlerischer, schuf im Jahre 1800 der deutsche Maler Gerhard von Kügelgen

Abb. 1b
**Johann Georg Jäger u.
Johann Georg Wächter**
Revers von Abb. 1 a

Kat. Nr. 59
Kosma Wassiljewitsch Tscheski
1776 Sankt Petersburg – 1813 Sankt Petersburg
Allegorie der Herrschaft Pauls I., 1804
Feder, Pinsel, Sepia
76,5 x 66,5 cm
Links unten: *Erdacht und gezeichnet von Koz´ma Českij 1804*
Inv. Nr. CCh-2144-XI
Provenienz: Schloß Pawlowsk
Ausstellungen: *Splendeur et intimité à la cour impériale de la Russie 1780-1820*. Montbéliard 1995; *Kultura i sztuka Rosji konca XVIII i poszatku XIX wieku*. Szczecin, Poznan 1996

Daß sich dieses Bild Vergangenem widmet, wird durch die den Vorhang aufhebende Allegorie der Zeit sowie die Janusfigur im Hintergrund symbolisiert. Dargestellt sind Ereignisse aus dem Leben Pauls I., beginnend mit der Vermählung mit Prinzessin Sophie Dorothée von Württemberg, welche dem auf dem Thron sitzenden Paul von Katharina II. in Gestalt der Minerva zugeführt wird. „Ich habe sie mir schon immer gewünscht; schon vor zehn Jahren habe ich ein Auge auf sie geworfen" schrieb Katharina an Grimm anläßlich der bevorstehenden Hochzeit des Sohnes.

Neben dem Thron sind die Insignien des Zarenhauses zu sehen – sie zeugen davon, daß Maria Fjodorowna als erste Zarin gleichzeitig mit ihrem Gemahl gekrönt wurde.
Auch die Europareise des Paares als „Comte et Comtesse du Nord" (1781-82) ist in der Allegorie dargestellt. Der links neben dem Thron stehende Genius hält die Tiara des Papstes als Symbol der Begegnung mit Papst Pius VI. sowie eine Rolle mit den Städtenamen Rom und Mantua als Erinnerung an ihre Italienreise.
Die kurze Regierungszeit Pauls I. wird anhand seiner wichtigsten Tugenden charakterisiert: Zur rechten Hand des Thronenden stehen Mars, der „Eroberer der Städte", die Wahrheit mit dem Spiegel, die Weisheit in Gestalt der Athene sowie Themis, die Göttin der Gerechtigkeit. Typisch auch die Allegorie der „Wahrheit, welche die Sünden vertreibt": Putten, die Schlangen mit Fackeln verfolgen. Links unten stützt sich ein Genius auf einen Schild mit der Aufschrift: *Mit der Kraft der rußländischen Waffen*. Er hält die Kräfte des Bösen gefangen. Möglicherweise soll diese Darstellung an Rußlands Beteiligung an den Koalitionen gegen Frankreich sowie an die unter Suworow errungenen Siege über die französische Armee erinnern. *O. L.*

Kat. Nr. 60
Iwan Iwanowitsch Kolpakow
1771 – 184?
Fassade des Michail-Schlosses von der Fontanka aus gesehen, um 1800
Endfassung
Radierung
30,9 x 53,8 cm
Unten links: *V. Brenna Architecte*,
rechts: *Owsiannicow del. Calpacow sculp.*
Darunter: *Facade du Chateau St. Michel du coté de la Fontanka. Fassade des Michail-Schlosses zur Fontanka*
Inv. Nr. CCh-884-XII
Provenienz: Schloß Pawlowsk
Ausstellungen: *Kultura i sztuka Rosji konca XVIII i poszatku XIX wieku.* Szczecin, Poznan 1996

Kat. Nr. 61
Iwan Iwanowitsch Kolpakow
1771 – 184?
Fassade des Michail-Schlosses vom Sommergarten aus gesehen, um 1800
Radierung
31,8 x 54,5 cm
Unten links: *V. Brenna Architecte,* rechts: *C. Rossy del. Calpacow sculp.,* darunter: *Facade du Chateau St. Michel du coté du Jardin d'Été. Fassade des Michail-Schlosses vom Sommergarten aus gesehen*

Inv. Nr. CCh-886-XII
Provenienz: Schloß Pawlowsk

Das Palais wurde an der Stelle des ganz aus Holz gebauten Sommerpalasts der Jelisaweta Petrowna errichtet, in dem am 20. September 1754 Großfürst Paul zur Welt kam. Mit den Bauarbeiten hatte man 1797 begonnen.
Wie bekannt, wurden die Gravüren der Pläne und Fassaden des Michail-Schlosses bereits 1799 gedruckt und in vier verschiedenen Formaten herausgegeben. *O. L.*

(1772-1820). Heute im Familienzimmer in Schloß Pawlowsk befindlich, war es schon 1990 einmal in Deutschland zu sehen.[7] Außer der Geburt der beiden ältesten Söhne Alexander (1777) und Konstantin (1779), die selbstverständlich mit Medaillen gefeiert wurde, boten die Jahre in Pawlowsk und Gatschina wenig Gelegenheit zu medaillenreifen Vorkommnissen.[8] Dafür war die Westeuropareise des jungen Thronfolgerpaares in den Jahren 1781/82, die es unter dem leicht durchschaubaren Pseudonym eines Comte und einer Comtesse du Nord unternahm, Anlaß für die von ihm besuchten Städte und Höfe, einem ephemeren Ereignis durch eine Gedenkmedaille mit den Mitteln der Kunst Dauer zu verleihen, wie es in Stuttgart und Augsburg, in Wien, Turin und Brüssel geschehen ist.[9]

S eit den frühen neunziger Jahren entwickelte Maria Fjodorowna eine besondere Beziehung zur Medaillenkunst. Die vielfach künstlerisch Begabte trat nunmehr selbst als Entwerferin von Medaillen auf. Wir kennen drei von ihr entworfene, von denen zwei hier vorgestellt werden sollen. Die allererste aus dem Jahre 1793 war als Geschenk aus Anlaß des Geburtstages der Zarin am 21. April gedacht, der für ihre Schwiegertochter immer Grund für derartige selbstgeschaffene, von der Empfängerin sehr gut aufgenommene und in Ehren gehaltene Präsente war. Die kleine Silbermedaille mit einem Durchmesser von nur 3,9 cm blieb ohne figürliche Darstellungen. Sie scheint ohnehin ein relativ bescheidenes Geburtstagsangebinde für die Zarin gewesen zu sein, auch wenn sie sogar in die Guidenliteratur der Zeit Eingang gefunden hat.[10]

Die erste hier zu betrachtende, im Besitz der Kunstsammlungen der Veste Coburg befindliche Medaille ist die mit dem Bildnis Pauls I. im Krönungsjahr 1797 im Rechtsprofil mit hoher Halsbinde, Orden und Ordensband sowie Hermelinmantel mit russischem Doppeladler. Entsprechend seiner Vorliebe für preußische Uniformen, die er selbst für die Garderegimenter einführte und der man in Rußland mit Unverständnis begegnete, trägt er den auf dem Rücken herabhängenden Zopf, den Friedrich Wilhelm I. von Preußen im Jahre 1713 für das preußische Heer einführte und den erst Friedrich Wilhelm III. 1807 abschneiden sollte. Maria Fjodorowna hat diese Medaille entworfen und in der für sie charakteristischen Weise mit „MARIA F(ecit)" und mit „1797 G(oda)" signiert (Abb. 2a und b).[11] „Von Gottes Gnaden Paul I., Imperator und Selbstherrscher aller Reußen" lautet die Übersetzung ihrer russischen Umschrift. Der sehr karge und mit der Wirkung der leeren Fläche arbeitende Revers zeigt lediglich ein gleichschenkliges Balkenkreuz, dem keine Inschrift deutend zu Hilfe kommt.

Ein Wort soll noch gesagt werden zu dem Orden und dessen Insignien auf dem Avers. Bei der Schärpe kann es sich nur um das blaue Moiréband des Andreasordens handeln. Hingegen dürfte mit dem um den Hals getragenen und auffallend ins Profil gedrehten Ordenskreuz das der Hl. Anna gemeint sein. Dieser aus Schleswig-Holstein stammende Orden wurde in Kiel im Jahre 1735 von Herzog Karl Friedrich von Holstein-Gottorp, Vater des russischen Zaren Peter III. (1728-1762), zu Ehren seiner Gemahlin Anna Petrowna gestiftet. Als Paul 1796 auf den russischen Thron kam, ließ er diese Stiftung seines Großvaters als einen Orden Rußlands anerkennen, entsprechend seiner Tendenz, der durch Katharina II. verhängten *damnatio memoriae* seines Vaters und der väterlichen Linie energisch entgegenzuwirken. Er erhob ihn zum Verdienstorden und verfügte weiter, daß in Zukunft jeder Träger des Andreasordens als des höchsten russischen Ordens vorher mit dem St. Anna-Orden ausgezeichnet sein müsse, dessen Devise „Glaube, Frömmigkeit, Gerechtigkeit" lautete. Er selbst trägt das Kreuz des Annenordens auf dem 1796/97 entstandenen Kniestück von Stepan Semjonowitsch Schtschukin (1762-1828), das ihn in der Uniform des Garderegimentes Preobraschenski zeigt, die er auch bei seiner Krönung in Moskau getragen hatte. Heute in der Eremitage befindlich, schien es dem Selbstverständnis des neuen Zaren so gut zu entsprechen, daß er es anderen Künstlern als offizielles Vorbild empfahl (Kat. 52).[12]

V ielleicht erinnert deshalb das Bildnis Pauls auf Maria Fjodorownas Medaille so verblüffend an das ihres Lehrers Karl [von] Leberecht (1749-1827), der ebenfalls eine Medaille auf die Krönung Pauls geschaffen hat, die nach der Thronübernahme am 6. November 1796 erst am 5. April 1797 in Moskau erfolgte.[13] Beide wirken, unter Wegfall des Dreispitzes, wie ins Profil gewandte und ins Relief übertragene Umsetzungen des Porträts von Schtschukin. – Leberecht war 1770 nach Rußland gekommen, 1783/85 mit einem Romstipendium von Katharina II. nach Italien geschickt und im Jahre 1800 von Paul I. zum Professor an der Petersburger Akademie und zum Leiter des Münzhofes ernannt worden. Unbeschadet aller Regierungswechsel, die in Rußland nicht selten das Ende der Karriere eines Hofkünstlers, bei Ausländern häufig sogar die Ausweisung bedeuteten, hat er durch fünfzig Jahre unter vier Monarchen russische Geschichte in Medaillenform aufgezeichnet und ist hochgeehrt und hochdotiert gestorben. Er war es, der die Großfürstin und später auch noch die Zarin in verschiedenen künstlerischen Techniken unterrichtete, in Wachsmodellierung, Elfenbeinschnitzerei und im Steinschnitt. Künstlerisch talentiert hat Maria Fjodorowna schon in ihrer Jugend in Montbéliard gemalt, gezeichnet und aquarelliert, was ohnehin im 18. Jahrhundert zum Standard einer fürstlichen Erziehung gehörte. In die westeuropäischen Künstlerlexika aber ist ihr Name – und dies zu Recht – vor allem als Steinschneiderin und Medailleurin eingedrungen.

Abb. 2a u. b
Maria Fjodorowna: *Medaille auf Paul I.*
1797. Gold.
Coburg, Kunstsammlungen der Veste.

Eine chronologische Zusammenstellung ihrer zum großen Teil in Pawlowsk, zu einem kleineren Teil in der Eremitage befindlichen Arbeiten müßte sich leicht erstellen lassen, zumal sie nicht nur signiert, sondern in der Regel auch datiert sind, wobei aus der auf den Tag genauen Datierung meist zugleich auch der Anlaß der Entstehung, häufig eine Schenkung zu einem Geburts- oder Namenstag, hervorgeht. Nach sehr pauschalen Beschäftigungen mit diesem Thema am Ende des vorigen Jahrhunderts und einer systembedingten Forschungsabstinenz von rund achtzig Jahren scheint dieses Thema nunmehr auf ein neues Interesse der russischen Kunstgeschichte gestoßen zu sein (vgl. den Beitrag von N. J. Stadnitschuk und A. A. Wassiljewa in diesem Katalog).

Erscheint die – hier nur erwähnte - Medaille zum Geburtstag Katharinas im Jahre 1793 nahezu als eine Pflichtübung der Schwiegertochter, die mit dem Porträt Pauls I. aus dem Krönungsjahr als ein noch von Vorbildern abhängiges Werk, so verhält es sich ganz anders mit der Huldigungsmedaille auf Alexander I., die für die Entwerferin einen ebenso hohen Stellenwert hatte wie das Ereignis, zu dem sie Stellung nimmt. Sie ist in Zusammenhang zu sehen mit dem triumphalen Empfang, der Alexander nach der Niederwerfung Napoleons bei seiner Rückkehr nach Rußland bereitet wurde, als er als „Retter Europas" gefeiert wurde und sich auf dem Höhepunkt seiner Macht und seines Ansehens befand.[14]

Die Medaille, alter Bestand des Münzkabinettes des Württembergischen Landesmuseums (Abb. 4a und b)[15] und auch in einem Exemplar in den Museen der Stiftung Weimarer Klassik vorhanden,[16] wird hier zur besseren Veranschaulichung zusätzlich durch eine Schemazeichnung verdeutlicht, die einem einschlägigen Nachschlagewerk entnommen ist (Abb. 4c).

Der Avers zeigt den Bildniskopf Alexanders I., der seine ebenmäßigen Züge von seiner Mutter geerbt hatte und von dessen „griechischem Profil" seine Großmutter Katharina bereits geschwärmt hatte, als er noch ein Kind war. In antikisierender Weise kennzeichnen den nunmehr knapp Vierzigjährigen mit dem schweren Kinn des reiferen Mannes Lorbeerkranz und Binde als Sieger. Die Umschrift, wie stets in kyrillischen Buchstaben, lautet: „Von Got-

Abb. 4c
Schemazeichnung der Medaille Abb. 4a/b
Nach L. Forrer, Biographical Dictionary of Medallists

tes Gnaden Alexander I., Kaiser und Selbstherrscher aller Reußen." Am Büstenabschnitt erscheint die Signatur Maria Feodorownas: „MARIA F(ecit)," die auf dem Revers ganz rechts unten noch einmal wiederholt wird. Auf der Medaillenrückseite erhebt sich auf gestuftem Sockel ein vom Auge Gottes überstrahlter Altar, auf dem die russischen Reichsinsignien, Krone und Zepter, auf einem Kissen ruhen. Das Ganze wird überwölbt von der Inschrift „Befreier der Völker." Die Beschriftung des Sockels, an dem drei miteinander verschlungene Kränze aus Lorbeer-, Öl- und Eichenlaubzweigen lehnen, lautet: „Alexander dem Gesegneten." Auf der untersten Sockelstufe ist „19. März 1814" zu lesen, nach unserer Zeitrechnung der 31. März, der Tag, an dem Alexander I. von Rußland gemeinsam mit Friedrich Wilhelm III. von Preußen nach der Niederwerfung Napoleons an der Spitze der Alliierten in Paris eingezogen war.

Kehren wir zum Anfang zurück: Am Ende ihrer Deutschlandreise des Jahres 1818, die sie nach Württemberg und in das Großherzogtum Weimar geführt hatte, besuchte Maria Fjodorowna auch den preußischen Hof. Zu ihm hatten sich seit 1817, seit der Heirat ihres Sohnes Nikolaus (1796-1855), des späteren Nikolaus I., mit der ältesten Tochter Friedrich Wilhelms III., Charlotte von Preußen (1798-1860), die nun den Namen Alexandra Fjodorowna führte, neue dynastische Beziehungen angebahnt. Daraus resultierte wiederum eine rege wechselweise Besuchs- und Reisetätigkeit besonders der jüngeren Familienmitglieder.

In Berlin wurde der Zarinmutter noch eine besondere Ehrung zuteil: Am 26. Dezember 1818 nahm sie die Berliner Akademie der Künste in Anwesenheit sämtlicher Mitglieder, des königlichen Hofes und Friedrich Wilhelms III. in ihre Reihen auf. Das Diplom, das der Staatsminister Karl Freiherr von Altenstein (1770-1840), erster preußischer Kultusminister von 1817-1838, überreichte, erhob sie zum ordentlichen und zugleich zum Ehrenmitglied der Akademie. Dem Brauch, ein Aufnahmestück abzuliefern, der für alle Vollmitglieder galt, kam sie nachträglich nach, wie aus der Einleitung des Kataloges von 1820 der im Zweijahresturnus stattfindenden Akademieausstellungen hervorgeht. Emphatisch heißt es dort: „Die als wahre Künstlerin in der Stempelschneidekunst besonders ausgezeichnete Monarchin geruhte nicht nur huldvoll den ehrerbietigen Wunsch der Akademie zu erfüllen, sondern versprach auch, nach

Abb. 4 a u.b
Maria Fjodorowna: *Medaille auf Alexander I. und den Einzug in Paris.* 1814. Bronze.
Stuttgart, Württembergisches Landesmuseum, Münzkabinett

Kat. Nr. 62
Gerhard von Kügelgen (?)
1772 Bacharach – 1820 Dresden
Porträt der Zarin Maria Fjodorowna in Trauer, 1801
Öl auf Leinwand
62,3 x 49,4 cm
Inv. Nr. CCh-3601-III
Provenienz: Schloß Pawlowsk, ursprünglicher Bestand

Im März des Jahres 1801 wurde Zar Paul I. im Schlafgemach seines erst kurz zuvor errichteten Michail-Schlosses, mitten im Zentrum von St. Petersburg, ermordet. Kurz nach diesem Ereignis fertigte Gerhard von Kügelgen eine Miniatur auf Elfenbein, die die Witwe Maria Fjodorowna in Trauer zeigt. Von Kügelgen replizierte dieses Bildnis viele Male. Auf der Brust trägt die Witwe wie stets eine selbst gefertigte Kamee mit dem Bildnis Pauls (vgl. Kat. 264)

Gerhard von Kügelgen erhielt seine Ausbildung bei Schütz in Frankfurt am Main und bei Jakob Zick in Koblenz. 1795 ging er nach Riga, 1798 nach St. Petersburg. Dort wurde er Hofmaler bei Zar Paul I., 1804 Rückkehr nach Deutschland, 1813 Ruf an die Akademie der Künste Dresden. *N. S.*

Kat. Nr. 63
Thomas de Thomon
1759 Bern – 1813 Sankt Petersburg
Mausoleum Pauls I., um 1806
Radierung
10 x 16,2 cm (Bild) / 13,4 x 19,7 cm (Blatt)
Unten links: *Thomas de Thomon*
Unten Mitte: *Temple Funéraire a Paulowsky*
Inv. Nr. CCh-5220/13-VI
Provenienz: Schloß Pawlowsk

1805 wurde ein Wettbewerb für den Entwurf eines Mausoleums ausgeschrieben, an dem sich unter anderem die Architekten Quarenghi, Sacharow und Woronichin beteiligten. Auch ein von Pietro Gonzaga eingereichter Entwurf ist bekannt. Ausgewählt wurde jedoch Thomons Vorschlag, erkennbar an dem Schriftzug Maria Fjodorownas: „Approbiert Maria". Die Zarin begründete ihre Wahl mit der Ähnlichkeit zwischen Thomons Entwurf und dem elterlichen Mausoleum in Charlottenburg. Noch am 29. Juni desselben Jahres fand die Grundsteinlegung statt, doch schon bald darauf wurden die Bauarbeiten unterbrochen, so daß Thomon seinen Entwurf umändern konnte.
In einem 1806 in Petersburg erschienenen Album *Recueil des Plans et Facades des principaux monumens, construits à Saint-Pétersbourg et les différentes provinces de l'Empire, par Thomas de Thomon* sind einige Seiten dem Mausoleum gewidmet. Der dort veröffentlichte Entwurf entspricht gänzlich dem hier ausgestellten Blatt und unterscheidet sich von dem schließlich realisierten Bau nur durch die Kränze und Urnen in der Fassade. Thomas de Thomon studierte an der Académie Royale de l'Architécture in Paris, ab 1784 dann in Rom, arbeitete in Polen und Ungarn, ab 1799 in Rußland. 1802 zum Hofarchitekt ernannt, 1810 zum Professor für Architektur an der Akademie der Künste. In St. Petersburg schuf er zahlreiche Bauten. *O. L.*

Im dichten Waldbereich der Neuen Sylvia liegt das für den ermordeten Zaren Paul I. von seiner Witwe errichtete Mausoleum, in dem Paul niemals begraben war. Die strengen Formen eines antiken Prostylos-Tempels mit seinen monumentalen Granitsäulen am Eingang und die Mauern aus gelbem Kalkstein mit den weinenden Masken verleihen dem Gebäude den ernsten Charakter von Schwermut und Trauer – eine Anmutung, die von der dichten und dunklen Bewaldung noch unterstrichen wird.

Abb. 5a u. b
Heinrich Gube u. Pawel Petrowitsch Utkin:
Medaille auf den Tod von Maria Fjodorowna.
1828. Gold. Stuttgart, Württembergisches
Landesmuseum, Münzkabinett.

alter hergebrachter Künstlersitte, der Akademie ein Aufnahmestück, in einer Medaille, von Ihrer eignen Hand geschnitten, zu übersenden. – das übersandte meisterhafte Kunstwerk in Golde, welches die Akademie für immer sowohl als ein unschätzbares Unterpfand der Huld und Gnade Ihrer Kaiserlichen Majestät, als auch als eins der seltensten und merkwürdigsten Kunstwerke durch die darin verewigten Talente der Kaiserlichen Urheberin, bewahren wird, ist S. 32 dieses Verzeichnisses, unter Nr. 222 aufgeführt und beschrieben."[17] Das „meisterhafte Kunstwerk" war die Alexandermedaille aus dem Jahre 1814. Mit dieser Medaille hatte Maria Fjodorowna eine gute Wahl getroffen, eine Wahl, die sich anbot, da sie schließlich mit der Berufung auf den Einzug der Verbündeten in Paris zugleich auch die russisch-preußische Waffenbrüderschaft feierte, woran man sich in Berlin sicher gern erinnert sah.[18]

Als sie am 24. Oktober 1828 erst neunundsechzigjährig starb, wurde in St. Petersburg durch den Finanzminister eine Konkurrenz für eine Medaille zu ihrem Gedenken eröffnet. Wie erfahren dies durch einen Brief, den der deutsche Maler Wilhelm von Kügelgen (1802-1867) am 27. November des Jahres aus Petersburg an seine in Estland zurückgebliebene Frau schrieb. Schon drei Wochen zuvor, noch unter dem Eindruck des Ereignisses, hatte er ihr von dem „unerwartet plötzlichen Tod der Kaiserin-Mutter" berichtet, „die von Vornehmen und Geringen aufrichtig beweint wird, wobei die strengste Traueretikette alle Müßiggänger hinlänglich beschäftigt". Von dem Minister persönlich zur Teilnahme an diesem Wettbewerb aufgefordert, widmet er sich dieser Aufgabe mit Intensität: Am 27. November teilt er mit, „Ich zeichne jetzt Medaillen, daß mir der Kopf brummt", am 1. Dezember hat er schon vier fertig, am 12. des Monats kann er seiner Frau melden, daß er sie beim Finanzminister persönlich abgegeben habe, und am 19. Dezember beginnt er sich Sorgen zu machen, daß er noch nichts darüber gehört hat. Danach wird von den Medaillenentwürfen nicht mehr gesprochen, und der Künstler, der auch mit einem anderen Projekt gescheitert war, mit dem er die Aufmerksamkeit des Hofes zu erringen gehofft hatte, verläßt Rußland, das seinem Vater Gerhard von Kügelgen rund dreißig Jahre zuvor zu Ansehen und Erfolg verholfen hatte.[19]

Für die ausgeführte Medaille (Abb. 5 a und b)[20] griff man auf einen Fachmann, auf den in Breslau geborenen Medailleur und Münzschneider Heinrich Gube (1805-1848) zurück, der in Wien studiert hatte. Anschließend an der renommierten Berliner Münzanstalt unter dem Hofmedailleur Daniel Friedrich Loos (1735-1819) tätig, war er 1829 zum Akademiemitglied ernannt worden, bevor man ihn 1830 nach Petersburg berufen hatte. Auf dem Avers der Medaille taucht alternativ, wie auch in diesem Fall, unterhalb der Büste der Kaiserin auch der Name des jungen, zu diesem Zeitpunkt erst zwanzigjährigen russischen Medailleurs Pawel Petrowitsch Utkin (1808-1852) auf. Die Medaillenvorderseite schmückt das Brustbild der Kaiserin im Profil nach links mit Diadem und einem Kranz aus Eichenlaub. Das streng zurückgenommene Haar öffnet sich am Hinterkopf zu einem Lockentuff. Schläfenlocken geben den Blick auf das Ohr frei, das ein zweigliedriger Ohrschmuck mit einer tropfenförmigen Perle ziert. Der kräftige Hals und der knappe Ausschnitt hingegen weisen keinerlei Schmuck auf. Als Umschrift sind nur Name und Titel „Maria Feodorowna, Zarin aller Reußen" gewählt worden. Interessanter ist der Revers, in dessen unterem Abschnitt die Lebensdaten (nach dem julianischen Kalender) erscheinen: „Geboren 14. Oktober 1759, gestorben den 24. Oktober 1828." Ein großflügeliger Genius von kräftigem maskulinem Wuchs mit einem Schlangenring als Zeichen für Ewigkeit in der gesenkten Rechten weist mit der erhobenen Linken auf den Namen „MARIA" hin, der in einem Sternenkranz sichtbar wird. Dessen Strahlen füllen den gesamten Bildraum, während die gebreiteten Flügel wie die eines Schutzengels die beiden Kindergestalten hinterfangen, die neben ihm auf der schmalen, stark verkürzten Raumbühne stehen, links ein Knabe, der ein Buch trägt, mit dem die Bibel gemeint ist, rechts ein kleines Mädchen mit betend erhobenen Händen. Diese Medaillenrückseite ist der karitativen Tätigkeit Maria Fjodorownas gewidmet, die in steigendem Maße ihre Zeit füllte.[21] Schon während der Krönungsfeierlichkeiten im April 1797 in Moskau hatte sie damit begonnen, Findel- und Waisenhäuser persönlich zu besichtigen, deren Oberleitung ihr als Zarin ebenso oblag wie die Betreuung von Kran-

Abb. 6
Christian Daniel Rauch:
Figurengruppe vom Denkmal für August Hermann Francke.
Bronze. 1825-28.
Halle/Saale, Lindenhof der Franckeschen Anstalt.

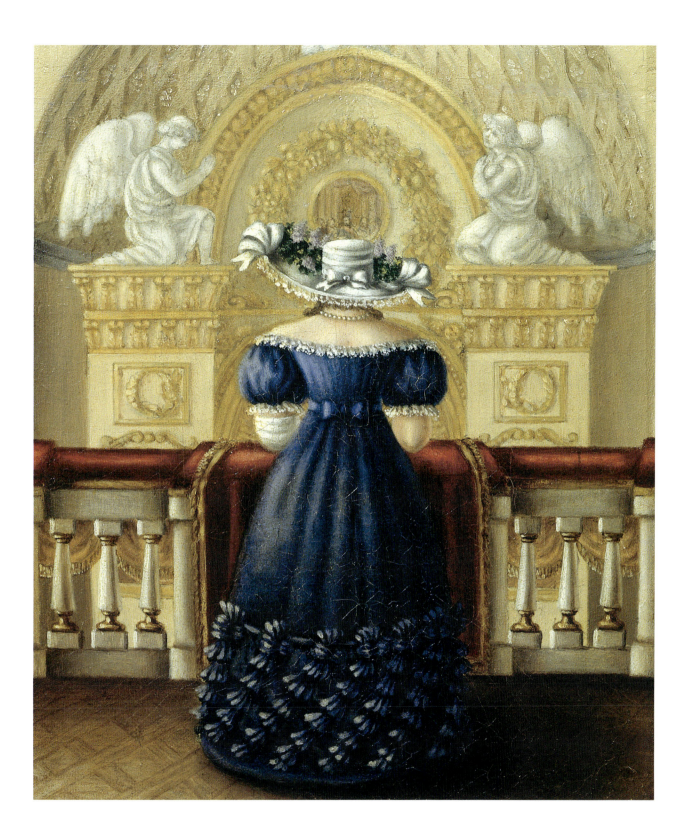

Kat. Nr. 64
Maler unbekannt
Die Zarin Maria Fjodorowna auf der Empore der Kirche zu Pawlowsk, 1820-30
Öl auf Leinwand
24 x 20 cm
Inv. Nr. CCh-2113-III
Provenienz: Aus der Sammlung Schloß Gatschina, nach 1945 in Pawlowsk

Die Schloßkirche von Pawlowsk wurde von 1797-98 nach einem Entwurf des Architekten Vincenzo Brenna erbaut und ist den Heiligen Aposteln Peter und Paul geweiht. Der Zugang zur Empore befand sich in der ersten Schloßetage am Eingang zum Rittersaal, weshalb man diesen später auch den Kirchen-Vorsaal nannte. Es heißt, der russische Dichter Wassili Shukowski habe eine Aquarellzeichnung mit gleicher Komposition und nahezu gleicher Größe wie das Ölbild angefertigt. Auch er gehörte zum engeren Kreis von Kulturschaffenden, die sich um die verwitwete Maria Fjodorowna versammelten, und war oft zu Gast bei ihr in Pawlowsk. *N. S.*

Kat. Nr. 65, 66
Bildhauer unbekannt
Büste Zar Alexander I.
Büste Elisabeth Alexejewna (Gattin Zar Alexanders I.)
Rußland, Anfang des 19. Jahrhunderts
Bronzeguß, Marmor; ziseliert, patiniert, vergoldet, geschliffen, poliert
je 53 x 23 cm
Inv. Nr. CCh-1502-IV, CCh-1503-IV
Provenienz: Schloß Pawlowsk, nach 1945 aus dem Leningrader Zentrallager für die Museumsbestände, früher Schloß Gatschina

Gleich nach der Ermordung Pauls I. wurde sein ältester Sohn Alexander Pawlowitsch auf den Zarenthron gehoben. Alexander I. versprach, im Geiste seiner aufgeklärten Großmutter Katharina II., die seine Erziehung zu ihrer Angelegenheit gemacht hatte, regieren zu wollen. Sein weiches und schwankendes Gemüt war jedoch zu tiefgreifenden Reformen, derer Staat und Gesellschaft bedurften, nicht fähig. 25 Jahre lang, von 1801 bis 1825, sollte seine Regentschaft dauern. Sie war überschattet von Alexanders diplomatischen und kriegerischen Auseinandersetzungen mit Napoleon. Aus diesen Koalitionskriegen gegen den französischen Kaiser, in denen der Zar jahrelang über die Schlachtfelder Europas ritt, ging er als strahlender Sieger hervor. Im Bereich des Privaten und der Familienangelegenheiten hörte der gefeierte „Retter Europas" und Vater der „Heiligen Allianz" jedoch stets auf seine Mutter Maria Fjodorowna, die ihn um drei Jahre überleben sollte. 1793 heiratete der 16jährige Großfürst Alexander die Prinzessin Louise Maria Augusta von Baden. Die wenig glückliche Ehe blieb nach zwei früh verstorbenen Töchtern kinderlos. Alexander, ansonsten ein charmanter Liebhaber, empfand für seine Frau nicht mehr als wohlwollende Sympathie. Der Verdacht, daß ihre erste Tochter eine Frucht des Freundes Adam Czartoryski sei, blieb ebenso unausgeräumt wie es ein offenes Geheimnis war, daß Alexander I. mit seiner russischen Geliebten Maria Naryschkina ein Kind hatte. *H. G.*

kenhäusern, Siechen- und Armenanstalten. In Pawlowsk, wo sie in der langen Zeit ihrer Witwenschaft (1801-1828) fast ganzjährig lebte, gründete sie 1806 die erste Taubstummenanstalt Russlands, 1810 am gleichen Ort das Marienhospital für unheilbar Kranke.

Sie hatte die Freude zu sehen, daß einige ihrer Töchter sich in ihrer neuen Heimat in ähnlicher Weise im sozialen und bildungspolitischen Bereich engagierten, so etwa Königin Katharina von Württemberg (1788-1819), wie sie bei einem Besuch dieser ihr besonders nahestehenden Tochter in Stuttgart im Jahre 1818 feststellen konnte.

Die Sorge um die vielen Wohltätigkeitseinrichtungen und Bildungsinstitute, die sie im Laufe ihres Lebens geschaffen hatte, übertrug sie in ihrem Testament auf ihre jüngste Schwiegertochter, Friederike Charlotte von Württemberg, als Großfürstin Elena Pawlowna (1807-1873), die diese Aufgabe gewissenhaft erfüllte.

Die Medaille bedient sich für ihren Revers der beiden Kindergestalten des Bildhauers Christian Daniel Rauch (1777-1857) vom Bronzedenkmal für August Hermann Francke (1663-1727) im Lindenhof der Franckeschen Stiftungen in Halle, an dem der Bildhauer von 1825 bis 1828 gearbeitet hatte. (Abb. 6)[22] Der evangelische Theologe und Pädagoge, Professor an der Universität Halle, hatte im Jahre 1695 eine Armenschule, ein Jahr später ein Waisenhaus gegründet, zwei Einrichtungen, die sich bald noch beträchtlich erweitern sollten. Die auch einzeln gegossenen, zum Teil auch in Marmor gehauenen beiden Kinderfiguren zu Seiten Franckes haben in der Umdeutung zu Allegorien der Liebe und des Glaubens, zum Teil auch im Modell leicht verändert, durch mehrere Jahrzehnte eine weite Verbreitung auch als Andachts- und Grabstatuen gefunden.[23] Dabei zählt die Nutzung der beiden Figuren für die Gedenkmedaille auf die russische Zarenwitwe mit einem wahrscheinlichen Entstehungsdatum am Jahresende 1828, noch vor der Einweihung des Denkmals im November des Jahres 1829, mit zu den frühesten. Die Kenntnis dieser Werke kann nur durch den Medailleur Heinrich Gube von Berlin nach Petersburg gelangt sein, der den Fortgang an den Arbeiten im Berliner Atelier von Christian Daniel Rauch oder in der Gießerei verfolgt haben könnte.

Das Württembergische Landesmuseum, dessen Münzkabinett diese Gedenkmedaille als seine „mit Abstand gewichtigste neuzeitliche Erwerbung" des Jahres 1987 betrachtet, besitzt mit diesem und anderen einschlägigen Erwerbungen der letzten beiden Jahrzehnte schöne Zeugnisse dafür, daß die Erinnerung an „Maria Feodorowna, die russische Kaiserin aus dem Hause Württemberg" keinesfalls „so gut wie erloschen" ist.[24] Durch diese Ausstellung wird sie zudem eindrucksvoll in das Bewußtsein der deutschen Öffentlichkeit gerückt.

Abbildungsnachweis:
Coburg, Kunstsammlungen der Veste Coburg, Abb. 2 a u. b
Halle/Saale, Landesamt für Denkmalpflege Sachsen-Anhalt,
Aufnahme Reinhard Ulbrich, Abb. 6
Paris, Bibliothèque nationale, Abb. 1 a u. b
Stuttgart, Württembergisches Landesmuseum,
Münzkabinett, Abb. 4 a u. b, 5 a u. b

Kat. Nr. 67
Bildhauer unbekannt
Büste Zar Nikolaj I., Rußland, Mitte des 19. Jahrhunderts
Bronzeguß, ziseliert, patiniert
50 x 18 x 14 cm
Inv. Nr. CCh-3956-IV
Provenienz: Schloß Pawlowsk, 1951 aus dem Staatlichen Russischen Museum

Nach dem unerwarteten Tode Alexanders I. am 19. November (1. Dezember) 1825 bestieg der dritte Sohn Pauls I. und Maria Fjodorownas, Großfürst Nikolaj, den Kaiserthron. Seine ganz nach dem Vater geratene Vorliebe für soldatischen Drill und militärische Paraden führte bei gleichzeitig mangelnder Allgemeinbildung und versäumter Vorbereitung auf den Staatsdienst zum staatspolitischen Drama des Dekabristenaufstandes. Nikolaj I., der in der Öffentlichkeit als kalt, verklemmt und grausam galt, sich in der Familie jedoch als herzlich und zärtlich erwies, war mit seiner gespaltenen Persönlichkeit ganz das Ebenbild des Vaters. *H. G.*

GRAND TOUR 1781-1782
Anregungen – Geschenke – Erwerbungen für Pawlowsk

DIE GRAND TOUR DES COMTE UND DER COMTESSE DU NORD

Alexej N. Gusanow

Kat. Nr. 68
Reisetasse mit Untertasse in Etui
Frankreich, Paris, Manufaktur des Herzogs von Angoulême,
80er Jahre des 18. Jahrhunderts
Porzellan, Goldbemalung; Etui aus Holz, mit dunkelrotem Saffianleder und geprägtem Goldornament, innen ausgelegt mit grünem Samt
Höhe der Tasse: 6,3 cm; Durchmesser der Untertasse: 13 cm
Keine Marke; auf den Etui ist eine Papiernotiz befestigt: *Tasse des verblichenen Zaren Paul I*
Inv. Nr. CCh-5213/1,2,-I
Provenienz: Schloß Pawlowsk, bis 1941 in Schloß Gatschina

Zylindrische Tasse mit Ohrhenkel. Die ansonsten weiße Tasse schmückt eine mit Gold aufgemalte stilisierte Blumenvase, aus der große Blumen, Blätter und Zweige ranken. Das gleiche Muster findet sich auch auf der Fahne der Untertasse.
Die Qualität der Porzellanmasse und die Art der Goldbemalung weisen die Tasse und die Untertasse als typische Beispiele für Pariser Porzellan aus den 80er Jahren des 18. Jahrhunderts aus. Es ist durchaus möglich, daß der Comte und die Comtesse du Nord sie als Souvenirs aus Frankreich mitgebracht haben. Es ist bekannt, daß Maria Fjodorowna und Großfürst Paul neben den Geschenken von Ludwig XVI. und Marie Antoinette auch aus eigenen Mitteln Porzellan, Möbel und verschiedenen Zierrat für ihre Residenzen kauften, besonders für das Schloß Pawlowsk, welches sich damals noch in der Bauphase befand. Sie besuchten bekanntermaßen nicht nur Sèvres und Antiquariate, sondern auch die Porzellanmanufakturen Nast, Dihl und die des Herzogs von Angoulême. Mündlich ist überliefert, daß Tasse und Untertasse Großfürst Paul gehörten und aus dem Michail-Schloß stammten. Hierfür gibt es jedoch keine schriftliche Bestätigung außer der genannten Notiz auf dem Etui. *E. N.*

Im September 1781 brachen der Sohn der russischen Zarin Katharina II., Thronfolger Großfürst Paul, und seine Gattin, die Großfürstin Maria Fjodorowna, unter den Namen Comte und Comtesse du Nord zu einer ausgedehnten Europareise auf, die länger als ein Jahr dauern sollte. Erst im November 1782 kehrten sie nach St. Petersburg zurück. Auf Drängen von Katharina II. reiste das Großfürstenpaar inkognito, um den privaten Charakter der Reise zu betonen. Auf diese Weise sollte die Zahl der offiziellen Auftritte des Paars unter den strengen Regeln von Etikette und Zeremoniell in erträglichen Grenzen gehalten werden. Zu jener Zeit reisten viele europäische Monarchen und Mitglieder ihrer Familien unter Pseudonymen.
Bereits im Verlauf des 18. Jahrhunderts hatte es sich in Rußland wie auch im übrigen Europa eingebürgert, daß Aristokraten und kunstschaffende Intellektuelle das Ausland bereisten. Für Mitglieder des Herrscherhauses wurden Auslandsreisen aber erst im 19. Jahrhundert übliche Praxis. Aus diesem Grund war die Reise des russischen Thronfolgers mit seiner Gattin ein bedeutsames politisches Ereignis in Europa.
Gegen Ende des 18. Jahrhunderts hielten sich immer mehr Russen im westlichen Europa auf. Schon seit der Zeit Peters des Großen ließen sich russische Studenten an verschiedenen europäischen Universitäten ausbilden. Russische Künstler vervollkommneten ihr Können vor allem in Italien und Frankreich. Immer häufiger reisten russische Aristokraten in die europäischen Hauptstädte und kauften Kunstwerke für ihre Sammlungen. Vorreiter der „Reisewelle" im 18. Jahrhundert waren bekanntlich die Engländer. In Rußland wurden literarische Reiseberichte von Engländern gelesen, die ihre Eindrücke von den Ländern und Sehenswürdigkeiten Europas vermittelten. Obligatorischer Bestandteil einer Europareise war damals selbstverständlich Italien. Nachdem man dort im Jahre 1738 die altrömischen Städte Pompeji und Herculaneum entdeckt und mit den Ausgrabungen begonnen hatte, wurden Neapel und Umgebung zu einem regelrechten Wallfahrtsort. Natürlich war dies alles auch der

Kat. Nr. 69
Abraham Louis Rodolphe Ducros
1748 Moudon – 1810 Lausanne
Großfürst Paul und Großfürstin Maria Fjodorowna in Tivoli, 1782
Öl auf Leinwand
99 x 137 cm
Bez. u. Mitte: *Du Cros 178..*
Bez. u. re.: *Du Cros 178..*
Inv. Nr. CCh-3762-III
Provenienz: Vor 1792 im Taurischen Palais in St. Petersburg, 1799 auf Anweisung Pauls I. nach Gatschina überstellt, 1854 auf Anordnung Nikolajs I. bei einer Auktion verkauft, 1975 vom Kulturministerium der UdSSR in Moskau für Pawlowsk erworben
Ausstellungen: *Legacy of a Czar and Czarina.* Miami, New York 1995-1996

Zum Programm der Grand Tour, die Großfürst Paul und Großfürstin Maria Fjodorowna durch Europa führte, gehörten auch Ausflüge in das Umland der Ewigen Stadt Rom. Die Stadt Tivoli, 24 Kilometer von Rom entfernt, war berühmt wegen ihrer antiken Denkmäler und Wasserfälle sowie wegen der zahlreichen Beschreibungen, die Autoren der Antike von ihren malerischen Ansichten hinterlassen hatten. Der Begleiter des großfürstlichen Paares bei diesem Spaziergang durch Tivoli war der deutsche Maler Jacob Philipp Hackert, weil Reiffenstein, der den Comte und die Comtesse du Nord sonst begleitete, sich an diesem Tag nicht wohl fühlte. Ducros malte das großfürstliche Paar bei der Neptungrotte, die sich in der Villa Gregoriana am Fuße jenes Berges befindet, auf dem der berühmte Sybillentempel steht. Es ist einer der malerischsten Plätze Tivolis und findet sich in den Gemälden vieler Künstlern wieder, die Italien in jener Zeit besuchten.

Im Jahre 1785 fertigte der Künstler Raffaello Morghen (1758-1833) einen Stich des Gemäldes an. *N. S.*

Kat. Nr. 70
Johann Gottlieb Puhlmann (Kopie nach P. G. Batoni)
1751 Potsdam – 1826 Potsdam
Großfürst Paul, 1782/83
Öl auf Leinwand
210 x 124 cm
Inv. Nr. CCh-3764-III
Provenienz: Aus der Staatlichen Eremitage, seit 1975 in Pawlowsk, gehörte ursprünglich zur Romanow-Galerie der Eremitage
Ausstellungen: *Von Sanssouci nach Europa – Geschenke Friedrichs des Großen an europäische Höfe*. Potsdam 1994; *Pavlovsk. Zolotoj vek russkoj kul'tury*. Moskau 1998; *Splendore della Corte degli Zar*. Turin, Rom 1999

Im März des Jahres 1782, als sich Großfürst Paul und Großfürstin Maria Fjodorowna in Rom aufhielten, begann P. G. Batoni, Porträts von ihnen zu malen. Bei den Sitzungen wurde Batoni von seinem Schüler, dem deutschen Maler Johann Gottlieb Puhlmann, unterstützt, der diese Begebenheit in einem Brief an seine Familie ausführlich beschreibt. Puhlmann gelang es, die Gunst des großfürstlichen Paares zu gewinnen, so daß er mit der Anfertigung mehrerer Kopien von Batonis Originalen beauftragt wurde, darunter Porträts in voller Statur und Brustbilder in ovaler Form.
Bis 1941 wurden Batonis originale Porträts in Schloß Gatschina aufbewahrt; ihr gegenwärtiger Aufbewahrungsort ist unbekannt. *N. S.*

Kat. Nr. 71
Johann Gottlieb Puhlmann (Kopie nach P. G. Batoni)
1751 Potsdam – 1826 Potsdam
Großfürstin Maria Fjodorowna, 1782/83
Öl auf Leinwand
210 x 124 cm
Inv. Nr. CCh-3765-III
Provenienz: Aus der Staatlichen Eremitage, seit 1975 in Pawlowsk, gehörte ursprünglich zur Romanow-Galerie der Eremitage
Ausstellungen: *Von Sanssouci nach Europa – Geschenke Friedrichs des Großen an europäische Höfe*. Potsdam 1994; *Pavlovsk. Zolotoj vek russkoj kul'tury*. Moskau 1998; *Splendore della Corte degli Zar*. Turin, Rom 1999

Die Großfürstin ist dargestellt mit dem roten Band und dem Stern des Ordens der Heiligen Katharina. Unter den Accessoires auf dem Tisch plazierte der Maler auch die Zeichnung einer weiblichen Figur – offensichtlich eine Anspielung auf Maria Fjodorownas eigene künstlerischen Neigungen.
Dank der detaillierten Beschreibung, die Johann Gottlieb Puhlmann von der Anfertigung der Porträts des großfürstlichen Paares verfaßt hat, weiß man, daß anfangs nur das Porträt des Großfürsten in Auftrag gegeben wurde. Als Maria Fjodorowna Batoni bei der Arbeit am Porträt des Großfürsten zusah, war sie beeindruckt, wie geschickt der Künstler die Ähnlichkeiten einfing, und gab auch ihr Porträt in Auftrag. *N. S.*

Kat. Nr. 72
Tasse mit Porträt des Großfürsten Paul, mit Untertasse
Deutschland, Ludwigsburg, Porzellanmanufaktur des Herzogs von Württemberg, 1782
Porzellan, Aufglasurbemalung, goldstaffiert
Höhe der Tasse: 7,7 cm; Durchmesser der Untertasse: 13 cm
Blaue Unterglasurmarke: zwei gespiegelt verschlungene, lateinische Buchstaben *C* mit Krone
Inv. Nr. CCh-7036/1,2-I
Provenienz: Schloß Pawlowsk
Ausstellungen: *Splendore della Corte degli Zar.* Turin, Rom 1999

Zylindrische weiße Tasse mit Ohrhenkel und einem feinen Goldrand am oberen und unteren Rand. Oben verläuft vor einem rosafarbenen Streifen ein Muster aus vergoldeten Rhomben mit einer Rosette in jedem Rhombus. In einem ovalen Medaillon ist ein Brustbild des Großfürsten Paul im Profil nach links zu sehen. Das Medaillon ist gekrönt von einem violetten Band und einer Blüte, von der Blumengirlanden ausgehen. Der Großfürst trägt auf dem Porträt einen Ordensstern auf der linken Brustseite, seinen Kopf ziert eine Zopfperücke mit schwarzem Band. Das Porträt ist monochrom gehalten.
Die Untertasse weist am Rand der Fahne einen rosafarbenen Streifen auf und ein Muster wie die Tasse. Von fünf Blumengirlanden wird das Monogramm des Großfürsten Paul umrahmt: zwei vergoldete Buchstaben *PP* mit Krone. E. N.

Zarin und dem jungen Großfürstenpaar bekannt. Durch listige Winkelzüge und kleine Intrigen gelang es Katharina II., ihren Sohn und seine Frau für eine Reise durch Europa zu begeistern.
Die russische Zarin verfolgte dabei rein politische Ziele. Es galt, das russisch-österreichische Bündnis zu stärken. Ein Teil ihres Plans, um dies zu erreichen, bestand darin, die jüngere Schwester von Maria Fjodorowna, Prinzessin Elisabeth, mit Erzherzog Franz zu verheiraten. Jener war als Sohn des Großherzogs von Toskana Leopold, des Bruders Kaiser Josephs II., der zukünftige österreichische Thronfolger. Mit der Stärkung der verwandtschaftlichen Bande durch diese Eheschließung beabsichtigten Katharina II. und Joseph II., Großfürst Paul und die Großfürstin Maria Fjodorowna auf die Seite von Österreich zu ziehen und ihre Sympathien von Preußen abzulenken.

Die Reiseroute für das Großfürstenpaar legte Katharina II. höchstpersönlich fest. Der Weg von Mogiljow über Kiew nach Brod war zunächst derselbe, den ein Jahr zuvor der Graf Falkenstein gewählt hatte. Unter diesem Pseudonym war Joseph II. 1780 nach einem Treffen mit Katharina II. in Mogiljow nach St. Petersburg gereist. Insgesamt war die Reiseroute so festgelegt, daß auf dem Weg der Reisenden nur jene Länder lagen, die in den Augen Katharinas II. von politischem Interesse für Rußland waren. Einen Besuch in Preußen schloß die Zarin kategorisch aus. Wie gern wäre Großfürst Paul nach Berlin gereist, um dort den von ihm so vergötterten König Friedrich den Großen zu treffen! Aber diesen Wunsch mußte er sich nach dem Willen seiner mächtigen Mutter aus dem Kopf schlagen.
Das junge Großfürstenpaar wollte auf seiner Reise möglichst viel Neues sehen, seinen Horizont und sein Wissen erweitern. Eine so lange und weite Reise gab Großfürst Paul außerdem die Möglichkeit, sich fernab vom Hofe seiner Mutter einmal relativ frei und selbständig zu entfalten, zum ersten Mal das Gefühl zu kosten, als Thronfolger eine Großmacht zu repräsentieren und trotz des Inkognito-Status monarchische Ehren zu genießen. Maria Fjodorowna ihrerseits erhielt durch die Reise die Gelegenheit, ihre vielen Verwandten und Freunde aus Kindheitstagen zu treffen und heimatliche Gefilde zu besuchen.
In einem Brief aus Wien an den Baron von Osten-Sacken[1] schrieb Großfürst Paul: „Was meinen Aufenthalt hier betrifft, so muß ich sagen, daß der Kaiser uns mit Liebenswürdigkeiten überhäuft und alle überaus freundlich zu uns sind. Überhaupt ist dies ein reizender Ort hier, vor allem wenn man im Kreise der Familie wohnt, wie wir gegenwärtig. Schade nur, daß man sich als Mensch nicht in zwei oder drei Personen aufspalten kann, um alles gleichzeitig sehen und tun zu können, was man möchte … Wir sind bereits seit vier

Kat. Nr. 73
Vase: Apollo und die Musen
Deutschland, Ludwigsburg, Porzellanmanufaktur des Herzogs von Württemberg, 1782
Porzellan, weiße Glasur, Goldbemalung, Biskuitporzellan; nach einem Werk des Bildhauers I. Schmidt
Höhe: 75 cm; Durchmesser: 36 cm
Inv. Nr. CCh-7026-I
Provenienz: Schloß Pawlowsk
Ausstellungen: *Splendore della Corte degli Zar.* Turin, Rom 1999

Diese Vase gehört zu den außergewöhnlichsten Stücken in der Kollektion von Schloß Pawlowsk, und sie ist auch außergewöhnlich im Vergleich mit anderen russischen Museumsbeständen. Sie ist nicht nur künstlerisch höchst wertvoll, sondern auch von besonderem Erinnerungswert. Die Vase, die die Verwandten Maria Fjodorownas ihr während ihres und des Großfürsten Pauls Aufenthaltes in Stuttgart im Rahmen ihrer Reise als Comte und Comtesse du Nord zum Geschenk machten, war in der privaten Porzellanmanufaktur des Onkels Maria Fjodorownas, des Herzogs Karl Eugen von Württemberg, gefertigt worden.

Sie besteht aus drei Teilen und einem Deckel sowie massiven vergoldeten Henkeln, welche sich auf vergoldete Bockköpfe stützen.

Der zylinderförmige Mittelteil zeigt im Hochrelief sitzende und stehende Musen, jede mit ihrem Attribut, sowie Apollo. Die Figuren sind matt vor glasiertem Hintergrund gehalten. Ihre Namen sind in Gold auf dem vorkragenden Sockel verzeichnet. Im Vergleich zu den vier anderen Figuren, welche den Mittelteil der Vase tragen, erscheinen diese Figuren ruhig und ausgeglichen. Jene sind zwei Karyatiden und zwei Atlasfiguren. Ihre angespannte Haltung verrät, daß sie von dem übermäßigen Gewicht geradezu erdrückt werden. Bei dieser Komposition von I. Schmidt handelt es sich um eine besonders erlesene plastische Gruppendarstellung. Die gesamte Vasenkonstruktion stützt sich auf einen quadratischen Sockel mit goldstaffiertem plastischen Relief und Negativrelief-Dekor. Abgeschlossen wird die Vase von einem runden Deckel mit breitem Rand mit vergoldetem Eierstab und vier als Relief herausgearbeiteten Akanthusblättern, auf dem ein großer vergoldeter Pinienzapfen thront. Auf dem die einzelnen Teile verbindenden Stift sind noch „Scheibchen" von vergoldeter Bronze in Form einer vierblättrigen Rosette erhalten. *E. N.*

Kat. Nr. 74
Abraham Louis Rodolphe Ducros
1748 Moudon – 1810 Lausanne
Großfürst Paul und Großfürstin Maria Fjodorowna auf dem Forum Romanum
Öl auf Leinwand
99 x 137 cm
Aufschrift auf dem Sockel der Statue: *les ALTESSES IMPÉRIALES A ROMA 1782*
Bez. u. re.: *Du Cros 178..*
Inv. Nr. CCh-1884-III
Provenienz: Vor 1792 im Taurischen Palais in St. Petersburg, 1799 auf Anweisung Pauls I. nach Gatschina überstellt, seit 1930 in Pawlowsk
Ausstellungen: *Legacy of a Czar and Czarina.* Miami, New York 1995-1996

Großfürst Paul und Großfürstin Maria Fjodorowna bereisten in den Jahren 1781-82 Europa – inkognito, unter den Namen Comte und Comtesse du Nord. Am fünften Februar 1782 kamen sie in Rom an und reisten zwei Tage später nach Neapel. Am 23. Februar kehrten sie nach Rom zurück, wo sie sich noch etwa drei Wochen aufhielten und die antiken Sehenswürdigkeiten der Stadt, Kirchen und Schlösser besichtigten. Sie besuchten zudem die berühmten Künstler dieser Zeit in ihren Ateliers, um Porträts in Auftrag zu geben, sowie Antiquitätenhandlungen, um Kunstwerke zu erwerben. Es wurden bislang keine dokumentarischen Zeugnisse gefunden, die den persönlichen Kontakt zwischen dem großfürstlichen Paar und Ducros direkt belegen könnten. Es ist aber möglich, daß sie sich im Atelier des Stechers Giovanni Volpato trafen, der zusammen mit Ducros eine Serie von bemalten Stichen mit Ansichten von Rom herstellte. Rechnungen des Künstlers wurden im Jahre 1791 aus dem Kabinett der Zarin Katharina II. bezahlt.
Auf dem Gemälde ist das Römische Forum dargestellt, wie es vor den Ausgrabungen Anfang des 19. Jahrhunderts aussah. Im Vordergrund, links neben der Statue, ist Großfürst Paul mit seiner Gemahlin Maria Fjodorowna zu sehen; die Figur danebeben, mit dem Rücken zum Betrachter, könnte Johann Friedrich Reiffenstein sein, Katharinas Kommissionär, der die russischen Hoheiten durch Rom führte. *N. S.*

Wochen hier ... Wir haben keine freie Minute, unsere Zeit ist ganz damit ausgefüllt, einerseits den Erfordernissen der Höflichkeit nachzukommen und andererseits alles kennenzulernen, was es hier an Interessantem und Bemerkenswertem zu sehen gibt ... Auch in meinem Berufe kann ich hier einiges lernen, angefangen beim Staatsoberhaupt."[2]

Dank ihrer hervorragenden Bildung waren Paul und Maria bestens dafür gerüstet, sich in fremden Ländern zurechtzufinden und neuen intellektuellen Herausforderungen zu begegnen. Sie sprachen perfekt Deutsch und Französisch, waren gut bewandert in Geschichte, Geographie, Mathematik, Literatur und Kunst. Beide verfügten über eine ausgezeichnete musikalische Bildung und liebten es, Konzerte zu besuchen. Zu den Musiklehrern von Großfürst Paul zählten der Kapellmeister der italienischen Oper am St. Petersburger Hof Vincenzo Manfredini und der Sänger Giuseppe Millico. Maria Fjodorowna widmete sich dem Gesang und dem Klavierspiel.

Auf seiner Reise traf das Großfürstenpaar bekannte Gelehrte und Schriftsteller, besuchte Lehranstalten, Hospitäler, Gefängnisse, Fabriken, Manufakturen, Museen, Galerien und Künstlerateliers, besichtigte antike Ruinen und Naturdenkmäler. Auf dem Programm standen außerdem Konzerte, Theateraufführungen und Truppenparaden. Nicht nur an den Höfen der europäischen Monarchen, sondern auch in der breiten Öffentlichkeit verfolgte man die Reise des Großfürstenpaares mit großem Interesse. Auf Schritt und Tritt wurden die Reisenden neugierig beäugt. Ihre Reiseroute, ihre Besuche bei Königshöfen und bekannten Persönlichkeiten, ihre Einkäufe und die ihnen dargebrachten Geschenke, all das war Anlaß für Diskussionen und Klatsch, wurde in Briefwechseln, Depeschen und Zeitungen detailliert kommentiert. Folgendes zum Beispiel schrieb der österreichische Kaiser Joseph II. seinem Bruder Leopold und lieferte uns damit eine aufschlußreiche Charakterstudie über Paul und Maria: „Der Großfürst und die Großfürstin verbinden außergewöhnliche Talente und umfassendes Wissen mit dem Bestreben, sich umzusehen und zu lernen, dabei gleichzeitig erfolgreich zu sein und ganz Europa zu gefallen ... Ihre Lebensweise ist vorbildlich ... Sie interessieren sich für alles, was aufgrund seines Alters oder Reichtums, seiner Seltenheit in der Natur oder Größe irgendwie bemerkenswert ist ... Öffentliche Wohltätigkeits- und Bildungseinrichtungen finden ebenfalls ihr Interesse, und angesichts dessen, wie sehr sie von dem Wunsche beseelt sind, alles Gesehene in Nutzen zu verwandeln, darf man ihnen keinesfalls schriftliche Materialien darüber vorenthalten, sondern muß sie ihnen im Gegenteil in der von ihnen gewünschten Ausführlichkeit und Genauigkeit zur Verfügung

Kat. Nr. 75
Römische Urne
Römische Arbeit aus der Zeit der Flavischen Dynastie (69-96 n. Chr.), Basis nicht antik
Weißer Marmor
37,5 x 42,6 x 40 cm
Inschrift auf der Vorderseite: *ΤΕΡΠΟΥC / ΚΑΙ / ΦΑΝΟΜΑΧΟΥ*
Inv. Nr. CCh-377-VIII
Provenienz: Schloß Pawlowsk; ursprünglicher Bestand
Ausstellungen: Erstmalig außerhalb des Schloßpark-Museums Pawlowsk

Vorderseite: Relieffeld von Leiste mit Ritzlinie gerahmt. Tabula an die obere Leiste angeschoben. An den Ecken der Tabularahmung sind flache Winkel eingetieft. Unter der Tabula Akanthuskelch, aus dem eine wuchernde Ranke sprießt. Zwei Vögel picken an Fruchtstengeln (?) über dem Blätterkelch.
Nebenseiten: Rankendekore

Zur Geschichte der Urnen:
Katharina II. erwarb die Urnen 1787 als Bestandteil der Sammlung von John Lyde-Brown (Direktor der Bank of England). Sie befanden sich zunächst in Zarskoje Selo in der Grotte (Morgensaal), dann in der Pyramide im Katharinenpark. Um 1798 wurden sie nach Pawlowsk gebracht, wo sie ursprünglich im Park auf dem Platz vor dem Friederike-Denkmal aufgestellt wurden (spätestens ab 1801). 1870 kam sie in den Sarkophagraum (den früheren Gardekavallerie-Raum) im Schloß, der zur Sammlung antiker Kunstdenkmäler in Pawlowsk gehörte. In den Jahren 1944-1956 befanden sich die Urnen im Leningrader Zentrallager für die Museumsbestände der umliegenden Schlösser und gehörten seit 1956 zum Bestand des Schloßpark-Museums Pawlowsk.
Je. K.

Kat. Nr. 76
Römische Urne
Römische Arbeit aus der Zeit des Kaisers Claudius
(41-54 n. Chr.)
Weißer Marmor
43 x 37,5 x 28,5 cm
Inschrift auf der Vorderseite: *Sex. Afranius Lautus / Sp.f. vix an. V mens. VIIII / dies IIII / Afrania Prote mater / et Herma pater filio / piissimo*
Inv. Nr. CCh-408-VIII
Provenienz: Schloß Pawlowsk, ursprünglicher Bestand
Ausstellungen: Erstmalig außerhalb des Schloßpark-Museums Pawlowsk

Vorderseite: Unten und oben Leiste mit Ritzlinie. Tabula in obere Leiste integriert. An den Ecken Löwenprotomen, die eine Lorbeergirlande im Maul halten, Tänienenden. In der Lünette zwei schnäbelnde Vögel.
Nebenseiten: Auf drei Seiten Leiste. Vorne umbiegendes Löwenbein, dahinter Palmette. Je. K.

stellen, ohnehin sind diese Einrichtungen nicht dafür bestimmt, im Verborgenen zu bleiben ... Der Cäsarewitsch tanzt nicht; die Großfürstin nimmt an den Tänzen teil, scheint aber nicht sonderlich begeistert davon; Bälle erfüllen deshalb lediglich den Zweck, sie zwanglos mit dem Adel oder überhaupt mit einer größeren Gesellschaft zusammenzuführen, in der sie sich, solange es ihnen beliebt, aufhalten können, oder man veranstaltet die Bälle, um ihnen schön eingerichtete Säle oder ein illuminiertes Theater zu zeigen ... Gute Musik und gute Aufführungen scheinen ihnen Vergnügen zu bereiten, sofern sie sich nicht bis zum späten Abend hinziehen ... Die Großfürstin spielt großartig Klavier. Man sollte Sorge dafür tragen, daß in ihren Gemächern ein gutes Instrument zur Verfügung steht ... Sie liebt Blumen, kümmert Euch also darum, daß ihr jeden Morgen ein frischer Strauß gebracht wird."[3]
Katharina II. maß der Reise des Großfürstenpaares große Bedeutung zu, da sie eine gute Gelegenheit bot, Europa die Macht und die aufgeklärten Prinzipien Rußlands zu demonstrieren. Nikolaj Sablukow[4] schrieb: „Sie gab strengste Anweisung, keine Kosten zu scheuen, um die Reise ebenso glanzvoll wie interessant zu gestalten ..."[5]

A m 19. September 1781 begann die Reise des Großfürstenpaares. Für Maria Fjodorowna war dieser Aufbruch eine große seelische Belastung. Bei der Verabschiedung von ihren Söhnen fiel sie dreimal in Ohnmacht und mußte in halb ohnmächtigem Zustand in die Kutsche verfrachtet werden, sehr zum Mißvergnügen der Zarin übrigens. Zur Suite während der Reise gehörten die Fürsten N. B. Jussupow, A. B. Kurakin, N. I. Saltykow mit seiner Gattin, F. F. Wadkowski und der Priester Samborski. Mit dabei waren außerdem die Baronesse Benckendorff, geborene Anna Juliana Schilling von Cannstadt, mit der Maria Fjodorowna von Kindheit an nahe befreundet war, sowie die Hoffräulein Je. Nelidowa und N. Borschtschowa. Von St. Petersburg aus fuhren der Comte und die Comtesse du Nord über Pskow, Polozk und Kiew, wo sie für jeweils drei Tage verweilten, nach Polen. Dort empfing sie in Wischnewez der polnische König Stanislaus August. Das Schloß Wischnewez gehörte dem Grafen und der Gräfin Mnischek. Der polnische König und die übrigen hohen Gäste residierten in Gemächern des Schlosses. Es fanden Tafeln, Konzerte, ein Feuerwerk und eine Audienz für den polnischen Adel statt. Als Zeichen der Dankbarkeit für die Gastfreundschaft schenkte die Comtesse du Nord der Gräfin Mnischek ihr von Brillanten übersätes Miniaturporträt. Der Comte du Nord überreichte dem Grafen Mnischek eine Tabakdose mit seinem Porträt. Selbstverständlich war auch diese mit Brillanten übersät. Am 24. Oktober verließ das Großfürstenpaar Wischnewez und traf am 10. November in Wien ein.

Kat. Nr. 77
A. Lazzarini
Ende des 18. Jahrhunderts – Anfang des 19. Jahrhunderts
Paul und Maria Fjodorowna bei Papst Pius VI., 1801
Radierung
32,2 x 45,5 cm; 38,4 x 49 cm
Links unter dem Bild: *G. Beys inv. del.*
Rechts: *A. Lazzarini sculp. Rome*
Darunter: *Accoglimento di S. S. Pio VI. Delle L. L. A. A. R. R. delle Russie ora Felicemente Regnanti Seguilo in Roma il di 8 Febbraio 1782.*
Rome Anno 1801
Inv. Nr. CCh-5312-VI
Provenienz: Schloß Pawlowsk
Ausstellungen: *Splendore della Corte degli Zar*. Turin, Rom 1999

„Nachdem sie gewartet hatten", heißt es in einem zeitgenössischen Bericht, „bis er im Vorübergehen vor dem Ort der Beichte gebetet hatte, traten sie an seine Heiligkeit heran und dankten ihm in französischer Sprache für alle Annehmlichkeiten, die man ihnen im Kirchenstaate erwiesen hatte ... Sie warteten, bis er sein Gebet beendet hatte und bereit war, die Kirche zu verlassen. Nun traten sie nochmals vor ihn hin in großer Demut und Ehrfurcht und betrachteten dann mit großem Vergnügen die Loggien mit den Malereien Raffaels, die Bibliothek und das Museum Pio-Clementinum ..."
In Rom hielt sich das großfürstliche Paar zweimal auf: einmal im Januar und dann nach seinem Aufenthalt in Neapel im Februar 1801. Das in der Bildunterschrift genannte Datum entspricht nicht der Wirklichkeit, da Paul und Maria erst am 13. Februar in Rom eintrafen.
G. Beys brachte eine Serie von 14 Blättern heraus, die Ereignissen aus dem Leben Papst Pius' VI. gewidmet sind. Die Blätter wurden von verschiedenen Meistern gestochen, und vielleicht gehört dieses Blatt aus Schloß Pawlowsk auch zu ihnen. *O. L.*

Kat. Nr. 78
Römische Urne
Ende des 1. – Anfang des 2. Jahrhunderts n. Chr.
Weißer Marmor
32,3 x 35 x 29,5 cm
Inschrift auf der Vorderseite: *Dis / Manibus / Festi Aug.1. Justiani / Festus f.*
Inv. Nr. CCh-370-VIII
Provenienz: Schloß Pawlowsk, ursprünglicher Bestand
Ausstellungen: Erstmalig außerhalb des Schloßpark-Museums Pawlowsk

Kasten, Vorderseite: Unten und oben Leiste mit Ritzlinie, aus der unteren Leiste sind flache Füßchen herausgeschnitten. Tabula in obere Leiste integriert. An den Ecken oben Widderköpfe, an denen eine Fruchtgirlande befestigt ist, Tänienenden. In der Lünette Medusenkopf, von zwei Schwänen flankiert, die an den Haaren zupfen. An den Ecken unten Adler.
Nebenseite: Bis auf Feld mit umbiegendem Eckdekor unverziert.
Deckel: Vorne Giebel. An den Ecken Attisköpfe (links ergänzt). Unten Leiste mit eingelegtem Zopfband, an den Giebelschrägen Leiste mit Kordel. Im Tympanon Kranz. *Je. K.*

Der Rittersaal, 1797-1799 nach Entwürfen von V. Brenna geschaffen, war als Galerie für die antiken Plastiken vorgesehen.

Kat. Nr. 79
Römische Urne
Römische Arbeit, Ende des 1. – Anfang des 2. Jahrhunderts n. Chr. (?)
Weißer Marmor
38,2 x 38 x 29,5 cm
Inschrift auf der Vorderseite: *D. M. / Aeliae Lupae / vix. An. XIIII*
Inv. Nr. CCh-395-VIII
Provenienz: Schloß Pawlowsk, ursprünglicher Bestand
Ausstellungen: Erstmalig außerhalb des Schloßpark-Museums Pawlowsk

Vorderseite: Unten und oben Leiste mit Perlband, oben zusätzliches Profil zum Reliefgrund. Tabula von Perlband gerahmt, in obere Leiste integriert. An den Ecken Dreifüße mit Omphaloi. Unter der Tabula Clipeus mit Strahlenkranz, darin ein männliches Köpfchen. Adler flankieren den Clipeus.
Nebenseiten: Bis auf umbiegenden Dreifuß unverziert.
Deckel: Dachförmig; an allen Ecken Akrotere. Giebelschrägen und untere Leiste mit Perlband verziert. Im Tympanon zwei pikkende Vögel. Das Gentile der Bestatteten Aelia war seit republikanischer Zeit geläufig und ergibt ohne weitere Hinweise keinen zwingenden Datierungsanhalt für die Zeit nach 117 n. Chr. *Je. K.*

Kat. Nr. 80
Aphrodite im Stile der Venus vom Kapitol
Torso
Römische Arbeit nach hellenistischem Vorbild vom 3.-2. Jahrhundert v. Chr.
Grobkörniger weißer Marmor
Höhe: 107 cm
Inv. Nr. CCh-239-VIII
Provenienz: Schloß Pawlowsk, ursprünglicher Bestand
Ausstellungen: Erstmalig außerhalb des Schloßpark-Museums Pawlowsk

Der Torso ist Teil einer Statue der Göttin Aphrodite. Das Original der Statue entstand in der hellenistischen Epoche und orientierte sich an der berühmten Aphrodite von Knidos, einem Werk des griechischen Bildhauers Praxiteles (4. Jahrhundert v. Chr.). Die am besten erhaltene Kopie, die diesem Statuentyp auch ihren Namen gab, steht im Capitol-Museum in Rom (1). Die Pawlowsker Statue gehörte zur ursprünglichen Skulpturenausstattung des Italienischen Saals von Schloß Pawlowsk.

Zur Geschichte des Werks:
Großfürst Paul und seine Gattin erwarben die Statue 1782 während ihres Aufenthalts in Italien. Möglicherweise wurde sie ihnen auch zum Geschenk gemacht. Am 25. Mai 1783 gelangte sie nach Pawlowsk und wurde um 1790 in einer Nische des Italienischen Saals aufgestellt. Bei einem Brand im Jahre 1803 wurde sie stark beschädigt und bis Mai 1804 von dem Bildhauer Agostino Triscorni restauriert. 1870 kam die Statue als Exponat in den Rittersaal von Schloß Pawlowsk. Bei einem Brand im Januar/Februar 1944 wurde sie erneut stark in Mitleidenschaft gezogen. Seit 1944 gehört sie zum Bestand des Schloßpark-Museums Pawlowsk. *Je. K.*

(1) Jones, S. *The Sculptures of the Museo Capitolino*. Oxford 1912, Nr. 1, S. 182, Tafel 45

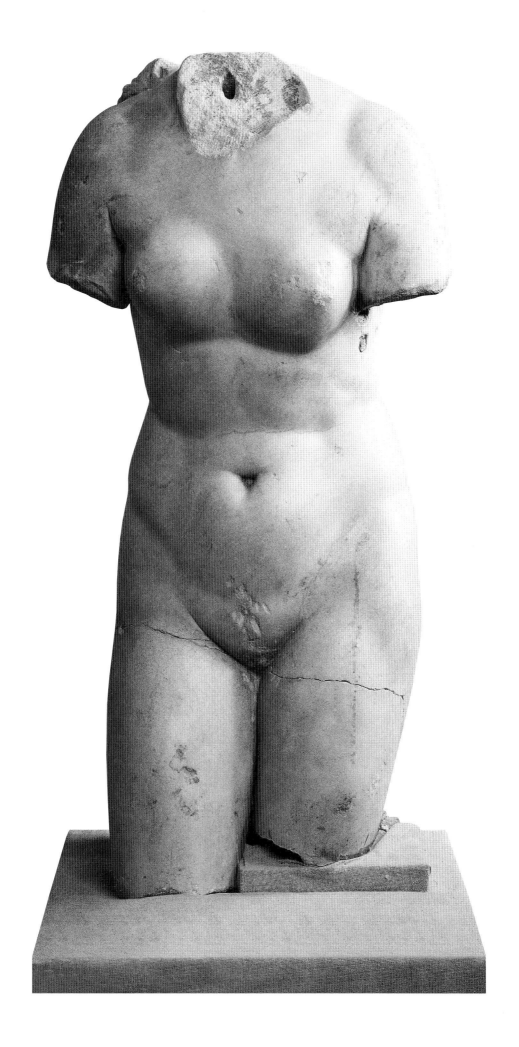

Kat. Nr. 81
Pompeo Girolamo Batoni
1708 Lucca – 1787 Rom
Die Heilige Maria Magdalena (Kopie eines Gemäldes von Correggio)
Öl auf Kupfer
28,5 x 39 cm
Inv. Nr. CCh-1790-III
Provenienz: Schloß Pawlowsk, erworben von Großfürstin Maria Fjodorowna im Jahre 1782 von Batoni in Rom

Die Kopie von Pawlowsk entstand nach einem Gemälde, das Antonio Correggio zugeschrieben wird. Sie ist vor 1746 zu datieren, das Jahr, in dem das „Original" von Rom nach Dresden überführt wurde.
Batonis Schüler, der deutsche Maler Johann Gottlieb Puhlmann, assistierte seinem Lehrer beim Malen der Porträts von Großfürst Paul und Großfürstin Maria Fjodorowna. In einem Brief an seine Eltern beschrieb er diese Begebenheit en detail: Während der Sitzungen mußte er die vornehmen Auftraggeber unterhalten, indem er beispielsweise von den finanziellen Schwierigkeiten Batonis berichtete, der eine große Familie zu versorgen hatte. Die mitfühlsame Maria Fjodorowna wollte dem alten Meister helfen und kaufte ihm die kleine Kopie für 200 Dukaten ab. *N. S.*

Der Comte und die Comtesse du Nord verbrachten fast zwei Monate in Wien. Aus Montbéliard reisten Maria Fjodorownas Eltern an, die während ihres Aufenthalts in Wien ebenfalls unter einem Pseudonym – als Graf und Gräfin Grininheim – auftraten. Paul und Maria wurden in Wien mit großer Gastfreundschaft aufgenommen. Abgesehen vom üblichen Unterhaltungsprogramm und der regen Kontaktpflege mit der Verwandtschaft, besuchten sie auch die Kaiserlichen Hofkabinette für Naturgeschichte, Physik und Mathematik, die von Friedrich von Knaus geleitet wurden, außerdem die Porzellanmanufaktur, den Botanischen Garten und das Armenhaus. Natürlich trugen sich auch kuriose Ereignisse zu. So trafen sie eines Tages auf der Treppe ihrer Aufenthaltsstätte einen Greis, der sich als der berühmte italienische Dichter Pietro Metastasio entpuppte. Er war gekommen, um ihnen seine Ehrerbietung zu bezeugen. Sie waren so gerührt von der ihnen erwiesenen Aufmerksamkeit, daß sie den Dichter am nächsten Tage selbst aufsuchten und ein langes Gespräch mit ihm führten.

Aus dem reichhaltigen Veranstaltungsprogramm in Wien seien nur einige Episoden erwähnt. Zu Ehren des Großfürstenpaares wurden zwei Opern von Christoph Willibald Gluck aufgeführt: *Alceste* und *Iphigenie auf Tauris*. Es ist übrigens bekannt, daß Wolfgang Amadeus Mozart damals an der *Entführung aus dem Serail* schrieb in der Hoffnung, daß die Oper zum Empfang der hohen Gäste aus Rußland uraufgeführt würde. Am 1. August 1781 schrieb Mozart seinem Vater: „... das Sujet ist türkisch und heist; Bellmont und konstanze. oder die verführung aus dem Serail ... – mich freuet es so, das Buch zu schreiben, daß schon die erste aria von der Cavalieri, und die vom adamberger und das terzett welches den Ersten Ackt schliesst, fertig sind. die zeit ist kurz, das ist wahr; denn im halben 7:ber soll es schon aufgeführt werden; – allein – die umstände, die zu der zeit da es aufgeführt wird, dabey verknüpft sind, und überhaupts – alle anderen absichten – erheitern meinen Geist dergestalten, daß ich mit der grösten Begierde zu meinem schriebtisch eile, und mit gröster freude dabey sitzen bleibe. der Großfürst von Russland wird hierher kommen; und da bat mich Stephani ich sollte, wenn es möglich wäre, in dieser kurzen zeit die opera schreiben ..."[6] Sehr zum Leidwesen Mozarts entschied sich der Kaiser dann aber doch für die Opern von Gluck. Bei der Ankunft des Comte und der Comtesse du Nord in Wien schrieb Mozart dann mit bereits merklich gedämpftem Enthusiasmus: „Nun ist das Grosthier der grosfürst hier. – Morgen ist Alceste in schönbrunn. und dann allda freyball. – Ich habe mir um Russische favorit lieder umgesehen, um darüber variationen spielen zu können." (Brief an den Vater, 24. November 1781)[7] Auf eben erwähntem „Freyball" tanzte der Kaiser mit der Großfürstin Maria Fjodorowna. Auch hierzu liefert uns Mozart einen aufschlußreichen Bericht: „auf dem Schönbrunner Ball war eine grau-

Kat. Nr. 82
Jacob Philipp Hackert
1737 Prenzlau – 1807 nahe Florenz
Ansicht Roms vom Park der Villa Conti in Frascati, 1787
Öl auf Leinwand
144,8 x 221,5 cm
Bez. u. re.: *Ph. Hackert f 1787 / Vue de Rome prise à Frascati dans la Villa Conti*
Inv. Nr. CCh-1801-III
Provenienz: Schloß Pawlowsk, 1782 von Großfürst Paul bei Jacob Philipp Hackert in Rom bestellt, bereits vor 1806 in Pawlowsk

Während ihrer Reise durch Italien wurden Großfürst Paul und Großfürstin Maria Fjodorowna auch von Jacob Philipp Hackert begleitet; er führte sie durch die Städte Tivoli und Frascati. Hackert, ein Mann von Welt, konnte sehr schnell eine gemeinsame Sprache finden mit den hochrangigen Gästen aus Rußland. Bis zum Ausverkauf der Jahre nach 1930 besaß Schloß Pawlowsk 19 Werke von Jacob Philipp Hackert. Ein Teil davon war im Frühling 1782 in Rom gekauft worden, wo man Hackert auch einen Auftrag über fünf große Landschaftsgemälde mit Ansichten des römischen und neapolitanischen Umlands erteilt hatte. Die fünf Gemälde hatte Großfürst Paul ursprünglich für die Dekorierung seines Salons im Kamennoostrowski-Palast vorgesehen, der Stadtresidenz des russischen Thronfolgers in St. Petersburg. Dieses Vorhaben war wahrscheinlich durch einen Saal der Villa Borghese am Monte Pincio inspiriert, der nur mit Landschaftsgemälden Hackerts dekoriert ist. Bis zur Ausführung des Auftrags aber (über den Fortgang der Arbeiten weiß man aus der Korrespondenz des Künstlers mit dem Fürsten Nikolaj Borissowitsch Jussupow in den Jahren 1784-86) hatte der Großfürst seine Pläne geändert, und die großen Gemälde fanden im Kamennoostrowski-Palast keine Verwendung mehr. *N. S.*

Abbildung folgende Seite: Blick in die Gemäldegalerie, die über den Kolonnaden des südlichen Seitenflügels von Vincenzo Brenna nach 1784 erbaut wurde. Rechts von der Durchgangstür sind die beiden Gemälde von Angelika Kauffmann (Kat. 83, 84) zu erkennen, links die Allegorie der Zeichnung „Diligentia – Achtsamkeit" von Anton Raphael Mengs (Kat. 263).

Kat. Nr. 83
Angelika Kauffmann
1741 Chur – 1807 Rom
Vergiftete Eleanora
Öl auf Leinwand
72 x 92 cm
Bez. u. re.: *Angelica Kauffmann & pinx 1782*
Inv. Nr. CCh-1783-III, Gegenstück zu CCh-1782-III (Kat. 84)
Provenienz: Schloß Pawlowsk, im Jahre 1782 für Pawlowsk in Auftrag gegeben
Ausstellungen: *Legacy of a Czar and Czarina*. Miami, New York 1995-1996; *Les Grands Peintres Européens dans les Musées Russes. Collections des Palais Impériaux de Peterhof, de Pavlovsk et du Musée de Pskov.* Montbéliard 1997

Das Sujet dieses Gemäldes reicht zurück in die mittelalterliche Geschichte Englands. Auf der Außenseite des Blendrahmens befindet sich ein Papieretikett aus dem 18. Jahrhundert mit einem teils unleserlichen Text in französischer Sprache: „Edward I., Prinz und nachmaliger König von England, zog gegen die Sarazenen in den Kampf und wurde von einem Dolch lebensbedrohlich verletzt. Man [teilte seiner Frau mit], daß nur das Aussaugen des Giftes aus der Wunde das Leben ihres Gatten retten könne, dieses Gift ihr eigenes Leben aber gefährden könne. Eleanora willigte dennoch ein und rettete Edward, spürte aber nach kurzer Zeit die Wirkung des Giftes und ihren nahenden Tod. In Anwesenheit des Erzdiakons von Liège, des Grafen von Gloster, des besten Freundes Prinz Edwards, und der arabischen Prinzessin von Akka, einer Gefangenen und Eleanoras bester Freundin, vertraute sie die beiden Söhne ihrem Gemahl an." Als Quelle dieser Legende gilt gemeinhin die *Histoire d'Angleterre* von Paul de Rapin de Thoyras, obgleich es dort nur heißt, daß Prinz Edward, der spätere König von England Edward I., während eines Kreuzzuges im Jahre 1271 durch einen vergifteten Dolch verwundet und von einem Arzt des Heereszugs gerettet worden sei. Des weiteren weist der Historiker darauf hin, daß er bei den Autoren dieser Zeit keinerlei Beleg dafür gefunden habe, daß der Prinz von seiner Gemahlin gerettet wurde, indem sie das Gift aus der Wunde ausgesaugt habe. Als Grundlage ihres Gemäldes hatte Angelika Kauffmann sicherlich eine literarische Quelle gedient.

Beide Gemälde (s. u. *Geheilte Eleanora*) wurden von Großfürst Paul und seiner Gemahlin Maria Fjodorowna in Auftrag gegeben, als sie im Januar 1782 das Atelier Angelika Kauffmanns in Venedig besuchten. Dies ist dank eines Buches bekannt, in das die Künstlerin alle von ihr angenommenen Aufträge eintrug. Erst einige Monate zuvor war Angelika Kauffmann aus England zurückgekehrt, wo sie fast 15 Jahre gelebt und schon im Jahre 1776 ein Gemälde mit ähnlichem Sujet geschaffen hatte: *Eleanora saugt das Gift aus der Wunde ihres Gatten, des Königs Edwards I.* N. S.

same Confusion; weil vermög der trefflichen anstalten solches ohne hexerey vorzusehen war, so gieng auch der herr Ego nicht darauf, weil er kein liebhaber vom gedränge, Rüppenstösse, und Prügel ist; und sollten es auch kaiserliche seyn! ... der kaiser führte immer die Grosfürstin an arm – es waren 2 Parthien Conterdanse von der Nobleße – Römmer – und Tartaren. – bey einem von diesen geschahe es, daß der ohnehin schon unartige Wiener Pöbel, sich so zudrängte, daß sie die Grosfürstin dem kaiser von arm weg – mitten in die tanzenden hinein stossten. – der kaiser fieng an mit den füssen zu stampfen; sacramentirte wie ein Lazerone, stosste einen ganzen haufen volck zurück; und holte links und rechts aus." (Brief an den Vater, 5. Dezember 1781)[8] Mozart spielte dann am Ende desselben Jahres doch noch für die vornehmen Gäste aus Rußland. Dabei kam es zu dem berühmten pianistischen Wettstreit zwischen Mozart und Muzio Clementi. Auf Vorschlag von Maria Fjodorowna trugen die beiden eine für sie komponierte Sonate von Giovanni Paisiello vor. Mozart schrieb darüber seinem Vater: „Nun vom Clementi. – dieser ist ein braver Cembalist. dann ist auch alles gesagt. ... übrigens hat er um keinen kreutzer geschmack noch empfindung. – ein blosser Mechanicus ... er praeludirte, und spielte eine Sonate – dann sagte der kayser zu mir allons drauf los. – ich prae-

Kat. Nr. 84
Angelika Kauffmann
1741 Chur – 1807 Rom
Geheilte Eleanora
Öl auf Leinwand
71,5 x 91,5 cm
Inv. Nr. CCh-1782-III, Gegenstück zu CCh-1783-III (Kat. 83)
Provenienz: Schloß Pawlowsk, im Jahre 1782 für Pawlowsk in Auftrag gegeben
Ausstellungen: *Legacy of a Czar and Czarina*. Miami, New York 1995-1996; *Les Grands Peintres Européens dans les Musées Russes. Collections des Palais Impériaux de Peterhof, de Pavlovsk et du Musée de Pskov*. Montbéliard 1997

Auf einem Papieretikett auf der Außenseite des Blendrahmens findet sich folgende Beschreibung der dargestellten Szene: „Edward, voller Tränen über Eleanoras Tod und erfüllt von tiefstem Schmerz, war voller Erstaunen, als er sie plötzlich wieder vollkommen gesund vor sich sah. Selim, der Sultan von Jaffa, hatte Eleanora hereingeführt, nachdem er sie mit Hilfe eines ihm bekannten Gegengiftes gerettet hatte. Auf dem Gemälde sind außerdem zu sehen: der Erzdiakon von Liège, der Graf von Gloster und die Prinzessin von Akka, die Selim geholfen hatte und die Edward dem Sultan später zum Geschenk machte." N. S.

Kat. Nr. 85
Claude-Louis Chatelet
1750/53 – 1794/95
Petit Trianon, 1782
Feder, Pinsel, Tusche, Aquarell auf Papier, Goldprägung auf rotem Saffian
49,5 x 40 cm
Beschriftung der Blätter (in französischer Sprache):
„*1. Plan der französischen Gärten im Bereich des Petit Trianon mit Gebäuden; 2. Ansicht des Schlosses vom Eingang her; 3. Ansicht des Ringspiels, der Galerie und einer Fassade des Schlosses; 4. Ansicht des Felsens und des Belvedere; 5. Plan der Grotte und der umliegenden Berge; 6. Schnitt durch die Grotte; 7. Ansicht des Liebestempels.*"
Inv. Nr. CCh-873-XII
Provenienz: Schloß Pawlowsk

Auftraggeberin dieses Albums war höchstwahrscheinlich die Besitzerin des Petit Trianon, Königin Marie Antoinette. Vielleicht handelt es sich dabei um ein Geschenk für Paul und Maria Fjodorowna. Diese hielten sich von Mai bis Juni 1782 in Frankreich auf, und am 6. Juni wurde im Petit Trianon zu ihren Ehren ein feierlicher Empfang gegeben.
Das Titelblatt des Albums fehlt. Es wurde in der Sammlung des Metropolitan Museums wiedergefunden, wohin es im Zuge des Ausverkaufs von 1932 geriet.
Heute sind insgesamt vier Exemplare von Chatelets Album mit Ansichten des Petit Trianon bekannt, die alle auf Bestellung Marie Antoinettes für ihre Gäste zur Erinnerung an ihre geliebte Residenz erstellt wurden. Im Jahre 1781 war dies ihr Bruder, Kaiser Joseph II. von Österreich, 1782 der Comte und die Comtesse du Nord, 1784 König Gustav III. von Schweden, 1786 schließlich Herzog Ferdinand d'Este von Modena. *O. L.*

Kat. Nr. 86
Hubert Robert
Nächtliches Fest mit Feuerwerk, gegeben von der Königin für den Comte du Nord im Park des Petit Trianon
Öl auf Leinwand
60 x 74 cm
Provenienz: Musée de Beaux Arts Quimper

Das Gemälde zeigt den vom Feuerwerk weiß erstrahlenden Liebestempel in dunkler Nacht. Erbaut wurde der Tempel von R. Mique für Marie Antoinette 1777-1778 im Park des Petit Trianon in Versailles. Zusammen mit dem Belvedere und dem Theater gehört der Tempel zu den Bauwerken, die den von der jungen Königin 1774 in Auftrag gegebenen Park im modischen Stil des englischen Landschaftsgartens zieren. Die Anlage des englischen Gartens verdankt sich vor allem den Plänen von Mique und Hubert Robert (Kat. 134, 137), für den eigens das Amt des Zeichners der königlichen Gärten geschaffen wird. Der berühmte Maler von Ruinen und stimmungsvollen Orten war auf das Anlegen solcher pittoresker Landschaftsgärten nach dem Vorbild der klassischen Landschaftsmalerei bestens vorbereitet. Sowohl für ihren eigenen Landschaftspark in Pawlowsk, der gerade im Entstehen begriffen war, als auch für die darin noch zu errichtenden Bauten hat das russische Großfürstenpaar während seines Aufenthaltes in Versailles zahlreiche Anregungen empfangen. *H. G.*

ludirte auch und spielte variazionen. – dann gab die Grosfürstin Sonaten von Paesello her, Miserable von seiner hand geschrieben, daraus musste ich die allegro und er die Andante und Rondò spielen." (16. Januar 1782)⁹

Einmal sang Großfürst Paul zusammen mit Kaiser Joseph II. bei einer Liebhaberaufführung am Wiener Hof. Bemerkenswert ist auch eine Anekdote, die der Petersburger Historiker Nikolaj Schilder erwähnt: „Es war vorgesehen, in seiner Anwesenheit am Hoftheater den Hamlet zu geben, der Schauspieler Bockmann jedoch weigerte sich, seine Rolle in der Tragödie zu spielen, mit der Begründung, es würden sich in diesem Falle zwei Hamlets im Saale wiederfinden. Kaiser Joseph war so begeistert von dieser rechtzeitigen, historischen Warnung durch den aufmerksamen Schauspieler, daß er Bockmann 50 Dukaten zur Belohnung für seine Geistesgegenwart zukommen ließ. So kam es, daß dem Zarensohn die Gelegenheit entging, das unsterbliche Werk des englischen Dramaturgen auf der Bühne zu sehen. Uns wiederum entging dadurch die Gelegenheit, zu verfolgen, welch tiefgreifenden Eindruck das Werk auf die rastlose und übersteigerte Phantasie von Paul zweifellos gemacht hätte. In Rußland wurde der Hamlet während der Regierungszeit der Zarin nie aufgeführt."¹⁰

Am 30. November fand in der Ortschaft Simmering ein Artillerie-Manöver statt. Der Kaiser selbst konnte krankheitsbedingt nicht daran teilnehmen. Der Comte du Nord dagegen verfolgte die Truppenübung trotz kalter und windiger Witterung bis zum Ende und fachsimpelte mit Feldmarschall Graf Lacy, General Fürst Liechtenstein sowie den Grafen Colloredo, Pellegrini, Clerfayt und Nostitz über den Manöververlauf.

Noch am kaiserlichen Hof in Wien feierte das Großfürstenpaar den Jahreswechsel zusammen mit Joseph II. und der Verwandtschaft von Maria Fjodorowna. Für den 2. Januar war die Verlobung der Prinzessin Elisabeth von Württemberg, der Schwester von Maria Fjodorowna, mit Franz Joseph, dem Sohn des Großherzogs Leopold von Toskana anberaumt. Wegen einer Erkrankung der Brautmutter jedoch mußte der feierliche Anlaß verschoben werden. Am 4. Januar reisten der Comte und die Comtesse du Nord aus Wien in Richtung Italien ab. Über den Aufenthalt der beiden in Florenz schrieb Großherzog Leopold seinem Bruder, dem Kaiser: „Zusätzlich zu seinem scharfen Verstand, seinen Talenten und seiner Umsicht verfügt der Comte du Nord über die Gabe, Ideen und Sachverhalte richtig einzuschätzen und all ihre Aspekte und Hintergründe zu erfassen. An all seinen Reden kann man erkennen, daß er vom Streben nach dem Guten beseelt ist. Mir scheint, daß man ihm gegenüber aufrichtig, geradeheraus und ehrlich sein muß, um nicht sein Mißtrauen oder seinen Argwohn zu wecken. Ich glaube, daß er sehr engagiert sein wird; seine Denkweise verrät große Energie. Er scheint mir hart und entschlossen, sobald er sich auf etwas konzentriert hat, und natürlich gehört er nicht zu jenen Leuten, die sich von irgend jemandem beeinflussen ließen. Im allge-

Paradeschlafzimmer Maria Fjodorownas mit Aufbau des Toilettenservices, das ihr von Marie Antoinette während ihres Aufenthaltes in Paris 1782 geschenkt wurde. Seither befindet sich das Service im Paradeschlafzimmer von Schloß Pawlowsk.

Kat. Nr. 87-89
Gruppe von Artikeln aus einer Toilettengarnitur
Frankreich, Sèvres, 1782
Porzellan, Biskuitporzellan, Kobaltüberzug unter Glasur, Goldbemalung, Gold, farbiges Email, vergoldete Bronze
Schatulle mit Deckel (Inv. Nr. CCh-7922-I): Höhe: 26 cm; Länge: 35 cm; Breite: 23 cm; Tabaksdose mit Deckel (Inv. Nr. CCh-7963/1-I); Unterschale für die Tabaksdose (Inv. Nr. CCh-7964-/2-I): Höhe: 3 cm; Länge: 10 cm; Breite: 7 cm; Flakon mit Goldverschluß (Inv. Nr. CCh-7942-I): Höhe: 13 cm; Durchmesser: 11 cm; gleichartiger Flakon (Inv. Nr. CCh-7943-I); goldenes Messer mit Porzellangriff (Inv. Nr. CCh-924-VII); Spatel mit Porzellangriff (Inv. Nr. CCh-925-VII); Pinsel mit Porzellangriff (Inv. Nr. CCh-926-VII)
Marken und Zeichen: überwiegend goldene Sèvresmarke von 1782 sowie die Künstlerzeichen Vincent le Jeune, Le Guay und Henri Prévost; Bronze: Zeichen von J. D. Duplessis; Entwurf des Toilettenservices und Ausführung der Biskuitgruppen: L. S. Boizot
Provenienz: Schloß Pawlowsk
Ausstellungen: *Pavlovsk. Zolotoj vek russkoj kul'tury.* Moskau 1998; *Splendore della Corte degli Zar.* Turin, Rom 1999

Toilettengarnitur bestehend aus einem großen, mit Skulpturgruppen und mit Wappenschilden verzierten Tischspiegel und zahlreichen Toilettenartikeln (Puderdosen, Mouche-Dosen, Schälchen, Tassen mit Untertassen, Parfumfläschchen, eine Uhr, eine Schreibgarnitur, Kerzenständer etc.). Diese Toilettengarnitur zählt zu den bekanntesten Schätzen von Schloß Pawlowsk. König Ludwig XVI. und Königin Marie Antoinette hatten es der Großfürstin Maria Fjodorowna geschenkt. In der Zeit von Mai bis Juni 1782 besuchten der Comte und die Comtesse du Nord im Rahmen ihres Aufenthalts in Paris die Manufaktur von Sèvres, wo sie zahlreiche Geschenke erhielten. Außer dem Toilettenservice waren dies einige Tête-à-têtes, Porträts der königlichen Familie, Tassen mit Untertassen und dekorative Vasengarnituren.

Die Toilettengarnitur von Sèvres ist ein Unikat von weltweit hohem künstlerischen Wert. Ursprünglich bestand sie aus 64 Teilen und wurde eigens in Paris ausgestellt, bevor sie nach Rußland versandt wurde. Alle Teile sind mit tiefblauem Kobalt überzogen, das den Hintergrund für virtuose „antike" Szenen aus Gold bildet: antike Schönheiten bei ihrer Morgentoilette mit ihnen aufwartenden Sklavinnen, Amorfiguren beim Spiel und Bacchantinnen beim Tanz. Außergewöhnlich ist die Dekorierung aller Artikel mit Ornamenten aus verschiedenfarbigem durchsichtigem Email (türkis, rot, weiß, violett und hellgrün) auf hauchdünnen Goldplatten, wobei sich die Goldplatten während des Brennprozesses mit der Glasur verbinden. Diese einzigartige Technik beherrschen nur die Künstler von Sèvres unter der Leitung von J. Cotteau.
Ausgestellt werden u. a. eine von vier Schmuckschatullen mit Deckel, darauf eine Amorgruppe aus Biskuit (Boizot) sowie Parfumfläschchen und außergewöhnliche Toilettenartikel jener Zeit: ein goldener Spatel mit Porzellangriff zum Entfernen von Zungenbelag, ein goldenes Toilettenmesser mit Porzellangriff, ein kleiner Pinsel. *E. N.*

meinen hat es den Anschein, als schätze er Ausländer nicht sonderlich, er ist eher streng, schätzt Ordnung, tadellose Disziplin, die Beachtung der Vorschriften und Genauigkeit. In unseren Unterredungen ist er nie in irgendeiner Weise auf seine Stellung und die Zarin zu sprechen gekommen, allerdings hat er mir gegenüber auch kein Geheimnis daraus gemacht, daß er all die großen Projekte und Neuerungen in Rußland, von denen sich dann hinterher herausstellt, daß mehr Aufhebens um sie gemacht wird, als sie im Kern wert sind, nicht uneingeschränkt begrüßt ... Ich muß dich darauf aufmerksam machen, daß der Comte und die Comtesse nicht nur ein ausführliches Reisetagebuch führen, sondern sich auch in ihren jeweiligen Notizbüchern alles aufschreiben, was ihnen zu Ohren kommt und aus irgendeinem Grunde wichtig erscheint. Zum Beispiel als wir auf die zukünftige Ehe meines Sohnes zu sprechen kamen, zückten sie ihre Notizbücher und lasen mir vor, was der Kaiser ihnen wortwörtlich an welchem Tage, zu welcher Stunde, in welchem Zimmer und im Beisein welcher Personen dazu gesagt hatte."[11]

Zunächst hatte man erwogen, die Abreise des Comte und der Comtesse du Nord bis zur Genesung der Brautmutter zu verschieben, man verwarf jedoch diesen Plan. Paul und Maria reisten über Triest nach Venedig, wo sie außerordentlich gastfreundlich und herzlich empfangen wurden. Während ihres einwöchigen Aufenthalts arrangierte man zu ihren Ehren viele festliche Anlässe in märchenhaftem Ambiente. Sie residierten im Hotel Weißer Adler, dessen Räumlichkeiten man eigens für den hohen Besuch neu gestaltet hatte. Der Aufenthalt des Großfürstenpaars in Venedig fand seinen Widerhall in vielen Werken von Künstlern der damaligen Zeit.[12] Viele Zeitgenossen schrieben damals ihre Eindrücke von dem außergewöhnlich festlichen Ereignis nieder. So zum Beispiel die Gräfin Chotek, die die Reisenden auf Veranlassung Kaiser Josephs II. zusammen mit ihrem Gatten von Wien nach Venedig begleitete.[13]
Am Abend des 18. Januar trafen der Comte und die Comtesse du Nord in Venedig ein. Noch in derselben Nacht besuchten sie in Begleitung der Prokuratoren Francesco Pesaro und Giovanni Grimani das Casino Filarmonico. Dort wurden die Gäste schon ungeduldig von einer erlesenen Gesellschaft erwartet. Alle wollten die exotischen Reisenden bestaunen und ihnen natürlich auch vorgestellt werden. Nach etwa einer Stunde begaben sich alle vom Casino ins Theater San Benedetto, wo zu Ehren der Gäste ein Stück gespielt wurde. Das Vorstellungszeremoniell wurde während der Aufführung fortgesetzt. Erst gegen Morgen zogen sich die Reisenden in ihre Gemächer zurück. Die strenge Tagesplanung für den gesamten Aufenthalt wurde einfach geändert. Der Reigen von Bällen und anderen Festivitäten setzte sich die ganze Woche über fort. Eine der bemerkenswertesten Veranstaltungen war das Konzert der Waisen im Casino Filarmonico am 20. Januar. An jenem Abend sang ein Chor von achtzig Sängerinnen aus dem Ospedale della Pietà und anderen Mädchenheimen. Im 18. Jahrhundert gab es in Venedig mehrere Waisenhäuser, in denen eine hervorragende musikalische Bildung vermittelt wurde. In diese Heime wurden junge Mäd-

chen aufgenommen, die über ein gutes musikalisches Gehör und eine schöne Stimme verfügten. Zu ihren Lehrern zählten so berühmte Komponisten wie Vivaldi, Cimarosa und Galuppi. Die Konzerte der Zöglinge dieser Heime erfreuten sich damals in Venedig großer Beliebtheit.

In den Pausen zwischen dem reichhaltigen Unterhaltungsprogramm besichtigten Paul und Maria die Biblioteca Marciana, das Zeughaus, die Basilika San Marco, die Kunstsammlung im Palazzo Ducale, sowie die Klöster San Giorgio Maggiore und Santi Giovanni e Paolo. Außerdem statteten sie dem Atelier der damals populären Malerin Angelika Kauffmann einen Besuch ab. Maria Fjodorowna war sehr beeindruckt von den Werken der Künstlerin. Später schmückten Stiche und Kopien der Werke von Angelika Kauffmann die Einrichtung von Schloß Pawlowsk. In ihrem Atelier in Venedig bestellte das Großfürstenpaar die drei Gemälde *Vergiftete Eleanora* (Kat. 83), *Geheilte Eleanora* (Kat. 84) und *Tod des Leonardo da Vinci*. Die beiden ersten Werke befinden sich in der Gemäldegalerie von Schloß Pawlowsk, das dritte wurde in den 20er Jahren über das sogenannte Antiquariat verkauft. Paul und Maria wurden außerdem zu einer Audienz beim Dogen empfangen und wohnten einer Sitzung des Großen Rates (*Maggior Consiglio*) bei.

Am 22. Januar begaben sich der Comte und die Comtesse du Nord erneut ins Theater San Benedetto, wo sie ein Ball und ein Souper erwartete. Solche Soupers im Theater galten im 18. Jahrhundert als besonders raffinierte Festivität. Gewöhnlich wurde im Parterre aufgetragen. In diesem Falle ließ man die Tafel für 160 Personen auf der Bühne decken. Der Ball begann um zwei Uhr nachts. Für die Gäste spielten zwei aus Verona angereiste Orchester. Siebzig Sänger in reich vergoldeten Gewändern ließen ihre Stimmen erklingen. Um vier Uhr hob sich der Vorhang und alle erblickten die Tafel, die so reich und delikat gedeckt war, daß es sogar den Venezianern die Sprache verschlug. Die Bühne war wie der ganze Saal in blauer und silberner Farbe dekoriert. Jenes Souper im Theater San Benedetto fand seine künstlerische Würdigung in Gemälden von Francesco Guardi und Gabriele Bella sowie in einem Stich, den Antonio Baratti unter Mitwirkung von Giovanni Battista Canal im Jahre 1782 im Auftrag des venezianischen Senats anfertigte.

Am 23. Januar verbrachte das Großfürstenpaar fast den ganzen Tag auf Murano, wo sie sich mit großem Interesse mit der venezianischen Glasbläserei vertraut machten. Am Abend desselben Tages fand die berühmte venezianische Regatta statt. „Es war eine Wettfahrt zwischen Gondeln und leichten Schiffen. Die venezianische aristokratische Jugend bereitet die eleganten und schönen achtruderigen Boote vor. Die Matrosen sind phantasie- und geschmackvoll gekleidet; die Bootsbesitzer knien oder liegen auf Kissen ... Für Ihre kaiserlichen Hoheiten wurde ein spezielles überdachtes Boot bereitgestellt, das Peote heißt und ausnehmend schön ausgestattet war."[14] Als das großfürstliche Boot in die Lagune einfuhr, schlossen sich ihm die anderen Boote an, die an der Parade vor Beginn der Wettfahrt teilnahmen. Alle Boote waren nach

Kat. Nr. 90
Tasse mit Porträt der Königin Marie Antoinette, mit Untertasse
Frankreich, Sèvres, 80er Jahre des 18. Jahrhunderts
Porzellan, monochrome Aufglasurbemalung, goldstaffiert
Höhe der Tasse: 7,5 cm; Durchmesser der Untertasse: 15 cm
Rotes Sèvreszeichen auf Glasur: zwei gespiegelt verschlungene lateinische Buchstaben *L*, darunter *PK*, *HP*, in den Teig gedrückt *e*; „HP" steht evtl. für Henri Prévost.
Inv. Nr. CCh-10830\1,2-I
Provenienz: Schloß Pawlowsk

In den Jahren 1928-1932 wurden die wertvollsten Zierratobjekte aus dem Bestand des Schlosses Pawlowsk in das sog. Antiquariat überführt; darunter besonders viele Porzellanstücke und Möbel mit Sèvreseinsätzen. Diese Tasse mit Untertasse wurde ebenfalls konfisziert, jedoch glücklicherweise nicht ins Ausland verkauft, weshalb sie in Moskau blieb. 1961 entdeckte der Kustos des Schloßmuseums Pawlowsk, A. Kutschumow, die Tasse im Staatlichen Puschkinmuseum für bildende Kunst, so konnte die Tasse wieder nach Pawlowsk zurückkehren.
Ausstellungen: *Splendeur et intimité à la cour impériale de Russie 1780-1820*. Montbéliard 1995; *Splendore della Corte degli Zar*. Turin, Rom 1999

Zylindrische Tasse mit Henkel, weiß mit großen goldstaffierten Girlanden und Blättern. Ferner zeigt sie ein ovales, von einem Goldstreifen und einem gedrehten Goldband eingerahmtes Medaillon, auf dem auf Terrakottagrund das Porträt Marie Antoinettes abgebildet ist. Es handelt sich hierbei um ein Profilporträt nach rechts im Grisaillestil in Sepiaton. Als Vorbild für das Porträt diente eine berühmte, von dem Bildhauer Louis-Simon Boizot geschaffene Mamorbüste, die auch in Biskuitporzellan kopiert wurde. Einst standen Büsten von Marie Antoinette und Ludwig XVI. im Schloß Pawlowsk, sie sind jedoch nicht erhalten. Erhalten sind lediglich Kopien, die im 19. Jahrhundert gegossen wurden. *E. N.*

Kat. Nr. 91

Tasse mit Porträt König Ludwigs XVI., mit Untertasse

Frankreich, Sèvres, 1785

Porzellan, Kobalt, mehrfarbige Aufglasurbemalung, goldstaffiert, farbiges Email; Künstler: Dodin

Höhe der Tasse: 7 cm; Durchmesser der Untertasse: 15 cm

Marke auf der Tasse: blaue Aufglasurmarke mit dem Zeichen von Sèvres sowie die Buchstaben *k*, *e*, *m* und *S*

Marke auf der Untertasse: die Buchstaben *K* und *hh* sowie der Schriftzug *Louis XVI*

Inv. Nr. CCh-7071\1-2-I

Provenienz: Schloß Pawlowsk

Ausstellungen: *Splendore della Corte degli Zar.* Turin, Rom 1999

Zylindrische Tasse mit Ohrhenkel, mit Kobaltüberzug. Am oberen und unteren Rand sowie um das Medaillon herum verläuft ein Ornament aus bunten und weißen Emailpunkten. Das Medaillon zeigt ein Brustbild König Ludwigs XVI. im blauen Kaftan mit hohem besticktem Kragen und weißem Jabot. Er trägt eine weiße Perücke. Die Schultern sind leicht zurückgenommen, das Gesicht ist beinahe *en face* wiedergegeben.

Untertasse mit flacher Fahne und dem gleichen Dekor wie die Tasse. Auf dem Spiegel das Monogramm des Königs in Form zweier gespiegelt verschlungener *LL. E. N.*

Skizzen von Domenico Fossati gestaltet.[15] Die feierliche Prozession führte nun zum Palazzo Foscari, der sich an einer Biegung (*volta*) des Kanals erhob. Regisseur der schwimmenden Prozession war der Tänzer und Ballettmeister Salvatore Viganò. Beim Palazzo Foscari war die *Macchina* aufgebaut, ein mit Kriegstrophäen geschmückter Pavillon. An der Wand dieses Pavillons befestigte man ein Banner. Sieger der Wettfahrt sollte derjenige Teilnehmer sein, dem es gelang, sich dieses Banners vor allen anderen zu bemächtigen. Neben der *Macchina* befanden sich zwei Peoten[16], von denen aus der Comte und die Comtesse du Nord die Regatta verfolgten. Beide Peoten und die Leitboote der Wettfahrt wurden über Spiegel mit dem Lichtschein von Fackeln illuminiert.

Am letzten Tag ihres Aufenthalts in Venedig arrangierte man für die Gäste aus Rußland noch einmal aufwendige Festlichkeiten auf der Piazza San Marco. Mit der Vorbereitung derselben wurde der Architekt und Dekorateur Antonio Condognato betraut. Nach seinen Plänen und Anweisungen errichtete man um den Platz herum Tribünen fürs Publikum, auf der Seite der Basilika San Marco einen Triumphbogen und diesem gegenüberliegend eine große Paradetribüne (*Palazzetto*) mit verglaster Rotunde für die Gäste. Die Vorstellung begann mit dem Einmarsch einer Kostümgruppe, deren Akteure spanische und französische Gewänder trugen. Danach fuhren vier mit allegorischen Motiven dekorierte Wagen durch den Triumphbogen auf den Platz hinaus. Jedem Wagen folgten zwanzig Stiere, die von acht bis zehn uniformierten Männern geführt wurden. Die Wagen und Gewänder waren nach Entwürfen der Architekten und Maler Giorgio und Domenico Fossati gestaltet. Vater und Sohn Fossati gaben später eine Serie von Stichen bei A. Baratti in Auftrag, auf denen die Wagenparade des 24. Januar 1782 dargestellt ist. In der Sammlung des Schloßmuseums von Pawlowsk befinden sich zwei Sätze dieser Stiche. Der eine, kolorierte Satz stammt offenbar aus der Sammlung von Großfürst Paul, der zweite wurde vor einigen Jahren erworben. Nachdem die Wagen den Platz wieder verlassen hatten, begann das Hauptspektakel des Festes – die Stierhatz, die in Venedig damals genauso populär war wie die spanische *Corrida*. In Venedig hetzte man die Stiere mit Jagdhunden. Sobald man die Hatz zu beenden gedachte, ließ man eine zweite Meute speziell abgerichteter Hunde los. Diese bissen die Jagdhunde in die Ohren, um sie von den Stieren abzulenken. Auf dem Stich *Corrida auf der Piazza San Marco, den 24. Januar 1782* ist die hitzigste Phase des Kampfgetümmels vor dem *Palazzetto* dargestellt.

Paradeschlafzimmer Maria Fjodorownas. Dieser Raum, in dem das große Toilettenservice präsentiert wird, wurde nie als Schlafgemach genutzt, sondern für Repräsentationszwecke eingerichtet. Im Unterschied zu den meisten anderen Räumen im klassizistischen Stil ist das Paradeschlafzimmer noch ganz im Stile Ludwigs XVI. eingerichtet. Wände, Fenster und Baldachin sind mit Seidenstoff drapiert, der entsprechend den Vorlieben Maria Fjodorownas mit Früchten, Gartengeräten und Blumen bemalt ist (Rekonstruktion 60er Jahre). Die Pfauen in den gemalten Rundfenstern symbolisieren eheliche Treue.

Von Venedig reisten Großfürst Paul und seine Gattin Maria Fjodorowna über Padua, Ferrara, Bologna und Ancona weiter nach Rom, wo sie zunächst nur zwei Tage blieben, um dann nach Neapel aufzubrechen. Dort wurden sie am 28. Januar vom Königspaar empfangen. In der Umgebung Neapels besuchten sie Pompeji und Herculaneum, Baia und Pozzuoli, fuhren außerdem nach Caserta, wo sie den in der Nähe der Stadt gelegenen, großartigen antiken Aquädukt besichtigten. Neapel war ein begehrtes Reiseziel, vor allem wegen seiner antiken Denkmäler. Archäologen, Historiker und Architekten pilgerten zu den Ausgrabungsstätten in Pompeji und Herculaneum. Das Interesse für das antike Rom förderte die Entwicklung der philosophisch-ästhetischen Prinzipien des Klassizismus. Selbstverständlich beeinflußte die hautnahe Berührung mit antiken Städten und Fundgegenständen das Weltbild und den Geschmack der russischen Gäste. Auch erwarben sie dort eine Reihe von Gegenständen für ihre Sammlung. Sie lernten Lord Hamilton kennen, den englischen Gesandten am neapolitanischen Hof, der viel über die antiken Denkmäler wußte. Mit ihm zusammen unternahm Großfürst Paul eine Wanderung auf den Vesuv. Zum Dank und als Andenken schenkte er dem Lord eine mit Brillanten übersäte Tabakdose mit seinem Porträt. Vor der Abreise wurden der Comte und die Comtesse du Nord vom Königspaar reich beschenkt. Der Direktor der Porzellanmanufaktur Venutti überreichte ihnen im Namen der Königin 27 Porzellankopien von antiken Büsten, die man in Herculaneum ausgegraben hatte, dazu Büsten des Königs und der Königin sowie eine Fülle anderer Erzeugnisse der Porzellanmanufaktur. Leider sind viele der Kunstschätze, die das Großfürstenpaar aus Italien mit nach Rußland brachte, nicht erhalten oder befinden sich in anderen Sammlungen. Lediglich neun beschädigte Büsten sind noch vorhanden. Bei einem Besuch im neapolitanischen Museum fand Maria Fjodorowna besonderen Gefallen an der Skulptur *Betrunkener Satyr* und bestellte einen Gipsabguß, der nach Pawlowsk gebracht und in der Paradebibliothek von Großfürst Paul aufgestellt wurde. Als diese Skulptur bei einem Brand in Schloß Pawlowsk im Jahre 1803 zu Bruch ging, bat die damals schon verwitwete Maria Fjodorowna Königin Karoline von Neapel um die Anfertigung eines neuen Gipsabgusses. Schon wenig später wurde ein neuer *Betrunkener Satyr* nach St. Petersburg verschifft und von dort nach Pawlowsk gebracht. Leider wurde diese Skulptur im Zweiten Weltkrieg zerstört.

Von Neapel kehrte das Großfürstenpaar nach Rom zurück. Die überragende Bedeutung Roms am Ende des 18. Jahrhunderts ist hinlänglich bekannt. Auch hier ging die Ausgrabung antiker Denkmäler voran, auch arbeiteten in Rom berühmte und populäre Maler und Bildhauer. Die ewige Stadt war noch immer das künstlerische Zentrum Europas. Großfürst Paul zeigte sich äußerst beeindruckt. In einem Brief an den Moskauer Metropoliten schrieb er: „Ihr seht, ich schreibe diese Briefe mitten aus dem Heiligtum, es fehlt nur die Hauptperson, der Papst ist letzten Dienstag Erledigungen halber abgereist ... Die antiken Schätze, die Künste und das sommerliche Wetter machen unseren Aufenthalt hier sehr angenehm (Kat. 77)."[17] In Rom stattete das Großfürstenpaar dem damals sehr populären Künstler Pompeo Batoni einen Besuch ab. Einem Schüler Batonis, dem Deutschen Maler Johann Gottlieb Puhlmann, verdanken wir Aufzeichnungen über diesen Besuch.[18] Diesen entnehmen wir, daß am Morgen des 12. März der Fürst Jussupow zusammen mit dem Berliner Maler Jacob Philipp Hackert im Atelier Batonis erschien und ein Porträt des Großfürsten Paul in Auftrag gab. Zur Ausführung des Auftrags begaben sich Batoni und Puhlmann zum Großfürsten. Während das Porträt noch im Entstehen war, erschien Maria Fjodorowna. Sie war begeistert von der Ähnlichkeit des Porträts und wünschte, daß man auch von ihr ein Porträt anfertigte. Die Großfürstin kaufte aber auch noch andere Werke bei Batoni: das Bildnis *Die Heilige Maria Magdalena* (Kat. 81) nach einem Gemälde von Correggio für 200 Dukaten sowie eine von der Tochter des Künstlers Benedetta gemalte Miniatur und 15 Zeichnungen von Batonis Sohn für 90 Dukaten. Direkt bei Puhlmann bestellte Maria Fjodorowna zwei Kopien ihres Porträts in Lebensgröße und sechs Brustbilder im Oval. Ihr Gatte bestellte daraufhin dieselbe Anzahl an Porträts. Batoni selbst schlug vor, Miniaturkopien von den großen Porträts zu malen, und erhielt dafür das Einverständnis des Großfürstenpaares. Die von Puhlmann gemalten Kopien (Kat. 70, 71) und die Miniaturarbeiten Batonis bereichern heute die Sammlung von Schloß Pawlowsk. In Rom besuchten Paul und Maria auch mehrmals den Petersdom und begeisterten sich an seiner Pracht. Noch in Abwesenheit des Papstes, aber auf dessen Anweisung zeigte der Prälat Albini Paul und Maria das große Kreuz über dem Hauptaltar, unter dem sich die Reliquien des heiligen Apostels befanden. Der Dom wurde an diesem Tag auf Geheiß des Papstes eigens für die russischen Gäste so illuminiert, wie das normalerweise nur am Donnerstag und Freitag der Karwoche der Fall war. Der Prälat Albini schenkte den Gästen eine „Beschreibung des Vatikans und eine Darstellung der Beleuchtung der Nordseite sowie der Säulengänge der ganzen Kirche." Bei ihrer Abreise aus Rom überreichte man ihnen im Namen des Papstes neben anderen Geschenken auch das Mosaik *Ansicht des Colosseums* von dem damals bekannten und beliebten Mosaikkünstler A. Aguatti.

Kat. Nr. 92
Jüngling
Statuette
Ende des 15. – Anfang des 16. Jahrhunderts
Vollguß (höchstwahrscheinlich), Bronze, überzogen mit deckendem schwarz-braunem Lack, der fest am Metall haftet, in dünneren Schichten durchsichtig und stellenweise fast ganz abgerieben, ohne sichtbare Korrosionsspuren
Höhe: 30,2 cm
Inv. Nr. CCh-831-VIII
Provenienz: Schloß Pawlowsk, ursprünglicher Bestand
Ausstellungen: Erstmalig außerhalb des Schloßpark-Museums Pawlowsk

Das linke Bein ist gebrochen, am Knöchel und in der Leiste gelötet, wobei die Beinstellung bei der Restaurierung offensichtlich falsch bestimmt wurde, denn der Stellung der Zehen und der Haltung der Figur nach zu schließen, müßte das linke Bein ein wenig nach hinten und seitlich ausgestellt sein. Der rechte Fuß ist abgebrochen und angelötet. Die Nasenspitze ist beschädigt.

Von der Bronzestatuette des Kunsthistorischen Museums in Wien, die der Florentiner Schule vom letzten Viertel des 15. Jahrhunderts zugeschrieben wird (1), unterscheidet sich diese Pawlowsker Statuette sowohl in der Komposition, die stark an die berühmte antike Statue *Idolino* erinnert, als auch in der Gesichtscharakteristik, der etwas nachlässigen Ausarbeitung kleiner Formen (Augen, Mund, Haarlocken) und dem spezifischen Gesichtsausdruck mit den großen Augen. Die fließenderen Formen der Silhouette und die stärker antikisierten Formen deuten darauf hin, daß die Pawlowsker Statuette etwas später entstand. Einen antiken Ursprung kann man aufgrund des Stils und der Oberflächenbeschaffenheit der Statuette ausschließen. *Je. K.*

(1) Planiscic, L. *Die Bronzeplastiken*. Ausst.-Kat. Kunsthistorisches Museum Wien, 1924, Nr. 5

Abbildung folgende Seite: Tanzsaal im Erdgeschoß. Mit diesem eleganten und festlich gestalteten Schloßraum begann Charles Cameron 1784 die Innenausstattung der Gemächer im Erdgeschoß. Die ursprüngliche Einrichtung ist nicht erhalten geblieben. Der von Cameron gestaltete Wandschmuck mit großen Spiegelpanneaus wurde 1815 durch die vier großformatigen Gemälde Hubert Roberts ersetzt, die aus dem Michail-Schloß hierher verbracht wurden und sich auch heute noch hier befinden.

Kat. Nr. 93
Hubert Robert
1733 Paris – 1808 Paris
Das Quadratische Haus in Nîmes, 1783
Öl auf Leinwand
102 x 145 cm
Bez. u. re.: *H. Robert 1783*
Inv. Nr. CCh-1789-III
Provenienz: Seit 1938 in Pawlowsk
Ausstellungen: *Hubert Robert (1733-1808) et Saint-Petersbourg.*
Ville de Valence 1999

Das Quadratische Haus (*La Maison carrée*) in Nîmes ist ein antikes Bauwerk in der französischen Provence – ein Tempel, den Kaiser Octavian Augustus in der ehemals römischen Kolonie erbauen ließ. Heute ist es eine der wichtigsten Sehenswürdigkeiten der französischen Provinz. Im Bild vorne rechts hat der Maler sich selbst dargestellt, wie er eine Skizze des Denkmals anfertigt. Hubert Robert malte mehrere Gemälde mit gleichem Sujet. Die Landschaft, die in ihren Details der vorliegenden am ähnlichsten ist, befindet sich in der Eremitage. Beide Varianten sind auf das Jahr 1783 datiert, das Jahr, in dem Hubert Robert die Provence bereiste.
Das Gemälde kam 1938 nach Pawlowsk – als Ersatz für einige Gemälde Roberts, die mehrere Jahre zuvor ins sogenannte Antiquariat gegeben wurden, um sie ins Ausland zu verkaufen. *N. S.*

Paul und Maria besuchten in Rom auch das Atelier des bekannten Stechers Giovanni Volpato. Dieser fertigte Stiche von allen Werken Raffaels im Vatikan an. Der Meister schenkte den Gästen eine Mappe mit farbigen Stichen, auf denen die berühmten Fresken Raffaels und seiner Schüler in den Stanze Vaticane dargestellt sind. Möglicherweise erwarben sie damals auch die drei Stiche mit Ansichten Roms, die sich jetzt in der Sammlung von Schloß Pawlowsk befinden. In Rom pflegte Volpato eine freundschaftliche Zusammenarbeit mit Louis Ducros. Höchstwahrscheinlich auf Vermittlung von Volpato gaben Paul und Maria bei Ducros drei Gemälde in Auftrag, deren Sujets sie an ihren Aufenthalt in Rom erinnern sollten. Diese drei Gemälde sind heute Bestandteil der Sammlung des Schloßmuseums von Pawlowsk. Sie zeigen *Großfürst Paul und die Großfürstin Maria Fjodorowna auf dem Forum Romanum* (Kat. 74), *Großfürst Paul und die Großfürstin Maria Fjodorowna in Tivoli* (Kat. 69) und Papst Pius VI. in den Pontischen Sümpfen. Der wichtigste Helfer und Ratgeber von Großfürst Paul und Maria Fjodorowna in Rom war Johann Friedrich Reiffenstein, ein Freund von Johann Joachim Winckelmann. Zusammen mit dem Maler Anton Raphael Mengs war er Kunsthandelsagent der Zarin Katharina II. Seine Visitenkarte weist ihn als vielbeschäftigten Mann aus: „Russisch-Kaiserlicher und Sachsen-Gothaer Hofrat, offizieller Berater von Ansbach, Ehrenmitglied der Akademie der Wissenschaften in St. Petersburg und Direktor des Instituts russischer Künstler in Rom." Reiffenstein stellte Paul und Maria auch den deut-

Kat. Nr. 94
Hubert Robert
1733 Paris – 1808 Paris
Antike Ruinen mit dem Denkmal Marc Aurels
Öl auf Leinwand
64 x 97 cm
Inv. Nr. CCh-1779-III
Provenienz: Seit 1938 in Pawlowsk
Ausstellungen: *Legacy of a Czar and Czarina*. Miami, New York 1995-1996

Berühmte Denkmäler plazierte Hubert Robert in seinen Gemälden häufig frei, d.h. unabhängig von ihrem tatsächlichen Standort. Auf diese Weise schuf er im Grunde genommen Themenvariationen, wobei sein Hauptmotiv zweifelsohne die Antike war. Das berühmte Bronzedenkmal Marc Aurels, des römischen Kaisers des zweiten Jahrhunderts n. Chr., blieb nur dank des Umstandes erhalten, daß man es im Mittelalter fälschlicherweise für ein Bildnis Kaiser Konstantins hielt, der dem Christentum erstmals Rechtsverbindlichkeit verliehen hatte. Im 16. Jahrhundert war die Reiterstatue Marc Aurels von der Lateranbasilika auf das Kapitol versetzt worden.
Das Gemälde kam 1938 nach Pawlowsk – als Ersatz für einige Gemälde Roberts, die mehrere Jahre zuvor ins sogenannte Antiquariat gegeben wurden, um sie ins Ausland zu verkaufen. *N. S.*

Kat. Nr. 95
Atreus und Chrysippos (?)
Skulpturengruppe
Aus neuerer Zeit stammende, maßstabverkleinerte Kopie einer Marmorgruppe des Museo Borbonico di Napoli
Bronzeguß, mit schwarzem Lack überzogen
Inv. Nr. CCh-830-VIII
Provenienz: Schloß Pawlowsk, ursprünglicher Bestand
Ausstellungen: Erstmalig außerhalb des Schloßpark-Museums Pawlowsk

Bei der Atreusfigur fehlen die Beine (fast vollständig) und der linke Arm, der rechte Arm ist angesetzt (die Schulter, das Handgelenk und die Finger sind beschädigt, die Schwertklinge fehlt). Bei der Chrysipposfigur ist das linke Bein abgebrochen und angesetzt (der Fuß fehlt), das rechte Bein fehlt vollständig. Die Skulpturen sind sehr grob restauriert, das Metall ist stellenweise stark korrodiert.

Ludolf Stephani, der Autor des Katalogs *Sobranie drevnich pamjatnikov iskusstva v Pavlovske* (Sammlung alter Kunstdenkmäler in Pawlowsk) vertritt die Ansicht, daß Stil und Oberflächenbeschaffenheit der Pawlowsker Gruppe völlig der antiken Epoche entsprechen, und glaubt, daß der Kopf der neapolitanischen Gruppe nach dem Vorbild der Pawlowsker Bronze restauriert wurde. Diese Schlußfolgerung ist aus mehreren Gründen zweifelhaft. Der Torso der neapolitanischen Gruppe wurde in der Mitte des 16. Jahrhunderts in den Caracalla-Thermen gefunden, und sein antiker Ursprung wird von niemandem bestritten. Der Torso der Pawlowsker Bronze ist ein maßstabverkleinertes, exaktes Ebenbild des neapolitanischen Marmortorsos. Für maßstabverkleinerte Kopien von Marmorskulpturen in Bronze gibt es jedoch in der antiken Kunst kein Beispiel, während es in der Neuzeit gang und gäbe war. Zu denken gibt auch der Umstand, daß eben jener Stephani die später überzeugend widerlegte Hypothese aufstellte, die Bronzestatuette des Apollo (der sogenannte *Apollo Stroganow*) sei antiken Ursprungs. Dieses Beispiel und einige weitere Beispiele von Bronzen aus der Pawlowsker Sammlung zeigen, daß die Einordnungen Stephanis mit einiger Vorsicht zu genießen sind. Wenn man die Pawlowsker und die neapolitanische Gruppe vergleicht, kommt man am ehesten zu dem Schluß, daß die Pawlowsker Bronze eine Kopie der neapolitanischen Gruppe ist und entstand, nachdem ein Restaurator für den antiken Marmortorso einen neuen Kopf angefertigt hatte, für den es in der antiken Plastik kein vergleichbares Exemplar gibt. Möglicherweise sollte Nero in der Gestalt Apollos dargestellt werden, denn die allgemeine Form und die Art, wie der Kopf auf dem Torso sitzt, erinnern an den *Apollo von Belvedere*. Das konkrete Sujet der Gruppe ist ebenso ungeklärt. Die ursprüngliche Interpretation, es handle sich um den Kaiser Commodus in der Gestalt eines Gladiators, wurde schon im 18. Jahrhundert verworfen. Die Gruppe ist offensichtlich mehrmals restauriert worden, und dabei wurden viele Bruchstellen möglicherweise gefälscht. Die Stellung des rechten Arms der stehenden Figur ist bei Original und Kopie unterschiedlich, während die Formen des Arms bei beiden Figuren gleich sind. *Je. K.*

Kat. Nr. 96
Hubert Robert
1733, Paris – 1808 Paris
Der Laokoon-Saal im Louvre
Öl auf Leinwand
64,5 x 80,5 cm
Inv. Nr. CCh-1781-III, Gegenstück zu CCh-1780-III (Kat. 100)
Provenienz: Schloß Pawlowsk, erworben von Maria Fjodorowna vor 1806
Ausstellungen: *Gjuber Rober i architekturnyj pejzaž vtoroj poloviny XVIII veka.* Leningrad 1984; *Legacy of a Czar and Czarina.* Miami, New York 1995-1996; *Les Grands Peintres Européens dans les Musées Russes. Collections des Palais Impériaux de Peterhof, de Pavlovsk et du Musée de Pskov.* Montbéliard 1997; *Dominique-Vivant Denon. L'Oeil de Napoléon.* Paris 1999-2000

Der Laokoon-Saal wurde im ehemaligen Wasserkabinett der Anna von Österreich errichtet. Speziell für die Plazierung dieser berühmten Skulpturengruppe schlug man in eine der Wände eine Nische. *N. S.*

schen Künstler Jacob Philipp Hackert vor. Da Reiffenstein einmal erkrankte, begleitete sie Hackert als Führer nach Tivoli und Frascati. Als sie erfuhren, daß er im Frühjahr 1782 nach Neapel reisen würde, beauftragten sie ihn, Ansichten von Neapel und seiner Umgebung für sie zu malen. Die Sammlung von Schloß Pawlowsk umfaßte einst 19 Gemälde des Künstlers mit italienischen Landschaften. Heute ist vom ursprünglichen Bestand nur mehr eines übrig, die *Ansicht Roms vom Park der Villa Conti in Frascati* (Kat. 82), die Hackert im Jahre 1787 malte.

Aus Rom reisten der Comte und die Comtesse du Nord über Florenz, Pisa, Livorno, Parma und Mailand nach Turin. Dort empfingen sie der Thronfolger des sardinischen Königs und dessen Gattin Marie Clothilde, die Schwester des französischen Königs Louis XVI., mit der sich Maria Fjodorowna anfreundete. Sie blieben zehn Tage in Turin und genossen die freundschaftliche Atmosphäre, die sie umgab. Auch aus Turin brachten sie Geschenke mit nach Pawlowsk. Dazu gehörten eine Räucherpfanne aus verschiedenen Marmorsorten, die Maria Fjodorowna in ihrem Boudoir unterbrachte, sowie eine qualitativ hervorragende Marmorskulptur mit dem Motiv *Pluto und Proserpina* (Kat. 136) von den Gebrüdern Collini, die sie in ihrer Bibliothek aufstellte.

Von Piemont führte der Weg der Reisenden nach Frankreich. Der erste längere Aufenthalt folgte in Lyon. Dort erwarb und bestellte das Großfürstenpaar wundervolle Stoffe aus der Manufaktur Pernon, von denen einige nach Zeichnungen von Philippe de Lasalle angefertigt waren.

In Paris residierten der Comte und die Comtesse du Nord im Hause des Fürsten Barjatinski, des russischen Gesandten am französischen Hof. Am Tag nach der Ankunft zog es Maria Fjodorowna vor, im Hause zu bleiben, da sie sich ein wenig müde von der Reise fühlte. Großfürst Paul dagegen, der keinen Tag ungenutzt verstreichen lassen wollte, reiste inkognito nach Versailles. Dort speiste er zu Mittag und verfolgte danach eine Prozession der Ritter des Heiliggeistordens. Erst am dritten Tag ihres Aufenthaltes in Paris wurden der Comte und die Comtesse du Nord dem König und der Königin von Frankreich vorgestellt. Der französische Außenminister Vergennes und der russische Gesandte Fürst Barjatinski führten Großfürst Paul ins Kabinett von Louis XVI. In seiner Begrüßungsrede sagte der russische Thronfolger: „Ich schätze mich glücklich, mit Eurer Majestät die Ehre zu haben; darin liegt auch das Ziel meiner Reise nach Frankreich. Die Zarin, meine Mutter, wird mich um mein Glück beneiden, denn darin, wie auch in allem übrigen, stimmen unsere Gefühle überein." Louis XVI. antwortete ihm mit wenigen, nicht sonderlich vielsagenden Phrasen, was Paul zu dem Schluß kommen ließ, der König habe ihn recht kühl empfangen. In Wirklichkeit war Louis XVI. von Natur aus schüchtern. Danach geleitete man den Comte du Nord ins Zimmer des Dauphins, den er mehrmals küßte. Der Gouvernante aber sagte er bei dieser Gelegenheit: „Erinnert den Dauphin öfter an den Besuch, den ich ihm heute abgestattet habe; erinnert ihn an meine Zuneigung, die ich schon an seiner Wiege für ihn empfinde; möge sie das Unterpfand sein für die ewige Verbundenheit unserer beiden Staaten." Selbstverständlich machten diese Worte Pauls in ganz Paris die Runde, und das französische Königspaar war darüber höchst erfreut. Am 28. Mai wurde im Spiegelsaal von Versailles ein großer Ball gegeben. Der König trat von der Seite des Kriegssaals ein, die Königin von der Seite des Friedenssaals. Die Höflinge und die zahlreichen geladenen Gäste drängten sich zu beiden Seiten des Saals. Der Comte du Nord mischte sich unter die Menge, die Louis XVI. umringte. Als der König sich darüber beklagte, daß die Menge der Höflinge ihm zu nahe zu Leibe rücke, sprach Großfürst Paul seinen berühmten Satz: „Verzeiht, Euer Majestät, aber ich bin schon so sehr Franzose geworden, daß ich wie diese denke, ich könne Eurer Majestät gar nicht nahe genug sein." Im Verlaufe dieses Balls tanzte der Comte du Nord mit der Königin. Am Tag darauf fand auf dem Marsfeld eine von Marschall Biron befehligte Parade der französischen Garde zu Ehren des hohen Gastes statt. Am 30. Mai reisten der Comte und die Comtesse du Nord nach Chantilly auf den Besitz des Prinzen Condé. Von Chantilly und dem Aufenthalt dort waren Großfürst Paul und Maria Fjodorowna begeistert. Viele der Eindrücke, die sie dort gewannen, sollten später ihren Nachhall in Rußland finden. Die Festivitäten im Schloß waren so prunkvoll und luxuriös arrangiert, daß sich der Empfang durch den König dagegen geradezu bescheiden ausnahm. Während eines festlichen Diners im Schloß zum Beispiel warfen die Diener nach jedem Gang das ganze Silber- und Goldgeschirr aus dem Fenster. Unter dem Fenster allerdings befand sich ein Wassergraben, aus dem das kostbare Geschirr später wieder herausgefischt wurde. In Chantilly wurde auch eine Rotwildjagd organisiert, die der Maler B. Le Paon auf Leinwand bannte. Der Comte d'Artois empfing das Großfürstenpaar auf seinem Schloß Bagatelle im Bois de Boulogne. Zu Ehren der Gäste wurde ein Konzert gegeben.

In Paris besuchten Paul und Maria zahlreiche Künstlerateliers. Leider sind diese Besuche nur spärlich dokumentiert. Dem Atelier von Claude-Joseph Vernet zum Beispiel erwies das großfürstliche Paar die Ehre. In seinem Auftragsbuch vermerkte der Künstler: „Der Herr Comte du Nord oder Großfürst aller Reußen gab bei seinem Besuche im Juni in Paris vier Gemälde in Auftrag. Die Maße, die Sujets und die Preise der Gemälde überließ er meinem Gutdünken. Als Maße legte ich sechs Fuß in der Breite und viereinhalb Fuß in der Höhe fest. Die Sujets sollen die vier Erdteile oder das Meer und eine Landschaft meiner Wahl sein." Später schrieb er: „Am 20. Oktober 1783 orderte der Fürst Jussupow, der Gesandte am Turiner Hof, im Auftrag des russischen Großfürsten ein Gemälde bei mir. Das Werk soll in der Breite sechs Arschinen und sechs Werschoks, in der Höhe drei Arschinen und 13 Werschoks messen. Sujet soll ein Sturm sein (Kat. 254) ... Der Preis beträgt 15.000 Livre. Es soll bis zum Oktober 1784 fertiggestellt sein." Das Gemälde wurde im Jahre 1785 vollendet und nach Rußland versandt. Über einen Besuch bei Hubert Robert gibt es keine Erkenntnisse, aber es ist sehr wahrscheinlich, daß Paul und Maria den bekannten Maler beehrten und mehrere Gemälde bei ihm in Auftrag gaben. Einige Gemälde von Jean-Baptiste Greuze aus dem ursprünglichen Bestand von Schloß Pawlowsk stammen ebenfalls von dieser Reise. Das Gemälde *Die Witwe und ihr Beichtvater* (*Besuch des Priesters*) wurde bei einem Besuch im Atelier des Künstlers in Auftrag gegeben, im

Kat. Nr. 97
Venus
Statuette
16.-17. Jahrhundert, Kopie eines antiken Originals aus der Römerzeit
Bronze, nur teilweise erhaltener, schwarzer deckender Lacküberzug, an den lackfreien Stellen gelbe Bronze ohne Patina, im oberen Bereich des linken Oberschenkels ein Fleck natürlicher grüner Patina, an Bauch, Haaren, Hals und einigen weiteren Stellen rosafarbene Mastixflecken (Ölfarbe?)
Höhe: 13,5 cm
Inv. Nr. CCh-835-VIII
Provenienz: Schloß Pawlowsk, ursprünglicher Bestand
Ausstellungen: Erstmalig außerhalb des Schloßpark-Museums Pawlowsk

Es fehlen beide Beine ab den Knien und der rechte Arm ab der Mitte des Oberarms.
Die Statuette verkörpert den Typ der Venus mit dem Apfel, der aus der Römerzeit stammt und aus dem hellenistischen Vorbild der Aphrodite hervorging (1). Vom Motiv her am ähnlichsten ist ihr die Bronzestatuette der Aphrodite in der Walters Art Gallery in Baltimore (2). Der charakteristische Gegenstand bei diesem Statuettentyp ist normalerweise der von Paris als Siegestrophäe überreichte Apfel, den die Schönheitsgöttin, wie auch die Pawlowsker Venus, in der linken Hand hält (3). Bei einigen Wiederholungen des Motivs hat sich dieses Attribut jedoch verändert. So ähnelt es bei der Statuette in Baltimore eher einem Ei als einem Apfel, und bei einer Statuette aus Seine-Maritime, die der Pawlowsker Venus von der Komposition her auch sehr ähnlich ist, gleicht es einem Parfumflakon (4). Die Frisur der Pawlowsker Statuette mit der großen Schleife und den zwei auf die Schultern herabhängenden Haarsträhnen ist typisch für die Aphroditefigur der hellenistischen Zeit und ähnelt stark der Frisur einer hellenistischen Statuette in der Walters Art Gallery (5). Das Fehlen von Korrosionsspuren am Metall, die Oberflächenbeschaffenheit und die Ausarbeitung der Details lassen darauf schließen, daß diese Pawlowsker Venus eine neuere Kopie oder die Nachahmung eines antiken Vorbilds ist und höchstwahrscheinlich im 16. Jahrhundert entstand. *Je. K.*

(1) Picard, Ch. *Manuel d'archéologie grecque.* Paris 1935-1936, Bd. III, S. 613, Fig. 263
(2) Hill, D. K. *Catalogue of Classical Bronze Sculpture in the Walters Art Gallery.* Baltimore 1949, Nr. 21, Tafel 40, S. 96
(3) Babelon, E. et Blanchet, J.-A. *Catalogue des bronzes antiques de la Bibliothèque Nationale.* Paris 1895, S. 106ff., Nr. 248, 249
(4) Esperandieu, E. et Rolland, H. *Bronzes antiques de la Seine-Maritime.* Paris 1959, Nr. 36, Tafel XIII, S. 34
(5) Hill, D. K. *Catalogue of Classical Bronze Sculpture in the Walters Art Gallery.* Baltimore, 1949, Nr. 197, Tafel 40, S. 90

Kat. Nr. 98
Merkur
Statuette
16.-17. Jahrhundert
Bronze, überzogen mit deckendem schwarzen Lack, an vielen
Stellen abgeblättert, an den lackfreien Stellen gelbe Bronze
ohne Patina oder ein dünner, grüner Oxidbelag
Höhe: 14 cm
Inv. Nr. CCh-832-VIII
Provenienz: Schloß Pawlowsk, ursprünglicher Bestand
Ausstellungen: Erstmalig außerhalb des Schloßpark-Museums
Pawlowsk

Der Typus der antiken Merkurstatuette mit dem Geldbeutel in
der Hand und dem über die linke Schulter und den Unterarm
gelegten Umhängetuch ist relativ verbreitet, dennoch gibt es keine exakten Analogien zur Pawlowsker Statuette. Von der Komposition her am ähnlichsten ist die Statuette Nr. 22 aus der Cook-Sammlung (1), die kleiner ist und das eine auf der Fußspitze ruhende Bein leicht angewinkelt zeigt. In der Komposition ähnlich sind außerdem kleine Statuetten aus dem Schloßmuseum in Montbéliard (2) und dem Calvet-Museum in Avignon (3). Eine ähnliche Beinstellung mit beiden Füßen vollständig auf dem Boden weist die Merkurstatuette Nr. 18 aus der Cook-Sammlung (4) auf. Die Pawlowsker Statuette hat eine ganze Reihe von Eigenschaften, die gegen ihren Ursprung in der Antike sprechen. So weist das Metall keinerlei Beschädigungen oder Korrosionsspuren auf, die deckende schwarze Lackschicht löst sich leicht von der Oberfläche ab, der Gesichtsausdruck der Figur ist für antike Werke untypisch, und in ihrer linken Hand fehlt die Öffnung für den Caduceus. Dazu kommen die seltsame Form des Geldbeutels und die große blütenförmige Fibel, für die es in antiken Bronzearbeiten keinerlei Entsprechung gibt.
Sowohl in der Oberflächen- und Lackbeschaffenheit als auch im Stil insgesamt (Kopfform, Haare, besonders Augen und Mund) hat diese Merkurstatuette viele Gemeinsamkeiten mit der Venus-Statuette (Inv. Nr. CCh-835-VIII), und es ist durchaus wahrscheinlich, daß sie aus der selben Künstlerwerkstatt stammen. *Je. K.*

(1) Smith, C. H. and Hutton, C. A. *Catalogue of the Antiquities in the Collection of the Late Wyndham Francis Cook.* London 1908, Tafel XXVII, Nr. 22, S. 106, Höhe: 6,4 cm
(2) Le Louarn, Vivian *Musée du Château.* Archeologie fiche 2.9, inr. 991.10.3, Höhe: 8 cm
(3) Rolland H. *Bronzes antiques de la Haute-Provence.* Paris 1965, Nr. 36, Höhe: 8,9 cm
(4) Smith, C. H. and Hutton, C. A. *Catalogue of the Antiquities in the Collection of the Late Wyndham Francis Cook.* London 1908, Tafel XXVII, Nr. 21, S. 105

Jahr 1786 vollendet und nach Pawlowsk gesandt. Im Jahre 1934 wurde es für die Sammlung der Staatlichen Eremitage konfisziert.
Beim Besuch in der berühmten Gobelinmanufaktur wurden die russischen Gäste im Namen des französischen Königs mit Geschenken überhäuft: mit Gobelins und Erzeugnissen aus der Manufaktur Savonerie. In einer auf des Königs Geheiß zusammengestellten Geschenkliste waren unter anderem aufgeführt: vier Gobelins aus der Serie *Säle des Vatikans* nach Kartons von Fresken Raffaels, vier Gobelins aus der Serie *Neuindien* nach Kartons von Alexandre-François Desportes, vier Gobelins aus der Serie *Geschichte des Don Quichotte* nach Kartons von Charles Coypel, vier Gobelins *Pastorales* nach Kartons von François Boucher (Kat. 186, 187), vier Gobelins *Götterporträts* (Abb. S. 321, 325), gewebte Porträts von Heinrich IV. und Sully, außerdem verschiedene Erzeugnisse aus der Manufaktur Savonerie. Ein Teil dieser Geschenke wurde bis 1789 in Magazinen des Kamennoostrowski-Palastes aufbewahrt, dann nach Pawlowsk gebracht und für die Einrichtung der Säle des Schlosses verwendet.
Nicht weniger bedeutsam war der Besuch in der Porzellanmanufaktur von Sèvres. Die Toilettengarnitur (Kat. 87–89), die man Maria Fjodorowna zum Geschenk machte, ist ein Meisterwerk der Manufaktur. Zu den Geschenken zählten außerdem zwei riesige Porzellanvasen mit Bronzerahmen. Reliefs mit den Sujets *Triumph des Apollo* und *Triumph des Bacchus* schmückten die Vasen, von denen jede einzelne 12 000 Livre kostete.

Außer den schon genannten Geschenken wurden den Gästen weitere Vasen, Tassen mit Untertassen (Kat. 90, 91), Tête-à-têtes, bemalte Porzellantafeln und Figuren aus Biskuitporzellan (Kat. 22, 23) überreicht. Zusätzlich kaufte das Großfürstenpaar Porzellan für über 300 000 Livre. Auch drei Mitglieder der großfürstlichen Suite wurden beschenkt. Kurakin erhielt ein achtteiliges Tête-à-tête, ebenso die Baronesse Benckendorff, ein weiteres Mitglied der Suite erhielt ein sechsteiliges Tête-à-tête. Die Porzellangeschenke wurden im August nach Rouen geschickt und von dort mit einem Schiff der königlichen Flotte nach St. Petersburg transportiert.
In Paris tätigten der Comte und die Comtesse du Nord auch umfangreiche Möbelkäufe in den Ateliers von Henri Jacob (Kat. 184, 188-191), Martin Carlin (diese Gegenstände wurden in den zwanziger Jahren über das sogenannte Antiquariat verkauft und befinden sich heute im Metropolitan Museum und in privaten Sammlungen) und Weissweiler. Die Einkäufe des Großfürstenpaares wurden im Gebäude der Russischen Botschaft in Paris auf zwei Etagen dem Publikum zur Schau gestellt. Jeder Gegenstand war mit einem Preisetikett versehen, damit jeder sehen konnte, welch horrende Summen die russischen Reisenden in Paris ausgaben.

Ausführliche Erinnerungen an die Ereignisse der Reise in Frankreich hinterließ uns die Baronin von Oberkirch, die von Kindesbeinen an eng mit Maria Fjodorowna befreundet war und das Großfürstenpaar in Frankreich begleitete.[19] An ihrem Lebensabend schrieb sie ihre Memoiren, die ein lebendiges Licht auf die Ereignisse von damals werfen, aber auch einige Fehler und Ungereimtheiten enthalten. In diesen Memoiren berichtet die Baronin zum Beispiel von einer kleinen Episode, die sich in Paris zutrug. Der Comte du Nord hatte mit einem Ohr mitbekommen, wie jemand in einer nahen Menschenmenge die Bemerkung fallen ließ, er sei nicht schön. Daraufhin wandte er sich sogleich an seinen Begleiter Fürst Barjatinski und erklärte, wenn man den Franzosen schon große Liebenswürdigkeit nachsage, so könne man ihnen auch keinen Mangel an Offenherzigkeit vorwerfen.
Von Paris reisten Großfürst Paul und Maria Fjodorowna über Orleans, Tour und Angers nach Brest. Zu jener Zeit war Brest einer der wichtigsten Kriegshäfen Frankreichs. Hier verbrachten die Reisenden zwei Tage mit der Besichtigung der Flotte und anderer Einrichtungen der Marine. Schließlich war Großfürst Paul der General-Admiral der russischen Flotte. Danach brachen sie nach Flandern auf. Sie besuchten die Städte Ostende, Gent, Brüssel, Antwerpen, Amsterdam und Saardam.
In den Niederlanden regierte die Schwester der Königin von Frankreich, die Erzherzogin Marie Christine von Österreich, mit ihrem Gatten Herzog Albrecht von Sachsen-Teschen.
Der Comte und die Comtesse du Nord sollten über Dünkirchen und Furnes in die Niederlande reisen. Die Erzherzogin und der Herzog fuhren zum Empfang der Gäste nach Ostende hinüber. Begleitet wurden sie von Graf von Starhemberg, dem bevollmächtigten Minister des Kaisers. In Ostende gab es nur zwei standesgemäße Hotels: La Conciergerie de la Maison de ville und La Cour impériale. Man reservierte sie beide für die russischen Gäste und ihre Suite. Da es in Ostende kein gutes Trinkwasser gab, schaffte man es aus einem andern Ort herbei. Für alle Stadtverwaltungen entlang der Reiseroute wurden zusätzliche Pferde beschafft. Die Stadtoberen von Furnes ließen sogar eigens die Wege ausbessern, die der großfürstliche Reisetroß zu benutzen geruhte. Für die Fahrt durch Frankreich wurden übrigens 500 Pferde gebraucht. Am Tag der Ankunft in Paris, dem 18. Mai, wurden die Wege für andere Reisende gesperrt.
Am 8. Juli 1782 überquerten der Comte und die Comtesse du Nord die niederländische Grenze. In Furnes empfing sie der Graf von Starhemberg. Gegen Abend kamen sie im Hotel in Ostende an. Am 9. Juli statteten sie dem Herzog einen Besuch ab. Danach begaben sich alle zusammen zu einer Aussichtsplattform, von der aus man einen guten Ausblick aufs Meer, auf den Hafen und auf den Leuchtturm hatte. Außerdem ließ sich von hier aus beobachten, wie

Kat. Nr. 99
Tanzender Lar
Statuette
Provinzialrömische Arbeit, 3. Jahrhundert n. Chr.
Vollguß, Bronze, mit natürlicher schwarzer Patina, stellenweise mit grünlichem Farbstich
Höhe: 8,1 cm
Inv. Nr. CCh-836-VIII
Provenienz: Schloß Pawlowsk, ursprünglicher Bestand
Ausstellungen: Erstmalig außerhalb des Schloßpark-Museums Pawlowsk

Es fehlt die rechte Hand mit den darin befindlichen Gegenständen. Der rechte Unterarm ist verbogen.
Von der Körperhaltung und vom Kleidungstyp her hat dieser Lar große Ähnlichkeit mit einer Statuette aus der Sammlung Pierre Colombe in Sisteron (1). Diese jedoch ist qualitativ höher zu bewerten und unterscheidet sich auch in der stilistischen Ausführung der Figur und der Kleidung. Anhand des Lar aus der Sammlung Colombe lassen sich die fehlenden Teile der Pawlowsker Statuette rekonstruieren. In der linken Hand hält er wie diese eine Schale (Patera), in der erhobenen Rechten ein Trinkhorn (Riton). Die Pawlowsker Statuette zeichnet sich durch die besonders komplexe Positionierung der Figur im Raum aus. Durch die starke Kopfdrehung in Richtung der erhobenen Hand und den ausgeprägten Faltenwurf des Gewands wirkt die Tanzbewegung der Larfigur sehr dynamisch. Dabei sind die Formen von Körper und Kleidung harmonisch aufeinander abgestimmt. Zum selben Typus wie die Statuette aus der Sammlung Colombe kann man auch eine Larfigur aus Herculaneum (2) und eine des Museums in Montbéliard (3) zählen. Letztere wurde bei Ausgrabungen in Mandeure, nicht weit von Montbéliard, gefunden. Dieser Umstand sowie die Ähnlichkeit einer ganzen Reihe von Werken der Pawlowsker Skulpturensammlung mit gallisch-römischen Bronzen legen die Vermutung nahe, daß diese Sammlung oder zumindest ein großer Teil davon dem russischen Thronfolger und seiner Gattin zum Geschenk gemacht wurden, als diese 1782 Montbéliard und Étupes besuchten. Dorthin nämlich brachte man damals die archäologischen Fundstücke, die 1781 bei der Ausgrabung eines römischen Tempels in Mandeure zutage gefördert wurden. Veranlaßt hatte diese Ausgrabungen Herzog Karl Eugen von Württemberg, der Onkel von Maria Fjodorowna (4). *Je. K.*

(1) Rolland, H. *Bronzes antiques de la Haute-Provence.* Paris 1965, Nr. 128, S. 80
(2) Roux, H. et Barre, L. *Herculanum et Pompei. I-VIII.* Paris 1837-40, VI, 102,2
(3) Lebel, P. *Catalogue des Collections archéologiques du Montbéliard. III. Les Bronzes figurés.* Paris 1962, Nr. 15, S. 19-20, Tafel XVII-XIX
(4) Bouchey, A.-E. *Recherches historiques sur la ville, la principauté, la République de Mandeure.* Besançon 1862, Bd. I, S. 107f.

Kat. Nr. 100
Hubert Robert
1733 Paris – 1808 Paris
Der Apollo-Saal im Louvre
Öl auf Leinwand
65,5 x 81 cm
Inv. Nr. CCh-1780-III, Gegenstück zu CCh-1781-III (Kat. 96)
Provenienz: Schloß Pawlowsk, erworben von Maria Fjodorowna vor 1806
Ausstellungen: *Gjuber Rober i architekturnyj pejzaž vtoroj poloviny XVIII veka.* Leningrad 1984; *Legacy of a Czar and Czarina.* Miami, New York 1995-1996; *Les Grands Peintres Européens dans les Musées Russes. Collections des Palais Impériaux de Peterhof, de Pavlovsk et du Musée de Pskov.* Montbéliard 1997; *Dominique-Vivant Denon. L'Oeil de Napoléon.* Paris 1999-2000

Das Bild stellt den Apollo-Saal im Louvre dar, wie er um das Jahr 1800 tatsächlich aussah. Am 29. Juli 1798 waren kostbare Kriegstrophäen – Meisterwerke der antiken Kunst – von Italien nach Paris gebracht worden. Um diese in geeigneter Weise ausstellen zu können, mußten die Säle der ersten Etage des Louvre zunächst umgestaltet werden. An diesem Umbau beteiligte sich Hubert Robert unmittelbar, war er doch Mitglied des Kuratorenrates im Louvre. Man ordnete die Räumlichkeiten so an, daß die wertvollsten antiken Statuen, der *Apollo von Belvedere* und die *Laokoon-Gruppe*, am besten zur Wirkung kamen. Die Plazierung der Statuen in den auf den Gemälden dargestellten Sälen (s. u. *Laokoon-Saal im Louvre*) entspricht den Gegebenheiten im Louvre in den Jahren 1802-1805. Da sich das Gemälde bereits 1806 in Schloß Pawlowsk befand, muß es gleich nach seiner Fertigstellung erworben worden sein. *N. S.*

an der Erweiterung der Hafenanlagen gearbeitet wurde. Später setzte der Troß seinen Weg in Booten zu den Schlickener Schleusen fort. Dort warteten bereits Schiffe für die Weiterfahrt nach Gent. Nach der Ankunft in der flandrischen Hauptstadt stand ein Theaterbesuch auf dem Programm. Am nächsten Tag besichtigten sie die Kathedrale und die Besserungsanstalt. Schon nach dem Diner ging es weiter nach Brüssel. Zwar hatte man für die Gäste Gemächer im Palast vorbereitet, Großfürst Paul und Maria Fjodorowna nahmen solche Einladungen aber in keinem Land an, und so wählten sie als Residenz das Hotel Belle-Vue. Dort wurden sie einige Stunden später vom Herzog und der Erzherzogin abgeholt. Gemeinsam fuhr man ins Theater. Hier hatte sich bereits eine zahlreiche Gesellschaft eingefunden und begrüßte die hohen Gäste mit anhaltendem Applaus.

Am 11. Juli besichtigten Paul und Maria die Brüsseler Münze und ließen sich ausführlich die Technologie der Münzprägung erklären. Man führte sie dann zu einer Prägemaschine, und der Chefgraveur Theodor van Berkel prägte vor ihren Augen eine Medaille, die eigens zu ihren Ehren entworfen worden war. Nach dieser Demonstration entspannten sich Paul und Maria bei einer Kutschfahrt auf der Grünen Allee (Alée Verte), die damals die beliebteste Spaziermeile der Brüsseler war. Am Abend standen ein Empfang, ein Ball und ein Souper im Palast auf dem Programm.

Während des Aufenthalts in Brüssel äußerte Großfürst Paul den Wunsch, einer Sitzung der Kaiserlich-königlichen Akademie der Wissenschaften und Literatur beizuwohnen, die zehn Jahre zuvor gegründet worden war. Obwohl man die Akademiker bereits in die Sommerferien entlassen hatte, wurde eigens eine Sondersitzung einberufen. Die Sitzung fand im Akademiegebäude statt, wo sich auch die königliche Bibliothek befand, die Maria Theresia zum Wohle der Allgemeinheit eröffnet hatte. Das Gebäude wurde noch im 18. Jahrhundert zerstört.

Am 13. Juli brachen der Comte und die Comtesse du Nord zusammen mit ihren Gastgebern nach Antwerpen auf. Dort besichtigten sie den Hafen, die Stadt selbst mit ihren vielen Kirchen, besuchten die Akademie für Malerei und private Künstlerversammlungen. Am 14. Juli verabschiedeten sie sich von ihren zuvorkommenden Gastgebern und brachen nach Holland auf. Dort fuhren sie zunächst nach Saardam, wo Zar Peter der Große im Jahre 1697 seine Kenntnisse im Schiffbau erweitert hatte. Sie besichtigten zwei Hellinge, in denen er gearbeitet, und das Haus, in dem er gewohnt hatte. Ihr Weg führte sie dann weiter über Maastricht nach Spa.

Dort hatte Peter der Große im Jahre 1717 das Wasser der Geronster Quelle gekostet, woran eine Gedenktafel vor Ort erinnerte.

Nach dem Aufenthalt in Holland reiste das Großfürstenpaar über Düsseldorf und Frankfurt in die Heimat von Maria Fjodorowna, zur Sommerresidenz ihrer Eltern in Étupes, nicht weit von Montbéliard. Der Bau des kleinen Schlosses in Étupes war im Jahre 1770 nach Plänen eines Stuttgarter Architekten unter der Aufsicht von George-Louis Morel durchgeführt worden. Der Platz für das Schloß war gut gewählt: Es lag direkt auf dem Weg von Montbéliard nach Basel. Im Zuge der Französischen Revolution wurde das Schloß jedoch auf Beschluß des Konvents als „Symbol von Tyrannei und Despotismus" zerstört.

Maria Fjodorowna hatte ihre Eltern über sechs Jahre nicht mehr gesehen, nachdem sie ihre Heimat in Richtung Rußland verlassen hatte. Um so mehr war es für sie ein großartiges und bewegendes Erlebnis, nach so langer Zeit als Gattin des russischen Thronfolgers in ihre Heimat zurückzukehren. Sicherlich war es für das Großfürstenpaar ein ganz eigenartiges Gefühl, in die heimelige Atmosphäre dieses kleinen, nicht besonders reichen Fürstentums einzutauchen, das familiäre Gemütlichkeit ausstrahlte. Umgekehrt kann man sich vorstellen, welch unglaubliche Sensation der Besuch solch hochstehender Gäste für das kleine deutsche Fürstentum bedeutete. Alle waren von Stolz und Freude erfüllt, angefangen von den Eltern Maria Fjodorownas bis hin zu den einfachen Leuten. Großfürst Paul schrieb an Graf N. P. Woronzow: „Bereits seit sechs Tagen leben wir im Familienkreis. Für mich ist das ein ganz neues Gefühl und um so angenehmer, als es von Herzen kommt und nicht vom Verstand." Aus allen Ecken Europas reisten zahlreiche Verwandte von Maria Fjodorowna nach Étupes und hatten es gar nicht leicht, eine standesgemäße Unterkunft in dem kleinen Örtchen zu finden. Zu Ehren der hochgeschätzten Gäste wurde erneut ein Reigen von Festlichkeiten inszeniert. Am 18. August besuchten Paul und Maria Montbéliard. Ihr Troß bestand aus 17 Kutschen, vor die jeweils zwölf Pferde gespannt waren. Unter dem Donner von Kanonensalven, die auf Geheiß des Magistrats abgefeuert wurden, fuhr die Wagenkolonne in die Stadt ein. Der Comte und die Comtesse du Nord durchquerten das St.-Pierre-Tor, das wie ein Triumphbogen dekoriert war. Rechts vom Tor stand eine Statue, die den Frieden symbolisierte. Ihr Sockel trug die Aufschrift: „Vergebens verbergt Ihr Eure edle Größe unter solch unbekanntem Namen." Der Sockel einer weiteren Figur links vom Tor, die die Beständigkeit verkörperte, trug die Aufschrift: „Selbst durch dichte Wolken hindurch spüren wir die Präsenz der Sonne, wissen um ihre Wohltätigkeit und danken für ihre Macht." Gekrönt war die Tordekoration vom russischen Wappen, das von einer Minerva- und einer Mars-Figur gehalten wurde. Auf den Sockeln der Figuren stand sinngemäß: „Ihr seid die gütigste Thronerbin des grenzenlosen Imperiums. Ganz Europa ist von Euch entzückt. Ihr herrscht in allen Herzen." An den Innenseiten war das Tor mit den Initialen von Paul und Maria versehen. Das Gebäude der Bürgermeisterei war mit

Kat. Nr. 101
Merkur
Statuette
Nach einer gallisch-römischen Arbeit aus dem 2.-3. Jahrhundert n. Chr.
Bronze, mit natürlicher dunkeloliver, stellenweise schwarzer Patina, die Resten von Harzlack ähnelt, Oberfläche gut erhalten, wenig korrodiert
Höhe: 13,3 cm
Inv. Nr. CCh-833-VIII
Provenienz: Schloß Pawlowsk, ursprünglicher Bestand
Ausstellungen: Erstmalig außerhalb des Schloßpark-Museums Pawlowsk

Es fehlen der Caduceus in der linken Hand, der Zeigefinger der linken Hand und die Inkrustation der Augen, die mit einem anderen Material gearbeitet war.
Außergewöhnliche Ähnlichkeit mit der Pawlowsker Merkurstatuette hat eine Bronze im Calvet-Museum in Avignon (1), die etwas größer und qualitativ besser gearbeitet ist. Bei der Avignoner Statuette fehlen die Unterschenkel, die rechte Hand und ein großer Teil der Hutflügel. Dennoch lassen die verbleibenden Teile den Schluß zu, daß die Komposition der beiden Statuetten völlig identisch ist, so genau stimmen Gestalt und Proportionen, die besondere Modellierung der Muskulatur, der Kopftyp und die Vertiefungen für die Inkrustation der Augen überein. Aufgrund der typologischen und stilistischen Ähnlichkeit kann man beide Werke demselben Kunstzentrum zuschreiben. Die in Orange gefundene Avignoner Statuette wird als gallisch-römische Arbeit eingeordnet. Es gibt viele prinzipiell ähnliche Merkurstatuetten, die den römischen Gott mit dem Geldbeutel in der Hand des angewinkelten rechten Arms und mit dem Umhängetuch über der linken Schulter darstellen (2). Eine nahezu übereinstimmende Modellierung der Muskulatur ist bei einer Merkurstatuette der Eremitage festzustellen (3). Sehr ähnlich ist auch eine fast vollständig erhaltene Statuette der Cook-Sammlung, die als „römische Kopie eines Originals von Polyklet" eingeordnet wird (4). Sie ist beinahe gleich groß wie die Pawlowsker Statuette (Höhe: 12,5 cm) und fast identisch in der Gesamtkomposition, unterscheidet sich allerdings durch die feinere Modellierung des Körpers und durch die bessere Ausführung. Die Pawlowsker Statuette, die aus der Cook-Sammlung und die mit der Nr. 39 bezeichnete Statuette aus Avignon (1) können als Wiederholungen (und nicht als Varianten) eines Typs klassifiziert werden. Allerdings ist aufgrund der geringen Qualität der Arbeit, der Form des Huts und des korrosionsfreien Zustands des Metalls davon auszugehen, daß es sich bei dem Pawlowsker Exemplar um eine Kopie aus der Neuzeit handelt. *Je. K.*

(1) Rolland, H. *Bronzes antiques de la Haute-Provence*. Paris 1965, Nr. 39, S. 45
(2) Rolland, H. *Bronzes antiques de la Haute-Provence*. Paris 1965, Nr. 42, 46-48
(3) *Antičnaja chudožestvennaja bronza*. Ausst.-Kat. Staatliche Eremitage, Leningrad 1973, Nr. 204, S. 87
(4) Smith, C. H. and Hutton, C. A. *Catalogue of the Antiquities in the Collection of Wyndham Francis Cook*. London 1908, S. 106

Kat. Nr. 102
Kinderbüste
Büste
Römische Arbeit
Vollguß, Bronze, mit natürlicher schwarzer, ins Dunkelgrün übergehender Patina
Höhe: 7 cm
Inv. Nr. CCh-820-VIII
Provenienz: Schloß Pawlowsk, ursprünglicher Bestand
Ausstellungen: Erstmalig außerhalb des Schloßpark-Museums Pawlowsk

Der Typ des Werks, die Beschaffenheit der Formen, das Aussehen der Patina und die präzise Ausarbeitung kleiner Formen (Augen, Lippen, Haarlocken) lassen auf den antiken Ursprung der Büste schließen. Sie war offensichtlich als dekorative Beigabe zu einem anderen Gegenstand gedacht, das zeigt der glatte Schnitt auf der Rückseite der Büste. *Je. K.*

Kat. Nr. 103
Frauenbüste
Statuette
Arbeit aus der Römerzeit, Syrien, 2. Jahrhundert n. Chr. (1)
Vollguß, Bronze, mit natürlicher schwarzer, ins Grüne übergehender Patina, Oberfläche korrodiert
Höhe: 4 cm
Inv. Nr. CCh-839-VIII
Provenienz: Schloß Pawlowsk, ursprünglicher Bestand
Ausstellungen: Erstmalig außerhalb des Schloßpark-Museums Pawlowsk

Die fest am Metall haftende Patina und die präzise Ausarbeitung der Details (Augen, Lippen, Nase) sprechen für einen antiken Ursprung der Frauenbüste. Es wurden allerdings keine vom Typ her besonders ähnlichen Büsten gefunden. Der glatte Schnitt auf der Rückseite läßt darauf schließen, daß die Büste möglicherweise als dekorative Beigabe zu einem größeren Gegenstand verwendet wurde. *Je. K.*

(1) Datierung durch N. Guljajewa, Staatliche Eremitage St. Petersburg

zahlreichen Laternen geschmückt. Oben am Haus hatte man ein großes gerahmtes Bild mit den Wappen von Württemberg und Rußland angebracht. Am Balkon waren auf einer Tafel wiederum die Monogramme des Großfürstenpaares sowie ein Text folgenden Inhalts zu lesen: „Von oben bestimmt soll dieser vortreffliche Bund ein vollendetes Modell von Ehe und Liebe auf Erden sein." Auch die Stadtbewohner hatten ihre Häuser festlich geschmückt. Auf dem ganzen Weg durch die Stadt wurde der Troß der edlen Gäste von einer begeisterten Menschenmenge umdrängt. Die Leute winkten, stießen Jubelschreie aus, rannten hinter den Kutschen her. Gegen zwei Uhr nachmittags traf die feierliche Prozession am Bürgermeisterhaus ein, wo sie der komplette Magistrat und der Bürgermeister bereits erwarteten. Der Bürgermeister hielt eine Begrüßungs- und Dankesrede, Herzog Friedrich Eugen verlas eine Grußadresse an Ihre Hoheiten im Namen der Einwohner Montbéliards. Danach begaben sich der Comte und die Comtesse du Nord sowie alle Prinzen und Prinzessinnen in ihrer Begleitung in die „Kammer der Edlen" im Rathaus, wo sie die großartigen Möbel bestaunten, die der bekannte Schreiner David Roentgen aus Neuwied angefertigt hatte. Der Vater von Maria Fjodorowna arrangierte zu Ehren der Gäste im Rathaus einen großen Empfang, an dem seine Gattin, seine acht Söhne und drei Töchter, der Großfürst von Holstein-Gottorp und andere Ehrengäste teilnahmen.

Gegen zehn Uhr abends machten sich die Gäste auf den Rückweg nach Étupes, durchquerten wiederum das nun festlich und bunt illuminierte St.-Pierre-Tor. Die Stadtbewohner setzten die Feierlichkeiten bis tief in die Nacht hinein fort. Über diesen Besuch in Montbéliard schrieb die Baronin von Oberkirch in ihren Memoiren: „Mir wurde das Privilegium zuteil, sie zu begleiten ... Im Rathaus fand eine prunkvolle Zeremonie zu ihren Ehren statt ... Das Rathaus war großartig geschmückt wie auch alle anderen Gebäude der Stadt und die Bürgerhäuser ... Ich kann gar nicht in Worte fassen, welchen Stolz und welche Freude die Stadtbewohner empfanden beim Anblick einer Tochter Montbéliards, die eine so vornehme und vorteilhafte Ehe geschlossen hatte."[20]

Am 26. August nahmen Paul und Maria an einem Gottesdienst in der Kirche St. Martin teil. Danach führte man speziell für die Gäste drei Theaterstücke mit Laiendarstellern auf. Am 29. August fand ein großes Fest in Étupes statt. Eigens für diesen Anlaß hatte man in einem nahegelegenen Wald unweit einer Brücke einen Holzpavillon errichtet, in dem ein Ball gegeben wurde. Die Brücke, über die der Weg zum Pavillon führte, war mit zwei Reihen bunter Laternen festlich geschmückt. Der Pavillon selbst mit dem umliegenden Garten nannte sich „Unerfüllbarer Traum". Zu diesem Ball waren die vornehmsten Einwohner der Stadt geladen. Der Magistrat entsandte eine Abteilung der Kavallerie, um den Zugang zum Pavillon zu sichern.

Am Morgen des 1. September schließlich verabschiedeten sich Großfürst Paul und Maria Fjodorowna unter größtem Bedauern von ihren Verwandten und traten den Rückweg an. Während des Aufenthalts in Montbéliard spendeten Paul und Maria dem örtlichen Hospital 2400 Livre, einem Waisenhaus 1200 Livre. Die Kavalleristen, die sie die ganze Zeit über begleitet und für ihre Sicherheit gesorgt hatten, bedachten sie ebenfalls mit 2400 Livre. Der Major der Kavallerie Dupuis erhielt eine goldene Tabakdose im Wert von etwa 800 Livre, über eine weitere Tabakdose im Wert von etwas 600 Livre durfte sich der Infanteriekapitän Vernet freuen.
Von Montbéliard führte die Reise über Straßburg und Karlsruhe nach Stuttgart, die Hauptstadt des Herzogtums Württemberg. Dort wurde das Großfürstenpaar von Herzog Karl Eugen, dem Onkel von Maria Fjodorowna empfangen. Nach einer Woche Aufenthalt in Stuttgart reisten sie wieder nach Wien, wo sie noch zwei weitere Wochen verbrachten, bevor sie über Krakau, Grodno und Riga nach St. Petersburg zurückkehrten.

Die Bedeutung der Reise für Großfürst Paul und Maria Fjodorowna kann gar nicht hoch genug eingeschätzt werden. Sie gab ihnen die Gelegenheit, die verschiedenen Herrscherhöfe Europas mit ihren jeweiligen politischen Besonderheiten mit eigenen Augen zu sehen und Vergleiche mit Rußland zu ziehen. Im Umgang mit verschiedensten Herrscherfamilien, hohen Beamten, Militärs, Wissenschaftlern und anderen Persönlichkeiten des öffentlichen Lebens konnten sie ihren intellektuellen Horizont erheblich erweitern. N. A. Sablukow gab in seinen Memoiren zur Bedeutung der Reise für Großfürst Paul eine unserer Meinung nach glänzende Einschätzung: „In Wien, Neapel und Paris nahm Paul Petrowitsch die höchst aristokratischen Ideen und Geschmäcker in sich auf, die sich in der Folge als so unvereinbar mit dem Zeitgeist erweisen sollten und die ihn zu extremen Maßnahmen veranlaßten in dem Bemühen, die Sitten und Gebräuche der alten Ordnung zu erhalten, während die französische Revolution sie alle vom Antlitz Europas tilgte. Aber wie verheerend auch immer sich diese Einflüsse auf die sensible, leicht entflammbare Seele von Paul Petrowitsch ausgewirkt haben mögen, der Schaden, den sie anrichteten, ist nichts in Vergleich zu dem, den in Berlin die preußische Disziplin, militärische Haltung, Uniformen, Tschakos und so weiter auslösten, mit einem Wort alles, was an Friedrich erinnerte in der Kleidung, im Gang, in der Art, auf dem Pferd zu sitzen. Potsdam, Sanssouci und Berlin verfolgten ihn wie ein Alptraum. Zum Glück für Paul Petrowitsch und seine Heimat ließ er sich nicht von der seelenlosen Philosophie und der hartnäckigen Gottlosigkeit Friedrichs anstecken."
Man hätte erwarten können, daß sich das Verhältnis zwischen Katharina II., ihrem Sohn und seiner Gattin durch deren lange Abwesenheit vom Hof infolge der Reise verbessern würde, wenigstens für die erste Zeit danach. Dem aber war nicht so. Der bruchstückhaft

Kat. Nr. 104
Lar
Statuette
Provinzialrömische Arbeit, 2.-3. Jahrhundert n. Chr.
Vollguß, Bronze, mit natürlicher dunkelbrauner Patina
Höhe: 7,6 cm
Inv. Nr. CCh-837-VIII
Provenienz: Schloß Pawlowsk, ursprünglicher Bestand
Ausstellungen: Erstmalig außerhalb des Schloßpark-Museums Pawlowsk

Die beschädigte Statuette stellt einen Lar compitalis in einer ruhigen Tanzpose dar. In der rechten Hand hielt der Lar sicher eine Schale (Patera), in der erhobenen Linken ein Trinkhorn (Riton). Er trägt die für diesen Figurentyp übliche kurze Tunika. An den Füßen trägt er Sandalen. Seine Haare sind an Hinterkopf und Scheitel nach beiden Seiten glattgekämmt, dadurch verläuft in der Mitte ein deutlicher Scheitel. Seitlich sind die Haare in Locken gelegt, wodurch eine Art Kranz um den Kopf entsteht. Die Locken über der Stirn sind mit einem Band zusammengebunden und sehen aus wie kleine Flügelchen.
In Motiv, Gesamtkomposition, Körperhaltung und Kleidungstyp gleicht dieser Lar jenem aus dem Museum in Rabat (Marokko), allerdings in spiegelbildlicher Ausführung. Die Frisur der marrokanischen Statuette ist lediglich am Hinterkopf etwas anders. Die marokkanische Statuette ist qualitativ wesentlich höher einzuschätzen. Bei ihr sind die nackten Körperpartien realistisch modelliert, und die Kleidung mit dem komplizierten Faltenwurf wirkt natürlicher. Beide Statuetten stellen aber den gleichen Gottheitstypus dar, den Lar compitalis (Gott der Scheidewege), der im römischen Reich ziemlich verbreitet war. *Je. K.*

Kat. Nr.105
Attis
Statuette
16.-17. Jahrhundert, Nachahmung oder Kopie eines Werks der römischen Epoche
Bronze, mit schwarzem deckendem Lack überzogen, der an vielen Stellen abgerieben ist, dunkelbraune natürliche Patina
Höhe: 15,5 cm
Inv. Nr. CCh-834-VIII
Provenienz: Schloß Pawlowsk, ursprünglicher Bestand
Ausstellungen: Erstmalig außerhalb des Schloßpark-Museums Pawlowsk

Der rechte Arm der Statuette fehlt vollständig. Die völlig korrosionsfreie Oberfläche, der Überzug aus schwarzem deckendem Lack und der Gesamtcharakter der Details lassen darauf schließen, daß das Werk in der Neuzeit, wahrscheinlich in der Renaissance entstand. Dem Überrest des Armansatzes nach zu schließen, war der jetzt fehlende rechte Arm ursprünglich seitlich nach oben gestreckt, was an die typische Pose bei Statuen römischer Feldherren erinnert. Dieser Statuentyp beeinflußte möglicherweise die Form der Statuetten in den von Rom beherrschten Ostprovinzen, in denen der Attiskult verbreitet war. *Je. K.*

Kat. Nr. 107
Maus
Statuette
Römische Arbeit aus dem 1.-2. Jahrhundert n. Chr.
Vollguß, Bronze, mit natürlicher grau-grüner, heller Patina
Höhe: 2,5 cm
Inv. Nr. CCh-826-VIII
Provenienz: Schloß Pawlowsk, ursprünglicher Bestand
Ausstellungen: Erstmalig außerhalb des Schloßpark-Museums Pawlowsk

Eine für die römische Kunst typische Darstellung dieses Tieres. Solche Figuren könnten als kleine Gewichte oder als eine Art Amulett zum Schutz der Getreidespeicher vor Mäusen gedient haben. Auf einer der Mäusefiguren in der Eremitage findet sich die eingravierte Inschrift: „den untergeordneten Göttern geweiht" (1). *Je. K.*

(1) *Antičnaja chudožestvennaja bronza*. Ausst.-Kat. Staatliche Eremitage, Leningrad 1973, Nr. 227, S. 93

Kat. Nr. 106
Knabe
Statuette
Werk aus der Zeit des Hellenismus (2. Jahrhundert v. Chr.), Alexandrinische Schule (1)
Vollguß, Bronze, mit natürlicher schwarzer Patina, stellenweise mit grünlichem Farbstich, Oberfläche korrodiert
Höhe: 10 cm
Inv. Nr. CCh-818-VIII
Provenienz: Schloß Pawlowsk, ursprünglicher Bestand
Ausstellungen: Erstmalig außerhalb des Schloßpark-Museums Pawlowsk

Die Oberflächenbeschaffenheit, die dichte natürliche Patina, eine stellenweise starke Korrosion des Metalls und die starke Hervorhebung kleiner Formen (Augen, Mund, Haare), außerdem der Typus der Knabenfigur lassen auf eine antike Arbeit schließen. Analoge Werke sind nicht bekannt. *Je. K.*

(1) Datierung durch N. Guljajewa, Staatliche Eremitage St. Petersburg

erhaltene Briefwechsel zwischen Katharina II., Paul und Maria zeichnet zwar ein ideales Bild vom Verhältnis einer liebenden Mutter zu ihren diese Liebe erwidernden Kindern, aber dieses idealisierte Bild entsprang bestenfalls einem von der Trennung begünstigten Wunschdenken. Sobald sie sich nach der Reise wiedersahen, stellte sich die gegenseitige Feindseligkeit sofort und sogar noch schlimmer wieder ein. Großfürst Paul und Maria Fjodorowna kamen am 20. November 1782 nach St. Petersburg zurück. Der Empfang durch die Zarin fand noch am selben Tag statt, dauerte aber nur wenige Minuten und hatte rein familiären Charakter. Von einem festlichen Empfang aus Anlaß ihrer Rückkehr konnte überhaupt keine Rede sein. Immerhin verlieh die Zarin ihrem Sohn an diesem Tag den Orden des Heiligen Wladimir, den sie während seiner Abwesenheit gegründet hatte. Am Tag nach der Rückkehr wurde am Hof der Zarin ein Ball gegeben aus Anlaß ihrer Genesung nach einer Blatternimpfung. An diesem Ball nahmen Paul und Maria teil. Allerdings wurden sie um das Vergnügen gebracht, zu diesem Ball in den neuen modischen Kleidern zu erscheinen, die sie von ihrer Reise mitgebracht hatten. Denn kurz vor ihrer Ankunft hatte Katharina II. ein Dekret über die Kleiderordnung bei Hofe erlassen, das besonders prunkvolle Kleidung und modische Neuerungen verbot.

D ie Zarin hatte einigen Grund, mit den Ergebnissen der Reise unzufrieden zu sein. Vor allem hatte sie ihr wichtigstes politisches Ziel verfehlt: Großfürst Paul hatte keinerlei Sympathien für Österreich entwickelt und verehrte Friedrich den Großen nach wie vor wie einen Abgott. Die von Katharina II. für die Reise bereitgestellten gewaltigen Geldsummen hatte das Großfürstenpaar aufgebraucht. Darüber hinaus hatten die Reisenden aber noch horrende Schulden gemacht, die sie der Zarin nicht über längere Zeit verheimlichen konnten. Zur Vergiftung der Atmosphäre trugen auch Gerüchte bei, Katharina II. wolle Großfürst Paul zugunsten seines Sohnes Alexanders von der Thronfolge ausschließen. All dies führte dazu, daß sich das Großfürstenpaar mit seinem kleinen Hof immer mehr zurückzog. Im Europa jener Zeit entwickelten sich neue kulturelle Strömungen in der Kunst, in Wissenschaft und Technik, im Lebensstil. All diese neuen Tendenzen nahmen der Comte und die Comtesse du Nord während ihrer Reise in sich auf. Dadurch veränderten sich ihre Gewohnheiten, ihr Weltbild und ihre Wahrnehmung der Verhältnisse in Rußland. Auch im Umfeld des Großfürstenpaares veränderten sich unter dem Eindruck der Reise Geschmack und Lebensstil. So bildete sich eine kulturhistorische Erscheinung heraus, die man als „Kultur des Kleinen Hofes" bezeichnen könnte.
Ein wichtiger Aspekt der Reise von Großfürst Paul und Maria Fjodorowna sind zweifellos die immensen Kunstschätze, die sie unterwegs erwarben oder die ihnen zum Geschenk gemacht wurden. Ein Großteil kam bei der Einrichtung von Schloß Pawlowsk zum Einsatz. Die reichen Schloßsammlungen, seien es die Skulpturen, Möbel, Bronzen, das Porzellan, die Grafik oder die Malerei, sind nicht zuletzt der Reise des Großfürstenpaares durch Europa zu verdanken.

Kat. Nr. 108
Kopf eines Opferpriesters
Statuette
Möglicherweise eine spätrömische Arbeit vom Ende des 3. oder aus dem 4. Jahrhundert
Vollguß, Bronze, mit Spuren einer schwarzen Patina (oder Lackspuren), auf einer kleineren Fläche mit grell-grüner Patina, größtenteils freiliegende reine Bronze in ihrer natürlichen Farbe
Höhe: 7 cm
Inv. Nr. CCh-847-VIII
Provenienz: Schloß Pawlowsk, seit 1956
Ausstellungen: Erstmalig außerhalb des Schloßpark-Museums Pawlowsk

Die Oberfläche des Werks weist an vielen Stellen Beschädigungen auf. Auf der Kopfoberseite ist ein Loch, aller Wahrscheinlichkeit nach war an dieser Stelle ursprünglich eine Öse angebracht. Die Iris der Augen war vermutlich inkrustiert. Solche Köpfe, nicht selten Porträts, dienten in der Römerzeit als Gewichte. Um sie aufhängen zu können, wurde oben am Kopf eine Öse befestigt. In der Staatlichen Eremitage befinden sich mehr als zehn solcher Gegenstände, die sich allerdings vom Stil und von der Qualität der Arbeit her stark vom hier vorgestellten unterscheiden. Eine ähnliche glatte Haube, die eng am Kopf anliegt und mit einem Band Kinn und Ohren überspannt, findet sich auf dem Porträtkopf eines Opferpriesters im British Museum in London. Dieser ist aber realistischer geformt. Man geht davon aus, daß der Londoner Porträtkopf Teil einer Statue ist, und datiert ihn auf Ende des 3. Jahrhunderts n. Chr. Der antike Ursprung dieser Pawlowsker Bronze muß zumindest bezweifelt werden, da sie keine ausgeprägte antike Patina aufweist und vergleichbare Werke stilistisch stark von ihr abweichen. *Je. K.*

SCHLOSS PAWLOWSK – ARCHITEKTUR 1777-1822

PAWLOWSK UND SEINE ARCHITEKTEN

Alexej N. Gusanow

Schloß Pawlowsk ist mit seinem 600 Hektar großen Landschaftspark, seinen Pavillons und den anderen Parkbauten eines der herausragenden Denkmäler der russischen Kultur des späten 18. und frühen 19. Jahrhunderts. Vor allem begeistert hier das einheitliche Gesamtkonzept. Alles ist von einem Gedanken getragen, alles hat seinen eigenen, unverwechselbaren Charakter. Architektur, Interieurs, Grünanlagen und Wasserflächen bilden ein harmonisches Ganzes und zeugen somit von der künstlerischen Vision ihres Schöpfers. Baukunst und Naturlandschaft vereinigen sich zu einem Ensemble. M. W. Alpatow, Mitglied der Akademie der Wissenschaften, hat die Bedeutung von Schloß Pawlowsk so formuliert: „In ihrer künstlerischen Ausdruckskraft stehen Camerons Bauten in Pawlowsk historisch in einer Reihe mit den Kirchen des Moskauer Kreml ... oder den von Rastrelli und Rossi erbauten Schlössern. Und in demselben Maße, wie der Kreml die Zeit symbolisiert, als das Moskauer Reich vereinigt wurde, kennzeichnen sie die russische Nationalkultur des ausgehenden 18. Jahrhunderts."[1]

Pawlowsk ist ein Musterbeispiel für einen klassizistischen, auf den Traditionen der Antike und Renaissance fußenden Baustil und ist in Struktur und Wesen dem russischen Adelsgut ähnlich. Als einzigartiges, höchst individuelles Ensemble ist es doch auch geprägt von den allgemeinen Tendenzen in der Architekturtheorie des 18. Jahrhunderts. Mit G. Loukomski ließen sich hier insbesondere Analogien zur englischen Architektur dieser Periode aufweisen.[2]

Kat. Nr. 109
Autor unbekannt
Denkmal der Gründung von Pawlowsk, 20er Jahre des 19. Jahrhunderts
Pinsel, Aquarell, Gouache
34 x 26 cm
Inv. Nr. R-11

Dieser Obelisk entstand 1782 nach dem Entwurf von Charles Cameron und wurde am Ufer des Marienthaler Teichs aufgestellt. Auf einer gußeisernen Tafel ist zu lesen: „Pawlowsk Beginn der Bauarbeiten 1777". O. L.

Kat. Nr. 110
Karl Ferdinand von Kügelgen
1772 Bacharach am Rhein – 1832 nahe Reval
Ansicht von Pawlowsk, Anfang des 19. Jahrhunderts
Öl auf Leinwand
80 x 107,5 cm
Inv. Nr. CCh-1755-III
Provenienz: Aus der Sammlung Schloß Gatschina, nach 1945 in Pawlowsk
Ausstellungen: *Cathérine II lectrice de Jean-Jacques Rousseau.* Montmorency 1998-1999; *Hubert Robert (1733-1808) et Saint-Petersbourg.* Ville de Valence 1999; *Splendore della Corte degli Zar.* Turin, Rom 1999

Das Gemälde zeigt Schloß Pawlowsk von der Seite des Flusses Slawjanka. Durch den Damm bildet die Slawjanka an dieser Stelle einen kleinen See. Schloß Pawlowsk wurde 1782-85 nach einem Entwurf von Charles Cameron anstelle des früheren, kleineren Schlosses Paullust errichtet. Nach Cameron arbeiteten auch die Architekten Vincenzo Brenna, Andrej Woronichin und Carlo Rossi in Schloß Pawlowsk. Karl Ferdinand von Kügelgen absolvierte seine Ausbildung in Frankfurt am Main und Würzburg. Von 1791-96 setzte er seine Studien in Rom fort, wo er den Stil Jacob Philipp Hackerts annahm – des modischsten Landschaftsmalers im letzten Viertel des 18. Jahrhunderts. Später arbeitete von Kügelgen in Berlin, München, Wien und im Baltikum. Im Winter 1798/99 kam er zusammen mit seinem Bruder, dem Porträtisten Franz Gerhard von Kügelgen, der ebenfalls am Hofe Pauls I. arbeitete, nach St. Petersburg. *N. S.*

Abbildung folgende Seite: Die Parkansicht des Schlosses vom Ufer der Slawjanka aus gesehen. Der Mitteltrakt des Schlosses ist ohne wesentliche Veränderungen so erhalten geblieben wie er von seinem ersten Architekten Charles Cameron in den 80er Jahren des 18. Jahrhunderts geplant und ausgeführt worden ist. Die italienischen und englischen Villen im Stile Andrea Palladios werden als Vorbilder bei dieser Ansicht besonders deutlich.

Kat. Nr. 111
Charles Cameron
1743 London – 1812 Sankt Petersburg
Tempel der Freundschaft, Fassade, 1782
Feder, Pinsel, Tusche, Aquarell
42 x 60,3 cm
Maßstabsangabe in Arschinen, Sashenen und Fuß (1 Arschin = 0,71 m, 1 Sashen = 2,13 m, 1 Fuß = 30,48 cm)
Auf dem Gefäß im Bild rechts: *cameron*
Inv. Nr. Č-42
Provenienz: Schloß Pawlowsk

Kat. Nr. 112
Charles Cameron
Tempel der Freundschaft, Schnitt
Feder, Pinsel, Tusche, Aquarell
62,3 x 92 cm
Maßstabsangabe in Sashenen und Fuß (1 Sashen = 2,13 m, 1 Fuß = 30,48 cm)
Unter der Abbildung rechts: *c...eron*
Inv. Nr. Č-43
Provenienz: Schloß Pawlowsk

Der Tempel der Freundschaft ist einer der ersten Pavillons, die im Schloßpark von Pawlowsk nach Camerons Plänen entstanden. Gewidmet war er Katharina II., worauf ein Standbild der Zarin in Gestalt der Minerva im Innenraum sowie der Schriftzug „In Liebe, Verehrung und Dankbarkeit" über dem Eingang hinwiesen. *O. L.*

S einen besonderen, ja einzigartigen Charakter verdankt Pawlowsk zum einen dem konzentrierten Zusammenwirken talentierter Künstler, Architekten und Meister, zum anderen jenem besonderen Stilgefühl der Hausherren, das sowohl dem Geschmack der Zeit als auch den allgemeinen ästhetisch-philosophischen Tendenzen der Epoche entsprach, schließlich dem Umstand, daß praktisch alle Bauarbeiten und Veränderungen unter einem Eigentümer – der Hausherrin Maria Fjodorowna – sowie im Rahmen einer Stilepoche – der des russischen Klassizismus – durchgeführt wurden. Für den Frühklassizismus stehen dabei Charles Cameron und Vincenzo Brenna, seine Blütezeit ist mit Giacomo Quarenghi und Andrej Woronichin vertreten, den Abschluß dieser Periode bildet schließlich Carlo Rossi. Das Grundkonzept der gesamten Anlage stammt jedoch eindeutig von Cameron. Seine neoklassizistischen Ideale waren jener Bezugspunkt, um den sich alle folgenden Entwicklungen in Pawlowsk drehen sollten. „Cameron beschränkte seine Vorstellungen von der Antike nicht nur auf das Schloß. Auch der Park, der es umgab, sollte von der Inspiration, den Erinnerungen und wieder erwachten Vorbildern des Altertums durchdrungen sein."[3] Dieses schöpferische Credo Camerons wird verständlich, wenn man bedenkt, daß er Künstler wie Hubert Robert, Giovanni Battista Piranesi, Charles-Louis Clérisseau und Johann Jakob Winkelmann kannte. Auch Andrea Palladio, Robert Adam und Sir William Chambers übten wesentlichen Einfluß auf Camerons Werk aus.

Gegen Ende des 18. Jahrhunderts war die Klassik in Rußland bereits in alle Bereiche der Kunst vorgedrungen. Gefördert von Katharina II., fanden sich antike Motive in einer Vielzahl architektonischer und künstlerischer Werke. Die Zarin selbst ließ damals eine Reihe bemerkenswerter Bauwerke in und um Sankt Petersburg, in Moskau und dem gesamten Reich errichten, ja sie ließ sogar ganze Städte planen. Zur Ausführung der entsprechenden Bauarbeiten lud sie die besten Architekten aus dem In- und Ausland ein, und auch Charles Cameron kam so an den russischen Hof.

Camerons Leben war geheimnisvoll, romantisch und tragisch zugleich. Bis heute ist die Biographie des Architekten umstrittener Gegenstand der Forschung geblieben, in gewisser Weise bezeichnend für das 18. Jahrhundert mit seinen Intrigen und Aventüren, seinen obskuren Abenteuern und Mystifikationen. In einer ersten Version – einer Monographie mit dem Titel *Charles Cameron* – beschrieb W. N. Taleporowski das Leben des Architekten als das eines Aristokraten.[4] Die britische Wissenschaftlerin Isobel Ray fand Anfang der 70er Jahre anhand neu entdeckter Archivdokumente heraus, daß Camerons Vater Walter zur Gilde der Möbelschreiner gehörte.[5] Schließlich untersuchte auch der Moskauer Forscher Dmitri Schwidkowski in einer ganzen Reihe von Arbeiten Leben und Werk des Schotten. In mühevoller Kleinarbeit hat er in dem Buch *The Empress & the Architect. British Architecture and Gardens at the Court of Catherine the Great* Camerons Lebensgeschichte zu-

Kat. Nr. 113
Karl Ferdinand von Kügelgen
1772 Bacharach am Rhein – 1832 nahe Reval
Aussicht in Pawlowsk mit Tempel der Freundschaft, Anfang des 19. Jahrhunderts
Öl auf Leinwand
78 x 107 cm
Inv. Nr. CCh-3757-III
Provenienz: Aus der Tretjakow-Galerie in Moskau, seit 1967 in Pawlowsk
Ausstellungen: *Cathérine II lectrice de Jean-Jacques Rousseau.* Montmorency 1998-1999

Der Tempel der Freundschaft, erbaut nach einem Entwurf von Charles Cameron in den Jahren 1780-82, ist im Flußtal, an einer Biegung der Slawjanka gelegen. An der Grundsteinlegung des Tempels nahm Kaiser Joseph II. von Habsburg teil, der Rußland im Jahre 1780 unter dem Pseudonym Graf Falkenstein bereiste. Der Tempel der Freundschaft hat die Form einer geschlossenen Rotunde und ist von einer dorischen Kolonnade umgeben. Die Außenwände sind mit runden Basreliefs, mit Motiven der Liebe und der Freundschaft verziert, der Fries mit Kränzen und Delphinfiguren – ebenfalls Symbole der Freundschaft. Das Innere der Rotunde wird durch ein rundes Oberlicht in der Kuppel erhellt. In die Wände sind Nischen gesetzt, in einer von ihnen, gegenüber dem Eingang, stand früher eine Gipsstatue Katharinas II. in Gestalt der Minerva. Über dem Eingang war mit goldenen Lettern die Inschrift „In Liebe, Verehrung und Dankbarkeit" angebracht – zweifellos eine Widmung des großfürstlichen Paares an die Mutter und Schwiegermutter Katharina II. *N. S.*

Abbildung folgende Seite: Vorderansicht des Schlosses mit Ehrenhof. Der Grundstein für das Gebäude wurde am 25. Mai 1782 in Abwesenheit der künftigen Schloßherren Paul und Maria Fjodorowna gelegt, weil diese ihre Grand Tour nach Westeuropa angetreten hatten. Die Bauarbeiten gingen schnell voran: Im Herbst 1782 waren nicht nur der Mitteltrakt, sondern auch die Seitenflügel (ohne die Geschosse im ersten Stock über den Kolonnaden) fertig.

Kat. Nr. 114
Gabriel Ludwig Lory (Vater)
1763 Bern – 1840 Bern
Mathias Gabriel Lory (Sohn)
1784 Bern – 1846 Bern
Blick auf das Schloß und die Allee von Pawlowsk, 1805
Radierung, Aquarell
Links unten auf dem Bild: *Lory 1805*
Unter dem Bild: *Vue du Palais, Jardin et Allées de Paflowski, prise pres du Theatre à la Gauche. Entrepries aux fraix de Jean Walser, Negoziani de la première Classe à Moscou publié en 1799 avec Privilège de Sa Majesté Impériale Paul Premier – Empereur de toutes les Russies.*
Inv. Nr. CCh-6268-VI
Provenienz: Schloß Pawlowsk, bis 1968 Staatliches Historisches Museum

Von besonderem Interesse ist die Darstellung des Theaters aus Holz, das 1795 nach einem Entwurf von Brenna gebaut wurde. Gabriel Ludwig und Mathias Gabriel Lory waren Landschafts- und Aquarellmaler sowie Graphiker. In den 80er Jahren des 18. Jahrhunderts veröffentlichte der Vater eine Reihe von Ansichten der Schweiz. In gemeinsamer Arbeit mit seinem Sohn und Schüler entstand von 1797 bis 1805 im Auftrag des Kaufmanns Walser eine Reihe von Ansichten Moskaus und Petersburgs, teils nach eigenen Zeichnungen, teils nach Arbeiten anderer Künstler. Es handelt sich dabei um Radierungen von großer Seltenheit, da sie fast alle nach Moskau geschickt wurden, wo sie dem großen Brand von 1812 zum Opfer fielen. Ihre Arbeiten signierten Vater und Sohn mit „Lory". O. L.

Abbildung folgende Doppelseite: Das Ägyptische Vestibül im Erdgeschoß wurde 1785-1786 nach Entwürfen von Charles Cameron gestaltet. 1803 vernichtete der Schloßbrand seine Arbeit. 1804 ersetzte man die verbrannten Statuen durch neue, von M. Alexandrow angefertigte Skulpturen, die sich an die römisch-ägyptischen Darstellungen des Osiris und der Isis anlehnen. Die zwölf Medaillons in Gips von Prokofjew symbolisieren die zwölf Monate, beginnend mit dem Januar rechts vom Treppenbogen. Die illusionistische Deckenmalerei mit Motiven der vier Jahreszeiten stellte Carlo Scotti nach 1803 wieder her. Zehn der zwölf Statuen und alle Tierkreiszeichen sind bis heute im Original erhalten.

sammengesetzt.[6] Insgesamt ergibt sich in etwa folgendes Bild: Charles Cameron kam 1745 in London zur Welt, studierte ausgiebig und hartnäckig die Geschichte der Architektur, darunter vor allem die antiken Denkmäler in Rom, die er sogar vermaß. Er nahm an der Ausgrabung der Titusthermen unter Lord Burlington teil, in deren Folge er in London 1772 das Buch *Thermen der Römer* veröffentlichen sollte.[7] Dieser Aufenthalt in Italien übte nachhaltigen Einfluß auf Camerons eigene künstlerische Handschrift aus. In London entstanden erste Arbeiten: Entwürfe von Häusern, die sein Vater, selbst Bauunternehmer, in Auftrag nahm. Als Katharina II. 1779 Cameron nach Petersburg holte, plante sie, in ihrer Sommerresidenz Zarskoje Selo einen Bäderkomplex nach dem Muster altrömischer Thermen einzurichten, ein Gedanke, den sie schon seit vielen Jahren verfolgte. So schrieb sie 1773 an Étienne Falconet in Paris: „Ich bin in der Lage, eine solche griechisch-römische Rhapsodie in meinem Park in Zarskoje Selo errichten zu lassen. Sie soll nur nicht zu umfangreich werden."[8] Auf Vermittlung Falconets fertigte der damals bereits berühmte Architekt Charles-Louis Clérisseau einen grandiosen Entwurf mit Themen der Antike an, der in vierzig Kisten nach Petersburg ging. Doch das Modell gefiel der Auftraggeberin nicht, einmal aufgrund seiner Größe, zum anderen wegen der enorm hohen Kosten. So erhielt schließlich Cameron den Auftrag, die Vision der Zarin Wirklichkeit werden zu lassen. Sowohl seine Persönlichkeit als auch seine Arbeiten fanden bei Katharina Gefallen. In einem Brief an den bekannten französischen Kritiker Friedrich Melchior Grimm schrieb sie: „... derzeit erfreut mich ein gewisser Mister Cameron, Architekt, Schotte von Herkunft, seinen Überzeugungen und seiner Natur nach Jakobit ... er hat in Rom die Antike studiert, lange Zeit dort gelebt ..."[9] Cameron wurde nun in Zarskoje Selo nicht nur mit dem Entwurf der Bäder, sondern auch mit der Neuausstattung einiger Räume des Schlosses betraut.

Im Herbst 1781 begann Cameron mit der Planung eines Parkschlosses in Pawlowsk für den Thronfolger Großfürst Paul. Zur selben Zeit traten dieser und seine Gattin, die Großfürstin Maria Fjodorowna, unter dem Pseudonym Comte und Comtesse du Nord eine Europareise an. Auf der langen Reise korrespondierten die zukünftigen Hausherren beständig mit dem Schloßverwalter Karl Küchelbecker, besorgt um die Geschäfte ihres geliebten Landsitzes sowie den Fortgang der Planungen und Bauarbeiten des Schlosses. Über Küchelbecker ließen sie auch Cameron ihre Anweisungen zukommen. In einem Brief vom 23. November 1781 schreibt Küchelbecker an Maria Fjodorowna: „Herr Cameron beschwert sich ohnehin über die Vielzahl von Geschäften, mit denen er überhäuft wird, ich bin also schon froh, wenn ich alle Zeichnungen für das neue Gebäude bekomme. Ich werde ihm einstweilen nichts von der Voliere sagen, um ihn nicht abzulenken. Er war heute hier, und ich hoffe, daß er schon bald das Fundament einziehen wird."[10] Die Briefe im Archiv von Pawlowsk geben Aufschluß über die Anfangsphase der Bauarbeiten. Besonders interessant sind da-

Kat. Nr. 115
Gustav Schwarz
um 1800 Berlin – nach 1854
Auftritt Pauls I. in Schloß Pawlowsk, 1848
Öl auf Leinwand
71 x 100 cm
Bez. u. re.: *G. Schwarz 1848*
Inv. Nr. CCh-1933-III
Provenienz: Aus dem Michail-Schloß, seit 1948 in Pawlowsk
Ausstellungen: *Splendore della Corte degli Zar*. Turin, Rom 1999; *Za veru v vernost'. Tri veka Rossijskoj gvardii.* St. Petersburg 2000-2001

Das Gemälde stellt den Auftritt des Zaren Paul I. im Paradevestibül des Schlosses Pawlowsk dar. Die Grenadiere der Leibgarde des Semjonowski-Regiments stehen in vollkommener Regungslosigkeit still und präsentieren das Gewehr. Die Kammerhusaren haben, ebenso wie Hofmohr und Lakai, die obligaten Posen eingenommen.
Gustav Schwarz absolvierte sein Studium an der Preußischen Akademie der Künste in Berlin. Nach 1830 arbeitete er in Rußland (anderen Quellen zufolge nach 1842) – als Schlachtenmaler am Hofe Nikolajs I. Von 1852-54 lebte Gustav Schwarz in Rom.
N. S.

Kat. 115 a
Brief der Großfürstin Maria Fjodorowna mit Beschreibung der ersten Etage des Schlosses Pawlowsk, 1795
Papier, Tinte
23,2 x 18,5 cm
2 Blätter
Inv. Nr. CCh-738-XIII
Provenienz: Schloß Pawlowsk, Historisches Archiv

Im Jahre 1795 wurde der Innenausbau des ersten Stockwerks des Schlosses Pawlowsk abgeschlossen, und die stolze Hausherrin, Großfürstin Maria Fjodorowna, beschreibt ihre Säle in einem Brief an ihre Mutter. Der Brief ist in französischer Sprache abgefaßt und beginnt mit einer Beschreibung des Oberen Vestibüls: „Das obere Vorzimmer ist u. a. mit Trophäen ausgestattet. Davon geht das Dienstzimmer der Zimmermädchen ab. In mein Kabinett gelangt man danach. Seine Wände sind mit einem leichten grünen Behang verziert, es hat einen wunderbaren Sims. An den Wänden sind ausgewählte Bilder von Anton Rafael Mengs, Pompeo Batoni, Paolo Veronese, Rembrandt und anderen Malern angeordnet ..."

Kat. Nr. 116
Charles Cameron (Werkstatt)
Entwurf zur Innenausstattung des Tanzsaals, um 1784
Bleistift, Feder, Pinsel, Tusche, Aquarell
39,1 x 63,6 cm
Maßstabsangabe in Fuß (1 Fuß = 30,48 cm)
Links unter der Abbildung: *gezeichnet von Michail" Rogačev"*
Rechts: *C C*
Inv. Nr. Č-36
Provenienz: Schloß Pawlowsk

Tanzsaal. 1784-1787 nach einem Entwurf von Charles Cameron gestaltet. In diesem Saal wurden kleine Tanzabende veranstaltet. An den Wänden waren Spiegel, kleine gemalte Plafonds und Konsolen mit Kerzen angebracht. 1815 wurden der Tanzsaal in ein Speisezimmer verwandelt, die Spiegel entfernt und durch Roberts Gemälde ersetzt. Nach den Kriegszerstörungen entdeckten die Restauratoren Originalfragmente des von Cameron entworfenen vergoldeten Stuckfrieses, der auf seiner Entwurfszeichnung (Kat. 116, 119) zu sehen ist. Nach diesen Mustern konnte die ursprüngliche Raumdekoration wiederhergestellt werden. Der Kronleuchter wurde 1790 in der Petersburger Werkstatt von Johann Zech gefertigt.

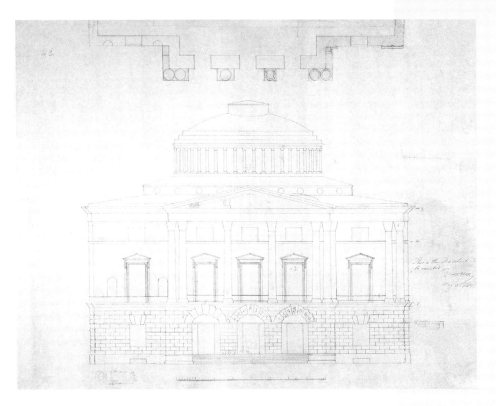

Kat. Nr. 117
Charles Cameron
1743 London – 1812 Sankt Petersburg
Parkfassade des Schlosses, 1789
Bleistift, Feder, Tusche
63 x 81,2 cm
Rechts unten: *This is the side which is to be executed (CAMERON) May 2, 1789.*
Inv. Nr. Č-12
Provenienz: Schloß Pawlowsk, ursprünglicher Bestand

Der Architekt Charles Cameron, ein Anhänger Andrea Palladios und Kenner der antiken Kunst, kam 1779 nach Rußland. Er entwarf ein architektonisches Ensemble in Zarskoje Selo – das Kalte Bad, die Achatzimmer, den Hängenden Garten und die Galerie – sowie das Interieur im Großen Schloß. Ab 1779 übernahm er die architektonische Planung für Schloß Pawlowsk und die dazugehörigen Parkanlagen. Ein großer Teil der Parkpavillons wurde nach seinen Plänen gebaut, er selbst leitete die Bauarbeiten in Pawlowsk bis 1786. Nach dem Tode Katharinas II. im Jahre 1796 wurde er zunächst entlassen, drei Jahre später jedoch erneuerte man den Vertrag mit ihm, worauf er im Park von Pawlowsk noch das Kalte Bad, den Pavillon der Drei Grazien sowie den Elisabeth-Pavillon baute. O. L.

Rückansicht des Schlosses vom Ufer der Slawjanka aus gesehen.

bei jene Briefe, in denen sich Maria Fjodorowna mit der ihr eigenen Beharrlichkeit und beachtlichem ästhetischen Selbstbewußtsein in die Entwürfe des Architekten einmischt und ihm ihre Wünsche diktiert. So heißt es beispielsweise in einem von ihrem Sekretär Baron Heinrich-Ludwig Nicolay in ihrem Namen verfaßten Brief vom 3. März 1782 aus Rom: „Die Großfürstin ist der Meinung, daß die Fassadenfenster mit den kleinen Säulen zur Parkseite hin keinen angenehmen Eindruck machen (Kat. 117). Wir bitten Herrn Cameron, sich für diese Fassade etwas anderes einfallen zu lassen. Senden Sie uns ihre Antwort so bald als möglich, ich werde Ihnen dann den genehmigten Entwurf zurückschicken."[11] Wie aus Küchelbeckers Brief nach Italien vom 20. März hervorgeht, kam Cameron den Wünschen der Auftraggeberin nach: „Herr Cameron zeichnet derzeit die leicht veränderte Fassade des Hauses in Pawlowsk, die ich Euch sogleich zusenden werde. Ich darf um baldige Entscheidung zu seinen Gunsten bitten."[12] Worauf die Großfürstin am 14. April 1782 antwortet: „Ich erwarte mit Ungeduld Herrn Camerons Antwort bezüglich der Gartenfassade, ob er sie nun so läßt wie zuvor oder sie zu ändern wünscht (Abb. S. 169)."[13] Somit änderte Cameron, dem Wunsch Maria Fjodorownas entsprechend, mehrfach seine Entwürfe. Auf ihrer Europareise war diese stets in Gedanken in Pawlowsk, war sie sich doch dessen bewußt, daß sie ihre neue Residenz nicht nur nach ihrem Geschmack einrichten konnte, sondern erstmals das ganze Haus so gestalten konnte, wie es ihr gefiel. Viel von dem, was sie in Europa sah, versuchte sie in Pawlowsk einzubringen. Cameron kam dies gelegen, denn so konnte er den Auslandsaufenthalt der Auftraggeber unmittelbar für die Bestellung kunsthandwerklicher Einrichtungsgegenstände nutzen. So sandte er beispielsweise 1782 eine „Notiz" an seine reisenden Herrschaften, die eine Liste aus 233 anzufertigenden Möbelstücken für die 16 Zimmer des Schlosses enthielt. Ausgehend von diesen Empfehlungen wählten Paul und Maria Fjodorowna selbst die Möbelstücke aus. Am 10. Mai 1782 schreibt Nikolay darüber, bei wem man zugreifen und wo man besser absagen solle: „Ich glaube jedoch, daß der Großfürst keine Gelegenheit auslassen wird. ... Da er nun einmal selbst hier ist, kann er doch auch gleich Möbel und Kommissionäre selbst bestimmen."[14]

Die Grundsteinlegung von Schloß Pawlowsk fand in Abwesenheit der Hausherren statt. Küchelbecker beschreibt dieses Ereignis so: „Am 25. Mai wurde der erste Stein für das neue Haus Ihrer kaiserlichen Hoheit gelegt. Ich hatte es nicht gewagt, jemand anderen einzuladen als Herrn Cameron, der mit einigen Engländern ankam. Zufällig waren auch Oberst Stradman und Leutnant Ulanow anwesend, derselbe, der hier die Ansichten zeichnet. Die Maurer hatten auf eigene Kosten einen Geistlichen aus Slawjanka kommen lassen. Ich habe je-

Kat. Nr. 118
Charles Cameron
1743 London – 1812 Sankt Petersburg
Entwurf zur Innenausstattung des Billardzimmers, Aufriß, 80er Jahre des 18. Jahrhunderts
Bleistift, Feder, Pinsel, Tusche
42 x 60,3 cm
Maßstabsangabe in Sashenen (1 Sashen = 2,13 m)
Ohne Signatur
Inv. Nr. Č-32
Provenienz: Schloß Pawlowsk

Kat. Nr. 119
Charles Cameron
1743 London – 1812 Sankt Petersburg
Musterzeichnung zum Fries des Tanzsaals, 1784
Bleistift, Feder, Pinsel, Tusche, Aquarell
65 x 101,5 cm
In der Mitte des Blatts: *Fries und Gesims im Tanzsaal Ihrer Kaiserlichen Hoheit Schloß*
Links am Rand: *Jul 22.1784*
Rechts unten: *Cameron*
Inv. Nr. Č-38
Provenienz: Schloß Pawlowsk

Die Innenausstattung der im Erdgeschoß liegenden Wohnräume wurde 1785 im wesentlichen abgeschlossen. Ihre Gestaltung entsprach Camerons Plänen. *O. L.*

doch ihre Ausgaben auf mich genommen und ihnen dazu ein wenig Wodka und Kalatschen (Weißbrot) gegeben. Seither arbeiten sie verstärkt an den Fundamenten. Am darauffolgenden Tag, dem 26. Mai, trafen um fünf Uhr nachmittags die Großfürsten mit ihrer Suite ein. Ihre kaiserlichen Hoheiten blieben im Hause, tranken Tee, aßen dazu Erdbeeren, promenierten und wünschten selbst am Hause ihrer lieben *Maman* zu arbeiten. Danach schenkten sie den Maurern je einhundert und den Soldaten der Garde je einen Rubel. Sodann baten die Großfürsten darum, man möge sie ins Haus Seiner kaiserlichen Hoheit des Großfürsten zu den Kanonen führen."[15] Das Bild, das sich aus dieser Korrespondenz über die Planung und den Bau des Schlosses ergibt, ist relativ vollständig. So ist aus den Briefen Küchelbeckers bekannt, daß man im Januar damit begann, das Fundament auszuheben. Anfang März 1782 schrieb er dann: „Es sind bereits gut drei Millionen Ziegel geliefert worden, reichlich Holz für die Zimmerarbeiten und Steinplatten für das Fundament und den Sockel. Dazu habe ich einen Vertrag über eintausenddreihundert Fässer Kalk unterschrieben …".[16] Küchelbecker informierte die Hausherren in seinen Briefen peinlich genau über den Verlauf und das Tempo der Bauarbeiten. Bis zu ihrer Rückkehr von der Reise sollte das Schloß schon bis unter das Dach hochgezogen werden, weshalb relativ viele Bauarbeiter eingestellt wurden. Im Mittelbau hatte man das Fundament und die Kellerräume besonders gründlich behandelt, da das Schloß auf dem Hochufer eines Flusses entstand und seine Konstruktion vor möglichem Absinken sowie Erosion geschützt werden mußte. Die Kellerräume waren daher mit mächtigen Deckengewölben versehen, deren Errichtung viel Zeit erforderte. Trotz guter Arbeitsorganisation und Materialversorgung war man somit bei Winteranfang nicht bis unters Dach gekommen. Der von Cameron entworfene dreigeschossige Mittelbau von Schloß Pawlowsk blieb in der Folgezeit auf der Fassadenseite prak-

Kat. Nr. 120
Charles Cameron (Werkstatt)
Entwurf zum Nördlichen Schloßflügel, 80er Jahre des 18. Jahrhunderts
Bleistift, Feder, Pinsel, Tusche, Aquarell
59,2 x 45,2 cm
Maßstabsangabe in Sashenen (1 Sashen = 2,13 m)
Ohne Signatur
Inv. Nr. Č-17
Provenienz: Schloß Pawlowsk

tisch unverändert. Im Erdgeschoß befanden sich die Wohnräume, im ersten Stock die Paradesäle und im zweiten die Diensträume (Kinderzimmer und Räume für die Erzieher), sogar auf dem Speicher gab es eine Reihe von Zimmern. Eine flache Kuppel mit Oberlicht krönt den Bau, getragen von 64 Säulen dorischer Ordnung. Alle vier Fassaden des Schlosses sind unterschiedlich gestaltet, jede ist als in sich abgeschlossene architektonische Komposition zu verstehen. Das Gebäude ruht auf einem flachen Sockel aus grob behauenem Granit. Auf den ersten Blick fällt dem Betrachter die strenge Einfachheit und herrschaftliche Eleganz der Cameronschen Fassade ins Auge, seine Begabung, die Vielfalt klassischer architektonischer Formen unaufdringlich einzusetzen. Grundprinzip der inneren Struktur des Schlosses ist die etagenweise Organisation, die auf einer funktionalen Wechselbeziehung und Koordination der einzelnen Stockwerke beruht. Diese etagenweise Einteilung des gesamten Mittelbaus dient einerseits der funktionalen Abgrenzung, andererseits werden dabei Interieur und Stockwerk architektonisch und künstlerisch aufeinander bezogen. Für Schloßbauten gibt es dabei eine bestimmte Entwicklung des Raumvolumens vom Haupteingang hin zu den Paradesälen. Cameron hat die zum ersten Stockwerk hinauf führende Paradetreppe in einen relativ kleinen Raum integriert. Sie beginnt im unteren Ägyptischen Vestibül (Abb. S. 162) und endet im Oberen Vestibül (Kat. 115), welches den oberen Treppenabsatz und den darüber befindlichen Raum mit dem geschwungenen Treppenlauf einschließt. Durch diesen originellen Kunstgriff – die Nutzung des Freiraums über der Treppe – verleiht der Architekt dem Oberen Vestibül mehr Volumen und läßt es monumentaler wirken.

Im ersten Stockwerk gruppierte Cameron sämtliche Gemächer des Mittelbaus, den Achsen des rechteckigen Gebäudes folgend, rund um den zentralen Italienischen Saal. Gleichzeitig ist das Schloß von strenger Symmetrie geprägt: Eine durch die Schloßsäle verlaufende Mittelachse teilt das Haus in zwei gleiche Teile und ist zugleich Hauptachse der gesamten Anlage. Auf der einen Seite wird sie von der dreireihigen Lindenallee (Kat. 114) verlängert, während sie auf der anderen in der Apollo-Kolonnade (Kat. 145-148) am jenseitigen Ufer der Slawjanka ihren Abschluß findet. Der Italienische Saal des Schlosses ist dabei nicht nur von zentraler Bedeutung für die Komposition der Anlage, sondern auch wichtigster Ausdruck ihrer künstlerischen Konzeption. In einem ursprünglichen, jedoch nicht realisierten Entwurf hatte Cameron in den Korridoren um den Italienischen Saal herum Nischen mit antiken Statuen vorgesehen. Diese Gänge existieren nach wie vor, doch haben sie keine künstlerische Funktion mehr, da die Nischen, die sie mit dem Italienischen Saal verbanden, noch während des Innenausbaus zugemauert wurden. Nach dem Italienischen Saal folgt der Griechische (Abb. S. 359, 360), dessen Hauptachse im rechten Winkel zur Symmetrieachse des Schlosses verläuft und die Zimmerflucht mit den beiderseits gelegenen Sälen des Krieges und des Friedens beherrscht. Diese drei Säle stehen zueinander in direktem Bezug, was Cameron durch ein geniales architektonisches Detail – die Durchgänge sind einfache Bogenöffnungen ohne Türflügel – unterstreicht. Den Griechischen Saal umgeben sechzehn grüne korinthische Säulen aus Kunstmarmor. Vom Saal des Krieges aus, dessen Dekor von Motiven des Männlichen beherrscht wird, betritt

Kat. Nr. 121
Vincenzo Brenna (Werkstatt)
Plan des unteren Stockwerks des Schlosses, nach 1789
Bleistift, Feder, Tusche
48,2 x 63,2 mm
Maßstabsangabe in Arschinen und Sashenen (1 Arschin = 0,71 m, 1 Sashen = 2,13 m)
Aufschrift: *Plan des unteren Stockwerks des Haupthauses des Schlosses Pavlovsk*
Erklärung links: *Erläuterung der Buchstaben a – Durchgangshalle, b – Vorzimmer, c – Kleine englische Küche, d – Ehemaliges Kabinett des Zaren, e – Familienzimmer, f – Neues Kabinett des Zaren, g – Neues Schlafzimmer des Zaren, h – Zimmer des Kammerdieners;* rechts: *i – Speisesaal, k – Billardzimmer, l – Gästezimmer, m – Spiegelsaal oder Tanzsaal, n – Französisches Zimmer, o – Großes Vestibül und Paradetreppe, p – Kleine Treppe, q – Runder Dunkler Saal.*
Inv. Nr. Č-97
Provenienz: Schloß Pawlowsk

Die von Brenna durchgeführte Planung des Erdgeschosses berührte die ursprünglichen Pläne Camerons kaum. 1784 nach Rußland gekommen, wurde Brenna zunächst Camerons Gehilfe und übernahm ab 1786 die Leitung der Bauarbeiten in Pawlowsk. Zu diesem Zeitpunkt waren das Vestibül und die Wohnräume des Erdgeschosses bereits fertiggestellt, ihre Innenausstattung ist also ganz das Werk Camerons. Erst später, als Paul bereits den Zarenthron bestiegen hatte, wurden im Zuge der Schloßerweiterung zwischen 1797 und 1799 in die Planung des Erdgeschosses geringfügige Änderungen eingebracht. *O. L.*

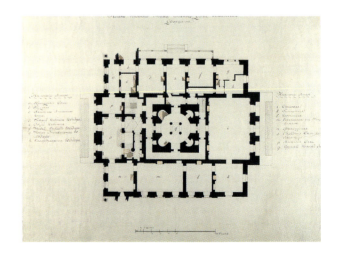

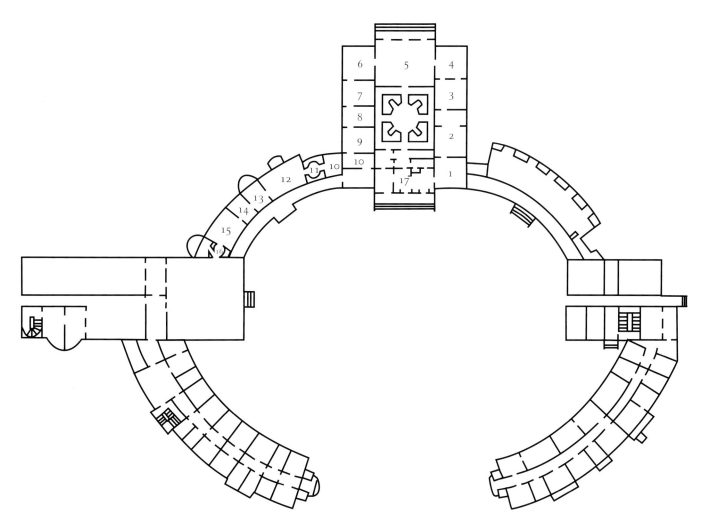

Kat. Nr. 122
Plan des Erdgeschosses Schloß Pawlowsk
heutiger Zustand

1. Französischer Salon
2. Tanzsaal
3. Alter Salon
4. Billardzimmer
5. Speisesaal
6. Eckzimmer
7. Neues Kabinett
8. Familienzimmer
9. Himbeerfarbener Salon
10. Vorzimmer
11. Kammerdiener-Zimmer der Maria Fjodorowna
12. Pilasterkabinett
13. Kabinett *Fonarik*
14. Ankleidezimmer der Maria Fjodorowna
15. Schlafzimmer
16. Zeltkabinett
17. Ägyptisches Vestibül

man Pauls Enfilade, während der Saal des Friedens (Abb. S. 177), das weibliche Prinzip symbolisierend, zu Maria Fjodorownas Gemächern überleitet. Camerons Idee zufolge sollten diese beiden Säle als Paradegästezimmer dienen. Jeder von ihnen wies drei Nischen auf, für die auf Camerons Empfehlung in Henri Jacobs Meisterwerkstatt halbrunde, mit Schnitzereien verzierte und vergoldete Sofas sowie entsprechende Stühle bestellt wurden. Wie Cameron die Säle innen ausgestalten wollte, ist nicht bekannt – ihr heutiges Aussehen erhielten sie 1789 durch Vincenzo Brenna. Während der kurzen Regierungszeit Pauls I. dienten sie als Thronsäle. Sie sind achteckig mit je vier Nischen, von denen jeweils eine von einem monumentalen, mit Stuckdekor verzierten Ofen besetzt ist. Im Saal des Krieges sitzt darauf ein Adler, das Symboltier Jupiters, im Saal des Friedens ein Pfau, der die Göttin Juno, Hüterin der Familie, darstellt. Im Saal des Krieges zeigen die Stuckreliefs römische Waffen auf goldenem Grund, Girlanden aus Lorbeer- und Eichenblättern symbolisieren Macht und Stärke. In den Nischen stehen Büsten römischer Kaiser, flankiert von geschnitzten und vergoldeten Stehleuchten, die als Liktorenbündel mit Schwertern, Schilden und Helmen gestaltet sind. Alles in diesem Saal soll Kraft und Mut des Herrschers zur Geltung bringen. Im Saal des Friedens zeigt das Dekor dagegen landwirtschaftliche Geräte, Musikinstrumente, Füllhörner und ähnliches. In den Lünetten finden sich ebenfalls Basreliefkompositionen aus der griechischen Mythologie. Ursprünglich waren in beiden Sälen Deckengemälde von Johann Jacob Mettenleiter vorhanden, an denen auch Brenna mitgearbeitet hatte. Nach dem Schloßbrand von 1803 brachte Andrej Woronichin, von dem weiter unten die Rede sein wird, an ihrer Stelle ein gebustes Gewölbe mit Stuckrosetten auf vergoldetem Grund an, stellte Löwenfiguren unter die Soffitten und ersetzte das gemalte Dekor der Lünetten durch Stuckreliefs mit Szenen aus dem Trojanischen Krieg.

Im Erdgeschoß des Schlosses sind einige Räume nach Camerons Zeichnungen gestaltet. Der Weiße Speisesaal zum Beispiel, in dem sich die Familie gewöhnlich zum Mittagsmahl einfand. Die in hellem Grün gehaltenen Wände werden hier durch umlaufende korinthische Pilaster strukturiert. Besonders typisch für Cameron ist der Stuckfries mit Akanthusflechtwerk, auf dem sich Figuren geschmeidiger Löwen und verspielter Amoretten mit klassischen Vasen abwechseln. Die Zeichnung des Frieses belegt Camerons Gespür für das Dekorative. Am vollständigsten erhalten ist jedoch Camerons Innenausstattung des Billardzimmers. Auch dieser Raum hat ein gebustes Gewölbe, was die von Taleporowski festgestellte Vorliebe des Architekten für Deckengewölbe sogar in kleinen Räumen belegt.[17] Die Stuckmedaillons in den Ecken des Zimmers zeigen erneut Sujets der antiken Mythologie. Besonders interessant ist hier die Einfarbigkeit der Gestaltung: Es überwiegt Weiß. Bedenkt man, daß sich

Vorderansicht des Schlosses von der Hauptzufahrtsstraße (Große Lindenalle) aus gesehen. Denkmal Pauls I. (1872).

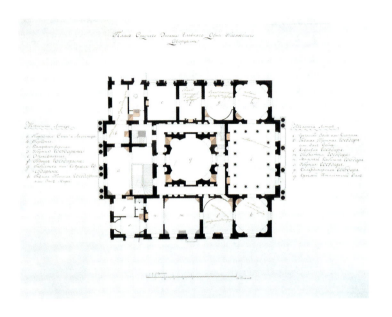

Kat. Nr. 123
Vincenzo Brenna (Werkstatt)
Plan des ersten Obergeschosses des Schlosses, nach 1796
Bleistift, Feder, Tusche
48,2 x 63,2 mm
Maßstabsangabe in Arschinen und Sashenen (1 Arschin = 0,71 m, 1 Sashen = 2,13 m)
Aufschriften, Erklärungen: *A – Großes Vestibül und Paradetreppe, B – Vorzimmer, C – Zimmer der Kammerjungfer, D – Ankleidezimmer der Zarin, G – Bibliothek oder Gobelinzimmer der Zarin, H – Ehemaliger Thronsaal der Zarin oder Friedenssaal, I – Griechischer Saal oder Säulensaal, K – Ehemaliger Thronsaal des Zaren oder Kriegssaal, L – Gobelinzimmer des Zaren, M – Bibliothek des Zaren, N – Kleines Kabinett des Zaren, O – Ankleidezimmer des Zaren, Q – Runder Italienischer Saal.*
In die Zeichnung sind Anmerkungen zum Bezug der Möbel eingetragen. Für das Vorzimmer und das Zimmer der Kammerjungfer lauten sie: *Stoffe zum Tapetenmacher gegeben*, für das Boudoir: *mit weißem Stoff und neuer Bordüre*, für den Italienischen Saal: *mit weißem Stoff und schwarzer Bordüre*. Für den Saal des Krieges und des Friedens sowie den Griechischen Saal sind *neue Stoffe* vorgesehen, für das Gobelinzimmer der Zarin sind *alte Stoffe zum Tapetenmacher gegeben* worden.
Inv. Nr. Č-98
Provenienz: Schloß Pawlowsk

Der Plan zeigt jene Änderungen, die Brenna während der Schloßerweiterung 1797-99 vornahm. Sie betreffen in erster Linie den zentralen Griechischen Saal, das Gobelinzimmer und die Bibliothek Maria Fjodorownas. Außerdem gestaltete Brenna die Zimmer auf Maria Fjodorownas Seite neu: Das Ankleidezimmer und das Kabinett verschwanden, an ihre Stelle trat das sog. Hoffräuleinzimmer. Die Innenausstattung der Räume im zweiten Stockwerk wurde im wesentlichen nach Brennas Skizzen vollzogen. O. L.

das Zimmer auf der lichtarmen Nordseite befindet, so bewirkt diese Monochromie zunächst natürlich mehr Helligkeit, erzeugt aber auch einen Eindruck von Strenge und architektonischer Vollkommenheit. Cameron plante und errichtete den Rohbau des Schlosses und begann mit dem Innenausbau der Wohnräume im Erdgeschoß, doch als Paul 1796 den Zarenthron bestieg, folgte die prompte Entlassung. Offensichtlich war Pauls Entscheidung davon beeinflußt, daß er mit dem Architekten über dessen Arbeit in Pawlowsk zerstritten war und daß dieser in Zarskoje Selo für Pauls Mutter Katharina II. gearbeitet hatte. Mutter und Sohn waren bekanntlich voller Haß aufeinander, was sich unweigerlich auf ihre Umgebung auswirkte. Erst 1800 erhielt Cameron wieder in Pawlowsk Beschäftigung und wurde 1803, bereits unter Alexander I., zum Hauptbaumeister der Admiralität ernannt, doch bewältigte er schon damals die viele Arbeit nur mit Mühe. 1805 bat er um seine Pensionierung und starb 1811 in Sankt Petersburg.

In Pawlowsk entstanden nach seinen Entwürfen noch der Tempel der Freundschaft (1782-1783) (Kat. 111, Abb. S. 213), das Kalte Bad (1799), der Milchhof (1782), die Voliere (1782) (Abb. S. 237), der Pavillon der Drei Grazien (1800-1801) (Abb. S. 234), der Obelisk zur Erinnerung an die Gründung von Pawlowsk (1782) (Abb. S. 258), die Apollo-Kolonnade (1782-1783) (Abb. S. 215-219), die Große Kaskade (1787), der Pavillon Schönes Tal (17??) und einige Brücken.

Charles Cameron hat in Pawlowsk und Zarskoje Selo architektonische Ensembles geschaffen, die in ihrer künstlerischen Ausdruckskraft und Raffinesse in der russischen Baukunst des ausgehenden 18. Jahrhunderts ihresgleichen suchen. In Pawlowsk konnte er sich dabei schöpferisch am stärksten entfalten, im Gegensatz zu Zarskoje Selo, wo er sich mit bereits bestehenden Bauten auseinanderzusetzen hatte. So war er dort etwa gezwungen, seine Thermenanlage in den Gesamtkomplex des Katharinenschlosses einfügen. Als wahrer Meister bewältigte er jedoch auch diese Aufgabe glänzend: Sein Werk fügt sich organisch in das bestehende Ganze ein, obgleich er darin stilistisch völlig neue Wege geht, mit neuen Formen, Proportionen und Regeln arbeitet. Somit sind das Festhalten am eigenen schöpferischen Credo und eine originäre künstlerische Handschrift Aspekte, die für Camerons Werk in Zarskoje Selo und Pawlowsk gleichermaßen gelten. Auf der grünen Wiese in Pawlowsk war er in der glücklichen Lage, auf kreative Weise sein architektonisches Ideal ohne Kompromisse zu verwirklichen. Jedoch standen ihm dort wesentlich weniger Mittel zur Verfügung, was den Höhenflug seiner Phantasie besonders im innenarchitektonischen Bereich etwas bremste.

Nach Pauls Thronbesteigung im Jahr 1796 beschloß man, Schloß Pawlowsk zu erweitern. Die architektonische Leitung wurde Vincenzo Brenna übertragen. Brenna, 1747 in Florenz geboren, studierte Architektur und Kunst in Rom und arbeitete im Atelier des Malers Stefano Pozzi. Nach Abschluß seiner Studien in Paris kehrte er nach Rom zurück, wo er an der Vermessung und Zeichnung der Titusthermen mitarbeitete, die der Kunsthändler Ludovico Mirri veranlaßt hatte. Am Ende hatte Brenna gemeinsam mit dem Polen Franz Smuglevicz sechzig mit Gouache und Aquarell kolorierte Kopien der dortigen Fresken angefertigt, die als Gravüren in einem Album erschienen. 1780 reiste er dank der Protektion durch Graf Stanislaw Kostki Potocki

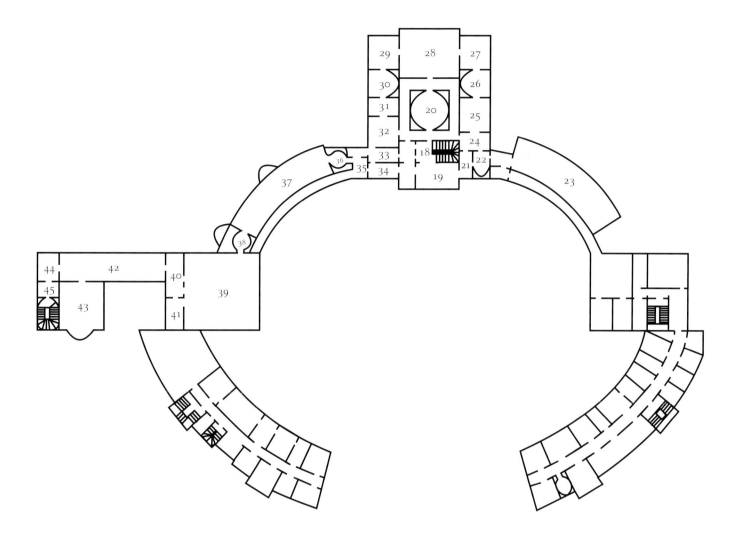

Kat. Nr. 124
Plan des ersten Obergeschosses
heutiger Zustand
18. Paradetreppe
19. Oberes Vestibül
20. Italienischer Saal
21. Kammerdiener-Zimmer Pauls I.
22. Ankleidezimmer Pauls I.
23. Rossi-Bibliothek
24. Kleines Kabinett
25. Bibliothek Pauls I.
26. Gobelinzimmer
27. Saal des Krieges
28. Griechischer Saal
29. Saal des Friedens
30. Bibliothek der Maria Fjodorowna
31. Boudoir der Maria Fjodorowna
32. Paradeschlafzimmer
33. Ankleidezimmer der Maria Fjodorowna
34. Hoffräuleinzimmer
35. Erstes Durchgangskabinett
36. Zweites Durchgangskabinett
37. Gemäldegalerie
38. Drittes Durchgangskabinett
39. Thronsaal
40. Orchesterzimmer
41. Hoffräuleinzimmer
42. Rittersaal
43. Schloßkirche
44. Zimmer der Hofwache
45. Durchgangszimmer

Kat. Nr. 125
Vincenzo Brenna
1747 Florenz – 1818/20 Dresden
Entwurf zur Innenausstattung des Griechischen Saals
Feder, Pinsel, Tusche, Aquarell auf Papier
47,3 x 63,6 cm
Inv. Nr. CCh-3205-XII
Provenienz: Schloß Pawlowsk, ursprünglicher Bestand, bis 1961 Sammlung des Schloßmuseums Ostankino

Die Frage, ob Cameron oder Brenna die Idee hatte, den Griechischen Saal als Säulensaal zu gestalten, ist strittig. In jüngster Zeit hält man jedoch meist Brenna für den eigentlichen Urheber des Griechischen Saals. Er selbst beschrieb ihn einmal in einem Brief an den Grafen Stanislaw Potocki: „Die Säulen aus grünem Marmor, im Durchmesser etwas weniger als eine Elle; die von mir festgelegten Proportionen des Saals; der dekorative Reichtum der Stuckdecken; die Wandverzierungen; die Schönheit und die Ausführung der antiken Ornamente hinter den Säulen und über den Nischen für die Statuen; ganz zu schweigen von der Großartigkeit der Möbel, die eigens nach meinen Zeichnungen angefertigt worden sind – all dies macht diesen Raum zu einem der schönsten in diesem Lande." O. L.

nach Warschau, um für polnische Magnaten zu arbeiten. 1781 schuf er Decken- und Wandgemälde in August Czartoryskis Schloß bei Warschau, auch war er unter anderem auf dem Landsitz des Fürsten Stanislaw Lubomirski tätig.

Es war Graf Potocki, der den Italiener dem großfürstlichen Paar auf deren Europareise ans Herz legte. Daraufhin kam Brenna 1784 nach Rußland und arbeitete zunächst an der Innenausstattung von Pawlowsk mit. Später war er in Gatschina beschäftigt und baute schließlich das bekannte Michail-Schloß in Sankt Petersburg. In Pawlowsk wird nach Brennas Plänen über der Südkolonnade eine Bildergalerie eingerichtet (Abb. S. 114). Die quadratischen Dienstgebäude an den Seiten werden um ein Stockwerk erhöht und um einen weiteren Viertelkreis erweitert, was den Paradehof fast geschlossen erscheinen läßt (Abb. S. 24). Am äußeren Ende des südlichen Trakts baut Brenna eine Galerie (den Rittersaal) (Abb. S. 109) und an diese wiederum eine Kapelle an. Einer Überlieferung zufolge herrschte zu Beginn der Schloßerweiterung – es war noch früh im Jahr – derart beißender Frost, daß man dem Kalkmörtel kräftig Alkohol zugeben mußte.

Von 1800 bis 1801 widmete sich der berühmte Architekt Giacomo Quarenghi der Gestaltung der inneren Gemächer Maria Fjodorownas.[18] Schon 1781 bis 1784 hatte er auf Wunsch der Großfürstin am gegenüberliegenden Ufer der Slawjanka ein Hospital mit einer Kirche gebaut, die nach der heiligen Maria Magdalena benannt wurde. Die Wahl fiel nicht zufällig auf Quarenghi. Großfürst Paul und Maria Fjodorowna hatten schon immer ein intensives Verhältnis zur Kunst gehabt und kannten viele Maler und Architekten persönlich. Auch persönliche Sympathien haben wohl eine nicht geringe Rol-

Griechischer Saal mit Blick in den angrenzenden Saal des Friedens. Die beeindruckende Wirkung dieses Empfangs- und Ballsaals wird durch die umlaufende Kolonnade aus korinthischen Säulen mit grünen Schäften aus Kunstmarmor hervorgerufen. Den Rhythmus der Säulen unterstreichen die Nischen mit Statuen, die Fensteröffnungen und Kamine (Abb. S. 359, 360).

le gespielt. So unterhielt Quarenghi Beziehungen zu Pauls Favoriten Brenna und korrespondierte mit der von Maria Fjodorowna geschätzten Angelika Kauffmann, deren Atelier das großfürstliche Paar auf seiner Europareise sogar besuchte. Johann Friedrich Reiffenstein, Kunstexperte und Kommissionär der Petersburger Akademie der Künste, hatte 1779 beim Vertragsabschluß zwischen Quarenghi und dem russischen Hof vermittelt und stand Paul und Maria Fjodorowna in Rom als Fremdenführer zur Seite. Auch mit dem bekannten Kupferstecher Giovanni Volpato, den die Pawlowsker Schloßherren ebenfalls kannten, stand Quarenghi in brieflichem Kontakt.

Nach Quarenghis Plänen wurden zwei der Wohnräume Maria Fjodorownas im Erdgeschoß ausgestattet: das Pilasterkabinett und das Ankleidezimmer, deren Interieurs sicherlich zu den Meisterwerken dieser Gattung gehören. Quarenghi stand hier vor der Herausforderung, beide Zimmer in die bereits vorgegebene Halbkreisform des Schloßtrakts zu integrieren. Das Pilasterkabinett sollte Maria Fjodorowna als Salon dienen. Es ist der effektvollste Saal, den Quarenghi ausgestattet hat. Korinthische Pilaster sorgen für die rhythmische Gliederung der Wände, deren Verkleidung aus goldgelbem, dem Sieneser Marmor nachempfundenen Kunstmarmor besteht. Die unter dem Gesims umlaufenden, mit patinierter Bronzefarbe bemalten Gipsreliefs sind besonders attraktiv, wobei sich der „antike" Bronzeton im Deckenfresko wiederfindet. Die Gestaltung des Ankleidezimmers ist dagegen eher streng. Auch hier sind die Wände mit Kunstmarmor verkleidet, ein Material, das Quarenghi bei seinen Interieurs häufig verwendete. Die klassischen Türgesimse sind typisch für seine Arbeit, und dieselbe Zeichnung findet sich in dem von ihm erbauten Alexanderpalast in Zarskoje Selo wieder. Auch das Neue Kabinett, das anstelle des gemeinsamen Schlafzimmers entstand, stammt aus Quarenghis Feder.

Im Jahre 1803 kam es zur Katastrophe. Aufgrund defekter Ofenzüge war im Deckengebälk des Mittelbaus ein Feuer ausgebrochen, das den gesamten Trakt schwer beschädigte. Glücklicherweise konnte verhindert werden, daß der Brand auf die Seitenflügel übergriff, ja es gelang sogar, während der drei Tage andauernden Löschaktion wertvolle Einrichtungsgegenstände und künstlerische Elemente des Interieurs aus dem brennenden Schloß zu bergen. Beherztem persönlichen Einsatz und guter Organisation ist es zu verdanken, daß Möbelstücke, Porzellan, Bronze, Gobelins, Teppiche, Skulpturen, ja sogar Öfen, Spiegel, kunstvoll verzierte Türen und andere Gegenstände gerettet werden konnten. Natürlich traf dieses Ereignis die bereits verwitwete Schloßherrin schwer, war das Schloß doch ihr liebstes Kind. So schrieb sie unmittelbar danach an den Diplomaten Graf Woronzow in London: „Obschon mein liebes Pawlowsk seiner Schönheit beraubt ist – mein schönes Heim liegt seit acht Tagen in Schutt und Asche – hege ich doch die Hoffnung, daß Sie kommen werden, um mit der armen Abgebrannten zu trauern. Geschehen ist es letzten Samstag. Ein Balken nahe an einem Ofenrohr war die Ursache des Brandes, der so stark gewütet hat, daß vom Hauptgebäude nur noch die Mauern übrig sind. Zum Glück konnten die Seitenflügel und viele Möbelstücke gerettet werden ... Ich habe damit nun einige Scherereien, Graf, doch läßt sich solcher Schmerz wohl leicht ertragen, vergleicht man ihn mit dem mir zugefügten

Kat. Nr. 126
Vincenzo Brenna
1747 Florenz – 1818/20 Dresden
Türen des Thronsaals, um 1797
Feder, Pinsel, Tusche, Aquarell
63 x 45,4 cm
Maßstabsangabe in Arschinen (1 Arschin = 0,71 m)
Inv. Nr. Č-116
Provenienz: Schloß Pawlowsk

Nachdem Paul 1796 den Thron bestiegen hatte, wurde die neue Zarenresidenz Pawlowsk erweitert. Nach Brennas Plänen wurden dabei im zweiten Stockwerk des halbkreisförmigen südlichen Trakts Paradesäle eingerichtet. Der Thronsaal entstand 1797-99, ebenfalls nach Brennas Plänen. Ursprünglich war er als Speisesaal konzipiert worden, was am Stuckdekor mit seinen vorrangig floralen Motiven und der Symbolik des Überflusses zu erkennen ist. Nach seiner Fertigstellung wurde er jedoch als Thronsaal genutzt.

Vincenzo Brenna wurde in Florenz geboren, er studierte in Rom bei Stefano Pozzi. Von 1780 an arbeitete er in Polen als Dekorationsmaler. 1783/84 kam er auf Einladung des Großfürsten Paul nach Rußland, wo er zunächst in Gatschina und Pawlowsk, den Residenzen des großfürstlichen Paares, später auch in Sankt Petersburg selbst wirkte. Er verließ Rußland im Jahre 1802. *O. L.*

Kat. Nr. 127
Vincenzo Brenna
1747 Florenz – 1818/20 Dresden
Entwurf zur Innenausstattung des Thronsaals, um 1797
Bleistift, Feder, Pinsel, Tusche auf Papier mit Wasserzeichen „J. Whatmann 1794"
66,8 x 50 cm
Maßstabsangabe in Arschinen (1 Arschin = 0,71 m)
Inv. Nr. Č-115
Provenienz: Schloß Pawlowsk

Die Fensteröffnungen des Saals werden von einem Karyatidenpaar eingefaßt, das nach Modellen von Iwan Martos und Michail Koslowski angefertigt wurde. *O. L.*

Kat. Nr. 128
Pietro Gonzaga
1751 Longarone – 1831 Sankt Petersburg
Entwurf zur Stuckdecke des Thronsaals, um 1797
Feder, Tusche, Aquarell
27 x 19,2 cm
Inv. Nr. Č-30
Provenienz: Schloß Pawlowsk
Ausstellungen: *P'etro Gottardo Gonzaga*. Leningrad 1980; *Splendore della Corte degli Zar*. Turin, Rom 1999

Der Thronsaal, für den diese Skizze angefertigt wurde, wurde 1797-99 nach einem Entwurf Brennas eingerichtet. Obwohl nur wenige Zeugnisse vorhanden sind, welche die Bemalung der Stuckdecke bestätigen (ein indirekter Hinweis findet sich in einem Dokument von 1797, in dem es heißt: „die Decke soll sauber und eben gemacht werden, damit sie *a la gouache* bemalt werden kann"), sprechen doch eine Reihe von Erkenntnissen für diese Tatsache. Ende des 19. Jahrhunderts wurde sie geweißt, da sie einer kostspieligen Restaurierung bedurft hätte. Gonzagas Entwurf diente als Grundlage für die Wiederherstellung der Bemalung während der Restaurierung des Saals im Jahre 1957. Der gefeierte Theaterdekorateur Pietro Gonzaga kam 1792 auf Vermittlung des Architekten Giacomo Quarenghi nach Rußland. In Pawlowsk trat er als Urheber dekorativer Landschaftsfresken sowie als Gartenbaumeister und Architekt in Erscheinung. Bekannt sind seine Entwürfe für die Stuckdecken der Bildergalerie, des Dritten Durchgangskabinetts und des Thronsaals, die Malereien für den Pil-Turm, die Gitterlaube auf der Liebesinsel sowie Entwürfe für den Pavillon Belvedere. *O. L.*

Der Thronsaal ist der größte Saal des Schlosses. Er wurde nach der Krönung Pauls I. zum Zaren nach einem Entwurf von Vincenzo Brenna zwischen 1797 und 1799 geschaffen.

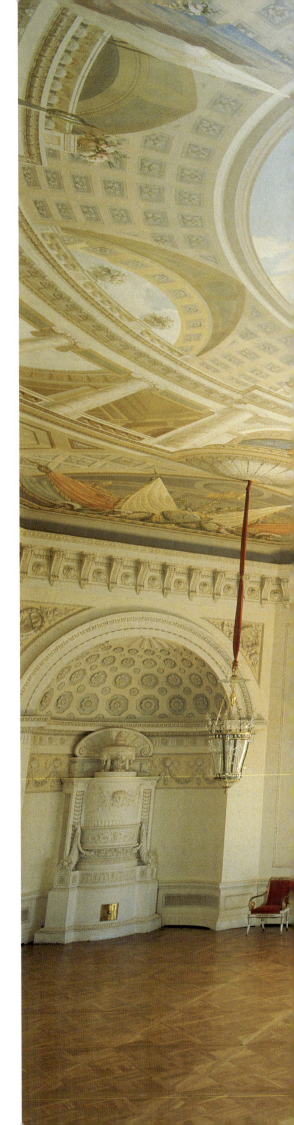

Deckengestaltung mit Stuckrosette im Zweiten Durchgangszimmer

Herzeleid."¹⁹ Tatsächlich hatte Maria Fjodorowna nicht nur den Tod ihres Gatten Paul im Jahre 1801 zu beklagen. Auch ihre geliebten Töchter Olga und Alexandra, letztere Gemahlin Erzherzog Josephs von Österreich, verstarben im selben Jahr, 1803 dann sogar Helene, die mit Herzog Friedrich Ludwig von Mecklenburg-Schwerin vermählt war. Nun nahm sie auch diesen letzten Schicksalsschlag tapfer hin, und vielleicht tröstete sie ja auch die Aussicht, dem Schloß wieder sein ursprüngliches Aussehen zurückgeben zu können. Auf Empfehlung des damaligen Präsidenten der Petersburger Akademie der Künste, Graf Alexander Sergejewitsch Stroganow, wurde nun Andrej Nikiforowitsch Woronichin zum Hauptbaumeister der Stadtverwaltung Pawlowsk ernannt und mit dem Wiederaufbau des Schlosses betraut. Woronichin wußte, daß es so gut wie unmöglich war, das Schloß so wiederherzustellen, wie es vor dem Brand ausgesehen hatte. Doch bemühte er sich nach Kräften, dem Wunsch Maria Fjodorownas entsprechend eine dem zerstörten Schloß möglichst nahekommende Rekonstruktion vorzunehmen. Und dies gelang ihm in erstaunlich kurzer Zeit.

L eider sind nur sehr wenige Originalzeichnungen Woronichins zum Wiederaufbaus des Schlosses erhalten. Nicht selten waren er und die Auftraggeberin unterschiedlicher Meinung, besonders wenn er am ursprünglichen Konzept etwas verändern wollte. Maria Fjodorowna verfolgte die Arbeiten am Innenausbau mit größter Aufmerksamkeit. Ihr Wunsch nach absoluter Identität mit der Urfassung wich jedoch allmählich dem Diktat der Mode und des Zeitgeists, so daß – teils auf Vorschlag des Architekten, teils auf ihre eigene Initiative hin – gewisse Änderungen vorgenommen wurden. Woronichin fertigte dabei über 480 Entwürfe für Interieurs und kunsthandwerkliche

Kat. Nr. 129
Pietro Gonzaga
1751 Longarone – 1831 Sankt Petersburg
Entwurf zur Stuckdecke des Thronsaals, Variante, um 1796
Feder, Tusche, Aquarell
26 x 50 cm
Inv. Nr. Č-31
Provenienz: Schloß Pawlowsk
Ausstellungen: *P'etro Gottardo Gonzaga.* Leningrad 1980; *Splendore della Corte degli Zar.* Turin, Rom 1999

Kat. Nr. 130
Andrej Nikiforowitsch Woronichin
1759/60 Nowoje Ussolje, Gouvernement Perm –
1814 Sankt Petersburg
Entwurf einer Herme für den Italienischen Saal,
um 1803, nicht realisiert
Feder, Tusche laviert
23,4 x 18,3 cm
Maßstabsangabe in Arschinen
(1 Arschin = 0,71 m)
Unter der Abbildung in Tinte: *Salle italiena*
Inv. Nr. CCh-3208-XII
Provenienz: Schloß Pawlowsk, ursprünglicher
Bestand, bis 1966 Sammlung des Staatlichen
Schtschussew-Museums für Architekturforschung
Ausstellungen: *Stroganoff. The Palace and
Collections of a Russian Noble Family.*
Portland 2000

Gegenstände, darunter insbesondere Möbel, Bronzen, Porzellan und Leuchter an. Vieles davon wurde in der Werkstatt des Hofschreiners Heinrich Gambs verwirklicht. Oft rief er Meister aus der Steinschleiferei in Peterhof zu sich oder fuhr selbst dorthin, um fertige oder in Bearbeitung befindliche Erzeugnisse zu besichtigen. Graf Stroganow stand als Präsident der Akademie allen Steinschneidebetrieben im Lande vor, darunter auch der Spedition für Marmorbruch und Edelsteine, den Steinschleifereien und der Petersburger Bronzefabrik. Er förderte den direkten Kontakt zwischen Baumeistern und Materialproduzenten, also zwischen dem Ideengeber und der ausführenden Instanz, was nicht selten zu besseren Ergebnissen führte und vielleicht erklärt, warum in diesem Bereich gerade zu Anfang des 19. Jahrhunderts ein deutlicher Aufschwung zu vermerken war.

In Pawlowsk gestaltete Woronichin drei Wohnräume Maria Fjodorownas: das Kabinett *Fonarik* („Erkerchen") (Abb. S. 382, 394), ein Schlafzimmer (Abb. S. 373) und das kleine Kabinett *Palatka* („Kämmerchen"). Mit dem Kabinett *Fonarik* ist Woronichin dabei ein erstaunlich einheitliches und zugleich ungewöhnlich ausdrucksstarkes Zimmer gelungen, in dem die künstlerische Ausschmückung mit den architektonischen Elementen perfekt harmoniert. Es gilt als das hervorragendste Beispiel einer Raumgestaltung im russischen Empire-Stil. Alles ist hier – in für Woronichin typischer Weise – bis ins kleinste Detail durchdacht, um größtmögliche Harmonie zu erzeugen. Gerade das Pawlowsker Beispiel zeigt, zu welcher Vollendung es Woronichin auf dem schwierigen Feld der Innenarchitektur gebracht hat. Dabei beschränkte er sich nicht nur auf architektonische Formen, sondern entwarf auch noch die dazu passenden Gegenstände: Möbel, Draperien, Leuchter und Vasen aus buntem Glas, Porzellan, Stein und Bronze.

Im Januar 1803 vernichtete ein Brand einen großen Teil der Innenausstattung der Paradesäle von Pawlowsk. Den Auftrag zur Instandsetzung des Schlosses erhielt Andrej Woronichin. Es war der Wunsch Maria Fjodorownas, ein möglichst exaktes Ebenbild des ursprünglichen Schlosses zu rekonstruieren. So entstand die vorliegende Skizze, die jedoch nicht realisiert wurde. Woronichin war zu jener Zeit von dem damals zur Mode gewordenen ägyptischen Stil beeinflußt, dessen Elemente er in das Dekor des Schlosses einfließen ließ, erkennbar z.B. an der Ausstattung des Italienischen Saals und des Unteren Vestibüls. Bei der endgültigen Gestaltung des Italienischen Saals wurden die Atlanten durch Karyatiden im ägyptischen Stil ersetzt.

Andrej Nikiforowitsch Woronichin stammte von Leibeigenen des Grafen Stroganow ab. Von 1777 an arbeitete er in Moskau bei Bashenow. 1786-1790 bereiste er Frankreich und die Schweiz, besuchte die dortigen Architekturdenkmäler. Nach seiner Rückkehr arbeitete er im Auftrag des Grafen Stroganow. Zu den wichtigsten Werken des Architekten gehören die Kasaner Kathedrale in Sankt Petersburg sowie das dortige Bergbauinstitut. Auch als Entwerfer von Möbeln und anderem Kunsthandwerk machte er sich einen Namen. In Pawlowsk betraute man ihn nach dem Brand von 1803 mit dem Wiederaufbau des Schlosses. Im Schloßpark errichtete er den Rosenpavillon und weitere Bauten. *O. L.*

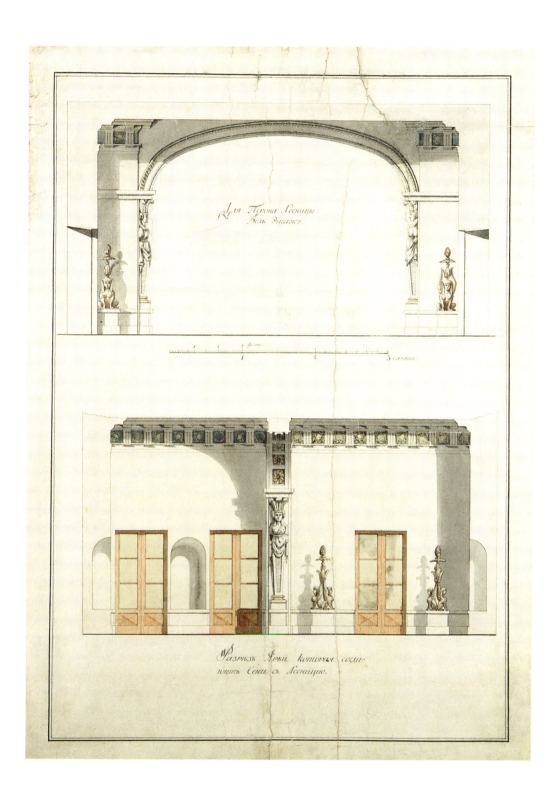

Kat. Nr. 131
Andrej Nikiforowitsch Woronichin (Werkstatt)
Entwurf zur Innenausstattung des Oberen Vestibüls, nach 1803, nicht realisiert
Feder, Pinsel, Tusche, Aquarell
61,3 x 44,8 cm
Maßstabsangabe in Arschinen und Sashenen (1 Arschin = 0,71 m, 1 Sashen = 2,13 m)
Über der Abbildung in Tinte:
Für das Treppengeländer der Beletage

In der Blattmitte: *Querschnitt des Bogens, der das Vestibül mit der Treppe verbindet*
Inv. Nr. Č-23
Provenienz: Schloß Pawlowsk
Ausstellungen: *Stroganoff. The Palace and Collections of a Russian Noble Family*. Portland 2000

Dieser Entwurf stellt eine Möglichkeit dar, wie der ägyptische Stil im Dekor des Schlosses Pawlowsk hätte Anwendung finden können. *O. L.*

Im Zuge der Renovierung durch Woronichin bekam das Innere des Schlosses einen strengeren, aber auch eleganteren Zug. Einige eher frühklassizistische Elemente wurden nicht wieder aufgenommen oder durch neue ersetzt. So verzichtete man beispielsweise auf die Restaurierung der alten kunstvollen Parkettarbeiten, nur im Kabinett *Fonarik* ließ Woronichin ein neues Parkett verlegen. Im Griechischen Saal wurden die Kronleuchter aus Kristallglas zwischen den Säulen durch neue, marmorne Leuchter mit Bronzebeschlägen ersetzt. Nach dem Vorbild antiker Öllampen gestaltet, sind sie bereits eindeutig dem Empire zuzuordnen. Trotz aller Schwierigkeiten schuf Woronichin so einen künstlerischen Mikrokosmos, der einerseits harmonisch und einheitlich wirkte, zum anderen aber dem sozialen Status des Auftraggebers und den neuen ästhetischen Strömungen entsprach.

Z wei Räume in Schloß Pawlowsk sind von einem weiteren großen Architekten aus Sankt Petersburg gestaltet worden: Carlo (in Rußland: Karl Iwanowitsch) Rossi. Nach dem Tode Woronichins wurde Rossi zum Hauptbaumeister der Stadt Pawlowsk ernannt. Er hatte bei Brenna studiert und bereits als junger Mann unter dessen Anleitung in Pawlowsk Zeichnungen und Skizzen angefertigt. 1817 wurde er nun selbst mit der Gestaltung des Eckzimmers (Abb. S. 366-370) beauftragt, das anstelle von Pauls ehemaligem Schlafzimmer im Erdgeschoß entstehen sollte. Verblüffend sind hier die Wände aus lavendelfarbenem Kunstmarmor in der Kombination mit goldenem Stuck auf weißem Grund sowie Grisaille-Ornamenten. Alles gehört hier zusammen, denn schließlich stammen alle Elemente des Dekors – Möbelgarnitur, Türen, Fensterdraperie, Steinvase, Lüster, bronzene Kaminuhr und Kandelaber – aus Rossis Feder.

Die letzte große architektonische Ergänzung von Pawlowsk sollte jedoch die 1824 von Rossi entworfene Schloßbibliothek (Kat. 277) sein. Sie wurde über der Gonzaga-Galerie errichtet, so daß ihre architektonische Form bereits durch die halbkreisförmige Anlage des nördlichen Schloßflügels definiert war. Hinzu kam der Wunsch Maria Fjodorownas nach schnellstmöglicher Vollendung, denn für den reichen Bestand an Büchern und Raritäten benötigte man schon seit langem einen passenden Raum. So lesen wir in einem Brief Marias an den Dirigenten der Pawlowsker Stadtverwaltung Jermolai Friderizi: „Jermolai Karlowitsch! Ich habe Rossis Plan für einen Aufbau über der Gonzaga-Galerie zur Unterbringung meiner großen Bibliothek samt Fassade bereits approbiert und bitte um umgehende Ausführung der Arbeiten, damit dieser baldmöglichst zu Ende gebracht werden kann."[20] Am 20. Februar 1822 erstellte der leitende Architekt Staubert einen Kostenvoranschlag für das Projekt, und schon 1824 waren die Bauarbeiten, wie aus einer Inventur des Schloßvermögens im selben Jahr hervorgeht, so gut wie abgeschlossen. Aufgrund der erwähnten Integration in den Nordflügel des Schlosses ist der Grundriß des enormen, langgestreckten Bibliotheksraums bogenförmig. Fünf große Fenster auf der Parkseite mit je vier Metern Durchmesser sorgen für ausreichend natürliches Licht (Kat. 133). Die drei übrigen Mauern weisen, mit Ausnahme der Eingangstür, keine Öffnungen auf. Auch die Bibliotheksmöbel wurden nach Rossis Plänen in der Werkstatt des Petersburger Möbelschreiners Wassili Bobkow praktisch innerhalb eines Jahres angefertigt – eine erstaunliche Leistung, betrachtet man die Anzahl der Einrichtungsgegenstände: 15 große sowie vier mittlere Schränke (Kat. 278, 279), dazwischen 14 Podeste, fünf Vitrinenschränke für die Medaillensammlung neben den Bibliotheksfenstern, zwei Schranktische in der Mitte des Raums, ein großer ovaler Studiertisch für zwanzig Personen, einige Trittbänke sowie 36 Stühle. Sämtliche Möbel wurden aus hellem, wellig gemasertem Birkenholz gefertigt und mit Schnitzereien verziert, die Stühle, Trittbänke und Schranktische dazu mit grünem Saffian bezogen. Der Besucher betrat mit diesem Raum ein wahres Königreich der Bücher und des Wissens. Noch zu Beginn des 20. Jahrhunderts umfaßte der Bestand mehr als 20000 Bände, über 1500 Skizzen und Zeichnungen sowie 1294 Gravüren. Archiviert wurden zudem die Briefe Katharinas II., Pauls I. und Maria Fjodorownas, die Schulhefte Pauls und seiner Kinder sowie die von ihnen angefertigten Zeichnungen. Viele Bücher enthielten eine Signatur des Autors oder Anmerkungen von Mitgliedern der Zarenfamilie. Weiterhin sammelte man geschnittene Steine, Siegel, Münzen und Medaillen, getrocknete Pflanzen, Minerale, vulkanische Laven, Muscheln und Insekten. Auf und zwischen die Schränken stellte man Marmorskulpturen und Vasen aus farbigem Stein, während die Tische mit teilweise von Maria Fjodorowna selbst angefertigten Elfenbein- und Bernsteinerzeugnissen geschmückt wurden. Barnaba Medici hatte die Deckenbemalung übernommen, während der Lampenmacher Kitner auf Bestellung Rossis „drei achtarmige Lampen in vergoldeter Bronze sowie zwei zweiarmige Stehlampen mit Dreifüßen in vergoldeter Bronze und runden Glaskugeln"[21] anfertigte. Der Fußboden der Bibliothek war zunächst mit Leinwand bedeckt, die man als Parkett bemalt hatte. Erst ein Jahr später, nachdem der Blindboden völlig getrocknet war, ließ man ein Tafelparkett in Eiche verlegen.

W ährend des Zweiten Weltkriegs wurde die Bibliothek schwer beschädigt. Möbel und Leuchtarmaturen verschwanden, doch wie durch ein Wunder blieben viele Bücher erhalten. Ein Teil davon wurde rechtzeitig evakuiert, ein anderer später aus Deutschland und Lettland wieder zurückgebracht. Der Baukörper der Bibliothek wurde rekonstruiert, und auch die Deckenbemalung wurde von einer Gruppe von Restauratoren unter Anatoli Treskin wiederhergestellt. In den 70er Jahren nutzte man die Bibliothek als Ausstellungsraum, doch machten veraltete Lufterhitzer, technische Planungsfehler und Leckagen schon bald eine aufwendige Erneuerung der Wärme- und Stromversorgung sowie eine Restaurierung der Fensterrahmen erforderlich. Erst im Jahre 2000 brachte ein Team von Künstlern unter Leitung des erfahrenen Restaurators L. A. Ljubimow die Be-

Kat. Nr. 132
Pietro Gonzaga
1751 Longarone – 1831 Sankt Petersburg
Entwurf zur Wandmalerei für die Gonzaga-Galerie, vor 1807
Feder, Tusche, Aquarell
59,3 x 47 cm
Inv. Nr. R-36
Provenienz: Schloß Pawlowsk
Ausstellungen: *P'etro Gottardo Gonzaga.* Leningrad 1980; *Splendore della Corte degli Zar.* Turin, Rom 1999

Die sogenannte Gonzaga-Galerie entstand anstelle der ehemaligen Hellen Galerie (auch Speisesaal genannt), die nach den Plänen Vincenzo Brennas während des Schloßumbaus von 1796-99 gestaltet worden war. 1805-07 entstanden dort sieben Fresken, die perspektivische Säulengänge darstellten. Mehrere Entwürfe dieser Wandbemalung sind erhalten. Das vorliegende Blatt ist vollendet, unterscheidet sich jedoch von dem letztlich ausgeführten Entwurf. *O. L.*

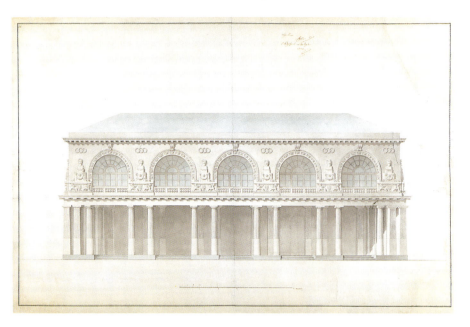

Kat. Nr. 133
Carlo (Karl Iwanowitsch) Rossi
1775 – 1849 Sankt Petersburg
Entwurf zur Parkfassade der Schloßbibliothek, 1822
Feder, Pinsel, Tusche, Aquarell
62,7 x 97,5 cm
Über der Abbildung, mit Tinte: *Gebilligt Marija S. Peterburg 27. Januar 1822*
Rechte untere Ecke abgerissen, von der Signatur ist nur ein Teil des Buchstabens *A* erhalten
Inv. Nr. Č-162
Provenienz: Schloß Pawlowsk
Ausstellungen: *Splendore della Corte degli Zar.* Turin, Rom 1999

Bau und Einrichtung dieses neuen Schloßsaals waren für Bücher, Drucke, verschiedene Mineralien-, Pflanzen-, Medaillen- und Münzsammlungen sowie Zeichnungen und Familienarchive bestimmt, die dort Aufnahme finden sollten. Die dekorative Ausstattung der Bibliotheksmöbel geht ebenfalls auf Rossi zurück. (Kat. 277–279).

Carlo (Karl Iwanowitsch) Rossi, Schüler und Gehilfe Vincenzo Brennas, war ein Meister des Empire-Stils in der Architektur. Unter anderem gestaltete er in Sankt Petersburg den Schloßplatz, das architektonische Ensemble des Michailpalais' und das Alexandertheater. Für Pawlowsk schuf Rossi Skizzen für die Innenausstattung des Eckzimmers sowie Entwürfe für Brücken, temporäre Pavillons und das Nikolaj-Tor. *O. L.*

Arkadengang mit Holzgittern und hölzernen Pfeilern über den Kolonnaden der beiden Seitenflügel. In diesen beiden lichtdurchlässigen Laubengängen pflegte die Hofgesellschaft bei schlechtem Wetter zu promenieren.

malung der Stuckdecke zum Abschluß. Es war eine der letzten Arbeiten dieses talentierten Meisters und großherzigen Menschen: Am 13. April dieses Jahres verstarb Ljubimow und wurde auf dem Friedhof von Pawlowsk begraben. Als letzte Anmerkung zur Bibliothek sei noch erwähnt, daß kürzlich eine Petersburger Firma für Antikmöbel dem Schloßmuseum Pawlowsk einen nach Rossis Entwürfen nachgebauten Schrank als Schenkung vermacht hat.

Auch die Schmiedeeiserne Brücke, die 1823 anstelle der baufälligen Cameron-Brücke errichtet wurde, ist ein Entwurf von Rossi. Ihre Bestandteile wurden in der Petersburger Eisengießerei gefertigt. Und noch ein interessantes Detail: Als man 1914 beschloß, Maria Fjodorowna ein Denkmal zu errichten, entschied man sich wiederum für einen Entwurf des Italieners aus dem Jahre 1816. Er hatte ihn für einen Pavillon im Schloßpark erstellt, der damals jedoch nicht realisiert wurde.

Die Tatsache, daß mehrere Architekten an der Gestaltung von Schloß Pawlowsk beteiligt waren, erklärt die gewiß vorhandenen individuellen Unterschiede in der Ausstattung; der klassizistische Gesamtrahmen ist dabei aber nie gesprengt worden. Möchte man die einzelnen Besonderheiten festhalten, so vollzieht sich in Camerons Arbeiten eine feinnervig-lyrische Stilisierung der Antike, während Brennas Klassizismus eher gewisse Barock- und Rokokoelemente aufnimmt. Für Quarenghis Stil charakteristisch ist seine plastische Kraft selbst bei der Gestaltung kleinerer Wohnräume; Woronichins und Rossis jeweils sehr individuelle Handschrift steht dagegen bereits deutlich im Zeichen des Empire.

Zum Abschluß kehre ich noch einmal zum Gesamtbild der Schloßanlage zurück. In einem idealen Naturraum vereinigt sich hier die Klassik unter dem Einfluß der Empfindsamkeit mit höchster Kunstfertigkeit und Harmonie. Von den Ausmaßen her intim, ist Pawlowsk dennoch grandios in der Konzentration künstlerischer Meisterwerke und der Tiefe ästhetischer Empfindungen. Bei aller Vollendung und Genialität der Konzeption ist zugleich eine natürliche Eleganz spürbar, stets waltet hier die Philosophie des Schönen und Menschlichen. Ebenmaß und Gelassenheit von Pawlowsk erinnern an das berühmte , das für Schloß und Park in gleichem Maße gilt, denn beide sind unzertrennlich. Aus den großen Fenstern der Säle des Krieges und des Friedens eröffnen sich Blicke in die Unendlichkeit, den Kosmos. Unter dem Eindruck von Versailles hatten die Schloßherren sie so benannt, doch vermitteln sie heute eine eher universelle Botschaft: sie stehen für den Widerstreit von Schönem und Häßlichem, von Gut und Böse, von Leben und Tod.

Die Enfilade der privaten Wohnräume im Erdgeschoß schließt mit einem kleinen ovalen Zimmer ab – das sogenannte Zelt. Es besitzt einen Ausgang auf die Terrasse mit gußeiserner Überdachung, die hier im Bild zu sehen ist. Diese Terrasse bildet den Übergang vom Zelt in den Privatgarten Maria Fjodorownas und bietet schöne Blicke auf seine blühenden Rabatten und Alleen.

DER PARK

HUBERT ROBERT UND DER NOUVEAU GOÛT IN PAWLOWSK

Ljudmila W. Kowal

Im letzten Drittel des 18. Jahrhunderts erlebte das Interesse für die antike Kunst und die italienische Renaissance in Europa einen erneuten Aufschwung. Eine neue künstlerische Ästhetik verbreitete sich in der Architektur, Inneneinrichtung und Gartengestaltung. Das Zentrum, in dem die Begründer der neuen Ästhetik und des neuen Stils ihre Prägung erfuhren, war Rom, wohin Künstler, Schriftsteller, Sammler und Reisende wie in einem Pilgerzug nach Mekka strömten. In den 50er und 60er Jahren des 18. Jahrhunderts absolvierten zu unterschiedlicher Zeit Architekten und Künstler wie Ch.-L. Clerisseau, C.-J. Vernet und H. Robert die Französische Akademie in Rom, in der dortigen englischen Künstlerkolonie wirkten die Brüder R. und D. Adam, W. Chambers und Ch. Cameron, und von den deutschen Künstlern sollen hier nur A. R. Mengs und J. Ph. Hackert sowie der Theoretiker J. J. Winckelmann Erwähnung finden. Sie alle leisteten ihren Beitrag zur Begründung der Kunst des neuen Klassizismus, die sich nicht nur auf die Errungenschaften der strengen Klassik der Antike stützt, sondern auch auf die philosophischen Anschauungen vom Triumph der Vernunft und von der Harmonie zwischen Mensch und Natur, die die neuen Denker des Zeitalters der Aufklärung und allen voran Jean-Jacques Rousseau vertraten.

Der *noveau goût* und die neue Ästhetik drangen relativ schnell nach Rußland vor, da Katharina II., die ein reges Interesse für alle Ereignisse in Europa hegte, Architekten und Künstler der neuen Richtung für Bau- und Verschönerungsprojekte nach St. Petersburg berief. In dem Wunsch, das Erscheinungsbild ihrer Lieblingsresidenz in Zarskoje Selo („Zarendorf") zu verändern, beauftragte sie Charles-Louis Clerisseau mit einem Entwurf. Dieser Entwurf beeindruckte zwar die Zarin, kam jedoch angesichts seiner gewaltigen Dimension und Kostspieligkeit nicht zur Ausführung. Dennoch erwarb Katharina II. als Zeichen ihres Wohlwollens eine Mappe mit Entwürfen und Zeichnungen des Architekten für ihre Sammlung.

Kat. Nr. 134
Hubert Robert
1733 Paris – 1808 Paris
Landschaft mit rundem Tempel auf einem Berg
Öl auf Leinwand
150 x 91 cm
Inv. Nr. CCh-3748-III, Gegenstück zu CCh-3747-III (Kat. 137)
Provenienz: 1926 mit der Sammlung des Barons Alexander Stieglitz, St. Petersburg, in die Eremitage überstellt, seit 1963 in Pawlowsk
Ausstellungen: *Legacy of a Czar and Czarina*. Miami, New York 1995-1996

Das Motiv des Gemäldes geht zweifellos auf die berühmte Ansicht des antiken Rundtempels der Sybille in Tivoli zurück, den der Comte und die Comtesse du Nord bei ihrem Besuch von Tivoli aufsuchten. Der von dem Romexperten Charles Cameron für den Park von Pawlowsk entworfene Tempel der Freundschaft, der während des Romaufenthaltes von Großfürst Paul und Maria Fjodorowna bereits im Bau war, wirkt wie ein ferner Nachklang des Rundtempels in Tivoli, mit dem Cameron zweifellos vertraut war. *N. S.*

Kat. Nr. 135
Semjon Schtschedrin
1745 St. Petersburg – 1804 St. Petersburg
Aussicht in Pawlowsk mit Schloß, der Zentauren-Brücke, der Apollo-Kolonnade und der Kaskade, 1801
Öl auf Leinwand
106 x 136 cm
Bez. u. re.: *S. Ščedrin 1801*
Inv. Nr. CCh-1837-III
Provenienz: Schloß Pawlowsk, ursprünglicher Bestand
Ausstellungen: *La table des tsars. Porcelaines du palais de Pavlovsk.* Montbéliard 1994; *Legacy of a Czar and Czarina.* Miami, New York 1995-1996

Der Grundstein zum Schloß Pawlowsk wurde im Mai 1782 gelegt. Die Planung des Schlosses stammte von dem schottischen Architekten Charles Cameron, der auf Einladung Katharinas II. nach Rußland gekommen war. Charles Cameron erstellte auch den Entwurf für die einzelnen, aneinander angrenzenden Bereiche des Parks im „englischen Stil". Das Schloß wurde am Hochufer des Flusses Slawjanka errichtet, an einer Stelle, wo der Flußdamm einen kleinen See mit glatter Oberfläche entstehen ließ. Am gegenüberliegenden Ufer erhob sich die Apollo-Kolonnade, die Cameron in den Jahren 1782-83 im Stil einer offenen Rotunde erbauen ließ und die den Grundgedanken des Parks – eine Welt der Schönheit und der Künste – noch einmal unterstreichen sollte. Ursprünglich befand sich der Apollo-Tempel, wie dieser Pavillon auch genannt wird, an einem anderen Ort, und wurde erst um das Jahr 1800 an diese Stelle des Parks versetzt. Nach dem Entwurf des italienischen Architekten Giacomo Quarenghi erbaute man zu dieser Zeit nahe der Apollo-Kolonnade die Kaskade, die über Steinbänke in den Fluß abfiel, und plazierte in der Mitte des Tempels das Standbild des Apollo von Belvedere. Als ein Gewitter im Jahre 1817 einen Teil der Kolonnade zerstörte, erhielt das Denkmal – von der Natur selbst – einen „antikeren Charakter". Mit ihrem Sinn und ihrem Feingefühl für alles Schöne ließ Maria Fjodorowna, Hausherrin von Schloß Pawlowsk, den Pavillon nicht wiederaufbauen. Die beiden Ufer an der Flußbiegung wurden im Jahre 1799 durch die kleine Brücke mit Zentauren verbunden. Ihre Brückenköpfe wurden mit Marmorkopien antiker Zentaur-Statuen geschmückt. *N. S.*

Ihre unstillbare Bauleidenschaft zeitigte jedoch schon bald einen neuen Entschluß. Die Zarin stieß auf die Schrift *Römische Thermen*, die der Schotte Charles Cameron 1772 in London in englischer und französischer Sprache veröffentlicht hatte. Dieser wurde wie Clerisseau während seines Aufenthalts in Rom vom Geist der Antike geprägt. Das Studium der erwähnten Schrift überzeugte die Zarin von der Notwendigkeit, Cameron nach Rußland einzuladen. In einem Brief vom 23. August 1779 teilte Katharina II. ihrem Korrespondenten in Frankreich, dem Baron Friedrich Melchior Grimm, die Ankunft von Cameron in St. Petersburg mit. Die Sympathien der Zarin für Cameron erhielten noch zusätzlich Nahrung durch irrtümliche Informationen, wonach der Architekt einem alten schottischen Geschlecht angehörte, das dem Hause der Stuarts nahestand.

K atharina II. beauftragte Cameron, in Zarskoje Selo ein Analogon zu den römischen Thermen zu erbauen (dieses Ensemble schmückt bis heute den Park in Zarskoje Selo) und einen Teil der Räumlichkeiten im Palast umzugestalten. Cameron hatte kaum mit der Arbeit an dem Projekt begonnen, da bekam er einen weiteren Auftrag von der Zarin: Für ihren Sohn und Erben, den Großfürsten Paul, und dessen Gattin Maria Fjodorowna sollte er auf ihrem Jagdgelände an den Ufern der Slawjanka, einem Gebiet mit Bauerndörfern nicht weit von Zarskoje Selo entfernt, eine Sommerresidenz errichten. Das Anwesen wurde nach dem Namen des Besitzers Pawlowsk genannt. Pawlowsk eröffnete Cameron ein weites Feld von Möglichkeiten, es war für ihn wie ein weißes Blatt Papier, auf dem er ein ideales Werk im neuen europäischen Geschmack realisieren konnte.

Cameron, der sich zuvor niemals mit Parkanlagen beschäftigt hatte, begann seinen Entwurf für die Parklandschaft von Pawlowsk mit Pavillonbauten. Dabei verwirklichte er die besten Ansätze in der Ästhetik der Garten- und Parkbaukunst des letzten Drittels des 18. Jahrhunderts. Cameron waren die neuen englischen Methoden zur Anlage eines Landschaftsgartens, wie sie z. B. von dem Architekten William Kent vertreten wurden, und Humphrey Reptons Prinzipien der Gartenplanung wohlvertraut. Daneben gab er bei der Planung von Pawlowsk auch französischen Erfahrungen breiten Raum. Eine große Rolle bei der Entstehung des neuen Stils im Garten- und Parkbau spielte die Schrift *Essay über die Gärten* (*Essai sur les jardins*) von Claude-Henri Watelet, einem Ehrenmitglied der Pariser Akademie für Malerei. Er schrieb: „Trois caractères qui ont des points d'appui dans les idées reçues, peuvent servir de base à la décoration des nouveaux parcs. Le Pittoresque, le Poétique, le Romanesque." (Drei Charakteristika, die die Angelpunkte der neuen Ideen sind, können als Basis für die Gestaltung der neuen Parks dienen: das Malerische, das Poetische und das Romantische.)

Und tatsächlich wurde das malerische Prinzip zum bestimmenden Element in der Anlage von Landschaftsgärten jener Zeit. Statt eines architektonischen Entwurfs dient nun ein Bild als Vorlage für die Konzeption einer Parklandschaft. Verbreitete Anwendung fand dieses Prinzip in Frankreich dank der Landschaftsbilder von Hubert Robert, den Louis XVI. am Ende des Jahres 1777 zum Zeichner der königlichen Gärten (Dessinateur des Jardins du Roi) ernannte. Vor allem jene lebendigen Naturbilder, die Robert in den Parks von Versailles, Rambouillet, Ermenonville und vor allem Méréville schuf, wurden zum Vorbild für die Garten- und Parkbaukunst am Ende des 18. Jahrhunderts.

Um einen Park mit romantischer Poesie zu erfüllen, wurden Pavillons errichtet, die sowohl pastoralen als auch klassischen Charakter haben konnten, Kaskaden angelegt, über Bächen und Kanälen Brücken gebaut. Einen besonderen Wert legte man zu jener Zeit auf den Wechsel der Bilder, die der Park beim Durchschreiten bot, also auf die Bewegung in der Natur.

Eine vortreffliche Quelle für die Schaffung malerischer Naturbilder lieferte in Pawlowsk der gewundene Flußlauf der Slawjanka. 1780 begann Cameron an seinen Ufern mit der Errichtung zweier Bauten im klassischen Stil. Dies sind zum einen der Tempel der Freundschaft in Form einer Rotunde, umgeben von einer Kolonnade und gekrönt von einer Kuppel mit Oberlicht, zum anderen der Apollo-Tempel, eine im Grundriß runde Kolonnade mit einer Doppelreihe dorischer, von einem Gebälk gekrönter Säulen, in ihrer Mitte die Statue des Apollo von Belvedere. Diese Bauten erinnern sowohl an Denkmäler der Antike als auch an eine Vielzahl von Gebäuden in anderen europäischen Parkanlagen, so z. B. an den Liebestempel in Versailles (Kat. 86) und den Tempel der Tochterliebe in Méréville, wo sich die Ideen und künstlerischen Prinzipien von Hubert Robert entfalteten.

Von besonderer Bedeutung für die Entstehung von Schloß und Schloßpark Pawlowsk war die Reise von Großfürst Paul und Maria Fjodorowna durch Europa.

Die Eindrücke der historischen Sehenswürdigkeiten und der modernen Einrichtung der königlichen Residenzen, aber auch Besuche in den Manufakturen und in den Ateliers der besten europäischen Künstler und Meister erweiterten nicht nur ihren Horizont, sie sorgten auch für die Verbreitung des neuen Stils in Rußland. Erst nach dieser Reise nämlich erwarb Pawlowsk seine stilistische Geschlossenheit und Harmonie, es wurde zum Musterbeispiel für die Einheit des künstlerischen Stils in der Architektur, in der dekorativen Einrichtung sowie in der Garten- und Parkbaukunst.

Der französische Königshof, an dessen Leben Großfürst Paul unter dem Pseudonym Comte du Nord mit seiner Gattin teilnahm, machte auf sie nicht nur einen gewaltigen Eindruck. Die Hofgesellschaft nahm das Großfürstenpaar auch wohlwollend und freundschaftlich auf. In rascher Folge wurden Feste, Konzerte, Bälle und Empfänge organisiert, mal in Paris, mal in Versailles. Die grandioseste dieser Festivitäten fand am 6. Juni 1782 im Park des Petit Trianon statt, wo nach einer Theatervorstellung und dem Souper ein illuminiertes Fest zu Ehren des Comte und der Comtesse du Nord veranstaltet wurde. Aller Wahrscheinlichkeit nach war einer

Kat. Nr. 136
Raub der Proserpina durch Pluto
Skulpturengruppe
Werk der Gebrüder Ignazio und Filippo Collini, Italien 1781
Weißer Carraramarmor
Höhe: 79,5 cm ohne Sockel
Seitlich an der Basis eingraviert: *Par les freres Collini de Turin, sculpteurs du roi de Sardaigne. Faite a Turin 1 an 1781 marbre de carrara*
Inv. Nr. CCh-220-VIII
Provenienz: Schloß Pawlowsk, ursprünglicher Bestand
Ausstellungen: Erstmalig außerhalb des Schloßpark-Museums Pawlowsk

Die Gebrüder Collini, die diese Skulpturengruppe in der Mitte des 18. Jahrhunderts schufen, galten damals als die besten Bildhauer in Rom. Das Werk ist eine Wiederaufnahme des im Barock beliebten Motivs des „Raubs" im Stil des Klassizismus. Als Vorbild diente ein herausragendes Werk von Gian Lorenzo Bernini, das die Gebrüder Collini mit Sicherheit gesehen hatten. In der Galerie der Akademie Albertina in Turin befindet sich eine Skulpturengruppe aus Terrakotta, die mit der Pawlowsker Gruppe völlig identisch ist. Aller Wahrscheinlichkeit nach handelt es sich dabei um ein von den Bildhauern angefertigtes Modell für die Pawlowsker Gruppe aus Marmor. Der ausführlichen Inschrift nach zu schließen, entstand das Werk speziell als Geschenk für vornehme Gäste. Die Skulpturengruppe Pluto und Proserpina ist ein beliebtes Motiv in Statuenzyklen barocker Schloßgärten, weil Proserpina als Plutos Gattin und Göttin der Unterwelt das Absterben der winterlichen Natur verkörpert, mit ihrem alljährlichen Aufstieg aus der Unterwelt im Frühjahr aber auch das Wiedererwachen und die Fruchtbarkeit der Natur.

Zur Geschichte des Werks:
Vittorio Amadeo III., König von Sardinien, schenkte die Skulpturengruppe 1782 dem Großfürsten Paul und seiner Gattin, als diese in Turin weilten. Am 25. Mai 1783 gelangte sie nach Pawlowsk und befand sich im Jahre 1790 im Familienzimmer im Erdgeschoß des Schlosses, spätestens seit 1801 dann in der Bibliothek von Maria Fjodorowna. *Je. K.*

der Dekorateure dieses Festes Hubert Robert, der zu jener Zeit für den König in Versailles tätig war. Später malte Robert das Gemälde *Nächtliches Fest mit Feuerwerk, gegeben von der Königin für den Comte du Nord im Park des Petit Trianon.* (Heute befindet es sich im Museum der Stadt Quimper). Das Gemälde ist nicht datiert, aber, wie Jean de Cayeux in seinem Buch *Hubert Robert und die Gärten* angibt, reichte Robert die Rechnung für das Gemälde erst 1789 ein,[1] es entstand also zwischen 1782 und 1789 und wurde vermutlich von der Königin in Auftrag gegeben. Möglicherweise sollte das Gemälde dem Großfürsten Paul als Andenken an den denkwürdigen Abend in Versailles zum Geschenk gemacht werden, aber die verzögerte Ausführung durch den Künstler und die Ereignisse des Jahres 1789 verhinderten dieses Vorhaben. Das Gemälde zeigt die Gärten des Trianon mit viel Publikum, dessen Aufmerksamkeit der grell erleuchtete, das gesamte Gemälde dominierende Liebestempel auf sich zieht. Dieses Fest im Park des Petit Trianon diente als Vorbild für alle Illuminationen, die in der Folgezeit in Pawlowsk veranstaltet wurden.

Nicht weniger beeindruckt waren die russischen Reisenden von ihren Besuchen im Schloß des Prinzen Condé in Chantilly und in dem bezaubernden Schlößchen Bagatelle des Grafen von Artois, des jüngeren Bruders Louis XVI. Hier nämlich erblickten die Gäste an den Wänden des Gesellschaftssaals sechs Wandgemälde von Hubert Robert, die dieser eigens für das Interieur von Schloß Bagatelle gemalt hatte. (Heute befinden sich alle sechs Gemälde im Metropolitan Museum in New York.) Diese Begegnung führte unserer Auffassung nach dazu, daß Großfürst Paul H. Robert mit dekorativen Gemälden für die Einrichtung eines seiner Paläste beauftragte.

Zwischen den Festveranstaltungen besichtigten der Comte und die Comtesse du Nord in Begleitung des Direktors der königlichen Bauten, des Grafen von Angivillier, die königlichen Manufakturen und besuchten die Künstlerateliers in den Galerien des Louvre, vor allem die von Claude-Joseph Vernet und Hubert Robert. Beider Ruhm war durch den Grafen Alexander Stroganow, der kurz vor der Abreise des Großfürstenpaars aus Frankreich nach Petersburg zurückgekehrt war, auch nach Rußland gelangt.

E. Vigée-Lebrun und nach ihr auch C. Gabillot geben an, daß Katharina II. H. Robert zum ersten Mal 1782 nach Rußland einlud.[2] Dafür existieren zwar keine schriftlichen Belege, möglich ist es aber durchaus. Graf Stroganow hatte das Interesse der Zarin für den „Künstler der Ruinen" geweckt, und die Reise ihres Sohnes bot ihr die Gelegenheit, diesem eine mündliche oder schriftliche Anweisung zur Einladung H. Roberts nach Petersburg mitzugeben. Allerdings war es H. Robert vollkommen unmöglich, dieser Einladung Folge zu leisten, war er doch durch seine vielen Verpflichtungen als Zeichner der königlichen Gärten und als Kustos der königlichen Sammlung im Louvre wie auch durch zahlreiche private Aufträge an Frankreich gebunden.

Großfürst Paul gab bei H. Robert eine Reihe von Gemälden in Auftrag, die zu diesem Zeitpunkt nur für den Kamennoostrowski-Palast bestimmt sein konnten. Denn mit dem Bau von Schloß Pawlowsk war gerade erst begonnen worden, und Gatschina war ihm von seiner Mutter noch nicht geschenkt worden. Als bevollmächtigten Vertreter für alle Verhandlungen mit dem Künstler setzte Großfürst Paul den Fürsten Nikolai B. Jussupow ein. Dieser Briefwechsel zwischen N. B. Jussupow und H. Robert ist im Russischen Staatsarchiv für alte Urkunden vollständig erhalten, gibt aber keine erschöpfenden Antworten auf die Fragen nach den historischen Abläufen. Der Briefwechsel zwischen Jussupow und Robert aus Anlaß des erwähnten Auftrags erstreckte sich über mehrere Jahre, da sich die Auftragsausführung wegen der Vielbeschäftigtheit des Künstlers in die Länge zog. Andererseits beförderte der lang andauernde Briefverkehr die Entstehung einer Freundschaft zwischen dem französischen Künstler und dem russischen Mäzen. Diese Freundschaft sollte in Form einiger hervorragender Gemälde, die den Palast des Fürsten in Archangelskoje nahe Moskau schmückten, Früchte tragen.[3] Dieser Palast wiederum wurde nach dem Vorbild von Pawlowsk im neuen europäischen Stil gebaut und ausgestattet.

D ie Ausführung des Auftrags für den Comte du Nord dauerte insgesamt vier Jahre, wobei die Festlegung der Sujets und Formate die meiste Zeit in Anspruch nahm. Die Veränderung der Gemäldeformate hing aller Wahrscheinlichkeit nach damit zusammen, daß sich der Bestimmungsort der Bilder änderte. Das Auftragsprogramm wurde offenbar erst zum Ende des Jahres 1783 festgelegt, nach einer Sommerreise H. Roberts in die Provence, u. a. nach Nîmes und Orange, da das erste Sujet als eine Sammlung antiker Denkmäler in Frankreich bezeichnet wurde. Im April 1784 schrieb H. Robert an N. B. Jussupow, daß die Skizzen zu den beiden ersten Gemälden abgeschlossen seien und er mit der Ausführung der Gemälde im großen Format beginne.[4] Das vollständige Auftragsprogramm erwähnt Robert in einem Brief an Jussupow im Januar 1785: „... ich habe mit zwei großformatigen Gemälden begonnen, eines stellt den Brand Roms dar, den man durch eine Galerie mit Kolonnade sieht und der einen Widerschein auf sie wirft. Das andere stellt die berühmtesten Architekturdenkmäler des Languedoc und der Provence dar. Für die beiden anderen habe ich bis jetzt nur Skizzen ausgeführt, aber alle für sie bestimmten Figurenstudien sind nach der Natur angefertigt. Das eine stellt Monumente Roms dar, das andere Meisterwerke der Pariser Architektur."[5]

Im Herbstsalon 1785 stellte Hubert Robert zwei Bilder aus, die im Katalog als Eigentum des Comte du Nord aufgeführt wurden: *Der Brand Roms* und die *Sammlung antiker Denkmäler Frankreichs*. Aus dem Briefwechsel des Fürsten N. B. Jussupow mit H. Robert ist bekannt, daß die Absicht bestand, auf das zweite Gemäldepaar zu

Kat. Nr. 137
Hubert Robert
1733 Paris – 1808 Paris
Park mit Ruinen
Öl auf Leinwand
150 x 91 cm
Inv. Nr. CCh-3747-III, Gegenstück zu CCh-3748-III (Kat. 134)
Provenienz: 1926 mit der Sammlung des Barons Alexander Stieglitz, St. Petersburg, in die Eremitage überstellt, seit 1963 in Pawlowsk
Ausstellungen: *Legacy of a Czar and Czarina*. Miami, New York 1995-1996

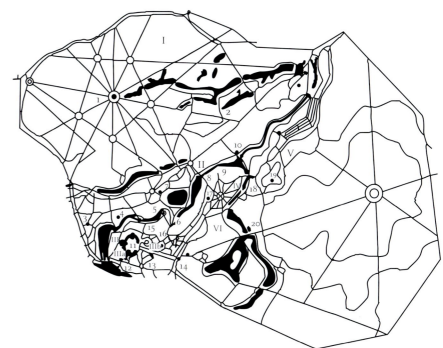

Kat. Nr. 138 a

Park Pawlowsk

I. Großer Stern
 1. Runder Saal
 2. Venus-Teich

II. Flußtal der Slawjanka
 3. Apollo-Kolonnade
 4. Kaltes Bad
 5. Tempel der Freundschaft
 6. Gußeiserne Brücke
 7. Große Kaskade
 8. Visconti-Brücke
 9. Amphitheater
 10. Pil-Turm

III. Zentralbezirk
 11. Schloß Pawlowsk

IIIa. Privater Garten
 12. Pavillon der Drei Grazien
 13. Voliere
 14. Denkmal für Maria Fjodorowna

IIIb. Die Großen Kreise
 15. Große Steintreppe
 16. Freilichttheater

IV. Alte Silvia
 17. Denkmal für die Eltern

V. Neue Silvia
 18. Apollo-Musagète
 19. Mausoleum Pauls I.
 20. Rosenpavillon

VI. Paradefeld

Kat. Nr. 138
Autor unbekannt
Generalplan von Schloß Pawlowsk, nach 1793 und vor 1799
Feder, Tusche, Aquarell
62,5 x 74 cm
Rechts oben: *Plan von Pawlowsk*
Inv. Nr. Č-1052
Provenienz: Schloß Pavlovsk
Erstveröffentlichung

Aus dem Plan sind die von Vincenzo Brenna vorgenommenen Veränderungen der Parkplanung ersichtlich: Die Teiche entlang des Flusses Slawjanka sind geometrisch regelmäßig angeordnet, auch das Amphitheater sowie die halbrunden Seitenflügel des Schlosses sind bereits vorhanden. Eingezeichnet ist zudem die Ruine neben dem Schloß, die Brenna 1799 durch einen regelmäßig gestalteten Teil des Parks ersetzte. *O. L.*

DER PARK — 201

verzichten. Dennoch wurde das dritte Bild aus der erwähnten Serie, die *Sammlung antiker Denkmäler Roms*, gemalt und zusammen mit der *Triumphbrücke*, mit der es ein Paar bildete, nach Rußland gesandt. Nach ihrem Eintreffen in Rußland wurden diese Gemälde immer als eine zusammengehörige Serie betrachtet. Als man sie von Pawlowsk nach Gatschina, ins Michail-Schloß und wieder zurück brachte, wurden sie niemals voneinander getrennt; auch in alten Katalogen stellten sie immer einen einheitlichen Werkkomplex dar. Diese Serie, eine der besten in Roberts Werk, schmückt bis heute den von Cameron gestalteten Tanzsaal in Schloß Pawlowsk.[6]

Nach der Rückkehr von ihrer Reise widmete sich Maria Fjodorowna mit ganzer Kraft dem Schloß und Park von Pawlowsk. Gegen 1784 vollendete Cameron den Bau des Schlosses im Stile Palladios. 1786 wurde der schottische Baumeister von dem Italiener Vincenzo Brenna abgelöst, der die Gestaltung des Schloßinterieurs entsprechend dem Geschmack und den Wünschen der Besitzer von Pawlowsk vorantrieb. Das Großfürstenpaar wollte die Eindrücke seiner Reise in der Gestaltung und Einrichtung der Säle festhalten. Die zahlreichen kunstvollen Einrichtungsgegenstände, die sie in Europa erworben hatten, schmückten ebenso wie die Geschenke von Königen und Prinzen der europäischen Staaten viele Säle des neuen Gebäudes. In dieser Hinsicht ist Pawlowsk ein einzigartiges Beispiel für die ensembleartige Gestaltung des Interieurs im neuen europäischen Stil. Was die Gemälde H. Roberts betrifft, so gelangte bereits in den 80er Jahren des 18. Jahrhunderts eines seiner Gemäldepaare aus dem Winterpalast von Katharina II. nach Pawlowsk. Hierbei handelte es sich um zwei frühe Landschaftsgemälde: *Landschaft mit Fluß* und *Landschaft mit Wasserfall*. Wesentlich später, bereits nach dem Tod Pauls I., erwarb Maria Fjodorowna zwei weitere Werkpaare von H. Robert, den *Elisée-Garten mit französischen Denkmälern* und die *Apollo-Grotte in Versailles* (in den 30er Jahren des 20. Jahrhunderts verkauft, derzeit im Frick Museum in Pittsburgh, USA), außerdem den *Apollo-Saal des Louvre* (Kat. 100) sowie den *Laokoon-Saal des Louvre* (Kat. 96), die bis heute zur historischen Sammlung von Pawlowsk gehören.

Gemäß den handschriftlichen Gemäldekatalogen von Schloß Pawlowsk aus der Mitte des 19. Jahrhunderts gab es in Pawlowsk zwölf Gemälde von Hubert Robert. Heute sind es ebenfalls zwölf, allerdings nicht genau dieselben, denn vier Werke wurden in den 30er Jahren des 20. Jahrhunderts über das sogenannte Antiquariat verkauft und durch Werke aus anderen Sammlungen ersetzt. In der Entwicklung der Garten- und Parkbaukunst nimmt Pawlowsk eine Sonderstellung ein. Das gesamte Slawjanka-Tal ist als eine Reihe von aufeinanderfolgenden Landschaftsbildern komponiert. Sie sind nach allen Regeln der dekorativen Kunst mit Kulissen, Proszenien und Hintergründen ausgestattet, eine Gestaltungsmethode, die sowohl in der Landschaftsmalerei als auch in den Gartenanlagen von Hubert Robert besonders ausgeprägt war. Eben dieses Prinzip ist charakteristisch für die Gartenlandschaft von Pawlowsk. Maria Fjodorowna, von Kindheit an erzogen im Geist der Ideale Jean-Jacques Rousseaus, mit dem ihr Vater befreundet war, besuchte während ihres Aufenthalts in Frankreich das Grab des Philosophen in Ermenonville. Die Pappelinsel und besonders das Denkmal des Philosophen, das nach einem Entwurf von Hubert Robert gestaltet wurde, hinterließen einen bleibenden Eindruck in ihrer sentimentalen Seele, und dies spiegelt sich vielfach in den Landschaften des Parks von Pawlowsk wider.

Der Familienhain an einer Biegung der Slawjanka mit der Schicksalsurne im Zentrum (Kat. 167) und die Insel unter der Steinbrücke, wo 1804 das Denkmal für ihre verstorbene Tochter Helene Pawlowna (Kat. 152) errichtet werden sollte, sind Parallelen zur Pappelinsel in Ermenonville mit dem Denkmal von J.-J. Rousseau.

Die zahlreichen Kaskaden, von denen nur Darstellungen auf alten Stichen und Aquarellen erhalten sind (Kat. 135, 166), sahen aus, als seien sie von Roberts Leinwänden herabgestiegen. An einer malerischen Stelle des Slawjanka-Tals wurden die Ruinen gebaut, ein dekorativer Bau und ein Zeugnis der Begeisterung für die „Ruinen" H. Roberts. Die Ruinenbrücke, errichtet an den Teichen im Bereich der Alten Sylvia, erinnert an die rustikale Brücke (ponte rustique), die Robert im Park von Méréville erbaute. Die eindrucksvollste Verkörperung eines Bildes im Geiste Roberts wurde jedoch die Apollo-Kolonnade (Kat. 145-148). So wurde der Apollo-Tempel genannt, nachdem er ans Ufer der Slawjanka verlegt und zu seinen Füßen eine Kaskade angelegt worden war. Während eines Gewitters im Mai 1817 wurde das Fundament der Kolonnade unterspült, und ein Teil der Säulen über der Kaskade stürzte ein. Auf diese Weise entstand eine natürliche Ruine, von der Maria Fjodorowna begeistert war. Die Landschaft um die Kolonnade erhielt nun eine noch romantischere Anmutung.

Der französische Wissenschaftler Louis Réau, der Anfang des 20. Jahrhunderts als erster begann, das Erbe Hubert Roberts in Rußland zu erforschen, und der auf die reiche Sammlung an Gemälden des Künstlers in Pawlowsk, Gatschina, Zarskoje Selo und Archangelskoje hinwies, schenkte dem typisch Robertschen Charakter der Parklandschaften von Pawlowsk besondere Beachtung. Er schrieb: „... es ist möglich, daß Hubert Robert, der als Ruinenmaler in Rußland einen gewissen Einfluß besaß, dort ebenso als Gestalter von Gartenanlagen Schule gemacht hat. Wenn man im beeindruckenden Park von Pawlowsk, einem Juwel der Gartenkunst, lustwandelt, glaubt man sich inmitten einer Landschaft von Hubert Robert."[7]

Die Reise des Großfürsten Paul und der Großfürstin Maria Fjodorowna nach Westeuropa, ihre persönlichen Eindrücke von den Geschichts- und Kulturdenkmälern wie auch von den neuesten Tendenzen in der Architektur, in der Parkgestaltung und dekorativen Kunst förderten in wesentlichem Maße die Entstehung des Ensembles aus Schloß und Schloßpark Pawlowsk, das ein Musterbeispiel für den vollendeten Stil am Ende des 18. Jahrhunderts ist.

Kat. Nr. 139
Gawriil Sergejewitsch Sergejew
1765/66 – 1816
Blick auf den Marienthaler Teich, 1799
Blatt aus dem „Atlas des Schlosses Pawlowsk samt Gärten,
Menagerien und allen darin befindlichen Bauten. 1793"
Feder, Pinsel, Tusche, Aquarell
42,4 x 56,6 cm
Links unter dem Bild: *Aufgenommen und gezeichnet Ingenieur Sergeev*
Inv. Nr. Č-1043/3
Provenienz: Schloß Pawlowsk

Gawriil Sergejew stand in Diensten des Landkartendepots. Ohne wirkliche Berufsausbildung erwarb er die Fertigkeit, topographische Ansichten nach der Natur zu zeichnen. Bekannt sind seine Ansichten Kareliens, Moldawiens, Finnlands und des Kaukasus sowie jene aus der Türkei und Persien, die während der persischen Expedition W. A. Subows (1796-97) entstanden. *O. L.*

Abbildung folgende Doppelseite: Die Visconti-Brücke liegt im Tal der Slawjanka. Sie wurde 1808 nach Woronichins Entwürfen von dem Steinmetz Carlo Visconti gefertigt. Von allen zwölf Brücken über die Slawjanka ist sie die größte und mächtigste. Aus dem Kalkstein, mit dem sie verkleidet ist, sind auch die Schmuckvasen auf den Brückenpfeilern und Sockeln angefertigt. Mit der stillen Wasserspiegelung ergänzt sich der Bogen zu einem schönen Oval. Hier an dieser Brücke endete der von Cameron geschaffene Abschnitt des Slawjanka-Tals.

DER SCHLOSSPARK ZU PAWLOWSK

– ein Musterstück russischen Kunstgeschmacks aus der Zeit des ausgehenden 18. und des beginnenden 19. Jahrhunderts

Ljudmila W. Kowal

Unter den vielfältigen Gärten und Parkanlagen Europas mit dem Flair verschiedener Epochen und Stilrichtungen gebührt dem Schloßpark zu Pawlowsk ein besonderer Platz in der Kunst der Garten- und Parkgestaltung aus der Zeit des ausgehenden 18. und des beginnenden 19. Jahrhunderts.

Er ist mit ca. 600 ha nicht nur in Rußland, sondern europaweit einer der größten Landschaftsparks, auffällig in seiner konsequenten Gliederung, ein Ensemble aus sieben verschiedenen Landschaften: Schloßbereich, Slawjanka-Tal, Großer Stern mit dem Tal der Teiche, Alte Sylvia und Neue Sylvia, Paradefeld und Weiße Birken. Jeder einzelne dieser Bereiche hat seine eigene künstlerische Ausdruckskraft, seine eigene Stimmung, deren Zusammenspiel dem Schloßpark seine eindrucksvolle Atmosphäre verleiht.

Die Denker der Aufklärung, allen voran Jean-Jacques Rousseau, feierten die Vernunft und strebten nach Harmonie zwischen Mensch und Natur. Dies führte rasch zu einer neuen Ästhetik in der Garten- und Parkgestaltung: So werden der Landschaft des Schloßparks Pawlowsk architektonische Bauwerke zugeführt, die dann Teil des Gesamtbildes werden. Pavillons, Brücken, Skulpturen, sie alle verstärken die Empfindungen, die der Park hervorruft: Strenge, aber elegante klassizistische Bauwerke lassen die hohe Kunst der Antike anklingen, sentimentale, pastorale kleine Hütten werden zu Abbildern der Ideen des Rousseauismus, schattige Alleen mit Kaskaden, Bächen und scheinbar verloren im Gras liegenden künstlichen Ruinen zeugen von den ersten Tendenzen zur Romantik. Im hellen, offenen und prunkvollen Schloßbereich wird wiederum alles der feierlichen Etikette des Schlosses untergeordnet.

Am 25. Mai 1782 wurde nach dem Entwurf von Charles Cameron der Grundstein für das große steinerne Schloß gelegt, das 1784 vollendet wurde. In dieser Zeit begann auch die Gestaltung des Schloßbereichs nach den Ideen Camerons. Zum Schloßplatz führt die breit angelegte Große Lindenallee, die sich aus drei Bahnen zusammensetzt. Auf der breiten Mittelbahn sollten Kutschen fahren, die beiden Seitenbahnen waren Spaziergängern vorbehalten. Schon zu Zeiten des Großfürstenhauses Paullust war diese Allee als Hauptzufahrtsstraße entworfen worden, auf dem Plan erschien sie jedoch erst 1784 unter der Bezeichnung Große Straße (Kat.

Kat. Nr. 140
Alexander Bugrejew
1745 – ?
Blick auf den Marienthaler Teich und das Schloß, 1803
Blatt aus dem „Atlas des Schlosses Pawlowsk samt Gärten, Menagerien und allen darin befindlichen Bauten, der Stadt und den Feldern des Jahres 1803 entsprechend"
Feder, Pinsel, Tusche, Aquarell
42,4 x 58 cm
Bez. unten mit Tinte: *nach der Natur gezeichnet Bugreev*
Inv. Nr. Č-1044/2
Provenienz: Schloß Pawlowsk
Ausstellungen: *Splendeur et intimité à la cour impériale de la Russie 1780-1820*. Montbéliard 1995

Im März 1799 übermittelte Admiral G. G. Kuscheljow, der Gründer und Leiter des sog. Landkartendepots, den Befehl des Zaren, „unter besonderer Aufsicht des Vize-Präsidenten desselben, des wirklichen Staatsrats Bashenow unverzüglich mit der Sammlung aller großen Gebäude zu beginnen". Wohl in Erfüllung dieses Ukas wurden einige Atlanten der Landsitze angefertigt, darunter auch die Atlanten von Pawlowsk aus den Jahren 1799 und 1803. Auch nach dem Tode Bashenows und der Pensionierung Kuscheljows wurden diese Arbeiten fortgeführt. Ausgeführt wurde der Auftrag von einem Angestellten des Landkartendepots, Alexander Bugrejew, über den bis heute keine biographischen Angaben vorliegen.

Der Marienthaler Teich wurde nach einem kleinen Sommerpalais namens Marienthal benannt, das sich an seinem Ufer befand. Das Palais diente, wie der Name besagt, Maria Fjodorowna als Aufenthaltsort bei ihren Besuchen in Pawlowsk, bevor der Schloßbau bezugsfertig war. Später wurde an diesem Ort die Festung Bip gebaut. Auf der Schloßseite führt eine Treppe von der Gitterlaube (Architekt Vincenzo Brenna, 1792) zum See hinunter. *O. L.*

Kat. Nr. 141
Tasse mit Abbildung der Festung Bip, Untertasse mit Abbildung des Schlosses Pawlowsk
Rußland, St. Petersburg, Kaiserliche Porzellanmanufaktur, 1797-1800
Porzellan, Kobaltüberzug, mehrfarbige Aufglasurbemalung, goldstaffiert
Höhe der Tasse: 6,7 cm; Durchmesser der Untertasse: 13,6 cm
Marke der Regierungszeit Pauls I.: goldenes P (kyrillisch) mit Krone
Inv. Nr. CCh-7899\1,2-I
Provenienz: Schloß Pawlowsk
Ausstellungen: *La table des tsars. Porcelaines du palais de Pavlovsk.* Montbéliard 1994; *Pavlovsk. Zolotoj vek russkoj kul'tury.* Moskau 1998; *Splendore della Corte degli Zar.* Turin, Rom 1999

Zylindrische Tasse mit Ohrhenkel. Ein großer Teil ihrer Oberfläche ist mit Kobalt überzogen, der den Hintergrund für einen Golddekor aus geschwungenen Akanthusblättern bildet. Am oberen Rand verläuft ein Band aus purpurfarbenen Rosen mit feinen grünen Blättern, am unteren Rand ein Ornament aus zwei weißen, einander umschlingenden Bändern. Die ovale Kartusche zeigt ein Landschaftsbild mit der Festung Bip. Es ist einem Stich nach einem Bild von S. F. Schtschedrin nachempfunden.
Die Untertasse hat eine flache Fahne. Sie weist den gleichen Dekor auf wie die Tasse. In den goldenen Ornamentranken über der Abbildung des Schlosses findet man das Monogramm Pauls I.: P (kyrillisch) I mit Krone. Die Abbildung des Schlosses ist einem Stich von I. Tscheski nach einem Bild von S. F. Schtschedrin nachempfunden.
Form und Maltechnik (Farbpalette und Verbindung von Kobalt-Hintergrund und klassischem goldenen Ornament) sind charakteristisch für die Erzeugnisse der Kaiserlichen Porzellanmanufaktur der kurzen Regierungszeit Pauls I. *E. N.*

Kat. Nr. 142
Teller mit Motiv: Blick vom Ufer der Slawjanka auf Schloß Pawlowsk
Rußland, St. Petersburg, Kaiserliche Porzellanmanufaktur, 20er Jahre des 19. Jahrhunderts
Porzellan, mehrfarbige Aufglasurbemalung, goldstaffiert
Durchmesser: 23,5 cm
Keine Marke; auf der Rückseite Text mit schwarzer Aufglasurfarbe: *Ansicht des Schlosses in Pavlovsk*
Inv. Nr. CCh-7362-I
Provenienz: Schloß Pawlowsk
Ausstellungen: *La table des tsars. Porcelaines du palais de Pavlovsk.* Montbéliard 1994; *Kultura i sztuka Rosji konca XVIII i poczatku XIX wieku.* Szczecin, Poznan 1996; *Splendore della Corte degli Zar.* Turin, Rom 1999

Ein kleiner, flacher weißer Teller auf ringförmigem Fuß. Um seinen Spiegel herum verläuft eine breite Goldborte, die weiße Fahne schmückt ein Ornament aus rosafarbenen Blütenrosetten, wobei von jeder Rosette ein geschwungener goldener Zweig ausgeht. Die Abbildung ist einem Stich von A. G. Uchtomski nach einem Bild von S. F. Schtschedrin nachempfunden.
Die Kaiserliche Porzellanmanufaktur stellte ab den 90er Jahren des 18. Jahrhunderts eine ganze Serie von ähnlichen Tellern in verschiedenen Farbvarianten (Borte, Fahnenbemalung) her. Diese Teller zeigen eindrucksvolle und beliebte Darstellungen der St. Petersburger Parks, die um die Zarenresidenzen herum entstanden, sowie Darstellungen der Stadt St. Petersburg. Besonders vielfältige Tellerdarstellungen dieser Art entstanden in den 20er und 30er Jahren des 19. Jahrhunderts. Im Schloß Pawlowsk finden sich zahlreiche verschiedene Exemplare dieser Serie. Teller derselben Art befinden sich auch im Bestand der Staatlichen Eremitage. *E. N.*

114). Sie führt die Hauptachse des Schlosses fort, die das Schloß in zwei symmetrische Hälften teilt. Eine ähnliche Symmetrie plante Cameron auch für den zum Schloß gehörigen Paradebereich des Parks.

1782 baute Cameron in der Nähe des Schlosses die Voliere (Kat. 158, Abb. S. 237), und es gelang ihm, das Sonnenlicht durch einen 50-Grad-Winkel zur Allee optimal auszunutzen. Dieser sonnendurchflutete Pavillon ist beinahe eine Miniaturausgabe des Schlosses: ein zentraler Saal mit Oberlicht, geschmückt von zwei Galerien und pflanzenumrankten Gittern, und seitlich davon einzelne Zimmer. Ursprünglich hatte man versucht, kleine Singvögel in der Voliere zu halten, bald jedoch wurde sie einfach zum Ort der Erholung. Maria Fjodorowna suchte den elegant möblierten Saal gerne auf, um dort zu malen oder sich einer Handarbeit zu widmen. In den Seitenzimmern wurde eine antike Sammlung mit Reiseandenken angelegt.

Um die Voliere herum entstand 1785 eine Anlage nach Art der französischen Gärten, im Süden des Bereichs wurden zwei Labyrinthe angelegt: eines aus Blumen und eines aus Büschen mit einer schneckenförmigen kleinen Akazienallee in der Mitte. Im Norden entstand eine kleine schattige Allee mit einem Gitter aus beschnittenen Lindenbäumen, dazwischen eine prachtvolle Allee mit Marmorbüsten, im Osten am Rande der Großen Lindenallee ein Blumengarten nach einem Gemälde von François Viollier. 1793 wurde hier jedoch ein Holztheater (Kat. 114) errichtet, in dem europäische Opernensembles ebenso auftraten wie Amateurschauspieler aus dem Bekanntenkreis des Großfürsten Paul, 1856 mußte es jedoch nach einem Feuer abgerissen werden. 1913 sollte an dieser Stelle Maria Fjodorowna mit einer Arbeit des Bildhauers und Professors der Akademie der Künste Beklemischew ein Denkmal gesetzt werden: In einem Pavillon nach einem nicht realisierten Entwurf K. Rossis steht eine Bronzestatue der sitzenden Zarin.

Unter dem Enkel Maria Fjodorownas, dem Großfürsten Konstantin, wurden bei der Voliere eine Schaukel, ein Mast und ein Tennisplatz errichtet – ein Sportplatz für die Kinder der Großfürstenfamilie. 1863 wurde gegenüber der Voliere, wo Maria Fjodorowna Blumenbeete hatte anlegen lassen, ein Teich mit der Statue einer Badenden Venus (Kopie der Venus von A. Canova (Abb. S. 366)) angelegt, der seitdem Venusteich genannt wurde.

Auf der anderen Seite der Großen Lindenallee sieht man auf dem Plan von Pawlowsk aus dem Jahre 1779 nur Wald mit einigen gewundenen Wegen. Einer dieser Wege führte an den Rand des Parks, hinter dem weitere Wälder lagen. Hier errichtete Cameron auf Wunsch Maria Fjodorownas 1782 ein Bauwerk im Stil einer Schweizer Hirtenhütte: den Milchhof. Der Milchhof ist aus großen Steinen gebaut, sein strohgedecktes Dach wird von gewaltigen Holzstämmen gestützt, so daß um das Gebäude herum ein Vordach entsteht. Solche pastoralen Gebäude waren eine Modeerscheinung des ausgehenden 18. Jahrhunderts. Ursprünglich waren dem Milchhof auch ein Geflügelhof sowie ein Viehhof angegliedert, in dem neben englischen und holländischen Kühen auch spanische Schafe gehalten wurden. Später, als im Zuge einer Erweiterung des Parks – mittlerweile Zarenresidenz – an dessen Peripherie eine neue Farm (Kat. 160, 164) errichtet wurde, sind Vieh- und Geflügelhof dorthin ausgelagert worden.

Maria Fjodorowna hatte es sich nach dem Vorbild der französischen Königin Marie Antoinette zur Gewohnheit gemacht, gleich einer Hirtin gemeinsam mit ihren Hofdamen die Kühe zu melken, um damit der Natur nahe zu sein. Außerdem führte sie einen neuen Brauch ein: Aus der Viehwirtschaft des Zaren bewirtete sie als freundliche Gastgeberin alle Gäste des Milchhofs mit Milch, Sahne und Quark, die in Krügen und Schüsseln in einem speziellen Raum gelagert waren. Mittags läutete eine Glocke vom Dach des Milchhofs zum Zeichen, daß das Mahl bereitet war. In einem kleinen Salon mit chinesischem Porzellangeschirr konnte man aus einem in der Mitte aufgestellten großen Porzellangefäß – ähnlich einem Samowar – frisch gemolkene Kuhmilch kosten. Manchmal ging die Zarin auch zu den Spaziergängern in die nahegelegenen Alleen, um sie zu bewirten. Dieser Brauch wurde auch nach Maria Fjodorownas Tod noch einige Zeit unter ihrem Sohn, dem Großfürsten Michail, fortgeführt.

Ein anderer Weg führte zur Charbonnière (Köhlerhütte). Dieses Gebäude aus den frühen Tagen des Parks war eine aus vertikalen Balken errichtete Hütte, deren armseliges Äußeres als Kontrast zu ihrem eleganten Inneren gedacht war. Die Wände waren mit flämischem Tuch überzogen, die Möbel weiß lackiert, und ein Klavichord stand dort: Die Charbonnière war ein Ort der Erholung und der Musik. Bis 1798 blieb die Charbonnière an diesem Ort, dann gab V. Brenna die Anweisung, sie zum Großen Stern zu verlegen, da Paul I. diesem Ort ein der Zarenresidenz angemessenes Aussehen verleihen wollte.

Am 19. August 1798 schrieb Brenna in seiner Anweisung: „Nach neuem Plan ist der Wald zu roden, sind die Wurzeln auszuheben und ist die Stelle für die verzeichneten drei Kreise zu glätten. Es sind eineinhalb Arschinen hoch Erde von den ausgehobenen Stellen herzuschaffen." Auf diese Weise entstanden die Großen Kreise (Abb. S. 250): Als einzigartige Säle stehen sie unter freiem Himmel, umgeben von Eichen, Linden und Buschwerk. Eine Eichenallee verbindet zwei Säle wie eine Zimmerflucht, die an die Zimmerfluchten im Schloß erinnern. Nach der Tradition der italienischen Terrassengärten errichtete Brenna in jedem Kreis eine Terrasse, deren Stufen zum Schwerpunkt des Ensembles führen: zu einer Marmorstatue auf hohem Sockel. Die beiden Skulpturen *Justitia* und *Frieden* von Pietro Baratta, einem italienischen Meister des späten 17. Jahrhunderts, hatte schon Peter der Große für den Sommergarten erworben. Nun wurden sie nach Pawlowsk gebracht und in die Großen Kreise integriert. Die dritte und kleinste Terrasse schmückt eine Vase aus Marmor.

Die Große Lindenallee führte ursprünglich vom Schloß zu einem Eisentor: dem sogenannten Tor von Étupes. Von hier aus führte eine Straße nach Étupes, einem Dorf, welches im Andenken an das Sommerhaus der Eltern Maria Fjodorownas in der Nähe ihrer Heimat Montbéliard so genannt worden war. Das Tor kennzeichnete die ursprüngliche Außengrenze des Parks und wurde erst später hinter das Paradefeld zur Straße nach Ishorsk verlegt.

Durch besonders feine Schönheit zeichnet sich im Schloßbereich der Privatgarten an der südlichen Schloßfassade aus. Er ist von einem Zaun umgeben und bildet so – abgetrennt von der großen Parkanlage – eine 530 m² große blühende Oase. P. Swinjin, Autor des Buches *Sehenswürdigkeiten in Petersburg und Umgebung* bezeichnet ihn als Reich der Flora.

Der Garten (Abb. S. 190) war gleichzeitig mit dem Schloß angelegt worden und ist 1784 erstmalig auf dem Plan des Parks verzeichnet. Der von Cameron und Viollier entworfene Privatgarten ist eng mit dem Inneren des Schlosses verbunden. Seine Zentralallee liegt auf derselben Achse wie das Familienzimmer (Abb. S. 347) im Erdgeschoß und das Boudoir (Abb. S. 354) Maria Fjodorownas im Paradebereich des Schlosses. Auf der einen Seite der Allee stehen Linden *en quinconce*, auf der anderen liegt ein Labyrinth aus geometrisch angelegten Pfaden mit Beeten von blühenden Büschen dazwischen. Maria Fjodorowna nutzte den Privatgarten als botanischen Garten und setzte dort exotische Pflanzen aus verschiedenen Ländern Europas und Asiens ein. Jedoch konnten sich nicht alle Pflanzen an das rauhe Klima gewöhnen: So erfroren im Winter 1818 beispielsweise die Pyramidenpappeln entlang der Allee.

Ein quer über die Allee verlaufendes Holzgitter trennte den Privatgarten vom Blumenparterre, welches sich wie ein prachtvoller Teppich entlang des Erdgeschosses ausbreitet und in mehreren Terrassen und Treppen scheinbar mit den Zimmern im Erdgeschoß verschmilzt. Weitere Blickfänge im Privatgarten sind eine Marmorskulptur sowie Büsten und Vasen.

Im Süden reicht der Garten bis an die zwischen dem Schloß und dem Fjodorowski-Trakt verlaufende Straße nach Zarskoje Selo. An dieser Stelle sieht man auf dem Plan von 1791 die Steinterrasse, die Paul I. so gern aufsuchte, um dort zu arbeiten oder zu ruhen. Im Jahre 1800 wurde hier ein Säulenpavillon mit Kolonnade nach dem Entwurf Camerons errichtet. Auf einem der Giebel ist ein Relief Apollos, des strahlenden Schutzherren von Pawlowsk, zu sehen: eine Arbeit des Bildhauers I. Prokofjew. 1803 wurde der Pavillon um die Skulptur der Drei Grazien des italienischen Meisters Paolo Triscorni erweitert, die dem Pavillon fortan seinen Namen gab (Abb. S. 8).

Von der Terrasse des Pavillons der Drei Grazien aus eröffnet sich ein Rundblick auf den Marienthaler Teich, wo der landschaftlich schönste Teil des Parks beginnt: das Slawjanka-Tal (Abb. S. 234). Im Westen an den Großen Stern und das Tal der Teiche grenzend, im Osten an die Alte und die Neue Sylvia, bildet es das Zentrum der von Cameron entworfenen Parklandschaften. Die Slawjanka, ein Fluß im Kreis Ishorsk, war bereits im Altertum schiffbar und war zu Groß-Nowgoroder Zeiten Bestandteil des Weges *Von den Warägern zu den Griechen*. Im 17. Jahrhundert waren hier schwedische Befestigungen entstanden, auf deren Wällen links der Slawjanka später eines der ersten Schlösser von Pawlowsk gebaut wurde: Marienthal, ein zweistöckiges Holzgebäude mit einer Rotunde auf dem Dach. Während sein Pendant Paullust nach dem Bau des großen Steinschlosses abgerissen wurde, blieb Marienthal noch bis 1797 erhalten, um dann von Brenna in die Festung Bip (Kat. 153, 154) umgewandelt zu werden, die zu einem der Lieblingsobjekte Pauls I. wurde und bis 1811 Sitz der Garnison war. Die turmbewehrte Festung lag, umgeben von einem Wassergraben, gleichsam auf einer Insel, nur durch eine Zugbrücke vor ihrem Haupttor mit der Außenwelt verbunden.

Nicht weit von Marienthal stand die Jagdhütte Krak. Sie stammt noch aus der Zeit, als die Wälder am Slawjanka-Ufer zu den Jagdgründen Katharinas II. gehörten.

Hinter Marienthal wird die Slawjanka etwas breiter, und bereits 1780 wurden hier Orangerien errichtet. Sie waren der Stolz Maria Fjodorownas: In 21 Abteilungen wuchsen über 50.000 Pflanzen; sogar Apfelsinen und Ananas wurden hier geerntet. Gegenüber der Orangerie wurde 1782 auf Befehl des Großfürsten Paul auf einer Anhöhe ein Denkmal für die Gründung Pawlowsks (Kat. 109, Abb. S. 258) errichtet (Cameron): In einem Pyramidenstumpf auf Steinpodest ist eine Tafel mit den Worten „Pawlowsk, Baubeginn: 1777" eingelassen. All diese Bauwerke stehen inmitten einer wunderschönen Hügellandschaft, die die Bezeichnung Schweizer Berge erhielt.

1790 wurde das Flußbett der Slawjanka unter großem Aufwand verbreitet, um den von Maria Fjodorowna immer als See bezeichneten Marienthaler Teich anzulegen. Am Ufer des Sees entstand die Admiralität mit Jachten und Booten, auf denen die Besitzer Pawlowsks und ihre Gäste gerne Spazierfahrten unternehmen (Kat. 139). Das Ensemble des Marienthaler Teichs wurde vollendet mit dem Bau einer Anlegestelle aus Stein mit Löwenfiguren und Treppen, deren höchste Stufe eine teilweise vergitterte Kolonnade (Kat. 140) schmückt (V. Brenna, 1792-1795).

Da jedoch durch den natürlichen Verlauf der Slawjanka kein ausreichender Wasserstand des Teiches sichergestellt werden konnte, wurde ein Staudamm errichtet, über den die sogenannte Große Steinbrücke führte (nach einem Entwurf des Ingenieurs Bauer). Hinter der Brücke, wo die Breite der Slawjanka nicht ausreichte, leitete Cameron eine große Überflutung ein, die das Flußbett erheblich erweiterte. Ein ruhiges Wasser konnte entstehen, auf dessen Oberfläche sich nun hoheitsvoll die Westfassade des Schlosses widerspiegelt (Abb. S. 227). Nach der Brücke teilt sich der Fluß in zwei Arme mit einer Insel in der Mitte. An dieser Stelle wurde das Denkmal für Helene Pawlowna, Herzogin von Mecklenburg-Schwerin, errichtet, die in der Blüte ihrer Jugend und Schönheit aus dem Leben geschieden war (Kat. 152).

Kat. Nr. 143
Gawriil Sergejewitsch Sergejew
1765/66 – 1816
Blick auf den Tempel der Freundschaft in Pawlowsk, 1799
Blatt aus dem „Atlas des Schlosses Pawlowsk samt Gärten, Menagerien und allen darin befindlichen Bauten. 1793"
Feder, Pinsel, Tusche, Aquarell
42,4 x 56,6 cm
Links unter dem Bild: *Aufgenommen und gezeichnet Ingenieurhauptmann Sergeev*
Inv. Nr. Č-1043/3
Provenienz: Schloß Pawlowsk

Abbildung übernächste Seite: Der Tempel der Freundschaft, 1782 von Charles Cameron erbaut, steht erhöht an einer jähen Wendung der Slawjanka. Vor ihm führt die von Maria Fjodorowna mitgestaltete Gußeiserne Brücke über den Fluß. Den Tempel, noch vor Beginn des Schloßbaus entstanden, haben Paul und Maria Fjodorowna ihrer Mutter und Schwiegermutter aus Dankbarkeit für die Schenkung von Pawlowsk gewidmet. Über der Eingangstür in den Tempel stand in Goldlettern: „In Liebe, Verehrung und Dankbarkeit". Im Inneren des Tempels stand dem Eingang gegenüber eine Porträtstatue Katharinas II., zuerst in Gestalt der Göttin Minerva, ab 1792 als Ceres (Gipsfigur von Dominique Rachette, 1938 zerstört). An der Außenwand des Tempels zwischen den Säulen medaillonartige Flachreliefs von Rachette, deren allegorische Figuren die Tugenden der Stifterin preisen: Personifizierung der Freigebigkeit, die siegbringende Minerva, Aushändigung der Schenkungsurkunde der Besitzungen von Pawlowsk, Allegorie der Gerechtigkeit.
Im Tempel der Freundschaft wurden kleine Konzerte gegeben, auch pflegte die kaiserliche Familie bisweilen hier zu dinieren, wofür unweit des Tempels eine Küche, versteckt in einer künstlichen antiken Ruine, eingerichtet worden war.

Kat. Nr. 144
Gobelin *Tempel der Freundschaft in Pawlowsk*
Petersburger Gobelinmanufaktur, St. Petersburg, Rußland, 90er Jahre des 18. Jahrhunderts
Gewebt, Wolle, Seide
139 x 153 cm, 9-10 Kettfäden pro cm
Inv. Nr. CCh-4842-II
Provenienz: Schloß Pawlowsk, aus dem Staatlichen Russischen Museum 1959
Ausstellungen: *Splendeur et intimité à la cour impériale de Russie 1780-1820*. Montbéliard 1995

Die Landschaft mit dem Tempel der Freundschaft ist in einem Tondo dargestellt, das von einem quadratischen, vergoldeten Rahmen umschlossen ist. Der Rahmen ist an den Innen- und Außenrändern mit antikisierenden Ornamenten verziert, in seinen Ecken befinden sich gekreuzte Zweige. Der Pavillon Tempel der Freundschaft wurde 1780-1782 nach einem Entwurf des Architekten Charles Cameron am Ufer der Slawjanka erbaut. Diese Ansicht des Pavillons vom rechten Flußufer aus war unter den russischen Landschaftsmalern des 18. und 19. Jahrhunderts sehr beliebt. Die Darstellung auf diesem Gobelin entstand nach Motiven von Semjon Fjodorowitsch Schtschedrin (1745-1804), die dem letzten Jahrzehnt des 18. Jahrhunderts entstammen. Von 1800 bis 1828 befand sich der Gobelin im Michail-Schloß in Petersburg. 1828 wurde er zur Aufbewahrung in die Gobelinmanufaktur gebracht. 1884 befand er sich im Palast Peters des Großen und kam von dort 1912 in die Eremitage. Ab 1938 wurde er im Staatlichen Russischen Museum aufbewahrt und 1958 von dort ins Schloßmuseum Pawlowsk überstellt. *N. W.*

Auf dem dem Schloß gegenüberliegenden Ufer steht die Apollo-Kolonnade (Cameron, 1780-1782), eines der romantischsten Bauwerke des Schloßparks: eine an einen antiken Tempel erinnernde Doppelkolonnade aus dorischen Säulen mit einem Apollo-Musagètes in der Mitte (Kat. 145).

Die Kolonnade war ursprünglich auf einer Wiese nahe der Slawjanka errichtet worden. 1787 äußerte Maria Fjodorowna jedoch den Wunsch, die Kolonnade näher zum Fluß hin zu versetzen, gegenüber dem Schloß, und außerdem eine Kaskade entsprechend einer Zeichnung von Quarenghi anzulegen. Diese Idee wurde erst 1799 in die Tat umgesetzt. In der Kolonnade wurde ein bronzener Apollo von Belvedere aufgestellt, später jedoch durch eine Kopie aus Gips ersetzt, deren Platz wiederum schon 1826 eine weiß bemalte Kopie aus Gußeisen einnahm.

Die Kaskade war so eingerichtet, daß sie direkt unter der Kolonnade ihren Ursprung nehmend sich ihren Weg unter der Buckligen Brücke aus Tuffstein hindurch bahnte, um sich dann sprudelnd in die Slawjanka zu ergießen. Auf Aquarellen und Leinwandbildern aus dem ausgehenden 18. und dem beginnenden 19. Jahrhundert kann man das Motiv noch genau so bewundern (Kat. 135, 146). 1817 jedoch wurde das Fundament der Kolonnade über der Kaskade bei einem starken Gewitter so unterhöhlt, daß ein Teil der Säulen einstürzte und eine natürliche Ruine – ein malerisches Motiv – entstand, die sich wunderbar in die sentimentale Atmosphäre des Parks einpaßte (Kat. 147, 148). Der französische Dichter Émile Dupré de Saint-Maur besingt die Zerstörung der Kolonnade in einem Gedicht:

Je vois sur le coteau s'élever avec grâce
Un temple acrien, demeure d'Apollon:
Aux pieds du dieu, je vois une ruine
Dont l'effet pittoresque embellit la colline
Ces chapiteaux, ces frontons renversés
Ne m'offrent point le pénible assemblage
De débris fastueux par l'artiste entassés
La nuit, sous les coups de l'orage,
Ces marbres furent dispersés,
Et le hasard fit mieux que le gont le plus sage.

Das gesamte Slawjanka-Tal ist als eine Abfolge von Bildern geplant worden, gleich einer Theateraufführung, bei der der Architekt als Regisseur seine Akteure – Pavillons, Brücken und Bäume – kunstvoll vor großartiger grüner Kulisse in Szene setzt.

In der Szene der Apollo-Kolonnade gibt es zwei Kulissen: hier die kleine Insel bei der Brücke, dort den Familienhain (Kat. 167). Maria Fjodorowna hatte den Familienhain 1790 erdacht: Hier pflanzte sie Bäume zum Andenken an die Geburt ihrer Kinder und Enkelkinder und versah sie mit Schildern mit dem Namen des jeweiligen Kindes. Den letzten Baum pflanzte sie 1827, als ihr Enkel, der Großfürst Konstantin, geboren wurde, der zweite Sohn Nikolajs I. und spätere Besitzer von Pawlowsk.

Beim Familienhain macht die Slawjanka eine sanfte Biegung. Hier sind die beiden Ufer durch die steinerne Kentaurenbrücke miteinander verbunden (Kat. 135). Diese Brücke wurde 1796 unter dem Architekten Brenna als Ersatz für die ursprüngliche Holzbrücke errichtet. Anfänglich schmückten sie Gipsabgüsse von Kentauren aus der Villa Hadriana (heute im Capitol-Museum in Rom), die jedoch 1805 durch italienische Marmorfiguren aus dem 18. Jahrhundert ersetzt wurden; nach dem zweiten Weltkrieg fanden hier Nachbildungen aus synthetischem Material ihren Platz.

Direkt bei der Brücke steht als optische Abrundung des Bildes das Kalte Bad: ein kleiner rechteckiger Bau mit Satteldach und angrenzender Rotunde mit Oberlicht. Im 18. Jahrhundert befand sich in der Rotunde ein Schwimmbecken (Cameron, 1799). Nicht weit entfernt steht auch die bezaubernde Bucklige Brücke aus großen Tuffsteinblöcken, die älteste Brücke in Pawlowsk. Außerdem befand sich in unmittelbarer Nähe der Brücke die Eremitage oder Einsiedelei. Bereits 1778 war sie zum Andenken an eine ebensolche Einsiedelei in Étupes errichtet worden, ist jedoch aufgrund ihrer Baufälligkeit 1930 abgerissen worden.

Das nächste Landschaftsbild ist besonders reizvoll: der Tempel der Freundschaft (Cameron, 1780-1782) und die ihn umgebende Natur, in die er sich einpaßt (Kat. 143).

Bei der Grundsteinlegung des Tempels war der österreichische Kaiser Josef II. anwesend, der zu jener Zeit unter dem Namen Graf Falkenstein in Rußland zu Gast war. Maria Fjodorowna lag der Tempel so sehr am Herzen, daß sie sich auf ihrer Auslandsreise ausgiebig von dem aus Sachsen stammenden Schloßverwalter Karl Küchelbecker über den Verlauf der Bauarbeiten informieren ließ. Sie selbst schrieb ihm im April 1782 aus Turin: „Mein lieber Küchelbecker, alle Schönheit Italiens bereitet mir nicht so viel Freude wie die Kolonnade und der Tempel in Pawlowsk."

Dieser Tempel der Freundschaft besteht aus 16 kannelierten dorischen Säulen, die einen Rundbau mit niedriger Kuppel mit Oberlicht umgeben, und ist auf einer halbkreisförmigen Landzunge der Slawjanka errichtet worden. Cameron nutzte dieses natürliche Relief und erreichte ein vollkommenes Zusammenspiel von Architektur und Natur.

Aus der Nähe betrachtet macht der Tempel der Freundschaft einen hoheitsvollen, fast monumentalen Eindruck, gleich einem Tempel der Antike, wirkt jedoch gleichermaßen leicht und elegant, wenn man ihn vom gegenüberliegenden hohen Ufer aus betrachtet. Von der Großen Italienischen Treppe aus (Brenna, 1799) vermittelt er sogar den Eindruck, als schwebe er in der Luft.

Diese Treppe mit ihren 64 Stufen, den breiten Treppenläufen und ihren bronzenen und marmornen Löwenfiguren (Kat. 140, Abb. S. 234) ist Teil des Ensembles der Großen Kreise und stellt die Verbindung zwischen dem Slawjanka-Tal und dem prunkvollen Schloßbereich her.

Kat. Nr. 145
Gobelin *Apollo-Kolonnade in Pawlowsk*
Petersburger Gobelinmanufaktur, St. Petersburg, Rußland, 90er Jahre des 18. Jahrhunderts
Gewebt, Wolle, Seide
139 x 150 cm, 9-10 Kettfäden pro cm
Inv. Nr. CCh-4843-II
Provenienz: Schloß Pawlowsk, aus dem Staatlichen Russischen Museum 1959
Ausstellungen: *Splendeur et intimité à la cour impériale de Russie 1780-1820*. Montbéliard 1995

Die Landschaft mit der Apollo-Kolonnade ist in einem Tondo dargestellt, das von einem vergoldeten Rahmen umschlossen ist. Der Rahmen ist an den Innen- und Außenrändern mit antikisierenden Ornamenten verziert, in seinen Ecken befinden sich gekreuzte Lorbeerzweige. Die Apollo-Kolonnade wurde 1782-1783 nach einem Entwurf des Architekten Charles Cameron erbaut. Die Darstellung auf diesem Gobelin entstand nach Motiven von Semjon Fjodorowitsch Schtschedrin (1745-1804), die dem letzten Jahrzehnt des 18. Jahrhunderts entstammen.
Von 1800 bis 1828 befand sich der Gobelin im Michail-Schloß in Petersburg. 1828 wurde er zur Aufbewahrung in die Gobelinmanufaktur gebracht. 1884 befand er sich im Palast Peters des Großen und kam von dort 1912 in die Eremitage. Ab 1938 wurde er im Staatlichen Russischen Museum aufbewahrt und 1958 von dort ins Schloßmuseum Pawlowsk überstellt. *N. W.*

Kat. Nr. 146
Mosaik *Apollo-Kolonnade*
Mosaikmeister G. F. Weckler (?), St. Petersburg, Rußland 20er Jahre des 19. Jahrhunderts
Mosaikglas, Bronze; Römisches Mosaik; geprägt, vergoldet
22 x 12 cm
Inv. Nr. CCh-993-X
Provenienz: Schloß Pawlowsk, ursprünglicher Bestand
Ausstellungen: *Pavlovsk. Zolotoj vek russkoj kul'tury.* Moskau 1998

Der Apollo-Tempel oder die Apollo-Kolonnade wurde 1782-1783 in streng klassizistischer Form von dem Architekten Charles Cameron aus grauem porösen Kalkstein errichtet. Anfangs war dieser Tempel eine kreisrunde Doppelkolonnade in dorischer Säulenordnung. In der Mitte dieser Kolonnade stand auf einem hohen Sockel eine Statue des Apollo von Belvedere aus Alabaster, die später durch eine gußeiserne ersetzt wurde. Während eines heftigen Gewitters 1817 wurde ein Teil der Kolonnade zerstört. Diese natürliche Zerstörung verlieh dem Denkmal einen romantischen Anstrich, der gut in die Zeit der Ruinenmode paßte. Auf dem vorliegenden Mosaik ist die Apollo-Kolonnade vor der Zerstörung abgebildet. O. B.

Apollo-Kolonnade mit Blick auf die Gartenseite des Schlosses.

Kat. Nr. 147
Teller mit Abbildung der Apollo-Kolonnade
Rußland, St. Petersburg, Kaiserliche Porzellanmanufaktur, 1826-1828
Porzellan, Aufglasurbemalung, goldstaffiert
Durchmesser: 21,7 cm
Graue Aufglasurmarke: Stempel *NI* mit Krone; schwarze Aufglasurmarke: *Pavlovsk"*
Inv. Nr. CCh-4268-I, aus der gleichen Serie wie Inv. Nr. CCh-4266-I (Kat. 169)
Provenienz: Schloß Pawlowsk
Ausstellungen: *La table des tsars. Porcelaines du palais de Pavlovsk*. Montbéliard 1994; *Pavlovsk. Zolotoj vek russkoj kul'tury*. Moskau 1998; *Splendore della Corte degli* Zar. Turin, Rom 1999

Die Apollo-Kolonnade im Schloßpark Pawlowsk war 1782-83 nach Plänen des Architekten Charles Cameron gebaut worden. 1800 „verschob" der Architekt Giacomo Quarenghi das Bauwerk entlang der Slawjanka. 1817 kam es bei einem starken Gewitter zu einem teilweisen Einsturz der Säulen, sie wurden jedoch nicht wieder aufgerichtet, da man damals der Ansicht war, eine „antike Ruine" sei romantischer und passe besser zum Zeitgeist.
E. N.

J enseits des Tempels der Freundschaft steht am anderen Ufer der Slawjanka ein weiteres pastorales Gebäude aus der frühen Zeit des Schloßparks: das Alte Chalet, eine runde, eingeschossige Hütte im Schweizer Stil mit Kegeldach und strohgedeckten Vordächern (Kat. 161). Der luxuriös ausgestattete Speisesaal mit seinen Wandmalereien stand in Kontrast zu den Holzkammern, in denen Gartengeräte sowie Spinnrocken und Haspeln aufbewahrt wurden. Um den Pavillon herum war ein Garten eingerichtet, in dem die Kinder Maria Fjodorownas sich mit ländlichen Arbeiten vertraut machten: Pflanzen, Jäten und Gießen – ein Aspekt des Rousseauschen Erziehungsideals.
Nach dem Tempel der Freundschaft macht die Slawjanka erneut eine scharfe Biegung, über die der Architekt C. Rossi 1824 auf Wunsch Maria Fjodorownas die Eisenbrücke (Kat. 144, Abb. S. 242) errichtete, hinter der sich neue Impressionen der wasserreichen Landschaft eröffnen. So beispielsweise der Blick auf den Runden See mit der Großen Kaskade, das größte Gewässer des Parks, entstanden an der Stelle, an der der Fluß jeden Frühling über die Ufer trat.
Über dem See erhebt sich eine mit Balustrade und Vasen geschmückte Steinmauer, aus der Wasser heraus- und über die Steine hinwegfließt.
Oder der breite Lauf der Slawjanka mit der Visconti-Brücke (Abb. S. 204), einer reizvoll geschwungenen Brücke, deren Vasen von der ruhigen Wasserfläche widergespiegelt werden. Diese Brücke ist ein Werk des Steinmetzen C. Visconti, das dieser 1803 nach dem Entwurf A. Woronichins anstelle der bestehenden alten Holzbrücke dort errichtet hatte.
Jenseits der Brücke eröffnet sich eine vollkommen andere Landschaft, ein Werk von Brenna aus der Zeit nach 1793: Auf dem rechten Ufer steht auf einem hochaufgeschütteten grünen Hügel, dem Zentrum dieses Landschaftsensembles, ein Amphitheater mit einer halbkreisförmigen Mauer und Sitzfläche. Hier saßen die Zuschauer, während das eigentliche Theatergeschehen am anderen Ufer im Grünen Amphitheater mit einer Terrasse aus beschnittenen Büschen und Linden stattfand. Die Musik wiederum kam von einem kleinen Orchester in geschmückten Booten.
Im weiteren Verlauf der Slawjanka wird der Blick von einem ungewöhnlichen Bauwerk angezogen: einem scheinbar halb verfallenen Turm mit strohgedecktem Kegeldach, dem Pil-Turm (Kat. 166), der 1795 nach dem Entwurf von Brenna gebaut wurde. Der Dekorateur Pietro Gonzaga bemalte die Mauern später „als Ruine". Im 18. Jahrhundert stand der Turm neben einer Sägemühle, und am Ufer weidende Kühe ließen eine perfekte pastorale Idylle entstehen.
Hinter dem Pil-Turm beginnt ein Bereich entlang der Slawjanka, der als das Schöne Tal bezeichnet wurde. Seinen Schwerpunkt bildet der Pavillon Schönes Tal, der häufig auch Elisabeth-Pavillon (Kat. 149, 151) genannt wird, da die Gattin Alexanders I., Elisabeth

Kat. Nr. 148
August Philipp Clara
1790 Dorpat – ? St. Petersburg
Wassili Andrejewitsch Shukowski
1783 Mischenskoje, Gouvernement Tula – 1852 Baden-Baden
Ruine des Apollo-Tempels, 1824
Aquatinta, Aquarell, Gouache
23,3 x 76 cm (Bild) / 29,8 x 95 cm (Blatt)
Inv. Nr. R-286/6
Provenienz: Schloß Pawlowsk

Der nach einem Entwurf von Charles Cameron gebaute Säulentempel wurde 1817 von einem Gewitter zerstört. Shukowski hielt dies in einer Zeichnung fest, nach der dieser Stich von A. P. Clara entstanden ist. *O. L.*

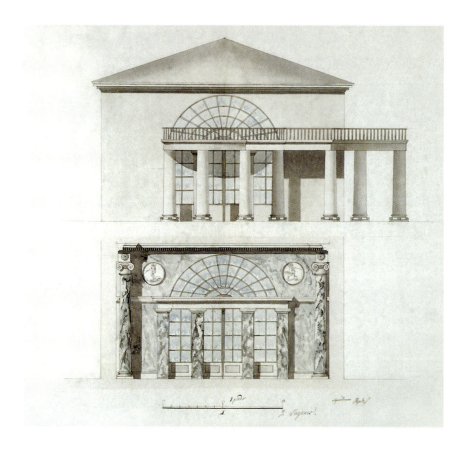

Kat. Nr. 149
Charles Cameron (Werkstatt)
Entwurf zum Elisabeth-Pavillon
Bleistift, Feder, Pinsel, Tusche, Aquarell
27,3 × 45,3 cm
Maßstabsangabe in Sashenen (1 Sashen = 2,13 m)
Unter der Abbildung: *Gebilligt Marija*
Inv. Nr. Č-78
Provenienz: Schloß Pawlowsk

Der Pavillon wurde nach Charles Camerons Entwurf (um 1800) gebaut und die Stuckdecke des Saals nach einer Skizze Pietro Gonzagas bemalt. Er diente zur Betrachtung der Landschaft des ihn umgebenden Schönen Tals und bestand aus einem rechteckigen offenen Saal und dem Belvedere. *O. L.*

Kat. Nr. 150
Vincenzo Brenna
1747 Florenz – 1818/20 Dresden
Runder Saal. Längsschnitt, 1799–1800
Feder, Tusche, Aquarell
Unter der Abbildung: *Interieur de la Sale Voute a Crociera Décoré sans pilastres* ... rechts davon: *Brenna Arch...*
Inv. Nr. Č-128
Provenienz: Schloß Pawlowsk
Ausstellungen: *Splendore della Corte degli Zar.* Turin, Rom 1999

Gleichzeitig mit dem Bau und der Innenausstattung des Schlosses wurde auch der Park erweitert und verschönert. Oft mußte Brenna dabei von Cameron begonnene Arbeiten zu Ende führen. Den Runden Saal, einen Pavillon in einem entlegenen Winkel des Parks, hatte noch Cameron geplant, die Konzeption der Innenausstattung jedoch stammt bereits von Brenna. Im 18. Jahrhundert nannte man ihn „Neuer Saal" oder „Musiksalon", da dort Kammerkonzerte und Tanzabende stattfanden. *O. L.*

Alexejewna, gern hierher kam, um von der oberen Terrasse des Pavillons aus den Ausblick zu genießen. Der Pavillon hat vier verschiedene Fassaden, kleine Treppen, eine Auffahrt und eine Rotunde auf dem Dach. Dieser pastoral-romantische Bau geht auf einen Entwurf Camerons aus dem Jahre 1800 zurück. Gleich daneben erinnern gewaltige, teilweise eingefallene Arkaden an ein antikes Schloß. Diese Ruine, ebenfalls ein Werk Camerons, entspricht der Mode des ausgehenden 18. Jahrhunderts.

M it dem Pavillon Schönes Tal beginnt der wohl romantischste Bereich des Schloßparks: das Tal der Teiche, das unter der Leitung des Dekorateurs P. Gonzaga angelegt wurde. Hier baute Gonzaga inmitten von grünbewachsenen Teichen ein fröhliches Sommerhaus: das Neue Chalet (Kat. 165), in dem auf weiten Spaziergängen die Vesper (Teestunde) abgehalten wurde. Zu der romantischen Liebesinsel mit Gitterlaube im nahegelegenen Venusteich konnte man nur in kleinen Booten gelangen. Das Schöne Tal gehört zum weitläufigen Parkbereich Großer Stern (ca. 130 ha). In den Tagen, als es noch keinen Schloßpark gab, sondern lediglich ein kleiner

Kat. Nr. 151
Alexander Bugrejew
1745 – ?
Blick auf den Elisabeth-Pavillon im Park von Pawlowsk, 1803
Blatt aus dem „Atlas des Schlosses Pawlowsk samt Gärten, Menagerien und allen darin befindlichen Bauten, der Stadt und den Feldern des Jahres 1803 entsprechend"
Feder, Pinsel, Tusche, Aquarell
42,4 x 58 cm
Bez. unten mit Tinte: *nach der Natur gezeichnet Sekretär Bugreev*
Inv. Nr. Č-1044/63
Provenienz: Schloß Pawlowsk

Der Elisabeth-Pavillon (um 1800 erbaut von Charles Cameron) befand sich in einem pittoresken Teil des Parks von Pawlowsk, dem sogenannten Schönen Tal. Benannt wurde er nach Elisabeth Alexejewna, der Gattin Alexanders I., die eine besondere Vorliebe für ihn zeigte. *O. L.*

Garten um das Großfürstenhaus Paullust angelegt war, erstreckte sich in dessen Nordwesten ein großer Nadelwald. Cameron verwandelte diesen Wald bereits 1780 in den Neuen Garten, aus dem später der Große Stern werden sollte.

Man durchzog den Nadelwald mit breiten Schneisen: Wege für Ausflüge zu Pferd oder mit der Kutsche. Die zwölf Wege sind durch Querwege miteinander verbunden, wodurch auf dem Plan ein Stern entstand. Viele Wege erhielten poetische Bezeichnungen: Allee Schöner Jüngling, Junger Bräutigam, Grüne Jungfrau oder Rote Sonne. Andere wiederum werden nach den Bauwerken benannt, zu denen sie führen: Freundschaftsallee, Allee zum Alten Chalet oder Farmallee.

Ein großer Teil der Nadelbäume wurde abgeholzt und durch Laubbäume ersetzt, damit dieser Parkbereich heller und freundlicher würde. Die feuchte Erde machte es den Laubbäumen jedoch schwer, und so blieb das Pflanzen von Bäumen im Großen Stern eine regelmäßig auszuführende Arbeit. In einem Brief an Küchelbecker schrieb Maria Fjodorowna 1786: „Soeben habe ich mit meinem Gatten über die Pflanzungen gesprochen. Er wünscht, daß schöne Bäume gefunden werden und daß Ahorn gepflanzt wird sowie überhaupt Bäume mit schönem Blattwerk. Ist dies nicht möglich, so müssen wir uns mit Linden, Birken und Ebereschen begnügen."

Im Zentrum des Großen Sterns entstand ein großer Kreis: der Grüne Teppich (*Tapis vert*), auf dem anfangs auch eine Aussichtslaube stand. In den 90er Jahren des 18. Jahrhunderts errichtete Brenna jedoch den von Cameron erdachten Runden Saal (Kat. 150). Hier trafen sich kleine Gesellschaften, um zu musizieren, weshalb der Saal Musiksalon genannt wurde: *Salon de musique* auf französisch, im Volksmund jedoch, die französische Sprechweise russisch vereinfachend: *Solewoi mushik* (russ. „Salzmann") genannt. Im 19. Jahrhundert wurde eine Eisenbahnstrecke eingerichtet, die am Runden Saal vorbei zu einem neu erbauten Bahnhof fast genau im Zentrum des Großen Sterns führte, zum Musikbahnhof. Dieser war Bahnhof, Konzertsaal und Restaurant zugleich. Namhafte Musiker traten hier auf, unter denen Johann Strauß besonders hervorzuheben ist, der über einen Zeitraum von zehn Saisons immer wieder zu den Pawlowsker Konzerten anreiste. (Das Bahnhofsgebäude wurde im Zweiten Weltkrieg zerstört.)

Hier im Großen Stern lag die Grenze des Parks zum Dorf Glasowo, und an dieser Stelle befand sich auch die sogenannte Farm (Kat. 159, 160), nach dem Tod ihres Gatten einer der Lieblingsplätze Maria Fjodorownas. Oft fuhr sie mit dem Wagen hierher, um in dem bezaubernden Holzpavillon der Farm ihr Tagebuch zu führen.

Als Pawlowsk Zarenresidenz wurde, erweiterten sich die Grenzen, aus ehemaligen Waldgebieten entstanden nun neue Parkbereiche. So schuf Brenna in den 90er Jahren des 18. Jahrhunderts am rechten Ufer der Slawjanka ein regelmäßiges ebenes Waldstück: die Alte Sylvia (lat. *silva* = Wald).

Ähnlich wie Cameron Schneisen in den Wald des Großen Sterns schlagen ließ, zog Brenna zwölf Wege durch den hauptsächlich mit Nadelbäumen bestandenen Wald und ließ sie wie die Strahlen der Sonne zu einem großen, mit Eichen bepflanzten Kreis zusammenlaufen. Hier im Zentrum seiner Komposition ließ er einen bronzenen Apollo von Belvedere (Abb. S. 248) aufstellen, während die Wege von jeweils einer Statue der neun Musen und der drei Götter Merkur, Flora und Venus geschmückt wurden, die sich wiederum wie Sterne kreisförmig um den Gott, ihre Sonne, anordnen. Diese hervorragenden russischen Bronzestatuen des 18. Jahrhunderts waren bereits von Katharina II. in den Gießereien der Kaiserlichen Akademie der Künste bestellt und von den Künstlern W. Moshalow und E. Gasteclou nach Vorbildern des Bildhauers F. Gordejew nach antiken Originalen gefertigt worden.

Am Ende eines jeden Weges ist eine Skulptur, ein Tor oder ein anderes Bauwerk zu sehen. Bei vier der Wege waren dies Statuen der Kinder der Niobe, gefertigt von denselben Künstlern wie die Statuen im Eichenkreis. Ein weiterer Weg führte zum bereits erwähnten Amphitheater, ein anderer zum Blockhaus Krik, das noch vor der Gründung Pawlowsks hier im Wald gestanden hatte, jedoch im Krieg zerstört wurde. Nahe bei diesem Blockhaus wurde 1787 nach dem Entwurf Camerons ein Pavillon nach Art einer römischen Aedicula errichtet: ein Denkmal zu Ehren der früh aus dem Leben geschiedenen jüngeren Schwester Maria Fjodorownas Friederike von Württemberg.

N achdem Maria Fjodorowna rasch hintereinander ihre Schwester Elisabeth, ihren Bruder Karl sowie Vater und Mutter verloren hatte, beschloß sie, die Gedenkstätte in ein Denkmal für ihre Eltern umzuwandeln, und bestellte bei dem Bildhauer Iwan Martos einen allegorischen Grabstein.

Der Pavillon ist von hohen Bäumen gleich einer Mauer eingefaßt. Um zu ihm zu gelangen, ging man über den gewundenen Philosophenweg und durch ein Eisentor mit plastisch dargestellten gesenkten Fackeln, was eine melancholische Atmosphäre entstehen ließ. Ein weiterer Weg, der weiteste der zwölf, führt zu den steilen Uferböschungen der Teiche in der Alten Sylvia, wo Brenna seine Ruinenkaskade plazierte.

Denkmal für die Eltern Maria Fjodorownas. Der Pavillon war ursprünglich als Denkmal für Maria Fjodorownas Schwester Friederike von Württemberg errichtet worden (Charles Cameron, 1787). 1801 standen vor dem Tempel eine antike Opferschale aus Marmor (heute im Kalten Bad) und antike Urnen, die später in den Palast verbracht wurden. Nach dem Tod der Eltern ließ Maria Fjodorowna im Tempel ein Marmordenkmal von Iwan Martos (um 1803) aufstellen.

Kat. Nr. 152
Todesgenius, 1806
Relief des Denkmals für Helene Pawlowna im Schloßpark von Pawlowsk
Iwan Petrowitsch Martos (1754 Itschnja - 1835 St. Petersburg)
Weißer Marmor
Höhe: 140 cm, Breite: 75 cm
Signatur unterhalb des Reliefs: *angefertigt von ...n" Petrovič" Martos" aus Ičnja 1...* (links und rechts am Rand fehlen Buchstaben bzw. Ziffern)
Inv. Nr. P-80
Provenienz: Schloß Pawlowsk, ursprünglicher Bestand
Ausstellungen: Erstmalig außerhalb des Schloßpark-Museums Pawlowsk

Anhand alter Fotografien läßt sich der komplette Wortlaut der Signatur rekonstruieren: *angefertigt von Ivan" Petrovič" Martos" aus Ičnja 1806.*
Ein Bronzeabguß dieses Reliefs befindet sich in Polen im Schloß der Fürsten Radziwill in Neborow (1). Ähnlich gestaltete Genius-Figuren zeigt ein Relief am Grabstein des Admirals Samuel Greig in Tallin, das ebenfalls von Iwan Martos geschaffen wurde. Die Großfürstin Helene Pawlowna (1784-1803) war die zweite Tochter von Paul I. und Maria Fjodorowna. 1799 heiratete sie den Erbgroßherzog Friedrich Ludwig von Mecklenburg-Schwerin. Sie starb im Alter von 19 Jahren und wurde in Deutschland bestattet.

Zur Geschichte des Werks:
Das Relief schmückte die Hauptansicht des Denkmals für Helene Pawlowna, das in Pawlowsk auf einer Insel vor dem Schloß errichtet wurde. Im Zweiten Weltkrieg wurde das Denkmal zerstört, das Relief wurde 1957 Teil der Ausstellung des Schloßmuseums. *Je. K.*

(1) Wagner, Jan *Neborow*. Warschau 1961

Die Brücke über der Kaskade ist mit Tuffsteinblöcken mit Vasen und liegenden Löwenfiguren verziert, deren Konturen durch den zerstörerischen Einfluß der Zeit abgeschliffen zu sein scheinen. Als Brückengeländer dienen hier geschnittene Stämme junger Birken. Von hier aus öffnet sich einer der schönsten Ausblicke des Parks mit Blick auf den Pil-Turm. Diese moderne Landschaftsdekoration zählt zu den Meisterwerken des Gartenarchitekten Brenna.

Gegenüber der Ruinenkaskade führen kleine Pfade den Besucher unter dichtem grünen Blätterdach in grüne Hallen und Flure aus beschnittenen Büschen. Dies ist die Neue Sylvia, ein weiteres außergewöhnliches Werk Brennas. Alles scheint hier schlicht und doch geheimnisvoll: Die Sonnenstrahlen müssen sich ihren Weg erst durch das dichte Blätterwerk suchen.

Inmitten dieser Atmosphäre steht das Mausoleum Pauls I., des „Gatten und Wohltäters" Maria Fjodorownas, das 1808 nach einem Entwurf von Thomas de Thomon über einer Schlucht errichtet worden war und an einen alten römischen Tempel erinnert (Kat. 63, Abb. S. 91). Im Inneren des Mausoleums befindet sich eine Skulptur von I. Martos: Allegorisch wird hier dargestellt, wie Paul I. von seiner in einen Purpurmantel gekleideten Witwe und allen Familienangehörigen beweint wird. In der Neuen Sylvia befindet sich noch ein weiteres außergewöhnliches Denkmal: die Säule Weltende. Von Cameron geschaffen, wurde sie zunächst 1783 auf der Großen Lindenallee errichtet, 1801 jedoch an ihren neuen Platz in der Neuen Sylvia gebracht.

Das Waldgebiet der Neuen Sylvia grenzt an den größten Bereich des Parks: die Weißen Birken (265 ha). Schon Cameron hatte die Idee, dieses Waldmassiv in einen Jagdgrund mit traditionell sternförmigem Wegesystem zu verwandeln. Acht lange Wege sind über die sich durch den Wald schlängelnde Englische Allee miteinander verbunden. Im Mittelfeld treffen sie wieder aufeinander, und im Zentrum dieses Feldes steht ein Kreis aus weißen Birken, der diesem Bereich zu seinem Namen verhalf. Zu Beginn des 19. Jahrhunderts gestaltete Pietro Gonzaga das Waldmassiv um und schuf eine offene Landschaft: große Baumgruppen und -felder, weitläufige Wiesen und Lichtungen mit weiter Aussicht.

Gonzaga komponierte diese Landschaften durch Rodungen, wobei er schöne Bäume vereinzelt oder in Gruppen stehenließ, so daß sie von verschiedenen Aussichtspunkten aus zu sehen waren. Auf seinen Zeichnungen markierte Gonzaga alle zu rodenden Flächen mit dem Buchstaben „R", während der Buchstabe „L" Wald kennzeichnete, der unberührt bleiben sollte. Die Bäume selbst kennzeichnete er mit weißer Farbe, wenn sie gefällt werden sollten, oder aber mit blauer Farbe, wenn sie stehenbleiben sollten. Der Künstler Gonzaga schuf so ganze Bilder nicht mit Leinwand und Farben, sondern mit der Natur selbst.

Gleichzeitig mit seiner Arbeit an den Weißen Birken arbeitete Gonzaga auch an den vollkommen neu zu erschaffenden Landschaften des Paradefeldes. Das 31 Hektar umfassende Areal jenseits der Großen Lindenallee wurde unter Paul I. als Exerzierplatz für militärische Übungen und Truppenschauen genutzt. Als Paul I. Großmeister des Malteserordens war, wurden hier am Tag des Heiligen Johannes von Jerusalem die Feuer angezündet.

Auf allen Plänen erschien dieser Ort im Schloßpark Pawlowsk als weißer Fleck, was ihm scherzhaft den Namen Wüste Sahara eintrug. Nach dem Tod des Zaren bat Maria Fjodorowna Gonzaga, diese Wüste in eine besonders schöne Landschaft zu verwandeln. Im Gegensatz zu den Weißen Birken, die durch das Fällen von Bäumen ihr Gesicht erhielten, wurden auf dem Paradefeld Laubbäume gepflanzt (ca. sechstausend): Eichen, Ahorne, Birken, Linden, Weiden, aber auch Geißblatt und roter und weißer Hartriegel. Bereichert wurde die Landschaft auch durch ein Teichsystem (Kat. 170), das zwischen dem Paradefeld und den Weißen Birken angelegt wurde. Es erhielt den Namen Teiche des Rosenpavillons nach dem kleinen Sommersitz (Rosenpavillon) (Kat. 168) der verwitweten Maria Fjodorowna, dessen üppiger Rosengarten einer blühenden Oase inmitten des Waldes gleichkam.

1811 kaufte Maria Fjodorowna die Datscha des Generals Pjotr Bagration und wies den Architekten A. Woronichin an, daraus einen Sommerpavillon zu bauen. Auch die eigens für den Rosenpavillon gefertigten Möbelstücke aus karelischer Birke stammten aus der Feder Woronichins, und Maria Fjodorowna schmückte sie reichhaltig mit eigenen Rosenstickereien.

Hier wurden Literatur- und Musikabende sowie alle möglichen Feste abgehalten. Das bekannteste dieser Feste fand am 27. Juli 1814 zu Ehren Alexanders I. (Kat. 172) statt, als dieser als Sieger über Napoleon und Retter der Völker Europas vom Schlachtfeld heimkehrte.

Der Schloßpark zu Pawlowsk war im ausgehenden 18. und im beginnenden 19. Jahrhundert von den angesehensten Künstlern seiner Zeit angelegt worden und hat die Zeit überdauert. Der Zweite Weltkrieg hat ihn verwundet, doch die Pflege bedachtsamer Restauratoren erweckte ihn wieder zu neuem Leben, so daß er uns heute wie damals gefangennimmt mit seiner Schönheit und seinem poetischen Glanz.

ERINNERUNG UND IMAGINATION

Der Landschaftspark von Pawlowsk im europäischen Gartendiskurs zwischen 1777 und 1828

von Anna Ananieva

… Oui, mon cher Kuchelbecker, un chez soi, une Colonnade, un Temple à Pavlovskoé me font plus de plaisir que toutes les beautés d'Italie … Marie[1]

Es ist ein nicht näher bezeichneter Beamter in St. Petersburg, ein gewisser Staatsrat Stähelin[2], der das Verdienst für sich in Anspruch nehmen kann, erstmals die westeuropäische Öffentlichkeit einigermaßen zusammenhängend über die Entwicklung der russischen Gartenarchitektur im letzten Drittel des 18. Jahrhunderts informiert zu haben; und dies in einem Werk, das eine der bedeutenden Textsammlungen zur sogenannten „Gartenrevolution" darstellt und das seit seinem Erscheinen zur unverzichtbaren Standardausstattung eines jeden Gartenliebhabers und Landschaftsästhetikers in Deutschland und weit darüber hinaus gehört. Die Rede ist von der in fünf umfangreichen Bänden erschienenen *Theorie der Gartenkunst* des Kieler Professors und Populärphilosophen Christian Cay Lorenz Hirschfeld. Im Zuge seiner Ausführungen kommt Stähelin in einer kurzen Passage auf den damals noch weitgehend in der Entstehung begriffenen Landschaftspark von Pawlowsk zu sprechen:

„In einer Entfernung von fünf Wersten von diesem kaiserlichen Lustschloß (*Zarskoje Selo*) wählten sich der Großfürst und die Großfürstinn eine wilde, mit vielen natürlichen Abwechselungen bereicherte Gegend zu einem Landhause, das Sie nach Ihrer so beglückenden Liebe zu den sanften und stillen Reizen der Natur und nach Ihrem geschmackvollen Entwurf bauen, und mit anmuthigen Anpflanzungen und Anlagen umgeben ließen. Seit etlichen Jahren ist dieser angenehme Ort, der von dem Großfürsten den Namen Pawlofska führt, ungemein angebauet, und weil der Prinz und seine Gemahlinn die unter den Großen noch seltene Kunst verstehen, hier in der Ruhe des glücklichen Landlebens Sich Selbst zu genießen, so nimmt auch der Garten jährlich an Verschönerungen seiner Lage, an Erweiterung reizender Aussichten, an neuen Gebäuden und Auszierungen mit seltenen Werken zu."[3]

Parkseite des Schlosses von der Slawjanka aus gesehen.

Kat. Nr. 153
Teller mit Blick auf die Festung Bip in Pawlowsk
Rußland, St. Petersburg, Kaiserliche Porzellanmanufaktur, 20er Jahre des 19. Jahrhunderts
Porzellan, mehrfarbige Aufglasurbemalung, goldstaffiert
Durchmesser: 23,5 cm
Keine Marke, auf der Rückseite Text mit schwarzer Aufglasurfarbe: *Ansicht der Festung der Stadt Pavlovsk*
Inv. Nr. CCh-7363-I
Provenienz: Schloß Pawlowsk
Ausstellungen: *La table des tsars. Porcelaines du palais de Pavlovsk.* Montbéliard 1994; *Kultura i sztuka Rosji konca XVIII i poczatku XIX wieku.* Szczecin, Poznan 1996; *Splendore della Corte degli Zar.* Turin, Rom 1999

Wie der Teller unter Kat. Nr. a152, jedoch mit orangefarbenen Rosetten auf der Fahne. E. N.

H inter diesen knappen Bemerkungen verbirgt sich ein früher Hinweis auf die Entstehung eines der markantesten Landschaftsgärten Rußlands und eines Juwels der Gartengeschichte.

Mit seiner Fläche von über 730 ha im 18. Jahrhundert, von denen heute noch ca. 600 ha erhalten sind, gilt Pawlowsk als einer der ausgedehntesten Landschaftsparks überhaupt. Ein Vergleich mit dem vielfach als zu klein kritisierten Landschaftspark in Hohenheim (1 ha) oder mit dem Englischen Garten in München (373 ha) mag einen Eindruck von den gewaltigen Ausmaßen des Parks von Pawlowsk geben.

Schon William Chambers, der maßgebliche englische Gartenkünstler des 18. Jahrhunderts, hat die ästhetische Wirkung einzelner architektonischer Elemente eines Landschaftsparks in einem engen Zusammenhang mit der Größe der Gesamtanlage gesehen, und die immense Weitläufigkeit des Parks von Pawlowsk stellt eine spezifische Besonderheit der ästhetischen Dimension dieser Gartenanlage dar. Eine weitere Besonderheit des Parks liegt in der relativen Geschlossenheit der Anlage, begründet in der durchgängigen, fast fünfzigjährigen Ausgestaltung durch die Großfürstin, später Zarengattin und schließlich Zarenmutter Maria Fjodorowna, deren Handschrift die Anlage trotz wechselnder Architekten und Gartenkünstler trägt. Als nach dem Mißbrauch der Anlagen durch die Truppen Nazideutschlands und der damit einhergehenden Zerstörung der Park von Pawlowsk nach 1945 wiederhergestellt wurde, wurde ein in dieser Form einmaliges Beispiel der Gartenkunst für die Menschheit erhalten, an dem sich die Landschaftsparkentwicklung um 1800 in hervorragender Weise ablesen läßt und das zur näheren Betrachtung herausfordert.

Wie an der Kurzbeschreibung Staehelins in Hirschfelds *Theorie der Gartenkunst* bereits ablesbar, stellt sich das Gartenprojekt von Pawlowsk von Anfang an in den damals aktuellen Diskurshorizont des neuen Gartenstils, wobei das in diesem Zusammenhang entwickelte Gartenkonzept sich in seinen jeweiligen Ausgestaltungsphasen auf der Höhe des europäischen Diskussionsstandes bewegt. In einer Zeit des Wandels der ästhetischen Normen und der tiefgreifenden Veränderung der Vorstellungen von Natur und Welt hat Pawlowsk teil an der Entstehung einer Zitatkultur, einem bestimmten Kanon an Gartenpoesie, einem kollektiven Sinnvorrat, der europaweit, innerhalb und zwischen mehreren Kulturräumen entsteht und verfügbar ist. Dies steht nicht im Widerspruch dazu, daß Pawlowsk gleichzeitig spezifisch russische Charakteristika in die Parkgestaltung einbezieht und damit den Anfang der Integration von Komponenten des eigenen Kulturraums in den russischen Landschaftspark markiert.

Kat. Nr. 154
Iwan Wassiljewitsch Tscheski
1778 – 1848
Ansicht der Festung von Pawlowsk vom See aus, 1800
Radierung, Aquarell
33,8 x 47,7 cm (Druck) / 43,2 x 49,8 cm (Blatt)
Links unter dem Bild: *Gemalt von Adjunkt-Rektor S. Ščedrin, Kaiserliche Akademie der Künste.*
Rechts: *Graviert von Ivan Českij 1800*
Darunter: *Ansicht der Festung von Pavlovsk vom See aus. Seiner Kaiserlichen Majestät Pavel I., dem Zaren und Selbstherrscher aller Reußen. Vue de la Forteresse de la ville de Pawlovski du coté du Lac. Dedié A Sa Majesté Impériale Paul Ier Empereur et Autocrateur de toutes les Russies.*
Inv. Nr. R-222
Provenienz: Schloß Pawlowsk

Eines der ersten Blätter einer Serie von 23 Stichen, die zwischen 1800 und 1813 in der Kaiserlichen Akademie der Künste von Stepan Galaktionow, Andrej Uchtomski sowie den Brüdern Tscheski angefertigt wurden. Diese Arbeiten zeigen die Petersburger Vororte Peterhof, Pawlowsk und Gatschina; sie wurden größtenteils anhand von Originalen Semjon Schtschedrins angefertigt.
Iwan Tscheski studierte bei den bekannten Meistern Sebastian Klauber und Antoine Radigues und erlangte als Kupferstecher selbst hohes Ansehen. *O. L.*

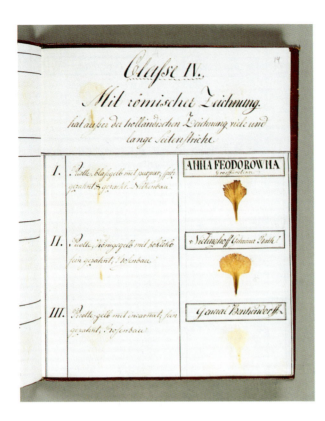

Kat. Nr. 155
Nelken-Repertorium in Systematischer Ordnung nach
Naburin, dargestellt von P. H. Zigra
Riga, den 1. September 1818
Umschlag: rotes Saffianleder, Goldprägung
Handschrift: Papier, Tinte, aufgeklebte Blütenblätter
40 Blätter
27 x 21,6 cm
Inv. Nr. CCh-1178-XIII
Provenienz: Schloß Pawlowsk, Historisches Archiv

Maria Fjodorowna zeigte großes Interesse an der Botanik. Somit ist es kein Zufall, daß sie solch ein spezielles Geschenk erhielt wie die gelehrte Abhandlung des Rigaer Gartenbauers. Diese Arbeit ist ein Herbarium, in dem auf jeder Seite zusammen mit der jeweiligen Beschreibung Blütenblätter der verschiedensten Nelkenarten eingeheftet sind. Jede Nelke wurde nach einem Mitglied der Zarenfamilie, einer historischen Persönlichkeit oder einer Figur aus der Literatur benannt, z. B. „Maria Fjodorowna", „Kronprinz von Holland", „Fürst Potjomkin", „Ophelia" usw. *N. S.*

„SCHÖNE REVOLUTION" IN DEN FAMILIENGÄRTEN

Die Geschichte des Parks von Pawlowsk beginnt im Jahr 1777 mit der Geburt Alexanders, des ersten Sohnes von Paul Petrowitsch und Maria Fjodorowna. Aus Dankbarkeit über die Sicherung der Stammhalterschaft macht die Zarin Katharina II. das Landstück ihrem Sohn und dessen zweiter Gattin zum Geschenk.
Maria Fjodorowna, vor der Konvertierung: Sophia Dorothée von Württemberg-Montbéliard, Nichte des Herzogs Carl Eugen von Württemberg, ist gerade ein Jahr vorher nach Rußland gekommen, um die zwischen Friedrich II. und Katharina II. ausgehandelte Ehe mit dem russischen Thronprätendenten einzugehen. Sie wird von ihren späteren Biographen als eine aufgeklärte, nach den Idealen Rousseaus erzogene Frau geschildert, die sich hingebungsvoll ihrer Familie widmet, die daneben zahlreiche karitative Aufgaben übernimmt und die der Kunst in ihrem Leben einen besonderen Stellenwert einräumt. Die Umgestaltung der waldigen Gegend um Pawlowsk, durch die sich das unwegsame, sumpfige Tal des Flüßchens Slawjanka zieht, in einen Landschaftspark liegt überwiegend in ihren Händen.
„Unsere Zeit scheint sich durch eine so große und ausgebreitete Revolution in Ansehung der Gärten auszuzeichnen, als noch niemals war",[4] schreibt Hirschfeld in seiner *Theorie der Gartenkunst*[5] und hat dabei auch die Veränderung der Gartenkunst in Rußland im Blick. Den Verlauf dieser „schönen Revolution" erleben Paul Petrowitsch und Maria Fjodorowna unmittelbar in den Gärten ihrer Familien und der näheren höfischen Umgebung. Wenn man die Frage nach den konkreten Gartenanlagen stellt, die die Großfürsten in der Zeit vor ihrer Eheschließung kennenlernen und mit denen sie sich gegebenenfalls auseinandergesetzt haben, so ist für die Seite Maria Fjodorownas neben dem Park von Treptow vor allem die Gartenlage von Étupes bei Montbéliard zu nennen, während für die Sozialisation Pauls vor allem Zarskoje Selo und Gatschina in Betracht gezogen werden können.

Maria Fjodorownas Vater, Herzog Friedrich Eugen von Württemberg, seit 1750 in preußischen Diensten stehend, bewohnt zunächst mit seiner Familie ein älteres Schloß in der hinterpommerschen Kleinstadt Treptow an der Rega. Die im Zuge einer großzügigen Umgestaltung des Anwesens entstehende Gartenanlage bekommt spätestens 1765 mit der Einrichtung einer Meierei die charakteristischen Züge eines Gartens im Stil *anglo-chinois* verliehen.[6] Die Gartenanlagen Friedrichs II. in Potsdam und Berlin gelten als Vorbild für diesen neuen Park in Treptow. Letztere werden als Rahmen verschiedener Feierlichkeiten aus Anlaß der gelungenen Eheanbahnung im Jahr 1776 noch einmal eine Rolle für Maria Fjodorowna spielen, da sie hier erstmals ihrem zukünftigen Gemahl begegnen wird.

Kat. Nr. 156
Autor unbekannt
Ansicht von Monrepos bei Ludwigsburg
Radierung, Gouache
30,5 x 46,3 cm (Bild) / 39,8 x 51,2 cm (Blatt)
Beschriftung: *II-te Ansicht von Monrepos. Ein Lustschloss Sr. Majestaet des Koenigs von Wuertemberg nebst dessen Umgebungen bei Ludwigsburg.*
Inv. Nr. CCh-2931-XI
Provenienz: Seit 1997 in den Beständen von Schloß Pawlowsk, davor Museum Breslau, Polen, bis 1945 Schloßmuseum Gatschina

Im Frühjahr 1769 quittiert Herzog Friedrich Eugen seine Dienste beim König von Preußen und zieht im Mai nach Montbéliard (Mömpelgard), eine württembergische Enklave in der Franche Comté. In einem Vorort östlich von Montbéliard entsteht die neue herzogliche Sommerresidenz Étupes. Der linke und der mittlere, in Schloßachse gelegene Teil des dazugehörigen Gartens entsteht nach einem formalen Plan, während der rechte seitliche Bereich als ein Landschaftsgarten im Stil des *Jardin anglo-chinois* gestaltet wird.[7] Der Plan der Gartenanlage von Étupes wird in das einundzwanzigbändige Stichwerk *Jardins anglo-chinois* von George-Louis Le Rouge aufgenommen, das seit 1776 in mehreren aufeinanderfolgenden Heften in Paris erscheint und der Verbreitung des neuen Stils auf dem Kontinent dient.[8] Anhand einer der Erinnerungsliteratur entnommenen Beschreibung[9] und des Plans von Le Rouge können (mit Vorbehalt) folgende Parkbauten für Étupes angenommen werden:[10] eine Meierei im Schweizer Stil, eine mit eleganten Pariser Möbeln ausgestattete Köhlerhütte, verschiedene Grotten, eine Eremitage, eine Säule und ein Triumphbogen, den die Herzogin Friederike Sophie Dorothée ihrem Onkel Friedrich II. von Preußen zu Ehren aus archäologischen Trümmern der benachbarten römischen Stadt Epomanduodurum (Mandeure) hat bauen lassen.

E s ist anzunehmen, daß der Garten in Étupes mit seinen pastoralen Pavillons und vor allem mit seiner echten römischen Ruine als eines der Vorbilder für Carl Eugen von Württemberg, den Bruder Friedrich Eugens, gedient hat, als unter dessen Regie 1776 in Hohenheim bei Stuttgart ein englischer Garten gebaut wird. Die gesellschaftlichen Kontakte zwischen Stuttgart und Montbéliard sind aufgrund der engen verwandtschaftlichen Beziehungen intensiv, und Aufenthalte von Carl Eugen in Étupes sind ebenso mehrfach belegt wie umgekehrt mehrere Besuche der Familie Maria Fjodorownas in Stuttgart. Nach dem Rückzug Herzog Carl Eugens von dem Glanz der Hofhaltungen in Ludwigsburg (vgl. Kat. 156) und auf der Solitude sowie im Anschluß an eine Englandreise Anfang 1776 beschließt er, auf dem Landgut Hohenheim, das er 1772 seiner Mätresse Franziska von Leutrum geschenkt hat, mit dem Ausbau einer englischen Anlage zu beginnen. Der englische Garten in Hohenheim, das sogenannte „Dörfle", wird im weiteren Verlauf, mittlerweile zur bevorzugten Sommerresidenz des Herzogs avanciert, eine gewisse Rolle in dem Festprogramm anläßlich des Besuches von Maria Fjodorowna und Paul Petrowitsch im September 1782 während ihrer Europareise spielen.

Kat. Nr. 157
Autor unbekannt
Plan des Schlosses und der Parkanlagen von Étupes, Ende 18. Jh.
Feder, Pinsel, Tusche, Aquarell
70,8 x 56 cm
In der oberen Ecke, mit Tusche: *PLAN DU CHATEAU, ET JARDIN d'ÉTUPES*
Legende: A – Chateau. B – Apartement de S.A. Royale. C – Apartement de S.A. Sérénissime. D – Cour Principale. E – Cour de la Ferme. F – Fontaine. G – Basse cour d'jutte. H – Petite basse cour. J – Cour des Ecurie. K – Basse cour d'jutte. L – Basse cour du Bois. M – Manege. N – Jardin de Fleur de S. A. Sérénissime. O – Berceaux. P – Statue. Q – Pavillons ayant une Voliere de Chaque Coté. R – Bosquet d'Arbustes de S. A. Sérénissime. S – Jardin de Fleur de S. A. Royale. T – Statue. U – Berceaux. V – Volier sur un bassin. W – Jardin de Hyacinthes. X – Orangerie en serre. Y – Quinconce d'arbres Fruitiers. Z – Quinconce de Plataniers. a – Pavillon de S. A. Royale. b – Berceau de Sémiramis. c – Grouppe d'Enfans. d – Parterre Satin. e – Niche en Treillage. f – Canapé d'Anacréon. g – Bosquet d'arbustes en Fleurs. h – La colone et le Salon de Diane. i – Pont de Neptune. k – Ruisseau en cascade Sauvage. l – Faisanerie. m – Monument. n – Allée du jeu de fortune. o – Bosquets en Roses. p – Les Ruines. q – Parterre massif en Rose, u.s.w.
Inv. Nr. Č-996
Provenienz: Schloß Pawlowsk
Erstveröffentlichung

Étupes ist ein Sommerschlößchen mit Parkanlagen bei Montbéliard, benannt nach dem Dorf, neben dem es sich befand. Es wurde von den Eltern Maria Fjodorownas erbaut. In gewisser Weise hat Étupes mit seinen Pavillons auch die Gestaltung des Schloßparks von Pawlowsk beeinflußt. O. L.

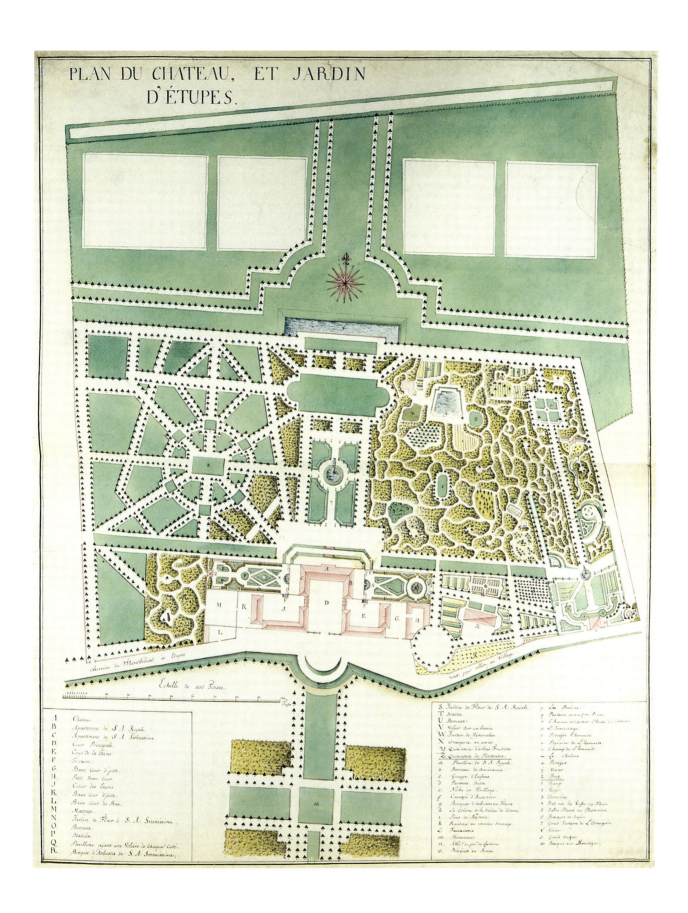

Wechseln wir nun den Schauplatz, und wenden wir uns den Gärten zu, die zur gleichen Zeit der unmittelbaren Erfahrungswelt des Zarewitsch angehören.

Im Jahr 1772 kündigt Katharina II. in ihrem Briefwechsel mit Voltaire ihre neue Vorliebe für englische Gärten an und erklärt damit das neue Programm für die Gestaltung eines englischen Parkteils in der Sommerrezidenz der Zarin in Zarskoje Selo.[11] Für die Umgestaltung des Gartens, der bereits auf eine mehrjährige Geschichte zurückblickt, wird aus England der deutsche Gärtner und Pflanzenhändler Johann Busch eingeladen und für die Arbeit engagiert.[12]

Neben der deutschen Vermittlung der englischen Landschaftskunst in Zarskoje Selo durch die Person Johann Buschs ist die Lektüre und die kreative Auseinandersetzung Katharinas II. mit den zeitgenössischen gartentheoretischen Schriften für den hier geschilderten Zusammenhang von Belang. Eines der maßgeblichen Werke über die englische Gartenkunst, Thomas Whatelys *Observations on Modern Gardening*, begleitet sie sogar auf ihren Reisen, wenn auch in der französischen Übersetzung von François de Latapie, einem maßgeblichen französischen Förderer der Idee des *Jardin anglo-chinois*.[13] Die Schriften William Chambers[14] läßt sie in großen Auflagen auf russisch drucken.[15]

In einer besonderen Weise haben sich die Grundprinzipien des englischen Landschaftsgartens in der Parkanlage des Grafen Grigori Orlow nicht weit von Zarskoje Selo wiedergefunden. Die Gestaltung des Gartens Gatschina am Ufer des Weißen Sees entspricht seit 1765 dem Modell eines englischen Landschaftsgartens, insbesondere durch die Anlage eines Systems von Teichen und kleinen Seen mit malerischen Inseln und Baumgruppen. In den ersten Jahren der Entstehung des Parks von Gatschina hat man in der Gartenanlage bewußt keine Pavillons gebaut und so die Stimmungen der Landschaft ausschließlich aus den Elementen der Natur komponiert. Man kann darin die konsequente Fortsetzung der Gartenpraxis des englischen Gartenkünstlers Lancelot Brown erkennen, der dank seiner Arbeitstechnik mit der Landschaft den Beinamen „Capability" verliehen bekommen hat. Seine kritische Auffassung gegenüber allegorischen Staffagen, die für ihn in gewisser Weise ein Erbe des regelmäßigen Gartens darstellen, führt ihn zu der Entwicklung einer neuen Art der Landschaftsgestaltung, der die Idee einer Verbesserung der naturgegebenen Möglichkeiten zugrunde liegt. Die bestimmte Ordnung der Gegenstände der Natur (*undulating grounds*, *clumps* und Wasserflächen) im Garten soll die Aktivierung des Gefühls und die Rührung der Empfindsamkeit in Gang setzen. Überzeugt von den Wirkungsmöglichkeiten seines Gartens schreibt Grigori Orlow an Jean-Jacques Rousseau: „Ich möchte Ihnen von meinem Landgut, das in 60 Wersten Entfernung von St. Petersburg liegt, berichten, dort ist die Luft gesund, das Wasser bezaubernd, und die Hügel, vom Wasser umgeben, bilden Ecken, die angenehm für Spaziergänge sind und zu Träumereien einladen."[16]

Große steinerne Treppe, die von der Schloßseite zum Marienthaler Teich führt. Links auf halber Höhe der Pavillon der Drei Grazien, darüber Tambour und Kuppel des Schlosses.

Kat. Nr. 158
Autor unbekannt
Voliere, 20er Jahre des 19. Jahrhunderts
Pinsel, Aquarell, Gouache
35,5 x 25 cm
Inv. Nr. R-2

Die Voliere, ein kleiner Pavillon unweit des Schlosses, entstand 1782 nach einem Entwurf Camerons. Ein mit einem Netz verhängter Mittelteil des Pavillons war für die Haltung von Singvögeln bestimmt, die Seitenkabinette für eine Sammlung antiker Kunstgegenstände. *O. L.*

Die aus der unmittelbaren Erfahrungswelt der eigenen Kindheit und Jugendzeit geschöpfte Kenntnis der im vorigen aufgeführten Gartenanlagen kann als Bestandteil des Wissenshorizontes der Großfürsten zu dem Zeitpunkt vorausgesetzt werden, als man sich an die Planung und Gestaltung des Parks von Pawlowsk macht. Auffällig ist, daß es sich bei den genannten Anlagen durchgängig um Gärten handelt, in denen der neue Gartenstil ganz wesentlich zum Tragen kommt, und es liegt auf der Hand, daß man alles daransetzen wird, mit der Anlage des Parkes von Pawlowsk nicht hinter den avancierten Standard dieser Gärten zurückzugehen.

GRÜNDUNGSJAHRE DES PARKS VON PAWLOWSK

Pawlowsk liegt räumlich wie stilistisch genau zwischen dem Garten von Zarskoje Selo, mit seiner Anglo-chinois-Variante eines Landschaftsparks, und der Parkanlage Gatschina des Fürsten Orlow, einem Landschaftsgarten nach strengem englischen Vorbild.

Nachdem das Landgut in den Besitz von Paul Petrowitsch und Maria Fjodorowna gelangt ist, dient es zunächst als Datscha für kurze Ausflüge im Sommer (neben dem offiziellen Sommersitz Zarskoje Selo) und wird auch gelegentlich zur Jagd benutzt. Dafür stehen zwei Häuser mit den Namen Krik und Krak[17] zur Verfügung.

Das Haus Krik, das bis 1777 auch als „Jagdhaus" Erwähnung findet, dient bis zur Fertigstellung des ersten Landhauses Paullust als Aufenthaltsort für das Ehepaar während seiner Besuche in Pawlowsk. Das Gebäude bleibt in wechselnden Funktionen erhalten und wird in den sich nach und nach erweiternden Park integriert.

Von Krak, das als ein kleineres Holzhaus in „holländischem Geschmack" mit Belvedere beschrieben wird, führt eine Straße zu dem Tiergarten (*Swerinez*) und in die Jagdgebiete Pauls. Das Haus wird oft umgebaut und schließlich im 19. Jahrhundert als Datscha in private Hände verkauft.

Für den Tiergarten, in dem man Jagdtiere hält, ist ein Stück Wald von vier Seiten mit einem dichten Heckenzaun entlang der dafür angelegten Wege eingegrenzt worden, so daß sich ein langgezogenes Viereck bildet. An den Ecken und in der Mitte des Zauns be-

Blick auf die Voliere, entstanden 1782 nach einem Entwurf von Cameron. In der Voliere hielt sich Maria Fjodorowna gerne zum Lesen und Malen auf, auch nahm die Familie hier bisweilen Mahlzeiten ein.

finden sich Eingangstore, die durch insgesamt acht gerade Alleen miteinander verbunden sind. In der Mitte des Tiergartens liegt ein künstlich angelegter Teich, der gleichzeitig der Orientierung der Besucher im Wald und als Tränke für Tiere dient.

1778 werden zwei neue Landhäuser gebaut, die nach ihren Besitzern die Namen Paullust und Marienthal erhalten.

Vor Paullust, das ab 1781 dem an seiner Stelle errichteten Schloß weichen muß, wird ein Privater Garten (*Sobstwenny Sadik*) angelegt, daneben ein Spielgarten (*Sad s igrami*), der eine Schaukel, einen Kegelplatz und ein grünes Heckenpflanzenlabyrinth aufweist. In dieser regulären Gartenpartie neben dem Landhaus wird etwas später (1780-1782) eine Voliere (Kat. 158, Abb. S. 237) gebaut. Die Säulengänge, die den zentralen Saal mit zwei kleinen Pavillons links und rechts verbinden, sind seitlich mit Netzen verspannt, in denen Vögel gehalten werden. In den Pavillons wird eine Sammlung antiker Trauerurnen aufbewahrt. In seinem Ensemble stellt diese Architektur die Idee des Lebens und des Todes dar.

Unter den ersten, im Jahr 1778 entstandenen Gartenpavillons wird eine angeblich als Nachahmung der Einsiedelei in Étupes entstandene Eremitage erwähnt.[18] Diese Hütte des Eremiten (*Chishina Pustynnika*) wird als eine mit einem Strohdach bedeckte Hütte beschrieben, deren Außenwände mit Rinde ausgekleidet sind. Eine ärmliche Innenausstattung faßt den bescheidenen Hausrat eines alten Invaliden, der sich hier niedergelassen hat.

Während Paullust in das Schloß umgewandelt wird, bleibt das Landhaus Marienthal erhalten und wird in die sich nach und nach ausdehnende Parkanlage integriert, bevor es 1794 abgerissen und durch die Spielburg Bip (Kat. 153, 154) ersetzt wird.

B ereits in der Zeit, als Paullust und Marienthal noch von den Großfürsten bewohnt werden, beginnt die Trockenlegung des versumpften Tales des Flüßchens Slawjanka und die Abholzung umliegender Waldflächen. Entsprechend den herrschenden ästhetischen Vorstellungen wird der Park von Pawlowsk als Landschaftsgarten angelegt.

Als Landsitz der noch nicht regierenden Großfürsten nimmt der Park zunächst die Rolle eines privaten Rückzugsortes ein, der in der Semantik des englischen Gartenstils eng mit dem Topos des antiken Arkadien verknüpft wird. In dieses Bild paßt auch, daß der Park zudem schon in seiner Gründungszeit den Charakter eines Erinnerungsortes verliehen bekommt, indem er als ein idyllischer Ort der Kindheitserinnerungen an Maria Fjodorownas Heimat (Étupes, Montbéliard) in einer ländlich-sentimentalen Art inszeniert wird.

Für die Gestaltung des Parks von Pawlowsk wird 1779 als verantwortlicher Architekt Charles Cameron[19] engagiert. Der Engländer, der sich nach seiner Ankunft in Rußland als schottischer Jakobiner ausgibt, ist zur gleichen Zeit aufgrund seiner breit anerkannten Kenntnisse der imperialen römischen Architektur mit der Umgestaltung der Sommerresidenz Zarskoje Selo betraut.

Im Tal des Flüßchens Slawjanka bringt Charles Cameron antike Reminiszenzen mit dem im Geiste palladianischer Villen[20] entstehenden neuen Schloß in Einklang. An der linken Seite des Schlosses entsteht ein Parkensemble mit einer „wilden" Kaskade, einer Ruinengruppe, dem Freundschaftstempel und der Apollo-Kolonnade, das die Prinzipien klassizistischer Architektur und Landschaftsgestaltung in einem ausgewogenen Konzept mit der Vorstellung eines romantischen Landschaftsparks im englischen Stil verbindet. Das Wasser als Naturelement vermeidet die gerade Linie, genauso wie die Natur selbst, so lautet eines der ästhetischen Grundprinzipien dieser Zeit. Der Natur angepaßte kunstvoll geführte Wege schlängeln und krümmen sich durch das Slawjanka-Tal (Kat. 159). Natürliche Hindernisse, Baumgruppen und Bodenerhebungen werden oft eigens angelegt, um dem Verlauf der Wege einen eigenständigen und eigentümlichen Charakter zu verleihen. Die Wege selbst übernehmen für den Parkbesucher die Rolle eines stummen Führers, damit sich dem Spaziergänger die wechselnden Schönheiten des Landschaftsgartens fortlaufend und scheinbar wie von selbst erschließen.

N ach einem Entwurf von Charles Cameron baut zwischen 1779 und 1782 der Architekt G. P. Pilnikow den Freundschaftstempel (*Chram Drushby*), eine Rotunde mit einer flachen Kuppel auf 16 dorischen Säulen, auf der rechten Talseite des Flüßchens (Kat. 143, 144). Die Inschrift am Eingang in den Pavillon verdeutlicht, daß das Bauwerk Katharina II. gewidmet ist, die in Gestalt der Göttin Ceres in der Mitte des Tempels dargestellt ist und der die Erbauer ihre „Liebe", ihre „Verehrung" und ihre „Dankbarkeit" bezeugen. Im Pavillon werden Konzerte und Mahlzeiten abgehalten. Neben dem Freundschaftstempel ist für diesen Zweck 1783 eine Dorfküche eingerichtet worden.

Tempel dieser Art sind ein häufiges Motiv in den Landschaftsgärten der Zeit. Sie erinnern an das Goldene Zeitalter einer verklärten Antike und rufen in der arkadischen Szenerie eines Landschaftsgartens Assoziationen mit den mythisch-historischen Schauplätzen der italienischen Bildungslandschaft hervor. Durch die Rezeption der Antike und der als klassisch empfundenen Bauformen gewinnt der Landschaftsgarten eine zitierend-abbildende Dimension.

Die Plazierung der Bauten im Freiraum des Landschaftsgartens rechnet mit einem subjektiven fernsichtigen Betrachterstandpunkt und wird in das Wahrnehmungsmuster der auf bildhaft-fernsichtige Rezeption berechneten Gartenvedute[21] (Kat. 135, 139, 140) eingebunden.

Auch die Apollo-Kolonnade (Kat. 145-148), die zwischen 1780 und 1783 entsteht, wird nach einem Entwurf von Cameron im Tal des Flusses gebaut. Sie stellt eine doppelte runde Kolonnade dorischer Ordnung dar, deren Innenraum von einer Statue des Apollo von Belvedere beherrscht wird. Die Entscheidung über den Standort der

Kat. Nr. 159
Semjon Schtschedrin
1745 St. Petersburg – 1804 St. Petersburg
Aussicht in Pawlowsk auf das Flußtal der Slawjanka und die Große Kaskade, 1801
Öl auf Leinwand
104 x 133 cm
Bez. u. re.: Unterschrift und Datum unleserlich
Inv. Nr. CCh-1836-III
Provenienz: Schloß Pawlowsk, ursprünglicher Bestand
Ausstellungen: *La table des tsars. Porcelaines du palais de Pavlovsk*. Montbéliard 1994; *Legacy of a Czar and Czarina*. Miami, New York 1995-1996

Das Flußtal der Slawjanka ist der schönste und poetischste Teil des Schloßparks von Pawlowsk. Etwas weiter flußabwärts, am abfallenden Ufer des Runden Sees, erbaute Charles Cameron 1787 die Große Kaskade – einen reißenden Wasserfall, der mit lautem Donnern über die Steinblöcke in die Tiefe stürzt. Nach einem Entwurf des Italieners Vincenzo Brenna wurde die Kaskade 1794 durch eine Balustrade mit Vasen verziert. *N. S.*

Kolonnade wird mehrfach revidiert. Nachdem der erste Standort am rechten Ufer der Slawjanka unterhalb des Schlosses wieder aufgegeben worden ist, entscheidet man sich für einen Hain auf der Erhöhung des linken Ufers, wo die Kolonnade bis in den Herbst 1799 stehenbleibt. Die Szenerie des Haines weckt beim Betrachter die Erinnerung an den aus Landschaftsmalerei und arkadischer Poesie vertrauten Topos eines Apollotempels im Heiligen Hain.
Mit dem Wunsch, vom Schloß aus einen Ausblick auf eine Wasserkaskade zu haben, wechselt der Standort des Pavillons ein weiteres Mal. Auf dem hohen Ufer des Sees hinter dem Schloß wird die Kolonnade nun zum Zentrum einer Inszenierung des Parnaß. In den klaren antiken Formen der Architektur erhebt sich die Figur des Gottes der Kunst über dem reißenden Strom einer steinigen Kaskade. Den eigentlichen Höhepunkt in der poetischen Wirkung dieser Szenerie erzielt jedoch die Natur selbst. Während eines heftigen Unwetters im Jahr 1817 bricht der vordere Teil der Kolonnade in sich zusammen, an einer Stelle, wo das Fundament durch die Strömung der Kaskade immer mehr unterspült worden ist. In dem neuen, ruinierten Zustand erscheint die Szene nun als ein Bild der befreiten Poesie und ruft stärker als zuvor die Bewunderung der Kunstliebhaber hervor.
Die Entwicklung einer bildhaften Wahrnehmung der konkreten freien Natur, die es erlaubt, einen solchen verändernden Eingriff ungezügelter Naturmächte auf vom Menschen künstlich angelegte Gartenszenerien als ästhetische Steigerung zu empfinden, wird in der Gartenästhetik von den Nachbardisziplinen Dichtung und Malerei begleitet und forciert.
Das neue Naturideal, wie es nicht zuletzt durch die Naturpoesie geprägt ist, beeinflußt die Ausgestaltung und Wahrnehmung von Gartenanlagen ebenso wie durch die Malerei bildlich vermittelte paradiesisch-arkadische Szenerien. In Pawlowsk wie in den europäischen Gärten überhaupt sind es in erster Linie die Werke von Nicolas Poussin, Claude Lorrain und Salvatore Rosa, die für die Anlage des Gartens ein reiches Repertoire an Vorlagen und Modellen liefern, etwa in der Gestaltung von gebirgigen Partien, geborstenen Bäumen, felsigen Wasserfällen, wogenden Flüssen, verlassenen Tempeln, Ruinen, Fontänen oder Pyramiden bis hin zu Schäfern mit ihren Herden, die den Vordergrund beleben.
Über Poussins berühmtes Arkadien-Bild (1635-36) und über die literarische Arkadien-Rezeption, vor allem durch die 1756 erschienenen und kurz darauf ins Französische und Russische übersetzten *Idyllen* Salomon Gessners, wird die Vorstellung vom mythischen Land eines unschuldigen Schäferlebens, das seit Vergils fünfter Ekloge zum Topos des Rückzugsortes gehört, zum festen Bestandteil des Landschaftsgartens. „Die Illusion eines von den Alltagssorgen der kleinen Leute sorgfältig abgeschirmten Arkadiens, die nicht davor zurückschreckt, ganze Dörfer aus dem Blickfeld zu räumen, bestimmt ganz überwiegend die aristokratische und großbürgerliche Gartenkunst des 18. und 19. Jahrhunderts."[22]

Die neuentdeckte ästhetische und semantische Dimension eines Rückzugsortes mit der Betonung auf pastorale, arkadische Bilder des Landlebens, in Verbindung mit der Vorstellung eines miniaturisierten Idealstaates, dem nach dem Vorbild chinesischer Kaiser[23] der Regent als ein sein Land bebauender Gärtner zu reicher Ernte verhilft, führen zu der neuen Form des Gartenstils, dem höfischen *Jardin anglo-chinois*. Im Rahmen eines Gartens wird ein ideales arkadisches Dorf mit einem passenden Volk geschaffen, in dem das glückliche Landleben als galantes Rollenspiel erlebt werden kann.[24]
Von Beginn an trägt die Gestaltung der Gartenpartie um Paullust bereits markante Züge eines Gartens im Anglo-chinois-Stil, und der weitere Ausbau verstärkt diesen Impuls. Die capricciohafte Szenerie um die Einsiedelei und um die Ruinen (Türmchen, Mauer, Brücke) wird ausgefüllt mit exotischen Bauten, dem Chinesischen Pavillon (*Kitajskaja Besedka*) und dem Türkischen Zelt (*Turezkaja Palatka*), die die Idee der Verfügbarkeit aller Kulturen als Exempla in den Rahmen des Landschaftsgartens einbeziehen. Der Inszenierung eines einfachen Lebens dienen die Charbonnière (*Scharbonera*) und der Milchhof (*Molotschnja*)[25], deren ästhetische Wirkung durch den Kontrast zwischen der schlichten bis ärmlichen äußeren Fassade und der eleganten, hochartifiziellen Innenausstattung erzielt wird.
Die als kleine Kabinetts für das Musizieren (Charbonnière) oder für die Handarbeit und das Lesen (Milchhof) eingerichteten Pavillons bringen das Interesse der Besitzer an horti-und agrikulturellen Lebensformen neben der Wertschätzung der Buchlektüre und der generellen Adelung der Arbeit zum Ausdruck. Die Anzeichen eines Übergangs von einem raffiniert inszenierten Landleben im Rahmen eines künstlichen Dörfchens zur Idee einer umfassenden Landesverschönerung,[26] die sich in Pawlowsk um 1800 in der Einrichtung karitativer Institute und landwirtschaftlicher Musterlandgüter wie der Farm (*Ferma*)[27] (Kat. 160), aber auch durch die Idealdörfer Glasowo und Étupes äußern wird, ist bereits in der Konzeption eines der ersten pastoralen Pavillons in der bewaldeten Partie an der rechten Uferseite der Slawjanka angedeutet.
Das Alte Chalet (*Schaleja*) (Kat. 161), nach einem von Cameron 1779 vorgelegten Entwurf 1780 im Stil der Schweizer Häuser gebaut,[28] besteht aus einem einstöckigen runden Haus mit einem kegelförmigen Strohdach, das von einem Glockentürmchen gekrönt ist. In einem seitlichen Anbau befindet sich eine Küche. Das Haus besteht aus vier Zimmern. In dem ersten stehen Spinnräder, in dem zweiten (*Krugly Sal*) sind die Wände und die Decke kunstvoll bemalt, der Innenraum mit Spiegeln, Marmortischen und Porzellangeschirr ausgestattet, das dritte Zimmer ziert eine perspektivische Wandmalerei, die eine Kolonnade darstellt. Das letzte und gleichzeitig kleinste Zimmer ist fensterlos und dunkel; hier wird das Gartenwerkzeug der großfürstlichen Familie aufbewahrt. Der Hof um das Chalet ist eingezäunt und enthält einen Gemüsegarten und einen Pavillon, in dem Hühner gehalten werden.[29]

Kat. Nr. 160
August Philipp Clara
1790 Dorpat – ? Sankt Petersburg
Wassili Andrejewitsch Shukowski
1783 Mischenskoje, Gouvernement Tula – 1852 Baden-Baden
Farm, 1824
Aquatinta, Aquarell, Gouache
23,3 x 29,2 cm (Bild) / 74 x 99 cm (Blatt)
Inv. Nr. R-286/3
Provenienz: Schloß Pawlowsk

Kat. Nr. 165
Mosaik *Neues Chalet*
Mosaikmeister G. F. Weckler (?), St. Petersburg, Rußland 20er Jahre des 19. Jahrhunderts
Mosaikglas, Bronze; Römisches Mosaik; geprägt, vergoldet
12 x 11 cm
Inv. Nr. CCh-995-X
Provenienz: Schloß Pawlowsk, ursprünglicher Bestand
Ausstellungen: *Pavlovsk. Zolotoj vek russkoj kul'tury*. Moskau 1998

Das Neue Chalet ist ein Pavillon im Park von Pawlowsk (errichtet 1800). Es ist ein offenes Gartenhäuschen mit einem Strohdach auf Birkenholzpfosten und einer Rotunde auf dem Dach. Dort hinauf führt eine Treppe, deren Geländer aus Birkenzweigen besteht.
Innen war das Neue Chalet mit Malereien des berühmten Künstlers P. Gonzaga geschmückt. In der Mitte stand ein Tisch auf einem Baumstumpf, und Holzbänke waren entlang der Wände angebracht. Maria Fjodorowna liebte es, mit ihren Kindern unter dem halbrunden Vordach Tee zu trinken. *O. B.*

DER PARK

Dieser ländliche Pavillon in Pawlowsk setzt sich vom Rokoko-Spiel in dem anmutig gestalteten Dörfchen in der Nähe des Landhauses ab. In der Konzeption des Alten Chalets mit seiner konkreten landwirtschaftlichen Ausrichtung wird der Versuch unternommen, der malerischen, ländlich anmutenden Partie des Gartens eine am Nützlichkeitsideal der Aufklärungsepoche orientierte Funktion zu verleihen. Das Schweizerhaus im Park von Pawlowsk dient als bevorzugter Aufenthalts- und Erziehungsort für die Kinder der Großfürsten, und nicht zufällig begegnet man dem Konzept des aufgeklärten Utilitarismus im Zusammenhang mit einem neuentwickelten Erziehungsmodell, wie man es gleichzeitig in Deutschland etwa in den in dieser Zeit in Mode kommenden Philanthropinen in Dessau und anderswo vorfindet: „Am 19. Juni gegen 5 Uhr nachmittags gingen Ihre Hohheiten Großfürsten hier [in Pawlowsk] spazieren. Die meiste Zeit verbrachten sie bei dem Chalet, wo sie mit ihren kleinen Gartenspaten und Harken arbeiteten. Sie bestellten für sich größeres Werkzeug, denn das von dem letzten Jahr ist bereits zu klein geworden. Ihre Hohheiten tranken hier Milch, aßen Kirschen und nahmen Pflaumen und Blumensträuße mit."[30]

DIE EUROPAREISE DES COMTE UND DER COMTESSE DU NORD

Als das russische Thronfolgerpaar im Herbst 1781 seine große Europareise antritt, eilt ihm bereits der Ruf seiner passionierten Gartenliebhaberei voraus, und entlang der Route beeilen sich die großen und kleinen Höfe Europas, dieser Vorliebe der Gäste mit großer Zuvorkommenheit Rechnung zu tragen.
Die rund anderthalbjährige Reise führt über Kiew, Wisnowice, Wien, Triest, Venedig, Bologna, Pesaro, Rom, Neapel, Rom, Livorno, Florenz, Pisa, Parma, Mailand, Turin, Chambéry, Lyon, Fontaine bleau, Paris, Orléans, Tours, Angers, Nantes, Brest, Rouen, Amiens, Lille, Ostende, Gent, Brüssel, Antwerpen, Den Haag, Amsterdam, Saardam, Spa, Düsseldorf, Bonn, Koblenz, Frankfurt, Straßburg, Montbéliard, Besançon, Lausanne, Bern, Basel, Karlsruhe, Stuttgart, Wien, Brünn, Olmütz, Krakau, Belostok, Grodno, Kaunas und Riga zurück nach St. Petersburg.[31]
Mehrtägige Aufenthalte in den Parkanlagen von Schönbrunn, Versailles, Chantilly, Étupes und Hohenheim sind ebenso wie kürzere Besichtigungen einzelner Gartenanlagen und botanischer Gärten Bestandteil des Reiseprogramms, und wo immer es möglich ist, zeigen die jeweiligen Gastgeber sich bemüht, das möglichst Beste und Aktuellste, das man zum Gartendiskurs beisteuern kann, zu präsentieren. Unterstützt wird dieser Impuls noch durch die Tatsache, daß die Großfürsten inkognito reisen und es dadurch den jeweils besuchten Höfen ermöglichen, die Empfänge von starrem Zeremoniell freizuhalten und bei der Ausrichtung der Feierlichkeiten auch un-

Die Gußeiserne Brücke

konventionellere Wege einzuschlagen. In den Landschaftsgärten, die auch als unregelmäßige oder englische Parks bezeichnet werden, ist der barocke Apparat der Repräsentation und die zeremonielle Inszenierung gesellschaftlicher Rangunterscheidung weitgehend ersetzt worden durch eine Raumchoreographie, die auf individuelle Empfindungen, Selbstbesinnung und Einbildungskraft der Erinnerung ausgerichtet worden ist. Daß während der großen Europareise des Thronfolgerpaares als Ambiente für die vielfältigen Gastlichkeiten die modernen englischen Gartenteile häufiger Verwendung finden als die repräsentativeren Parkanlagen nach französischem Geschmack, darf als Zugeständnis der jeweiligen Gastgeber an den fortgeschritteneren Gartengeschmack der Reisenden gewertet werden.

Besonders deutlich wird dies bei den Besuchen in Chantilly und in Stuttgart-Hohenheim, wo sich jedesmal die zwischen 1770 und 1790 neu aufgekommene Mode, ein Dörfchen in einem einfachen, bäuerlich-ländlichen Stil in den Landschaftsparks anzulegen, nachhaltig auf die Ausrichtung der Feierlichkeiten zu Ehren der Reisenden auswirkt. Um dies zu veranschaulichen, sei das Programm des Ankunftstages in Chantilly skizziert, wo die Reisegesellschaft, von Paris kommend, nach kurzen Zwischenaufenthalten in Montmorency und Ermenonville am 10. Juni 1782 eintrifft.

Mit Chantilly besucht das russische Thronfolgerpaar einen der frühesten Landschaftsgärten Frankreichs, der für seine rustikalen Gartenszenen ebenso bekannt ist wie für seine zahlreichen Bäche, Kanälchen und Seen, die zur Gestaltung der einzelnen Szenen des Gartens beitragen.

Beim Eintreffen in Chantilly werden die Reisenden sogleich in ein arkadisches Zauberreich versetzt. Der Prinz Louis-Joseph de Bourbon-Condé[32] und einige weitere Mitglieder der Königsfamilie kommen ihnen in ländlich-pastoraler Kleidung entgegen und schmücken die Ankömmlinge mit Blumen und Kränzen, bevor man sie zu einigen Tänzen in das Schloß führt. Danach begibt man sich in den Garten, um dort zwei Theaterstücke zu betrachten, die unter freiem Himmel aufgeführt werden, eine pastorale Komödie *Rose et Colas* sowie ein Stück mit dem Titel *Le Jardinier de quinze ans*. Im Anschluß daran steht eine „Bauernhochzeit" auf dem Programm. Im Verlauf dieser rustikalen Maskerade formiert sich die Festgesellschaft zu einem Hochzeitszug, der von den Prinzen de Condé und de Bourbon angeführt wird. Der Zug endet an dem 1774 fertiggestellten *Hameau*, der den Gästen des Prinzen de Condé auf diese Weise vorgeführt wird. Sieben riedgedeckte kleine Fachwerkgebäude gruppieren sich um einen Platz. Brunnen, Nutzgärten, Dorfulme, Mühle, Stall, Molkerei und Küche vervollständigen das ländliche Erscheinungsbild. Zwei von außen ärmlich wirkende Hütten, der *Salon* und die *Salle à manger*, überraschen durch ihre kostbare und originale Inneneinrichtung. Die *Salle à manger* versetzt die Besucher in eine Waldszenerie: Die Wände des halbrund abschließenden Raums sind mit einer Baumszenerie bemalt, über der sich der Himmel zu öffnen scheint. Den Boden bedecken Rasen mit Blumentuffs, Kieswege verbinden die Türen miteinander, Baumstümpfe und Rasenbänke dienen als Sitzgelegenheiten. Zu dem frugalen Nachtmahl, das hier eingenommen wird, sind der *Hameau*, die *Salle à manger*, Wege und Bäume mit bunten Laternen geschmückt, so daß sich der englische Garten festlich beleuchtet präsentiert.

Etwas mehr als zwei Monate nach der Ankunft in Chantilly wird am 19. September 1782 das „englische Dörfle" im Landschaftspark von Hohenheim zum Schauplatz einer denkwürdigen ländlichen Inszenierung. Im Gegensatz zu Chantilly wird in Hohenheim der Besuch der Großfürsten zum Anlaß genommen, ein Fest aufzuführen, das innerhalb der Dörfle-Mode den Übergang von einem höfisch-arkadischen Maskeradenspiel zum Schauspiel eines ernsthaften Landlebens andeutet. Die Festchoreographie[33] versammelt in den einzelnen Gartenpartien, gleichsam als echte Dorfbewohner, Mitglieder der unterschiedlichsten ländlichen und bürgerlichen Berufsgruppen, die aus verschiedenen württembergischen Oberämtern zusammengezogen sind. Sie alle sind Bestandteil eines in deutscher Sprache aufgeführten Schauspiels, das im Stil eines Gesamtkunstwerks sämtliche Gartenszenen mit pseudorealistischen theatralischen Auftritten durchzieht. Bei der Meierei drängt sich ein Haufen von Dörflern herbei, um die fremden Herrschaften zu sehen; wagt es aber noch nicht, näher heranzukommen. Ein russischer Invalide jedoch, der sich im Dörfle zur Ruhe gesetzt hat, kennt den Großfürsten als Freund und Wohltäter des Landvolks und der Armen, so daß der Haufen endlich näherkommt. Es entwickelt sich ein Gespräch über das Lob des Landlebens und der Fürsten, die dasselbe ehren und schützen. Ein hinzugekommener Hofmann versichert, daß die guten Bauern das Glück des Landlebens nur halb fühlen könnten, da sie das Entgegengesetzte nicht so drückend erfahren hätten wie er, und ein ebenfalls herbeigeeilter ehemaliger Minister preist sich glücklich, daß er durch seinen Rückzug auf das Land nun im kleinen Kreis sogar mehr bewirken könne als in seinem ehemaligen Wirkungskreis, wo er der Intrigen niemals Herr habe werden können. Ähnliche Auftritte spielen sich bei anderen Szenen im Dörfle ab. Bei der Einsiedlerhütte preist ein vom Besuch der Hofgesellschaft völlig überraschter Einsiedler in einer spontanen Ansprache das Leben in der Einsamkeit, und bei den alten Katakomben gibt ein Italiener ein schlagendes Beispiel für die hohe moralische Wirkung des natürlichen Lebens, indem er eine Führung anbietet und „seinem Nationalcharakter zuwider" solches umsonst zu tun bereit ist.

Kat. Nr. 162
August Philipp Clara
1790 Dorpat – ? Sankt Petersburg
Wassili Andrejewitsch Shukowski
1783 Mischenskoje, Gouvernement Tula – 1852 Baden-Baden
Haus der Jekaterina Nelidowa, 1824
Aquatinta, Aquarell, Gouache
23,3 x 76 cm (Bild) / 29,7 x 99 cm (Blatt)
Inv. Nr. R-286/4
Provenienz: Schloß Pawlowsk

Jekaterina Iwanowna Nelidowa war die Kammerjungfer der Zarin Maria Fjodorowna. *O. L.*

Eine solche Stilisierung des einfachen Lebens, wie sie sich bei diesem Fest im Hohenheimer Dörfle geradezu emphatisch ausstellt, scheint eine so hohe Faszinationskraft auf eine in vielen Bereichen von zeremoniellen Regeln bestimmte höfische Gesellschaft auszuüben, daß man Auftritte wie diese offensichtlich willig über sich ergehen läßt. Eine gartenästhetische Kontroverse um das Hohenheimer Dörfle, an der sich neben anderen vor allem Friedrich Nicolai, C. C. L. Hirschfeld, Gottlob Heinrich Rapp und Friedrich Schiller beteiligen, wird aber schon bald nach der Abreise des Großfürstenpaares ab 1783 einsetzen und das gesamte Dörflekonzept einem Umdeutungsprozeß unterwerfen.[34]

Wie nachhaltig im einzelnen der damals aktuelle Gartendiskurs in den jeweils bereisten Residenzen Europas in den Rezeptionsprozeß während der Durchquerung verschiedener Kulturräume hineinspielt und wie dieser sich auf die Auswahl der „fremden" Elemente und deren produktive Umdeutung in der Parkanlage von Pawlowsk niederschlägt, ist noch weitgehend unerforscht und bleibt einer zukünftigen Publikation vorbehalten.[35]

In diesem Zusammenhang scheint es nicht uninteressant, einen Blick auf die Schriftsteller zu werfen, mit denen sich das Thronfolgerpaar auf der Reise umgibt. Im Begleiterstab befinden sich nämlich neben zwei maßgeblichen Repräsentanten der deutschen intellektuellen Elite, nämlich dem in russischen Diensten stehenden Sturm-und-Drang-Dichter Friedrich Maximilian Klinger[36] und dem aus Straßburg stammenden Ludwig Heinrich Nicolay,[37] noch der Schweizer Schriftsteller Franz Hermann Lafermière[38] als Bibliothekar und der Hofprediger Andrej Samborski.[39]

Gerade das Feld der Literatur nimmt in erheblichem Maße an der kulturraumübergreifenden Ausformulierung der Natur- und Gartenästhetik Anteil, was sich beispielsweise an der Tatsache ablesen läßt, daß der französische Schriftsteller Jacques Delille sein epochemachendes Gartenpoem *Les Jardins, ou l'art d'embellir les paysages* anläßlich des Besuchs des Großfürstenpaares in Trianon 1782 veröffentlicht und den Gästen ein Widmungsexemplar überreicht. In einen vergleichbaren Zusammenhang gehört es auch, wenn beim Besuch der Académie française der Schriftsteller Jean François La Harpe ein Sendschreiben unter dem Titel *Des bienfaits de la nature champêtre et de la poésie descriptive* verliest, das an seinen langjährigen Briefpartner Graf Andrej Schuwalow gerichtet ist. Daß Maria Fjodorowna bei der Durchquerung der Schweiz Johann Kaspar Lavater einen Besuch abstattet, während gleichzeitig ihr Sekretär Nicolay sich mit dem Idyllendichter Salomon Gessner trifft, macht deutlich, welchen Stellenwert die Reise auch für die Begegnung und den Austausch mit nennenswerten Vertretern des literarischen Lebens bietet. Naturauffassung und Landschaftswahrnehmung, die im Vordergrund des Interesses stehen, machen den Stellenwert deutlich, der der Literatur als einer Nachbardisziplin der Gartenästhetik zukommt. Entsprechendes gilt für die Landschaftsmalerei. Nicht unerwähnt bleiben kann daher, daß sich im Begleiterstab der Großfürsten auch der Landschaftsmaler F. G. Viollier befindet, und zahlreiche Atelierbesuche während der Aufenthalte in Rom und Paris bei den namhaftesten Malern der Epoche, oft mit anschließender Auftragsvergabe, zeugen von der Bedeutung auch dieses Kunstzweiges für das russische Thronfolgerpaar. Der deutsche Landschaftsmaler Jakob Philipp Hackert (Kat. 82), den die Großfürsten in Rom kennenlernen, macht für sie während eines Abstechers nach Tivoli und Frascati den Cicerone. Für die knappe Schilderung dieses kurzen Reiseabschnitts sei das Wort einem autorisierteren Vertreter dieses Metiers überlassen: „Um diese Zeit war *der Großfürst* und *die Großfürstin* von Rußland nach Rom gekommen, und Hackert wurde denselben beim Rat *Reiffenstein* vorgestellt. Er brachte viele Abende bei ihnen zu, und begleitete sie und den Prinzen *Ludwig* von Würtemberg, nachmaligen Churfürsten, da Reiffenstein am Podagra krank lag, nach Tivoli und Frascati. Sie hatten von ihm gehört, daß er im Frühjahr 1782 eine Reise nach Neapel machen werde, worauf sie sogleich viele Bestellungen von den dortigen Ansichten, mehreren umliegenden interessanten Gegenden, als von Puozzoli, Baja und Caserta, bei ihm zu machen geruhten; so wie schon vorher verschiedene andere Gemälde von Frascati und Tivoli für sie zu fertigen, ihm aufgetragen hatten. Bei dieser Gelegenheit drang sowohl der Großfürst als die Großfürstin darauf, daß Hackert sich entschließen möge, eine Reise nach Rußland zu machen."[40]

Die während des Aufenthaltes in Tivoli (Kat. 69) entstehenden Porträts der Großfürsten von A. L. R. Ducros vor dem Hintergrund der imposanten Naturkulisse, die vielfach in Gärten, Gemälden und Büchern zitiert wird, können als symptomatisch für die Selbstverständlichkeit betrachtet werden, mit der für das Thronfolgerpaar Gartenkunst und Landschaftsmalerei ineinander übergehen.

Die besondere Bedeutung der zahlreichen Besuche und Aufenthalte in den Garten- und Parkanlagen entlang der Reiseroute wird noch unterstrichen, wenn man sich vergegenwärtigt, daß gleichzeitig zu Hause in Pawlowsk die Ausbauarbeiten an Park und Schloß in vollem Gange sind. Während der gesamten Reise ist das Thronfolgerpaar nicht nur über den Fortgang der Arbeiten ständig auf dem laufenden, sondern es nimmt auch aus der Distanz seine Rolle als Bauherren der Anlage wahr. Ungeachtet der großen Entfernungen wechseln ununterbrochen Kuriere zwischen St. Petersburg und den jeweiligen Aufenthaltsorten der Großfürsten hin und her, in ihren Portefeuilles finden sich Pläne und detaillierte Anweisungen zu den aktuellen Bauphasen, ebenso wie umgekehrt Rechenschaftsberichte des zuständigen Gartendirektors Karl Küchelbecker.[41]

Kat. Nr. 163
August Philipp Clara
1790 Dorpat – ? Sankt Petersburg
Wassili Andrejewitsch Shukowski
1783 Mischenskoje, Gouvernement Tula – 1852 Baden-Baden
Tor zum Park (Pilztor), 1824
Aquatinta, Aquarell, Gouache
23 x 79 cm (Bild) / 29,7 x 97 cm (Blatt)
Inv. Nr. R-286/1
Provenienz: Schloß Pawlowsk

1824 fertigte August Clara von 18 radierten Pawlowsk-Ansichten Shukowskis sechs Aquatinta-Drucke an, die unter dem Titel „Sechs Ansichten von Pawlowsk, von der Natur abgezeichnet durch W. Sh. (Wassili Shukowski). Vollendet und graviert von Clara (in Dorpat) St. Petersburg" erschienen.
Der berühmte russische Dichter und Übersetzer Wassili Andrejewitsch Shukowski, ein Vertreter der romantischen Literaturepoche, war einer der häufigsten Gäste in Pawlowsk.
Shukowski und Clara hatten sich schon in Dorpat angefreundet, wo sich der Dichter oft aufhielt. Nicht zuletzt Shukowskis Hilfe ist es zu verdanken, daß Clara als „Hofgraveur" nach Petersburg kam, doch war er hier hauptsächlich als Lehrer tätig. Auch Shukowski war ein begabter Radierer; er hatte bei dem bekannten russischen Meister Nikolaj Utkin studiert. *O. L.*

Die Tatsache, daß für die Ausgestaltung der Parkanlagen von Pawlowsk ein eigens dafür verantwortlicher Gartendirektor berufen worden ist, ist für diese Zeit noch nicht unbedingt selbstverständlich und kann als ein Indiz für den Stellenwert gewertet werden, der der Gartengestaltung als einer eigenständigen Kunstform zugeschrieben wird. Man trägt damit einer Forderung Rechnung, die der eingangs dieses Beitrages zitierte Kieler Gartentheoretiker C. C. L. Hirschfeld im Hinblick auf die Verantwortung und die außerordentliche Bedeutung der Aufgaben eines Direktors formuliert hat: „Jeder ansehnliche Hof sollte billig einen aufgeklärten Mann zum besonderen Gartendirektor wählen, der ganz allein seine Talente, Kräfte und Zeit diesem Geschäfte widmete, der Kenntniß, Geschmack, Eifer, Verbindung und Ansehen genug hätte, um sowohl die Ehre der Gärten des Landes, als auch die Ausbreitung der nutzbaren Gartenkultur befördern zu können."[42]
Damit ist im Grunde die Rolle Karl Küchelbeckers umrissen, der in seiner Korrespondenz mit Maria Fjodorowna und deren Sekretär Heinrich Ludwig Nicolay laufend die Anweisungen der Großfürsten entgegennimmt und die zahlreichen Anfragen über den Verlauf der Arbeiten gewissenhaft beantwortet.
Auch in dem während der Reise intensiv geführten Briefwechsel zwischen Katharina II. und den Großfürsten ist das Thema der Parkausgestaltung in Pawlowsk virulent. Dies dokumentiert der im folgenden wiedergegebene Brief der Zarin, der gleichzeitig einen Einblick in den Zustand des Parks während der Europareise der Großfürsten gewährt.

„Zarskoje Selo, den 2. Mai 1782.
Vorgestern machte ich eine Spazierfahrt nach Pawlowsk, wobei ich an den beiden Seiten der Straße viel Schnee vorfand. Am kleinen Eingang des Gartens stieg ich aus der Kutsche aus und bestieg den Berg über den Fußweg. Ich gelangte zu dem Haus, trat ein und fand die Möbel sauber und gut erhalten vor. Auf dem Hof wird bereits das Fundament für das neue Haus und den Flügel an der linken Seite vorbereitet. Aus dem Haus gingen wir zu der Ruine über den Weg an dem Hügel entlang, von dort aus nahmen wir den einzigartig entworfenen Weg, den wir sehr praktisch gefunden haben, und gelangten den Berg hinunter ganz in die Nähe des Tempels, der von Cameron gebaut wird. Der Bau ist fast fertig und sieht von außen sehr schön aus; im Inneren steht noch das Baugerüst, weswegen alles sehr düster wirkt. Der Wasserspiegel im Fluß ist niedrig, weil die Befürchtungen der Schneeschmelze es nicht erlaubten, die Schleusen zu schließen. Von dort gingen wir über die Brücke, vorbei an der Kaskade, die ohne Wasserspiel war, zu dem Chalet, das wir sauber und in einem guten Zustand vorfanden. Dort setzte ich mich hin und fand die Aussicht von dort sehr hübsch, bedenken Sie, daß die Wiesen noch nicht grün sind und die Bäume kein einziges Blättchen haben. Vom Chalet gingen wir den Weg durch die Waldlichtung und beschauten die Kolonnade, an der gearbeitet wird. Von dort gingen wir zu der Säule, auf der die Florastatue aufgestellt wird; diese letzte und einzige Sache erlaube ich mir zu kritisieren, weil ich bei ihr eine unpassende Ähnlichkeit mit der Madonnastatue an der großen Straße entdeckte. Aber dieser Mangel ist sicher gar keiner, denn er gehört zu denen, die sehr verzeihlich sind; an dem neuen Tor, das beim Ausgang von der Wiese auf die große Straße angebracht wird, nahmen wir den Materialweg und bestiegen wieder die Kutsche, nachdem wir gute zwei Stunden umhergewandert und über alle Abhänge, ob steil oder nicht, geklettert waren, und zu Tode erschöpft; wir sagten: schade, daß die Besitzer nicht da sind, sie hätten uns das Laufen leichter gemacht und hätten uns die Sachen in einem angenehmeren Blickwinkel erscheinen lassen, aber jetzt, da sie nicht hier sind, sieht alles so traurig und leer aus, daß mein Herz sich mit Schmerz erfüllt hat. Kehren Sie nur so bald als möglich zurück, allein damit Pawlowsk dieses traurige Aussehen verlieren möge. Eure Kinder sind gesund und laufen so schnell, daß kaum jemand ihnen folgen kann. Adieu, meine lieben Kinder! Ich umarme Euch."[43]

SYNTHESE DER KÜNSTE

Als die Großfürsten im Herbst 1782 in St. Petersburg eintreffen, finden sie den Park und das Schloß von Pawlowsk bereits in einem fortgeschrittenen Bauzustand vor. Schon im darauffolgenden Jahr wird am äußeren Ende der dreifachen Lindenallee (*Lipowaja Aleja*) (Kat. 114) eine mit der Bezeichnung Ende der Welt (*Konez Sweta*) belegte Gartenpartie angelegt, in deren Kerninszenierung eine gleichnamige Säule aufgestellt ist. Das Konzept dieses auch als Ende des Parks gedachten Orientierungspunktes muß aber umgehend neuformuliert werden, um der rasanten Ausdehnung der Gesamtanlage Rechnung zu tragen, mit der Konsequenz, daß die Säule an die neue Peripherie des Parkes versetzt werden muß.
Bis 1784 sind die Arbeiten soweit gediehen, daß das Schloß bezogen werden kann. Von nun an verbringt das Thronfolgerpaar immer häufiger die Sommer- und frühen Herbstmonate in Pawlowsk. Von dieser Zeit an findet eine Veränderung in der Semantik der Parkanlage statt, die mit einem gleichzeitigen Wechsel des zuständigen Architekten einhergeht. Ab 1786 wird für die Ausführung der von Cameron entworfenen Projekte regelmäßig der italienische Baumeister Vincenzo Brenna[44] herangezogen, der schließlich 1789 den Posten des Hauptarchitekten übernimmt. Seine Aufgabe im Auftrag der Großfürsten besteht darin, die ländlich-arkadische Landschaft von Pawlowsk durch Partien mit feierlichem und repräsentativem Charakter zu bereichern. Noch ein weiterer Italiener wird hinzugezogen, um die Vielfalt der Empfindungen, die der Park von Pawlowsk bieten soll, zu steigern: der Venezianer Pietro di Gottardo Gonzaga.[45]

Die Alte Sylvia mit dem Standbild des Apollo Musagetes im Mittelpunkt, um ihn herum die Bronzeskulpturen der neun Musen sowie der Flora, des Merkur und der Venus Kallipygos. Die Skulpturen wurden in den 90er Jahren des 18. Jh. in der Petersburger Akademie der Künste gegossen (Modelle: Fjodor Gordejew).

1792 schließt Vincenzo Brenna die Arbeit an der Großen Kaskade (*Bolschoj Kaskad*, 1786-87) (Kat. 159) ab, indem er die Mauer der Kaskade rustiziert und eine schmale Balustrade mit zwei Vasen links und recht aufstellt. In der Parkpartie Marienthal entwirft er eine ausladende Steintreppe, die zum Ufer des Sees hinunterführt und mit jeweils sechs Marmorstatuen und Löwenfiguren entlang des Treppenganges (Abb. S. 234) geschmückt ist. Am oberen Platz der Treppe entsteht eine Trillage (*Triljash*), eine runde Kolonnade mit Gitterwerk und einer flachen Kuppel (Kat. 139).

Zu den markanteren Erweiterungen und Umgestaltungen Brennas im Park von Pawlowsk zählt auch der zwischen 1789 und 1793 entstehende Parkteil Alte Sylvia[46] (*Staraja Silwija*). Dabei wird ein ausgedehntes Waldstück, das an die rechte Seite des Slawjanka-Tals angrenzt, mit einem System gerader Alleen in Form eines Uhrenblattes durchzogen und in die Gesamtanlage integriert. An dem Platz, auf den die zwölf Alleen zulaufen, befindet sich eine Skulptur des Apollo Musagetes im Kreise eines Ensembles von Statuen, die die Musen darstellen (Abb. S. 249).

Die Verstärkung der repräsentativen Züge des Landschaftsparks, insbesondere der zentralen Parkpartie in der Nähe des Schlosses, erfährt noch einmal eine Steigerung, nachdem Paul I. 1796 den russischen Thron besteigt und Pawlowsk zur offiziellen Sommerresidenz der Familie des Zaren erklärt. In dieser Zeit wird auch der Baukörper des Schlosses durch zwei zusätzliche Flügel vergrößert. In der Nähe des Schlosses auf der linken Seite der dreifachen Lindenallee entsteht 1799 ein Blumenparterre, Große Kreise (*Boljschije Krugi*) genannt, mit den allegorischen Figuren von Frieden und Gerechtigket in der Mitte zweier kreisförmig angelegter Blumenrabatten. In eine der Sichtachsen der Großen Kreise wird von Brenna der Blick auf das Türkische Zelt inszeniert. Dieses markante Gartenelement wird von Gonzaga sowohl von außen als auch von innen neu gestaltet, mit dem Ergebnis, daß der Holzbau des Pavillons den Eindruck eines weißblau gestreiften Stoffzeltes erweckt.[47]

An der Seite der Großen Kreise errichtet Brenna die Große Italienische Steintreppe (*Bolschaja Italjanskaja Lestniza*, 1797-1799), für die die Ruinengruppe weichen muß und die jetzt die obere Terrasse des Gartens am Schloß mit dem Slawjankatal verbindet. In dem Privaten Garten am rechten Flügel des Schlosses wird 1800-1801 von P. D. Schröter ein Portikus gebaut, der von Paul I. gern als Arbeitskabinett im Freien benutzt wird. Später erhält der Pavillon, der zu den letzten Projekten Camerons zählt, den Namen Drei Grazien (*Tri Grazii*) nach einer dort aufgestellten Skulpturengruppe (Abb. S. 8, 235). Um 1800 vollendet Brenna die von Cameron begonnene Anlage des Parkteils Großer Stern (*Bolschaja Swesda*) (Kat. 150) mit einem Konzertpavillon Runder Saal (*Krugly Sal*) im Rondell des Großen Sterns. Das Grundmuster dieser großen bewaldeten Parkpartie, die überwiegend für Spazierfahrten geplant ist, bildet, vergleichbar der Sylvia, ein System radial angelegter gerader Alleen, die in diesem Fall durch gerade Wege untereinander in der Form eines Sterns verbunden sind.

Die Anlage der Großen Kreise mit den zwei runden Steinterrassen sowie den Mamorplastiken Frieden und Rechtsprechung in ihrer Mitte (Pierre Barrat, Anfang 18. Jh.).

Dem weitläufigen Parkteil Neue Sylvia (*Nowaja Silwija*), der 1800 entsteht und einen Übergang vom Park zum Wald bildet, liegen abermals gerade Alleen zugrunde. Die Wege sind jedoch viel sparsamer „gefächert" und mit einer verschlungenen Ringstraße untereinander verbunden.

Der Umgestaltungsdruck, der im Zusammenhang mit der Thronbesteigung Pauls einer stärkeren Repräsentationfunktion des Parks von Pawlowsk Genüge leisten muß, bringt die Gesamtkonzeption des Parks in eine prekäre Lage, denn es gilt dafür Sorge zu tragen, daß der bislang avancierteste Landschaftsgarten Rußlands nicht in die alten Fehler der traditionellen regulären Parkanlagen zurückfällt. Der Mann, der dies verhindern soll, heißt Pietro di Gottardo Gonzaga. Er wird in den nächsten Jahrzehnten durch seine grenzensprengende Kunstauffassung und seine kompromißlose Innovationskraft die entscheidenden Akzente für die ästhetische Modernisierung der Parklandschaft setzen.

Bereits mit Januar 1792 sind die ersten Entwürfe für russische Projekte von Pietro di Gottardo Gonzaga datiert. Es handelt sich um Pläne für den Landschaftsgarten von Pawlowsk.[48] Damit beginnt seine Arbeit an der Gestaltung des Parks, mit der er fast bis zum Ende seines Lebens betraut bleibt. In Pawlowsk bekommt Gonzaga ein Landhaus zugeteilt, das er in den warmen Jahreszeiten als Wohnsitz benutzt, um so seinen Gartenschöpfungen täglich nahe zu sein.

Zu seinen Aufgaben zählen nicht nur die Gestaltung der Landschaft und die Arbeit an der Architektur der Parkpavillons und des Schlosses, sondern auch die Dekorationen der Feste und der Theateraufführungen in Gatschina und Pawlowsk. In dieser Funktion ist er für die künstlerische Gestaltung der offiziellen Anlässe der Zarenfamilie verantwortlich; so inszeniert Gonzaga nicht nur die Feierlichkeiten der Thronbesteigung von Paul I., Alexander I. und Nikolaus II., sondern auch die Trauerzüge Katharinas II. und Pauls I. Im Lebenswerk von Gonzaga verschwimmen die Grenzen zwischen der Kunst der Theaterdekoration, der Wandmalerei, der Architektur und der Landschaftgestaltung. Diese Synthese der Künste wird zu einem grundlegenden Prinzip der Gestaltung der gesamten Parkanlage von Pawlowsk.

Eine harmonische Eingliederung eines Werkes der Malerei in die Umgebung der Natur ist die wichtigste Forderung und Eigenschaft der Arbeiten von Gonzaga, gleich ob es sich dabei um eine gemalte Landschaft handelt, die von der realen Architektur eingerahmt wird, oder um eine gemalte Architektur, die mitten in die konkrete natürliche Umgebung plaziert wird. Diese Forderung äußert sich in der konsequenten Suche nach einer Möglichkeit, die gebaute Architektur, die Natur und eine realistische Darstellung von beiden in der Malerei zusammenzuführen und ein ideales harmonisches Gesamtkunstwerk zu produzieren.

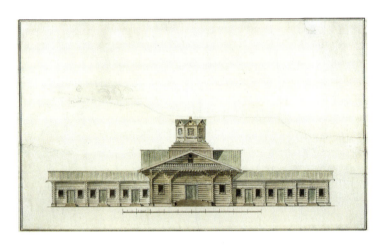

Kat. Nr. 164
Andrej Woronichin (Werkstatt)
Geflügelhof. Fassade, nach 1805
Feder, Pinsel, Tusche, Aquarell
28 x 47,1 cm
Inv. Nr. Č-136
Provenienz: Schloß Pawlowsk

1802-05 entstand auf neuerworbenen Ländereien ein Gebäudekomplex, bestehend aus dem Pavillon Farm, nach dem die gesamte Anlage benannt ist, dem Geflügel- und dem Viehhof. Mit der Gründung der Farm sollte die Viehzucht der umliegenden Bauern verbessert und den Mädchen aus der Erziehungsanstalt die Hege von Hausvögeln und -vieh beigebracht werden. *O. L.*

Das Amphitheater in Form eines halbrunden Platzes auf einem Vorsprung an der Slawjanka gelegen. Der Aussichtspunkt bot schöne Ausblicke auf die Pavillons, Kaskaden, Lichtungen und Gewässer des Parks.

Gonzaga, der sich als ein „Operateur der Natur" versteht, erfindet malerische Bilder der Landschaft, in die archtektonische Elemente der Parkanlage plastisch eingehen. Die wichtigsten Fähigkeiten und Aufgaben eines Gärtners, so wie sie von Gonzaga in seinen theoretischen Überlegungen *La Musique des yeux et l'optique théatrale* (1800) formuliert werden, bestehen im Erkennen des Charakters der Gegend und der kunstvollen Komposition verschiedener Szenen, die den charakteristischen Eindruck der Landschaft verstärken sollen. Getreu seiner Vorstellung von einer kunstvollen Komposition wird die Landschaft um die bereits existierenden Staffagen antiker Provenienz umgestaltet. Die Dorfküche beim Freundschaftstempel wird abgerissen, die Apollo-Kolonnade wird aus dem Tal der Slawjanka an das Ufer des Sees hinter dem Schloß versetzt, das Kalte Bad wird neu gebaut und ausgestattet.[49] In den weiteren Parkteilen arbeitet Gonzaga an der „Musik für die Augen", sucht nach natürlichen Rhythmen und Leitmotiven. Es enstehen die malerische Ansicht des Paradefeldes (*Paradnoje Pole*) mit einem weitausladenden Baum in der Mitte der grünen Wiese und der Parkteil Weiße Birke (*Belaja Berjosa*), dessen Fußwege entlang an Birkengruppen, an einsamen Eichen, an dichten Gebüschen und durch kleine Haine zu einem Kreis weißer Birken führen. Dieses Ensemble erinnert an einen Reigen tanzender Frauen, die sich zu einem Rundtanz nach traditioneller dörflicher Art versammelt haben. Die Einbildungskraft der Besucher wird in diesem Parkteil auch noch an anderen Stellen angeregt, eine Reihe hoher, glattstämmiger Kiefern kann plötzlich als eine gotische Galerie empfunden werden, zusammengewachsene Äste mehrerer Birken erscheinen als sanfte Arkaden, oder drei aus einer Stelle entspringende Baumstämme erwecken den Eindruck, als handele es sich um die Überreste einer Kolonnade.

Zur Strategie der sukzessiven Erneuerung und Verschönerung des Landschaftsparks von Pawlowsk trägt eine immer deutlicher sichtbar werdende Tendenz zur Aufnahme spezifisch russischer Elemente in den Garten bei, was mit der Ausformulierung eines nationalcharakteristischen Stilgefüges einhergeht.

Auf botanischer Ebene bedeutet dies die gezielte Verwendung der russischen Pflanzenwelt beziehungsweise der Pflanzen nördlicher Breiten überhaupt im Landschaftsgartenkonzept, wobei die im Zuge der Aufklärung mittlerweile enorm vorangetriebene systematische Bestandsaufnahme der russischen Flora[50] und der damit einhergehende hortikulturelle Diskurs in den gartenökonomischen Zeitschriften und Sammelwerken[51] die dazu notwendige Wissensagglomeration bereitstellen und fortlaufend aktualisieren.[52]

In landschaftsarchitektonischer Hinsicht ist die Tendenz zur Ausformulierung eines nationalcharakteristischen Stils im Landschaftspark von Pawlowsk am augenfälligsten in der Konzeption des russischen Musterdorfes Glasowo, das 1815 am äußeren östlichen Ende der Anlage errichtet wird, dessen Planung aber schon für das Jahr 1795 erwähnt wird. Ein Jahr zuvor hat Heinrich von Storch in seinem G*emähide von St. Petersburg* bereits beschrieben, daß einzelne Dörfer in der Umgebung St. Petersburgs, die einen spezifischen Nationalcharakter erkennen lassen, keineswegs ungewöhnlich sind und sich harmonisch in das kultivierte Landschaftsgefüge eingliedern. Auf dem Weg von St. Petersburg zur Sommerresidenz Katharinas in Zarskoje Selo kommt der zeitgenössische Reisende beispielsweise durch ein deutsches Dorf, und auf dem Weg nach Peterhof passiert er gleich mehrere holländische Dörfer. Es ist symptomatisch für den ästhetischen Blick Storchs und seiner Zeitgenossen, daß er diese Dörfer im Rahmen der sie umgebenden Landschaft in der Sprache der Gartenbeschreibungen schildert und sie mit einem „Lustgarten" vergleicht: „Eine ununterbrochene Kette von Landhäusern reiht sich hier an einander. Pracht und Geschmack, Aufwand und Kunst haben sich hier vereinigt eine Wüste zu einem Paradiese umzuschaffen, dessen Reiz durch die abstechende Mannigfaltigkeit der Anlagen und Ideen erhöht wird. Prächtige Landsitze, holländische Dörfer, Einsiedeleyen, Teiche, Inseln, ländliche Aussichten wechseln unaufhörlich ab. Der überraschte Reisende, der sich aus den morastigen Wäldern Ingermannlands plötzlich auf diese Heerstraße versetzt sieht, glaubt sich in den Regionen einer Feenwelt, wo Natur und Kunst einen zauberischen Reihentanz um seinen Wagen tanzen."[53]

Daß solche Dörfer mit unterschiedlichen Nationalstilen als ästhetische Bereicherung der Landschaft angesehen werden, fordert zum Vergleich mit einheimischen russischen Dörfern heraus und stellt die Gartenkunst ganz generell vor die Aufgabe, deren Charakteristika zu definieren und letztlich in die Parklandschaft zu integrieren. Mit der Errichtung des als russisches Idealdorf konzipierten Glasowo ist ein solcher Schritt im Landschaftspark von Pawlowsk vollzogen. Bald wird in seiner unmittelbaren Nachbarschaft ein württembergisches Dorf hinzukommen, das bezeichnenderweise als Referenz an den Ort, an dem Maria Fjodorowna ihre Jugendzeit verbracht hat, den Namen Étupes erhält.

Pil-Turm. Die Außenwände des pastoralen Baus mit dem kegelförmigen Strohdach sind mit Fresken bemalt, die dem Turm das Aussehen eines alten verfallenen Gebäudes verleihen. Im Obergeschoß befindet sich ein kleiner Saal mit Marmorkamin und Wandmalereien mit Motiven nach F. Boucher. Der untere, undekorierte Raum war für das Dienstpersonal bestimmt.

Kat. Nr. 161
Mosaik *Altes Chalet*
Mosaikmeister G. F. Weckler (?), St. Petersburg, Rußland 20er Jahre des 19. Jahrhunderts
Mosaikglas, Bronze; Römisches Mosaik; geprägt, vergoldet
12 x 11 cm
Inv. Nr. CCh-994-X
Provenienz: Schloß Pawlowsk, ursprünglicher Bestand
Ausstellungen: *Pavlovsk. Zolotoj vek russkoj kul'tury.* Moskau 1998

Das Alte Chalet gehört zu den frühesten Pavillons im Park von Pawlowsk (1780). Mit seinem kegelförmigen Strohdach und einem kleinen Vordach für die Glocke erinnert es an ein altes Schweizer Bauernhäuschen. In der zweiten Hälfte des 18. Jahrhunderts waren solche Schweizer Häuschen und Hirtenkaten feste Bestandteile der Zarenresidenzen und höfischen Güter außerhalb der Städte. Im Inneren war dieser Pavillon mit Wandmalereien und Spiegeln dekoriert und mit eleganten Möbeln ausgestattet.

Unter Maria Fjodorowna wurde beim Alten Chalet ein Gemüsegarten angelegt, in dem die hochwohlgeborenen Kinder arbeiteten: Sie legten Beete an, säten und jäteten Unkraut. Der Glockenschlag rief sie zum Frühstück, das in den Räumen des Chalets oder auf dem Hof im Schatten der Veranda zubereitet wurde. *O. B.*

Die Arbeit Gonzagas an der Außen- und Innenausstattung des Schlosses und der Parkbauten beginnt mit dem Pil-Turm (Kat. 166, Abb. S. 255), der 1795-97 nach einem Entwurf von Vincenzo Brenna gebaut wurde. Kernziel dieses Gartenelements ist die Illusion eines im Verfall begriffenen Türmchens, das zu einer Mühle umfunktioniert wurde. Ein Mühlrad und eine Brücke über die an dieser Stelle zu einem Mühlbach umgedeutete Slawjanka gehören zu der Staffage. Der „neue Besitzer", ein allem Anschein nach fleißiger und armer Müller, hat diese Mühle offenkundig mühselig renoviert. Gonzaga unterstreicht den ärmlichen, ländlichen Charakter des Türmchens durch die Vortäuschung abgefallenen Stucks, so daß an vielen Stellen nun das darunterliegende Fachwerk zum Vorschein gekommen scheint, und durch die Abbildung von gemauerten Backsteinen an Stellen, die den Eindruck von kümmerlichen Ausbesserungsarbeiten erwecken. Hinter dieser ausgeklügelten illusionistischen Staffage verbirgt sich die Funktion des Gebäudes als Lesekabinett mit einem malerischen Fensterblick auf die künstlich angelegte Kaskade (Kat. 159) im Uferbereich der Slawjanka.

Kat. Nr. 166
Kosma Wassiljewitsch Tscheski
1776 St. Petersburg – 1813 St. Petersburg
Ansicht des Pil-Turms im Park von Pawlowsk, 1801-03
Mischtechnik
34,4 x 47,9 cm (Druck) / 49,2 x 70 cm (Blatt)
Links unter dem Bild: „*Gemalt von Adjunkt-Rektor S. Ščedrin, Kaiserliche Akademie der Künste. Mit der Gravur beauftragt: K. Českij*"
Rechts: *Peint par S. Chedrine Adjoint à Rect. de L'Acad/ des beaux Arts de St. Petersbourg. Gravé par K. Tcheski agrégé de l'Académie*
Darunter: *Ansicht des Pil'-Turms im Park von Pavlovsk. Für Ihre Kaiserliche Hoheit die Zarin Marja Feodorovna. Vue de la Pile dans le Jardin Impériale de Pawlovski. Dédié A Sa Majesté Impériale de Marie Fjodorowna Impératrice Mère.*
Inv. Nr. ZCh-5128-VI
Provenienz: Schloß Pawlowsk

Das aus der Dörfle-Kultur des letzten Drittels des 18. Jahrhunderts übernommene Moment der Divergenz von Innen- und Außengestaltung kommt bei diesem Gartenelement erneut zum Tragen. Das spezifisch Neue besteht aber darin, daß die Illusionstechnik Gonzagas nicht mehr dazu dient, eine ländlich-arkadische Idylle herzustellen, sondern diese vielmehr durch die Verwendung von Mitteln aus dem Arsenal der Ästhetik des Häßlichen illusionistisch aufzurauhen.

Mit der Technik der konsequenten Zusammenführung heterogener ästhetischer Mittel zu einem neukonzipierten Kunstwerk versuchen Gonzaga und seine Mitarbeiter einen gartenästhetischen Standard umzusetzen, der den Anforderungen des heraufziehenden neuen Jahrhunderts gerecht werden soll. Die Experimentierfreudigkeit Gonzagas findet zumindest in einzelnen ausgewählten Gartenpartien einen Spielraum, der den grundlegenden Charakter des Landschaftsgartens in seiner Gänze zwar unangetastet läßt, ihn aber durch die Setzung verschiedener modernistischer Akzente bereichert und aktualisiert. Im Schönen Tal (*Krasnaja Dolina*) in der Nähe der 1804 von Andrej Woronichin neugestalteten künstlichen Ruinen findet sich der 1800 von Schröter nach einem Entwurf von Cameron gebaute Elisabeth-Pavillon (Kat. 149, 151), ein architektonisches Capriccio, für das Gonzaga die Innenräume ausgestaltet. Der dicht von Bäumen umstellte Pavillon überrascht die zeitgenössischen Parkbesucher, weil er sich bewußt als ein ästhetisches Ensemble von Versatzstücken verschiedener Stile präsentiert. Der in antikem Stil mit klaren Linien und ionischen Säulen erscheinende Saal des Pavillons stellt den Bezug zur Waldumgebung her, die Marmorarkaden der Innenarchitektur werden in der Wandmalerei verdoppelt und täuschen den Blick nach draußen vor, indem auf dem Hintergrund des blauen Himmels plötzlich Wipfel einer (gemalten) Birke täuschend echt sichtbar werden. Gonzaga, der zu Beginn des 19. Jahrhunderts als Theater- und Dekorationsmaler die traditionelle Trompe-l'oeil-Technik steigert und in ein neues ästhetisches Konzept integriert, findet nicht nur im Elisabeth-Pavillon Gelegenheit, seine innovative Kunstauffassung im Park und in der Parkarchitektur umzusetzen. Auch das Neue Chalet (*Nowoje Schale*, 1799) (Kat. 165), ein graziöser Pavillon, der vor allem für Mahlzeiten im Freien genutzt wird, wird von Gonzaga effektvoll bemalt. Gewissermaßen als Pendant zu dem sogenannten Amphitheater (Abb. S. 253), einem Aussichtsplatz auf dem Ufer der Slawjanka in Form eines Halbkreises mit einer Florastatue als Kerninszenierung, gebaut von Vincenzo Brenna Anfang der 90er Jahre des 18. Jahrhunderts, errichtet Gonzaga 1811 anläßlich einer Theateraufführung der Kinder des Hofstabes das Lufttheater (*Wosduschny Teatr*). Die grüne Bühne – Wände und Kulissen sind aus Pflanzen gebildet – erscheint auf dem Hintergrund der gemalten Architektur eines Theaters. Als Zuschauerraum dienen in Form eines Amphitheaters aus dem Erdboden herausgearbeitete Sitzreihen. Das Orchester befindet sich

Obelisk zu Ehren der Gründung von Pawlowsk (Entwurf Charles Cameron). Die Aufschrift der gußeisernen Tafel lautet: „Mit dem Bau von Pawlowskoje wurde 1777 begonnen".

in einem ausgehobenen Erdloch. Das Lufttheater findet in der Folge unterschiedliche Verwendung, die jeweils von Fall zu Fall neu definiert wird. Diesem Zweck trägt der Umstand Rechnung, daß die gemalten Kulissen austauschbar sind. Je nachdem, ob beispielsweise ein Feuerwerk oder eine kleinere Theateraufführung gegeben werden soll, wird ein eigens dafür geschaffenes, austauschbares Ambiente installiert.

Die rasche Austauschbarkeit des Ambientes ist eine der Zielvorstellungen der Kunstauffassung Gonzagas. Bereits 1798 hat er in einer Art theatralischer Vorführung in Anwesenheit des Thronfolgers Alexander ein Theaterereignis inszeniert, das ausschließlich aus einer Tour de force von ständig wechselnden Kulissen komponiert war. Die ohne Theaterstück oder Oper, ohne Darsteller und ohne Musik auskommende Aufführung dauerte drei Stunden und zog ihren ästhetischen Reiz aus dem bloßen visuellen Strom von unentwegt wechselnden Kulissen.[54]

Das Prinzip der raschen Austauschbarkeit von Szenerien, das Gonzaga auch konsequent im Park von Pawlowsk zur Anwendung gebracht hat, erlaubt und ermöglicht es seinem Kunstverständnis, unterschiedliche Stilrichtungen gewissermaßen vorübergehend zu zitieren. Innerhalb des Gartens bedeutet dies, daß beispielsweise das im 18. Jahrhundert in die ästhetische Mottenkiste abgelegte Konzept des regulären Gartens wieder heraufbeschworen und für einen vom Künstler begrenzt oder überschaubar gehalten Zeitabschnitt rehabilitiert werden kann.

1815 entwirft Gonzaga ein großes Bühnenbild *Garten* zu einem Stück mit dem Titel *Tod des Herkules*, das eine regelmäßige Parkpartie darstellt, eine Rotunde im Hintergrund, zu der grüne, mit Statuen und Vasen geschmückte Heckenarkaden führen, und das im Gartentheater als ein Gartenausschnitt entgegengesetzten Stilgepräges vorübergehend Platz findet, obwohl es nach traditionellem Kunstbegriff stilistisch mit der rahmenden Umgebung des Landschaftsgartens kollidiert. Die moderne Qualität an diesem Verfahren kommt darin zum Ausdruck, daß der Betrachter offensichtlich zunehmend bereit ist, eine solche Stilkollision zu ertragen und sogar zu genießen.

Im gleichen Jahr wie das genannte Bühnenbild entsteht in Pawlowsk die Insel der Liebe (*Ostrow Ljubwi*) mit dem Tempel Amors (*Chram Amura*) – ein Pavillon mit einer Amorstatue im Zentrum, ein Gartenelement, das an die künstliche Verbindung zwischen der Natur und der Kunst in den Gärten von Versailles erinnert und sie als den regelmäßigen Ausgangspunkt für die unregelmäßige Landschaftsauffassung versteht.[55]

DER ORT DER PRIVATEN ERINNERUNG ALS TOPOGRAPHIE DER INTIMITÄT

Im Kontrast zu der unentwegt sprühenden Imaginationskraft und Innovationskunst Gonzagas durchzieht andererseits die Struktur einer bewahrenden Memorialkunst den Landschaftspark von Pawlowsk, ein Charakteristikum, das seit seiner Gründung einen Stellenwert innerhalb des gartenkünstlerischen Konzepts der Anlage behauptet und über den Zeitraum der rund fünfzig Jahre hinweg, in dem Maria Fjodorowna für die Ausgestaltung verantwortlich zeichnet, laufend erweitert und ergänzt wird. Wie in den meisten westeuropäischen Landschaftsparks erlaubt die Hereinnahme von Elementen der Memorialkunst in den Park gleichzeitig eine Reflexion über seine eigene Zeitlichkeit und Geschichte. Auch dem Garten von Pawlowsk war seine Geschichte durchaus nicht gleichgültig; bereits im Oktober 1782 wird oberhalb der Uferböschung der Slawjanka ein Obelisk (Abb. S. 258) zur Erinnerung an die Gründung der Anlagen von Pawlosk mit der Inschrift „Pawlowskoje/ begonnen zu bauen/ im Jahr 1777." aufgestellt. Auch das Häuschen Krik, das wohl älteste Bauwerk des Parks, wird gewissermaßen als Augenzeuge der ersten Tage des Parks bis ins 19. Jahrhundert hinein erhalten und gepflegt.

Die beliebten Staffagen des Landschaftsgartens, Ruinen und Denkmal, veranschaulichen die Spannung zwischen Dauer und Vergänglichkeit.[56] Denkmäler treten als Zeugnisse der memorativen Praxis auf, die exemplarisch wirken und sich an eine öffentliche Erinnerung richten oder die private Erinnerung thematisieren. Vor dem Hintergrund der Gefühlsästhetik des späten 18. Jahrhunderts wird das arkadische Gartengrab zum idealen Motiv sentimentaler und melancholischer Szenen der rührenden Erinnerung an Freunde, Verwandte, Geliebte und zum sanften Memento mori für eine tugendhafte Lebensführung.[57]

Persönliche Erinnerungen bilden einen wichtigen Bestandteil des Parks von Pawlowsk. Der sichtbarste Ausdruck dieser Tradition ist der Familienhain (*Semejnaja Roschtscha*). Das 1785 angelegte Ensemble besteht aus einer Baumgruppe, sechs Birken (Kat. 167), von denen jede für eines der zu dieser Zeit sechs Kinder des Thronfolgerpaares steht, im trauten Kreis versammelt um die Schicksalsurne (*Urna Sudby*). Platon Storch, der Verfasser eines 1843 in St. Petersburg in russischer Sprache erscheinenden Führers durch den Park und die Stadt Pawlowsk, wendet sich in seiner Parkbeschreibung ausführlich diesem Gartenelement zu: „An jedem Baum ist ein Blechtäfelchen angebracht, mit dem Namen und dem Geburtsdatum eines Mitgliedes des Zarenhauses, und auf einigen steht außerdem das Vermählungsjahr. Diese Birken, die anläßlich der oben genannten freudigen Ereignisse des erlauchten Hauses angepflanzt sind, bilden heute sozusagen eine lebendige Chronik der Zarenfamilie. In der Mitte des Haines steht auf einem Podest eine Urne, die man auch Schicksalsurne nennen kann."[58]

Kat. Nr. 167
August Philipp Clara
1790 Dorpat – ? Sankt Petersburg
Wassili Andrejewitsch Shukowski
1783 Mischenskoje, Gouvernement Tula – 1852 Baden-Baden
Familienhain, 1824
Aquatinta, Aquarell, Gouache
23,1 x 75 cm (Bild) / 29,6 x 95 cm (Blatt)
Inv. Nr. R-286/2
Provenienz: Schloß Pawlowsk

Der Familienhain liegt auf einer kleinen Landzunge in der Nähe des Schlosses. Die Bäume wurden jeweils anläßlich der Geburt eines Kindes gepflanzt. Die Urne in der Mitte des Hains symbolisiert das Schicksal. *O. L.*

1828, im Todesjahr von Maria Fjodorowna, besteht der Familienhain aus insgesamt 44 Bäumen. Der Hain und zahlreiche andere memorative Elemente unterstreichen die Tatsache, daß Pawlowsk in der Bauperiode unter Pietro di Gonzaga einen memorialen Park par excellence darstellt. Nach der Ermordung von Maria Fjodorownas Ehemann im Jahr 1801 bekommt die Parkanlage zunehmend den Charakter einer persönlichen Gedenkstätte der nunmehrigen Zarenmutter an ihrem Witwensitz, ein „intimer Ort, der für die Erinnerungen und die Trauer Maria Fjodorownas bestimmt war".[59] Ein Gedenkpavillon an Friederike (Abb. S. 223), die 1783 verstorbene Schwester Maria Fjodorownas, entsteht im Parkteil Alte Sylvia (*Staraja Silwija*) 1786-87. Er besteht aus einem halbrunden Tempel, dessen Peristyl von zwei rosafarbenen Marmorsäulen gehalten wird. In die Wand des Pavillons ist eine schwarze Marmortafel eingemauert mit der Inschrift „Meiner/Schwester/Friederike/1783/15. November". Nach dem Tod der Eltern Maria Fjodorownas wird dieser Pavillon umgebaut und neu benannt: *Den Eltern zum Gedenken*. In die Reihe dieser Memorialbauten gehört auch das Denkmal der Großfürstin Helene Pawlowna, das 1806 in der Nähe des Schlosses an der Steinbrücke erbaut wird. Das Denkmal, ein Quader aus rosafarbenem, mit vergoldeter Bronze verziertem Marmor, ist der Tochter Helene Pawlowna gewidmet, die 1803, nicht lange nach ihrer Heirat 1799, als Prinzessin von Mecklenburg-Schwerin starb. Auf dem Podest ist eine Inschrift angebracht: „September/den 12/des Jahres/1803." Auf einer anderen Seite des Monuments ist ein Relief mit der Darstellung eines geflügelten Genius angebracht, der sich an eine gesenkte Fackel lehnt und einen Rosenkranz hält, ausgeführt von Iwan Martos (Kat. 152).

Das Denkmal für den Gatten (*Pamjatnik Suprugu* oder *Monument Imperatora Pawla I*) wird 1810 im Stil eines antiken Tempels gebaut (Kat. 63, Abb. S. 91). Die Fassade bildet ein Fronton mit vier Monolithsäulen aus rotem Marmor, zu dessen Peristyl eine breite Steintreppe führt. Den Tempeleingang bildet ein eisernes Gittertor mit vergoldeten Darstellungen von Urnen und gesenkten Fackeln. Die Innenbeleuchtung des Tempels gewährleisten zwei Fenster, die in die Seitenwände eingelassen sind. In der Tiefe des Tempels gegenüber dem Eingang befindet sich das Gedenkmonument, das eine Pyramide aus Granit mit dem weißen Medaillon Pauls I. in ihrem oberen Teil darstellt. Vor der Pyramide steht auf einem Podest die Urne, vor der eine gekrönte Frauenfigur kniet. Auf der Vorderseite des Podestes befindet sich ein Relief, auf dem alle lebenden und verstorbenen Kinder Pauls I. in Trauer um den Vater zu sehen sind. Auch dieses Monument ist von Martos ausgeführt worden. Die Inschriften an den zwei Seiten des Podestes lauten: „Dem Gatten/und dem Wohltäter" und „An Paul I./Zar und Alleinherrscher./geboren am 20. September 1754./gestorben am 11. März 1801."

Das Denkmal der Großfürstin Alexandra Pawlowna (*Pamjatnik Welikoj Knjagini Alexandry Pawlowny*), am Fuß des Hügels des Parkteiles Alte Sylvia 1814 errichtet, birgt in der Mitte eines runden offenen Tempels eine Marmorplastik, die eine himmelwärts strebende junge Frau darstellt, vor deren Füßen als Allegorie des Lebens ein geflügelter junger Mann kniet (Kat. 167a). Dieser versucht vergeblich die Seele der jungen Frau auf der Erde festzuhalten, aber über ihrem Kopf ist bereits der Stern der Unsterblichkeit aufgegangen. Das Denkmal wird an der Stelle des Gärtchens der Großfürstin Alexandra Pawlowna (Kat. 34) gebaut und erinnert an die Tochter Maria Fjodorownas, die, 1783 in Pawlowsk geboren, 1799 den Erzherzog Joseph von Ungarn heiratete und 1801 in Ungarn starb.

Allen diesen memorialen Elementen des Landschaftsparks von Pawlowsk ist gemein, daß der Betrachter persönlich angesprochen werden soll, an der exemplarischen Trauer der Besitzerin teilzuhaben. Die Stille und Abgeschiedenheit an meist entlegenen Orten des Landschaftsgartens und die Szenerie des dunklen Waldes sollen diese Wirkung auf die Einbildungskraft des Besuchers hervorrufen und dem Erlebnis der Szene eine ästhetische Dimension verleihen.

Beim Verweilen an den verschiedenen Erinnerungsorten des Parks soll sich der Spaziergänger nicht als bloß rezeptiver Betrachter begreifen, sondern sich im Idealfall seiner eigenen Teilhabe an dem vor seinen Augen sich inszenierenden Erinnerungsprozeß bewußt werden und im Garten seine eigene Topographie der Intimität erstellen.[60]

Aber in die memorative Praxis und in die Erstellung einer Topographie der Intimität im Park von Pawlowsk spielen nicht nur familiäre oder private Erlebnisse hinein. Auch die Ereignisse im Zusammenhang mit der Revolution von 1789 in Frankreich setzen ihre Akzente. Mit dem Verlust der traditionellen heimatlichen Besitztümer der Familie Maria Fjodorownas in Montbéliard und deren Aufgehen im neuen Staatsverband des revolutionären Frankreichs ist auch das Ende des Parks von Étupes besiegelt. Die Erinnerung an den prägenden Garten der Jugendzeit Maria Fjodorownas, bekundet durch verschiedene Zitate und Stilähnlichkeiten innerhalb der Parkanlage von Pawlowsk, die vor 1789 lediglich die geographische Distanz zu überbrücken hatte, muß sich nun auch mit der historischen Unwiederbringlichkeit auseinandersetzen, auch wenn man die Hoffnung gehegt haben mag, daß die alten Verhältnisse sich in der Zukunft wiederherstellen lassen würden. Mit dem Garten von Étupes ist auch jenes Denkmal von der Verwüstung bedroht, das Maria Fjodorowna und Paul Petrowitsch im Jahr 1782 während ihres Reiseaufenthaltes in Étupes feierlich eingeweiht hatten. Auf drastische Weise hat so die Geschichte die Lehre erteilt, daß sogar die Erinnerungskultur selbst innerhalb kürzester Frist der zeitlichen Vergänglichkeit anheimfallen kann. Die Einübung in eine melancholi-

Kat. Nr. 167a
Autor unbekannt
Denkmal für Alexandra Pawlowna, 20er Jahre des
19. Jahrhunderts
Pinsel, Aquarell, Gouache
36 x 27 cm
Inv. Nr. R-25
Ausstellungen: *Splendeur et intimité à la cour impériale de la Russie 1780-1820*. Montbéliard 1995

Das Denkmal zu Ehren der Großfürstin Alexandra Pawlowna (1783-1801), der ältesten Tochter Pauls I. und Maria Fjodorownas und Gattin des Erzherzogs Joseph, Palatin von Ungarn, wurde an der Stelle eines Gärtchens aufgestellt, das die Großfürstin als Kind selbst gehegt hatte. Die Marmorskulptur wurde von Iwan Martos 1803-11 angefertigt. Sie zeigt eine junge, himmelwärts schauende und weise Frau in griechischem Gewand, ihr zur Seite kniend ein Genius, dessen Lebensfackel ausgelöscht ist. Der die Figurengruppe schützende Rundtempel aus Holz wurde 1815 von Carlo Rossi entworfen. Er existiert heute nicht mehr. *O. L.*

sche Gemütsstimmung, wie sie im sentimentalen Garten der Rousseau-Zeit Programm war und zum Spektrum der neu entstehenden Gefühlskultur gehörte, wird nach 1789 in Pawlowsk unfreiwillig um eine zusätzliche konkrete Dimension erweitert, die im Grunde keiner Trauerweiden und arkadischer Sarkophage mehr bedarf, um sich in der Topographie der Intimität einzunisten. Im Falle Maria Fjodorownas ist es der Garten selbst, der diesen Erinnerungszusammenhang herstellt, und zumindest einer steht ihr in diesem Schmerz sicher nicht nach, der Prinz von Condé nämlich, der – kaum zehn Jahre ist es her – das Thronfolgerpaar im Schäferkostüm zu einem rauschenden Gartenfest in Chantilly empfangen hatte und der sich nun auf der Flucht in St. Petersburg unter den Schutz Pauls I. begeben hat. Vielleicht beim Besuch der Sylvia oder an einem der zahlreichen Ruhepunkte im Park von Pawlowsk mag der Prinz beim gemeinsamen Durchblättern des Bildbandes von Chantilly, den er vor kurzem erst dem Thronfolgerpaar zur Erinnerung geschickt hat, den Verlust seines Landsitzes beklagt haben. Leider hat sich kein Chronist gefunden, der eine solche Szene für die Nachwelt überliefert hätte, und genausowenig wissen wir, ob die folgende Bemerkung Heinrich von Storchs ihn aufgemuntert haben mag, die dieser in seinem bereits erwähnten *Gemählde von St. Petersburg* mit Blick auf die Gartenanlagen von Pawlowsk und Gatschina fallen läßt: „Die Wunder von Chantilly, die unter dem zerstörenden Einfluß der Zeitbegebenheiten im Süden verlorengehen, werden hier im Norden erneuert."[61]

PARK UND POESIE

Die erste umfassende literarische Beschreibung der Parkanlage von Pawlowsk stammt von dem schon früher erwähnten Heinrich Friedrich von Storch[62], der sich durch seine malerischen Parkbeschreibungen im *Gemählde von St. Petersburg* bereits einen Namen gemacht hat und der sich nun mit seinen in deutscher Sprache verfaßten und 1804 in St. Petersburg erscheinenden *Briefen von Pawlowsk* endgültig im Kreis der namhaften europäischen Gartenbeschreiber etabliert. Eine französische Übersetzung der *Briefe* wird 1809 in Wien verlegt. In einer Serie von acht Sendbriefen an einen nicht genannten Freund beschreibt Storch anschaulich und in einem phantasievollen, die Ästhetik des Landschaftsgartens bewußt nachvollziehenden Schreibstil sämtliche Partien der Gartenanlagen von Pawlowsk, wie sie im Jahr 1802 bestehen.

In acht aufeinanderfolgenden Spaziergängen, von denen jeder einzelne aufgrund der enormen Ausgedehntheit des Parks die Dauer eines ganzen Tages beansprucht, durchschreitet der Verfasser die Anlage, wobei er bei der Beschreibung der einzelnen Gartenteile immer auch ihre Wirkung im Gesamtensemble des Gartens im Blick hat. Neben der Beschreibung der subjektiven Wirkung einzelner Gartenelemente auf den Betrachter ist ihm nicht minder daran gelegen, den Park als ein Beispiel für russische Gartenkunst und Landschaftsästhetik auf höchstem Niveau aufzuzeigen und in den gesamteuropäischen Gartendiskurs einzubetten. Storchs *Briefe* sind ein glänzendes Beispiel dafür, wie die literarische Gattung der Gartenbeschreibung auf die ästhetische Herausforderung des sich als Kunstwerk immer komplexer zeigenden Landschaftsgartens reagiert und diese reflektiert. Vor allem Fragen der Visualität, die verschiedenen im Landschaftsgarten möglichen Blickführungen, vom Rahmenblick über den Fächerblick zum Panoramablick, werden von den Gartenbeschreibern aufgegriffen und ihre Übersetzung in Schrift ausprobiert. Damit nähert sich das Sujet der Gartenbeschreibung zunehmend poetischen Schreibverfahren. Zu den vielen Besonderheiten von Pawlowsk gehört daher auch, daß sich diese literarische Tendenz an diesem Ort geradezu exemplarisch nachvollziehen läßt. Mit Storchs *Briefen* und später vor allem mit dem an diese anküpfenden romantischen Gartenpoem *Slawjanka* von Wassili Shukowski erlangt Pawlowsk auch im literarischen Diskurshorizont einen hervorgehobenen Stellenwert.[63]

Die enge Verknüpfung von Garten und Literatur im Landschaftspark von Pawlowsk findet in einem speziell als Ort für Dichterlesungen und gesellige Literaturgespräche eingerichteten Gartenpavillon ihren sinnfälligen Ausdruck.

D as ursprünglich als eine der Sommerresidenzen der Großfürsten entstandene Pawlowsk wird mit dem 1810 begonnenen Bau des musikalisch-poetischen Salons im Rosenpavillon (*Rosowy Pawiljon*) (Kat. 168-170) zu einem bevorzugten Treffpunkt der russischen Literaten. Eine solche ostentative Engführung von Landschaftsgarten und Literatur ist keineswegs zufällig. Die Zeitgenossen haben den Wandel von einem strengen, regulären Parkstil zu einem Landschaftsgarten als Übergang von den Zwängen der Architektur zur Freiheit der Poesie und Malerei begriffen. Die Rolle des poetischen Elements bei der Entstehung des Landschaftsgartens kann daher gar nicht stark genug betont werden. Sie reicht von der Bedeutung von Schrift und Poesie in ihren verschiedenen Varianten als Konzeption und Idee für die Realisierung eines Gartens über die Formulierung einzelner Leitideen innerhalb eines Gartens bis hin zur Gartenbeschreibung und Kommentierung bereits realisierter Gärten.

Ganz wie es dem memorativ-emblematischen Charakter eines russischen sentimentalen Gartens entspricht, pflegt die Besitzerin von Pawlowsk die Tradition, die Besuche des Parks in einer kleinen Form nach der Wahl des Künstlers festzuhalten. Für die Besucher liegt ein Album bereit, in das sie ihre Eindrücke vom Park eintragen: Maler verewigen sich mit kleinen Aquarellen, Zeichnungen oder Skizzen, Literaten schreiben sich mit Gedichten ein oder geben ihre Gedanken wieder. Man knüpft damit bewußt an die Tradition der „poetischen Dokumentation" eines Gartens an, die in der Zeit der Empfindsamkeit und der frühen Romantik immer wichtiger geworden ist und die den Garten gewissermaßen als „poetischen" Augenzeugen für private und gesellige Ereignisse im kleinen Kreis begreift. Das Album ist der manifeste Ausdruck dafür,

Kat. Nr. 168
Autor unbekannt
Rosenpavillon, erste Hälfte des 19. Jahrhunderts
Feder, Pinsel, Tusche, Aquarell
33,2 x 20,8 cm (oval)
Inv. Nr. CCh-2879-XI
Provenienz: Schloß Pawlowsk, ursprünglicher Bestand, bis 1968
Staatliches Historisches Museum
Ausstellungen: *Splendeur et intimité à la cour impériale de la Russie 1780-1820.* Montbéliard 1995; *Kultura i sztuka Rosji konca XVIII i poszatku XIX wieku.* Szczecin, Poznan 1996

Der Rosenpavillon wurde 1812 nach einem Entwurf des Architekten Woronichin gebaut. Er war umgeben von unzähligen Rosen, deren Darstellungen auch das innere Dekor des Pavillons prägen. Zu Maria Fjodorownas Zeiten weilten dort so berühmte Dichter wie Nikolaj Karamsin, Wassili Shukowski, Nikolaj Gneditsch und Iwan Krylow.
Auf der Wiese vor dem Rosenpavillon bereitete man 1814 Alexander I. einen triumphalen Empfang, als dieser nach seinem Sieg über Napoleon aus Paris zurückkehrte. *O. L.*

Kat. Nr. 169
Teller mit Abbildung des Rosenpavillons im Schloßpark Pawlowsk
Rußland, St. Petersburg, Kaiserliche Porzellanmanufaktur, 1826-1828
Porzellan, mehrfarbige Aufglasurbemalung, goldstaffiert
Durchmesser: 21,7 cm
Graue Aufglasurmarke: Stempel NI mit Krone;
schwarze Aufglasurmarke: *Pavlovsk"*
Inv. Nr. CCh-4266-I
Provenienz: Schloß Pawlowsk
Ausstellungen: *La table des tsars. Porcelaines du palais de Pavlovsk.* Montbéliard 1994; *Pavlovsk. Zolotoj vek russkoj kul'tury.* Moskau 1998; *Splendore della Corte degli Zar.* Turin, Rom 1999

Ein kleiner flacher Teller mit breiter flacher Fahne mit grauer Bemalung. Vor dem grauen Muster verläuft ein goldenes Ornament: ein dünner Zweig mit symmetrisch angeordneten Efeublättern. Auf dem mit einem breiten goldenen Streifen umsäumten Tellerspiegel ist der Rosenpavillon im Schloßpark Pawlowsk abgebildet, umgeben von Bäumen und Sträuchern. Im Vordergrund stehen zwei Figuren. Die Fahne schmückt ein breiter, innen gezahnter Goldrand.
Vorbild für die Abbildung war eine Zeichnung aus dem Album des Dichters Wassili Shukowski (1783-1852), der 1815 Maria Fjodorowna vorgestellt worden war. Ab 1817 unterrichtete Shukowski die Großfürstin Alexandra Fjodorowna (Prinzessin Charlotte), Ehefrau des Großfürsten Nikolaj, in der russischen Sprache. Später wurde er Erzieher ihres Sohnes Alexander, des zukünftigen Zaren Alexander II. Shukowski lebte viele Jahre bei Hofe in Pawlowsk und schrieb dort nicht nur Gedichte und Balladen, in denen er oft die Schönheit des Schloßparks Pawlowsk sowie dessen Bewohner rühmte, sondern fertigte auch Zeichnungen an. Von diesen stellte er mit Hilfe des bekannten Künstlers N. Utkin Stiche her und wenig später, unter der Anleitung von A. Clara, auch Lithographien. Das Album, das Maria Fjodorowna von Shukowski erhielt, wird noch heute im Schloß Pawlowsk aufbewahrt. In der Kaiserlichen Porzellanmanufaktur wurden oft die Werke Shukowskis in Aufglasurtechnik kopiert. Heute sind fünf Teller dieser Serie mit Motiven nach Shukowski erhalten: Blick auf das Schloß, Tor von Étupes, Datscha der Nelidowa, Apollo-Kolonnade und der Familienhain. *E. N.*

Kat. Nr. 170
Autor unbekannt
Blick auf Pawlowsk mit dem Rosenpavillon,
20er Jahre des 19. Jahrhunderts
Feder, Pinsel, Tusche, Aquarell, Gouache
17,1 x 22,7 (Bild) / 19,7 x 25,3 cm (Blatt)
Inv. Nr. R-1

daß sich zu den meist sonntags stattfindenden Lesungen und Gesprächen alles einfindet, was in der damaligen russischen Literatur Rang und Namen hat: Gawrila Dershawin, Nikolaj Karamsin, Iwan Krylow, Juri Neledinski-Melezki, Nikolaj Gneditsch, Iwan Dmitrijew, Konstantin Batjuschkow, Pjotr Wjasemski, Wassili Shukowski, der junge Alexander Puschkin und viele andere. Ohne Zweifel wird im Rosenpavillon im Park von Pawlowsk ein nicht unwichtiges Stück russischer Literaturgeschichte geschrieben.

Wassili Shukowski (Kat. 169), die herausragende Figur der russischen Romantik und der geistige Lehrer Alexander Puschkins, hat sich um die poetische Geschichte des Parks von Pawlowsk besonders verdient gemacht. Aus seiner Feder stammen nicht nur die Zeichnungen (Kat. 160, 162, 163) für den *Führer durch den Park und die Stadt Pawlowsk*,[64] sondern auch eine poetische Beschreibung des Parks von Pawlowsk, eine Elegie mit dem Namen *Slawjanka*, in der er das Flüßchen, das die Parkanlage durchzieht, zum Bezugspunkt der lyrischen Betrachtung macht. Die Hinwendung zum Fluß und die damit verbundene Ausblendung des Schlosses aus dem lyrischen Betrachterstandpunkt oder als Ausgangs- und Zielpunkt des

Rundgangs macht den entscheidenden poetischen Gestus dieser Elegie aus. Schon Storch hat in seinen *Briefen von Pawlowsk* das Slawjanka-Tal als die Parkpartie beschrieben, die er bei seinen Spaziergängen am häufigsten durchquert oder die aus der Distanz den Blick des Spaziergängers auf sich zieht.

Während Storch den Prozeß des Durchschreitens des Gartens auf die im Sujet der Gartenbeschreibung höchstmögliche Form der literarischen Umsetzung gehoben hat und damit an die äußerste Grenze des in dieser Gattung Möglichen vorgedrungen ist, wird er nun, gute zehn Jahre später, von Shukowski überboten, der sich jetzt gleichsam als der ungenannte Freund und Adressat von Storchs *Briefen über Pawlowsk* zu Wort meldet und eine eigene Poetisierung des Parks vorlegt. In dem 36 vierzeilige Strophen umfassenden Reimgedicht entfaltet Shukowski eine stark romantisierte Sicht des Landschaftsgartens, wobei er sich alle die subjektiven Freiheiten zu nehmen scheint, die Storch seinem anonymen Briefpartner an mehreren Stellen seiner Beschreibung anempfohlen hat.

Daß dies nicht mehr in der traditionellen Form der Gartenbeschreibung möglich ist, steht für Shukowski außer Frage, und bezeichnenderweise wählt er die lyrische Form der Elegie. Damit stellt er einen gewissen inneren Zusammenhang zu den *Briefen über Pawlowsk* seines literarischen Vorläufers her, denn in demselben Jahr, in dem Storch seine Parkbeschreibung verfaßt hat, ist gleichzeitig Shukowski derjenige gewesen, der mit seiner berühmten Elegie *Der Dorffriedhof*,[65] einer Übersetzung von Thomas Grays *Elegy Written in a Country-Churchyard*, nicht nur die Form der Elegie in die russische Lyrik einführt, sondern damit gleichzeitig den Beginn der russischen Vorromantik markiert. Für die Poetisierung des Slawjanka-Tals im Park von Pawlowsk greift Shukowski auf die lyrische Form der Elegie zurück, treibt diese nun aber ihrerseits wiederum an ihre Grenzen, indem er sie romantisch transzendiert.

Der Rosenpavillon. 1812 verwandelte A. Woronichin die angekaufte Datscha des Fürsten Pjotr Bagration in einen Parkpavillon, der den Namen Rosenpavillon erhielt, weil er von Rosarien umgeben war. Im Dekor des Gebäudes wurde alles nach dieser Königin der Blumen ausgerichtet. In diesem Pavillon versammelten sich im Beisein Maria Fjodorownas Künstler und Literaten. Hier vertrieb man sich die Zeit mit Musizieren und Handarbeiten. Am 27. Juli 1814 wurde Zar Alexander I. bei seiner Rückkehr aus Paris nach dem Sieg über Napoleon mit einem festlichen Empfang in dem eigens hierfür von Carlo Rossi gebauten Ballsaal des Rosenpavillons geehrt.

Kat. Nr. 171
Tasse mit Porträt des Zaren Alexander I. und Untertasse mit Stadtplan von St. Petersburg
Rußland, St. Petersburg, Kaiserliche Porzellanmanufaktur, ca. 1814
Porzellan, mehrfarbige Aufglasurbemalung, goldstaffiert
Höhe der Tasse: 7,5 cm; Durchmesser der Untertasse: 14 cm
Keine Marke
Inv. Nr. CCh-4875/1,2-I
Provenienz: Schloß Pawlowsk
Ausstellungen: *La table des tsars. Porcelaines du palais de Pavlovsk*. Montbéliard 1994

Zylindrische Tasse mit Ohrhenkel, von hellblauer Farbe überzogen mit Goldrand am oberen und unteren Rand. Innen vergoldet. Den Rand schmückt ein goldener Kranz aus Eichenblättern und Eicheln auf weißem Grund. In ovaler vergoldeter Kartusche mit braungrauem Grund ist Zar Alexander I. dargestellt: Brustbild, Dreiviertel-Porträt nach rechts. Er trägt eine grüne Uniform mit goldenen Epauletten und hohem goldbestickten Kragen. Auf seiner Brust trägt er Orden, und über die rechte Schulter verläuft das blaue Band des Andreasordens. Seine Haare sind in kurzen hellen Locken in die Stirn und über die Schläfen gekämmt.
Die Untertasse zeigt den gleichen Dekor wie die Tasse. Auf dem Spiegel ist der Stadtplan von St. Petersburg mit französischer Beschriftung abgebildet. Rechts ziert der gekrönte doppelköpfige Adler den Plan.
Das Porträt Alexanders I. im sogenannten Saint-Aubin-Vendramini-Stil ist nach einem Kupferstich angefertigt, hier jedoch bemalt. E. N.

Kat. Nr. 172
George Dawe
1781 London – 1829 London
Zar Alexander I.
Öl auf Leinwand
86 x 60 cm
Inv. Nr. CCh-3037-III
Provenienz: Aus dem Artilleriemuseum Leningrad, seit 1948 in Pawlowsk

Alexander I. (1777-1825) war der älteste Sohn des Zaren Paul I. 1793 heiratete er Prinzessin Luise Marie Auguste von Baden-Durlach (nach ihrem Übertritt zum orthodoxen Glauben: Elisabeth Alexejewna). 1801 wurde er Zar von Rußland.
George Dawe wurde von seinem Vater, einem professionellen Stecher, ausgebildet. Später studierte er an den Royal Academy Schools in London. Im Zuge eines Auftrags für den Winterpalast – eine Serie von Heldenporträts aus dem sogenannten Vaterländischen Krieg von 1812 – kam Dawe 1819 nach Rußland. In den folgenden zehn Jahren seines Wirkens in Rußland schuf er zahlreiche weitere Porträts von Mitgliedern der kaiserlichen Familie.
Dawe malte eine Vielzahl von Porträts Alexanders I. in Lebensgröße, in denen er nur Details variierte (1). Im *Ausführlichen Wörterbuch der russischen Porträtstiche* (2) schreibt Dmitri Rowinski: „Das meisterhafte Originalporträt, das Dawe in voller Lebensgröße malte, befindet sich im Alexandersaal des Winterpalastes. Mit seiner Erlaubnis wurden zahlreiche Kopien des Originals angefertigt; denn die Akademie der Künste hatte 1825 Kopien des Porträts ohne Einwilligung des Künstlers verboten."
N. S.

(1) Vgl. *Zapadnoevropejskaja živopis'. Gosudarstvennyj Ėrmitaž*. 1990, Bd. XIII, S. 67, Nr. 27
(2) *Podrobnyj slovar' russkich gravirovannych portretov*. St. Petersburg 1886, Bd. I, S. 91

Kat. Nr. 173
Autor unbekannt
Einzug Alexanders I. in Paris am 19. März 1814
Radierung, Pinsel, Aquarell
45,9 x 67,1 cm
Inv. Nr. CCh-2141-XI
Provenienz: Schloß Pawlowsk
Ausstellungen: *Splendeur et intimité à la cour impériale de Russie 1780-1820*. Montbéliard 1995; *Kultura i sztuka Rosji konca XVIII i poszatku XIX wieku*. Szczecin, Poznan 1996

Dargestellt sind Alexander I., der preußische König Wilhelm III., Großfürst Konstantin Pawlowitsch und Fürst Schwarzenberg in Begleitung von Vertretern des Generalstabs bei ihrem triumphalen Einzug in Paris. *O. L.*

Drei Ausschnitte aus dem Gedicht, von denen jeder eine unterschiedliche Klangfarbe aufweist, seien gewissermaßen als Schlußakkord für den vorliegenden Beitrag noch kurz vorgestellt.

Ich gehe einen Weg durch einen Hain;
Mit jedem Schritt – ein neues Bild vor meinen Augen;
Mit einem Mal erscheint durch das Dickicht der Bäume vor mir,
wie in Nebel getaucht ein schönes Tal.

Ich steige in das Tal zu dem Fluß hinunter:
das Ufer über mir ist dunkel;
Auf das Wasser hat sich der Schatten gekräuselter
Bäume gelegt;
Das Ufer gegenüber brennt im Abendrot;
Die Umrisse der Gegenstände am Ufer glänzen
in den Wellen des Wassers.

Mal leuchtet in ihnen ein widergespiegeltes Mausoleum,
mal ein grüner Hügel, gekrönt von Bäumen,
Mal badet eine alte Trauerweide, ihre biegsamen
Äste hinuntergebogen
zu ihren verflochtenen Wurzeln,

Ihren schattigen Kopf in der Strömung;
Hier ist ein Tempel zwischen den Birken und
dem Gebüsch zu sehen,
dort glänzt der Schwan, versteckt am Ufer im
Gebüsch, ohne Bewegung in der Dämmerung.[66]

S hukowskis Durchschreiten des Parks weitet sich in ein poetisches Transzendieren der mit den Augen des romantischen Landschaftsmalers gesehenen Parklandschaft. Dabei führt er in einem kunstvollen Wechselspiel eine Palette von neuen Wahrnehmungsformen und Schreibweisen vor. Die Elegie entfaltet sich aus dem Gehen des Parkbesuchers, der den Garten als Ort romantischer Transzendenz und Inspiration mit Hilfe innerer Intuition in sich aufnimmt.
Voraussetzung für ein solches inneres Sehen ist das Verschwimmen der Konturen der wahrgenommenen Gegenstände bei gleichzeitiger Auflösung jeglicher Blickrahmung. Am Beispiel der Trau-

Kat. Nr. 174
Sessel des Zaren Alexander I.
Sankt Petersburg, 1814
Werkstatt unbekannt
Karelische Birke und Pappel furniert, Einlegearbeiten in Ebenholz
Bezug: Seidenstickerei auf Stramin
125 x 62 x 59 cm
Inv. Nr. CCh-393-IV
Provenienz: Seit 1814 Schloß Pawlowsk
Ausstellungen: *Splendeur et intimité à la cour impériale de Russie 1780-1820*. Montbéliard 1995; *Splendore della Corte degli Zar*. Turin, Rom 1999

Die hohe rechteckige Rückenlehne des Sessels ist leicht nach hinten geschwungen und endet in einer Schnecke, die Armlehnen sind als aufgerollte Voluten gestaltet. Die hinteren Sesselbeine sind vierkantig und leicht nach hinten geschwungen, die vorderen sich nach unten verjüngend gedrechselt. Auf den Schnekken, den Armlehnen und der Zarge sind mit Ebenholz Palmetten und Rosetten eingelegt. Die Stickerei auf der Rückenlehne zeigt auf weißem Grund in einem Kranz aus Rosen und Lorbeerblättern das Monogramm „A" unter einer Krone. Auf dem Sitzpolster ist in einem gleichartigen Kranz der doppelköpfige Adler mit dem Monogramm „A" auf dem Schild ebenfalls auf weißem Grund dargestellt. Auf den vier Seiten des Sitzpolsters ist das Schriftband: „Entrée d'Alexandre à Paris le 31 mars 1814" („Einzug Alexanders in Paris am 31. März 1814") zu lesen.
Am 27. Juli 1814 wurde im Rosenpavillon auf Wunsch der verwitweten Zarin ein feierlicher Empfang für Alexander I. nach dessen siegreicher Rückkehr aus Paris gegeben. Für dieses Ereignis wurde der hier gezeigte Sessel in Auftrag gegeben. *A. A., R. G.*

erweide führt Shukowski vor, daß nicht mehr sentimentalische Melancholiestimmung der trauernden Memoria von der Trauerweide hervorgerufen wird, sondern die optisch bizarre Erscheinungsform eines Prinzips der Verflochtenheit der Pflanze mit sich selbst und ihrer unmittelbaren Lebenssphäre, ihre Existenz zwischen Luft, Erde und Wasser. Die herabhängenden Zweige signalisieren für den romantischen Betrachter nicht mehr eine eindeutige und vom Gartenarchitekten beabsichtigte Gemütsstimmung, sondern verweisen auf sich selbst, gerade so, als betrachteten oder betasteten sie verwundert die seltsame Verzweigtheit ihrer eigenen Wurzeln. Shukowskis Trauerweide bedeutet nicht mehr, sie weist auf sich selbst zurück und kümmert sich im Grunde nicht mehr um den Parkbesucher, sie schaut an sich selbst hinunter und stellt nur noch den eigentümlichen Charakter ihrer seltsamen Verschlungenheit aus. Entsprechend gleitet der Blick des Betrachters an den Umrissen des Baumes ab und verliert sich in seinem bizarren Wurzelgeflecht. Eine solche Löschung und Umdeutung des überkommenen Konnotationsmusters wird im vorliegenden Fall durch die pointillistische Wahrnehmung der Gartenlandschaft mittels ihrer glitzernden Widerspiegelung auf der bewegten Wasseroberfläche der Slawjanka möglich.

Schillernde Reflexivität wird dabei vom Betrachter als fein angedeuteter Abglanz, als ferner Widerschein eines die Natur durchwaltenden unsichtbaren höheren Glanzes aufgefaßt, der eher Auslöser für eine stille Freude als für eine melancholische Trauer ist, wie sie vom Gartenkünstler für diesen Ort eigentlich vorgesehen ist. Die Bewegung zur Auflösung des Gegenständlichen, dargestellt im schimmernden Glitzern des bewegten Wasserspiegels, wird im folgenden Ausschnitt durch eine die Augen vorübergehend entspannende Szene retardiert, die den eher im Hintergrund durchscheinenden Grundton des Heiteren der vorigen Szene aufgreift, nun aber in das präzise Geschaute und objektiv Wahrnehmbare verlegt, so als wollte die physische Wahrnehmung sich noch einmal moralisch aufrüsten und für die gipfelnde Transgression im Schlußabschnitt stärken.

Plötzlich liegt eine offene Ebene vor mir;
Dort eine Halbinsel unter dem Hain,
hell beleuchtet durch den Glanz des Tages;
Ein ruhiges Dorf über dem klaren Fluß,
Tenne und Feld liegen nackt.

Alles hier ist belebt: grauer Rauch ballt
sich aus den Trockenhäusern für die Garben,
legt sich in die Furche und verschwindet,
Der Acker unter seinem Schleier
Verfärbt sich mal dunkel, mal hell.

Dort hört man auf der Tenne das
harmonische Schlagen der Dreschflegel;
Dort ein Schäferlied und den Lärm der laufenden Herde;
Dort langsam und kreischend schleppt sich eine Wagenreihe
Unter der schweren Last der Garben.[67]

Die Passage kann als Reflex auf die Dörflekultur beziehungsweise deren Überführung in die Dorfkultur im Landschaftspark von Pawlowsk gelesen werden. Unwillkürlich fühlt sich der Leser an ein Erntebild erinnert, das einem romantischen Jahreszeiten- oder Tageszeitenzyklus entnommen zu sein scheint. Die heitere Belebtheit, die diese spätsommerliche Abendszene charakterisiert, findet Eingang in die ihr im Grunde ungemäße lyrische Form der Elegie, deren Kontur von Shukowski verwischt und transgrediert wird. Der Dichter bewegt sich am äußersten Grenzbereich der zugrunde gelegten Form und reflektiert auf diese Weise den Umstand, daß das ländliche Dorfleben an der Peripherie des Parks von Pawlowsk ebenfalls die Transgression der Parklandschaft in den landwirtschaftlich genutzten ländlichen Lebensraum nachvollzieht. Die Idee der englischen Landschaftsparkdesigner, daß die Grenzen des Parks für den Spaziergänger nicht wahrnehmbar sein sollen, wird hier konsequent zu Ende gedacht; die Ent-Grenzung des Parks ist hier ebenso real und ungekünstelt wie die Überschreitung der gattungspoetischen Form durch Shukowski. Diese Transgressionen bedürfen keiner hochreflexiven, komplizierten Kunstkonstruktion, sondern sie können in der fast schon naiven Heiterkeit einer einfachen, menschlich belebten Dorfidylle gewissermaßen spielerisch leicht vonstatten gehen.

Die Unterbrechung der im Parkinneren vorherrschenden Stille durch die Geräuschkulisse der ihrem Feierabend zustrebenden Landarbeiter und Bauern, die unmittelbar vor Einbruch der Dunkelheit die Ernte des Tages einfahren, unterstreicht diese Bewegung. Die für die traditionelle Parkbeschreibung typische Dominanz des Visuellen wird in der von Shukowski angestrebten Romantisierung der Parkwahrnehmung erweitert und durch die Aufwertung des auditiven Elements ergänzt.

Im dritten hier vorzustellenden Abschnitt wird die Grundstimmung der Heiterkeit durch ein naturreligiöses Erlebnismoment erweitert.

Mit dem Hereinbrechen der Dunkelheit vollzieht sich abermals ein rascher Wechsel des Erscheinungsbildes der Landschaft und der Gefühlslage des Betrachters, gekennzeichnet durch eine abrupte Zurückgeworfenheit auf sich selbst, die wie das Eintauchen in eine neue Farbe erfahren wird. Das Kristallblau der Wasserfläche, das einen auf einem See liegenden Kahn als in die Farbe förmlich eingeschmolzen erscheinen läßt, präludiert das Eintauchen der gesamten Landschaft in die sich herabsenkende Nacht. Der Gestus des flüchtigen Skizzierens eines vor der Landschaft zeichnenden oder aquarellierenden Malers wird sprachlich aufgegriffen und mit der zunehmenden Undifferenzierbarkeit der Wahrnehmung kombiniert – abgerissene, sich selbst wechselseitig in Frage stellende Sprachfetzen, die in rascher Folge sich fortlaufend revidierende flüchtige Eindrücke reflektieren, machen die Unausweichlichkeit deutlich, mit der die Sinne als Wahrnehmungsorgane ihre Zuständigkeit verlieren. Das nächtliche Mysterium, in das sich die Natur nun zurückzieht, ist nicht mehr mit den Werkzeugen der äußeren Sinneswahrnehmung begreifbar und kann allenfalls noch innerlich gefühlt oder intuitiv erahnt werden.

Kat. Nr. 175
Satz Beistelltische (sog. „Nest of Tables")
Sankt Petersburg, 1812
Werkstatt Heinrich Gambs (1765-1831)
Eiche, teilweise Mahagoni, furniert
Glas, Seidenstickerei auf Stramin
75 x 65 x 47 cm; 73 x 57 x 43 cm; 71 x 50 x 39 cm;
68 x 42 x 35,5 cm;
Inv. Nr. CCh-391/1-4-IV
Provenienz: Schloß Pawlowsk, 1812 für den Rosenpavillon erworben
Ausstellungen: *Ein Jahrhundert Möbel für den Fürstenhof. Karlsruhe, Mannheim, Sankt Petersburg 1750 bis 1850.* Karlsruhe 1994

Diese Beistelltische können untereinandergeschoben werden. Die seitlichen Zargen ruhen auf je zwei Säulenbeinen mit Sockel. Der rückwärtige Rahmen wird durch zwei gebogene Leisten strukturiert, in die flache Tischplatte ist eine Seidenstickerei eingelassen. Die Motive der ersten beiden Stickereien sind Lafontaines Fabeln *Der Wolf und der Kranich* und *Der Frosch und der Ochse* entnommen, die dritte zeigt Amor in einem von Schmetterlingen gezogenen Wagen, die vierte schließlich eine kniende Frauengestalt mit einem Bogen in der Hand.
Die Idee, vier kleine Beistelltische einfach untereinanderzuschieben, stammt aus England, ebenso die Bezeichnung „nest of tables". Diese Art von Tischen erfreute sich während des gesamten 19. Jahrhunderts großer Beliebtheit. Erste Entwürfe veröffentlichte Thomas Sheraton in seinem „Cabinet Dictionary" von 1803. Er nannte sie „Quartetto tables"; in den Pawlowsker Inventarlisten aus der Zeit Maria Fjodorownas werden sie schlicht als „Familientische" geführt. Man konnte sie sowohl zum Servieren von Tee oder Kaffee im Gästezimmer als auch bei Lesungen im Kreise der Familie verwenden. Von 1809 bis 1812 bestellte Maria Fjodorowna insgesamt vier solcher Garnituren. Die hier gezeigte, einzig erhaltene stammt aus dem Jahre 1812. *A. A., R. G.*

Das kaum vernehmbare Geräusch eines „schlafenden Blattes in Bewegung", als geheimnisvolles Zeichen für das Mysterium der nächtlichen Inspiration der Natur, ist nur durch eine unschlüssige, konjunktivische Metapher auf den menschlichen Schlaf als Inspirationsquelle benennbar. Dem Dichter, dem allein sich eine ferne Ahnung dieses hochpoetischen Augenblicks vermittelt, bleibt nur die Möglichkeit, die Natur dem nächtlichen Nebel zu überlassen, hinter dem sich wie unter einer schützenden Decke das Geheimnis ihrer unberührten Belebung vollzieht. Einen kurzen Moment des Verweilens gibt es aber noch für den Parkbesucher, mit einem Besuch im geheiligten Bezirk der Memoria darf er seinen Aufenthalt in der ihre intime Integrität einfordernden Landschaft noch hinauszögern, obgleich gespenstische Schatten ihm bereits bedeuten, daß die Geduld der Natur nicht über Gebühr strapaziert werden darf. Es ist die Gruppe der jungen Birken, der vom Menschen angelegte Erinnerungshain, der den heiligen Bezirk beschreibt, unter dessen Dach der Besucher noch einmal eintritt.

Dieser vom Menschen als memoratives Element im Landschaftspark geschaffene Tempelbereich, diese künstliche Naturanlage, als der dem Menschen gemäßeste Teil der Landschaft, in den die menschliche Erinnerung eingewoben ist, der auf der höchsten Vertraulichkeitsstufe mit dem Menschen steht, bietet noch eine letzte Zuflucht, bevor sich die Nacht als der inspirierende Schlaf der Natur herabsenkt und alles einhüllt.

Dieser durch die Memorativkultur legitimierte Tempelbezirk innerhalb der ihre Unberührtheit beanspruchenden umgebenden nächtlichen Naturgegend eröffnet noch einmal einen Ort, an dem der Parkbesucher den Glücksmoment der Vermischung der Seele mit der beseelten Natur auskosten und das wehende Atmen der in einem unsichtbaren Ätherischen aufgehenden Landschaft spüren

Kat. Nr. 176
August Philipp Clara
1790 Dorpat – ? Sankt Petersburg
Wassili Andrejewitsch Shukowski
1783 Mischenskoje, Gouvernement Tula – 1852 Baden-Baden
Rosenpavillon, 1824
Aquatinta, Aquarell, Gouache
23,2 x 77 cm (Bild) / 29,5 x 97 cm (Blatt)
Inv. Nr. R-286/5
Provenienz: Schloß Pawlowsk

Kat. Nr. 177
Jardinière in Schrankform
Sankt Petersburg, 10er Jahre des 19. Jahrhunderts
Werkstatt Heinrich Gambs (1765-1831), nach einer Zeichnung von Andrej Woronichin
Nußbaum, Schnitzereien, Gold, Ormoulu, Glas, Kreuzstich auf Stramin
130 x 69 x 40 cm
Inv. Nr. CCh-400-IV
Provenienz: seit Anfang des 19. Jahrhunderts im Rosenpavillon
Ausstellungen: *Splendeur et intimité à la cour impériale de Russie 1780-1820*. Montbéliard 1995; *Splendore della Corte degli Zar*. Turin, Rom 1999

Diese Jardinière ist als Schrank gestaltet, der auf einem gedrechselten Säulenbein mit vier Halbovalen und Sockel steht. Die auf der Glastür angebrachte Kreuzstickerei zeigt einen Papagei auf einem Pflaumenzweig. Bekrönt wird der Schrank von einer durchbrochenen Balustrade mit vergoldeten Palmetten. Konstruktionsprinzip und Verarbeitungsart des Blumenständers lassen darauf schließen, daß er in den 10er Jahren des 19. Jahrhunderts von russischen Kunstschreinern gefertigt wurde.
A. A., R. G.

kann. Um Erinnerung im engeren Sinne geht es an diesem Ort nicht mehr, sie ist bei Shukowski längst abgelöst durch ein naturreligiöses Erlebnis und die poetische Imagination eines Naturmysteriums.

In dieser Schlußpassage des Gedichts von Shukowski erscheint die Familie der jungen Birken noch einmal als ein fernes Zitat der Parkbeschreibung Storchs, allerdings nur noch als unterliegende Schicht der Elegie. Shukowski überträgt lediglich ein Versatzstück einer für die neue Naturerfahrung im Grunde untauglich gewordenen Literaturgattung in ein anderes Medium, sublimiert es in die Elegie, die sich ihrerseits als eine Poesieform darstellt, die sich ihrer eigenen Unzulänglichkeit als Beschreibungsmedium bewußt ist.

Plötzlich erscheint der Fluß wie ein glatter See;
Wie bezaubernd ist hier das Bild seiner Ufer,
Als ein blauer Kristall, der einen Kahn umschließt,
erscheint die Fläche seines Wassers.

Der Tag erlischt ... im Schatten neigt sich der Wald zum Wasser;
Bäume sind gehüllt in die Abenddämmerung;
Nur über ihren stillen Spitzen liegt
Ein roter Streifen des Abendrots.

...

Nun herrscht überall Stille:
Alles schläft ... nur fliegt zuweilen in dem weiten Dunkel
Eine unklare Stimme vorüber ... oder schwingt sich die Welle ...
Oder ist ein schlafendes Blatt in Bewegung geraten.

Ich bin allein am Ufer ... die Umgebung schweigt ...
Wie ein Gespenst steht im Nebel vor mir
still eine Familie junger Birken
über dem eingeschläferten Wasser.

Ich trete erregt unter das heilige Blätterdach;
In dieser Stille erreicht mein Gehör eine freundliche Stimme
Als wehe zwischen den Blättern etwas Ätherisches
Als atme etwas Unsichtbares;

Als erhebe die unter der Rinde junger Bäume versteckte und mit der bezaubernden Stille vermischte
unsichtbare Seele ihre Stimme
und spreche mit meiner Seele.[68]

Kat. Nr. 178-182
Fünf Teile des Rosenpavillon-Services
Frankreich, Paris, private Manufaktur, 1821 und 1822
Porzellan, mehrfarbige Aufglasurbemalung, goldstaffiert; Rosenmotive auf den Tellern nach P. J. Redouté (1817-1824, Paris)
Vase mit Deckel (Inv. Nr. CCh-7849-I): Höhe: 24 cm; Durchmesser: 22 cm
Vase (Inv. Nr. CCh-7853-I): Höhe: 16 cm; Durchmesser: 25 cm
Butterdose mit Deckel (Inv. Nr. CCh-7856-I): Höhe: 10,5 cm; Durchmesser: 21,5 cm
Teller mit Bengalischer Rose mit Inschrift *Rosier des Indes ode ant en Bingale a de Che* unter der Abbildung (Inv. Nr. CCh-7871-I): Durchmesser: 22 cm
Teller mit Provenzalischer Rose mit Inschrift *Rosier de Province ordinaire* unter der Abbildung (Inv. Nr. CCh-7876-I): Durchmesser: 22 cm
Keine Marke
Provenienz: Schloß Pawlowsk
Ausstellungen: *La table des tsars. Porcelaines du palais de Pavlovsk*. Montbéliard 1994; *Pavlovsk. Zolotoj vek russkoj kul'tury*. Moskau 1998

Das Dessertservice des Rosenpavillons im Park von Pawlowsk ist bis heute in 54 Teilen erhalten: sechs verschieden geformte Vasen, zwei davon mit Deckel, zwei Zuckerdosen mit Deckel, zwei Butterdosen mit Deckel, zwölf Eisbecher mit zwölf Unterschalen und zwölf Teller.

Jedes dieser Einzelteile zeigt ein Rosenmotiv, das sich von allen anderen unterscheidet, keine Rose gleicht der anderen.

Die Geschichte dieses Services ist noch nicht vollständig geklärt und bedarf weiterer Nachforschungen. In der Literatur über Pawlowsk wird das Service lediglich erwähnt, erst Anatoli Kutschumow jedoch bildete 1981 in seinem Buch *Russische dekorative und angewandte Kunst des 19. Jahrhunderts im Bestand des Schlosses Pawlowsk* sechs Teile des Services ab und bezeichnet sie als Erzeugnisse der Kaiserlichen Manufaktur. Später verwies er auf ein Dokument, das weitere Nachforschungen in den Archiven anregte. Aus diesem Dokument geht hervor, daß am 12. September 1821 ein Teller aus Zarskoje Selo nach Pawlowsk geliefert wurde und daß am 28. September „Hofmarschall Kiril Naryschkin Porzellanteller weiß-blauer Couleur mit Rosenmotiven und Goldstaffage als Geschenk der Zarin Elisabeth Alexejewna übersandte". Hierzu schreibt Naryschkin dem Verwalter des Schlosses Pawlowsk, dem Baron Frideriz: „Gnädiger Herr Jermolaj Karlowitsch, in Erfüllung des verehrten Willens unserer Zarin Elisabeth Alexejewna, welche so dem Wunsche Ihrer Hoheit Maria Fjodorowna nachkommt, habe ich die Ehre, Eurer Exzellenz hiermit dreiundzwanzig französiche Porzellanteller zu überreichen, und ich erbitte Euch, sie an einen geeigneten Ort zu bringen und Ihre Hoheit über ihr Eintreffen bei der Zarin Maria Fjodorowna in Pawlowsk in Kenntnis zu setzen und auch mich nicht in Unkenntnis zu lassen, wenn Ihr sie erhalten habt. Mit vorzüglichster Hochachtung und so weiter K. Naryschkin. Zarskoje Selo, 28. September 1821". Fast ein Jahr später, im August 1822, schenkte Elisabeth Alexejewna ihrer Schwiegermutter den übrigen Teil des Services.

Leider hat man bislang weder in den Archiven noch in Literaturquellen ausreichende Informationen gefunden, um mit Sicherheit sagen zu können, ob es sich hierbei um eine Sonderbestellung in Paris handelte oder ob Elisabeth Alexejewna das Service auf anderem Wege erhalten hat. Ebensowenig ist bekannt, in welcher Pariser Porzellanmanufaktur das Service hergestellt worden sein kann.

1823 wurde das Service auf Anordnung Maria Fjodorownas in den Rosenpavillon gebracht, der ihm zu seinem Namen verhalf, und dort bis zum Tode Maria Fjodorownas belassen. *E. N.*

Johann-Friedrich Anting
1735 Gotha – 1805 St. Petersburg
Paul I. und die Kaiserin Maria Fjodorowna mit ihren Söhnen im Park, nach 1780, Schwarze Tusche und Goldbronze auf Glas
12 x 16,3 cm
Staatliche Eremitage St. Petersburg
v. r. n. l.: Statue Katharinas II., Konstantin Pawlowitsch, Alexander Pawlowitsch, Paul I., Maria Fjodorowna

BRIEFE ÜBER DEN GARTEN ZU PAWLOWSK

geschrieben im Jahr 1802 von H. Storch

In lieto aspetto il bel giardin s'aperse:
Acque stagnanti, mobili cristalli,
Fior vari, e varie piante, herbe diverse,
Apriche collinette, ombrose valli,
Selve, e spelunche in una vista offerse.
E quel, che'l bello, e'l caro accresce à l'opre
L'arte che tutto fa, nulla si scopre.
Tasso

St. Petersburg, 1804
gedruckt bey der Kaiserl. Akad. der Wissenschaften

Erster Brief.

Seit einigen Tagen, mein theurer Freund, bewohne ich Pawlowsk. Sie haben gewünscht, von diesem durch Natur und Kunst so reizenden Sommersitze der Kaiserinn Mutter eine Schilderung zu lesen; ich eile, Ihr Verlangen zu befriedigen, ehe der erste Eindruck geschwächt ist, den diese zauberische Schöpfung in mir hervorgebracht hat. Erwarten Sie eben so wenig eine trockne Topographie, als eine poetische Skizze; jene würde langweilig, diese oberflächlich und unwahr werden. Mein Zweck ist erreicht, wenn es mir gelingt, die Gegenstände so vor Ihrer Einbildungskraft vorüberzuführen, wie sie sich mir bey meinen Spaziergängen dargeboten haben, und Ihnen zugleich die Empfindungen zu schildern, die der Anblick der vorzüglichsten Naturscenen in mir erregt hat.

Wenn Pawlowsk der Kunst viel verdankt, so muß man auch gestehen, daß ihr die Natur freygebig zu Hülfe gekommen ist. Eine glückliche Mischung von Hügeln und Thälern, jene mit Gehölzen bekränzt, diese von sanftfließenden Bächen durchschlängelt, bot der erhabenen Schöpferin dieses Gartens den Stoff dar, welchen ihre lieblich Phantasie zu einem Kunstwerk veredelt hat, ohne die wirksame Hand des Künstlers spüren zu lassen.

Wenn Sie Zarskoje-Selo verlassen haben, und die anmuthige Fläche durchlaufen sind, die Ihnen ein Bild der englischen Landwirthschaft darbietet, so empfängt Sie ein kühles Wäldchen, das Sie bis zu Ihrem Eintritt in Pawlowsk begleitet. Sie vergessen beynahe daß Sie auf einer großen Heerstraße fahren, so regellos und natürlich windet sie sich durch das Gehölz. Von Zeit zu Zeit finden Sie längs dem Wege geschmackvolle Gitterthore, die den Eingang zu langen Prospekten öffnen, welche man durch das Gehölz gehauen hat. Noch einmal wendet der Wagen und Sie erblicken die hellen Dächer von Pawlowsk, die durch das Gebüsch hervorschimmern; einige Schritte weiter, und Sie haben die Barriere erreicht.
Bey Ihrem Eintritt in die Stadt sehen Sie links den Garten, welcher der Hauptgegenstand meiner Schilderung seyn wird, und rechts eine Reihe Wohnhäuser und öffentlicher Gebäude. Unter diesen

zeichnet sich die in edlem aber einfachem Styl gebaute Stadtkirche aus; ein massives Viereck, dessen vordere, von Säulen umgebene Seite in Form eines Halbzirkels vorspringt. Zu beyden Seiten schließen sich an diesen Tempel zwey Gebäude, in welchen alte ausgediente Krieger einen sorgenfreyen Aufenthalt genießen. Der erste Gegenstand, der Ihnen bey Ihrem Eintritt in Pawlowsk auffällt, ist ein Denkmal der Frömmigkeit und Menschenliebe der erhabenen Besitzerinn.

Weiterhin senkt sich der Weg in das Thal, welches die Slawjänka durchfließt, die hier zu einem kleinen See erweitert ist. Eine prächtige, aus Granitquadern zusammengesetzte Brücke führt Sie über diesen Fluß, und gewährt Ihnen einen der interessantesten Standpunkte. Links übersehen Sie einen Theil des Thals, in welchem der Fluß den Garten durchschlängelt, die sanften, mit Baumgruppen besetzten Anhöhen, und die Kuppel des Pallasts, die über den Bäumen hervorragt; rechts haben Sie einen kleinen See, auf welchem einige Lustfahrzeuge schwimmen, und dessen allmählich emporsteigende Ufer zu Spaziergängen eingerichtet sind. Eine steinerne Treppe führt von einer Gitterlaube zum See herab, und auf einer hervorragenden Stelle der Anhöhen die den See umgeben, ist ein Obelisk angebracht, der den Zeitpunkt der Erbauung von Pawlowsk bezeichnet.

Von der Brücke geht der Weg bergan, bis zu dem Seitenflügel des Pallasts in welchem die Hofkirche befindlich ist. Doch, ehe Sie diesen erreichen, fesselt Ihren Blick ein wahrhaft schöner Portikus, der hart am Wege auf dem Abhange des Hügels errichtet ist, und durch den eignen Garten der Kaiserinn mit dem rechten Flügel des Pallastes zusammenhängt. Diesem Portikus gegenüber ist die erwähnte Gitterlaube, und weiterhin ein Spazierplatz mit Baumpflanzungen, an welchen sich wiederum einige Gebäude schließen. Links dehnt sich noch immer der Garten aus, der längs dem Wege nur durch den erwähnten Seitenflügel des Schlosses unterbrochen ist.

Unter den Gebäuden die hier, dem Garten gegenüber, auf der rechten Seite der Heerstraße liegen, befindet sich auch der Pallast des Kaisers. Er wurde für den Großfürsten erbaut; aber der Kaiser fährt fort ihn zu bewohnen, wenn er hier ist. Jedermann liebt die Gegenstände, die seiner Denkungsart analog sind. Dieses Gebäude, einfach und anspruchlos in seinem Aeußern, läßt kaum ahnden, daß die innere Einrichtung durch Geschmack und Pracht eines großen Fürsten würdig ist. Noch gehen Sie immer längs dem Garten fort; aber einige hundert Schritte weiter endigt er, und Sie haben ein sehr großes Feld vor sich, an dessen entgegengesetzter Grenze Sie in der Entfernung den Pallast des Großfürsten Constantin erblicken, der dem Haupteingange des Kaiserlichen Gartens gegenüber liegt. – Hier, an der Schwelle des prächtigen eisernen Gitterthors, das den Eingang zum Garten verschließt, endigt mein heutiger Spaziergang. Mein Blick verweilt noch einige Augenblicke auf der schönen Fläche und ihren Umgebungen, unter welchen auch einige Gärten und Gebäude vor Privatpersonen eine angenehme Wirkung machen; aber die vergoldeten Wipfel der Bäume erinnern mich an die herannahende Kühle des Abends, und ich eile dem wärmenden Nachtlager zu, um mich durch Geßner und Delille in idealische Träume wiegen zu lassen.

Zweyter Brief.

Die Sonne schwebt am purpurrothen Horizont, und droht uns einen heissen Tag. Lassen Sie uns eilen, mein Freund, die Schattengänge des Gartens zu suchen, ehe sie ihre sengende Strahlen auf uns herabschießt.

Wir treten durch das schöne Gitterthor in eine dreyfache Lindenallee, von welchen die mittlere breit genug ist, um wenigstens das Hauptgebäude des am Ende derselben liegenden Wohnpallastes der Kaiserinn ganz übersehen zu lassen. Da es unser Zweck ist, den Garten kennen zu lernen, so verlassen wir diese Zugänge, und schlagen uns rechts, um die Parthie zu übersehen die auf dieser Seite der Hauptallee liegt.

Gleich bey der Barriere finden Sie hier auf einem erhabenen freyen Platze ein großes Zelt, dessen geschmackvolle Verzierungen der berühmte Dekorationsmaler Gonzago besorgt hat. Der ganze Raum, von diesem Zelt bis zum linken Flügel des Pallasts, ist mit regelmäßigen Baumpflanzungen von Eichen und Linden besetzt, die durch Blumenparterre unterbrochen, und mit Vasen, Büsten und Statüen von Marmor geziert sind. Links wird diese Parthie, wie gesagt, durch die Hauptallee begrenzt, die zum Schlosse führt, und rechts schließt sich ein Wäldchen an dieselbe.

Dem Zelte gegenüber, auf der andern Seite der erwähnten Allee, steht das Theater, ein Gebäude das seinem Zweck entspricht, und diesen auch in seiner Bauart und in seinen äußern Verzierungen ankündigt. Vor dem Haupteingange desselben, nach der Seite des Pallastes zu, findet sich ein halbzirkelförmiger Platz, von Bäumen umgeben, die hin und wieder allerliebste Lauben bilden. Eine schöne dreyfache Allee, mit Büsten von Marmor besetzt, führt uns auf die Voliere zu. An die linke Seite dieser Allee schließt sich ein dickes Gebüsch an, das theils zu labyrinthischen Fußpfaden, theils zu einem zirkelförmigen Ruheplatz ausgehauen ist. Rechts läuft neben der Allee eine mit Hecken durchwundene Baumpflanzung fort, die in der heissen Mittagsstunde einen kühlen Spaziergang gewährt.

Die Voliere besteht aus einem Saal und zwey abgesonderten Seitenkabinetten, die durch Säulenreihen verbunden sind; ein gemeinschaftliches, in der Mitte des Saals mit einer kleinen Kuppel versehenes Dach deckt alle drey Gebäude, und vereinigt sie zu einem Ganzen. Zwischen den Säulen, durch welche die Seitenstücke mit dem Saal zusammenhängen, ist ein Drathgitter ausgespannt; die Kabinette haben Fenster, und der Saal wird durch zwey gegenüberstehende Glasthüren erleuchtet. In den einfach aber niedlich möblirten Kabinetten bringt die Kaiserinn zuweilen eine Morgenstunde zu; der Saal mit den daran stoßenden offenen Flügeln bietet an schönen Sommerabenden einen angenehmen Speisesaal dar.

Aus der Voliere treten wir in einen Blumengarten, dessen scheinbar einförmige Anordnung Sie ja nicht verhindern muß, hier zu verweilen. Freylich sehen Sie beym ersten Ueberblick nur regelmäßig geordnete Betten, die zu beyden Seiten von Treibhäusern, und der Voliere gegenüber von einer saubern eisernen Gitterwand eingeschlossen sind: aber treten Sie nur etwas näher, und lassen Sie das bezaubernde Farbengemisch und den Wohlgeruch auf Ihre Sinne wirken, den die Blumengöttin, deren Bild wir hier in Marmor sehen, um sich her entstehen läßt! Als ein gefühlvoller Beobachter der Natur werden Sie Sich bald zu der sanften Begeisterung hingerissen fühlen, der ich mich in diesem Augenblick so gern überlasse, und die ich Ihnen leider nur schildern, nicht mittheilen kann.

Die Kaiserinn ist eine große Freudinn von Blumen; Sie können Sich also leicht denken, daß diese Liebhaberey hier keinen alltäglichen Reichthum zusammengehäuft hat. Dieses Bett prangt mit den schönsten, jenes mit den wohlriechendsten, ein drittes mit den seltensten und kostbarsten Blumen; die Wirkung, die das Ganze macht, ist in der That berauschend. Vorzüglich haben mich zwey Betten bezaubert, die durchaus mit den schönsten Rosen besetzt sind. Zu beyden Seiten der Bildsäule der Flora, die im Mittelpunkt des Gartens steht, zieht sich, durch die ganze Breite desselben, ein kleines Gitterwerk fort, an welches eine schöne Nelkenflor geheftet ist. Eins der beyden Treibhäuser, die den Garten einschließen, ist allen exotischen, das andere bloß amerikanischen Pflanzen gewidmet. Sie finden hier, unter vielen andern botanischen Merkwürdigkeiten, auch den Brodfruchtbaum.

Den Raum zwischen diesem Garten und dem rechten Flügel des Pallasts füllt ein schöner Rasenplatz aus, der mit einzelnen Bäumen und kleinen Baumgruppen besetzt ist. Zwischen denselben winden sich wohlgeebnete Fußpfade durch, die ungefähr in der Mitte des Platzes bey einem Quadranten zusammentreffen, der auf einem Würfel von polirtem Granite ruht.

Jetzt, mein Freund, da wir dem Pallaste nahe genug sind, um seine vordere Façade ganz überschauen zu können, folgen Sie mir in die Mitte der großen Allee, durch die wir zuerst in den Garten traten. Sie sehen im Hintergrunde ein schönes, mit Säulen geziertes Hauptgebäude von drey Stockwerken, dessen Dach eine stolze, von Säulen unterstützte Kuppel trägt. An dieses, durch die reinsten Verhältnisse so wohlgefällig ins Auge springende Hauptgebäude schließen sich zu beyden Seiten halbzirkelförmige Kolonnaden, über welchen Gallerien fortlaufen, die es mit den beyden Seitengebäuden vereinigen. Von diesen gehen abermals Flügel aus, die zu Wohngebäuden eingerichtet sind, und die durch ihre Annäherung gegen einander den innern Hofraum beynahe zirkelförmig begrenzen.

Dem Hauptgebäude gegenüber stehen jedoch diese Flügel so weit von einander ab, daß man das Ganze, aus dem gehörigen Standpunkte, völlig übersehen kann. Aus dem Seitengebäude des rechten Flügels springt nach Außen das Gebäude hervor, welches die Hofkirche einschließt, und an welchem ich Sie gestern vorbeygeführt habe. Da es die Heerstraße berührt, so ist unter demselben ein Thorweg angebracht, der zum gewöhnlichen Eingange dient.

Sie sehen, mein Freund, daß ich Ihnen nur die äußern Umrisse dieses geschmackvollen Pallasts hinzeichne. Sie auf die einzelnen Schönheiten in der Architektur desselben aufmerksam machen, hieße Ihrem Urtheil vorgreifen, und zugleich den Genuß verringern, den Ihnen die lebendige Ansicht dieses schönen Werks der Kunst gewähren wird.

Wir treten jetzt auf die Heerstraße hinaus, um den rechten Flügel des Pallasts ganz zu umgehen. Ihr Blick heftet sich unwillkührlich noch einmal auf die gegenüberliegende Esplanade, auf die vertrauliche Gitterlaube, und auf alle die Gegenstände, die aus dieser Ansicht ein so heiteres Ganze machen. Finden Sie diese Straße nicht äußerst malerisch, mein Freund, wie sie sich zwischen reizenden Gebüschen durchwindet, bald in Vertiefungen senkt, und bald über Anhöhen fortgleitet? Und sind Sie nicht versucht zu glauben, daß es dieser Standpunkt war, auf welchem der Sänger der Gärten folgende Verse niederschrieb, um sie Marien zu überreichen?

Lá, d'un chemin public, c'est l'aspect animé.
Du plus loin qu'il Te voit, le voyageur charmé
S'arrête, admire, et part, emportant Ton image;
Le fleuve, le ruisseau, la forêt, le boccage,
Les arcs, lointains des ponts, la flèche des clochers
Me frappent tour à tour…
Là, les fleurs, l'oranger, les myrtes, les jours verds
Jouissent du printemps et trompent les hyvers;
D'un portique pompeux leur abri se décore,
Et leur parfum trahit la retraite de Flore.

Lassen Sie uns jetzt durch den Portikus in dies Heilgthum der Blumengöttinn treten. Es ist der eigne Garten der Kaiserinn, die gewöhnlich das untere Geschoß des Pallastes bewohnt, um diesem reizenden Aufenthalte näher zu seyn. Alles athmet hier die nahe Gegenwart der Schutzgöttinn dieses Orts. Sehen Sie diese schattenreichen Laubengänge, deren magisches Helldunkel zum Nachdenken einzuladen scheint; diese stolzen Pappeln, deren schlanker und erhabener Wuchs die Säulen des Portikus beschämt; dieses Gebüsch, der Lieblingsaufenthalt der Sänger des Waldes; diese Blumenfelder, deren Dunstkreis die Sinne berauscht – können Sie in dieser zauberischen Mischung des Erhabenen und Lieblichen den Charakter einer Schöpfung Mariens verkennen?

Nie habe ich, bey einer größern Simplicität des Plans, mehr Mannigfaltigkeit in der Ausführung gefunden, und nie hat mich die Anlage eines Gartens so wahrscheinlich über den Umfang desselben getäuscht. Eine schöne Allee von italienischen Pappeln führt von der Mitte des Portikus gerade auf den Pallast zu, dessen unteres Geschoß an dieser Seite mit einem prächtigen Balkon geziert ist. Rechts stößt der Garten an den erwähnten Flügel, und links wird seine Grenze durch eine eiserne Gitterwand bestimmt. Ein Laubengang, der keinen Sonnenstral durchläßt, durchschneidet die Pappelnallee ungefähr in ihrer halben Länge, und zieht sich um die ganze Hälfte des Gartens, die nach der Seite des Portikus liegt.

Sie sehen aus dieser Beschreibung, daß das Ganze vier etwas unregelmäßige Quadrate bildet, die sich gegen den Pallast zu, durch die Richtung des Flügels und der Gitterwand, immer mehr verengen. Die beyden Felder zunächst am Pallast sind mit den auserlesensten Blumen besetzt; das dritte Feld schließt eine regelmäßige Pflanzung von Eichen, Ulmen, Linden und Eschen ein, die ein allerliebstes Wäldchen bildet. Man hat es den elysischen Hayn genannt, und es verdient diesen Namen durch seine Abgeschiedenheit, durch die wollüstige Temperatur der Luft, die hier an heißen Tagen herrscht, durch das zauberische Licht, von welchem es beleuchtet wird, und durch die balsamischen Wohlgerüche, mit welchen das daran stoßende Blumenparterre die Atmosphäre erfüllt. Eine schöne Kopie des Borghesischen Merkurs ziert den Mittelpunkt dieser Parthie; im Hintergrunde sehen Sie die meisterhafte Nachbildung des Spinarius, und an zwey entgegengesetzten Seiten stehen ein paar Sarkophage, an denen kein Kenner der Kunst und des Alterthums gleichgültig vorübergehen wird. Auch in dem Plan des vierten Feldes herrscht eine gewisse Regelmäßigkeit, die aber der liebenswürdigen Unordnung der Natur keinen Eintrag thut. Bäume, Stauden und Pflanzen aus den entferntesten Welttheilen schlingen hier ihre abstechenden Formen in einander, um ein üppiges Gebüsch zu bilden, das zur süßesten Schwärmerey einladet. Man hat natürlich vorzugsweise solche Pflanzen gewählt, die unsern unfreundlichen Winter vertragen; aber wenn die Sibirische Zeder Sie an den sechzigsten Grad der Breite erinnert, so beweist Ihnen auch der Maulbeer- und Kastanienbaum, daß Pflege und Sorgfalt die Erzeugnisse glücklicherer Klimate bey uns einheimisch machen können. Schmale Fußsteige führen von mehreren Seiten auf ein paar freye Plätze zu, die mit auserlesenen Kunstwerken prangen.

Um in diese Parthie oder in den elysischen Hayn zu gelangen, muß man schlechterdings durch den erwähnten Laubengang gehen, der diesen abgesonderten, dem einsamen Genusse und der Beschauung gewidmeten Plätzen gleichsam zum Vorhofe dient, und das Gemüth unmerklich zu den Empfindungen stimmt, die sie nähren oder hervorbringen sollen. Anders hingegen wirkt im Freyen die stolze Pappelnallee: sie bereitet auf einen heitern großen Anblick vor, und spannt die Erwartung. Wenn man den Pallast im Gesicht hat, so fällt es auf, die vordern Bäume niedriger als die hintern zu finden. Jedes folgende Paar steigt über das vorhergehende empor; die beyden letzten Pappeln strecken ihre stolzen Wipfel kühn über den Dom des Pallasts, um ihn zu beschatten. Man muß diese Allee sehen, um zu fühlen, wie sprechend diese steigende Größe ist, und welchen Charakter von Erhabenheit sie dem Pallaste mittheilt. – Wenn man auf den Portikus zugeht, so thut die abnehmende Größe der Bäume eine eben so planmäßige Wirkung: sie macht den ganzen Anblick perspektivisch, und läßt den Portikus isolirt, dessen Masse nicht kolossalisch genug ist, um die Nähe großer Gegenstände zu ertragen.

Uebrigens ist dieser Portikus eins der schönsten Werke der Baukunst unter den vielen, die Pawlowsk aufzuweisen hat. Sechzehn ionische Säulen tragen ein Verdeck, das nach der Heerstraße und dem Garten mit einem edlen Fronton geziert ist. Zu beyden Seiten läuft eine Brustwehr von gehauenen Steinen längs der Heerstraße fort, die sich links an den vorspringenden Flügel des Schlosses, und rechts an ein dickes Gebüsche anschließt, welches den Garten vom Thal absondert. Die Zugänge sind mit Büsten und Statüen von Marmor geziert. Die Aussicht, die man hier genießt, ist mannigfaltig und reizend. Man übersieht die Heerstraße, die gegenüberstehende Gitterlaube, den See, die malerischen Umgebungen desselben, und in der Ferne ein freundliches Dorf, das zwischen den Oeffnungen des Waldes durchschimmert.

Ich habe Sie nun mit den regelmäßigen Gartenanlagen bekannt gemacht, die den Pallast in der Nähe umgeben. Morgen treten wir unsere Wanderung längs dem Thal an, dessen natürlichen Reizen Pawlowsk seinen Ruf wie seine Entstehung verdankt.

Dritter Brief.

Wir haben den Garten der Kaiserinn verlassen und stehen jetzt vor der Hinterseite des Pallasts, von welchem hier nur das Hauptgebäude sichtbar ist. Werfen Sie zuerst einen Blick auf diese Façade, die von allen Kennern als ein Meisterstück eleganter Architektur gepriesen wird, und dann geben Sie Sich ganz dem überraschenden Eindruck des großen und lebendigen Gemäldes hin, welches Ihnen der englische Garten von diesem Standpunkte darbietet. Doch, wohin verirrt sich meine Einbildungskraft? Ich vergesse, daß ich Ihrem geistigen Auge male, und daß ich Ihnen folglich die einzelnen Züge hinzeichnen muß, aus welchen sich Ihre Einbildungskraft ein Ganzes zusammensetzen soll. Auf den Totaleindruck, den diese schöne Ansicht hervorbringt, müssen Sie also schon Verzicht thun, mein Freund; glücklich, wenn es mir gelingt, in der Schilderung der einzelnen Parthieen wenigstens einen Schatten von Natur zu erreichen.

Denken Sie Sich, daß wir uns hier auf einem der erhabensten Standpunkte des Gartens befinden, und vor uns das liebliche Thal haben, welches die Slawjänka durchschlägelt. Der Platz auf welchem wir stehen, wird von einer doppelten oder dreyfachen Reihe von Orangenbäumen, die sich an den Pallast anschließt, halbzirkelförmig begrenzt. Zu beyden Seiten dehnt sich, längs dem Abhange, ein kleines Wäldchen bis an das Thal aus, ohne jedoch irgend einen interessanten Gesichtspunkt zu verhüllen. Eine prächtige Vase von karrarischem Marmor steht dem Eingange des Pallasts gegenüber; Blumen schwellen aus derselben hervor, und sie wird von einigen Bäumen beschattet. Mehrere kunstlos gewundene Fußsteige führen, theils im Freyen, theils durch das Gebüsch, bis in die Tiefe des Thals hinab. Ein frischer wohlgepflegter Rasen bekleidet den Abhang, auf welchem man zuweilen in malerischen Gruppen Schaafe weiden sieht.

Das Flüßchen im Thal hat sich zu der Breite eines kleinen Sees erweitert. Neben der schönen Brücke, über welche die Heerstraße führt, theilt es sich, stürzt mit Geräusch über einen Damm, und umfängt eine Halbinsel, die durch ihre Baumgruppe angenehm ins Auge fällt. An ihren Ufern sind Ruhesitze angebracht, und vor denselben schwimmen einige Fahrzeuge.

Das gegenüberstehende Ufer erhebt sich amphitheatralisch; sein schöner Rasen ist hin und wieder mit großen und kleinen Baumparthieen besetzt, die das Ganze zur schönsten natürlichen Landschaft machen. Links erblickt man den obern Theil der geschmackvollen Stadtkirche, rechts verschließt ein kleines dunkles Wäldchen den Horizont. Auf der höchsten Stelle dieses Ufers, unser'm Standpunkte gegenüber, erhebt sich der Tempel des Apolls, eine zirkelförmige unbedeckte Doppelkolonnade, in deren Mitte die Bildsäule dieses Gottes auf zertrümmerten Felsenstücken thront. Zu ihren Füßen entspringt eine Quelle, die sich zwischen Gebüsch und Steinen den Abhang hinabwälzt, eine äußerst malerische über den Wasserfall hingeworfene Felsenbrücke zu zerstören droht, und sich brausend und schäumend in den See ergießt.

Diese schöne Parthie schließt das ganze Gemälde, und gewährt dem Auge einen Ruhepunkt, zu welchem es, nach der Musterung der übrigen Gegenstände, immer wieder zurückkehrt. Die entferntern Gartenparthieen, die sich dem Blick nur verworren entfalten, sind, so zu sagen, der Rahmen, der diese zauberische Landschaft einfaßt. – Jetzt, mein Freund, nehmen Sie Ihre Einbildungskraft zu Hülfe, um diese hier auf einander folgenden Schilderungen in ein Ganzes zu schmelzen, und sich den Eindruck zu versinnlichen, den der Anblick dieses Ganzen in der Natur hervorbringen muß.

Wenn Ihnen diese kleine Anstrengung gelungen ist, so folgen Sie mir weiter auf diesem Fußsteige, der sich, dem Wasserfall gegenüber, in das Thal hinabsenkt. Mit jedem Schritte den Sie hinuntersteigen, zeigt sich Ihnen das prächtige Schauspiel desselben unter einem andern Gesichtspunkte. Jetzt sind wir unten, und befinden uns auf einer abgerundeten Landspitze, die durch die Krümmung des Flusses eine Art von Halbinsel bildet. Ein freundliches Gehölz empfängt Sie, und zeigt Ihnen in seinem Innern ein rührendes Denkmal, den Empfindungen der Natur von der Natur selbst gesetzt. Sehen Sie dort die schlanken Birken, die in geselliger Unordnung das Ufer bekränzen, und die jungen Sprößlinge hier, die sich an jene anzuschmiegen scheinen? Jedes dieser Bäume und Bäumchen bezeichnet irgend ein großes und glückliches Familienereigniß. Jener junge, aber schöne und starke Baum, der seinen wohlthätigen Schatten schon so weit verbreitet, verdankt sein Daseyn der Geburt unsers geliebten Kaisers; diese hier zählen eben so viel Sommer als seine liebenswürdigen Geschwister. Auch die Tage, da Hymen der erhabenen Familie neue Freuden schenkte, finden in diesen blühenden Bäumchen Denkmäler, von der Mutterliebe errichtet. Eine sanfte und heitere Phantasie hat diese kleine, so interessante und so sehr zum Herzen sprechende Pflanzung mit Rosen- und Lilienfeldern umgeben, und zwischen denselben ruht auf einem stummen Fußgestelle die Urne des Schicksals. Wie wahr und natürlich muß das Gefühl seyn, das dieses Plätzchen zu seiner Bestimmung geweiht hat, und welch einen Stoff von Ideen und Empfindungen bietet es dem gefühlvollen Beobachter dar!

Wir betreten eine geschmackvolle Brücke, die uns auf das gegenüberstehende Ufer führt. Lassen Sie uns linker Hand das Gestade des kleinen Sees bis zu jenem Ruhesitze verfolgen, der uns den Genuß einer schönen Ansicht verspricht. In der That, mein Freund, wir haben uns nicht geirrt: dieser Anblick ist wohl des Umweges werth, den wir seinetwegen gemacht haben. Links der Pallast, rechts die Kaskade, vor uns der See, und am gegenüberstehenden Ufer desselben die Halbinsel, über welche sich die prachtvolle Brücke der Heerstraße lagert; diese Hauptmassen durch den bunten Teppich der Wiesen, durch das abwechselnde Grün der hin und wieder verstreuten Baumgruppen in ein Ganzes geschmolzen; dieses Ganze von dem Rauschen der Wasserfälle, von dem süßen Gezwitscher der Sänger des Waldes, von dem ruhigen Gewühl fröhlicher Spaziergänger belebt, und von dieser Abendsonne beleuchtet – der Pinsel entfällt meiner zitternden Hand; ich schweige, und genieße.

Unser Rückweg geht fürs erste nur bis zu der Brücke, über welche wir hieher gelangt sind. Nahe bey derselben, doch in dickes Gebüsch versteckt, liegt das Badehaus; ein niedlicher Tempel, dessen Bestimmung sich schon durch zwey am Eingange befindliche Figuren verräth, welche die mediceische Venus und eine schamhafte mit nassen Gewändern bekleidete Nymphe darstellen. Ein freundliches Kabinet, dessen Wände mit rosenfarbenem Zeuge drappirt sind, bietet die zur Toilette erforderlichen Bequemlichkeiten dar, und führt sogleich ins eigentliche Badezimmer: ein rundes, mit einer Kuppel versehenes Gemach, dessen Fußboden um einige Stufen vertieft ist, um das nöthige Wasser aufzunehmen; eine in der Mitte dieser Vertiefung angebrachte Säule, deren oberes Ende mit einem durchlöcherten Knopf versehen ist, kann sich nach Verlangen mit einem Wasserstral füllen, um die Vortheile des sogenannten Sprengbades zu gewähren.

Wir winden uns aus dem dicken Gebüsche heraus, das den Zugang zu diesem Tempel Hygiäens verbietet, durchstreifen abermals den Familienhayn, und erklimmen die Anhöhe. Ich führe Sie nun an dem linken Flügel des Pallasts in einiger Entfernung vorbey. An die Hinterseite der Kolonnade stößt hier ein offner Speisesaal, der mit trefflichen Büsten und Statüen geziert ist. Eine Reihe dichtgepflanzter Lindenbäume beschattet ihn, und zwischen denselben sieht man auf einen schönen, mit Orangenbäumen und Blumen besetzten Rasenplatz hin.

So lange Sie diese Parthie zur Rechten behalten, ist das Thal Ihren Blicken entzogen; weiterhin öffnet sich das Gebüsch, das den Abhang bedeckt. Sie sind hier kaum hundert Schritte von dem Standpunkt entfernt, der uns die schöne Aussicht auf den Wasserfall darbot; aber wie so ganz verschieden ist hier die Scene! Die Krümmung des Thals hat Ihren Blicken schon alle die Gegenstände entzogen, die dort Ihre Aufmerksamkeit fesselten; statt derselben sehen Sie hier den Fluß durch eine liebliche Insel getheilt, die vermittelst einiger geschmackvollen Brücken mit beyden Ufern zusammenhängt. Der gegenseitige Abhang ist mit Gehölze bedeckt.

Eine schöngewölbte, aus Quadern zusammengesetzte Brücke führt uns über eine Vertiefung, immer längs dem Abhange, bis zu einer prachtvollen Granittreppe fort, die von der Anhöhe in das Thal hinabsteigt. Auf diesem Standpunkte genießen Sie einer sehr freyen Aussicht. Unter Ihren Füßen gleitet der Strom ruhig und einförmig hin; links zeigt sich Ihnen noch die kleine Insel, und rechts steigt aus dem geheimnißvollen Dunkel des dichten Gebüsches die Kuppel eines Tempels hervor. Zu beyden Seiten des Flusses schlängeln sich Fußsteige hin, die bey einer fliegenden Brücke in der Nachbarschaft dieses Tempels zusammentreffen. Hinter Ihnen öffnet sich die Aussicht auf das Parterre vor dem Pallast.
Unser Weg irrt nun in mäandrischen Krümmungen durch das Gehölz, welches nur hin und wieder die Gegenstände durchschimmern läßt, die es umgeben. Rechts erblicken Sie so das erwähnte Parterre und das Zelt; links springt zuweilen das liebliche Thal mit seiner Wassermasse, seinen sanftansteigenden Rasenplätzen und Baumgruppen hervor. Jetzt windet sich der Fußsteig hart am Abhange fort: plötzlich verschwindet der Wald; Ihr ungefesselter Blick schweift über eine der bezauberndsten Landschaften hin, kehrt ungesättigt zurück, und stürzt sich von neuem in die malerische Ferne.

Eine Beschreibung dieser schönen Aussicht, mein Freund, verlangen Sie nicht. Alles, was ich Ihnen sagen könnte, würde nur eine Wiederholung dessen seyn, was ich Ihnen schon über dieses Thal gesagt habe. O wie arm ist die Sprache, wenn sie den Reichthum der unerschöpflichen Natur schildern soll! Der Stoff ist völlig derselbe, nur die Nüancen sind verschieden; das Auge findet einen neuen Gegenstand, wo die Beschreibung sich in Wiederholungen ermüdet. Der Fluß hat seinen Lauf geändert, und bildet, durch eine Krümmung die er unserm Standpunkt gegenüber macht, eine Art von Halbinsel, wodurch das Thal auf unserer Seite eine größere Ausdehnung gewinnt. Auf der Spitze dieser Halbinsel steht der Tempel der Freundschaft, eine in ächt griechischem Geschmack gebaute Rotonda, die theils vom Wasser umflossen, und theils vom Gehölze des Thals beschattet wird. Schon von der vorhin erwähnten Treppe ist die Kuppel dieses Tempels sichtbar, einige Schritte weiterhin zeigt er sich ganz, aber auf dem Wege, den wir so eben zurückgelegt haben, schimmert er nur zuweilen durch das Gebüsch hindurch. Auf unserm jetzigen Standpunkte springt er als die Hauptparthie der ganzen Ansicht hervor, und theilt ihr etwas Erhabenes mit, dahingegen sein eigener Karakter von Majestät durch die reizende Einfalt seiner Umgebungen gemildert wird.

Wie bisher haben wir immer den Fußsteig verfolgt, der hart am Abhange fortläuft; jetzt entfernen wir uns von demselben, um eine kleine Anlage zu besuchen, die abwärts im dicken Gehölze versteckt liegt. Nur einige Schritte hinein, und Sie erblicken ein wildes Blumenstück; hinter demselben zeigt sich eine kleine aus Feldsteinen erbauete Hütte, deren Dach mit Stroh gedeckt, und durch unbehauene Baumstämme unterstützt ist. Das Innere dieses Milchhauses ist niedlich, aber nicht prächtig; Sie finden hier die erforderlichen Geräthschaften zum Aufbewahren und Säuern der Milch, von welcher auch stets ein hinlänglicher Vorrath zum Genusse bereit steht. Nur der Werth der Gefäße, die in dem Vorzimmer aufgestellt sind, verräth den Charakter der Gesellschaft, die sich hier versammelt: es sind Vasen und Schüsseln vom schönsten chinesischen Porzellain. – Ganz in der Nachbarschaft dieses Milchhauses steht der Viehhof, wo außer den gewöhnlichen Gattungen nutzbarer Hausthiere auch Pfaue, Fasanen, Gold- Silber- und Perlhühner, nebst mehrerem Geflügel aus entfernten Weltgegenden unterhalten werden.
Wir kehren zu unserm bisherigen Wege zurück, der uns immer längs dem Abhange fortleitet. Ein kleines Blumenparterre ladet den müden Spaziergänger zur Erholung ein; der Fußsteig senkt sich allmählich ins Thal und steigt wieder sanft bergan, ohne irgend eine freye Aussicht zu gewähren. Nun haben wir den Hügel erklimmt: er springt weit in das Thal vor, und öffnet abermals eine Ansicht, die nur genossen, nicht beschrieben werden darf.

Sie übersehen das ganze Thal, bis zum Pallast hinauf, selbst die Stadtkirche, die hier, wie überall wo sie sichtbar wird, eine Parthie des Gartens zu bilden scheint. Unter Ihren Füßen breitet sich eine beträchtliche Wassermasse aus; der Fluß wird nur durch eine schmale Landenge von einem unregelmäßigen Bassin getrennt, in welches sich von der entgegengesetzten Anhöhe eine äußerst malerische Kaskade wirft. Ueber derselben erhebt sich ein dunkler Wald, an welchen sich ein Kornfeld lehnt. – Von allen Standpunkten des Gartens, die eine romantische Aussicht gewähren, ist dieser mir einer der liebsten; oft, mein Freund, haben mich die ersten und letzten Stralen der Sonne auf den Ruhesitzen begrüßt, die hier von einem Halbzirkel ehrwürdiger Linden beschattet werden.

Einige Schritte weiterhin theilt sich der Weg. Links führt er uns, weil wir der Grenze des Gartens nahe sind, ins Thal und bis zu den Ufern des Flusses, wo uns eine fliegende Brücke erwartet; rechts treten wir auf einem schmalen Fußsteige in ein dunkles Gehölz, das uns zu einem Denkmal heiliger Gefühle geleitet. Ahnden Sie dies nicht schon aus den geheimnißvollen Krümmungen des Weges, und aus den düstern Schatten, die sich immer dichter um Sie schließen, so blicken Sie auf diese Aschenkrüge hin, die hier zu beyden Seiten Ihre Wegweiser sind! Einer ewiggeliebten Verklärten ist der Tempel gewidmet, der hier am Ausgange steht. In das Dunkel ehrwürdiger Bäume gehüllt, ist er ein Bild der heiligen Schwesterliebe, die sich schweigend im Herzen verbirgt. Einfach und rührend, wie der Schmerz dessen Ausdruck sie ist, lautet die Inschrift:

Meiner Schwester Friederike, 1785. 13 Nov.

Wenn Sie den einzigen Fußsteig verfolgen, der aus diesem geweihten Hayne auf unsern bisherigen Weg zurückführt, so finden Sie sich bald vor dem Pförtchen, welches Ihnen den Ausgang aus dem bisher beschriebenen Garten öffnet. Ein Fahrweg, der hier die Landschaft durchschneidet, trennt uns von der gegenüberliegenden Parthie, von welcher ich Ihnen in meinem nächsten Briefe eine kurze Schilderung geben werde.

Vierter Brief.

Ein natürlicher, doch gut gereinigter und sorgfältig unterhaltener Wald; in dessen Mitte ein sehr großer zirkelförmiger Platz; zwölf Prospekte, die von diesem Mittelpunkt nach allen Seiten hin auslaufen, und an ihren äußersten Enden durch Nebenwege unter einander verbunden sind – dies ist der Plan der reizenden Anlage, die mit Recht den Namen Sylvia führt. Treffliche englische Wege machen das Gehen dem Fußgänger bequem, der hier durch die verschiedene Richtung der Prospekte zu jeder Stunde des Tages Schatten, und in der rauheren Jahreszeit Schutz gegen die Winde findet. Diese Vorzüge, verbunden mit der pittoresken Wildniß, die der Karakter dieser Parthie ist, machen sie zum Lieblingsaufenthalte aller Freunde der ungekünstelten schönen Natur.

Wir überkreuzen den Fahrweg, der den englischen Garten begrenzt, und steigen eine Treppe hinan, die uns zu einem unansehnlichen hölzernen Gebäude führt. Dieses Häuschen, mein Freund, an welchem die Spuren der Vergänglichkeit sichtbar zu werden beginnen, war schon vor der Anlage von Pawlowsk vorhanden, und diente damals den Liebhabern der Jagd in diesem Bezirke zu einem Zufluchtsort gegen böses Wetter oder Ermüdung. Es steht auf dem Gipfel der Anhöhe, die sich längs dem Flüßchen fortzieht, und vor dem Eingange desselben breitet sich der erste Prospekt aus, der auf den erwähnten Mittelpunkt zuläuft.

Hier, in diesem unscheinbaren Häuschen war es, wo die erhabene Besitzerinn des Gartens, ihrem eigenen Geständnisse zufolge, die schönsten Momente ihrer früheren Ehestandsjahre genoß. Des Glanzes und Gepränges müde, der sie im prachtvollen Zarskoje Selo umgab, flüchtete sie, in Begleitung ihres zärtlichgeliebten Gemahls, zuweilen hieher in den Schooß der wilden Natur, in diese kleine Hütte, die durch Eintracht und Liebe zu einem Tempel der süßesten und reinsten Freuden geweiht ward. Katharinens mütterliches Herz erwärmte sich an diesem Schauspiel stiller Glückseligkeit, und als der Menschheit Liebling, Alexander, sein von tausend Zungen erflehtes Daseyn erhielt, war diese Hütte und ihr Gebiet das erste Geschenk, welches die glückliche Mutter aus den Händen der freudetrunknen Monarchinn empfing.

So knüpfte sich die Entstehung von Pawlowsk an dieses Häuschen. Tempel und Palläste haben sich in seinem Umkreise emporgethürmt, unterdessen die Zeit seine bescheidene Existenz zu untergraben begann: aber Dankbarkeit und Erinnerung sind die Schutzengel, die es vor gänzlicher Zerstörung bewahren. Einst der stumme Zeuge ehelichen Glücks, ist es nachher noch oft der Zeuge sanfter häuslicher Freuden gewesen. Unter mehreren höchst interessanten Scenen, die hier, veranlaßt oder zufällig, statt hatten, lebt besonders eine noch in dem Andenken aller derer, die das beneidenswerthe Loos traf, Theilnehmer an derselben zu seyn.

Kaiser Paul, ein eben so zärtlicher Gatte als liebevoller Vater, hatte im Jahr 1798 eine Reise in die entlegnern Provinzen seines Reichs unternommen, die ihn einige Monate von seiner erhabenen Familie entfernte. Am Tage seiner Zurückkunft nach Pawlowsk führt ihn Abends ein absichtsloser Spaziergang in seine Lieblingsparthie, Sylvia, und nicht weit vor dem erwähnten Häuschen vorbey. Plötzlich erschallt ein schöner Wechselgesang aus dem Walde. Ein Mann mit heiterer freundlicher Miene, angeblich der Besitzer des Häuschens, tritt auf den Kaiser zu, und bittet ihn, seine gastfreye Hütte nicht zu verschmähen. Der Kaiser, unschlüssig ob er folgen soll oder nicht, wird von dem jubelnden Chor umringt und mit sanfter Gewalt in das Häuschen geführt. Hier stürzt seine edle Gemahlinn, eine süße Freudenzähre im Auge, an seinen pochenden Busen, und in dem nämlichen Augenblicke beginnt eine liebliche Musik, begleitet mit den Worten: Où peut on être mieux qu'au sein de sa famille? Der Kaiser, überrascht und gerührt, wirft einen Blick auf das Orchester: er erkennt in dem Violinspieler seinen ältesten Sohn, in der Sängerinn dessen Gemahlinn; er sieht seine Töchter die Harfe in der Hand oder am Klaviere sitzen – sein Auge wird feucht – seine Arme strecken sich den Lieblingen seines Herzens entgegen – der Gesang, das Spiel verstummt – die schönste Gruppe liegt zu seinen Füßen.

Ist Ihnen die halbverfallene Hütte interessant geworden, mein Freund? Nun, so bedarf es keiner Entschuldigung, daß wir so lange bey derselben verweilten. Folgen Sie mir jetzt auf dem Seitenwege, der den ersten Prospekt mit dem zweyten verbindet. Er führt in gerader Richtung auf der Anhöhe fort, aber mehrere kunstlos gewundene Fußsteige schlängeln sich in das Thal hinab, und begleiten das Flüßchen. Hart am Ufer desselben, und neben dem Fahrwege, findet sich ein kleines Blumenstück, von jungen Bäumchen umgeben; eine Schöpfung der liebenswürdigen Großfürstinn Alexandra. Hier saß sie, die einst der Erde zur Zierde diente und jetzt dem Himmel gehört, oft und gern unter den Zöglingen ihrer sanften Pflege. Keiner der diesen verklärten Engel gekannt hat, betritt dieses Plätzchen, ohne der Erinnerung eine Zähre süßer Wehmuth zu zollen: urtheilen Sie, mein Freund, welches die Empfindungen seyn müssen, die das Herz der edlen und gefühlvollen Mutter bestürmen, wenn sie diese Pflanzung besucht. Ihr Schmerz, unsterblich wie ihre Liebe, errichtet in diesem Augenblick der Verewigten auf diesem ihrem Lieblingsplätzchen ein Denkmal. Eine schlanke edle Gestalt, deren Gesichtszüge das Bild der Himmlischen zurückrufen, und die den Stern der Verklärung schon über der Stirne trägt, ist im Begriff, sich der Erde zu entziehen. Vergebens bemüht sich ein neben ihr stehender Genius, sie zurückzuhalten; sie strebt empor, ihr Blick ist gen Himmel gerichtet, und ihr Körper scheint ihrem Blicke folgen zu wollen. – Die Figuren sind von Bronze, das Fußgestelle von Marmor.

Wir haben nun den zweyten Prospekt erreicht, und finden am Ende desselben, auf einem Vorsprunge den die Anhöhe in das Thal macht, einen halbzirkelförmigen Ruhesitz, von Steinen erbaut, zu welchem von der Vorderseite mehrere Stufen führen. Noch haben wir immer das nämliche Thal vor uns, aber wieder in einer ganz andern Gestalt. Der Fluß bildet unter unsern Füßen ein regelmäßiges Bassin, das Ufer gegen uns über eine anmuthige Terrasse. Diese kunstgerechten Anlagen erstrecken sich jedoch nur auf den kleinen Bezirk, den wir gerade vor uns haben; so wie das Auge rechts und links umherschweift, trifft es wieder auf Parthieen, die der regellosen Anordnung der Natur überlassen zu seyn scheinen.

Jetzt ist es Zeit, Sie in den Mittelpunkt des Wäldchens zu führen, wo Sie das Ganze übersehen können. Gestehen Sie nur, daß es einem Tempel der Musen und Grazien nicht unähnlich sieht. Hier finden Sie Apoll, von allen Kamönen umringt; hohe Begeisterung liegt in seinem Blick; er berührt seine göttliche Leyer, der die Musen um ihn her mit Wohlgefallen zuzuhören scheinen. Ihr Blick durchirrt einen Prospekt nach dem andern, und stößt überall auf Gegenstände der Kunst, die ihn erheitern und befriedigen. Hier ist es die Venus von Florenz mit ihrem schalkhaften Sohne; dort ein siegender oder überwundener Kämpfer. Lassen Sie uns eilen, diesen Göttern und Heroen zu huldigen, gleichviel welchen zuerst!

Ist es Zufall, mein Freund, oder ein sanfter Zug des Gefühls, was Ihre Schritte gerade in diesen Heckengang leitet? Sehen Sie am Ende desselben jene allerliebste Laube, hinter welcher sich die schlanken Tannen zu Triumphbögen wölben: sie verbirgt den kleinen Gott, dem alle empfindende Wesen huldigen, und der im Olymp wie auf der Erde gleich unumschränkt herrscht. Er scheint seiner schönen Mutter, die eben dem Bade entstiegen ist, entschlüpft zu seyn, und sich hieher geflüchtet zu haben. „Verrathe mich ja nicht!" ruft Ihnen sein schalkhafter Blick zu, und dieser Finger, den er Stillschweigen heischend an seinen Mund legt.
Nicht wahr, mein Freund, diese Umgebungen sind des Gottes würdig, in dessen Nähe wir uns befinden? In der That, Sie sind versucht, der Ansicht die Sie vor Sich haben, den Preis vor allen zuzuerkennen, die Sie so sehr entzückten. Die Anhöhe auf welcher wir bisher den Zug des lieblichen Thals verfolgt haben, wird hier plötzlich unterbrochen, um einem Bache den Weg zu

bahnen, welcher sich von der rechten Seite her in die Slawjänka ergießt. Das hohe Ufer auf welchem wir stehen, ist also auf zwey Seiten von Wasser umflossen, und gewährt zugleich die freye Aussicht in das Thal, das wir noch durchstreifen wollen. Im Vordergrunde desselben steht eine Mühle; zu beyden Seiten ziehen sich Spaziergänge, Küchengärten und Kornfelder längs der Anhöhe fort, die oben mit Gebüsch und Wald gekrönt ist. Fuß- und Fahrwege durchschneiden das Thal; der Fluß mit seinen Brücken und Wasserfällen belebt das ganze Gemälde.

Ein schmaler Fußsteig, der sich vom Hügel des Amors in das Thal hinabwindet, führt uns zu einer sehr malerischen Brücke, die hier am Fuß des Hügels über den Bach geworfen ist. Ruinen eines dem Anschein nach ehemals prächtigen Gebäudes hemmen den Lauf des Wassers, welches sich schäumend über diese Hindernisse hinwegstürzt. Die hervorragenden Steine dienen einem leichten Gebälke zur Grundlage, welches die Fußgänger über den Bach trägt, und dessen Geländer aus jungen Baumstämmen zusammengesetzt ist. In der Nachbarschaft dieses Steges finden sich umgestürzte Säulenknöpfe, zerbrochene Urnen und andere halb in die Erde versenkte Ueberbleibsel; einige Steintafeln mit Figuren und Inschriften, welche die Zeit unkenntlich gemacht hat, bilden jetzt kühle Ruhesitze für den müden Wanderer.

Jenseits der Brücke betreten wir einen Fahrweg, den zweyten welcher den Garten in seiner ganzen Breite durchschneidet. Lassen Sie uns auf demselben bis zu jener Mühle fortgehen, die auf der Slawjänka erbaut ist.

Ein aus großen Quadersteinen aufgemauerter Thurm, dessen edle architektonische Verzierungen keinen Zweifel übrig lassen, daß er einst zu einer ganz andern Bestimmung erbaut wurde, ist zur Hälfte in Ruinen verfallen. Die Lage dieses Thurms, an einem fließenden Wasser, und seine noch sehr dauerhaften Ueberbleibsel haben einen armen Müller bewogen, sich hier niederzulassen. Er hat den fehlenden Theil des Gebäudes, freylich nur in Holz und Backsteinen, und nach einem sehr abstechenden Plane, ergänzt, einige ihm überflüssige Fenster zugemauert, und das Ganze mit einem reinlichen Strohdach versehen. Da der Thurm in seinem jetzigen Zustande keinen Eingang zum obern Stockwerk hat, so ist der Besitzer auf den wirklich sinnreichen Einfall gerathen, ein paar daneben stehende Bäume als Stützen einer hölzernen Stiege zu benutzen, die von Außen in einer beträchtlichen Höhe gerade in eins der ehemaligen Fenster führt, welches jetzt bequem die Stelle einer Thüre vertritt.

Dies ist sein Wohnhaus. Ueber dem Fluß hat er eine Mühle angelegt, und neben derselben ist durch seinen Fleiß ein Stückchen Land zu einem Küchengarten umgeschaffen. Am Ende desselben führt ein nothdürftig eingerichteter Steg über den Fluß, auf dessen jenseitigem Ufer eine von Bäumen beschattete Quelle springt, die mit Steinen eingefaßt ist. – In der That hat der gute Müller, ohne es zu wissen, eine kleine romantische Anlage zu Stande gebracht, die von allen Standpunkten auf der Anhöhe überaus malerisch ins Auge fällt.

Meine Neugier, den Schöpfer dieses kleinen Sorgenfrey kennen zu lernen, führt mich die Stiege zum Thurme hinan. Ich trete in sein vermeyntliches Wohnzimmer, und finde – ein sehr geschmackvolles Kabinet und kostbares Zimmergeräthe. Wie? Also wäre die ganze Geschichte von der Entstehung dieser Mühle nur ein Roman, den das Aeußere derselben meiner leichtgläubigen Einbildungskraft aufgeheftet hätte? Verzeihen Sie, mein Freund, wenn ich Ihnen meine Träume so unbefangen niederschrieb! Noch heute will ich mich nach der wahren Beschaffenheit der Sache erkundigen; aber bis dahin erlauben Sie mir anzunehmen, daß die Kaiserinn dem armen Müller seine pittoreske Schöpfung abgekauft hat, um in diesem artigen Gemache zuweilen eine einsame Morgenstunde im Genuß einer freyeren Natur zu verleben.

Wir setzen unsern Spaziergang immer auf der nämlichen Anhöhe fort, die uns bisher schon so viele reizende Aussichten dargeboten hat. Die Parthie, mein Freund, welche wir jetzt betreten, ist die letzte künstliche Anlage auf der rechten Seite des Thals; sie wird die neue Sylvia genannt, und besteht aus einigen parallel laufenden Fahrwegen, zwischen welchen sich bequeme Fußsteige für Spaziergänger durchwinden, die auf einigen offenen Plätzen unter sich und mit den Fahrwegen zusammentreffen. Unter allen diesen Prospekten ist unstreitig der, welcher dem Abhange auf der Seite des Flusses am nächsten ist, der interessanteste. Man genießt von demselben fast ununterbrochen einer schönen Aussicht ins Thal, aber vorzüglich von den Standpunkten, die ich Ihnen hier bezeichnen will.

Gleich beym Eintritt in diesen Prospekt dehnt sich zur Linken ein freyer offener Platz aus. Sie stehen hier auf einem Hügel der ziemlich weit in das Thal vorspringt. Unter Ihren Füßen haben Sie das Gärtchen der Mühle, und rund umher bieten sich Ihrem Blick zwar schon bekannte Gegenstände dar, die aber durch die Verrückung des Standpunkts in einem ganz neuen Lichte erscheinen. Auf der andern Seite des Flüßchens ist die sanftansteigende Thalwand fast durchaus mit Gemüsefeldern besetzt, die sich an junge Baumpflanzungen lehnen. Sie können nicht glauben, mein Freund, was die ländliche Kultur auf diesem Hintergrunde für eine bezaubernde Wirkung thut!

Ungern trennt man sich von diesem interessanten Standpunkt, um den Prospekt weiter zu verfolgen. Wenn man die halbe Länge desselben erreicht hat, findet man sich abermals auf einem freyen Platze, der durch eine Säule von röthlichem Marmor geziert ist. Ein terrassenförmiger Hügel von Rasen dient dem Fußgestelle zur Unterlage, und erhebt die Wirkung, die dieser Gegenstand in der Ferne macht.
Der Karakter des Thals, so weit es hier vor Ihren Augen entfaltet liegt, ist ungekünstelte, aber nicht wilde Natur. Kein Tempel mehr, keine Bildsäule; selbst die Brücken verschwinden; die künstlich gebahnten Fußsteige verlieren sich in die wenigen Fahrwege die zu beyden Seiten des Thals fortlaufen. Der Prunk in den Umgebungen des Pallasts, die Eleganz der lieblichen Sylvia, ist weit hinter uns; auch die Gartenkultur, die noch auf dem nächstvorhergehenden Standpunkte der Hauptzug in der Physiognomie des Ganzen war, verschmilzt allmählich in den gemeinern und nützlichern Feldbau. Kornfelder, Wiesen und Wald sind die einzigen Gegenstände die uns bis zur Grenze der neuen Sylvia begleiten.
Hier, auf dem äußersten Standpunkte, wo der gelüftete Wald unsern Blicken abermals eine weite Ansicht öffnet, breitet sich ein großes, der Natur überlassenes, aber von dieser freygebigen Mutter mit mannigfaltigen Reizen ausgestattetes Thal aus, das eben deshalb vorzugsweise das schöne (Russisch: Krasnaja Dolina) genannt wird. Ein kleines, auf einem der entfertern Hügel befindliches Dorf und die Kornfelder die dasselbe umgeben, machen den einzigen absichtlosen Schmuck dieses Thals aus, und dieser Schmuck ist der Feldblume zu vergleichen, die das Landmädchen an festlichen Tagen in ihr ungepudertes Haar steckt. Hier, wo alles Natur und Einfalt athmet, hat sich der Dämon Capriccio, dessen Sprünge Sie kennen, einen Tempel erbaut, von welchem ich Ihnen heute nichts sagen werde, um Ihre Neugier nicht vergeblich auf die Folter zu spannen.

Fünfter Brief.

Bis hieher, mein Freund, sind wir dem rechten Ufer der Slawjänka gefolgt. Ich werde Sie jetzt auf die andere Seite des Flusses führen, wo die Naturscenen, die der Garten Ihnen darbietet, nicht minder anziehend sind.

Gleich hinter der Brücke, die aus der neuen Sylvia auf diese Seite führt, erhebt sich auf einer Anhöhe die das schöne Thal beherrscht, das genialische Architekturstück, dessen ich am Schlusse meines letzten Briefes erwähnte. Denken Sie Sich ein viereckiges Gebäude, das einen einzigen Saal einschließt, und auf jeder Seite durch eine Glasthüre und einen darüber angebrachten Fensterbogen erleuchtet wird; dieses Gebäude auf einer Seite mit einem leichten schönen Peristyl in antikem Geschmack versehen, auf den übrigen aber mit unförmlichen, ohne Wahl und Ordnung hingestellten Säulenrümpfen umgeben, die ein Schirmdach tragen, das um das ganze Gebäude herumläuft – und Sie werden ungefähr einen Begriff von dieser Ausgeburt einer muthwilligen Künstlerlaune haben.

So viel von der Form, und nun ein Wort über die Materie. Das Gebäude selbst ist von Stein erbaut, und inwendig mit Stuck überzogen. Die Säulen und Wandpfeiler des Peristyls sind von röthlichem Marmor; die übrigen bestehen aus übereinander gelegten Scheiben einer blaßgrünen Steinart, die hier herum irgendwo gebrochen wird.

Die Bestimmung des Saals hat jedes Zimmergeräthe überflüßig gemacht; Sie finden hier also nichts als einige niedliche Stühle. Die schönen, hellpolirten, mit Wandsäulen gezierten Wände, und der sauber eingelegte Fußboden, geben dem Ganzen einen Anstrich von Heiterkeit und Eleganz. Ein rundes Deckenstück, welches eine in der Wölbung angebrachte Oeffnung mit einem darüber hängenden Baumwipfel vorstellt, scheint mißrathen zu seyn, ist aber von dem Maler in die Wirkung berechnet, die es in dem Spiegel macht, der sich in einem der Fensterbogen befindet.

Um auf das platte Dach zu gelangen, steigt man von Außen zuerst eine breite steinerne Treppe hinan, bis zu einem Ruheplatze, der durch ein Strohdach geschützt wird, welches auf vier Säulenrümpfen von der schon beschriebenen Art ruht. Die innere zeltförmige Seite dieses Dachs ist mit einer Eleganz dekorirt, die den schneidendsten Kontrast mit der armseligen Außenseite macht, und der saubere Fußboden ist rings umher mit Blumen besetzt. Das Ganze wird von einem freystehenden Gewölbe getragen, und unter der Treppe ist ein kleines Kabinet angebracht, welches dem Saal gewissermaßen zum Vorgemach dient.

Von diesem Ruheplatze führt ein Seitengang auf das erwähnte Schirmdach, und eine hölzerne Stiege vollends aufs Dach des Hauptgebäudes hinauf. Daß dieses Dach zu einem Belvedere eingerichtet ist, werden Sie schon errathen haben. Seine Einrichtung ist völlig so wie die des Ruheplatzes, nur daß es ganz unbedeckt ist; im Nothfall wird eine Leinewand über dasselbe ausgespreitet, die aus Streifen von den abstechendsten Farben zusammengesetzt ist. Gespaltene, mit ihrer weißen Rinde bekleidete Birkenäste bilden hier, so wie auf der ganzen Treppe, das Geländer. Sie sind an unförmliche Steinblöcke befestigt, die als Pfeiler das Dach umgeben, und aus deren ausgehöhlter Oberfläche Blumen hervorsprießen. Das Belvedere ist gewöhnlich mit Stühlen besetzt, da der Hof hier nicht selten frühstückt oder zu Abend speist.

So ungefähr ist das architektonische Quodlibet beschaffen, welches Ihnen schon gestern auf den letzten freyen Standpunkten der neuen Sylvia ins Auge fiel. Es wird der Pavillon Elisabeth genannt, um das Andenken an die angenehme Ueberraschung zu erhalten, die der erste Anblick desselben bey der liebenswürdigen Gemahlinn unsers Kaisers bewirkte.

Die Aussicht von der Höhe dieses Gebäudes ist vortrefflich. Sie haben das schöne Thal vor Sich, mit waldigen Anhöhen umgeben; Wiesen, mit Baumgruppen besetzt, wechseln mit wogenden Kornfeldern ab; kunstlos hingezeichnete Fahrwege sind von regelmäßigen Alleen durchschnitten; ein kleines Dorf belebt die Scene. Der Fluß der unter Ihren Füßen fortschleicht, empfängt zu Ihrer Linken das schäumende Wasser eines Bachs, der kurz vor seiner Ergießung eine natürlich schöne Kaskade bildet. Der ganze Hügel um den Pavillon herum ist mit Blumen so zu sagen besät, die ihre Wohlgerüche empor senden, um keinen Sinn unbefriedigt zu lassen.

Wir treten jetzt unsern Rückweg nach dem Pallaste an. Er wird uns großentheils durch eben die Parthieen führen, die Sie schon vom jenseitigen Ufer in der Entfernung gesehen haben; ich fürchte aber nicht, daß diese Wiederholung Ihnen monotonisch vorkommen wird.

Lassen sie uns dem Fahrwege folgen, der sich linker Hand durch das Gebüsch und zwischen Kornfelder wegzieht, damit wir dem Abhange näher kommen. Anfangs gewährt dieser Spaziergang wenig abwechselnde Aussichten. Die neue Sylvia, der wir uns gegenüber befinden, erscheint als ein angenehmes Wäldchen, aber die Thalwand unter derselben giebt einen viel einförmigern Anblick, als die diesseitige uns aus den verschiedenen Standpunkten der neuen Sylvia darbot.

Jetzt sind wir ungefähr der Säule gegenüber, an der Grenze der Gemüsefelder, die, von jener Seite betrachtet, eine so schöne Wirkung machen. Wir verlassen nun den Fahrweg, der uns beynahe ganz in die Tiefe des Thals hinunter geführt hat, und folgen dem Fußsteige, der den Küchengarten in seiner Mitte durchschneidet. Sie sehen, daß dieser Garten in mehrere kleine Felder getheilt ist, die durch Hecken und Blumenbetten von einander abgesondert sind. Diese glückliche Idee, einen an sich einfachen Gegenstand zu beleben, macht diese Parthie, selbst in der Nähe betrachtet, sehr anziehend. Auch wird nicht leicht ein Spaziergänger sie durchstreifen, ohne sich für diese oder jene Kultur zu interessiren, die er entweder bisher noch gar nicht gekannt hat, oder deren Behandlung von der gewöhnlichen abweicht. Die Nähe einiger Wirthschaftsgebäude, die Thätigkeit der Arbeiter, das fröhliche Spiel der Kinder vor der Wohnung des Gärtners – alle diese kleinen Züge setzen ein Gemälde zusammen, bey dessen Betrachtung man gerne mehr als einmal verweilt. Und nun die Aussicht ins Thal – doch, diese kennen Sie schon!

Wir entfernen uns jetzt noch mehr von dem Abhange, um einer Vertiefung auszuweichen, die sich gegen das Thal hinabsenkt. Unser Weg führt uns in ein anmuthiges Gebüsch; ich kenne die muthwillige Anordnung desselben, aber ich fürchte sie nicht. Gern überlasse ich mich diesen betrügerischen Fußpfaden, die mich stets zum Ausgange zu führen scheinen, und immer weiter vom Ziele entfernen; mitten unter dieser unschuldigen Neckerey entfaltet das kleine Labyrinth Reize, die mich mit dem boshaften Schöpfer desselben versöhnen. Hier birgt das trauliche Gebüsch ein einsames verschwiegenes Plätzchen; dort wölben sich die jungen Birken zu einer geselligen Laube: plötzlich öffnet sich die Scene; mehrere Fußpfade durchkreuzen sich, und stürzen den armen Spaziergänger abermals in eine Ungewißheit, aus welcher ihn nur die mitleidige Hand des Zufalls zu reißen vermag.
Kaum sind wir dieser Verwirrung entronnen, so überrascht uns schon ein neues Schauspiel. Wir finden uns auf dem Gipfel einer Terrasse; dunkle Tannen ziehen einen Kreis um uns her, und bilden eine Wand, die von parallel laufenden Hecken bis in das Thal verlängert wird. Bunte Blumenstücke zieren den Abhang, und die Stufen der Terrasse sind mit immergrünenden Myrthen besetzt. Gegen uns über erhebt sich auf einem künstlichen Hügel der amphitheatralische Ruhesitz der neuen Sylvia, hinter welchem ein weiter Prospekt sichtbar wird. Links ist die Aussicht ins Thal begrenzt, rechts aber bietet sie ein mannigfaltiges und angenehmes Gemälde dar.

Jetzt empfängt uns eine Allee von jungen Linden, die den Saum des Wäldchens einfaßt, an dessen Grenze wir fortgehen. Die Aussicht ins Thal ist völlig frey, und der Abhang, der an sich eine schöne Wiese bildet, zum Theil mit Hafer besät, um die Schönheit des natürlichen Teppichs durch die Mannigfaltigkeit der Farben noch mehr zu erhöhen. Mitten durch die Wiese schlängelt sich ein Fußsteig in das Thal hinab. – Merken Sie Sich diesen Scheideweg, mein Freund, denn wir werden noch einmal hieher zurückkehren müssen.

Sechster Brief.

Die Allee, die wir unterdessen verfolgen, entfernt uns immer weiter vom Thal. Sie wird gerader, breiter und ist mit schöneren Bäumen besetzt. Ihre Umgebungen werden mannigfaltiger und reizender. Gleich neben dem Fahrwege, den wir hier überkreuzen, murmelt im Gebüsch eine verborgene Quelle, zu welcher sich ein kaum bemerkbarer Fußsteig verirrt. Längs dem Abhange dehnt sich ein üppiges Kornfeld aus, dessen goldene Aehren sich auf hohen Stengeln wiegen. Das Thal ist gänzlich vor unsern Blicken verschwunden; nur die Wipfel der Bäume ragen über den goldenen Saaten hervor, und bilden Eine wogende Masse, auf welcher der majestätische Dom des Tempels zu schwimmen scheint. Am Ausgange der Allee begrenzt ein dunkler Wald den Horizont, und rechts öffnen sich unabsehbare Prospekte.

Von diesem wahrhaft schönen Gemälde umgeben, erreichen wir das Ende der Allee, wo sich das Kornfeld an eine junge Lindenpflanzung schließt. Wir treten in den Wald, dessen dichte Schatten den Eingang hinter uns sogleich zu verschließen scheinen. Der Fußsteig krümmt sich durch das Gehölz, um den ehrwürdigen Tannen auszuweichen, die ihre pyramidalischen Wipfel den Wolken entgegen strecken. Mitten in dieser schauerlichen Dunkelheit stoßen Sie auf eine kleine Einsiedeley.

Eine schmale Zugbrücke führt Sie über einen mit Palissaden versehenen Graben. Sie treten in eine geräumige überall bedeckte und von Gitterwerk unterstützte Laube, die ein kleines thurmartiges Gebäude von Backsteinen mit einem Strohdache einschließt. Es wird das alte Chalet genannt, und enthält ein rundes, niedlich ausgeputztes Kabinet mit einem Vorzimmer. Ein Wandschränkchen verbirgt eine kleine ländliche Bibliothek; im Vorzimmer stehen Spinnrocken, und ein kleines Nebengemach bewahrt die nothwendigsten Werkzeuge zur Gärtnerey. Die Sauberkeit dieser Geräthschaften läßt leicht errathen, zu wessen Gebrauche sie bestimmt sind. Seitwärts neben der Laube findet sich ein kleiner Obst- und Fruchtgarten.

So anziehend diese Einsiedeley durch ihre romantische Anlage ist, so interessant wird sie auch durch den guten Eremiten, der sie bewohnt. Ich habe seine Bekanntschaft gemacht: es ist ein ehrwürdiger Greis, der im Dienst für's Vaterland manche Schlacht hat erkämpfen, manche Festung hat erstürmen helfen. Sein Körper ist mit ehrenvollen Wunden bedeckt; auf seiner Brust trägt er die Zeichen seines Wohlverhaltens, eben so viele Erinnerungen an die blutigen Tage da der Tod um seine Scheitel saus'te. Zürnend über sein Alter, das ihn aus den siegreichen Reihen der Vaterlandsvertheidiger ausschloß, wollte er eben heimkehren von dem Felde des Ruhms und der Gefahr, als eine wohlthätige Hand ihn in dieses Elysium führte. Hier lebt er nun schon zehn Jahre lang in einer gänzlichen aber freywilligen Abgeschiedenheit von der Welt. Seine einzigen Gesellschafter sind eine bejahrte Katze, die sich unaufgefordert entschlossen hat, die Einsamkeit mit ihm zu theilen, und ein selbstgeschnitztes Haberrohr (Russisch: Roshok), auf welchem seine Muse sich zuweilen in sanften melodischen Tönen ergießt. Die Beschauung und der Umgang mit diesen genügsamen Freunden haben seiner Philosophie einen so erhabenen Schwung gegeben, daß er mit kalter Gleichgültigkeit auf alles Thun und Treiben der Welt hinabblickt, und schon seit mehreren Jahren nicht einmal mehr nach dem Dorfe geht, wohin ihn anfangs doch zuweilen das noch nicht völlig besiegte Gefühl unedler sinnlicher Bedürfnisse lockte.

„Weshalb" – sagte mir der Greis mit heiterm Lächeln, als er mein Erstaunen bemerkte – „weshalb sollt' ich meine geliebte Hütte verlassen, da ich hier alles finde was mich glücklich macht? Wer so viel zu thun hat, wie ich, der kennt keine Langeweile. Mit dem frühesten Morgen wecken mich die Sänger des Waldes zu meinem fröhlichen Tagewerk. Im Sommer beschäftigt mich die Sorge für meinen Garten; im Winter such' ich Holz und Reißig zusammen, bis die Mittagsstunde herannaht. Dann geht es an die Bereitung eines einfachen Mahls, das ich mit den Gespielen meines Alters theile. Gegen Abend mustere und putze ich meine Ehrenzeichen, und erzähle mir beyläufig die Geschichte der heißen Tage die sie mir erwerben halfen; oder ich greif' auch nach dem Haberrohr, um die kurzweiligen Sprünge meines treuen Gesellschafters mit einer einfachen Melodie zu begleiten. Froh ermüdet sink' ich endlich auf mein Strohlager hin, um nach einem ruhigen und erquickenden Schlaf zu neuen Lebensfreuden zu erwachen. So, Herr, sind nun schon zehn Jahre verflossen, seit ich Rußland nicht gesehen habe; (eigne Worte des Eremiten) aber es scheinen mir nur eben so viele froh durchlebte Wochen zu seyn." – Finden Sie diesen Graukopf nicht glücklich, mein Freund? und sind Sie nicht versucht, den berüchtigten Ausruf: „O Tugend, wo verbirgst du dich!" hier an die Weisheit zu richten?

Doch zurück zu unserer Einsiedeley. Gleich hinter derselben wird die Scene wieder offen. Ein weites Feld dehnt sich vor Ihren Blicken aus, und verspricht Ihnen Genüsse anderer Art. Wenn eine reizende Abwechslung von Hügeln und Thälern Sie bisher entzückt hat, so soll Ihnen diese große Fläche wenigstens keine Klage über Einförmigkeit ablocken; und vielleicht gestehen Sie mir, daß die siegende Kunst hier mehr Bewunderung verdient, als dort die unüberwundene Natur.

Eine große, mit dem schönsten Rasen bekleidete Fläche ist der Grund des Gemäldes, welches sich jetzt und bis zur Grenze des Gartens allmälig vor unsern Augen entwickelt. Aber dieser Teppich, so schön er ist, würde das Auge doch durch seine Einförmigkeit ermüden: die Kunst ist also der Natur zu Hülfe gekommen, um eine Mischung von Farben hervorzubringen, die der Natur selbst abgeborgt ist. Keine Wiese in den glücklichen Thälern der Schweiz kann mit einer größern Mannigfaltigkeit von Feldblumen prangen, als dieser reizende Bezirk: sauber eingezäunte Felder erheben den Kontrast, und zwischen denselben hat die Kultur mit nachläßiger Grazie, einzelne Blumenstücke hingeworfen, die der Auswuchs einer üppigen Natur zu seyn scheinen.
Auf dieser so reich dekorirten Bühne erheben sich nun die Massen von Bäumen, welche die Schönheit des Ganzen vollenden. Tannen, Fichten und Birken, die ursprünglichen Besitzer des Bodens, haben gastfreundlich ihre Rechte mit Linden, Buchen, Weiden, Ahorn, Eichen und Eschen getheilt, um durch die Mannigfaltigkeit ihrer Formen und ihres Laubes und durch die Abstufungen ihrer einfachen und doch so verschiedenen Farben den Triumph der Kunst zu verherrlichen. Hier ist es ein einzeln stehender majestätischer Baum, der, sich selbst genug, die Einheit der Scene unterbricht, und gebieterisch das Licht bestimmt, in welchem die Gegenstände um ihn her erscheinen sollen; dort ist es eine gesellige Gruppe; weiterhin ein kleines Wäldchen, ein Volk von Bäumen, von einer werdenden Generation umringt, die den Boden berührt und die ganze Masse zum Boden herabzieht.
So, mein Freund, ist die Scene im Allgemeinen beschaffen. Lassen Sie uns jetzt die Gegenstände mustern, die uns zunächst umgeben.

Gleich bey unserm Austritt aus der Einsiedeley haben wir ein liebliches Blumenstück vor uns, und zur Seite ein Gärtchen, dessen Kultur von den jungen Großfürsten selbst besorgt wird. Das kleine grüne Zelt daneben dient ihnen zum Schutz, wenn der Regen sie überfällt, oder wenn sie, der ungewohnten Arbeit müde, sich nach Ruhe sehnen. Wohl ihnen, daß eine weise Erziehung sie schon so früh mit den einfachen und wahren Genüssen des Lebens bekannt macht, und wohl dem Volke, dem diese Fürstenkinder angehören, daß sie den Lohn der Arbeit durch die Arbeit selbst erlangen lernen.

Neben diesem Gärtchen läuft der Fahrweg hin, der die Grenze des Gartens auf dieser Seite bestimmt. Eine hohe Wand von Bäumen bezeichnet und verbirgt zugleich diese Grenze; aber sie läßt an einzelnen Stellen Oeffnungen, um die Aussicht in den daneben gelegenen Wald zu gewähren, der von Prospekten durchschnitten, und zum Spazierenfahren eingerichtet ist. Längs dem Fahrwege, den ein fließendes Wasser begleitet, hat dieser Wald vollends das Ansehen einer ungekünstelten Gartenparthie, und einige der erwähnten Prospekte laufen auf ein schönes Gebäude zu, das im Mittelpunkt des Gehölzes erbaut ist. Die offenen Stellen in der Grenzwand längs welcher wir hingehen, bieten also nicht nur angenehme Aussichten dar, sondern täuschen auch wirklich so sehr über den eigentlichen Umfang des Gartens, daß man, ohne genaue Kenntniß des Lokals, alle nebenliegende Parthieen für Theile desselben zu halten geneigt ist.

Mit jedem Schritt, den man auf diesem Wege weiter thut, verändert sich die große, malerische Scene. Die hin und wieder verstreuten Massen von Bäumen ziehen sich, indem man seitwärts an ihnen vorüber geht, bald näher zusammen, bald weiter aus einander, und schließen und öffnen dadurch immer neue Ansichten. Sie sind die Koulissen auf dieser prachtvollen Bühne, die der Spaziergänger, ohne ein Zeichen zu geben, durch sein natürliches Fortschreiten unaufhörlich nach Gefallen verändert. Und welch eine Bühne! Wie weit läßt ihr Umfang, ihre Beleuchtung, die Größe und Majestät der Gegenstände, alle die armseligen Nachahmungen hinter sich, mit welchen die Kunst auf unsern Bretterbühnen prahlt!

Auch hier hat die Kunst das Ihrige zur Dekoration beygetragen; aber nach eben dem idealischen und kolossalen Maßstabe, der bey den Gegenständen der Natur zum Grunde liegt. Hoch über dem ganzen lebendigen Gemälde erhebt sich der majestätische Dom des Pallasts, von der Abendsonne vergoldet. Die Scene verändert sich, und an seiner Stelle springt der Tempel des Apolls hervor. Auch dieser verschwindet, und man sieht den Thurm einer geschmackvollen Kirche über den Bäumen hervorragen. Gestehen Sie, mein Freund, daß nie eine so einfache Maschinerie so zauberische Wirkungen hervorgebracht hat! – Doch, ich werde gewahr, daß diese angenehme Unterhaltung uns unvermerkt bis an das Ende des Gartens hingezaubert hat: nur diese Wand von Bäumen, auf welche wir zugehen, trennt uns noch von der Heerstraße. Lassen Sie uns zu unserm Scheideweg zurück eilen, um von dort aus den letzten Gang für heute zu machen.

Statt wie vorhin die Lindenallee zu verfolgen, schweifen wir jetzt durch das Thal. Zu unserer Linken breitet sich die große Wassermasse aus, die Sie aus meinem dritten Briefe kennen, und rechts krönt ein Kornfeld die steile Thalwand an welcher wir hingehen. Kurz vor dem Eintritt in das Wäldchen erhebt sich der Fußsteig; eine Bildsäule der Ceres, von Basalt, auf einem kegelförmigen Hügel, maskirt die junge Lindenpflanzung. Wir treten in das Gehölz, und finden uns bald auf einem geräumigen, mit Ruhebänken umgebenen Platze, der eine perspektivische Aussicht in das Thal gewährt. Eine Brustwehr von gehauenen Steinen begrenzt diesen Platz, an der Stelle wo der Wald sich öffnet. Unter derselben stürzt eine Kaskade hervor, die sich schäumend über Felsenstücke fortwälzt, und endlich in ein großes natürliches Bassin ergießt.

Wir folgen dem Fußsteig in der bisherigen Richtung, und stehen nun an der Grenze des Wäldchens. Eine freye, lachende und mannigfaltige Aussicht erquickt hier das von ernsten und engumschlossenen Gegenständen ermüdete Auge. Ein schmaler, mit Blumenstücken besetzter Strich zieht sich zwischen dem erwähnten Bassin und dem Flüßchen fort, dessen Ufer bald sichtbar sind, und bald durch einzelne Baumgruppen verschleyert werden. Jenseits derselben erscheint der Tempel der Freundschaft; weiterhin fällt der Blick auf die steinerne Treppe, deren imposante Masse nirgend eine so günstige Wirkung macht, als hier, und neben derselben öffnet sich eine perspektivische Aussicht durch das Gehölz, die in der Entfernung eine der Bildsäulen zeigt, welche das Parterr vor dem Pallaste schmücken.

Unser Weg zieht sich immer noch am Abhange fort. Jetzt begrenzt er die schöne Fläche, die sich vor dem Chalet ausbreitet, und wir erblicken diese liebliche Einsiedeley seitwärts. Das Thal zu unserer Linken ist durchaus mit Gehölze bedeckt; von dem Innern desselben sehen wir nichts, aber uns begleitet das Murmeln seiner Quellen, das Rauschen seiner Wasserfälle. Mehrere Fußsteige, die von unserm Wege abschweifen, führen in diesen dunklen Hayn hinab, der uns den Anblick der Insel, des Badehauses, einer kleinen Eremitenwohnung und einiger Denkmäler verbirgt. Da ich Ihren Geschmack für die Einsamkeit kenne, mein Freund, so überlasse ich es Ihnen, diese melancholischen Spaziergänge Selbst aufzusuchen; Sie werden mir es dann vielleicht Dank wissen, daß mein Stillschweigen Sie dem ersten Eindrucke unvorbereitet überläßt.

Endlich wird das Thal wieder frey, und es entwickelt sich unter Ihren Augen eine der schönsten Scenen des Gartens. Mit jedem Schritt, der Sie der Grenze des Gehölzes näher bringt, tritt eine neue Parthie hervor; erst wenn Sie das Wäldchen ganz hinter sich haben, liegt das herrliche Gemälde vollendet vor Ihnen da. Tief unter Ihren Füßen breitet sich der dunkle Wasserspiegel des kleinen Sees aus, dessen Ufer sich von allen Seiten amphitheatralisch erheben. Ihrem Standpunkte gegenüber thürmt sich über verschlungenen Baumgruppen die kolossalische Masse des Pallasts empor. Sie erkennen das kleine Familiengehölz, das von den tanzenden Wellen bespült wird; das Badehaus schimmert undeutlich zwischen den Bäumen hervor. Ihr Blick schweift jenseits der Brücke über eine malerische Landschaft weg, erreicht den Obelisk, und verliert sich in einen fernen Prospekt, an dessen Ausgange ein freundliches Dorf den Gesichtskreis begrenzt. Seitwärts stößt ihr Auge auf die Wand von Bäumen, die den Garten einschließt, und über welcher die Kirche hervorragt. Den Vordergrund schmückt der Tempel des Apolls.

Um den Ausgang des Gartens zu erreichen, müssen wir durch diese schöne Kolonnade, wo Sie gern zu den Füßen des delphischen Gottes ausruhen werden, ehe wir unsern Rückweg nach Hause beginnen.

Siebenter Brief.

Sie sagen mir in Ihrem letzten Schreiben so viel Verbindliches, mein theurer Freund, und auf eine so ungesuchte und feine Art, daß ich fast verführt werden könnte, ein wenig eitel zu werden. Ihre Freundschaft legt einen Werth auf meine Bemühung, den ihr das unbestochene Urtheil eines gleichgültigen Lesers gewiß nicht zugestehen würde. Auch Ihre Danksagung kann ich mit gutem Gewissen nicht annehmen: die Bearbeitung eines so reizenden Stoffs hat mir weit mehr Vergnügen gewährt, als Anstrengung gekostet. Ueberdem kommt dieser Dank auf jeden Fall zu früh; Sie glaubten mich am Ziel meiner Laufbahn, und ich habe noch ein weites Feld vor mir, das ich heute mit Ihnen durchstreifen will.

Alle bisher beschriebenen Parthieen machen, so zu sagen, nur den Kern des Gartens aus; denn die Gegenden, die sich an denselben anschließen, sind bis auf eine sehr beträchtliche Entfernung vom Mittelpunkt, sämtlich mehr oder weniger von der Kunst verschönert worden, und bieten die trefflichste Gelegenheit zum Spazierenfahren oder Reiten dar. Glaubwürdige Leute haben mich versichert, daß man eine Strecke von vierzig Wersten auf diesen englischen Fahrwegen zurücklegen könnte, wenn man keinen Prospekt unbesucht lassen wollte. Daß dies unser Zweck nicht seyn kann, versteht sich von selbst. Da ich die Parthieen, von denen die Rede ist, schon hinlänglich kenne, so werde ich Ihnen von jeder derselben vorläufig den Plan zeichnen, und Sie dann nur an den Gegenständen vorbey führen, die Ihre Aufmerksamkeit in einem höhern Grade verdienen.

Wir beginnen mit der Parthie, die an den letztbeschriebenen Theil des Gartens stößt, und sich längs der Heerstraße fortzieht. Sie finden hier einen wohlunterhaltenen, von Fahrwegen durchschnittenen Wald. In der Mitte desselben ist ein freyer zirkelförmiger Platz angebracht, von welchem zwölf Prospekte nach allen Richtungen auslaufen; einige derselben führen auf den Fahrweg, der sich längs der Grenze des Gartens fortschlängelt, andere auf die Heerstraße, von welcher sie durch artige, in verschiedenem Geschmack erbaute Gitterthore getrennt sind. Fünf dieser Prospekte bilden in einiger Entfernung vom Mittelpunkt gleichfalls zirkelförmige, von Seitenprospekten durchschnittene Ruhepunkte, und außerdem ist der Wald an vielen Stellen zu regelmäßigen Plätzen ausgehauen, von denen keiner dem andern ähnlich sieht. Ein kleiner Bach, der seinen Ursprung in diesem Walde nimmt, belebt einen Theil desselben; es ist der nämliche, der sich bey dem Pavillon Elisabeth mit der Slawjänka vereinigt.

Die größte Merkwürdigkeit dieser Parthie ist der Saal im Mittelpunkte derselben. Dieses aus Steinen erbaute, und mit einer geschmackvollen Façade dekorirte Gebäude bildet inwendig nur ein einziges großes Gemach; seine Bestimmung ist, eine zahlreiche Gesellschaft zum Speisen, zum Tanz oder zur Musik zu versammeln. Man genießt hier einer sehr mannigfaltigen Aussicht in alle Prospekte.
Auch die Köhlerhütte, im Dickig des Waldes, verdient von Ihnen besucht zu werden. Sie ist aus rohen Baumstämmen erbaut, und überrascht beym Hineintreten durch die Eleganz des kleinen Kabinets welches sie einschließt, und zu dessen Zimmergeräthe auch ein Fortepiano gehört.

Die Richtung, in welcher ich Sie führe, entfernt uns immer weiter von der Heerstraße, aber sie bringt uns dem Garten näher. Wir verlassen nun die geradlinigen Prospekte, um auf den regellosen Fahrwegen umherzuschweifen, die sich an die Parthie des Saals anschließen. Diese Wege irren zwischen mehreren kleinen Wassermassen fort, die sich zuletzt alle in dem erwähnten Bache vereinigen. Zweyn derselben, die in einer angenehmen Gegend des Waldes zusammenstoßen, bilden hier eine Landzunge, auf deren äußerster Spitze eine der lieblichsten Anlagen steht, die Pawlowsk aufzuweisen hat.

Das neue Chalet – denn so wird diese Anlage genannt – besteht eigentlich nur aus einer senkrechten bogenförmig geführten Mauer, die mit einer flachen Decke versehen ist. Kaum werden Sie glauben, daß diese einfache Struktur irgend einer Verschönerung fähig sey, und doch ist die Wirkung des Ganzen überaus pittoresk. Die ovalförmige Decke ragt zur Hälfte über die Mauer hervor, und ist auf der entgegengesetzten Seite durch krumm gewachsene Baumstämme unterstützt. Eine kunstlose Ruhebank, mit einer aus Zweigen geflochtenen Lehne zieht sich innerhalb der Nische längs der Mauer fort, und vor derselben steht ein runder Tisch, der auf einem Baumstumpfe befestigt ist. An der Hinterseite der Mauer führt eine hölzerne Stiege auf die Decke, die durch ein Strohdach geschützt, und auf eine sinnreiche Art im Geschmack des Ganzen verziert ist.

So wie diese Beschreibung bisher lautet, würde das Chalet schon eine ganz artige ländliche Anlage abgeben; aber auch die höhere Kunst hat zu ihrer Verschönerung mitgewirkt. Gonzago's täuschender Pinsel hat die Mauer in einen bemoos'ten Felsen, und die Decke in ein loses Gebälke verwandelt, auf welches ein paar zärtliche Turteltäubchen hingeflüchtet sind.
Alles was diese niedliche kleine Anlage umgiebt trägt den nämlichen Karakter der Einfalt und Natur. Aus der Nische sieht man auf die von Wasser umflossene Landspitze hin, in deren Mittel-

punkt das glückliche Ungefähr eine schöne Birke gestellt hat. Rund umher entsprießen dem wohlgenährten Boden süßduftende Blumen, deren sanfter Schmuck einen angenehmen Kontrast mit der natürlichen Wildheit der Gegend macht. Die Stumpfe einiger ausgehauenen Bäume bilden Sessel, denen die noch übrig gebliebenen Aeste zu Armlehnen dienen, und die gastfreye Hütte bietet dem erschöpften Wanderer Brod und Milch zur Erquickung dar.

Wer wird diese kleine Schöpfung verlassen, ohne vorher die Decke zu besteigen, um einen weitern Gesichtskreis zu suchen? Und wer hat diese Ansicht genossen, ohne sie mit Entzücken sich ins Gedächtnis zurückzurufen? Dunkles Gebüsch, unterbrochen von goldenen Saaten, drey Bäche, die alle drey Kaskaden bilden; eine weite Aussicht in die Ferne; der Anblick des prächtigen Zarskoje Selo, das sich sogar dem unbewaffneten Auge überaus deutlich darstellt – dies ungefähr sind die Hauptgruppen in der bezaubernden Landschaft. Denken Sie Sich nun das Leben der Natur hinzu: die wogende Bewegung der Kornfelder, das Rauschen der Baumwipfel, das Plätschern der Wasserfälle, das Gezwitscher der kunstlosen Waldsänger – und dann, den Duft der schlanken Birken, die Wohlgerüche der Blumenfelder – und setzen Sie, wenn Sie können, aus diesen Zügen ein Ganzes zusammen.

Nicht weit von diesem traulichen Plätzchen, daß jeder Freund der Natur beym ersten Besuche lieb gewinnt, vereinigen sich mehrere umherirrende Bäche, um im einsamen Walde eine größere Wassermasse zu bilden, in deren Mitte sich eine kleine, mit Bäumen besetzte Insel erhebt. Ein schmaler Steg, an dessen Geländer sich Rosenstöcke hinanschlingen, leitet uns auf eine natürliche Laube zu, welche die Figur des Liebesgottes verbirgt. Einige Fußsteige durchkreuzen die Insel, und bieten dem Spaziergänger die Ansicht aller Umgebungen dar.

Von hier führt der Weg, unter vielen Krümmungen, die immer abwechselnde Aussichten gewähren, aus dem Walde ins Freye. Wir gelangen auf einer breiten, mit Bäumen bepflanzten Straße, die ein großes Kornfeld durchschneidet, zu einer kleinen Meyerey. Diese ganz neue und noch unvollendete Schöpfung soll das Nützliche mit dem Angenehmen verbinden. Ihr Bezirk schließt Ackerfelder, Wiesen und Gartenländereyen ein, die von den Bewohnern eines nahe gelegenen Dörfchens bearbeitet werden; auch wird der Viehhof hieher verlegt, dessen ich in meinem dritten Briefe erwähnte. Außer den unentbehrlichsten Wirthschaftsgebäuden ist bis jetzt nur das Häuschen vollendet, in welchem die Kaiserinn absteigt, wenn Sie sich hieher begiebt; es verdient, so klein es ist, etwas näher beschrieben zu werden.

Beym Hineintreten findet man sich auf der Hausflur. Eine gerad ansteigende Treppe, von sauber polirtem Eichenholz, führt in ein achteckiges Gemach, das einzige, welches das obere Geschoß dieses Gebäudes einschließt. Es ist einfach aber niedlich möblirt; von dem Balkon desselben genießt man einer reizenden Ansicht. Das Vorzimmer, durch welches die Treppe geht, ist in holländischem Geschmack verziert. Die Wände sind mit bemalten Kacheln bekleidet, und rings umher stehen Marmortische, mit Milchgefäßen aller Art von kostbarem Porzellain beladen.

Da diese Meyerey nur durch ein dazwischen liegendes Dorf von dem sogenannten schönen Thal getrennt ist, so sehen sie wohl, daß ich heute alle die Parthieen mit Ihnen durchwandert bin, die sich von der Heerstraße bis zum Pavillon Elisabeth um den Garten herum ziehen. Dieser Spaziergang ist in der That so stark, daß ich es gerathen finde, ihn hier abzubrechen, und die Schilderung der noch übrigbleibenden Gegenstände meinem nächsten Briefe vorzubehalten.

Achter Brief.

Versetzen Sie Sich jetzt mit mir auf die Heerstraße, in die Nachbarschaft des Pallasts. Hier haben wir noch eine sehr malerische Gegend zu durchlaufen, die sich längs den Ufern der Slawjänka bis zu einer kleinen Festung hinzieht. Die ansehnliche Breite des Flusses und seine unregelmäßigen Ufer geben ihm in dieser ganzen Ausdehnung das Ansehen eines kleinen Sees, der von allen Seiten durch Hügel eingeschlossen ist.

Wir beginnen unsern Spaziergang bey der großen Brücke. Nicht weit von derselben sondert sich ein Fahrweg von der Heerstraße ab, der das niedrige Ufer des Sees in allen seinen Krümmungen verfolgt, und auf welchem man bald eine Bucht erreicht, die ohne Hülfe der Kunst ein beynahe regelmäßiges Bassin bildet. Um diese Bucht herum erhebt sich das Ufer amphitheatralisch; im Hintergrunde derselben ist eine Terrasse angebracht, deren Gipfel mit einer Granitsäule prangt. Außer dem Fahrwege laufen noch zwey Fußsteige um das Bassin herum, von welchen der obere natürlich die interessanteste Aussicht gewährt. Ganz vorzüglich schön fällt hier die Festung ins Auge, so wie auch das niedliche Landhaus eines Privatmannes, welches auf dem gegenüberstehenden Ufer aus einem Garten hervorragt.

Die Festung bildet ein unregelmäßiges Fünfeck, das mit eben so viel Bastionen und einigen Außenwerken versehen ist. Die Wälle sind mit Rasen bekleidet, und auf drey Seiten von Wasser umflossen. Sie schließen ein großes steinernes Wohngebäude ein, welches mit drey Thürmen von verschiedener Bauart geziert ist. – Diese Anlage hat ihr Daseyn einem ehemaligen Schwedischen Fort zu danken, dessen Erneuerung um so mehr zu wünschen war, da es in seinem jetzigen Zustande die Landschaft wirklich verschönert.

Mehrere Wege führen um die Festung herum auf das entgegengesetzte hohe Ufer. Wir wählen den Fahrweg, der sich hart am jenseitigen Abhange hinzieht; da er den weitesten Kreis um die Festung beschreibt, so gewährt er uns den Vortheil, diese imposante und mit ihren Umgebungen sehr malerische Parthie aus verschiedenen Standpunkten zu betrachten. Zu unserer Rechten dehnt sich eine sehr große Ebene aus, die in der Ferne durch eine lange Reihe von kleinen Wohnhäusern begrenzt wird. Kaum haben wir die Festung hinter uns, so wird die Ansicht einförmiger: ein kleines Gehölz zieht sich wie ein Schirm längs dem Abhange hinunter, bis in die Gegend, wo wir der Terrasse gegenüber stehen. Hier lassen die Bäume eine Oeffnung, durch welche man das ganze Thal übersehen kann.

Links ragen noch die Thürme der Festung über dem Gebüsche hervor. Das jenseitige Ufer steigt amphitheatralisch empor, und ist zu beyden Seiten der Terrasse mit Landhäusern, Gärten und ökonomischen Gebäuden besetzt. Die schöne Stadtkirche beherrscht dieses mannigfaltige Ganze; die Masse dieses Gebäudes und seine hohe Lage im Mittelpunkt der ganzen Landschaft, thun eine unvergleichliche Wirkung. Rechts erblickt man die Brücke, den Portikus und die steinerne Treppe; alle Zwischenräume sind mit Hecken und Gebüsch ausgefüllt, und über diesem lebendigen Teppich erhebt sich der Dom des Pallasts. Der kleine See, den dieser prachtvolle Rahmen einfaßt, ist mit einer Flotte von niedlichen Fahrzeugen bedeckt, die ihre bunten Wimpel wehen lassen. – Ihr eigenes Urtheil, mein Freund, mag den Rang bestimmen, der dieser schönen Ansicht unter den malerischen Situationen von Pawlowsk gebührt; ich füge nichts als die Bemerkung hinzu, daß man die Morgenstunden wählen muß, um diesen Standpunkt zu besuchen, weil sich alsdann die Beleuchtung am vortheilhaftesten ausnimmt.

Von hier führt uns der Weg, bald längs dem Gehölz, bald mitten durch dasselbe, in vielen Krümmungen immer auf der Anhöhe fort, bis wir endlich den Obelisk erreichen, der zum Andenken der Erbauung von Pawlowsk errichtet ist. Er steht am Rande der Anhöhe, auf übereinander gethürmten Felsenstücken. Eine steinerne Ruhebank, die sich an dieses Fußgestelle lehnt, ladet Sie auch hier zum Genuß einer interessanten Ansicht ein. Gerade diesem Sitz gegenüber steigt die schöne Treppe von siebzig Stufen zur Gitterlaube empor; die Bögen der Brücke, die Säulen des Portikus, der Pallast selbst, sind Ihrem Auge näher gerückt; der See erscheint größer – kurz die bloße Veränderung des Standpunkts scheint aus schon bekannten Gegenständen ein neues Ganze zusammenzusetzen.

Eben dies ist auch der Fall, wenn Sie die Treppe erreicht haben, und von derselben die malerischen Ufer des kleinen Sees noch einmal überschauen. Die Gegenstände gruppiren sich wiederum anders; Licht und Schatten sind abermals anders vertheilt; ein kleiner Hügel, ein unbedeutendes Gebüsch, ein einzelner Baum, die bisher versteckt waren, treten hervor, und schmücken die Gegend mit neuen Reizen.

Wir sind nun ungefähr auf den Standpunkt zurückgekehrt, von welchem wir ausgingen, und diese Wanderung sey die letzte. Ich könnte Sie zwar noch in den nahgelegenen Park führen, oder jenen Wald mit Ihnen durchstreifen, der von unabsehbaren Prospekten durchschnitten ist: aber bey diesen Spaziergängen bedürfen Sie keines Führers. Da Ihr Vorsatz, Selbst hieher zu kommen, der Ausführung so nahe ist, so werden Sie diese Parthieen gewiß nicht unbesucht lassen, so wenig als die umherliegenden Gegenden, die an Schönheit und Mannigfaltigkeit die mehresten andern in der Nachbarschaft der Residenz übertreffen.

Erlauben Sie mir, diesen Brief mit einigen Bemerkungen über den Plan und Karakter der schönen Landschaft zu schließen, die Sie an meiner Hand durchwandert sind. Pawlowsk gehört nicht unter die Zahl der alltäglichen Anlagen, die jetzt in allen Ländern Europens zu Tausenden unter der beliebten Firma englischer Gärten entstehen; es kann also für einen Freund der Kunst, wie Sie, keine uninteressante Beschäftigung seyn, wenn wir den Plan dieser geschmackvollen Schöpfung zu zergliedern versuchen.
Ein englischer Garten ist weder mehr noch weniger, als eine verschönerte Landschaft; aber dieser Begriff setzt eine schöne, oder wenigstens der Verschönerung fähige Gegend voraus. Die Wahl des Terrains ist also der erste und wichtigste Gegenstand bey der Anlage eines solchen Gartens, und diese Wahl ist hier so glücklich ausgefallen, daß sie wenig mehr zu wünschen übrig lässt.
– Die Unebenheiten des Bodens, die eine so liebliche Mannigfaltigkeit hervorbringen, sind weder stark genug, um der Scene den Karakter der Wildheit mitzutheilen, noch so schwach, daß sie ihre Wirkung gänzlich verfehlen. Das Wasser, die Seele der englischen Gärten, ist überall vertheilt, besonders seitdem die Kunst sich's angelegen seyn läßt, den natürlichen Vorrath durch kostbare Wasserleitungen zu vermehren, und den versteckten und schädlichen Ueberfluß einiger bewaldeter Niedrigungen in Bäche und Teiche zu sammeln. Nur in der Vegetation stand diese sonst so schön ausgestattete Gegend ehemals zurück: aber diesem Mangel hat ein wahrhaft fürstlicher Aufwand abgeholfen. Noch jetzt fährt man fort, allmälig alle Bäume auszurotten, die als Zeugen der ehemaligen Dürftigkeit des Bodens einzeln da stehen; ihre Stelle wird durch die edelsten Laubbäume ersetzt, deren Erhaltung das Klima nicht gänzlich verweigert.

Aus dieser schönen Gegend wählte man die schönste Parthie, um sie vorzugsweise zu einem Garten umzuschaffen: das Thal, durch welches die Slawjänka fließt, und die Anhöhen, die es zu beyden Seiten begleiten, wurden also der Kern der ganzen Anlage. Weit entfernt, die Natur nach einem vorher entworfenen Plane zu modeln, lauschte man ihr vielmehr ihre eigne Anordnung ab, die sie unter dem Schleyer der Regellosigkeit versteckt hielt, öffnete Prospekte, isolierte einige Baumgruppen, zeichnete Wege und Fußsteige – und so entstanden die verschiedenen Parthieen, die wir auf unsern Wanderungen längs dem Thal kennen gelernt haben. – Eine geistreiche Frau, mit der ich einst diese liebliche Gegend durchstrich, nannte sie fein und treffend eine schöne Idylle. Nichts ist passender, als dieser Vergleich: ein Spaziergang längs diesem Thal versetzt mich ungefähr in eben die Stimmung und läßt mir die nämliche sanfte Empfindung zurück, die ich der Lektüre eines Geßnerischen Hirtengedichts verdanke.

Aber in den Gebäuden, werden Sie sagen, zeigt sich doch ein Aufwand von Kunst, der die schöne Täuschung vernichtet? Nein, mein Freund! Gerade dieser Einwurf ist es, der mir die Veranlassung giebt, den Karakter des wahren Schönen, des ächten Geschmacks in der Anordnung dieses Gartens recht fühlbar zu machen. Alle Gebäude, die der erwähnte Bezirk einschließt, lassen sich unter zwey Hauptgattungen bringen: es sind entweder wahrhaft schöne Gebäude, im Styl der Antike, die nirgend einen grellen Kontrast mit der sanften und lieblichen Natur bilden, sondern ihr im Gegentheil etwas Idealisches mittheilen – denn das Schöne in der Natur amalgamirt sich in unserer Empfindung leicht und gern mit dem Schönen in der Kunst –; oder es sind einfache ländliche Gebäude, die da wo sie stehen, vorhanden seyn könnten und müßten, wenn das Ganze wirklich nur eine Landschaft und kein Garten wäre.

Diese weise Mäßigung in den Kunstanlagen verdient um so mehr bewundert zu werden, da es jetzt die herrschende Mode ist, die englischen Gärten mit Gebäuden in gothischem, türkischem, chinesischem, und der Himmel weiß in welchem andern Geschmack anzufüllen. Je größer der Reichthum der Besitzer ist, desto bunter und abentheuerlicher werden die Anlagen; ja man ist sogar auf die Idee verfallen, schreckliche und schauderhafte Naturscenen, läppisch nachgeahmt, in das heitre und friedliche Gebiet eines Gartens überzutragen. Sieht man nicht in einem der berühmtesten Gärten Deutschlands einen feuerspeyenden Berg, auf welchem die Lava mit Stiften angeheftet ist, und der in seinem Innern einen Tempel und – eine Küche verbirgt? Hier werden Sie nichts von diesen Armseligkeiten gewahr, nichts was die Einheit der Empfindung, den reinen Genuß der Natur stören könnte.

Was ich bisher im Allgemeinen von dem Karakter des Gartens gesagt habe, gilt vorzüglich von den Parthieen, die das Thal einnehmen und umgeben. Anders ist es mit denen, die zunächst an den Pallast stoßen und den Eingang zu demselben eröffnen. Hier hat sich die Kunst mehr Anmaßungen gestattet, aber ohne daß man sie deshalb tadeln dürfte. Die regelmäßige Anordnung der französischen Gärten hat etwas Majestätisches, das sie vorzüglich zu Umgebungen fürstlicher Palläste geschickt macht. Ueberdem bilden diese Parthieen nicht eigentlich Gärten, sondern bloß Spazierplätze, und dies ist der wahre Gesichtspunkt, aus welchem man die symmetrisch geordneten Anlagen beurtheilen muß, die sich in der Nachbarschaft des Pallastes befinden.

Eine dritte Gattung begreift die zu Prospekten ausgehauenen und wegsam gemachten Wälder (bois routé), die den ganzen Umfang des Gartens begrenzen. Diese kunstlosen Parthieen haben keinen andern Zweck, als den Liebhabern starker Bewegung schattige und angenehme Wege zum Spazierenfahren oder Reiten darzubieten. Sie enthalten zugleich hin und wieder kleine ländliche Schöpfungen, welche die Scene verschönern, und zu Zielpunkten für diejenigen dienen, die nicht ganz ohne Absicht umherschweifen mögen.

Diese kurze Auseinandersetzung des Plans, der mir bey den mannigfaltigen und schönen Anlagen von Pawlowsk zum Grunde zu liegen scheint, wird Ihnen vielleicht die Uebersicht des Ganzen erleichtern. Eilen Sie, mein Freund, Sich diesen Genuß so bald als möglich zu verschaffen, und durch das Anschauen der lebendigen Natur den schwachen Eindruck zu verlöschen, den meine unvollkommene Schilderung hervorgebracht haben kann.

Ende.

Nachschrift des Herausgebers.

Diesen Briefen wird in kurzem ein Heft von Kupferstichen folgen, welches die interessantesten Ansichten von Pawlowsk nebst den Aufrissen der vorzüglichsten Gebäude, von geschickten Künstlern gezeichnet und gestochen, enthalten soll.

Inhalt der vorstehenden Briefe

Erster Brief.
Einleitung. Natürlicher Karakter der Gegend von Pawlowsk. Weg von Zarskoje Selo bis dahin. Prospekte durch den Wald. Eintritt in die Stadt. Stadtkirche. Brücke über die Slawjänka und reizende Aussicht von derselben. Portikus. Esplanade. Pallast des Kaisers. Eingang zum Garten.

Zweyter Brief.
Beschreibung des Vorgartens zu beyden Seiten des Haupteinganges. Türkisches Zelt. Regelmäßige Baumpflanzungen und Blumenparterre. Theater. Voliere. Blumengarten. Gewächshäuser. Boulingrin. Ansicht des Pallasts von der Vorderseite. Blick auf die Heerstraße. Der eigne Garten der Kaiserinn. Pappelnallee. Laubengänge. Blumenparterr. Der elysische Hayn. Das Bosket. Der Portikus. Aussicht von demselben. S. 12.

Dritter Brief.
Beschreibung des englischen Gartens. Hinterseite des Pallasts. Umgebung desselben auf dieser Seite. Malerische Ansicht des Gartens von diesem Standpunkte. Das Familiengehölz, ein einfacher Naturtempel. Aussicht vom Ufer des Sees. Das Badehaus. Fortgesetzter Spaziergang auf der Anhöhe längs dem Thal. Milchhütte. Viehhof. Granittreppe. Tempel der Freundschaft. Mausoläum. Grenze des englischen Gartens. S. 33.

Vierter Brief.
Sylvia. Plan dieser Parthie. Jagdhaus. Gärtchen der verewigten Großfürstin Alexandra, und Denkmal für dieselbe. Terrasse. Musentempel. Amors Laube. Brücke von Ruinen. Mühle. – Neue Sylvia. Ansicht aus verschiedenen Standpunkten. Das schöne Thal. S. 57.

Fünfter Brief.
Der Pavillon Elisabeth. Aussicht vom Belvedere dieses Gebäudes. Rückweg nach dem Pallast. Gemüsefelder. Labyrinth. Terrasse. Wiese. S. 82.

Sechster Brief.
Allee neben Kornfeldern. Wäldchen. Das alte Chalet. Schöne Ebene vor demselben. Gärtchen der jungen Großfürsten. Aussichten in den benachbarten Wald. Prächtige Naturscenen bis zur Grenze des Gartens. – Kaskade im Wäldchen. Aussichten ins Thal. Der Tempel Apolls. S. 96.

Siebenter Brief.
Nebenparthieen die den Garten umschließen. Parthie des Saals. Die Köhlerhütte. Das neue Chalet. Die Insel der Liebe. Die neue Meyerey. S. 119.

Achter Brief.
Spaziergang um den See neben der Brücke. Die Terrasse. Die Festung. Schöne Ansicht des Sees und seiner Umgebungen. Obelisk. Granittreppe. – Bemerkungen über den Plan und Karakter der Gartenanlagen von Pawlowsk. S. 134.
Ende des Inhalts.

PARKBESCHREIBUNG UND GARTENERLEBNIS

– einführende Bemerkungen zu Heinrich von Storchs Briefen über den Garten zu Pawlowsk

Anna Ananieva

Der russische Maler und Kunsthistoriker Alexandre Benois (1870-1960) beschreibt in seinen Erinnerungen an die Kindheit seinen ersten Sommer in Pawlowsk[1], den er als Fünfjähriger auf der Datscha seiner Schwester erlebt hat:

„Den ersten starken Eindruck in Pawlowsk übte auf mich ausgerechnet ein Storch aus, eine plastische Figur in dem Familienwappen auf der Fassade einer sehr großen, nagelneuen Datscha von Herrn Storch, die vor meinen Augen erschien, als wir auf dem Weg vom Bahnhof zur Sommerresidenz über eine Brücke fuhren, von der man diese architektonische Seltenheit zu sehen bekam. In diesen Moment versuchte mein Vater mich davon zu überzeugen, daß gerade dieser Storch den mir gegenüber versprochenen Neffen bringen werde. ...

Die Datscha des Herrn Storch mit ihrer Storchfigur zog mich seitdem ständig an, so daß mein bevorzugter Spazierweg (besonders am Anfang der Sommerzeit) genau zu dieser Brücke führte, von der sich die Aussicht auf das ‚Schloß mit dem Storch' eröffnete. Auch der Besitzer dieses Schlosses rief mein Interesse hervor; ich stellte mir ein phantastisches Wesen vor, das mit ‚seinem' Vogel Ähnlichkeit hatte. Warum hätte man sonst ihm diesen seltsamen Namen gegeben? In diesem Sommer ersetzte eine deutsche Bonne meine alte russische Amme, und ich quälte sie mit Fragen danach, wie denn Herr Storch aussehe, was er mache und ob er furchterregend sei, woraufhin meine Lina irgendeinen Unsinn erzählte, was jedoch für die Übungen in der deutschen Sprache nicht ganz ohne Nutzen blieb."

Die von Benois beschriebene Storchenfigur an der Frontfassade eines herrschaftlichen Wohnsitzes in der Stadt Pawlowsk signalisiert dem Reisenden, der im späten 19. Jahrhundert der Stadt einen Besuch abstattet, daß hier das Domizil der im kulturellen Leben Rußlands auf vielfältige Weise verankerten deutschstämmigen Gelehrtenfamilie von Storch zu finden ist. Ihr bedeutendster Vertreter und gewissermaßen der Stammvater des in Rußland ansässig gewordenen Zweiges der Familie ist der Verfasser der vorstehend abgedruckten *Briefe über den Garten von Pawlowsk, geschrieben im Jahr 1802*, Heinrich Friedrich von Storch, in Rußland bekannt als Andrej Karlowitsch Schtorch, nicht zu verwechseln mit einem anderen Mitglied der Familie, Platon Storch, der ebenfalls vierzig Jahre später einen allerdings ganz anders gearteten Gartenführer zu Pawlowsk[2] verfaßt hat. Heinrich Friedrich von Storch wird 1766 in Riga geboren und bekommt dort an der Domschule seine Schulbildung, die ihm die nötigen Voraussetzungen für ein 1784 beginnendes Studium an der Universität in Jena liefert. 1786 unternimmt Storch eine Reise durch den Süden Deutschlands und durch Frankreich. Seine Eindrücke faßt er unter dem Titel *Skizzen, Scenen und Bemerkungen, auf einer Reise durch Frankreich gesammelt* zusammen. Diese Schrift erscheint 1787 in Heidelberg, wo er inzwischen seine staatswissenschaftlichen Studien fortsetzt. Die Publikation trägt ihm das Ansehen eines guten Beobachters und vielversprechenden Autors ein. Bald darauf folgt Storch einem Ruf nach St. Petersburg, wo er den Posten des Professors der schönen Literatur am dortigen Kadettencorps übernimmt. Storch veröffentlicht nicht nur Abhandlungen zur Literatur, sondern tritt zunehmend als ein kompetenter Autor zahlreicher Arbeiten zur Geschichte und Statistik Rußlands auf. Sein erstes großes statistisches Werk *Gemählde von St. Petersburg* erscheint in zwei Bänden 1794 in Riga. In kurzen Zeitabständen erscheinen französische, schwedische und englische Übersetzungen, die zu dem großen Erfolg des Werkes beitragen.

1799 wird Storch als Erzieher der Zarentöchter Alexandra Pawlowna und Helene Pawlowna engagiert. Seine Aufgaben bestehen unter anderem in der Vermittlung statistischer Kenntnisse über Ungarn und Mecklenburg, die Länder, in die die beiden Großfürstinnen verheiratet werden sollen. Gleiche Aufgaben nimmt Storch auch für Maria Pawlowna (Sachsen-Weimar) und Katharina Pawlowna (Holstein-Oldenburg) wahr. 1801 wird er mit dem Posten des Vorlesers bei der Zarenmutter Maria Fjodorowna betraut; er übernimmt damit die Stelle, die in den 80er Jahren des 18. Jahrhunderts Friedrich Maximilian Klinger bekleidet hat. In dieser Zeit entstehen die *Briefe über den Garten zu Pawlowsk*.

Nachdem Storch 1804 zum Mitglied der Akademie der Wissenschaften ernannt worden ist, wird er 1830 mit dem Amt des Vizepräsidenten betraut, dem ersten in der Geschichte der Akademie. Im selben Jahr erfolgt die Beförderung zum Geheimrat. Bis zu seinem Tod im Jahr 1835 leistet Heinrich von Storch durch eine Vielzahl von Schriften zur Nationalökonomie einen aktiven Beitrag zur Entwicklung der staatspolitischen Wissenschaften in Rußland; in dieser Rolle ist der ansonsten weitgehend vergessene Autor heute noch einem spezialisierten Kennerkreis[3] präsent.

I n den staatswissenschaftlichen Diskurs[4] ist Heinrich von Storch durch seine grundsätzlichen Überlegungen zu dem Begriff des Nationalreichtums eingegangen, den er mittels einer von ihm entwickelten Theorie der „inneren Güter" erweitert und neu zu fassen bestrebt ist. Unter dem Begriff der inneren Güter versteht Storch alle nicht-physischen Vermögen des Menschen, deren Bewertung bei ihm zum integrativen Bestandteil einer Beschreibung des Nationalreichtums avanciert. Zu den inneren Gütern rechnet Storch unter anderem die Ästhetik und die Erholung, womit er deutlich macht, daß seine Parkbeschreibung durchaus in einem Zusammenhang mit seinen späteren nationalökonomischen Arbeiten gesehen werden kann. Zu dem Zeitpunkt, als Storch seine *Briefe über den Garten zu Pawlowsk* veröffentlicht, bewegt er sich im Zentrum des gesellschaftlichen Lebens von St. Petersburg.

Die ostentative Nennung des Jahres 1802 als Datum der Abfassung der Briefe verweist mittelbar auf eine markante Umbruchstelle in der politischen Entwicklung Rußlands, insofern als es sich nämlich um das Jahr nach der Ermordung Pauls I. handelt. Dieser historische Einschnitt hat auch eine gewisse Auswirkung auf den Park von Pawlowsk, für den nun eine Epoche der Repräsentation als Sommersitz der Zarenfamilie abgeschlossen ist und dem nun die Funktion des Witwensitzes zufällt. Die Geschichte des Parks ist damit an einem markanten Entwicklungspunkt angelangt, der sich, so mag Storch vermutet haben, möglicherweise als der Höhepunkt der Parkgestaltung überhaupt darstellt. Es liegt daher nahe, einen rückschauenden Überblick über den Park auf der Höhe seines repräsentativen Funktionszusammenhangs zu geben und gleichzeitig die nun einsetzende Tendenz zum Erinnerungsort der Zarenwitwe an ihren Gemahl nachzuvollziehen. Letztere Absicht zeigt sich beispielsweise in der geradezu panegyrischen Anekdote der liebevollen Aufnahme Pauls im Kreis der Familie, die sich im Jahr 1798 nach einer Reise in die entlegenen Provinzen des Zarenreiches im Park von Pawlowsk abgespielt haben soll und die in den vierten Brief der Parkbeschreibung aufgenommen ist.

Der panegyrischen Verneigung vor Paul I. entspricht eine Stilisierung Maria Fjodorownas zur Blumenkönigin und milde waltenden Herrin über das zauberhafte Gartenreich von Pawlowsk, eine Rolle, die Storch schon vorher in seinem *Gemählde von St. Petersburg* im Zusammenhang mit der dort eingearbeiteten Kurzbeschreibung des Parks von Pawlowsk vorformuliert hat:

„Der Weg von Zarskoje Selo bis Pawlowsk, dem ersten großfürstlichen Lustschlosse, beträgt fünf Werst, und geht durch anmuthige belebte Gefilde. Dem Wanderer, dessen Seele für den Eindruck der Gegenstände empfänglich ist, kann der Austausch der Empfindungen nicht entgehen, welcher hier durch den Übergang aus den Regionen der Pracht und der Größe in den Kreis des heitern Geschmacks und der kunstlos scheinenden Einfalt hervorgebracht wird. Wenn die Fantasie sich dort von Wesen höherer Art begleitet glaubte, so wähnt sie hier unter den Götterchen der Freude zu seyn, welche die nachbarlichen Fluren und Hayne bewohnen. Nichts stört den süßen Irrthum, nicht einmal der Anblick des Schlosses. Mitten unter den Schöpfungen der Blumenköniginn, in einem der reizendsten Standpunkte dieser schönen Wildniß, steht es in seiner edlen Einfalt, ein Denkmal des feinsten Geschmacks, da, nicht um die Wirkung des Ganzen zu stören, sondern um sie durch das Gefühl zu erhöhen, daß

Natur und Kunst in diesem Elysium auf Einen Zweck berechnet sind. Eben diese Übereinstimmung ist in dem Innern des Pallastes sichtbar. – Der Garten, dessen kühne Regellosigkeit durch die größere Mannigfaltigkeit der Natur unterstützt wird, hat, außer einer Eremitenwohnung und einem verfallenen Tempel, keine künstliche Anlage, die hier der schönen Wirkung nur hinderlich wäre. – In der Nähe von Pawlowsk hat die Großfürstinn sich eine kleine Einsiedeley geschaffen, wo die rührende Simplicität der Natur durch keinen Schleyer verhüllt wird. Das geschmackvolle Wohnhaus ist mit einer Meyerei umgeben, in welcher diese liebenswürdige Fürstinn sich an dem Anblick ländlicher Beschäftigungen vergnügt. Marienthal ist der Name dieser kleinen romantischen Schöpfung."[5]

S torch verwendet hier zwei der Kunstgeschichte entliehene Topoi, um der von ihm beabsichtigten Stilisierung Maria Fjodorownas Nachdruck zu verleihen. Zum einen spielt er auf das Motiv des *hortus conclusus* in der religiösen Malerei des Mittelalters an und evoziert das dort gängige Bild der Madonna im Blumengarten. Der Bezug zu Maria Fjodorowna wird durch die Assoziationskette Madonna-Maria-Blumenkönigin-Maria-Marienthal hergestellt. Storch verbindet diese romantisierende Stilisierung mit dem klassizistischen Topos der edlen Einfalt, den er nicht nur auf die Person Maria Fjodorowna bezieht, sondern auch auf den spezifischen Charakter des Parks von Pawlowsk überträgt. In modifizierter Form werden diese Stilisierungen von Park und Gartenbesitzerin in den ein Jahrzehnt später erscheinenden *Briefen über den Garten zu Pawlowsk* wiederkehren. Während in dem *Gemählde von St. Petersburg* die Parkbeschreibung aber vor allem aus dem Kontrast zwischen Pawlowsk und Zarskoje Selo erwächst, ein Oppositionspaar, das analog dem klassizistischen Modell der edlen Einfalt und stillen Größe inszeniert wird[6], so wird in den *Briefen über den Garten zu Pawlowsk* dem Park von Pawlowsk die Vermischung beider wirkungsästhetischen Elemente zugeschrieben werden: „– können Sie in dieser zauberischen Mischung des Erhabenen und Lieblichen den Charakter einer Schöpfung *Mariens* verkennen?" Dieses dem zweiten Brief entnommene Zitat markiert den essentiellen Unterschied zwischen den beiden von Storch verfaßten Parkbeschreibungen von Pawlowsk. Mit diesem Wechsel des Wahrnehmungsmodus reagiert Storch auf den sich wandelnden Funktionszusammenhang und die damit einhergehende Umgestaltung des Parks von Pawlowsk.

Es ist die Stärke von Storchs *Briefen über den Garten zu Pawlowsk*, daß die memorative, auf Paul I. bezogene Panegyrik nur in einer sehr gemäßigten Form aufscheint und die Stilisierung seiner Dienstherrin und Besitzerin der Parkanlage, Maria Fjodorowna, im Vergleich zu dem *Gemählde von St. Petersburg* als Ganzes zurückgenommen wird und im Grunde peripher bleibt. Jenseits der pflichtschuldigen Honneurs gegenüber seinen Dienstherren steht das eigentliche Anliegen der *Briefe über den Garten zu Pawlowsk* im Mittelpunkt des Interesses, der fiktive Kunstdialog über den Garten von Pawlowsk und die Beschreibung seines Charakters im Spannungsfeld von Natur und Kunst. In immer neuen Varianten durchzieht dieses Diskursmuster die Ausführungen Storchs. Eine Reihe von Äußerungen in den *Briefen über den Park zu Pawlowsk* und mehr noch in dem *Gemählde von St. Petersburg* deuten darauf hin, daß Storch das Verhältnis von Natur und Kunst, dem im Landschaftspark auf vielfältige Weise Ausdruck verliehen wird, als den Ausdruck einer grundlegenden Konstante des menschlichen Lebens auffaßt. Das menschliche Leben, jedenfalls so wie es sich den Bewohnern der nördlichen Breiten darstellt, erscheint Storch als der unentwegte Kampf des Menschen gegen widrige und unwirtliche Naturverhältnisse. Menschliche Geschichte vollzieht sich in diesem Beschreibungsmodell als ein elementarer Kampf des Menschen, der durch seine Kunstfertigkeit und Schöpfungskraft einer widerstrebenden und sich sträubenden Natur all das abtrotzt, was er für seine Existenz braucht und wessen er für die Wahrung eines kulturellen Standards bedarf. Als sichtbarster Ausdruck für die Leistungen des Menschen innerhalb dieses Elementarkampfes, der zur Metapher der menschlichen Existenz überhaupt aufsteigt, stellt sich die Stadt St. Petersburg dar.

Bei aller Zuversicht in die schier grenzenlos scheinenden Möglichkeiten der menschlichen Kunstfertigkeit ist Storchs Beschreibungsdiskurs nicht frei von einem melancholischen Zug, der aus der Erkenntnis resultiert, daß die Natur im Grunde als das stärkere Element angenommen wird und am Ende als Siegerin aus diesem Kampf hervorgeht.

Bereits in seinem *Gemählde von St. Petersburg* hat Storch das Muster des Widerstreits zwischen Kunst und Natur zur Beschreibung der Umgebung der Stadt Petersburg verwendet: „Dort [in St. Petersburg] fesselt unsern Blick der Sieg der Kunst über die Schwierigkeiten ihres Gebiets, hier [in der Umgebung der Stadt] über die widerstrebende Natur. Bey einem so ungleichartigen Kampf kann der Ausgang nicht einerley seyn; alle Forderungen sind erfüllt, wenn die Kunst, unüberwunden von der stärkern Natur, mit ihr zugleich den Kampfplatz behauptet."[7] Im Landschaftsgarten von Pawlowsk ist für Storch der Ort, an dem diese widerstreitenden Komponenten, wenn auch nur für eine zeitlich begrenzte Dauer, einen höchstmöglichen Ausgleich anstreben. In dem Maße, wie die Kunst ihre Anleihen bei der Natur macht, amalgamiert sich in einem umgekehrten Prozeß die Natur mit der Kunst. Für diese Auffassung der wechselseitigen Befruchtung von Natur und Kunst ist eine Bemerkung Storchs aus dem dritten Brief beispielhaft, wo es um die Wechselwirkung der Schloßkuppel mit der sie umgebenden Natur geht. Aus einem bestimmten Blickpunkt des Spaziergängers teilt, so Storch, die hier sichtbar werdende Schloßkuppel der Landschaft etwas Erhabenes mit, während die Natur den majestätischen Charakter der Kuppel durch ihre reizende Einfalt mildert.

Daß bisweilen in einzelnen Parkelementen die Kunst die Oberhand über die Natur gewinnen kann, während in anderen Gartenpartien die Natur sich gegenüber der Kunst behauptet, sind für Storch nur zwei verschiedene Seiten derselben Medaille. Ein solches Denkmodell erlaubt es Storch, auch solchen Gartenelementen einen ästhetischen Wert zuzuschreiben, die nicht unmittelbar auf den Ausgleich zwischen Kunst und Natur angelegt sind. Vor diesem Hintergrund wird auch eine Äußerung Storchs aus dem sechsten Brief verständlich, wo der Briefschreiber seinen Adressaten auffordert, ihm zuzugestehen, daß an einer bestimmten künstlichen Parkpartie „die siegende Kunst hier mehr Bewunderung verdient, als dort die unüberwundene Natur".

S torchs *Briefe über den Garten zu Pawlowsk* sind mehr als die bloße Dokumentation des äußeren Zustandes des Parks, wie er sich im Jahr 1802 dem Gartenbesucher darstellt. Sie stellen unter Beweis, daß die Gartenbeschreibung um 1800 eine stark wirkungsästhetisch fundierte Gattung mit literarischen Ansprüchen ist und sich nicht mehr mit der unmittelbar abbildenden Funktion eines reinen Gebrauchstextes zufriedengibt.[8] In seiner Beschreibung ist Storch nicht nur bestrebt, den Park von Pawlowsk auf die Folie eines modernen Gartenideals zu projizieren, sondern auch die Beschreibung selbst als einen literarisierten Text zu präsentieren, der sich auch formal auf der Höhe des avancierten europäischen Gartendiskurses bewegt.

Zum Zeitpunkt der Abfassung der *Briefe über den Garten zu Pawlowsk* ist der literarische Gartendiskurs so ausdifferenziert, daß die Gattung der deutschsprachigen Gartenbeschreibung bereits auf zwei divergierende Beschreibungstraditionen zurückblicken kann.[9] Die eine, gegründet auf die rationalistische Erkenntnis- und Gegenstandskonzeption, hat dazu geführt, daß die Gartenschilderung in den Bereich des bloß Historischen, des Faktisch-Empirischen abgedrängt wurde.[10] Durch die Konzentration auf das Faktenmaterial sollte der Eindruck größtmöglicher Objektivität entstehen, eine Beschreibungsart, die weitgehend den Anforderungen der „objektiven" Informationsvermittlung gehorcht. Die Richtung zeichnet sich aus durch rigorose Gegnerschaft gegenüber poetischen Gartenbeschreibungen und das Bemühen, die Gattung auf die bloße Wiedergabe der äußeren Wirklichkeit zu verpflichten.

Gegen diese vor allem von Friedrich Nicolai propagierte Auffassung von Gartenschilderung tritt ein Konzept der Gartenbeschreibung auf, das sich als eine adäquate Repräsentation des Gartenkunstwerks versteht. Man bedient sich Formen der avancierten Kunstkritik; Charakterisierung tritt an die Stelle von Abbildung, wodurch die Gartenbeschreibung freier literarischer Diskursivität unterstellt wird. Die Forderung wird formuliert, daß eine Beschreibung dem Geist des Kunstwerks entsprechen, den Geschmack des Kunstwerks treffen und angemessen darstellen, durch geeignete Kunstbemerkungen eine Kritik des Kunstwerks sein und durch dieselbe den Geist des Kunstwerks charakterisieren müsse.[11]

Gartenschilderungen haben immer wieder für sich in Anspruch genommen, die neue Kunstform, die der Landschaftsgarten darstellt, zu erklären und zu propagieren. Die Stellung der Gartenbeschreibung als eine Führerin durch die neue Kunstform hebt sie ebenfalls von den bloß rationalistisch-aufklärerischen Beschreibungen ab.[12]

Auch in den *Briefen über den Garten zu Pawlowsk* geht es dem Autor nicht in erster Linie darum, die objektiven Gegebenheiten zu erfassen. Vielmehr wird der Garten als Raum verstanden, der sich in Harmonie mit dem Inneren des Menschen befindet. Heinrich Storch versucht, den Wahrnehmungsprozeß des Gartenbesuchers beschreibend nachzuvollziehen. Das sprachliche Verfahren seiner Beschreibung unterstützt den Versuch, Beziehungen zwischen dem Menschen und der Natur zu knüpfen, in denen nicht das handelnde Subjekt sich eines passiven Objekts bemächtigt, sondern den Gegenständen ebenso aktive Qualitäten zugestanden werden wie der beobachtenden Instanz.[13] Der Text der Gartenbeschreibung Storchs beschränkt sich dabei auf eine gemäßigte Empfindungsvermittlung, die dem Besucher des Gartens den Freiraum gestattet, sein individuelles Erlebnis im Garten zu realisieren.

In der Briefform findet Storch ein diesem Anspruch adäquates sprachliches Verfahren. Die Beschreibung von Parks und Gärten in Briefform ist in den Gartenkalendern und periodisch erscheinenden Publikationen zur Gartenliteratur im späten 18. Jahrhundert bereits etabliert. Auch als eigenständige Gartenbeschreibung in einer Folge von Briefen haben Storchs *Briefe über den Park zu Pawlowsk* bereits einen Vorläufer, nämlich in dem 1797 von einem anonymen Autor in Erfurt veröffentlichten Band *Beschreibung und Gemälde der Herzoglichen Parks bey Weimar und Tiefurt besonders für Reisende*[14].
Hier ist die literarisierte Gartenführung in einer Folge von Briefen angelegt, um den Leser direkt ansprechen zu können und eine privat-intime Verständigung mit ihm herzustellen. Wie der Titel aber bereits zeigt, hat der anonyme Verfasser dabei keinen bestimmten Einzeladressaten im Auge, die vom Autor eingenommene Ebene der Vertraulichkeit mit dem Adressaten erstreckt sich auf jeden möglichen Parkbesucher oder Leser des Buches. Storch geht mit seinen *Briefen über den Garten zu Pawlowsk* einen Schritt weiter. Auch wenn sein Beschreibungsverfahren einen öffentlichen Leser nicht ausschließt, so sind die *Briefe über den Garten zu Pawlowsk* doch in einer Weise in Szene gesetzt, als ob ein ganz bestimmter Adressat ausschließlicher Empfänger wäre. Dem öffentlichen Leser scheinen die Briefe erst nachträglich, gewissermaßen als Dokument einer Freundschaft zweier Gartenliebhaber eröffnet zu werden. Die Herstellung der Intimität als einer immer bestimmender werdenden Qualität des Gartenerlebnisses gelingt Storch damit in einer für die deutschsprachige Gartenbeschreibung um 1800 bemerkenswerten Intensität.
Über den vermutlich fiktiven Adressaten erfährt der Leser wenig. Einige Anhaltspunkte lassen sich allerdings aus den verstreuten Implikationen der Briefe Storchs ablesen und zusammenstellen. Es handelt sich um einen Kunstkenner und Liebhaber des klassischen Altertums, der zudem den Rückzug in die Einsamkeit zu schätzen weiß. Er hat angekündigt, daß er in absehbarer Zukunft Pawlowsk besuchen wird. Neben der Kenntnis einiger wichtiger Werke der internationalen Gartenliteratur und Naturpoesie wird der Park von Wörlitz bis zu einem gewissen Grad als bekannt vorausgesetzt. Da die Briefe zudem auf deutsch verfaßt sind, kann man wohl davon ausgehen, daß ein deutscher Reisender als Empfänger der Briefe assoziiert werden soll. Er verfügt über genügend Einbildungskraft und ästhetisches Urteilsvermögen, um sich aus den Andeutungen Storchs ein eigenständiges Bild zusammenzusetzen und sich selbstbewußt mit dem ästhetischen Konzept der Gesamtanlage zu befassen.[15]
Storch behandelt seinen Adressaten mit großer Behutsamkeit, was sich vor allem darin äußert, daß er deutlich darauf bedacht ist, alles Belehrende und Erläuternde auf ein Mindestmaß zurückzuschrauben. Exkurse in die Geschichte einzelner Partien oder Elemente des Parks erlaubt er sich nur dort, wo sie angemessen und unverzichtbar scheinen. Auf die vor allem bei aufklärerischen Parkbeschreibungen übliche Auflistung der im Park befindlichen Pflanzenarten verzichtet er völlig, alles Enzyklopädische liegt dem Verfasser fern. Verhaltensregeln und Handlungsanweisungen wird man hier vergeblich suchen; Kunsturteile oder Wahrnehmungslenkungen werden vermieden und, wo sie doch einmal einfließen sollten, stehenden Fußes wieder relativiert und zur Disposition gestellt. Alles was auf eine bloß verstandesmäßige Rezeption abzielt, bleibt soweit als möglich außen vor, nichts soll den unmittelbaren, subjektiven Eindruck des Besuchers verstellen.

Wie sehr Storch bestrebt ist, seine Rolle als Führer durch den Garten zurückzunehmen, zeigt sich besonders bei der Beschreibung einer Waldpartie in der Sylvia, die sich im vierten Brief findet. Inmitten dieses als Musentempel bezeichneten Waldstücks öffnet sich der Blick sternenförmig in alle Richtungen, in denen jeweils eine Statue zu sehen ist. Die Art nun, wie Storch das Dilemma löst, den Leser jetzt in eine dieser Richtungen zu lenken, ohne dessen freie Willensentscheidung einzuschränken, ist kennzeichnend für den beschreibungstechnischen Einfallsreichtum des Verfassers. Zunächst gibt er vor, daß es völlig gleichgültig sei, welche der Skulpturen man zuerst betrachte, und spornt den Leser an, zu irgendeiner beliebigen hinzueilen. Dann setzt Storch einen Absatz, der den kurzen Zeitraum markiert, in dem der Leser nun in der Tat durch einen kurzen Laubengang zu einer der Figuren herangetreten ist. Der Autor selbst scheint dem Adressaten, der auf diese Weise nun unmerklich selbst zum Führer geworden ist, hinterherzueilen und zeigt sich entzückt darüber, daß der Zufall oder „ein sanfter Zug des Gefühls" den Briefempfänger ausgerechnet in diesen bestimmten Heckengang geführt habe, was ihm nun Gelegenheit gibt, die Besonderheit dieses Gartenelements zu beschreiben.

Neben einem solchen rhetorisch inszenierten Zugeständnis an die Entscheidungsfreiheit des Lesers finden sich aber auch Passagen, in denen Storch ausdrücklich darauf hinweist, daß er bestimmte Partien nicht beschreibt, um dem subjektiven Wahrnehmungserlebnis des Adressaten nicht vorzugreifen.

Ein weiterer charakteristischer Grundzug der *Briefe über den Garten zu Pawlowsk* zeigt sich in einer auffällig großzügigen Haltung gegenüber den unterschiedlichen Gartenstilen und den verschiedenartigsten architektonischen Elementen im Park, sofern sie nicht eklatant gegen das Prinzip eines Landschaftsparks verstoßen, wie dies für Storch bei der berühmten Vulkanatrappe im Park von Wörlitz der Fall ist.[16]

Die Toleranzbreite zugunsten eines solchen gemäßigten Stilpluralismus ist im Park von Pawlowsk definiert durch den Gesamtplan der Anlage, wie er Storch vorschwebt, wobei er allerdings auch diesmal keinen Zweifel daran läßt, daß es sich nur um einen persönlichen Vorschlag zur Interpretation handelt, der keine Allgemeingültigkeit beansprucht.

Der bezeichnenderweise erst im letzten Brief gewissermaßen nachgelieferte Interpretationsansatz entwickelt ein Dreistufenmuster, das auf unterschiedlichen Gewichtungen des Verhältnisses von Natur und Kunst im Landschaftspark basiert.

Während in der unmittelbaren Nähe des Schlosses ein Überwiegen der Kunst gegenüber der Natur akzeptiert wird, ist dies in den schloßferneren Partien gerade umgekehrt.

Entscheidend aber ist der Bereich, der sich in der mittleren Distanz zum Schloß befindet und wo alles auf Ausgleich zwischen Kunst und Natur angelegt ist. Dieser Mittelbereich des Parks, für den vor allem ein größerer Abschnitt des Slawjanka-Tales steht, erscheint so innerhalb dieses kunstvoll ausbalancierten Systems als der ästhetische Gipfelpunkt und eigentliche Kern des Parks. Das Schloß wird innerhalb der Gesamtarchitektur der Anlage zurückgenommen und erscheint durch das Dreistufenmodell von Storch an den Rand versetzt. Auch der Verlauf der verschiedenen Spaziergänge durch den Park durchkreuzt in zahlreichen sich miteinander verschlingenden Schleifen immer wieder das Tal der Slawjanka und führt im Grunde immer nur an dem Schloß vorbei und keineswegs etwa auf dieses zu.

Auf eine weitere markante Eigenart der Storchschen *Briefe über den Garten zu Pawlowsk* sei zum Schluß noch hingewiesen, nämlich auf den raschen Wechsel zwischen unterschiedlichen Beschreibungsverfahren, die die Bewegung des Spaziergängers im Garten nachvollziehen. So wechselt je nach der Beschaffenheit des Geländes die Blickführung unablässig zwischen Rahmenblick, Fächerblick und Panoramablick hin und her. Formen der direkten Rede und der unmittelbaren Leseransprache, oft unter Nutzung eines Überraschungsmoments, sollen die Beschreibung lebendig machen. Deutlich erkennbar ist außerdem das Bestreben Storchs, einzelne Elemente des Parks in einem ihrem jeweiligen Charakter entsprechenden sprachlichen Gestus zu reflektieren. So werden die am Schluß der Beschreibung geschilderten Reit- und Fahrpassagen des Parks in der Form des Vogelflugs vorgeführt, während die Metamorphose des Pil-Turms in eine Mühle im Stile eines romantisierenden Kunstmärchens nachvollzogen wird. Neben die Anekdote als Beschreibungsverfahren für das in der Geschichte des Parks wichtige Krik tritt die referierte Lebensgeschichte des zum Teil sogar in wörtlicher Rede zu Wort kommenden Eremiten im Zusammenhang mit der Beschreibung der Einsiedelei. Selbst ironische Brechungen finden Eingang in die Parkbeschreibung Storchs.

Im Gegensatz zu dem offenkundigen Bemühen Storchs, die *Briefe über den Garten zu Pawlowsk* der zeitgenössischen Öffentlichkeit als eine Gartenschilderung *par excellence* vorzustellen, die einen Vergleich mit den übrigen europäischen Parkbeschreibungen nicht zu scheuen braucht, scheinen sie nach allem, was man bisher über ihre Wirkung weiß, vor allem außerhalb Rußlands nur geringe Resonanz gefunden zu haben. An diesem Eindruck ändert sich auch nur wenig, wenn man die 1809 in Wien publizierte französische Übersetzung mit in Betracht zieht.

In der heutigen Diskussion um die russische und europäische Gartenkunst der Epoche um 1800 sind die Briefe ebenfalls weitgehend unbekannt und im Grunde nicht präsent. Ihre Wiederentdeckung schließt eine deutliche Forschungslücke innerhalb der Geschichte der deutschsprachigen Gartenbeschreibung. Mit dem hier nun nach fast zweihundert Jahren erstmals wieder erfolgenden Abdruck ist aber darüber hinaus die Hoffnung verbunden, daß auch bei einem breiteren Publikum ein gesteigertes Interesse an dem Park von Pawlowsk geweckt wird.

SCHLOSS PAWLOWSK – INTERIEUR 1780-1820
Möbel – Gobelins – Textilien – Uhren – Prunkvasen – Kandelaber – Gemälde

MOBILIAR

A. V. Alexejewa

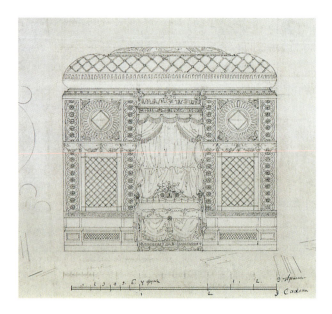

Kat. Nr. 183
Jean-Démosthène Dugourc
1749 – 1825
Entwurf zur Innenausstattung des Schlafzimmers, um 1782
Feder, Tusche
21,8 x 27,8 cm
Maßstabsangabe in Fuß, Arschinen und Sashenen (1 Arschin = 0,71 m, 1 Sashen = 2,13 m)
Inv. Nr. Č-229
Provenienz: Schloß Pawlowsk

Die Reise, die der Großfürst Paul und die Großfürstin Maria Fjodorowna vom 19. September 1781 bis zum 20. November 1782 nach Westeuropa, vor allem nach Frankreich, unternehmen sollten, bedeutete den Anfang ihrer Erwerbungen von Möbeln für die Ausstattung des Schlosses in Pawlowsk. Der Briefwechsel zwischen dem großfürstlichen Paar und seinem Verwalter auf Pawlowsk, Karl Iwanowitsch Küchelbecker, ist Zeugnis der großen Sorgfalt und Aufmerksamkeit, mit welchen sich der Großfürst und seine Gattin der neuen, noch im Bau befindlichen Residenz widmen – insbesondere der Möblierung. Im Mai 1782 verfaßt Baron Nicolay, Privatsekretär Ihrer Hoheiten während der langen Abwesenheit von Rußland, folgendes Schreiben an Küchelbecker: „Werter Herr, erlauben Sie mir, Ihnen beigefügt ein Verzeichnis der Möbelstücke zu übersenden, die Ihre Kaiserliche Hoheit die Großfürstin am gegenwärtigen Aufenthaltsort (Lyon) für Ihr Haus in Pawlowsk in Auftrag gegeben haben. Seien Sie so gütig, dies an Monsieur Cameron weiterzuleiten, um von ihm seine Zustimmung zu der getroffenen Wahl zu erbitten. Sobald dies geschehen, mögen Sie bitte, wie im vorigen Schreiben schon erwähnt, mitsamt der Antwort die genaue Höhe der Zimmer, die benötigte Anzahl an Vorhängen, an Fauteuils oder Stühlen und an Kanapees übermitteln."[1] Die Seidenstoffe, die in dem Brief von Nicolay Erwähnung finden, werden in der Manufaktur des Camille Pernon bestellt, der 1771 schon Katharina II. beliefert hatte, und zwar mit der Wandbespannung *Szenerie mit Pfauen und Fasanen* und einer *Darstellung der Schlacht von Tschesme* (nach Kartons von Philippe de La Salle), die seither die Appartements im Katharinenpalast von Zarskoje Selo und im Großen Palast von Peterhof schmückten. Die Qualität der Fabrikate aus der berühmten Lyoner Textilmanufaktur ist Cameron darum bestens bekannt, und auch was die übrigen Einkäufe betrifft, die von seinen adeligen Auftraggebern getätigt wurden, so sind diese ganz offensichtlich zu seiner vollsten Zufriedenheit geschehen. Küchelbecker kann darum an Baron Nicolay antworten: „Monsieur Cameron ... ist erfreut über die Vorkehrungen, die zur Möblierung des neuen Hauses getroffen wurden. Ich habe ihm das beigefügte Verzeichnis überlassen, sollte er noch weitere Wünsche äußern, so werde ich Sie dies wissen lassen."[2]

Nicht realisierter Entwurf einer dekorativen Innenausstattung des Paradeschlafzimmers von Schloß Pawlowsk. Er diente als Grundlage für Brennas endgültigen Entwurf.
Wahrscheinlich wurde er 1782 im Auftrag Pauls und Maria Fjodorownas erstellt, die damals unter dem Namen Comte und Comtesse du Nord Europa bereisten. Während ihres Aufenthalts in Frankreich gaben sie eine Vielzahl von Möbelstücken und kunsthandwerklichen Gegenständen in Auftrag, darunter Entwürfe für die Schlafzimmermöbel und zugleich wohl auch diesen Entwurf für die Innenausstattung. Die Möbelstücke wurden von Henri Jacob nach einem Entwurf Dugourcs angefertigt. Jean-Démosthène Dugourc war Dekorationszeichner. Er arbeitete mit George Jacob, Jean-Baptiste Boulard und Pierre Gouthière zusammen und zeichnete für die Manufakturen in Lyon und Beauvais. 1780 wurde er zum Zeichner des Kabinetts von „Monsieur" ernannt, 1784 zum Zeichner des kgl. Garde-Meuble. Auch der Herzog von Orléans sowie der Bruder des Königs, Graf d'Artois, gehörten zu seinen Kunden. Im Auftrag Katharinas II. entstanden Entwürfe für den Kamennoostrowski-Palast sowie für das Haus General Lanskois. *O. L.*

Das Paradeschlafzimmer Maria Fjodorownas. Möblierung original, Fußboden, Wand- und Deckenmalereien nach alten Vorlagen rekonstruiert nach 1945.

Der Grund dafür, daß das großfürstliche Paar beschlossen hatte, auch im Ausland Möbelstücke für das Schloß zu erwerben, lag in der Überlastung der einheimischen Petersburger Möbelwerkstätten. Die Fülle an Aufträgen, mit denen diese aus den zahlreichen neu erbauten Palästen in der Hauptstadt überhäuft wurden, war zu groß, um ihnen allen gebührend nachkommen zu können, und die Kapazitäten des noch nicht sehr lange in Petersburg ansässigen Gewerbes waren bei weitem nicht ausreichend. In den Archiven, die sehr reich bestückt sind, finden sich keine genaueren Angaben zu dem Namen des französischen Möbeltischlers, bei dem die in der Korrespondenz erwähnten Sitzmöbel bestellt wurden. Aus Paris schreibt Baron Nicolay: „... und so werde ich morgen oder übermorgen eine Visite bei den verschiedenen Holzschnitzern, Vergoldern etc. machen müssen, um die Möbel zu inspizieren, die für 13 000 Rubel bestellt wurden. Mit der nächsten Post werde ich Ihnen davon Mitteilung machen können. Einen schriftlichen Vertrag gibt es in dieser Angelegenheit nicht, und so besteht immerhin die Möglichkeit, die Ware anzunehmen oder sie zurückzuweisen. Doch denke ich kaum, daß Seine Durchlaucht auf diese Gelegenheit zum Kauf verzichten wird, sofern nur der Preis von den sachverständigen Kennern, die mich begleiten werden, nicht als unbotmäßig hoch beurteilt wird, oder im andern Fall die Handwerker, die an den Möbeln gearbeitet haben, sich bereit erklären, ihn auf eine gerechtfertigte Summe herabzusetzen."[3]

Wie aus den Äußerungen ersichtlich wird, kümmerte sich Großfürst Paul höchstpersönlich um die Auswahl des Mobiliars. Nicolay fährt im selben Brief fort: „Was aber die Herren Le Blanc und Spol [Inhaber einer berühmten Moskauer Möbeltischlerei, die in Ostankino viele Ausstattungsstücke für den Grafen Scheremetjew gefertigt hatten. Wie es scheint, bemühten sie sich, bei den Einkäufen des Großfürsten als Zwischenhändler beauftragt zu werden.] betrifft, so möchte ich Sie bitten, ihnen deutlichst einzuprägen, daß sie die Reise nach Paris auf ihr eigenes Risiko und auf ihre eigenen Kosten unternehmen werden. Da Ihre Durchlaucht sich derzeit selbst vor Ort befindet, könnte es durchaus geschehen, daß er sich in höchsteigener Person mit der Angelegenheit befaßt und über die Auswahl der Möbel oder der Kommissionäre verfügt."[4] Auch wenn der Brief keinen Namen erwähnt, so kann doch mit einiger Wahrscheinlichkeit davon ausgegangen werden, daß es sich bei dem fraglichen Möbeltischler um die Werkstätte des Pariser Meisters Henri Jacob handelte, von dem eine beträchtliche Anzahl an Sesseln und Stühlen auch heute noch in Pawlowsk erhalten ist. Die Namensgleichheit mit seinem berühmteren Kollegen Georges Jacob, der zu jenem Zeitpunkt schon Hoflieferant des französischen Königs war, versuchte Henri Jacob auf seine Weise zu nutzen, indem er gegen

Detail aus dem Paradeschlafzimmer Maria Fjodorownas.

Kat. Nr. 184
Zwei Sessel „à la Reine"
Paris, 1784-1789
Henri Jacob (1753-1824, Meister seit 1779)
Signatur: H. Jacob
Eiche, geschnitzt und vergoldet
Bezug: Seide, Tempera
110 x 63 x 73 cm
Inv. Nr. CCh-317-IV, CCh-318-IV
Provenienz: Schloß Pawlowsk, im Bestand vor 1789

Sessel mit gerader, geschnitzter, viereckiger Rückenlehne, die oben durch das Monogramm „P.M.S." abgeschlossen wird, volutenförmig geschweiften Armlehnen und vier spiralförmig kannelierten, sich nach unten verjüngenden Beinen. Der Sessel ist mit geschnitzten Blumen, Blättern, Kränzen und Girlanden verziert. Den Originalbezug aus strohfarbener Seide hatte Johann Jakob Mettenleiter nach Skizzen von Willem van Leen bemalt. In den 60er Jahren des 19. Jahrhunderts wurde das Motiv, ein Blumenstrauß und ein Rosenkranz, verbunden durch ein blaues Band, sowie eine Bordüre aus gelben Glockenblumen, von Anatoli Treskin nach erhaltenen Mustern restauriert.
Die beiden Sessel sind Teil einer Garnitur des Paradeschlafzimmers, zu dem ein großes Bett „à la Duchesse", eine Chaiselongue und sechs Sessel „à la Reine" gehörten.
Während ihres Aufenthalts in Paris bestellte die Großfürstin Maria Fjodorowna bei Henri Jacob weiche Sitzmöbel für die Paradesäle und die Wohngemächer des Schlosses. Dieser Auftrag, der mehr als 200 Gegenstände umfaßte, wurde in Jacobs Meisterwerkstatt in den Jahren 1784 bis 1789 ausgeführt. Die Möbelgarnitur für das Paradeschlafzimmer wurde nach Entwürfen von Jean-Démosthène Dugourc im Louis-seize-Stil angefertigt.
A. A., R. G.

die aufkommende Verwirrung nichts unternahm, sondern im Gegenteil davon zu profitieren versuchte: Er ahmte dessen Modelle mit staunenswerter Virtuosität nach und war bald so erfolgreich, daß er selbst Aufträge von den Höfen in Frankreich und in Rußland erhielt.

Den Archivdokumenten ist zu entnehmen, daß Cameron sehr genaue Vorstellungen über Anzahl und Gestalt der Sitzmöbel äußerte, die in den Prunkräumen des Schlosses ihre Aufstellung finden sollten. Zwei in dieser Hinsicht sehr wertvolle Verzeichnisse geben hierüber Auskunft. Zum einen die Liste, die von Baron Nicolay seinem bereits zitierten Brief beigefügt war. Auf ihr finden sich alle Zimmer einzeln durchnumeriert und mit detaillierten Angaben zum Stoffdekor sowie weniger präzisen Ausführungen zum entsprechenden Sitzmobiliar versehen. So lautet beispielsweise die Eintragung für den Großen Empfangssaal : „Weiße Vorhänge aus Pekingseide, eine Blumenbordüre, Stühle und Sessel mit Medaillons in Blumendekor entsprechend der Bordüre."[5] Das zweite Verzeichnis, von dem angenommen wird, daß es auf Wunsch von Cameron nach Frankreich geschickt wurde, ist bedeutend ausführlicher und nennt die genaue Anzahl von Kanapees, Armlehnsesseln, Polsterstühlen und Tabourets, die für jedes einzelne Interieur benötigt wurden. Es gibt aufschlußreiche Auskunft über die Einflußnahme des Architekten auf die Ausstattung der einzelnen Räume, bis hin zu den kleinsten Details. Doch hatte Cameron nicht die Gestaltungsfreiheit, die er sich wünschte, da das Großfürstenpaar sich nichts vorschreiben lassen wollte. So ist etwa in einem Brief, den Nicolay aus Paris an Küchelbecker schreibt, zu lesen: „Ich sende Ihnen beigefügt den Entwurf der Fassade (Abb. S. 158) zurück, der von Ihren Kaiserlichen Hoheiten wohlwollend zur Kenntnis genommen wurde, nicht ohne noch folgende Bemerkung anzufügen. Es wurde der Wunsch geäußert, die drei Fenster in der Mitte nicht mit dreieckigen Giebelaufsätzen zu schmücken, sondern nur mit schlichten Gesimsen zu versehen, wie dies zu beiden Seiten der Fall ist ... Was aber Monsieur Camerons eingereichte Vorhaben zu Kaminen, Möbeln etc. betrifft, so bin ich beauftragt, Ihnen ganz allgemein Mitteilung zu machen, daß er von allen seinen Entwürfen Abstand zu nehmen hat, die vorsehen, in großem Umfang Marmor aus Carrara einzuführen, um ihn für die Haupttreppe, die Auskleidung des Großen Saals oder die Säulen von elf und von achtzehn Fuß Höhe zu verwenden ..."[6] Die beiden genannten Verzeichnisse werden im Fall des Mobiliars durch eine Reihe von numerierten Aquarellzeichnungen komplettiert, die vermutlich von dem Pariser Dekorzeichner Richard Lalond (Kat. 188-190, 197, 198) ausgeführt wurden und die für jede auszuführende Garnitur die genaue Form und Ornamentik festlegten.[7] Es wird allgemein angenommen, daß die Sitzmöbel – ungefähr zweihundert Einzelstücke, sofern alle in den Listen erwähnten Stühle auch tatsächlich in Paris bestellt wurden – ab den Jahren 1784/85 nach Pawlowsk geliefert wurden, bis einschließlich 1789. Im Jahr 1794 unternimmt der Architekt Brenna ihre Aufstellung in den Sälen des Piano nobile, dessen Innendekor zu jenem Zeitpunkt vollendet ist. Der Große Empfangssaal – auch Griechischer Saal (Abb. S. 358-361) genannt – wird mit insgesamt zweiundvierzig Sitzmöbeln bestückt: „Vier Kanapees mit sechs Füßen, vierzehn Sessel, vierundzwanzig Stühle, reich vergoldet – auf

Kat. Nr. 185
Vase mit Deckel, Motiv: Stilleben
Frankreich, Sèvres, 80er Jahre des 18. Jahrhunderts
Porzellan, mehrfarbige Aufglasurbemalung, goldstaffiert
Höhe: 25 cm
Keine Marke
Inv. Nr. CCh-5545-I
Provenienz: Schloß Pawlowsk, bis 1941 in Schloß Gatschina

Die Vase besteht aus zwei Teilen, die durch einen Metallstift miteinander verbunden sind. Der Rumpf ist konisch, verjüngt sich nach unten und weist im unteren Teil vergoldete, schmale, vertikal stehende Blätter auf. Die großen Henkel sind ebenfalls vergoldet und kompliziert geformt. Die eine Seite zeigt ein Stilleben mit grünen und blauen Trauben, Pfirsichen und einer Weinrebe, eingefaßt von einem rechteckigen Goldrand. Die andere Seite schmücken große goldene Blumenranken. Der Deckel ist komplett vergoldet. Er ist fein gemustert und mit einem großen spitz zulaufenden Zapfen dekoriert.
Zu dieser Vase existiert ein Pendant mit einem Stilleben aus Blumen und Früchten. *E. N.*

Die Paradebibliothek Maria Fjodorownas mit Blick in das Boudoir und Paradeschlafzimmer. Auf dem Bücherschrank drei Skulpturen von J. H. von Dannecker 1785-1789; v.l.n.r.: Calliope, Muse der Eloquenz; Polymnie, Muse der lyrischen Poesie; Clio, Muse der Historie. Darüber der Gobelin „Jupiter", ein Geschenk Ludwigs XVI. aus der Pariser Gobelinmanufaktur, 1770er Jahre.

Kat. Nr. 186
Wandteppich, Szenen aus Ovids *Metamorphosen* nach Entwürfen von François Boucher, Bordüren nach Entwürfen von Maurice Jacques und Louis Tessier
Pariser Manufaktur für Gobelins und Wanddekoration, Frankreich, 1776-1778
Wolle, Seide
383,5 x 624,5 cm
The J. Paul Getty Museum Los Angeles, Inv. Nr. 71.DD.466

Provenienz: Ehemals Schloß Pawlowsk, Paradebibliothek Maria Fjodorownas, veräußert 1931

Der Wandteppich ist der größte aus einem Satz von vier zusammengehörigen Gobelins, die dem Großfürstenpaar während seines Parisaufenthaltes von Ludwig XVI. und Marie Antoinette zum Geschenk gemacht wurden. Sie hingen in der Paradebibliothek von Maria Fjodorowna, bis sie 1931 durch das sogenannte Antiquariat mit anderem wertvollem Museumsgut gegen Devi-

sen veräußert wurden. Die von Boucher entworfenen erotischen Szenen in den beiden Medaillons sind Ovids *Metamorphosen* entnommen, die sich zur damaligen Zeit äußerster Beliebtheit erfreuten. Auf den ersten Blick zeigt das linke Medaillon zwei nur leicht bekleidete junge Frauen in waldiger Umgebung. Der Adler mit den Blitzen, ein Attribut Jupiters, gibt jedoch zu erkennen, daß es sich bei der einen Schönen in Wirklichkeit um den Göttervater handelt, der das Aussehen von Diana, der Göttin der Jagd, angenommen hat, um eine Nymphe aus deren Gefolgschaft zu verführen. Eine Verkleidungsszene ist auch im rechten Medaillon zu sehen. Die alte, in ein schweres Gewand gehüllte Frau, ist in Wahrheit Vertumnus. Der Gott der Gärtner hat sich verkleidet, um sich Zutritt zum Garten der Pomona zu verschaffen. Die junge Göttin der Gärten, umgeben von ihren Attributen (Früchten, Blumen und einer Wasserkanne), lagert arglos und halb entkleidet neben Vertumnus und lauscht seinen Erzählungen. Fruchtgirlanden, Musikinstrumente, Putten und Vögel bilden für die beiden Gemälde den dekorativen Rahmen, *alentours* genannt.

Kat. Nr. 187
Wandteppich, Szenen aus der *Aeneis* von Vergil nach Entwürfen von François Boucher, Bordüren nach Entwürfen von Maurice Jacques und Louis Tessier
Pariser Manufaktur für Gobelins und Wanddekoration, Frankreich, 1776-1778
Wolle, Seide, 381 x 487,7 cm
The J. Paul Getty Museum Los Angeles, Inv. Nr. 71.DD.468
Provenienz: ehemals Schloß Pawlowsk, Teppichkabinett Paul Petrowitsch, veräußert 1931

Ein ovales, scheinbar an Bändern inmitten von Blumengirlanden herabhängendes Medaillon imitiert, wie bei dem größeren Gobelin mit den beiden Rundbildern (Kat. 186) ein Gemälde. Die Szene aus der *Aeneis* von Vergil zeigt Venus, wie sie ihrem in den Wolken stehenden von sechs weißen Tauben und einem Cupido begleiteten Wagen entstiegen ist, um ihren Gemahl Vulcanus zu bitten, ihrem sterblichen Sohn Aeneas Waffen zu schmieden. Vulcanus ist mit seinem Schmiedehammer und einem geschmiedeten Schwert zu sehen, während zwei Zyklopen an der Esse arbeiten.

Die Paradebibliothek Maria Fjodorownas. Auf dem Bücherregal drei Skulpturen 1785-1789, v.l.n.r.: Polymnie, Muse der lyrischen Poesie, römische Kopie (ergänzt); I. und F. Collini, Der Raub der Proserpina, 1781 (Kat. 136); J. H. von Dannecker, Urania, Muse der Astronomie, 1785-1789. Darüber als Pendant zu dem „Jupiter"-Wandteppich der Gobelin „Juno", ebenfalls ein Geschenk Ludwigs XVI.

weißem Grund". Der Empfangssaal der Großfürstin – auch Saal des Friedens genannt – erhält eine Ausstattung von „drei abgerundeten Eckkanapees für die Wandnischen, jedes in einem Durchmesser von sechs Fuß, reich vergoldet – auf apfelgrünem Grund", und der Empfangssaal des Großfürsten – auch Saal des Krieges genannt – wird mit „zwölf Cabriolets, reich vergoldet, drei Kanapees für die Wandnischen, dieselbe Größe wie Nr. 2, doch anderes Dekor – lavendelfarbener Grund, goldgelbe Bordüre" versehen. Des weiteren erhält die Bibliothek (Abb. S. 321, 325) der Hausherrin „drei Sessel, drei gerade Schemel, in Weiß und Gold, wenig verziert, einen Lesetisch, in der Höhe verstellbar ...", das Große Kabinett des Hausherrn „zwei Kanapees zu sieben Füßen, sechzehn Sessel, sechs Stühle, elegant und vergoldet. NB: gelber Grund, lila Bordüre", die zwei Toilettenzimmer „vier Stühle, einfarbig und ungemustert, weiß lackiert", der Speisesaal „vier Dutzend leicht bewegliche und kräftige Stühle, ohne Schnitzwerk, in antiker Manier ... die Stühle in hellem Grün bemalt", schließlich der Tanzsaal „zwei Kanapees zu sieben Füßen und zwölf Sessel, wenig Schnitzwerk, grün und rot bemalt mit vergoldeter Zierleiste."

Die Möblierung des Paradeschlafzimmers von Maria Fjodorowna ist von besonders erlesener Qualität. Das Paradebett, über dem ein großer Baldachin schwebt, wurde mit reichen Schnitzereien versehen, die allesamt Symbole der Liebe und der ehelichen Treue darstellen, wie Putten, Turteltäubchen etc. Die Ausstattung wird vervollständigt durch eine Duchesse [eine Chaiselongue mit geschlossenen Rücken- und Seitenlehnen] (Abb. S. 314), sechs Königinnensessel (Kat. 184) sowie sechs Polsterstühle, allesamt mit reich verzierten Gestellen und Schnitzwerk von außerordentlicher Güte versehen, in das die Monogramme von Großfürst Paul und seiner Gattin eingearbeitet sind. Camerons Vorschlag hatte gelautet: „Es scheint angebracht, die Bettgestelle und Sitzmöbel der beiden Schlafzimmer hier (in Rußland) fertigen zu lassen und die Stoffe für die übrige Ausstattung sowie für die Vorhänge der Fenster von andernorts zu beziehen." Doch die Großfürstin bevorzugte augenscheinlich Möbelstücke aus französischen Werkstätten, in der Art der Vorbilder, die sie bei der französischen Königin in Versailles oder in Chantilly gesehen hatte. Die Seidenstoffe für die Wände und für die Sitzmöbel des Paradeschlafzimmers aber entstammten nicht den Seidenwebereien in Lyon, „da Ihre Hoheit die Großfürstin höchstselbst das Interieur für dieses Zimmer zu entwerfen wünscht", sondern wurden nach Musterzeichnungen von Jean-Démosthène Dugourc – eines berühmten französischen Dekorkünstlers, der schon für den Grafen von Artois und den Herzog von Orléans gearbeitet hatte – eigens in Temperafarbe bemalt. In seinen Lebenserinnerungen aus dem Jahr 1800 schreibt Dugourc diesbezüglich: „1782 unterbreitete ihm der Großfürst von Rußland (und spätere Zar Paul I.) während seines Aufenthaltes in Paris die glänzendsten Vorschläge, um ihn an seinen Hof zu werben. Dugourc, dessen Eheglück noch nicht lange währte, war den Einladungen dieses Fürsten in keinster Weise zugänglich, doch sollte er für ihn zu späterer Zeit die Musterzeichnungen für eine große Galerie des Kamennoostrowski-Palasts fertigen, wie er schon für Zarin Katharina II. ebensolche Aufträge zu sämtlichen Sälen ausgeführt hatte, als diese dem General Lanskoi, einem ihrer Liebhaber, der nur durch seinen plötzlichen Tod der Hinrichtung entkam, einen Palast erbauen ließ."[8] So kam es, daß eine Federzeichnung, die im Archiv von Schloß Pawlowsk aufbewahrt wird, nahezu perfekt mit einem Entwurf für Seidenstoffe aus dem Museum für angewandte Kunst in Paris übereinstimmt. Der Großfürst und seine Gattin tätigten in Paris auch selbst den Kauf verschiedener erlesener Intarsienmöbel. Die Baronin von Oberkirch, eine Freundin aus der Kindheit und Jugend von Maria Fjodorowna und Reisebegleiterin des Comte und der Comtesse du Nord schreibt darüber wie folgt: „Vom Hôtel Thélusson brachen wir auf, um die Möbel des berühmten Händlers Daguerre, der in der Rue Saint-Honoré residiert, bewundernd in Augenschein zu nehmen. Nicht ohne Mühen glückte es uns, in sein Geschäft zu gelangen, so sehr war dieses von der Menge belagert: Alles drängte sich und wollte das Büffet für ein Speisezimmer sehen, das von ganz außerordentlicher Finesse war." Die Baronin berichtet noch von einem weiteren Besuch „bei dem Kunsttischler Éricourt, der wundervolle Möbel fertigte"[9] – doch in Wahrheit ebenfalls ein Händler war. Leider gibt es in den Archiven keinen Nachweis über die getätigten Einkäufe. In der Beschreibung ihrer Gemächer von 1795 erwähnt die Großfürstin für ihr Schlafzimmer: „... vor die Chaiselongue ist ein Tisch[10] gestellt, dessen Ränder aus Sèvres-Porzellan sind", und für ihren kleinen Salon vermerkt sie: „... auf der anderen Seite aber befinden sich zwei Schreibschränke von einiger Höhe, verziert mit Sèvres-Porzellan und Bronze."

In der Schilderung ihrer Gemächer führt Maria Fjodorowna auch die recht zahlreichen Möbel von David Roentgen (1743-1807) an, einem berühmten deutschen Kunsttischler aus Neuwied am Rhein, der sich auf die Fabrikation äußerst kunstvoller Möbel in Mahagoni mit Bronzebeschlägen und komplizierten mechanischen Vorrichtungen spezialisiert hatte. Allem Anschein nach kam es auf der Reise zu einer persönlichen Begegnung zwischen Roentgen und dem großfürstlichen Paar, als dieses am 18. August 1782 seinen feierlichen Einzug in Montbéliard hielt. Roentgen wird zwischen 1783 und 1790 mehrere Male in geschäftlicher Angelegenheit nach St. Petersburg kommen, stets mit prunkvollen Möbeln im Gepäck, die er an die Zarin Katharina II., den Großfürsten Paul und seine Gattin Maria Fjodorowna sowie an weitere Mitglieder des russischen Hochadels verkauft.
Am 13. April 1786 schreibt Maria Fjodorowna an Küchelbecker: „Sie werden noch heute oder morgen eine Lieferung von Möbeln ... erhalten, die ich persönlich in Auftrag gegeben habe. Tragen Sie entsprechende Sorgfalt, daß diese eingehend blank poliert werden. Am Tag darauf werden Sie drei kleine Tische von Roentgen und einen Toilettentisch erhalten: Durch die Träger ..., die Ihnen diese Möbelstücke überbringen, lassen Sie mir meinen alten Toilettentisch von Roentgen (Kat. 218) zukommen, der sich gegenwärtig in Pawlowsk befindet und den ich nun für Kamennoostrowski bestimmt habe."[11] Ein Archivdokument, auf dem das Datum des 14. April 1786 vermerkt ist, bestätigt mit genaueren Angaben: „Aus Sankt Petersburg von Monsieur Roentgen erhalten, acht Kisten folgenden Inhalts: ein Schreibschrank aus Mahagoni mit Bronze (vergoldet) zu acht Füßen, aus Wurzelholz; drei kleine Tische mit Bronze zu vier Füßen, mit Schubläden versehen, aus Wurzelholz, darunter ein Lesetisch; ein großer Schreibschrank aus Mahagoni zu acht Füßen, mit Bronze ...; ein Toilettentisch aus gelbem Holz,

Kat. Nr. 188
Richard Lalond
Ende des 18. Jahrhunderts
Entwurf für die Sessel im Tanzsaal, um 1782
Feder, Tusche, Aquarell
29,8 x 20,8 cm
Oben Mitte: *N° quatorze conforme au canapé*
Inv. Nr. CCh-846-XII
Provenienz: Schloß Pawlowsk

Kat. Nr. 189, 190
Richard Lalond
Ende des 18. Jahrhunderts
Entwurf für Stühle im Kabinett der Großfürstin Maria Fjodorowna, um 1782
Feder, Pinsel, Tinte, Aquarell
29,8 x 21 cm
Oben Mitte: *N° six conforme au canapé*
Inv. Nr. CCh-850-XII
Provenienz: Schloß Pawlowsk

Kat. Nr. 191
Sessel „en cabriolet"
Paris, 1784-1785
Henri Jacob (1753-1824, Meister seit 1779)
Signatur: H. Jacob
Holz, geschnitzt und vergoldet
Bezug: Lyoner Seidenstickerei, Tamburierstich
92 x 53 x 63 cm
Inv. Nr. CCh-344-IV
Provenienz: Schloß Pawlowsk, im Bestand vor 1789
Ausstellungen: *Splendore della Corte degli Zar*. Turin, Rom 1999

Sessel mit gekrümmter, geschnitzter und gepolsterter Rückenlehne und kannelierten Beinen, Armlehnen und Sitzfläche ebenfalls gepolstert. Der Bezug ist eine Handstickerei im Tamburierstich mit verschiedenfarbigen Seidenfäden auf weißer Seide. Auf der Rückenlehne und den Armlehnen sind Blumensträuße, auf der Sitzfläche ein Blumenkranz dargestellt, umgeben von einer Bordüre aus Eicheln und Eichenblättern. Als Vorlage diente eine Zeichnung des Ornamentmalers Pierre Ranson. Der Sessel gehörte zu einer Garnitur, die Maria Fjodorowna 1782 bei Henri Jacob für das Gästezimmer des Großfürsten (auch: Saal des Krieges) in Auftrag gab. Diese bestand aus drei Sofas und zwölf Sesseln „en cabriolet" nach einem Entwurf von Richard Lalond. Als der Saal des Krieges 1797 zum Kleinen Thronsaal umfunktioniert wurde, brachte man die Sessel offenbar in den Griechischen Saal. Heute existieren noch sechs Stück von ihnen. A. A., R. G.

Links: Kat. Nr. 192
Stickerei für einen Sesselbezug *Vase mit Greifen*
Lyon, Frankreich, 1782
Plattstichstickerei, Seide
62,5 x 59 cm, Maße des gestickten Medaillons: 42 x 39 cm
Inv. Nr. CCh-173-II
Provenienz: Schloß Pawlowsk, ursprünglicher Bestand

Auf grünen Rips ist ein ovales Medaillon aus weißem Rips aufgenäht, das mit einer Plattstickerei aus Seide verziert ist. Das Motiv zeigt eine blaue, goldfarben verzierte Vase mit einem Rosenstrauß. Sie hat gebogene Henkel und steht auf einem hohen, schlanken Fuß. Von den Henkeln hängen symmetrisch Perlenschnüre herab. Unterhalb der Vase sind im Profil zwei Greife mit gold- und rosafarbenem Gefieder dargestellt, die in entgegengesetzte Richtungen gewandt sind. Mit den Schnäbeln halten sie die Henkel der Vase, während ihre Schwanzfedern miteinander verflochten sind und in lange Rosenzweige übergehen. Die Darstellung wird von einem gestickten Ornament eingerahmt, das aus Palmetten in kleinen Ovalen besteht.
Die Stickerei befand sich ursprünglich auf einem Sessel im Kabinett von Maria Fjodorowna (später Hoffräuleinzimmer). *N. W.*

Kat. Nr. 193
Bestickte Bordüre *Arabesken*
Lyon, Frankreich, 1782
Plattstichstickerei, Seidenrips
87 x 25 cm, Rapportlänge des Musters: 49,5 cm
Inv. Nr. CCh-532-II
Provenienz: Schloß Pawlowsk, ursprünglicher Bestand

Auf weißem Seidenrips ist ein Arabeskenornament gestickt, auf dem blaue Vasen mit Rosen dargestellt sind. Seitlich der Vasen sind symmetrisch und im Profil Greife dargestellt, deren Flügel Gold-, Rosa- und Blautöne aufweisen. Über den Köpfen der Greife wachsen von Winden umrankte Stiele mit Dornen empor. Zwischen diesen befindet sich ein Ring, in dem ein Papagei sitzt. Perlendekorationen schließen die Komposition ab. An den Rändern ist in Gold- und Lilatönen eine Borte mit Palmetten in ovalen Medaillons gestickt.
Die Bordüre war ursprünglich für die Verzierung von Draperien im Kabinett von Maria Fjodorowna (später Hoffräuleinzimmer) bestimmt. Anfang des 20. Jahrhunderts wurden Teile der Bordüre für Bezüge von Sofas und Sesseln verwendet, die sich heute im Gobelinzimmer befinden. *N. W.*

Kat. Nr. 194
Hockerbezug *Blumenstrauß*, Coupon für den Bezug eines
Hockers oder Kissens
Atelier Pernon. Lyon, Frankreich, 1782
Gewebt, Seide
59 x 63 cm
Inv. Nr. CCh-213-II
Provenienz: Schloß Pawlowsk, ursprünglicher Bestand

Hockerbezug aus Seidenrips. Das Motiv zeigt einen Strauß Jonquilles (gelbe Narzissen), weiße, gelbe und rote Rosen und weiße Lilien auf grünem Grund. Der Strauß ist unten mit blühenden Apfelbaumzweigen gebunden, die sich nach oben winden und den Strauß einrahmen. Am Rand ist eine Bordüre angenäht mit einem Lorbeerblatt-Ornament in gold-grünen Farbtönen. Der Bezug befand sich ursprünglich auf einem Möbelstück in der Bibliothek Maria Fjodorownas. *N. W.*

mit Bronze, zu vier Füßen, zwanzig kleine Toilettenartikel enthaltend ... und zwei Kerzenleuchter aus Messing."[12] Bei dem erwähnten „großen Schreibschrank zu acht Füßen" handelt es sich allem Anschein nach um den Sekretär aus der Bibliothek der Großfürstin, mit Ornamentierungen aus vergoldeter Bronze, die so elegant wie diskret das Möbelstück schmücken. Mit dem Toilettentisch aus „gelbem Holz" ist ganz offensichtlich das Exemplar aus Palmenholz gemeint, das heute im Toilettenzimmer des Großfürsten Aufstellung gefunden hat (Kat. 218). Der Tisch ist mit einem versenkbaren Toilettenspiegel versehen und mit einem Sortiment verschiedenster Dosen, Flakons etc. ausgestattet, außerdem mit einem aufklappbaren Zeichenpult mitsamt Schubladen, das in der Höhe verstellbar ist. Den Inventarlisten für das Erdgeschoß (1790) und das Piano nobile (1795) nach zu urteilen, wuchs die Anzahl der bei Roentgen gekauften Möbel stetig weiter an: Zylinderbüros, Sekretäre, Spieltische und vieles mehr. Auch eine große Bodenpendeluhr wurde von ihm erstanden, deren musikalisches Uhrwerk von P. Kinzing stammte. Sie ist unterhalb des Zifferblatts mit der Figur des geflügelten Chronos geschmückt, während darüber die Gestalt des Apollo mit Kithara thront.

Doch sind nicht nur Möbelstücke, die ausländischen Werkstätten entstammen, in der Sammlung von Pawlowsk zu finden, sondern auch eine ganze Anzahl von Möbeln russischer Herkunft in gleichfalls bester Qualität – Spieltische mit Einlegearbeiten, Konsoltische etc. Die Beispiele aus russischen Kunstschreinereien, die schon in Marienthal und Paullust bewundert werden konnten, sind in Pawlowsk auf natürlich wirkende Weise mit dem übrigen Mobiliar vereint, welches das großfürstliche Paar hauptsächlich während der Reise nach Westeuropa erstand. In der schon zitierten Beschreibung ihrer Interieurs erwähnt Maria Fjodorowna mehrmals Möbelstücke, die „hier gefertigt" wurden, was vor allem für ihr Boudoir gilt: „... und vor einem weiteren Tabouret ein Tisch aus Porzellan mit Ansichten von Pawlowsk, der aus hiesiger Werkstätte stammt."[13] Für den 23. Juli 1789 vermerkt ein Archivdokument: „Für die Gemächer Ihrer Kaiserlichen Hoheit erhalten, ein runder Tisch zu vier Füßen, auf jedem eine Figur aus emailliertem weißen Porzellan, mit Bronzebeschlägen an den Füßen, einer Vase aus emailliertem weißen Porzellan und Bronze in der Mitte des unteren Tischkreuzes, die Umfassung der Tischplatte mit Bronze, und die Platte selbst aus Porzellan, mit einer Ansicht dieses Ortes (Pawlowsk) bemalt."
Als zu den Möbelstücken ihres Toilettenzimmers zählend bezeichnet die Großfürstin ein Ausstattungsstück (Kat. 213-216, Abb. S. 343), das auf äußerst ungewöhnliche Weise und nach einer speziell in Rußland entwickelten Technik gefertigt ist: „Die Toilette ist aus Stahl, in Tula hergestellt." Im Süden von Moskau gelegen, hatte die 1712 gegründete Kaiserliche Waffenmanufaktur in Tula sich bereits Mitte des 18. Jahrhunderts einen großen Ruf erworben – mit Gebrauchs- und Ziergegenständen, aber auch ziselierten, bläulich gefärbten oder mit Intarsien verzierten Möbeln, die dort fabriziert wurden. Noch während der Herrschaft von Katharina II. wurde eine besondere Bearbeitungstechnik für das Metall entwickelt, deren Ergebnis in Facetten geschliffene „Diamanten" aus Stahl waren, mit denen Möbel und diverse Gegenstände geschmückt

Kat. Nr. 195
Bordüre *Girlande aus Rosen und Kamille*
Lyon, Frankreich, 1782
Gewebt, Seide
72 x 26 cm, Rapportlänge des Musters: 68 cm
Inv. Nr. CCh-757-II
Provenienz: Schloß Pawlowsk, ursprünglicher Bestand

Bordüre aus grünem Seidenrips. In der Mitte verläuft zwischen zwei Streifen aus Kirschblüten eine Girlande aus weißen, gelben und roten Rosen und lilafarbenen Kamillen. An den Rändern sind Girlanden aus goldfarbenen Lorbeerblättern eingewebt.
In der ursprünglichen Schloßeinrichtung befand sich die Bordüre auf Draperien in der Bibliothek von Maria Fjodorowna. *N. W.*

INTERIEUR

Kat. Nr. 196
Bestickte Bordüre
Lyon, Frankreich, 1782
Tamburstickerei, Rips, Seide
166 x 18,5 cm, Rapportlänge des Musters: 99 cm
Inv. Nr. CCh-252-II
Provenienz: Schloß Pawlowsk, ursprünglicher Bestand

Bordüre aus weißem Seidenrips mit einer Tamburstickerei. Das Motiv ist eine Girlande aus großen gelben und rosaroten Rosen mit Knospen, lilafarbenen Mohnblumen, hellblauer Kamille und Fliederblüten zwischen grünen und blaugrünen Blättern. Die Bordüre wurde ursprünglich zur Verzierung von Draperien im Griechischen Saal verwendet. *N. W.*

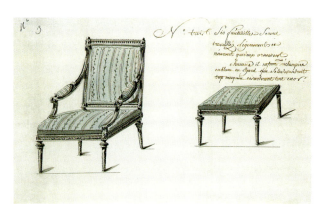

Kat. Nr. 197
Richard Lalond
Ende des 18. Jahrhunderts
Entwurf für die Sessel und Hocker im Kabinett der Großfürstin Maria Fjodorowna, 1782
Feder, Pinsel, Tinte, Aquarell
21,2 x 33,9 cm
Inv. Nr. CCh-854-XII
Provenienz: Schloß Pawlowsk

Kat. Nr. 198
Richard Lalond
Ende des 18. Jahrhunderts
Entwurf für die Kanapees im Tanzsaal, 1782
Feder, Tusche, Aquarell
21 x 33,2 cm
Links oben: *n° 14*
Oben Mitte: *Canapé n° 18 Salle a danser*
Inv. Nr. CCh-845-XII
Provenienz: Schloß Pawlowsk

Großfürst Paul und Maria Fjodorowna gaben auf ihrer Europareise 1782-83 eine Reihe dekorativer Kunstgegenstände in Auftrag, darunter auch Möbelstücke. Letztere bestellten sie in Henri Jacobs Meisterwerkstatt, in der Möbeltischler und Dekorationsmaler gemeinsam an den Entwürfen arbeiteten. Ende des 18. Jahrhunderts gab Lalond einen Band mit Entwürfen für Innendekorationen heraus, und ab 1781 konnte man auf Wunsch weitere, neue Zeichnungen erwerben. Wahrscheinlich nahmen der Comte und die Comtesse du Nord eben jenes Angebot wahr, als sie nach diesen Entwürfen Möbel bei Jacob bestellten. Ein zweites Exemplar der Entwürfe schickten sie nach Rußland an Cameron, damit er sie bei der Ausstattung des Schlosses berücksichtigen konnte. Alle Blätter wurden von Maria Fjodorownas Sekretär Nikolay eigenhändig numeriert, in einem Begleitbrief werden die Zeichnungen eigens näher erläutert. Jeder Nummer entspricht ein bestimmtes Element des Interieurs. Jedem einzelnen Möbelstück liegt zudem eine kurze Beschreibung bei. Über Richard Lalonds Leben und Wirken ist nichts näheres bekannt. *O. L.*

wurden, manchmal mit Intarsien aus Silber oder vergoldeter Bronze besetzt. Die Toilette von Maria Fjodorowna (für die bedeutende Summe von 2000 Rubel bei dem Waffenhändler Semion Samarine erstanden), vermutlich ein Geschenk der Zarin aus dem Jahr 1789, besteht aus einem Tisch zu sechs Füßen mit einem verstellbaren Spiegel, des weiteren zwei Gefäßen für Haarpuder, vier Kerzenleuchtern und zwei Nadelkissen sowie einem Polsterstuhl mitsamt gepolstertem Fußschemel. Im Jahr 1801 wird die Garnitur durch einen kleinen Tisch und einen weiteren Fußschemel vervollständigt, beide von noch schmuckvollerer Ausführung und von Zar Alexander seiner Mutter anläßlich seiner eigenen Krönung als Geschenk überreicht.

Mit Beginn der 1790er Jahre versichert sich Maria Fjodorowna der Dienste von Heinrich Gambs (1768-1831), eines Kunsttischlers deutscher Herkunft, der bei David Roentgen in die Lehre gegangen war und bald zum künstlerisch führenden Kopf unter den Petersburger Möbelmeistern aufstieg. 1793 fertigt er im Auftrag der Großfürstin – nach einem Entwurf des Architekten Lwow – einen Schreibtisch, den diese als Geschenk ihrer Schwiegermutter zudachte. Maria Fjodorowna hatte hierfür selbst die Intarsien der Tischplatte entworfen, die in Mahagoni, vergoldeter Bronze, Elfenbein und eglomisiertem Glas ausgeführt wurden. Die Technik der Eglomisierung, bei der die Glasplatten auf der Rückseite in Gold, Silber oder farbig verziert werden, wurde von den Kunsttischlern jener Zeit sehr gerne verwandt. Auch Gambs benutzte sie für kleine Salonmöbel ebenso wie für bedeutendere Ausstattungsstücke. Im Jahr 1794 gibt die Großfürstin bei ihm einen großformatigen Kaminschirm aus Mahagoni mit floral ornamentierten Einsätzen aus Opalglas sowie einem Medaillon in Auftrag, das sie selbst nach Vorlagen von Angelika Kauffmann gemalt hatte – er wird gleichfalls ein Geschenk an Katharina II. sein. Beide Möbelstücke, die im Raritätenkabinett der Zarin in der Eremitage Aufstellung gefunden hatten, werden auf Weisung von Maria Fjodorowna 1804 nach Pawlowsk gebracht und mit dem übrigen Mobiliar des Familienzimmers vereint.

Ebenfalls im Jahr 1794 läßt Maria Fjodorowna von Gambs einen prächtigen Schreibtisch anfertigen, für den sie selbst die acht Elfenbeinfüße gedrechselt hat, sämtliche Bestandteile eines Tempels, der den Schmuckaufsatz bilden wird, sowie die entsprechenden Einzelteile einer Schreibgarnitur und zweier Lampen.

Als Ende der 90er Jahre des 18. Jahrhunderts das Michail-Schloß, die neu erbaute St. Petersburger Stadtresidenz des 1796 zum Zar Paul I. ernannten Großfürsten Paul, prunkvoll ausgestattet wird, führt der deutsche Ebenist Gambs für das dortige Kabinett des Zaren ein weiteres Schreibtischensemble desselben Typs aus. Auch dieses Exemplar wird 1804 in Pawlowsk, im Gobelinzimmer, seinen neuen Aufbewahrungsort erhalten.

Die Anfangsjahre des 19. Jahrhunderts bringen in Pawlowsk umfangreiche Bauarbeiten mit sich – durch einen Brand wurde 1803 der Mitteltrakt schwer beschädigt und das Mobiliar der ursprünglichen Ausstattung erheblich in Mitleidenschaft gezogen. Zudem werden für die seit 1801 verwitwete Maria Fjodorowna im Erdgeschoß des Schlosses neue Gemächer (Abb. S. 348, 372) einge-

Kat. Nr. 199
Bordüre *Narzissengirlande*
Lyon, Frankreich, 1782
Gewebt, Seide
68 x 27 cm, Rapportlänge des Musters: 56,5 cm
Inv. Nr. CCh-719-II
Provenienz: Schloß Pawlowsk, ursprünglicher Bestand

Bordüre aus Seidenrips. In der Mitte ist eine Girlande aus gelbroten Narzissen mit grünen Blättern auf weißem Grund dargestellt, entlang der Ränder verlaufen rosafarbene Streifen mit einem Ornament in weißen und grauen Farbtönen. Das Ornament stellt einen zwischen Perlenschnüren verlaufenden Strang dar, um den Blätter gewunden sind.
In der ursprünglichen Schloßeinrichtung befand sich die Bordüre auf Fensterdraperien im Kabinett des Großfürsten Paul. *N. W.*

Kat. Nr. 200
Hockerbezug *Levkojen*, Coupon für den Bezug eines Hockers oder Kissens
Atelier Pernon. Lyon, Frankreich, 1782
Gewebt, Seide
68 x 61 cm
Inv. Nr. CCh-651-II
Provenienz: Schloß Pawlowsk, ursprünglicher Bestand

Bezug aus hellgrauem Seidenrips. In der Mitte des Motivs sind eine Rosette und ein Kranz in grau-rosa Farbtönen dargestellt, in den Ecken vier Sträuße gelb-roter Levkojen mit grünen Blättern. Der Bezug befand sich ursprünglich auf einem Möbelstück im Gästesaal des Großfürsten Paul (jetzt Saal des Krieges). *N. W.*

richtet. Beide Male liegt die Oberaufsicht für die Ausstattung der Räume mitsamt der neuen Möblierung bei dem Architekten Woronichin. Sowohl für die kostbaren Intarsienmöbel – in der überwiegenden Zahl von Gambs gefertigt, der sich allmählich vom Stil seines Lehrers Roentgen löst und seine Werke mit geometrisch oder im „gotischen Stil" gemusterten Messingleisten auf Ebenholzgrund verziert – wie auch für die übrigen Möbelstücke liefert Woronichin die Vorzeichnungen. Den Griechischen Saal (Abb. S. 359) beispielsweise läßt er nach seinem Entwurf mit Armlehnsesseln (Kat. 232) bestücken, deren Schnitzwerk von Tallier und Karl-Gustav Sigismund stammt, vergoldet von Karl Vocht. Für das neue Schlafgemach von Maria Fjodorowna, dessen Einrichtung 1805 erfolgt, gibt er Sitzmöbel „im streng antiken Stil" in Auftrag. Das Kanapee, vier Armlehnsessel und vier Tabourets aus Mahagoni und ebonisiertem Holz werden von Philippe Hagemann geliefert – wie auch die Garnitur Sitzmöbel für die Voliere, deren Stoffornamente mit großen Palmwedeln für die gepolsterten Rückenlehnen ebenfalls von Woronichin entworfen wurden.[14] Auch von Fjodor Bitepai sind Möbellieferungen nachgewiesen – am 2. Oktober 1808 für das Kabinett *Fonarik* (für eine Summe von 700 Rubeln) sowie 1809 für den Konstantinpalast (für eine Summe von 1190 Rubeln) und 1812 für den Rosenpavillon. Von Gambs hingegen werden für denselben Zeitraum Schreibtische mit Jardinière (Kat. 227) erwähnt, mehrere kleine Salonmöbel (Kat. 221-222) oder Sekretäre mit eingesetzten Stickereien als Dekor. Am 11. Juni 1810, so ein Vermerk in den Archivdokumenten, „wurde von Sankt Petersburg durch Meister Gambs ein Schrank geschickt, aus strohfarbenem Holz, an den Säulen mit Ebenholz verziert, stellenweise Bronzebeschlag und in der Mitte, unter Glas, eine Gobelinstickerei, die von der Hand Ihrer Kaiserlichen Majestät (Maria Fjodorowna) stammt"[15]. Möbelstücke mit gestickten Gobelins, Chenille-Stickereien und anderen Handarbeiten adeliger Damen zu verzieren, war zu jener Zeit sehr beliebt, und einige Beispiele hierfür sind auch im hochberühmten Rosenpavillon von Maria Fjodorowna (Kat. 175, 177) zu finden, der früheren Datscha des Fürsten Bagration, die von Woronichin 1811/12 umgebaut wurde.

Die letzten Raumausstattungen für Pawlowsk sind das Werk des Architekten Carlo Rossi (1775-1849). Spätestens 1815 entwirft er für den Neuen Salon im Eckzimmer des Erdgeschosses eine Garnitur Sitzmöbel, die dem Geist ihrer Zeit gemäß in natürlichem Holz belassen ist (Abb. S. 366-370). „Am 8. April 1817 wurden von Sankt Petersburg aus der Schreinerei Bauman Möbel aus Birkenholz geschickt, mit Schnitzwerk und vergoldet, überdies mit Stickereien verziert: ein Kanapee, sechs Sessel und vier Stühle, die auf Weisung von Monsieur Rossi im Neuen Kabinett Ihrer Majestät aufgestellt wurden."[16]

Kat. Nr. 201
Hockerbezug *Narzissenstrauß*, Coupon für den Bezug eines Hockers oder Kissens
Atelier Pernon. Lyon, Frankreich, 1782
Gewebt, Seide
59 x 59 cm
Inv. Nr. CCh-212-II
Provenienz: Schloß Pawlowsk, ursprünglicher Bestand

Hockerbezug aus Seidenrips. Das Motiv zeigt einen Strauß Jonquilles (gelbe Narzissen) auf weißem Grund.
Am Rand ist eine Bordüre angenäht mit einem Ornament in grau-weißen Tönen auf rosarotem Grund, das einen mit Perlen eingefaßten, von Akanthusblättern umrankten Rahmen darstellt.
Der Bezug befand sich ursprünglich auf einem Möbelstück in der Bibliothek des Großfürsten. *N. W.*

Kat. Nr. 203
Hockerbezug *Lilienstrauß*, Coupon für den Bezug eines Hockers oder Kissens
Atelier Pernon. Lyon, Frankreich, 1782
Gewebt, Seide
66 x 68 cm
Inv. Nr. CCh-626-II
Provenienz: Schloß Pawlowsk, ursprünglicher Bestand

Hockerbezug aus Seidenrips. Die Darstellung zeigt einen Strauß weißer Lilien auf rosafarbenem Grund. Der Strauß wird von einer Girlande aus Eichenblättern quadratisch umrahmt. Der Hockerbezug befand sich ursprünglich im Kabinett des Großfürsten Paul. *N. W.*

Kat. Nr. 202
Sofabezug *Liliensträuße mit Papageien*, Coupon für den Bezug eines Sofas
Atelier Pernon. Lyon, Frankreich, 1782
Gewebt, Seide
128 x 225 cm
Inv. Nr. CCh-621-II
Provenienz: Schloß Pawlowsk, ursprünglicher Bestand

Sofabezug aus rosafarbenem Rips mit gewebtem Muster. In der Mitte des Motivs befindet sich ein Strauß weißer Lilien. Seitlich davon sind symmetrisch zwei blühende Lilienzweige dargestellt, auf denen silbrig-weiße Papageien sitzen. Zwei weitere Lilienzweige schließen das Motiv außen ab. Alle Elemente der Komposition sind mit gewundenen Akanthustrieben verbunden, von denen Perlenschnüre herabhängen. Eine Girlande aus grünen Eichenblättern bildet den ovalen Rahmen der Darstellung. Der Sofabezug befand sich ursprünglich im Kabinett des Großfürsten Paul. *N. W.*

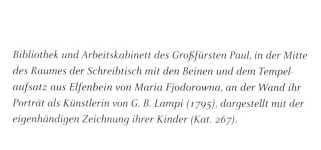

Bibliothek und Arbeitskabinett des Großfürsten Paul, in der Mitte des Raumes der Schreibtisch mit den Beinen und dem Tempelaufsatz aus Elfenbein von Maria Fjodorowna, an der Wand ihr Porträt als Künstlerin von G. B. Lampi (1795), dargestellt mit der eigenhändigen Zeichnung ihrer Kinder (Kat. 267).

PORZELLAN UND KERAMIK

E. Nesterowa

Nach dem Vorbild zahlreicher Fürstenresidenzen beherbergt Schloß Pawlowsk schon am Ende des 18. und zu Beginn des 19. Jahrhunderts eine beeindruckende Porzellan- und Keramiksammlung. Die besonders detaillierten Inventare von 1790, 1805 und 1817 enthalten diesbezüglich wertvolle Informationen. Neben dem berühmten, von der Reise im Jahre 1782 mitgebrachten Sèvresporzellan (Kat. 87-89) verzeichnen sie einzigartige englische Fayencen, die von der Großfürstin Maria Fjodorowna in Auftrag gegeben worden waren, deutsche Porzellanwaren, die ihr verschiedene Mitglieder ihrer großen Familie geschenkt hatten, sowie russisches Porzellan von höchster Qualität, bei dem es sich um rituelle Weihnachts-, Neujahrs- oder Ostergaben ihr nahestehender Personen oder von Mitgliedern der kaiserlichen Verwaltung handelte. Darüber hinaus erwähnen die Listen große Mengen von Gebrauchsgeschirr, das Rückschlüsse auf den Alltag in einem Schloß dieser Bedeutung erlaubt.

Außer in den Paradesälen gab es in allen Gemächern (die im allgemeinen aus einem Vorzimmer, einem Salon, einem Schlafzimmer und gelegentlich auch aus einem Arbeitszimmer und einem Schrankzimmer bestanden) ein oder zwei Porzellanvasen, ein Tee- oder Kaffeeservice, ein Tintenfaß und eine Sanduhr, einen Kandelaber oder einen Kerzenhalter mit Griff, eine Kanne und ein oder zwei Waschschüsseln. Das Inventar von 1790 präzisiert hinsichtlich der fünfzehn Zimmer im zweiten Stock: „Im Salon: zwei Vasen mit durchbrochenem Deckel in weißem Porzellan mit vergoldeten Girlanden; ein Teeservice aus weißem Porzellan mit Bordüre und Medaillons – eine Teekanne mit Deckel, ein Milchkrug mit Deckel, eine Zuckerdose mit Henkeln, aber ohne Deckel, ein Paar Teetassen nebst Untertassen; ein ovales Tablett mit Henkeln. Im Schlafzimmer: eine Vase mit Deckel aus weißem und goldenem Porzellan mit rosafarbenen Blumen, ein Kaffeeservice aus weißem und goldenem Porzellan mit Blumen und Bordüre ... Im Arbeitszimmer:

Der Thronsaal mit Prunktafel. Entwurf der Fensterrahmung mit Karyatiden von V. Brenna, um 1796 (Kat. 127). Geschirr „Parisien", Sèvres, um 1781-1782 (Kat. 204-212).

Kat. Nr. 204-212
„Pariser" Service, 47teilig
Frankreich, Sèvres, 1780-1782
Porzellan, Aufglasurbemalung, goldstaffiert
Kleine Teller (Inv. Nr. CCh-6762, 6763, 6569, 6788, 6792, 6809, 6835, 6841-I): Durchmesser: 25 cm; **tiefe Teller** (Inv. Nr. CCh-6614, 6615, 6617, 6761, 6762, 6763-I): Durchmesser: 24,5 cm; **Glaskühler** (Inv. Nr. CCh-6555, 6556-I): Höhe: 13,5 cm; Länge: 31 cm; Breite: 21,5 cm; **Flaschenkühler** (Inv. Nr. CCh-6593, 6598-I): Höhe: 12,5 cm, Durchmesser: 13 cm; **Saucièren mit Deckel** (Inv. Nr. CCh-6599, 6600-I): Höhe: 7 cm, Länge: 24 cm, Breite: 15 cm; **Butterdosen mit Deckel** (Inv. Nr. CCh-6601, 6602-I): Höhe: 6,5 cm, Durchmesser: 22 cm; **Schalen** (Inv. Nr. CCh-6607, 6608-I): Höhe: 5 cm, Länge u. Breite: 23 cm; **Salzfäßchen** (Inv. Nr. CCh-6646, 6647, 6648, 6649-I): Höhe: 4 cm, Länge: 9 cm, Breite: 6,5 cm; **Cremetöpfchen** (Inv. Nr. CCh-6677, 6680, 6686, 6687, 6691, 6735-I): Höhe: 6 cm, Durchmesser: 6,5 cm; **Tassen** (Inv. Nr. CCh-6697/1, 6699/1, 6700/1, 6701/1, 6702/1, 6745/1-I): Höhe: 9 cm; Durchmesser: 7 cm; **Untertassen** (Inv. Nr. CCh-6698/2, 6699/2, 6700/2, 6701/2, 6702/2, 6703/2-I): Durchmesser: 15 cm; **Zuckerdosen mit Deckel** (Inv. Nr. CCh-6723, 6744-I): Höhe: 11 cm; Durchmesser: 10,2 cm; **Eisschale mit Deckel** (Inv. Nr. CCh-6589-I): Höhe: 25 cm; Durchmesser: 19,5 cm
Marken: alle Einzelteile sind mit einer Unterglasur-Kobaltmarke versehen (traditionelles Sèvres-Monogramm) oder mit Aufglasurmarken mit den Buchstaben der Jahre 1780, 1781 und 1782 sowie mit Künstlerzeichen (Maler und Vergolder); am häufigsten tauchen die Zeichen von Vincent le Jeune (2000), Lecot, Sioux, Dranne, Chulot, Etienne Evain, Duren, Fumé, Armand Codé, Boulet, Boulidon, Fallot, Boulanget und Prévost auf.
Provenienz: Schloß Pawlowsk
Ausstellungen: *Splendeur et intimité à la cour impériale de Russie 1780-1820*. Montbéliard 1995; *Pavlovsk. Zolotoj vek russkoj kul'tury*. Moskau 1998

Großes Dessertservice mit „gestreuten" Purpurrosen: vereinzelte Blüten mit kleinen grünen Blättchen (vergoldet). Die Fahnen sind mit dem sogenannten „Œil-de-Perdrix"-Muster (zu dt. „Rebhuhnaugen"-Muster) geschmückt. Es besteht aus einer Vielzahl von kleinen Kreisen, die aus kleinen Punkten einer Farbe gebildet werden, sowie einem einzigen Punkt mit einer anderen Farbe oder einem Goldpunkt, der in der Mitte sitzt. Die Erfindung dieses Dekors, der sich zu einem der beliebtesten Sèvres-Motive entwickelte, wird der Künstlerin Taillandier zugeschrieben. Trotz der äußerlichen Gleichartigkeit und der Ähnlichkeit der Rosenmotive kann jedes Teil als eigenständiges Kunstwerk betrachtet werden. Unter Beachtung der Regeln für die Anordnung der Blüten konnte jeder Künstler seine eigene Note einbringen, so daß jede Blüte lebendig und individuell wirkt. An der Bemalung dieses Services wirkten die bekanntesten Maler und Vergolder der Manufaktur Sèvres mit.
Das Service bestand aus 419 Einzelteilen, als es 1783 nach Pawlowsk geliefert wurde. Seit jener Zeit wurde es als das „Pariser" Service bezeichnet. Aufgedeckt wurde es nur zu besonders festlichen Anlässen wie prunkvollen Empfängen. Normalerweise speiste man zu jener Zeit im Schloß vom „Moskauer" Porzellan-

service mit dem Monogramm von Großfürst Paul und Maria Fjodorowna. Es war seinerzeit eigens bei dem Kaufmann F. Gardner in der Nähe von Moskau bestellt worden.

Nach 1803 war das Berliner Service das feierlichste Service im Schloß. Der preußische König hatte es Zar Alexander I. geschenkt, der es seiner Mutter in Pawlowsk überließ.

Wurde Geschirr zerschlagen, so wurden die Scherben gesammelt und in die Kaiserliche Porzellanmanufaktur gebracht, wo man anhand des „Bruchs" Ersatzteile fertigte.

Heute sind noch 282 Teile erhalten, die aus dem originalen „Pariser" Service stammen, sowie 48 nachträglich in der Kaiserlichen Manufaktur gefertigte Teile. Unter den Originalteilen ist besonders die große Punschschale hervorzuheben, ebenso die Eisschalen mit ihren Einsätzen und die vier (ursprüngliche Anzahl aus dem Jahre 1783) Butterschalen mit Deckeln, „deren Henkel abgeschlagen sind". Dieses Service aus Sèvres ist Teil der ständigen Ausstellung im Schloß. *E. N.*

zwei Vasen in Form eines Kruges aus weißem und goldenem Porzellan mit Girlanden und Medaillons; zwei kleine Kerzenleuchter mit Griff aus weißem und goldenem Porzellan." Man weiß sogar, daß es im Schlafzimmer von F. G. Viollier „einen mahagonifarbenen Toilettentisch mit drei Schubladen und einer Fayenceplatte gibt; eine Waschschüssel existiert nicht, da diese verloren gegangen ist". Die Keramiksammlung von Pawlowsk bleibt bis Ende der 20er Jahre des vergangenen Jahrhunderts praktisch unverändert. Ihr von Großfürst Paul und Großfürstin Maria Fjodorowna zusammengetragener Kernbestand wird sorgfältig bewahrt und von den nachfolgenden Besitzern des Schlosses erweitert. Doch zwischen 1928 und 1934 führen die von der Sowjetregierung durchgeführten Verkäufe zur Zerschlagung der Sammlung und insbesondere zum Verschwinden des Flachgeschirrs und des Silberbestecks, ohne die man sich die kaiserliche Tafel kaum mehr vorstellen kann. Auch die Gebrauchskeramik, der man keinen künstlerischen Wert beimaß, wird verstreut. Parallel zum Wiederaufbau des Schlosses nach dem Krieg widmen sich die Konservatoren mit Hingabe und Einfallsreichtum der Wiederherstellung der Sammlung. Auf diese Weise kehren Gegenstände nach Pawlowsk zurück, die von Anfang an dessen Zierde ausmachten, oder es gelangten andere dorthin, die mit denjenigen vergleichbar sind, die verkauft oder zerstört wurden. Bis heute bereichern Neuerwerbungen diese Sammlung von Keramiken und Glasgegenständen, die insgesamt über hunderttausend Stücke umfaßt.

O bwohl man sie nach wie vor schätzt, weckt die orientalische Keramik gegen Ende des 18. Jahrhunderts nicht mehr dieselbe Begeisterung wie noch zu Beginn der Herrschaft Katharinas II. Gegenüber den dekorativen Vasen aus China und Japan, die für das Großfürstenpaar eher Erinnerungsstücke sind, als daß sie ihrem Geschmack entsprächen, bevorzugen jene von nun an französisches Porzellan, das in der Zeit, in der Pawlowsk errichtet wird, gerade in Mode kommt und das sich in nahezu allen Gemächern findet. Im Schlafzimmer im Erdgeschoß stehen auf einer Kommode: „eine blaue, mit Bronze verzierte Porzellanvase mit Deckel, aus deren Innerem sich dank einer Feder ein dreiarmiger Leuchtkörper aus Bronze erhebt; ein blaues Kaffeeservice aus blauem Porzellan mit Gold und Medaillons; eine Kaffeekanne, ein Sahnekännchen, eine ovale Zuckerdose, zwei Tassenpaare mit einer Bordüre und Porträts." Auf einer zweiten Kommode stehen eine identische Vase und „ein blaues Porzellanservice mit Gold und Blumen: eine Kaffeekanne, eine Teekanne, ein

Stählerne Toilettengarnitur von Maria Fjodorowna, hergestellt in der Waffenfabrik Tula, aufgestellt in Schloß Pawlowsk.

Kat. Nr. 213-216
Toilettengarnitur von Katharina II. (bestehend aus 6 Teilen)
Unbekannter Meister, Waffenfabrik Tula, Rußland 1787
Stahl, Bronze; geschmiedet, Dukatengold-Einkerbungen, brüniert, poliert
Tisch 72 x 116 x 68 cm; Inv. Nr. CCh-746-VIII
Tischtoilette 72 x 50 x 26 cm; Inv. Nr. CCh-747 Inv.
Obelisken-Paar 55 x 11 x 11 cm; Inv. Nr. CCh-749-VIII; CCh-750-VIII
Puderdosen-Vasen-Paar 36 x 21 cm; Inv. Nr. CCh-751-VIII; CCh-752-VIII
Auf jedem Obelisken: Monogramm unter der Krone von Katharina II. *E. A.*
Provenienz: Schloß Pawlowsk, ursprünglicher Bestand
Ausstellungen: *Vserossijskaja vystavka.* Petersburg 1870; *Jewels of the Romanovs. Treasures of the Russian Imperial Court.* Washington, Houston, San Diego, Memphis, New York 1997-1998; *Pavlovsk. Zolotoj vek russkoj kul'tury.* Moskau 1998

Einen besonderen und ungewöhnlichen Zweig des russischen dekorativen Kunstgewerbes bilden Erzeugnisse aus Stahl, die von den Waffenschmieden in Tula angefertigt wurden. Auf dem Rückweg ihrer Reise über die Krim und durch Neurußland (Gebiete nördlich der Schwarzmeerküste) besuchte Katharina II. 1787 auch die Waffenfabrik Tula. Im Namen der Gesellschaft der Waffenschmiede von Tula erhielt sie diese Toiletten-Garnitur, bestehend aus einem Tisch, einem Spiegel, zwei Obelisken, zwei Puderdosen-Vasen, zwei Nadelkissen und einem Fußschemel, als Geschenk. In welchem ihrer Schlösser sich diese Toilettengarnitur zuerst befand, ist unbekannt, jedoch wurde sie kurz nach dem Tod von Katharina II. nach Pawlowsk gebracht. Sie verschönerte dort das Ankleidezimmer von Maria Fjodorowna in den Wohnräumen des Schlosses im Parterre. *O. B.*

Kat. Nr. 217
Bodenstanduhr
Neuwied, 1789
David Roentgen (1743-1807)
Peter Kinzing (1745-1816)
Auf dem Zifferblatt: *Roentgen & Kinzing A NEUWIED*
Blindholz: Eiche; Furnier: gefärbter, gemusterter Ahorn
Palisander, Ormoulu, Messing, Stahl
181 x 54 x 18,5 cm
Inv. Nr. CCh-290-IV
Provenienz: Seit 1789 in Pawlowsk

Auf einer hohen Sockelplatte ruht der Gehäusekasten mit dem Metallzifferblatt, das von einem quadratischen Bronzerahmen eingefaßt ist und nur einen einzigen Zeiger aufweist. Die Vorderseite des Gehäuses schmückt ein breiter Messingstreifen mit Kannelierungen, der von der Sockelplatte zum Zifferblatt führt. Vier kleine Sanduhren zieren die Deckfläche des Gehäuses, in der Mitte zwischen ihnen ein bronzenes Dreieck.
Diese Art von Uhren, die Ende der 80er Jahre des 18. Jahrhunderts aufkam, gehört zu den späten Neuwieder Erzeugnissen. Sie wurden bis zur Schließung der Werkstatt 1795 hergestellt.
Ähnliche Uhren befinden sich im Staatlichen Museum Schwerin, der Staatlichen Kunstsammlung Weimar, dem Leipziger Alten Rathaus und dem Schloßmuseum Stuttgart.
A. A., R. G.

Kleines Kabinett mit anschließender Paradebibliothek von Großfürst Paul. Links die Standuhr von David Roentgen (Kat. 217) und ein Porträt Peters des Großen.

INTERIEUR — 345

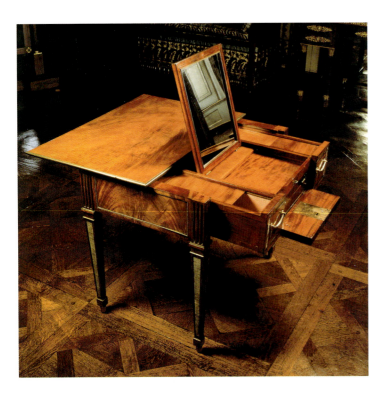

Kat. Nr. 218
Mehrzwecktisch
David Roentgen (1743-1807), Neuwied, um 1785-1790
Mahagoni massiv, Mahagoni, Ahorn auf Eiche furniert,
vergoldete Bronze, Spiegelglas, Messingblech, Eisen
81,5 x 96,5 x 67 cm
Inv. Nr. SchL. 1106
Provenienz: Verwaltung der Staatlichen Schlösser und Gärten
Baden Württemberg, Schloß Ludwigsburg

Der auf vier Beinen stehende Mehrzwecktisch ist für eine verschiedenartige Nutzung ausgelegt, die nicht nur die morgendliche Toilette, sondern auch das Musizieren und das Schreiben von kleinen Korrespondenzen erlaubt. Zieht man die in den kompletten Tischkasten eingeschobene Schublade hervor, so schiebt sich die Tischplatte automatisch um ein Drittel ihrer Auflage zurück und gibt die innere Ausstattung frei. In der Mitte des Schubladenkastens ist ein Ablagefach, auf dem ein rechteckiger Toilettenspiegel liegt. Der Spiegel kann zum Frisieren nach oben geklappt werden. Rechts und links des Mittelfachs befinden sich zwei schmale Utensilienkästchen für Toilettenartikel mit Roulleaux-Verschluß. Unter dem Mittelteil mit Spiegel lagern ein Stellpult, eine Mittelschublade und zwei seitliche kleine Schubkastenfächer. Klappt man das mittlere Vorderstück des Tischkastens nach unten weg, so kann man Einsätze herausziehen. Das dreiteilige Pult besitzt zwei seitliche Ausklappbretter und ist schräg zu stellen. Darunter befinden sich die mittlere Schublade mit Schlüssel und eintourigem Einlaßschloß und die beiden seitlichen Schubfächer mit je einem kleinen Messingknauf. Die schlanken Fächer sind nach außen zu drehen, um bei hochgestelltem Pult nahe an den Tisch rücken zu können. In ihnen befanden sich wohl Schreibgeräte.

Kat. Nr. 219 (ohne Abbildung)
Mehrzwecktisch (Frisier- und Zeichentisch)
David Roentgen, Neuwied, 1785-1790
Blindholz: Eiche, teilweise Ahorn; Furnier: Palmenholz,
gefärbter Ahorn, Ormoulu, Messing, Moiré, Glas, Spiegel
81 x 94 x 62 cm
Inv. Nr. CCh-377-IV
Provenienz: Schloß Pawlowsk, 1786 von Maria Fjodorowna
erworben

Es ist bekannt, daß Maria Fjodorowna der Möblierung von Schloß Pawlowsk viel Aufmerksamkeit schenkte. Neben Arbeiten der französischen Meister erwarb sie mit Vorliebe Möbelstücke von David Roentgen, den sie womöglich noch in Württemberg kennengelernt hatte. Am 13. April 1786 schreibt sie an ihren Schloßverwalter: „Lieber Küchelbecker, morgen werden Sie Möbelstücke erhalten, deren Erwerb ich selbst besorgt habe. Wischen Sie noch einmal gut darüber. Übermorgen kommen dann die drei kleinen Roentgen-Tische und der Toilettentisch. Schicken Sie ... mein altes, für Kamennoostrowski bestimmtes Roentgen-Kabinett aus Pawlowsk fort." In den folgenden Jahren wird Maria Fjodorowna bei Roentgen noch einen großen Schreibtisch, zwei Standuhren und ein Clavecin anfertigen lassen. *A. A., R. G.*

Kat. Nr. 220 (ohne Abbildung)
Spiel- und Schreibtisch
David Roentgen, Neuwied, 1785-1786
Blindholz: Eiche; Furnier: Mahagoni, Ormoulu, Messing, Stoff
78 x 97 x 48,5 cm
Inv. Nr. CCh-576-IV
Provenienz: Seit 1786 Kaiserliche Eremitage, zwischen 1829
und 1843 in Gatschina, seit 1956 in Pawlowsk

Der Tisch hat drei zusammenklappbare Tischplatten. Eine ist ganz mit Stoff bezogen, eine zweite als Schachbrett intarsiert, während die dritte eine teilweise mit Stoff bezogene Schreibtischoberfläche darstellt, ausgestattet mit Seitenfächern, Verschlußklappen und einem in den unteren Teil montierten, ebenfalls bezogenen Lesepult. Dreht man einen Hebel, so fährt aus der Mitte dieser dritten Tischplatte ein Fach mit einem Tricktrack-Spielfeld heraus. Geöffnet liegt die Tischplatte auf einem um 90 Grad verschobenen, von einem Bein abgestützten Teil der Zarge, hinter dem sich noch ein kleines Fach befindet.
Solche Tische entstanden in Neuwied bereits um 1770, damals jedoch noch mit Intarsien (Marketerie). In den 70er Jahren des 18. Jahrhunderts ändert sich ihr Stil unter dem Einfluß des Klassizismus, wobei jedoch die komplizierte Mechanik und kunstvolle Marketerie erhalten bleiben. Erst mit Beginn der 80er Jahre wird letztere von Mahagonifurnieren verdrängt. *A. A., R. G.*

Neues Kabinett (Entwurf Charles Cameron). An der Wand kolorierte Stiche mit Szenen aus den Vatikanischen Stanzen des Raffael, dem Großfürstenpaar während seines Romaufenthaltes überreicht von dem Stecher Giovanni Volpato; in der Zimmermitte ein Spieltisch von David Roentgen (vgl. Kat. 220)

Kat. Nr. 221
Schränkchen
Sankt Petersburg, erstes Jahrzehnt des 19. Jahrhunderts
Werkstatt Heinrich Gambs (1765-1831)
Blindholz: Kiefer; Furnier: Mahagoni, Birnbaum, als Ebenholz gefärbtes Mahagoni
Ormoulu und patinierte Bronze, Messing, Mastix
89 x 56 x 87 cm
Inv. Nr. CCh-1217-IV
Provenienz: Schloß Pawlowsk, 1961 aus dem Staatlichen Museum der Bildenden Künste

An den Ecken des Schranks weibliche Hermen aus Ormoulu, die stilisierte Löwenmasken tragen. Ebenso stilisiert sind die Schwäne in der Mitte des Gesimses dargestellt, an dessen Seiten ein schmales geometrisches Muster aus Messing verläuft. Medaillons mit weiblichen Profilköpfen und Rosetten aus patinierter Bronze und Ormoulu zieren Seitenwände und Türen.
A. A., R. G.

Kat. Nr. 222
Schränkchen
Sankt Petersburg, um 1800
Werkstatt Heinrich Gambs (1765-1831)
Blindholz: Kiefer; Furnier: Mahagoni, Ebenholz
Ormoulu und patinierte Bronze
79 x 38 x 91 cm
Inv. Nr. CCh-683-IV
Provenienz: Kam vor 1862 nach Gatschina, seit 1956 Schloß Pawlowsk

Die abgeschrägten Schrankecken sind mit weiblichen Hermen versehen, ihre Köpfe aus patinierter Bronze. Die Stirnleiste der oberen Deckplatte ist in Ebenholz furniert und mit Messingsternchen intarsiert. Eine Ebenholzrosette mit Medusenkopf sowie Einlegearbeiten in Form geflügelter Ruhmesallegorien zieren das Profilgesims. Die teilweise in Ebenholz furnierte Tür zeigt die von Sternen umrahmte Figur einer tanzenden Mänade.
A. A., R. G.

Vorzimmer im Erdgeschoß mit Schränkchen von Heinrich Gambs (Kat. 222) und einem Gemälde von Hubert Robert (Kat. 134) rechts.

Kat. Nr. 223
Schreibtisch
Sankt Petersburg, erstes Jahrzehnt des 19. Jahrhunderts
Werkstatt Heinrich Gambs (1765-1831)
Blindholz: Eiche; Furnier: Mahagoni, teilweise Ebenholz
Ormoulu, Messing
96 x 66 x 78 cm
Inv. Nr. CCh-1107-IV
Provenienz: Schloß Pawlowsk, 1959 aus dem Staatlichen
Russischen Museum

Der Tisch wird getragen von vier Pyramidenbeinen. Die oben abschließenden ägyptisierenden Frauenköpfe sind aus Bronze gefertigt, ebenso die durch eine X-Querstrebe verbundenen Füße. Die Ecken der Tischplatte sind abgerundet, die Tischkante mit geometrischen Messingornamenten verziert. Die Vorderfront der Zarge läßt sich aufklappen. Mit den herausgezogenen Schüben bildet sie einen Teil der Schreibfläche. *A. A., R. G.*

Sahnekännchen, eine runde Zuckerdose mit Deckel, zwei Tassenpaare, ein Tablett." Ab 1795 beherbergte das Paradeschlafzimmer Maria Fjodorownas das prächtige Sèvres-Toilettenservice, das ihr von Marie Antoinette und Louis XVI. geschenkt worden war (Abb. S. 120). Untergebracht ist das Service seither unter einer großen, auf einem eigens zu diesem Zweck angefertigten Mahagonitisch stehenden Glasglocke. Ihre genaue Beschreibung lautet: „Gegenüber dem Bett ein großer Spiegel, vor dem sich das schöne Toilettenservice befindet, das mir der König von Frankreich geschenkt hat."

Entwurf und Kostenvoranschlag, die dem König am 10. Januar 1782 zugesandt wurden, ermöglichen die Rekonstruktion der ursprünglichen Gestalt des Service. Die sechzig derzeit ausgestellten Exponate bestehen entweder aus Weich- (die überwiegende Zahl der Stücke) oder aus Hartporzellan. In den meisten Fällen tragen sie die Marke von Sèvres – zwei ineinander geschlungene L's – sowie die goldenen Buchstaben *EE* und das Monogramm der jeweiligen Künstler *TZ*, *Z.G.*, *HP*, *2000*, die vermutlich für die Maler Le Guay, Le Grand, Levé, Prévost d. Ä. und Vincent d. J. stehen. Das goldene Dekor auf blauem Grund ist von herausragender Qualität und wird hinsichtlich seiner Wirkung durch die dezent darauf aufgebrachten türkisfarbenen, lindgrünen, violetten und rubinfarbenen Email-„Tropfen" noch gesteigert. Zwei von dem Maler Parpette gestaltete Kaffeetassen sind mit den Porträts Louis XVI. und Marie-Antoinettes verziert. Mehrere Stücke – etwa der Zungenschaber und die Schere zum Putzen der Kerzen – sind in Gold gefaßt. Zwei von kleinen Blumensträußen aus Biskuitporzellan bekrönte Vasen gehören nicht zum Toilettengeschirr, sondern sind lediglich in derselben Technik wie diese ausgeführt; eine von ihnen trägt die Signatur des berühmten Cotteau. Eine Tasse mit himmelblauem Fond zeigt das Bildnis des leuchtend rot gekleideten Großfürsten.

Neben den Geschenken brachte das Großfürstenpaar aus Sèvres eine Fülle von Neuerwerbungen mit, für die Fürst Barjatinski, der russische Botschafter am Hof von Frankreich, offenbar schon vor Ankunft der Reisenden eine Vorauswahl traf. Darunter befand sich

Kat. Nr. 224
Stuhl
Sankt Petersburg, um 1800
Werkstatt Heinrich Gambs (1765-1831)
Mahagoni massiv, Ormoulu und patinierte Bronze
Bezug: Kreuzstickerei auf Stramin
46 x 42 x 81 cm
Inv. Nr. CCh-369-IV
Provenienz: Seit Anfang des 19. Jahrhunderts in Schloß Pawlowsk

Die Vorderbeine des Stuhls sind als Hermen mit ägyptisierenden Frauenköpfen aus patinierter Bronze und Palmetten aus Ormoulu gefertigt. Den durchbrochenen Rahmen der Rückenlehne ziert in der Mitte ein Ormoulu-Medaillon mit einem Medusenhaupt aus patinierter Bronze. Auch die oben angebrachten Rosetten sind aus diesem Material. Auf dem Sitzbezug aus Stramin im Kreuzstich eine Vase mit Blumenbouquet.
Der Stuhl ist eines der seltenen erhaltenen Beispiele für Sitzmöbel aus der frühen Produktionsphase der Gambsschen Werkstatt. *A. A., R. G.*

Kat. Nr. 225
Damenschreibmöbel
Sankt Petersburg, um 1805
Werkstatt Heinrich Gambs (1765-1831), nach einer Zeichnung von Andrej Woronichin
Mahagoni massiv, geschnitzt sowie auf Mahagoni und Eiche furniert, rotes geprägtes Maroquinleder
124,5 x 79 x 39 cm
Inv. Nr. 92/384
Provenienz: Badisches Landesmuseum Karlsruhe

Nach dem Brand von 1803 ließ sich Maria Fjodorowna von Woronichin zahlreiche Möbel neu entwerfen, die in der Petersburger Werkstatt des ehem. Roentgenmitarbeiters Heinrich Gambs ausgeführt wurden. Hierzu gehört auch der Schreibsekretär, der 1929 mit anderen Möbeln aus russischen Zarenschlössern bei Lepke in Berlin versteigert wurde. Bevor der Sekretär vom Badischen Landesmuseum erworben wurde, wechselte er mehrmals den Besitzer.
Die Vorderfront des Schreibkastens ist in ein großes, oben und unten von einer Frieszone gerahmtes Mittelfeld gegliedert, das sich als Platte abklappen läßt. Dahinter sind verschieden große Schubladen um offene Mittelfächer angeordnet. Eine weitere Schublade befindet sich in der oberen Frieszone.

auch das große Tafelservice von Pawlowsk, das in Rußland als „Pariser" Service (Kat. 204-212, Abb. S. 338) bezeichnet wurde und mit Rosen sowie einer großen „Œil-de-perdrix"-Bordüre verziert war. Dieses 1799 entstandene und aus 419 Teilen bestehende Service wurde bei Festessen und Galadiners benutzt, insbesondere bei der Rückkehr Alexanders I. im Jahre 1814. Von Anfang an wird es durch Teile aus der kaiserlichen Porzellanmanufaktur von St. Petersburg vervollständigt, die auch die Ersetzung der im Lauf der Jahre zu Bruch gehenden Stücke übernimmt. (Seit den Verkäufen in den 30er Jahren des vergangenen Jahrhunderts umfaßt das Service 330 Teile, von denen 282 aus Sèvres und 48 aus russischer Herstellung stammen.) Die Archive erwähnen außerdem den Ankauf von fast dreißig Statuetten und Skulpturengruppen unterschiedlicher Größe, darunter *Pygmalion und Galatea* nach Falconet sowie mehrere Figuren aus Biskuitmarmor von Boizot, darunter *Venus und der von einer Biene gestochene Amor* und Themen aus der *Spanischen Konversation* von Le Riche. Weiterhin befinden sich in der Sammlung von Pawlowsk zwei in Goldbronze gefaßte und auf das Jahr 1803 datierte Vasen aus lapisblauem Sèvres. Der Legende nach soll Alexander I. sie von Napoleon persönlich empfangen haben.

Man weiß, daß das Großfürstenpaar 1782 auch Privatmanufakturen besichtigte, darunter die von Dihl und Guerhard, die auch als Porzellanmanufaktur des Herzogs von Angoulême bezeichnet wurde. Später erwarben sie bei Nast ein Service mit Rosenmotiven, das in Rußland kopiert und vervollständigt wurde. Schließlich gilt es, hinsichtlich des in Pawlowsk aufbewahrten französischen Porzellans noch das außergewöhnliche, mit Rosen verzierte Dessertservice (nach Redouté) zu erwähnen (Kat. 178-182), das zu Beginn des 19. Jahrhunderts für den Rosenpavillon erworben wurde. Es umfaßt zahlreiche Stücke, die wie bei den bereits erwähnten Beispielen um Arbeiten ergänzt wurden, die in St. Petersburg hergestellt worden sind. Die dreiundzwanzig französischen Teller, ein Geschenk der Zarin Elisabeth Alexejewna an ihre Schwiegermutter Maria Fjodorowna, treffen im September 1821 ein, die anderen russischen Stücke werden im August 1822 von der kaiserlichen Manufaktur nach Pawlowsk gesandt.

Kat. Nr. 226
Zwölf Teile eines Tee- und Kaffeeservices (33teiliges Service)
England, Derby, 1802
Porzellan, Goldbemalung auf Glasur
Kaffeekanne mit Deckel (Inv. Nr. CCh-6967/1-I): Höhe: 33 cm; Durchmesser: 14 cm; **Unterschale für die Kaffeekanne** (Inv. Nr. CCh-6967/2-I); **Teekanne mit Deckel** (Inv. Nr. CCh-6968/1-I): Höhe: 14 cm; Länge: 26 cm; Breite: 11 cm; **Unterschale für die Teekanne** (Inv. Nr. CCh-6968/2-I); **Zuckerdose mit Deckel** (Inv. Nr. CCh-6969-I): Höhe: 15 cm; Länge: 14 cm; Breite: 11 cm; **Butterdose mit Deckel** (Inv. Nr. CCh-6970/1-I): Höhe: 7 cm; Durchmesser: 11 cm; **Unterschale für die Butterdose** (Inv. Nr. CCh-6970/2-I); **Milchkännchen** (Inv. Nr. CCh-6971-I): Höhe: 11 cm; Länge: 13 cm; Breite: 9 cm; **zwei Tassen** (Inv. Nr. CCh-6975/1-I; CCh-6976/1-I): Höhe: 6,5 cm; Durchmesser: 8 cm; **zwei Untertassen** (Inv. Nr. CCh-6975/2-I; CCh-6976/2-I): Höhe: 3 cm; Durchmesser: 14 cm
Marken: alle Objekte tragen ein purpurfarbenes *D* mit Krone, zwei gekreuzte Schwerter (?) und Punkte
Provenienz: Schloß Pawlowsk, ursprünglicher Bestand

Dieses Service findet Erwähnung in Dokumenten im Historischen Staatsarchiv Rußlands (f. 493 op. 7 d. 45 l. 5; op. 1 d. 3061 l. 12 – beide Akten: 1802).
Im „Verzeichnis der aus St. Petersburg übersandten Stücke" wird für den 18. Februar unter „Zierrat" folgendes angegeben: „Porzellangarnitur mit goldenen Tupfen: 1 Kaffeekanne, 1 Milchkännchen, 1 Teekanne, 1 Wasserschüssel, 1 Zuckerdose mit Deckel, 12 Paar Kaffeetassen, 1 Schüssel für Butter mit Deckel und Unterschale". Hierzu ist anzumerken, daß Unterschalen für Tee- und Kaffeekannen in den Schloßdokumenten nicht als eigene Objekte behandelt wurden. Außerdem wurden sie – ebenso wie die großen Tabletts – häufig mit weichem Saffianleder oder feinem Tuch (manchmal mit gezahntem Rand) unterlegt, um so zu verhindern, daß die polierte Oberfläche eines Tisches beschädigt würde. Der Porzellanteig dieses Services ist ausnehmend zart und durchsichtig, ein typisches Kennzeichen für Porzellan aus Derby aus der Zeit des ausgehenden 18. und beginnenden 19. Jahrhunderts. Auffällig ist auch die originelle ovale Form der Teekanne mit langer gerader Tülle, ovalem Deckel und ovaler Unterschale. Auch die Form der Henkel unterscheidet sich vom Porzellan des europäischen Kontinents, das größtenteils auf Meißener Vorbilder zurückgeht. Die Bemalung des Services – mit Pinsel aufgetragene goldene Erbsen, die an den gewölbten Teilen und zum oberen Rand des jeweiligen Objekts hin größer und an den schmaleren Teilen (am Fuß und am Deckel der Kaffeekanne, im unteren Bereich der Tassen und in der Mitte der Untertassen) kleiner werden – stellt nicht nur für die zeitgenössische Porzellankunst eine Besonderheit dar. Insbesondere ist hier die beidseitige Bemalung der Tassen hervorzuheben sowie die kunstvolle plastische Ausführung der Tülle der Kaffeekanne.
Ein Service in der gleichen Form (mit Ausnahme der anders geformten Kaffeekanne) und mit den gleichen Einzelteilen, jedoch mit einem Streifen aus goldenen Kränzen und feinen Zweigen dekoriert, ebenfalls aus der Porzellanmanufaktur in Derby, fand seinen Platz im Schloß Gatschina, wo es sich bis heute unversehrt befindet. *E. N.*

Kat. Nr. 227
Schreibtisch mit Blumenständern („Bureau-Jardinière")
Sankt Petersburg, 1801-1803
Werkstatt Heinrich Gambs (1765-1831), nach einer Zeichnung von Andrej Woronichin
Blindholz: Kiefer, Eiche, teilweise Ebenholz (?); Furnier: Mahagoni
Ormoulu und patinierte Bronze
118 x 116 x 57 cm
Inv. Nr. CCh-375-IV
Provenienz: Seit 1803 in Pawlowsk, früher im Schloß Gatschina

Das Boudoir Maria Fjodorownas. Die Wände gliedern die auf der Grand Tour in Rom erworbenen Marmorpilaster mit einer Bemalung nach Motiven der Raffael-Loggien im Vatikan und antike Porphyrsäulen aus römischen Ausgrabungen - rekonstruiert nach 1945. Nach dem Brand von 1803 Ausstattung mit neuer Sitzgarnitur im Empirestil von Woronichin - einziger davon noch erhaltener Sessel in der Zimmermitte (Kat. 229)

Ausstellungen: *Ein Jahrhundert Möbel für den Fürstenhof. Karlsruhe, Mannheim, Sankt Petersburg 1750 bis 1850.* Karlsruhe 1994; *Anna Pavlovna en Het Russishe hof 1795-1865.* Apeldoorn 1995

Die ovale Zarge steht auf vier Hermen, wobei die weiblichen Büsten und Palmetten oben aus Ormoulu, die Füße unten aus patinierter Bronze gefertigt sind. An den Ecken sind Blumenständer angebracht, deren versenkte Bronzebehälter mit Vasen versehen sind. Im Zentrum des Tisches steht auf einem Podest mit drei Schubladen ein schlankes Schränkchen mit Vasen, Profilen und einer ihrerseits mit kleinen Vasen bestückten Balustrade aus Ormoulu. In die Zarge ist eine Schublade eingearbeitet. Maria Fjodorownas Vorliebe für Blumen und Handarbeit entsprechend schufen der Architekt Andrej Woronichin und der Kunstschreiner Heinrich Gambs prächtige, die Individualität der Handschrift betonende Möbelstücke, die sie mit Blumenständern, Stickereien oder *Verre églomisé* verzierten. Bis heute gehören diese – und mit ihnen auch der hier ausgestellte Schreibtisch – zum Interieur von Schloß Pawlowsk. *A. A., R. G.*

Kat. Nr. 229
Sessel
Sankt Petersburg, 1804-1805
Werkstatt unbekannt, nach einer Zeichnung von Andrej Woronichin
Holzschnitzereien, Gold, Lack in der Art patinierter Bronze
Bezug: Gobelin, Manufaktur Beauvais
96 x 73 x 64 cm
Inv. Nr. CCh-311-IV
Provenienz: Seit 1805 Schloß Pawlowsk
Ausstellungen: *Palaces of St. Petersbourg. Russian Imperial Style.* Jackson 1996

Die Vorderbeine des Sessels stellen Sphingen dar. Beine, Brust und Kopf sind in der Art patinierter Bronze lackiert, die als Armlehnen dienenden Flügel vergoldet. Die durchgehende Rückenlehne ziert eine vergoldete Raute mit der allegorischen Darstellung der Sonne sowie zwei Halbovale, deren Lack ebenfalls bronzene Patina imitiert und die durch einen vergoldeten Lorbeerkranz verbunden sind. Oben schließt die Lehne mit vergoldeten Palmettenschnitzereien ab. Auf dem Bezugsstoff, einem Gobelin aus der französischen Manufaktur Beauvais (um 1800), ist eine pastorale Szene dargestellt.
Nach dem Schloßbrand wurde für Maria Pawlownas Boudoir 1804-05 eine neue Möbelgarnitur nach Entwürfen Woronichins gefertigt. Sie bestand aus zwei Liegen, vier Sesseln, vier Tabourets und einem Kaminschirm.
Die Verwendung von ägyptischen Motiven bei der künstlerischen Gestaltung zeugt vom Einfluß des französischen Empire auf das Schaffen der russischen Architekten. Nach Napoleons Ägyptenfeldzug machte sich die Ägyptenmode vor allem im Kunsthandwerk bemerkbar. Von der gesamten Garnitur hat nur dieser Sessel den Zweiten Weltkrieg überstanden.   *A. A., R. G.*

Kat. Nr. 228
Sitzbezug eines Sessels
59 x 60 cm, 11-12 Kettfäden pro cm
Inv. Nr. CCh-51-II
Provenienz: Schloß Pawlowsk, ursprünglicher Bestand
Ausstellungen: *Splendeur et intimité à la cour impériale de Russie 1780-1820.* Montbéliard 1995

Rechteckiger Sitzbezug eines Sessels. In der Mitte befindet sich ein quadratisches Medaillon mit leicht gebogenem unteren Rand, das mit einem schmalen Goldrahmen eingefaßt ist. Das Medaillon zeigt eine pastorale Szene vor dem Hintergrund einer Landschaft: Eine Frau mit einem Krug in der Hand melkt eine Ziege, eine zweite Ziege steht daneben. Gerahmt wird das Medaillon von einer Blumengirlande auf blauem Grund, in die ein weiß-rosa gestreiftes Band geflochten ist.
Das Motiv entstand nach einer Zeichnung der Künstlerin F. Kasanowa, die für die Anfertigung einer Teppichserie mit dem Titel *Ländlicher Zeitvertrieb* in Beauvais bestimmt war.   *N. W.*

Kat. Nr. 230, 231
Sitzbezüge
je 59 x 60 cm, 11-12 Kettfäden pro cm
Inv. Nr. CCh-50-II, CCh-55-II
Provenienz: Schloß Pawlowsk, ursprünglicher Bestand
Ausstellungen: *Splendeur et intimité à la cour impériale de Russie 1780-1820*. Montbéliard 1995

Rechteckiger Sitzbezug eines Sessels. In der Mitte befindet sich ein quadratisches Medaillon, das mit einem schmalen Goldrahmen eingefaßt ist. In den Rahmenecken sind Schmetterlinge eingewebt. Auf der achteckigen Fläche des einen Bezugs ist eine Allegorie der Poesie dargestellt, die auf einem Bein kniet und eine Lyra in den Händen hält; der andere Bezug zeigt eine Allegorie der Bildhauerei. Gerahmt werden die Medaillons von einer Blumengirlande auf blauem Grund, in die ein weiß-rosa gestreiftes Band geflochten ist.
Der Bezug gehörte zu einer Serie mit dem Titel *Wissenschaft und Kunst*. N. W.

Auch die Sammlung deutscher Keramiken aus Pawlowsk geht ursprünglich auf die Reise des Großfürstenpaares zurück. Sie umfaßt einzigartige Stücke aus der Manufaktur von Ludwigsburg (vgl. Kat. 72, 73), die sich damals im Besitz von Herzog Karl Eugen von Württemberg, dem Onkel von Maria Fjodorowna, befand. Das Toiletten-Service, das er ihr 1782 schenkte, sowie die Vasengarnitur, die heute im Neuen Kabinett ausgestellt ist, sind mit Profilen von Familienmitgliedern verziert. Trotz ihrer sorgfältigen Ausführung haben sie einen etwas provinziellen Charakter und wirken ein wenig plump.

D ie kaiserliche Porzellanmanufaktur von St. Petersburg wurde 1744 auf Veranlassung der Zarin Elisabeth gegründet. In unseren Tagen wurde daraus die Porzellanfabrik Lomonossow. Der unangefochtene Meister des russischen Porzellans war Dmitri Iwanowitsch Winogradow (1720-1758), der das Verfahren der Porzellanherstellung – die Lagerung der Rohstoffe und einzelnen Bestandteile der Porzellanmasse, den Brennvorgang, die verschiedenen Farben und Maltechniken – in die Tat umsetzte. Nach seinem Tod wußten seine Mitarbeiter sein Werk fortzuführen und änderten das Herstellungsverfahren kaum. Im Lauf ihrer Geschichte erlebte die Manufaktur zwar manche Veränderungen, blieb ihrer großen Kunst und ihren Traditionen jedoch stets treu. Sogar eine Schule wurde in der Manufaktur eingerichtet, die vor allem der Ausbildung der Porzellanmaler diente. Die Malerei- und Bildhauerateliers wurden von großen Künstlern der kaiserlichen Kunstakademie geleitet, denen als Mitarbeiter illustre Architekten aus St. Petersburg zur Seite standen, unter ihnen diejenigen, die für die Gestaltung von Pawlowsk verantwortlich waren: A. N. Woronichin, C. Rossi und J.-F. Thomas de Thomon.

In Pawlowsk gab es keine großen Prunkservice wie noch zur Zeit Katharinas II., da das Großfürstenpaar das preußische Service, das ihnen der König Friedrich-Wilhelm geschenkt hatte, sowie zwei französische Service bevorzugten: das Pariser (Sèvres) und das Nast-Service, das Maria Fjodorowna bei ihrem Aufenthalt 1782 in Paris erworben hatte und das mit vereinzelten, durch ein Goldnetz hervorgehobenen Rosen verziert ist. Das Sèvres-Service, das sich größerer Wertschätzung erfreute, hat sich besser erhalten, was, wie man dem Archiv entnehmen kann, auch daran lag, daß die am Ende des 18. und im Verlauf des 19. Jahrhunderts beschädigten Stücke durch in der kaiserlichen Manufaktur hergestellte Kopien ersetzt wurden.

Kat. Nr. 232
Sessel
Sankt Petersburg, 1804
Werkstatt Karl Scheibe (?), nach einer Zeichnung von Andrej Woronichin
Holzschnitzereien, Gold, Lack in der Art patinierter Bronze
Bezug: Handweberei, Manufaktur Beauvais
97 x 66 x 68 cm
Inv. Nr. CCh-1051-IV
Provenienz: Seit 1804 Schloß Pawlowsk
Ausstellungen: *Splendeur et intimité à la cour impériale de Russie 1780-1820*. Montbéliard 1995; *Kultura i sztuka Rosji konca XVIII i poczatku XIX wieku*. Szczecin, Poznan 1996

Die Vorderbeine des Sessels sind als Tiertatzen gestaltet, in der Farbe patinierter Bronze bemalt und gehen direkt in die Armlehnen – vergoldete Greifenköpfe und -flügel – über. In die durchgehende Rückenlehne sind vergoldete Akanthusranken eingeschnitzt sowie ein achteckiges Medaillon mit der allegorischen Darstellung der Sonne.
Zur Restaurierung des Griechischen Saals nach dem Schloßbrand wurde 1804 in Karl Scheibes Werkstatt eine neue Möbelgarnitur nach Entwürfen Woronichins gefertigt. Als Bezugsstoff wurde eine Motivserie mit allegorischen und pastoralen Szenen (Kat. 228-231) verwendet, die um 1800 in Beauvais hergestellt worden war. Nur ein Sofa und fünf Sessel haben den Zweiten Weltkrieg überstanden. *A. A., R. G.*

Griechischer Saal. Vorgesehen für Galaempfänge und Bälle. Die Idee der Säulenhalle stammt vermutlich von Cameron, die Bauplanung und Entwürfe jedoch von Brenna. Nach dem Brand von 1803 gab Woronichin der Raumdekoration ein strengeres Aussehen, statt der goldverzierten Louis XVI.-Möbel entwarf er Sessel im Empirestil (Kat. 232).

Während der Herrschaft Pauls I. profitierte die kaiserliche Manufaktur stets von den Aufträgen des Hofes, die sich durch größere Intimität, reinere Formen und das erlesene Dekor der Stücke auszeichnen. Dieses Dekor besteht hauptsächlich aus großen Akanthusblättern oder gemalten Bögen auf einer Mastixschicht. Ein weiteres charakteristisches Merkmal dieser Service, die auf die Vorliebe des Zaren für das Sèvresporzellan zurückgehen, ist das Kobaltblau, mit dem es überzogen ist, wie im Falle der Tasse und der Untertasse (Kat. 141), die mit einer Ansicht von Schloß Pawlowsk und der Festung verziert sind.

Zu den verzierten Tellern bilden die Ansichten von Pawlowsk, die nach den Entwürfen des Dichters W. A. Shukowski (Kat. 147, 169) ausgeführt wurden, mit ihren weichen und feinen Aquarelltönen einen spannenden Kontrast. Shukowski war 1817 als Russischlehrer der Großfürstin Alexandra Fjodorowna und ihres Sohnes, des zukünftigen Alexander II., nach Pawlowsk eingeladen worden. Von diesem Aufenthalt bewahrte er Zeichnungen auf, nach denen er Stiche anfertigte und durch die sich der Maler August Philipp Clara zu seinen Lithographien inspirieren ließ, die malerische Orte zeigten oder sich auf bekannte St. Petersburger Ereignisse beziehen. Gegenwärtig werden sie in den Archiven von Pawlowsk aufbewahrt.

Das Jahr 1813 steht für die Renaissance der privaten Fabriken und Manufakturen, die ihre Produktion während der Ereignisse von 1812 und des zerstörerischen Feldzugs Napoleons hatten einstellen müssen. Die neue Regierungspolitik, die auf Importwaren hohe Zölle erhob, führte zu einer spürbaren Steigerung des Absatzes. Gleichzeitig entwickelten die russischen Produzenten wesentlich kostengünstigere Herstellungs- und Dekorationsverfahren wie etwa die Neramu-Technik für das Porzellan, die Keramik und das Glas. Das Produktionsgeheimnis wurde durch den Oberst de Puybusque weitergegeben, der damals Gefangener der Russen war. Zitieren wir in diesem Zusammenhang einen Auszug aus dem Brief des Innenministers O. P. Kosodajew, aus dem die Bedeutung des Herstellungsverfahrens deutlich hervorgeht: „Obwohl man das Herstellungsverfahren in Rußland durchaus kennt, ist es noch keineswegs perfekt. Die Auskünfte de Puybusques werden für unsere Fabrikanten sehr nützlich sein."

Griechischer Saal. Seinen festlichen Charakter erhält der Raum durch die Reihen der grünen korinthischen Säulen an allen vier Seiten des Saales.

Kat. Nr. 233, 234
Tisch und zwei Sessel
Rußland, um 1810
Werkstatt unbekannt
Furnier: karelische Birke, Ebenholz,
Ebenholzfärbung, Schnitzereien, Gold
Sitzbezug: Seide
Tisch: 77,5 x 88,5 cm
Sessel: 72 x 60 x 58 cm
Inv. Nr. CCh-1341-IV, CCh-1342-IV, CCh-1355
Provenienz: Seit 1962 Schloß Pawlowsk, davor Privatbesitz
Ausstellungen: *Splendeur et intimité à la cour impériale de Russie 1780-1820*. Montbéliard 1995; *Splendore della Corte degli Zar*. Turin, Rom 1999
Das Sitzholz der Sessel ist mit karelischer Birke furniert. Schwanenfiguren dienen als Armlehnen, die Vorderbeine stehen auf

schwarz bemalten und vergoldeten Tatzen. Die runde Deckplatte des Tisches steht auf Cabriole-legs, die durch eine Sockelplatte verbunden sind und mit Tatzenfüßen abschließen, darüber die gleichen Schwanenfiguren.

Die Form der Sessel mit der durchgehenden, trogförmig gerundeten Rückenlehne war in den 10er Jahren des 19. Jahrhunderts in Rußland weit verbreitet. In Frankreich wurden sie auch als „Gondelsessel" *(fauteuil en gondole)* bezeichnet und waren als solche in ganz Europa sehr beliebt. Klassisches Vorbild der französischen Gondelsessel sind die von Percier und Fontaine für Josephine Bonapartes Gemächer im Palais de Saint-Cloud entworfenen Stücke. Auch diese sind aus vergoldetem und bemaltem Holz gefertigt und haben Schwanenfiguren als Armlehnen. Die Pawlowsker Sessel sind eine ziemlich getreue Nachbildung der französischen Prototypen.

A. A., R. G.

Kat. Nr. 236
Sofa, Sessel und Stuhl
Sankt Petersburg, um 1805
Werkstatt unbekannt, nach einer Zeichnung von Andrej Woronichin (?)
Mahagoni massiv, Schnitzereien, Gold, Lack in der Art antiker Bronze
Bezug: Flache Seidenstickerei auf Stoff
Sofa: 94 x 179 x 54 cm
Sessel: 92 x 53 x 51 cm
Stuhl: 92 x 48 x 49 cm
Inv. Nr. CCh-1084-IV, CCh-1085-IV, CCh-1086-IV
Provenienz: Aus dem Staatlichen Russischen Museum, seit 1959 in Pawlowsk, früher im Schloßmuseum Schuwalowpalais
Ausstellungen: *Anna Pavlovna en Het Russishe hof 1795-1865*. Apeldoorn 1995; *Splendeur et intimité à la cour impériale de Russie 1780-1820*. Montbéliard 1995; *Palaces of St. Petersburg*. 1996; *Kultura i sztuka Rosji konca XVIII i poczatku XIX wieku*. Szczecin, Poznan 1996; *Stroganoff. The Palace and Collections of a Russian Noble Family*. Portland 2000. AA., R.G.

Kat. Nr. 235
Tête-à-tête mit antiken Motiven
Rußland, St. Petersburg, Kaiserliche Porzellanmanufaktur, 1819
Porzellan, Kobaltüberzug unter Glasur, Aufglasurbemalung: weiß im *Grisaille*-Stil, Silber, Gold
Teekanne mit Deckel (Inv. Nr. CCh-7157-I): Höhe: 17,5 cm; Durchmesser: 10,5 cm; **ovales Tablett** (Inv. Nr. CCh-7158-I): Höhe: 2 cm; Länge: 38,4 cm; Breite: 30,8 cm; **Wasserschüssel** (Inv. Nr. CCh-7159-I): Höhe: 9 cm; Durchmesser: 18,6 cm; zwei **Teetassen** (Inv. Nr. CCh-7160/1-I; CCh-7161/1-I): Höhe: 10,4 cm; Durchmesser: 7,6 cm; **zwei Untertassen** (Inv. Nr. CCh-7160/2-I; CCh-7161/2-I): Höhe: 2,4 cm; Durchmesser: 13,4 cm
keine Marken, keine Künstlerzeichen
Provenienz: Schloß Pawlowsk, ursprünglicher Bestand
Ausstellungen: *Splendeur et intimité à la cour impériale de Russie 1780-1820*. Montbéliard 1995

Dieses *Tête-à-tête* findet Erwähnung in Dokumenten im Historischen Staatsarchiv Rußlands (f. 493 op. 7 d. 361 l. 19 ob.). Es ist eines der ersten Service in der neuen Form, sein Reliefdekor wurde nach einer neuartigen Methode aufgetragen. Im Gegensatz zu den glatten, goldstaffierten Geschirroberflächen, die in der Regel spiegelblank poliert wurden, blieb das Relief matt. Der Kontrast zwischen matten und glänzend vergoldeten Oberflächen wurde zu einer der beliebtesten Dekormethoden der Kaiserlichen Porzellanmanufaktur Rußlands. Die neue Form fand besonders häufig in der Zeit zwischen 1820 und 1830 Verwendung, wobei die Motive wechselten: Es wurden antike mythologische Motive dargestellt, Blumen und Früchte, aber auch Landschaften – u. a. Schlösser und Parks aus St. Petersburg und Umgebung. Die hier angewandte Silberbemalung wurde selten praktiziert, denn Silber hatte die Tendenz nachzudunkeln und rieb sich leichter ab als Gold.
Zuckerdose (mit Deckel) und Milchkännchen sind nicht mehr erhalten. Die Stücke aus der Kaiserlichen Porzellanmanufaktur wurden bis Mitte der 20er Jahre des 19. Jahrhunderts äußerst selten mit Künstlerzeichen versehen; dieses Service bildet hier keine Ausnahme.
Das Service gelangte 1819 nach Pawlowsk, am 1. April 1827 fand es seinen Platz im Rosenpavillon. *E. N.*

Kat. Nr. 237, 238
Sofa und Sessel
Sankt Petersburg, 1817
Werkstatt Iwan Iossifowitsch Bauman, nach einer Zeichnung von Carlo Rossi
Karelische Birke, Schnitzereien, Gold
Bezug: Grätenstickerei auf Stramin
Sofa: 127 x 72 x 183 cm
Sessel: 96 x 51 x 60 cm
Inv. Nr. CCh-934-IV, CCh-940-IV
Provenienz: Schloß Pawlowsk, 1959 aus der Staatlichen Eremitage

Die hohe Rückenlehne, die durchgehenden Armlehnen, der Rahmen und die Beine des monumentalen Sofas sind mit karelischer Birke furniert sowie mit geschnitzten und vergoldeten Palmetten, spiralförmigen Ranken und Rosetten belegt. Die Wangen werden oben von geschnitzten und vergoldeten Zapfen bekrönt. Der Bezug des Sofas in gelbgrüner Grätenstickerei auf hellem Stramin. Auf der Rückenlehne ist in einem achteckigen Medaillon die *Badende Venus* dargestellt, umrahmt von Ranken und Palmblattwerk; die Sitzfläche zeigt ebenfalls ein Medaillon mit Ceres auf einem von Löwen gezogenen Wagen; die Bordüre schließlich ist mit drei achteckigen Medaillons versehen; auf dem mittleren sind drei Amoretten mit einem Zicklein, auf den seitlichen antike Leuchter dargestellt.
Auch der Sessel ist mit Birkenholz furniert und mit elegant geschnitzten Rosetten, Kränzen und Palmetten belegt. Auf dem Sitzbezug, ebenfalls Grätenstich auf Stramin, ist eine Frauen-

Das Eckzimmer. Die Raumdekoration und Möbelgarnitur (Kat. 237, 238) 1816 nach einem Entwurf von Carlo Rossi. Die Skulptur der italienischen Venus ist eine Kopie der Venus-Statue von Antonio Canova und stand zu früheren Zeiten am Venus-Teich im Park.

figur dargestellt. Die Sesselform geht auf den beliebten und für die russischen Möbel des beginnenden 19. Jahrhunderts charakteristischen Gondelsessel zurück.

Sofa und Sessel gehören zu einer Garnitur aus einem Sofa, sechs Sesseln und vier Stühlen. Sie wurde in Iwan Baumans Werkstatt nach einem Entwurf von Carlo Rossi für das Neue Arbeitszimmer von Schloß Pawlowsk gefertigt. Gleichzeitig mit der Einrichtung für das Neue Kabinett entwarf Rossi auch die Innenausstattung des nebenan liegenden Eckzimmers. Diese beiden für Pawlowsk entworfenen Garnituren sollte er in der Folge als Prototypen für die Ausstattung anderer Schlösser verwenden, wobei er jeweils einzelne Details variierte oder die Materialien bzw. ihre Kombination veränderte.

Obwohl Iwan Iossifowitsch Bauman bereits Ende des 18. Jahrhunderts nach Rußland kam, liegt die Blütezeit seines Unternehmens in den Jahren 1817 bis 1825. In dieser Zeit stellte er – oft in enger Zusammenarbeit mit dem Architekten Carlo (Karl Iwanowitsch) Rossi – Möbel für das Anitschkow-, das Jelagin- und Michailpalais sowie für Schloß Pawlowsk her. 1823 wurde er zum „Hofmeister der Möbel- und Bronzekunst" ernannt, im darauffolgenden Jahr eröffnete er in St. Petersburg ein eigenes Kontor unweit der Admiralität. *A. A., R. G.*

Das Eckzimmer. Ungewöhnlich der Kontrast zwischen dem fliederfarbenen Kunstmarmor der Wände und dem Orangeton der Birkenholzmöbel.

Kat. Nr. 240
Kaminuhr *Venus und Mars*
Unbekannter Meister, Paris, Frankreich Beginn des 19. Jahrhunderts
Bronze; gegossen, geprägt, vergoldet
78 x 83 x 34 cm
Inv. Nr. CCh-1176-IV
Provenienz: Schloß Pawlowsk

Venus und Mars ist eine Kaminuhr aus vergoldeter Bronze. Der Korpus der Uhr ist in Form eines rechteckigen Podests gestaltet, auf dem Venus und Mars Platz genommen haben. Venus zu Füßen befinden sich ein Kästchen, ein Krug und ein brennender Opferaltar. Neben Mars stehen ein Harnisch und Amor, der einen Schild hält. Auf dem rechteckigen, auf vier Löwenpranken ruhenden Sockel sind drei Reliefs angebracht: *Das Gerichtsurteil des Paris, Die Toilette der Venus, Der Triumph der Venus.* O. B.

Kat. Nr. 239
Kandelaber-Paar mit Amor-Figur
Unbekannter Meister, Paris, Frankreich um 1790
Bronze, Marmor; gegossen, geprägt, vergoldet, patiniert, poliert, geschliffen
106 x 40 x 36 cm
Inv. Nr. CCh-1164-IV, CCh-1165-IV
Provenienz: Schloß Pawlowsk

Dieses Kandelaber-Paar mit Amor-Figur besteht aus patinierter Bronze. Amor hält ein Füllhorn mit drei Armen für Kerzen in seinen Händen. Der zylindrische Sockel ist jeweils aus dunkelrotem Marmor und mit Weinreben verziert. O. B.

Das Eckzimmer. Auf dem Kamin vergoldete Bronzekandelaber „Mars" und „Minerva", die Uhr „Die die Liebe krönende Freundschaft" (Frankreich, Anfang 19. Jh.) und Vasen aus der Kaiserlichen Porzellanmanufaktur St. Petersburg. Zu beiden Seiten des Kamins zwei Vasen aus derselben Manufaktur mit Bemalungen zu „Hektor und Andromache".

Kat. Nr. 241
Kamin-Feuerböcke
P. Ph. Thomire, Paris, Frankreich um 1790
Bronze; gegossen, geprägt, vergoldet, patiniert
59 x 20,5 x 45 cm
Inv. Nr. CCh-4089-IV, CCh-4090-IV
Provenienz: Aus der Staatlichen Eremitage, seit 1961 in Pawlowsk, früher im Michail-Schloß St. Petersburg

Die beiden Feuerböcke aus vergoldeter Bronze zeigen jeweils die Figur einer unbekleideten, hockenden Frau, die aus einem Krug Wasser in eine Schale gießt, auf deren Rand Vögel sitzen. Die rechteckigen Sockel tragen ein Relief, auf dem jeweils halbliegend Vulcanus mit seinem Hammer und Neptun mit seinem Dreizack abgebildet sind. Analoge Feuerböcke gibt es in der Sammlung des Schlosses Pawlowsk, bei denen die Figuren jedoch aus patinierter Bronze bestehen. Beide Feuerbock-Paare wurden 1798 für die Möblierung des Michail-Schlosses von dem französischen Kaufmann und Lieferanten B. Defarge erworben. Der Überlieferung nach zählen diese Feuerböcke zu den Arbeiten von P. Ph. Thomire, einem der besten französischen Bronzierer. Im Schloß Fontainebleau befindet sich ein Feuerbock-Paar mit dem gleichen Relief auf dem Sockel, angefertigt 1809 von der Firma „Thomire, Duterme & Cie". *O. B.*

Das Schlafzimmer ist das eleganteste Gemach in den privaten Wohnräumen Maria Fjodorownas. Ausgeführt nach den Plänen von Woronichin 1805. Nach seinen Entwürfen sind auch der Kamin (1811) und die Möbelgarnitur aus Mahagoni mit Ebenholzschnitzereien gestaltet. Rings an den mit weißem künstlichen Marmor verkleideten Wänden winden sich um die Türen und Kamine, ganz nach dem Geschmack der blumenvernarrten Bewohnerin, gemalte Girlanden aus Garten- und Feldblumen. Auch der gemalte Sternenhimmel an der Decke wird von Blumenkränzen und Blumengirlanden eingerahmt, sie zieren auch die Bogenfelder über dem Gesims.

Kat. Nr. 242
Uhr *Geographie und Astronomie*
Unbekannter Meister, Paris, Frankreich um 1790
Nach einem Modell von J. A. Houdon
Bronze; gegossen, geprägt, vergoldet, patiniert
110 x 87 x 41 cm
Inv. Nr. CCh-4098-IV
Provenienz: Aus dem Staatlichen A. S. Puschkin-Museum Moskau, seit 1961 in Pawlowsk

Diese Uhr *Geographie und Astronomie*, sog. Cercles Tournants, besteht aus einem Korpus in Form einer sternenübersäten und mit einer strahlenden Sonne geschmückten Himmelskugel, der auf einem rechteckigen kannelierten Postament angebracht ist. Als Zeiger der Uhr dient der Zeigefinger eines Puttos, der neben dem Sockel steht. Links vom Postament befindet sich die Figur der „Geographie" mit einer Papierrolle in der Hand, rechts die „Astronomie". Zu Füßen jeder Figur liegen die ihr entsprechenden Attribute.
Als Untergrund für die Uhr dient eine flache, rechteckige, vergoldete Bronzeplatte. Früher ruhte die Uhr auf einem schwarzen Marmorsockel, der jedoch verlorengegangen ist.
Die Figur der Astronomie (oder Urania) ist eine genaue Kopie der Urania in der Figurenuhr *Clio und Urania*, die sich in der Staatlichen Eremitage in St. Petersburg befindet. Diese beiden Musen wurden nach einem Modell des französischen Bildhauers Jean Antoine Houdon gegossen. Die Figur der Geographie zeigt ebenfalls eine starke stilistische Verwandtschaft mit den Arbeiten Houdons.
Diese Uhr befand sich in der Sendung von Bronzen, die von dem französischen Kommissionär Jean Mazeau für die Einrichtung des Michail-Schlosses 1798 geliefert worden waren. Sie wurde jedoch von Graf Iwan Andrejewitsch [von] Tiesenhausen, dem die Verantwortung für Bau und Möblierung des Schlosses oblag, zurückgewiesen als „unpassend für einen kostbaren Schmuck, und im Preis viel zu hoch". Zusammen mit anderen Gegenständen wurde diese Uhr an ihren Besitzer zurückgesandt. Mazeau verkaufte die abgelehnte Bronze an Petersburger Aristokraten. Vermutlich gelangte sie auf diesem Wege in die Sammlung des Grafen Bobrinski. *O. B.*

Kat. Nr. 243
Dreifuß-Kandelaber-Paar
Francois Rémond, Paris, Frankreich um 1790
Bronze; gegossen, geprägt, vergoldet, patiniert
148 x 57 x 37 cm
Inv. Nr. CCh-4061-IV, CCh-4062-IV
Provenienz: Aus der Staatlichen Eremitage, seit 1959 in Pawlowsk, früher im Michail-Schloß St. Petersburg
Ausstellungen: *Splendore della Corte degli Zar.* Turin, Rom 1999

Siebenarmiges Dreifuß-Kandelaber-Paar aus vergoldeter Bronze. In der Mitte trägt jeweils der Thyrsosstab, von Schlangen umwunden, eine patinierte Vase, die in eine Fackel übergeht. Der Dreifuß endet jeweils in Ziegenhufen, die Arme stellen Füllhörner dar.
In den Jahren 1798-1799 wurde in Frankreich auf Anordnung Pauls I. zur Ausstattung seiner neu errichteten Residenz in Petersburg – dem Michail-Schloß – ein großer Posten dekorativer Bronzen erworben. Paul I. verbrachte jedoch nur insgesamt 40 Tage in seinem Schloß. Gleich nach seinem Tod wurde die Innenausstattung des Schlosses umgestaltet. Gemäß den Anweisungen der verwitweten Maria Fjodorowna wurden die besten Gegenstände in den Winterpalast und in ihre Residenzen außerhalb der Stadt, nach Pawlowsk und Gatschina, gebracht. *O. B.*

Kat. Nr. 244
Kaminuhr *Vase,* sog. Cercles Tournants
Unbekannter Meister, Paris, Frankreich um 1798
Bronze, Marmor; gegossen, geprägt, vergoldet, geschliffen, poliert
53 x 17 x 17 cm
Inv. Nr. CCh-1343-IV
Provenienz: Aus dem Zentrallager für Museumsbestände, nach 1945 in Pawlowsk, früher in den Sammlungen des Michail-Schlosses, des Winterpalasts und des Schlosses Gatschina
Ausstellungen: *Pavlovsk. Zolotoj vek russkoj kul'tury.* Moskau 1998

Diese Kaminuhr, sog. Cercles Tournants (dabei dreht sich das Zifferband, die Zeiger sind hingegen unbeweglich), besteht aus vergoldeter Bronze in Form einer Amphore mit zwei geflügelten weiblichen Halbfiguren als Griffen und zwei Blumengirlanden in der Mitte des Vasenbauches. Der rechteckige Sockel aus rotem Marmor trägt einen Aufsatz in Form von Frauenfiguren. Die Uhr wurde am 22. August 1798 zusammen mit anderen französischen Bronze-Gegenständen für die Einrichtung des Michail-Schlosses erworben. Sie befand sich im Paradeschlafzimmer der Großfürstin Elisabeth Alexejewna, der Gattin des Großfürsten Alexander, des späteren Zaren Alexander I. *O. B.*

INTERIEUR — 375

Kat. Nr. 245
Kandelaber-Paar mit ägyptischer Figur
Nach einer Zeichnung von A. N. Woronichin (?), St. Petersburg, Rußland Beginn des 19. Jahrhunderts
Bronze; gegossen, geprägt, vergoldet, patiniert
73 x 40 x 40 cm
Inv. Nr. CCh-4329-IV, CCh-4330-IV
Provenienz: Schloß Pawlowsk, erworben 1981 über die Ankaufskommission

Dieses Kandelaber-Paar aus vergoldeter Bronze zeigt jeweils die Figur einer Ägypterin aus patinierter Bronze, die in ihren erhobenen Händen eine Kugel mit sechs Armen hält. Die Sockel sind jeweils zylindrisch. *O. B.*

Kat. Nr. 246
Kandelaber-Paar mit antik gekleideter Frauenfigur
Unbekannter Meister, Paris, Frankreich Beginn des 19. Jahrhunderts
Bronze; gegossen, geprägt, vergoldet
108 x 38 x 36 cm
Inv. Nr. CCh-1661-IV, CCh-1662-IV
Provenienz: Aus dem Zentrallager für Museumsbestände, nach 1945 in Pawlowsk, früher in der Sammlung des Alexanderpalastes

Das Kandelaber-Paar aus vergoldeter Bronze zeigt jeweils eine auf einer Kugel stehende Frauenfigur in antikem Gewand. In ihren erhobenen Händen hält sie einen siebenarmigen Kranz für die Kerzen. Die zylindrischen Sockel sind verziert mit Medaillons aus Kränzen, die aus weiblichen Profilen bestehen, sowie mit Fackeln und Blumengirlanden. *O. B.*

Rechts: Kat. Nr. 247
Kandelaber-Paar mit geflügelter Victoria
Unbekannter Meister, Paris, Frankreich um 1780
Bronze; gegossen, geprägt, vergoldet, patiniert
55 x 29 x 16 cm
Inv. Nr. CCh-1367-IV, CCh-1369-IV
Provenienz: Aus dem Zentrallager für Museumsbestände, nach 1945 in Pawlowsk, früher in der Sammlung Schloß Gatschina
Ausstellungen: *Pavlovsk. Zolotoj vek russkoj kul'tury.* Moskau 1998

Das Kandelaber-Paar für drei Kerzen zeigt jeweils die Figur der geflügelten, in ein Horn blasenden Victoria, die in der einen Hand zwei weitere Hörner hält. Die Sockel sind zylindrisch geformt und mit zwei Frauen- und zwei Männerfiguren verziert. *O. B.*

Typisch symmetrisch arrangierte Dekorationsgruppe im Griechischen Saal mit krugförmigen Prunkvasen (vgl. Kat. 248) und Duftvase.

Kat. Nr. 249
Krugförmiges Vasen-Paar
Unbekannter Meister, St. Petersburg, Rußland Ende des 18. Jahrhunderts
Bronze; gegossen, geprägt, vergoldet, patiniert
61 x 18 x 10 cm
Inv. Nr. CCh-4308-IV; CCh-4309-IV
Provenienz: Schloß Pawlowsk, erworben 1985 durch die Ankaufskommission
Ausstellungen: *Kultura i sztuka Rosji konca XVIII i poczatku XIX wieku.* Szczecin, Poznan 1996

Die Vasen in Form eines Kruges haben einen engen langen Hals und geflügelte Wassernymphen mit doppelt gewundenem Schwanz als Griffe. Auf dem Vasenbauch befindet sich jeweils ein Relief, einen Bacchantischen Zug darstellend, die Plinthe ist quadratisch. *O. B.*

Kat. Nr. 248
Krugförmiges Vasen-Paar
Unbekannter Meister, Schleiffabrik Kolywan, Bronzefabrik an der Akademie der Künste St. Petersburg, Rußland 1803
Roter Jaspis, Bronze; geschnitten, geschliffen, poliert, gegossen, geprägt, vergoldet
68 x 33 x 16
Inv. Nr. CCh-965-VIII, CCh-966-VIII
Provenienz: Aus der Staatlichen Eremitage, seit 1961 in Pawlowsk

Die Vasen sind in Form eines Kruges aus rotem Jaspis gefertigt. Sie haben jeweils einen eiförmigen Korpus und sind oben und unten mit vergoldeter Bronze dekoriert, der Hals ist langgezogen und mit Bronze gefaßt, was einen Ablauf imitiert. Zwei Schlangen, zwischen Akanthus-Blättern hervorkriechend, bilden den hohen Griff aus vergoldeter Bronze. Die Schleiffabrik Kolywan im Altai wurde 1786 gegründet, sie war das dritte Zentrum der russischen Steinschliff-Industrie. Sie bearbeitete die örtlichen Rohstoffe und führte Aufträge des Zarenhofes aus. Im Russischen Historischen Archiv befindet sich eine Zeichnung für diese Krug-Vasen, jedoch ohne Bronzefassung, mit Signatur: „Strishkow, Berggeschworener der 12. Klasse" und der Aufschrift „Nr. 3 Nach ebendieser Zeichnung wurden angefertigt zwei Vasenpaare aus rotem Achat Nr. 339 und abgesandt nach Sankt Petersburg im Jahr 1803 im Januar am 6. Tage."
Tatsächlich befindet sich ein zweites, absolut identisches Vasenpaar in der Staatlichen Eremitage. S. M. Budanow vermutet, daß A. N. Woronichin der Urheber des Entwurfs für diese Vasen war. *O. B.*

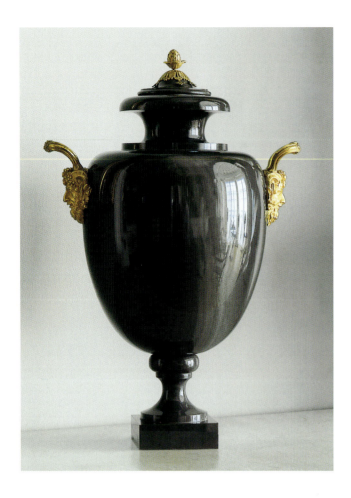

Kat. Nr. 250
Vasen aus kalkanischem Jaspis[1]
Unbekannter Meister, Schleiffabrik Peterhof,
St. Petersburg 1808
Nach einem Entwurf von G. Quarenghi 1800
Bronzierer P. Agi, Bronzewerkstatt an der Akademie der Künste
St. Petersburg
Nach einem Entwurf von A. N. Woronichin
Kalkanischer Jaspis, Bronze; geschliffen, poliert, gegossen, geprägt, vergoldet
46 x 32 x 22 cm
Eingravierte Signatur auf der quadratischen Plinthe seitlich: *gefert. Fabr. Peterg.*
Inv. Nr. CCh-594-VIII, CCh-595-VIII
Provenienz: Schloß Pawlowsk
Ausstellungen: *Kultura i sztuka Rosji konca XVIII i poczatku XIX wieku.* Szczecin, Poznan 1996; *Pavlovsk. Zolotoj vek russkoj kul'tury.* Moskau 1998; *Splendore della Corte degli Zar.* Turin, Rom 1999

Eine der beiden Vasen aus kalkanischem Jaspis ist eiförmig und hat Bronzegriffe in Form von Satyrmasken. Für alle drei Steinschnitt-Fabriken Rußlands ist die Ei-Form der Vasen, die auf die Kunst der Antike zurückgeht, charakteristisch. Mit dieser einfachen und zugleich strengen Form läßt sich die Schönheit des natürlichen Materials besonders zur Geltung bringen. In der Sammlung von Schloß Pawlowsk befinden sich vier ähnliche Vasen, die dort vor 1810 eingingen. Anfangs wurden sie von A. N. Woronichin als Schmuck für den von ihm umgebauten Voliere-Pavillon verwendet. 1824 brachte sie C. Rossi in der Großen Bibliothek des Schlosses (der sogenannten Rossi-Bibliothek) unter. *O. B.*

[1] Im Südural befinden sich viele wichtige Edelsteinfundorte Rußlands. Kalkanischer Jaspis wird dort unweit des Kalkan-Sees am Fuße des Berges Sabinda abgebaut.

Abbildung folgende Doppelseite: Gemäldegalerie im ersten Stock des südlichen Seitenflügels. Erbaut nach 1784 nach Plänen von Vincenzo Brenna, ursprünglich eingerichtet nach dem von Maria Fjodorowna ausgearbeiteten Hängeplan.

Kat. Nr. 251
Vasenständer
Nach einem Modell von I. P. Prokofjew, St. Petersburg, Rußland
Bronzefabrik der Akademie der Künste 1804
Bronze, Porphyr; gegossen, geprägt, patiniert,
geschliffen, poliert
46 x 27 x 25 cm
Inv. Nr. CCh-1300-IV
Provenienz: Schloß Pawlowsk

Das Modell für die Figur des auf einem Delphin reitenden Tritons, der eine flache Steinschale trägt, stammt von dem bekannten russischen Bildhauer und Professor an der Akademie der Künste I. P. Prokofjew (1758-1828). Das Staatliche Russische Museum besitzt eine Zeichnung von I. P. Prokofjew zu einer ähnlichen Komposition.
Die Vase wurde 1804 in das Schloß Pawlowsk gebracht. Der obere Teil der Vase, eine Schale aus grauem Marmor, ging während des Zweiten Weltkrieges verloren. *O. B.*

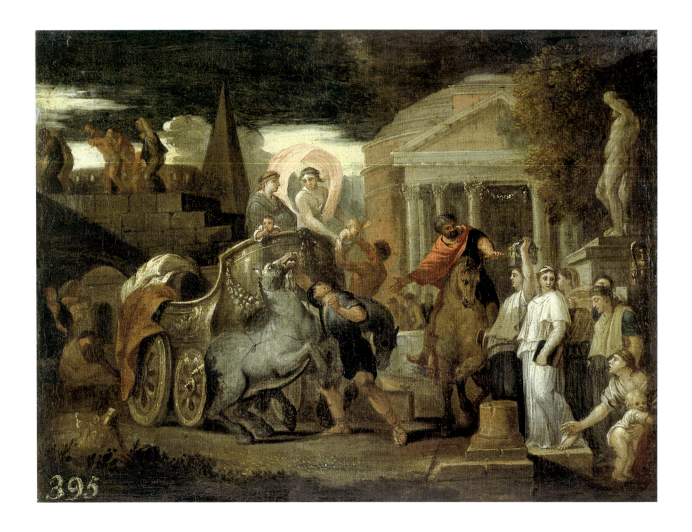

Kat. Nr. 252
Sebastien Bourdon
1616 Montpellier – 1671 Paris
Lucius Albin bietet beim Brand von Rom den Vestalischen Jungfrauen seinen Wagen an
Öl auf Leinwand
24 x 32 cm
Inv. Nr. CCh-1924-III
Provenienz: Schloß Pawlowsk, erworben von Maria Fjodorowna bei Hofjuwelier Duval für 600 Rubel im Jahre 1807
Ausstellungen: *Palaces of St. Petersbourg. Russian Imperial Style.* Jackson 1996

Das Sujet des Bildes ist den *Vergleichenden Lebensbeschreibungen* Plutarchs (Bd. 1, Camillus, XXI) entlehnt. Der antike Schriftsteller schildert, wie die Bewohner der Stadt Rom Anfang des vierten Jahrhunderts v. Chr. nach der Niederlage der Römer im Krieg gegen die Gallier die Flucht ergriffen. Unter den Fliehenden waren auch Vestalinnen, die die Heiligtümer der Göttin Vesta gerettet hatten. Auf ihrem Weg begegneten sie Lucius Albin, einem Mann aus dem einfachen Volk, der in seinem Wagen die kleinen Kinder, seine Frau und seine Habseligkeiten in Sicherheit zu bringen versuchte. Als er jedoch die Vestalinnen an seiner Seite erblickte, hieß er seine Frau und die Kinder rasch aussteigen, lud Hab und Gut ab und gab den Wagen an die Priesterinnen, damit sie in eine griechische Stadt fliehen konnten. Das Gemälde aus Pawlowsk diente als vorbereitende Skizze zu einer großen Komposition (105 x 134 cm), die Sebastien Bourdon um 1637 anfertigte und die im Mai 1985 im Hôtel Drouot in Paris verkauft wurde. *N. S.*

Kat. Nr. 253
Adriaen van Eemont
ca. 1627 Dordrecht (?) – 1662 Dordrecht
Südliche Landschaft
Öl auf Leinwand
60,5 x 74,5 cm
Bez. u. mi.: Monogramm *A.V.E.*
Inv. Nr. CCh-1799-III
Provenienz: Gelangte vor 1806 nach Pawlowsk

Im 19. Jahrhundert galt das Gemälde als Werk Jan Asselijns. 1916 schrieb es der Kunsthistoriker Alexander Trubnikow dem Künstler Jan Both zu. Mit dieser Zuschreibung wurde es auch von C. Hofstede de Groot veröffentlicht. Im Schloßmuseum Pawlowsk galt es bis in die 50er Jahre des 20. Jahrhunderts als das Werk eines unbekannten Malers. Die heutige Zuschreibung stammt von Jurij D. Kusnezow. Nach der Dechiffrierung des Monogramms und aufgrund der stilistischen Übereinstimmungen mit anderen Gemälden ordnete er es dem Künstler Adriaen van Eemont zu. *N. S.*

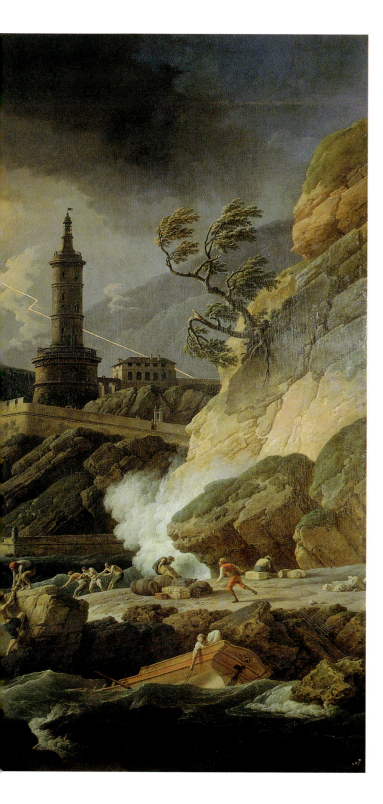

Kat. Nr. 254
Claude Joseph Vernet
1714 Avignon – 1789 Paris
Sturm, 1785
Öl auf Leinwand
279 x 448 cm
Bez. u. re.: *Joseph. Vernet. f 1785*
Inv. Nr. CCh-1562-III
Provenienz: Schloß Pawlowsk, 1782 von Großfürst Paul in Paris in Auftrag gegeben, kam vor 1797 ins Schloß Gatschina, 1800 in den Winterpalast, 1801 ins Michail-Schloß, 1802 ins Schloß Pawlowsk, 1852 ins Schloß Gatschina, nach 1945 aus dem Schloßmuseum Gatschina zurück nach Pawlowsk
Ausstellungen: *Salon* 1785

Die Grand Tour durch Europa führte das russische Großfürstenpaar 1782 nach Paris, wo es das Atelier des Künstlers Claude Joseph Vernets besuchte. Großfürst Paul und Großfürstin Maria Fjodorowna beauftragten Vernet mit mehreren Landschaftsbildern, die der Verschönerung eines Saals des Kamennoostrowski-Palasts dienen sollten. Im Januar 1784 schrieb Vernet an Fürst Jussupow, der Kontaktperson zwischen Großfürst Paul und den Künstlern: „Herr Robert ... versicherte mir, daß Sie ihm gesagt haben, im Hause Ihrer Hoheit befänden sich drei Salons, welche mit Bildern zu dekorieren seien: ein Saal der *Landschaften* von Jacob Philipp Hackert, ein Saal der *Architektur* von Hubert Robert und ein letzter Saal der *Meeresansichten* von mir ..." Neben dem großen Gemälde *Sturm*, fertigte Vernet noch zwei kleinere Gemälde mit dem gleichen Thema und dem gleichen Titel an (153 x 204 cm). Interessanterweise hatten Großfürst Paul und Großfürstin Maria Fjodorowna beim Besuch des Stadtschlosses des Fürsten Borghese in Rom die Gelegenheit gehabt, einen Saal zu sehen, der ausschließlich mit Landschaften des französischen Malers dekoriert war. Doch wurde ihr Vorhaben, die Salons des Kamennoostrowski-Palasts mit großen Landschaftsbildern moderner Maler auszustatten, nicht verwirklicht. So befanden sich bereits im Jahre 1802 die drei *Sturm*-Bilder Vernets in Schloß Pawlowsk. Nach dem Testament Maria Fjodorownas ging das große *Sturm*-Bild in den Besitz des Zaren Nikolaj I. über, die anderen beiden Gemälde blieben bis 1930 in Pawlowsk. Sie wurden nicht, wie zuerst geplant, über das sogenannte Antiquariat verkauft, sondern befinden sich auch heute noch in der Eremitage (Nr. GE 7551, 7552). *N. S.*

Kat. Nr. 255
Karel Dujardin
ca. 1622 Amsterdam – 1678 Venedig
Wassertränke
Öl auf Leinwand
35 x 48,8 cm
Bez. u. li.: *K. DV. IARD...*
Inv. Nr. CCh-1887-III
Provenienz: Schloß Pawlowsk, 1769 von Katharina II. im Bestand der Sammlung des Grafen Brühl erworben, 1924 an das Museum der Schönen Künste in Moskau übergeben, 1932 an das sog. Antiquariat, kam vor 1938 zurück nach Pawlowsk
Ausstellungen: *Legacy of a Czar and Czarina.* Miami, New York 1995-1996; *Les Grands Peintres Européens dans les Musées Russes. Collections des Palais Impériaux de Peterhof, de Pavlovsk et du Musée de Pskov.* Montbéliard 1997

Die Gemälde Dujardins lassen sich leicht an dem immer wiederkehrenden, vom Künstler bevorzugten Motiv einer Viehherde mit Hirten am Wasser unter einem strahlend blauen Himmel mit weißen Wolken und ähnlichem erkennen. Im Hintergrund des Bildes sind Ruinen zu sehen, offensichtlich zusammengewürfelt aus antiken Fragmenten auf dem Palatin in Rom. *N. S.*

Kat. Nr. 256
Thomas Wyck
1616 Beverwijk – 1677 Haarlem
Italienischer Hafen
Öl auf Leinwand
54,5 x 63 cm
Bez. u. li.: *T Wyck*
Inv. Nr. CCh-1820-III
Provenienz: Gelangte zwischen 1808 und 1812 nach Pawlowsk
Ausstellungen: *Legacy of a Czar and Czarina*. Miami, New York 1995-1996; *Les Grands Peintres Européens dans les Musées Russes. Collections des Palais Impériaux de Peterhof, de Pavlovsk et du Musée de Pskov*. Montbéliard 1997

Das Gemälde ist ein typisches Beispiel für das Genre der Landschaftsmalerei im italienischen Stil, das von den holländischen Meistern des 17. Jahrhunderts entwickelt wurde. Viele von ihnen lebten und arbeiteten tatsächlich in Italien, die Schönheit und die leuchtenden Farben der südlichen Landschaften inspirierten sie zu Gemälden mit einer besonders stimmungsvollen Atmosphäre. Thomas Wyck spezialisierte sich vor allem auf die Darstellung südlicher Häfen, denen er durch eine bunte Menschenschar Lebendigkeit zu verleihen wußte. *N. S.*

DER MUSENHOF

Lektüre – Malerei – Kunsthandwerk – Handarbeit – Lebende Bilder

DIE KÜNSTLERIN MARIA FJODOROWNA

N. I. Stadnitschuk, A. A. Wassiljewa

Nach dem Abschluß der Arbeiten zur Innenausstattung der ersten Etage von Schloß Pawlowsk beschrieb 1795 die Hausherrin, Großfürstin Maria Fjodorowna, die Prunksäle ausführlich in einem Brief an ihre Mutter.[1] In ihrer Darstellung der Bibliothek des Großfürsten (Abb. S. 336), die durch einen Rundbogen mit seinem Kabinett verbunden war, schrieb sie nicht ohne Stolz:

„Fast direkt unter dem Rundbogen des Kabinetts befindet sich ein riesiger Schreibtisch in dem Stil, wie es die Arbeiten von Roentgen sind. Er steht auf zwölf Säulen aus Elfenbein (Abb. S. 395), die ich selbst gedrechselt habe. Ein elegant geformtes Schreibpult nimmt ein Drittel des Schreibtischs ein und dient als Sockel für einen rechteckigen, schön gestalteten Tempel aus Elfenbein. An der Vorderfront des Tempels befindet sich eine Kamee des Großfürsten, eingefaßt in weißes Glas, auf das ich in Grisaille das Siegeszeichen gemalt habe. Der Sockel des Tempels ist ebenso mit einfarbiger Malerei verziert. In der Mitte des Tempels steht ein in acht Facetten geschliffener Opferaltar aus Bernstein und Elfenbein. Auf der mittleren Facette ist mein Monogramm auf einem Medaillon angebracht, geschrieben auf Glas und in Bernstein eingefaßt. Auf den anderen Facetten befinden sich auch Namenszüge, nämlich die meiner sieben Kinder, von Alexander, dessen Monogramm ich mit dem von Elisabeth verbunden habe, bis hin zu dem der leider schon entschlafenen kleinen Olga. (Ich habe dieses Geschenk dem teuren Großfürsten im letzten Jahr [1791] gemacht, als die liebe kleine Olga noch lebte und die kleine Anna noch nicht geboren war.) Ich habe alle Namenszüge der Kinder aus Rosen und Myrten gemacht, der meine besteht aus kleinen hellblauen Blumen ... An den Enden des Tisches stehen zwei Kandelaber zu je vier Kerzen, ihr Stab sieht aus wie eine abgeschnittene Säule. Die Kamee des Großfürsten (vgl. Kat. 264) ist auf der Facette angebracht, von der die Arme für die Kerzen ausgehen. Die Schreibtischgarnitur in antiker Form ist aus Bernstein: Federmesser, Papiermesser, Bleistift, Siegelgriff, all das ist aus Bernstein, von mir bearbeitet. Ich habe sogar auf Stahl das Monogramm des Großfürsten für das Siegel geschnitten ..."

In diesem Briefauszug bezeugte Maria Fjodorowna selbst, wie weitgefächert ihre künstlerischen Talente waren. Sie konnte nicht nur zeichnen (Kat. 267) und an der Drehbank (Abb. S. 408) arbeiten, gravieren und Steine schneiden, nein, sie war zweifelsohne auch

Kat. Nr. 257
Johann Baptist Lampi d. Ae., Werkstatt
Bildnis Maria Fjodorowna
Öl auf Leinwand
69 x 55 cm
Bez.: *Lampi 1797*
Provenienz: Deutscher Privatbesitz

Dieses Bildnis zeigt die Zarin mit Diamantdiadem, einer winzigen eigens für ihre Krönung geschaffenen Krone und um die Schultern gelegtem Hermelin. Auf dem silberbestickten Mieder wird oben der Stern des Andreasordens angeschnitten, darunter der des Katharinenordens sichtbar. Bis auf den goldgesäumten roten Rand wird die Schärpe des Katharinenordens von der blauen des Andreasordens verdeckt. Der Miederschmuck aus Diamanten wird dominiert von einem hochovalen, diamantgerahmten Kameenbildnis Pauls I. im Rechtsprofil, das die künstlerisch vielseitig begabte Maria Fjodorowna schon 1790 von ihrem Mann geschnitten hatte (vgl. Kat. 264) und dessen Original heute die Eremitage besitzt.

Vorbild für dieses Porträt ist das stärker private, im gleichen Jahr entstandene Kniestück, das die Zarin ihrem ältesten Bruder Friedrich (1754-1816), seit 1806 Friedrich I. König von Württemberg, geschenkt hatte und das sich in Schloß Ludwigsburg befindet. Zum Brustbild reduziert und aktualisiert wird die vorliegende Replik durch ihre Provenienz geadelt: Ihr Keilrahmen weist einen alten Inventaraufkleber der baltischen Adelsfamilie von Benckendorff auf, in die eine Jugendfreundin Maria Fjodorownas, die Baronin Anna Juliane („Tille") Schilling von Cannstatt (gest. 1797) im Jahre 1780 eingeheiratet hatte. Sie war Sophie Dorothée 1776 als einzige nach Rußland gefolgt und durch zwanzig Jahre ihre Vertraute geblieben. Das Bildnis könnte ein Geschenk der Zarin an ihre Freundin gewesen sein, die Großfürst Paul kurz vor seiner Erhebung zum Zaren vom Hofe verbannt hatte, weil er ihren Einfluß als zu weitgehend empfand. Ihre beiden Söhne standen als Offiziere in russischen Diensten: Alexander (1783-1844) wurde 1826 unter Nikolajs I. zum Chef der russischen Geheimpolizei ernannt, Constantin (1784-1828) war zwischen 1820 und 1826 russischer Gesandter an den Höfen von Württemberg und Weimar. Ihre älteste Tochter, die 1785 geborene Dorothea, machte als Prinzessin Lieven, seit 1800 Frau des 1826 gefürsteten Grafen Christophor Andrejewitsch von Lieven (1774-1838), russischer Botschafter in London von 1812-1834, von sich reden. *G. Z.*

DER MUSENHOF

Kat. Nr. 258
Charles de Chamisso
1774 – 1824
Porträt der Zarin Maria Fjodorowna, vor 1799
Elfenbein, Gouache
7,6 x 6,5 cm, Oval
Bez. re., entlang der Kante: *de Chamisso*
Goldrahmen, 583 Karat
Inv. Nr. CCh-163/1-2-XI
Provenienz: Schloß Pawlowsk, bis 1945 in der Sammlung Schloß Gatschina

Das Portemonnaie war zunächst wahrscheinlich im Besitz Pauls I. Im Notizbuch, das hierzu gehört (Maße und Ausstattung stimmen überein), finden sich Aufzeichnungen in russischer Sprache, die Paul I. mit einem Bleistift handschriftlich notiert hatte. Auf einer der letzten Seiten findet sich ein kleiner Text in Tinte, den Maria Fjodorowna in französischer Sprache verfaßt hat und der auf den 11. Dezember 1798 datiert ist. Er ist dem Großfürsten Alexander Pawlowitsch gewidmet, am Vorabend seines 21. Geburtstages. Der Inhalt dieser Handschrift ist Ausdruck der Herzensliebe und Zärtlichkeit Maria Fjodorownas zu ihrem Sohn, der am nächsten Tag volljährig werden sollte.
Über Charles de Chamisso ist wenig bekannt. Er war einer von drei Brüdern des berühmten romantischen Dichters Adelbert von Chamisso (1781-1838). Nach der Revolution 1789 floh die Familie von Frankreich nach Deutschland, wo die drei Brüder später Miniaturmalerei studierten. 1797 wurden zwei von ihnen als Mitglieder in die Berliner Akademie aufgenommen und galten als allgemein anerkannte Maler ihrer Zeit. Die Reise Charles de Chamissos nach Rußland ist durch die vielen Porträts belegt, die er von Vertretern der russischen Aristokratie anfertigte. *N. S.*

Blick in die Paradebibliothek Pauls I. Im Zentrum der von Maria Fjodorowna entworfene und gefertigte Schreibtischaufsatz, ein Tempel aus Elfenbein (1791).

Kat. Nr. 259
Schreibmappe von Maria Fjodorowna
Beigefarbiges Leder, vergoldete Bronze, Seide, Glas
Monogramm „M" aus vergoldeter Bronze unter der Zarenkrone auf dem vorderen Mappendeckel
42,7 x 33 cm
Inv. Nr. CCh-1955-XI

In solchen Mappen bewahrte Maria Fjodorowna professionelle Zeichnungen westeuropäischer Meister auf, aber auch Amateurarbeiten von ihren Kindern, Enkeln und Schülerinnen ihrer Erziehungsanstalten. Seit ihrer Jugend zeichnete Maria Fjodorowna sehr gerne und ermunterte ihr Umfeld ebenfalls dazu. *N. S.*

Abbildungen folgende beide Doppelseiten: Kabinett Fonarik, 1807 nach Plänen von A. Woronichin. Das lichtdurchflutete Kabinett, das seinen Namen durch den halbrunden Erker erhielt, war das Lieblingsarbeitszimmer Maria Fjodorownas. Die persönliche Bibliothek und Gemäldegalerie enthält Schreibtische von David Roentgen und ca. 40 Gemälde, unter ihnen bedeutende Werke von Bronzino, Guido Reni, Carlo Dolci und José Ribera.

eine begabte Entwerferin. Bei der Planung solcher Ensembles wie dem beschriebenen Tisch aus der Prunkbibliothek des Großfürsten Paul[2] waren natürlich auch Architekten (in diesem Fall V. Brenna) beteiligt, das letzte Wort hatte jedoch mit Sicherheit die Hausherrin selbst, die auch an der Verwirklichung der Pläne beteiligt war.

In Schloß Pawlowsk ist eine große Anzahl von Werken der Maria Fjodorowna erhalten. Es sind komplizierte Ensembles aus verschiedenen Materialien, die, was ihre künstlerische Qualität angeht, den Vergleich mit Werken professioneller Meister der angewandten Kunst des 18. Jahrhunderts nicht zu scheuen brauchen. Außerdem sind es auf Werkzeugmaschinen angefertigte Stücke, die sie entweder als Geschenke für ihr nahestehende Menschen oder einfach zu ihrer eigenen Freude in ihrer Freizeit herstellte. Ihre künstlerischen Talente entwickelte Maria Fjodorowna bereits in ihrer Jugend. Die Mutter der zukünftigen russischen Großfürstin, Prinzessin Fiederike Sophie Dorothée von Württemberg, schätzte Leichtfertigkeit und Leere der französischen Sitten ihrer Zeit gering und ließ nicht zu, daß dieses „gefährliche Voltairetum" auf ihre Tochter Einfluß gewann. Ein wichtiges Moment in ihrer Pädagogik war die Beschäftigung mit den Künsten. Die junge Prinzessin zeigte bereits früh ihre Begabung sowohl für die Naturwissenschaften als auch für die Kunst. Und obwohl keine Werke aus ihrer Kinder- oder Jugendzeit überliefert sind, zeugen doch die späteren Arbeiten der Maria Fjodorowna von ihrem Fleiß bei diesen Beschäftigungen. Als die junge Prinzessin, die einem völlig anderen Milieu entstammte, an den prunkvollen Hof von Katharina II. kam, an dem die verschiedenen politischen Auffassungen breiten Raum einnahmen und auch die Moral nicht so eng gesehen wurde, fand sie keine gemeinsame Sprache mit ihrer Schwiegermutter. Maria Fjodorowna war gefühlvoll, anteilnehmend, aufrichtig und den ehelichen Verpflichtungen tief ergeben. So konnte sie sich an die höfische Atmosphäre voller gekünstelter Heuchelei nicht gewöhnen. Paul und Maria waren zärtliche und fürsorgliche Eltern, die auch bereit waren, die Bürde der Erziehung ihrer Kinder auf sich zu nehmen. Katharina II. ‚befreite' sie von diesen Mühen. Kaum daß die ältesten Söhne Alexander und Konstantin geboren waren, nahm sie diese in ihre Obhut. Die Knaben lebten in den Gemächern der Zarin (den Töchtern erging es später ebenso). Der Kindererziehung enthoben, befreit von der Sorge um die Staatsangelegenheiten und den Verpflichtungen des höfischen Lebens bewegte sich das junge großfürstliche Paar zumeist im engen Radius des Kleinen Hofes. Diese äußeren Umstände förderten natürlich eine Beschäftigung mit den Künsten.

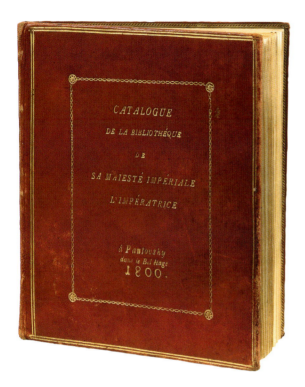

Kat. Nr. 260
Catalogue de la Bibliothèque de Sa Maiesté Impériale l'impératrice a Pawlowsky dans le Bel étage (Katalog der Paradebibliothek in Schloß Pawlowsk), 1800
Umschlag: rotes Saffianleder, Goldprägung, grüne Seide
Handschrift: Papier mit Goldkante, Tinte, 124 Seiten
19,5 x 16,5 cm
Insgesamt 82 Blätter
Inv. Nr. CCh-1230-XIII
Provenienz: Schloß Pawlowsk, ursprünglicher Bestand

Außer den beiden Paradebibliotheken – der des Großfürsten und der seiner Gattin – befand sich im ersten Stock des Schlosses Pawlowsk noch eine Bibliothek, die eigentliche Bibliothek, die den hauptsächlichen Bücherbestand beherbergte. Im ersten Drittel des 19. Jahrhunderts erhielt sie einen eigenen Raum, der von dem Architekten K. Rossi erbaut worden war (Kat. 277). Laut dem vorliegenden Katalog befanden sich in den unteren Schränkchen der Paradebibliothek von Maria Fjodorowna nicht nur Bücher, sondern auch Handschriften, insbesondere elf Bände der *Bulletins* aus Paris für die Jahre 1780-1789 und Texte verschiedener Dramen, die bei den Inszenierungen von Theaterstücken im Schloß Verwendung fanden, sowie Kopien von Originalhandschriften historischer Persönlichkeiten. Unter den Büchern in diesem Katalog sind historische Werke von Autoren der Antike (*Die Erziehung des Kyros* von Xenophon, die *Annalen* von Tacitus) am häufigsten vertreten. Weiterhin sind Memoiren von historischen Persönlichkeiten aus dem 17. und 18. Jahrhundert, philosophische Werke der Antike bis hin zu Voltaire u. a. verzeichnet, ebenso Werke der Weltliteratur, von Homers *Ilias* bis hin zu Ausgaben von Racine und L. Sterne. Sämtliche Bücher sind Übersetzungen ins Französische. Die Herrin von Pawlowsk verwendete viel Zeit auf das Lesen. Darauf kann man aus ihren vielen, im Archiv von Pawlowsk erhaltenen Inhaltsübersichten, Notizen und Auszügen von Werken der verschiedensten Autoren, insbesondere von Philosophen, und Arbeiten, die sich mit Fragen der Moral beschäftigen, schließen. *N. S.*

Kat. Nr. 261
Rede zur Eröffnung des Neuen Mädcheninstituts in der Erziehungsanstalt Sankt Petersburg, 1809
Papier, Tusche, Aquarell
39 x 25 cm
3 zusammengenähte Blätter
Bez. unten: *Gezeichnet von der fünfjährigen Fedos'ja Larionova*
Inv. Nr. CCh-1337-XIII
Provenienz: Schloß Pawlowsk, Historisches Archiv

Die wohltätigen Werke Maria Fjodorownas sind weithin bekannt. Sie war die oberste Leiterin aller Erziehungsanstalten und sehr darauf bedacht, daß in diesen Anstalten die gebührende Ordnung eingehalten wurde. Ihre dankbaren Zöglinge brachten ihr oft selbst angefertigte Geschenke dar. Im Archiv von Schloß Pawlowsk wird eine immense Anzahl von Amateurzeichnungen verwahrt, die von den Absolventinnen der Anstalten stammen. *N. S.*

DER MUSENHOF

In der Paradebibliothek von Großfürst Paul, über dem auf einem niedrigen Bibliotheksschränkchen stehenden Tempel mit Opferaltar aus Elfenbein[3] (Abb. S. 336 links) (ebenfalls einer Arbeit von Maria Fjodorowna), war das Galaporträt der Hausherrin von Pawlowsk, gemalt von dem österreichischen Maler J. B. Lampi [d. Jüng.] angebracht. Es zeigt sie in der strahlenden Schönheit der Blüte ihrer Jahre. Die rechte Hand von Maria Fjodorowna, in der sie eine Reißfeder hält, liegt auf einem bronzenen Pult mit einem Blatt, auf dem die Profilabbildungen ihrer acht Kinder zu sehen sind. Diese Zeichnung ist nicht bloß eine Allegorie, sondern bezieht sich auf eine tatsächlich existierende Arbeit der Großfürstin und Künstlerin: Drei Zeichnungen von ihr mit sechs Kinderprofilen sind erhalten, die zurückreichen bis zum Jahr 1790. Die erste dieser Zeichnungen ist auf den 21. April 1790 datiert und wurde Katharina II. zu ihrem Geburtstag zusammen mit einem Siegel und Kameen überreicht. Die Wiederholung dieser Zeichnung, datiert auf den 19. September, erhielt ihr Gatte (Kat. 267). Diese Zeichnung wurde von James Walker als Kupferstich realisiert. Katharina II. sandte den Stich in ihrem Brief vom 18. September 1790 an [Baron F.] Melchior [von] Grimm, mit dem sie in Briefverkehr stand, und gab ihm damit eine hervorragende Charakteristik aller ihrer Enkel und Enkelinnen.[4] Nach dieser Zeichnung entstanden auch zwei Kameen aus dunkelroter Paste und ein graues Relief auf dunkelrotem Hintergrund, ebenfalls aus Paste. Sie werden im Depot von Schloß Pawlowsk verwahrt. Diese Zeichnung diente außerdem den professionellen Bildhauern J. D. Rachette und F. I. Schubin als Vorlage für Werke aus anderem Material. Das marmorne Basrelief, das sechs Kinder zeigt, ist eine Arbeit von Schubin. Katharina II. gab ihm einen Platz im Raritätenkabinett der Eremitage. Derzeit befindet es sich in Pawlowsk.

Unter den verschiedenen Künsten war der Steinschnitt, das heißt die Herstellung von Intaglien und Kameen aus sibirischen Hartsteinen, die Lieblingsbeschäftigung von Maria Fjodorowna. Es ist müßig, die im 18. Jahrhundert unter Kunstliebhabern weit verbreitete große Begeisterung für die Glyptik (und dabei besonders für die antike) zu erwähnen. Selbst die russische Zarin war von dieser „Krankheit" angesteckt. In der Eremitage sammelte sie eine kolossale Kollektion geschnittener Steine. Während ihrer Reise durch Europa in den Jahren 1781 und 1782 besuchten der Großfürst und die Großfürstin (Comte und Comtesse du Nord) die Werkstätten einiger namhafter römischer Steinschneider. Bei dem berühmtesten von ihnen, J. Pichler, gaben sie sogar eigene Porträts in Auftrag, die sie später, gefaßt als Ringe, der Mutter bzw. Schwiegermutter schenkten.[5] In der Großen Bibliothek von Rossi, die an das Schloß Pawlowsk später angebaut wurde, befand sich in einem Schaukasten das Porträt von Katharina II., eine Arbeit Pichlers. Maria Fjodorowna kannte sich in dieser Kunstform gut aus. Für ihre eigenen Arbeiten bevorzugte sie Jaspis, aber auch mehrfach geschichtete Steine,

Kat. Nr. 262
Maria Fjodorowna
Porträt-Kamee Alexander und Konstantin, St. Petersburg 1791
Paste, Randfassung: Papier mit Goldeinfassung
4,5 x 5,5 cm
Provenienz: Aus dem Zentrallager für Museumsbestände, nach 1945 in Pawlowsk, früher in der Sammlung Schloß Gatschina

Kat. Nr. 263
Anton Raphael Mengs
1728 Aussig – 1779 Rom
Diligentia-Allegorie der Zeichnung
Öl auf Leinwand
74 x 61,5 cm
Inv. Nr. CCh-1822-III
Provenienz: Schloß Pawlowsk, 1782 von Großfürst Paul bei Thomas Jenkins in Rom für Pawlowsk erworben
Ausstellungen: *Anton Rafaël' Mengs.* Leningrad 1981; *Legacy of a Czar and Czarina.* Miami, New York 1995-1996; *Les Grands Peintres Européens dans les Musées Russes. Collections des Palais Impériaux de Peterhof, de Pavlovsk et du Musée de Pskov.* Montbéliard 1997

Steffi Roettgen datiert das Bild *Diligentia-Allegorie der Zeichnung* auf etwa 1756. Sie veröffentlichte auch eine Zeichnung, die ein Schüler Anton Mengs', der deutsche Künstler Nicolas Mosmann, nach dem Gemälde anfertigte. Unter die Zeichnung schrieb Mosmann: „Das Original wurde von Kavalier Mengs gemalt und stellt ein Porträt seiner Frau dar, in Gestalt der *Diligentia*. Es befindet sich jetzt in der Sammlung Thomas Jenkins', welcher es auch in Auftrag gegeben hatte."
Der Petersburger Gelehrte N. Nikulin entdeckte in einem der Briefe Johann Friedrich Reiffensteins an Baron Friedrich Melchior von Grimm aus dem Jahre 1780 eine Beschreibung des Gemäldes aus Pawlowsk. Reiffenstein bot Katharina II. an, das Bild bei dem berühmten römischen Antiquitätenhändler Thomas Jenkins für 200 Zechinen zu erwerben. Aber Katharina II. konnte sich nicht zu diesem Kauf entschließen. Als sich der Comte und die Comtesse du Nord im Frühling 1782 in Rom aufhielten, besuchten sie auch das Atelier Thomas Jenkins' und erwarben dort einige Kunstwerke. Darüber berichtete die römische Zeitung *Diario Ordinario,* und Baron von Grimm erwähnte Besuch und Ankäufe in seinem Brief an Katharina II. vom 21. Juli 1782. *N. S.*

Kat. Nr. 264
Porträt-Kamee *Paul I.*
Arbeit von Maria Fjodorowna, St. Petersburg 1790
Grüne und rote Paste, Randfassung: Papier mit Goldeinfassung
4,5 x 5,5 cm
Inv. Nr. CCh-680-X
Provenienz: Aus dem Zentrallager für Museumsbestände, nach 1945 in Pawlowsk, früher in der Sammlung Schloß Gatschina

Diese Kamee aus Paste gibt die Sardonyx-Kamee mit der Profil-Abbildung des Zarewitsch Paul wieder, die von Maria Fjodorowna 1790 zum 24. November, dem Namenstag der Zarin Katharina II., angefertigt worden war (das Original, in Gold gefaßt, trägt die Signatur „Maria F. 1790, 11. 24." und befindet sich in der Staatlichen Eremitage).
Diese Kamee ist eine der gelungensten Arbeiten von Maria Fjodorowna, was die Ähnlichkeit mit dem Porträtierten angeht. In Pawlowsk befinden sich vier Exemplare dieser Gemme, zwei aus Paste, eine aus dunklem Glas und eine aus „Jaspis-Masse" mit der Marke Wedgwood. *O. B.*

Abb. 1: Kamee-Porträt von Katharina II. 1789, Jaspis, Gold, Staatliche Eremitage

Achate, Onyxe, Chalcedone, Achatonyxe, Sardonyxe und Bernstein. Ihr Mentor für den Hartstein- und Stahlschnitt war der Lehrer für Medailleurskunst an der Akademie der Künste und Medailleur des Münzhofs St. Petersburg, Karl [von] Leberecht.

Aufgrund der Beschreibungen von Zeitzeugen kann man sich ein Bild davon machen, wie Maria Fjodorowna sich mit der Kameenherstellung beschäftigte. François-Germain [de] Lafermière, Professor aus Straßburg, Bibliothekar, Vorleser und Sekretär von Paul und Maria Fjodorowna, schrieb: „Maria Fjodorowna fertigte zuerst nach der Natur oder einem guten Porträt ein Muster des Medaillons aus Wachs an. Danach führte sie es auf dem Stein aus. Sie verwendete dafür vorzügliche, mehrfach geschichtete sibirische Steine. Bei dieser Arbeit bediente sie sich niemandes Hilfe. Wenn sie allerdings noch das Porträt modellierte, so hörte sie auf die Ratschläge ihres Lehrers Leberecht und anderer anwesender Personen, und wenn sie diese für richtig befand, befolgte sie sie auch. Wenn sie aber bereits den Stein selbst auf der Werkbank bearbeitete, legte ihr Lehrer dabei nicht Hand an. Seine einzige Aufgabe beschränkte sich dann auf das Zureichen der nötigen Werkzeuge."[6]
Maria Fjodorowna fertigte in der Regel Profilporträts der Zarin Katharina II., ihres Ehegatten Paul und ihrer vielen Kinder eigens als Geschenke für die Schwiegermutter zu deren Geburtstag am 21. April an. Derzeit werden in der Staatlichen Eremitage sieben Arbeiten von Maria Fjodorowna aufbewahrt, die sie zwischen 1789 und 1795 aus Jaspis, Sardonyx und Achatonyx hergestellt hat. Alle sind in Gold gefaßt, alle auf den 21. April datiert. Das Porträt von Katharina II. als Minerva mit Helm, geschmückt mit Lorbeerkranz und Sphinx, zeichnet sich durch ein hohes Maß an Professionalität aus. Dieses Kameenmedaillon ist eine Arbeit aus grau-rosa Jaspis, datiert auf den 21. April 1789 (Abb. 1).[7] Maria Fjodorowna hat diese Kamee mehrfach in den unterschiedlichsten Materialien

Kat. Nr. 265
Maria Fjodorowna
Porträt-Kamee Alexander und Konstantin, St. Petersburg 1791
Jaspis-Masse (Marke Wedgwood), Randfassung: Papier mit Goldeinfassung
4,5 x 5,5 cm
Provenienz: Aus dem Zentrallager für Museumsbestände, nach 1945 in Pawlowsk, früher in der Sammlung Schloß Gatschina

Kat. Nr. 266
Porträt-Kamee *Katharina II. in Gestalt der Minerva*
Arbeit von Maria Fjodorowna, St. Petersburg 1789
Grüne und braune Paste, Randfassung: Papier mit Goldeinfassung
7 x 5 cm
Signatur am Brustabschnitt: *Marie F. 21 apr. 1789*
Inv. Nr. CCh-683-X
Provenienz: Aus dem Zentrallager für Museumsbestände, nach 1945 in Pawlowsk, früher in der Sammlung von Schloß Gatschina
Ausstellungen: *Nezabyvaemaja Rossija: Russkie i Rossija glazami britancev 17-18vv.* Moskau 1997

Die zweite Hälfte des 18. Jahrhunderts war die Zeit, in der sich die Kunstform der Glyptik besonderer Beliebtheit erfreute. Maria Fjodorowna selbst beschäftigte sich mit der Anfertigung von Kameen, darunter auch Gemmen auf Hartsteinen. Ihr Lehrmeister bei diesen Freizeitbeschäftigungen, der Medailleurskunst und dem Hartstein-Schnitt, war der Lehrer für Medailleurskunst der Akademie der Künste in Petersburg und Medailleur des Münzhofes Sankt Petersburg, Karl Alexandrowitsch [von] Leberecht (1755-1827). François Germain [de] Lafermière, Bibliothekar und Sekretär von Maria Fjodorowna, berichtet, daß die Großfürstin für ein Medaillon zuerst ein Modell aus Wachs nach der Natur oder einem guten Porträt formte. Beim Modellieren des Porträts hörte sie auf die Ratschläge ihres Lehrers Leberecht und anderer anwesender Personen und befolgte sie, wenn sie sie für richtig befand. Wenn sie dann aber den Stein selbst auf der Werkbank bearbeitete, beschränkte sich die Aufgabe von K. [von] Leberecht auf das Zureichen der notwendigen Werkzeuge. Zudem war Maria Fjodorowna eine begeisterte Sammlerin von Glypten-Kopien, die sie oft selbst aus Paste herstellte.

Diese Kamee aus Paste ist die Kopie der Arbeit von Maria Fjodorowna *Katharina II. in Gestalt der Minerva*, die sie eigenhändig aus grau-rosa Jaspis geschnitten und ihrer Schwiegermutter, der Zarin, zu deren Geburtstag am 21. April 1789 als Geschenk dargebracht hat. (Das Original befindet sich in der Staatlichen Eremitage.) Diese Kamee aus Paste ist in Pawlowsk in doppelter Ausfertigung vorhanden, ein weiteres Stück befindet sich in der Staatlichen Eremitage. *O. B.*

wiederholt. Sie wurde zudem von James Walker in Kupfer gestochen. In Pawlowsk befinden sich fünf Exemplare dieser Gemme: Aus Paste (zwei Stück), aus Mosaikglas (zwei Stück) und neun Stück aus Porzellan (Marke Wedgwood). Das Wedgwood-Museum in Barlaston besitzt eine Version dieses Medaillons von Maria Fjodorowna aus „Jaspis-Masse".[8]

Die Kamee aus Sardonyx mit der Profilabbildung des Zarewitsch Paul ist hinsichtlich der Ähnlichkeit mit dem Porträtierten eine der gelungensten. Sie ist auf den 21. April 1790 datiert (Kat. 264).[9] Auch sie wurde von Walker in Kupfer gestochen. In Pawlowsk gibt es vier Exemplare dieser Porträtkamee: eines aus dunklem Glas, zwei Varianten aus Paste und eine aus „Jaspis-Masse" (Marke Wedgwood). Im British Museum befindet sich ein Medaillon aus „Jaspis-Masse", ausgeführt nach einem Modell von James Tassie im Jahr 1791 auf der Grundlage des Kupferstichs von Walker.

Am 21. April 1791 fertigte Maria Fjodorowna eine Kamee aus Achatonyx mit dem Doppelporträt von Alexander und Konstantin an.[10] Sie wurde in Gold gefaßt und ebenso Katharina II. als Geschenk dargebracht. (Dieses Doppelporträt ist ein Fragment aus einer gezeichneten Kamee mit sechs Kindern.) In Pawlowsk wird diese Kamee aus Paste (Kat. 262) und „Jaspis-Masse" (Marke Wedgwood) (Kat. 265) aufbewahrt. Ein ähnliches Medaillon mit den Büsten von Alexander und Konstantin, ebenso aus „Jaspis-Masse" nach einem Kupferstich von Walker, befindet sich im Bestand des British Museum. Maria Fjodorowna fertigte überdies Profilporträts von Alexander I. aus Achatonyx und seiner Gattin Elisabeth aus Sardonyx an.

Der Kontakt zur berühmten englischen Manufaktur Wedgwood, die die vielfältigsten Produkte herstellte, darunter auch zweifarbige Porträtmedaillons aus „Jaspis-Masse", wurde offensichtlich durch Georg Heinrich König hergestellt, der Ende der 80er Jahre des 18. Jahrhunderts zweimal nach England fuhr. König war Emailleur, Graveur, Gemmenschneider und Chemiker. Katharina II. schätzte seine unterschiedlichen Fähigkeiten, besonders jedoch sein Talent, farbige Mosaikgläser herzustellen und daraus Kopien der verschiedensten Kameen und Intaglien anzufertigen. Georgi schrieb: „In einem besonderen Zimmer ... mit Fensterchen zum Hof hinaus üben sich der Hofmedailleur Leberecht und der Chemiker König darin, aus Gemischen Kopien von Kameen herzustellen, die sich im Kabinett befinden, oft in Anwesenheit und auf Geheiß ihrer Kaiserlichen Hoheit".[11]

Offensichtlich hatte König, als er auf Anordnung von Katharina II. nach England reiste, Kupferstiche von Walker mit Porträts von Verwandten von Maria Fjodorowna mitgenommen, nach denen die bereits erwähnten Medaillons aus Porzellan angefertigt wurden. Fertige Medaillons aus Porzellan konnte König in England erwerben, die aus Mosaikglas fabrizierte er selbst.

Sowohl Maria Fjodorowna als auch ihre Schwiegermutter sammelten begeistert Kopien von geschnittenen Steinen. Offensichtlich beherzigte Maria Fjodorowna bei der Herstellung von Paste- und Glasabdrücken die Ratschläge von Georg König.

Diese Begeisterung mündete in die Anfertigung konkreter Gegenstände, die in Pawlowsk aufbewahrt werden: Kaminschirme, Tische, Tintenfässer, Kandelaber, Rahmen, alle verziert mit Kopien von antiken Kameen und Arbeiten von Maria Fjodorowna aus Glaspaste.

Maria Fjodorowna stellte außer Kopien aus Glaspaste sogar Kopien aus Papiermaché her. Im Jahr 1799, zur Hochzeit ihrer ältesten Tochter, der Großfürstin Alexandra, mit Erzherzog Joseph von Österreich, faßte der Juwelier Louis-David Duval eine große Anzahl solcher Pulpe-Kameen von Maria Fjodorowna in Gold mit Brillanten für die Anfertigung von Colliers, Armbändern, Schnallen und Schließen. Nach Alexandras Tod im Jahr 1801 wurde ein Teil ihrer Aussteuer nach Rußland zurückgegeben, so z. B. eine aus zwölf Teilen bestehende Garnitur. Sie befindet sich jetzt in der Staatlichen Eremitage.[12] In Schloß Pawlowsk ist ein großartiger Kaminschirm aus dem kleinen Arbeitszimmer Pauls mit Kameen aus Papiermaché verziert, woran sich Maria Fjodorowna 1796 beteiligte.[13] Viele Rahmen, die Gemälde von Maria Fjodorowna einfassen, sind ebenso mit Pulpekameen verschönert (Abb. 2).

Außer den aus echten Steinen geschnittenen Porträtkameen und den Kameen aus Glaspaste ist das von Maria Fjodorowna aus Elfenbein geschnittene Porträt von Katharina II. als Minerva sehr be-

Abb. 2: Rahmen mit Pulpe-Kameen zu dem Porträt eines Jungen. Arbeit von Maria Fjodorowna

Kat. Nr. 267
Maria Fjodorowna
1759 Stettin – 1828 Pawlowsk
Sechs Porträts ihrer Kinder in Profilansicht, 1790
Milchglas, Bleistift, Aquarell
14,3 x 17,2 cm, Oval
Bez. u. re.: *dessiné par leur Mère et présenté au plus cheri des Époux, au plus aimé des Pères, ce 19 Septembre 1790 ./. Marie*
Ovaler Holzrahmen, vergoldet
17,5 x 18,2 cm
Inv. Nr. CCh-498/1-2-XI
Provenienz: Schloß Pawlowsk, ursprünglicher Bestand

v. l. n. r.:
Alexander Pawlowitsch (1777-1825) – vgl. Kat. 172
Konstantin Pawlowitsch (1779-1831) – vgl. Kat. 33
Alexandra Pawlowna (1783-1801) – vgl. Kat. 34
Helene Pawlowna (1784-1803) – vgl. Kat. 34
Maria Pawlowna (1786-1859) – vgl. Kat. 35
Katharina Pawlowna (1788-1819) – vgl. Kat. 36

Im Jahr 1790 fertigte die Großfürstin Maria Fjodorowna drei ähnliche Zeichnungen an. Die erste, die auf den 21. April datiert ist, schenkte sie ihrer Schwiegermutter, Zarin Katharina II., die zweite Zeichnung ist datiert auf den 24. Mai. Die dritte Zeichnung fertigte Maria Fjodorowna anläßlich des Geburtstags ihres Gatten, des Großfürsten Paul, am 19. September desselben Jahres an. Alle drei Zeichnungen befinden sich heute in Pawlowsk. Die Zeichnung, die Großfürstin Maria Fjodorowna Katharina II. geschenkt hatte, wurde sogleich vom englischen Künstler James Walker graviert, der zu jener Zeit am Hofe Katharinas II. arbeitete. Bereits am 18. September 1790 schickte Katharina II. die Gravur zu ihrem langjährigen Korrespondenten Baron Friedrich Melchior von Grimm nach Paris. In dem der Gravur beigelegten Brief gab die Zarin eine Beschreibung jedes der dargestellten Enkelkinder. Bald darauf fertigten J. D. Rachette und F. Schubin nach dieser Darstellung Basreliefs in Gips und Marmor an, die sich heute auch in Pawlowsk befinden. *N. S.*

Kat. Nr. 268
Medaille zu Ehren der Eroberung von Paris am 19. März 1814
Nach einem Modell von Maria Fjodorowna, Münzhof, St. Petersburg 1814
Bronze; gegossen, geprägt, patiniert
Durchmesser 6,5 cm
Vorderseite: kreisrunde Aufschrift: *Von Gottes Gnaden Alexandr I. Kaiser und Selbstherrscher aller Reußen*, auf dem Brustabschnitt klein: *Maria F(ecit)*
Rückseite: oben im Kreis: *Befreier der Völker*, auf dem Sockel: *Für Alexandr den Gesegneten*, auf den Stufen des Sockels: *19. (31.) März 1814*, darunter die Signatur: *Maria F(ecit)*
Inv. Nr. CCh-3511-IV
Provenienz: Schloß Pawlowsk, ursprünglicher Bestand

Mit dem Einzug der Truppen der Alliierten unter der Führung des Russischen Zaren Alexander I. in Paris endete am 19. März 1814 der Krieg mit dem napoleonischen Frankreich. Anläßlich dieses Ereignisses wurde in Pawlowsk ein grandioses Fest veranstaltet. Zu diesem Tag, dem 27. Juli 1814, wurde nach einem Modell von Maria Fjodorowna eigens eine Medaille geprägt. Auf der Vorderseite der Medaille ist Alexander I. im Profil mit Lorbeerkranz dargestellt, auf der Rückseite ein hoher Sockel, auf dem auf einem Kissen Krone, Zepter und Reichsapfel liegen. Über dem Postament ist das „Allsehende Auge" abgebildet, auf den Stufen drei Lorbeerkränze und das Datum 19. März 1814, darunter die Signatur *Maria R. O. B.*

Familienzimmer. Um den und im Spiegel sieht man zahlreiche gerahmte Zeichnungen und Gemälde von der Hand Maria Fjodorownas und ihrer Kinder

rühmt. Dieses Porträt unterscheidet sich durch die besonders prunkvolle Ausgestaltung von Helm, Federbusch und Kleidung von der Porträtkamee von Katharina II. aus Jaspis. Elfenbein besitzt als Schnitzmaterial besondere Eigenschaften, die es der Urheberin dieses Porträts ermöglichten, eine besondere Weichheit und Feinheit in der Abbildung zu erreichen.

Dieses signierte Porträt war als Geschenk für den Favoriten von Katharina II., den Fürsten Grigori Potjomkin „den Taurier", wie er genannt wurde, bestimmt. Heute befindet es sich ebenfalls in der Eremitage. Es ist ein einzigartiges Beispiel für Maria Fjodorownas Elfenbeinarbeiten, die sie nicht auf der Drehbank angefertigt hat. Gewöhnlich benutzte sie diese nämlich für solches Material. Zeitweise befanden sich in verschiedenen Räumen des Schlosses zwei Drehbänke aus Mahagoni mit einem umfangreichen Satz unterschiedlich geformter Beitel und Meißel (bis zu 50 Stück) (Abb. 3).
In einem Archivdokument wird berichtet, daß Vaye im Dezember 1805 in die Werkstatt nach St. Petersburg geschickt wurde, um die Drehbank von Maria Fjodorowna zu reparieren. Die Unterschrift des Drehers und Meisters Nikolaus-Lukas Vaye (er war der Herkunft nach ein Deutscher) findet sich auf vielen Gegenständen aus Elfenbein und Bernstein neben der Signatur Maria Fjodorownas. Er hat also die Hausherrin offensichtlich in der Arbeit an der Drehbank unterwiesen. Biographische Angaben über ihn sind sehr spärlich, aber es existiert eine große Anzahl von Archivbelegen, aus denen hervorgeht, daß er für die Eremitage, Pawlowsk und Gatschina tätig war. Vaye rekonstruierte nach dem verheerenden Brand von 1803 viele Gegenstände aus Elfenbein und Bernstein in Pawlowsk. Viele Säulen, Obelisken mit vergoldeten Monogrammen, Tischaufsätze und Schreibgeräte tragen von Maria Fjodorowna in französischer Sprache eingravierte Aufschriften und die genauen Daten mit Angabe von Jahr, Monat und Tag. Die meisten Aufschriften stammen aus der Zeit vom Ende der 80er bis Mitte der 90er Jahre des 18. Jahrhunderts.

Abb. 3: Drehbank der Großfürstin Maria Fjodorowna, Rußland, Ende des 18. Jahrhunderts, nicht erhalten, Foto vor 1941

Kat. Nr. 269
Bestickte Bordüre *Blumengirlande auf schwarzem Grund*
St. Petersburg, Rußland, Anfang des 19. Jahrhunderts
Kreuzstichstickerei, Stramin, Seide
313 x 16 cm, 9 x 8 Kreuze pro cm²
Inv. Nr. CCh-454-II
Provenienz: Schloß Pawlowsk; ursprünglicher Bestand

Die Bordüre mit Kreuzstichstickerei aus Seidenfaden. Das Motiv ist eine Girlande aus verschiedenen Feld- und Gartenblumen auf schwarzem Grund. Diese Bordüre wählte der Architekt Andrej Woronichin für die Bezüge von Sitzmöbeln aus, die nach seinem Entwurf in Petersburg angefertigt wurden und für den Saal des Friedens bestimmt waren. *N. W.*

Kat. Nr. 270
Handarbeitstisch
Sankt Petersburg, 1804
Werkstatt Heinrich Gambs (1765-1831), nach einer Zeichnung von Andrej Woronichin
Blindholz: Kiefer, Eiche, teilweise Ebenholz (?); Furnier: Mahagoni
Ormoulu und patinierte Bronze, Messing, Mastix, Glas, Kreuzstickerei Maria Fjodorownas auf Stramin
78 x 41 x 41 cm
Inv. Nr. CCh-365-IV
Provenienz: seit 1804 Schloß Pawlowsk

Die Zarge des Tisches ruht auf vier Cabriole-legs, verbunden durch Querstreben mit einem Kelch in ihrer Mitte. Die Ecken der Zarge sind mit weiblichen Bronzebüsten verkröpft, ihre Front mit einem Messingbeschlag in Mäanderform versehen. Die Tischplatte ziert in der Mitte eine Stickereiarbeit aus der Hand Maria Fjodorownas mit der gestickten Aufschrift: „Vue de la chetive maison habitée, par le czar Pierre le Grand a Saardam en 1697 bk en 1804." („Ansicht des Hauses von Peter dem Großen in Saardam, gestickt 1804"). Die Stickerei ist mit einem zierlichen Bronzegitter umgeben.
Die Kombination unterschiedlicher Materialien wie Mahagoni, Ormoulu, patinierter Bronze und ornamental ausgesägtem Messing sowie die bizarr geschwungenen Tischbeine ergeben ein einprägsames, für Möbelstücke dieser Zeit ungewöhnliches Bild.
Dieser formal außergewöhnliche Tisch hat drei Urheber: die Zarin Maria Fjodorowna, welche die Stickerei als Freizeitbeschäftigung und mehr noch als Dekor an sich schätzte, Andrej Woronichin, dessen phantasievolle und einfallsreiche Entwürfe die Auftraggeberin stets zufriedenstellten, und schließlich Heinrich Gambs, dem die makellose Ausführung der Bestellung zu verdanken ist. *A. A., R. G.*

So ist z. B. die Tempel-Kolonnade aus der Paradebibliothek von Großfürst Paul folgendermaßen signiert: *Marie ce 20 Dec. An. 1790*. Eine ebenso frühe Arbeit ist der für Katharina II. als Geschenk bestimmte Leuchter, auf dessen Sockel *Marie ce 21 april 1791* geschnitten ist.[14] Er ist aus einem einzigen großen, honigfarbenen und durchsichtigen Stück Bernstein hergestellt und sieht der Form nach wie eine antike Lampe aus. Auf dem Leuchter ruht ein Seelöwe aus vergoldeter Bronze, von einer geflügelten Najade gestützt. Die Lampe steht auf einem stufenförmigen Untersatz aus Elfenbein und Mahagoni. Dieses „kleine Monument" wurde im Auftrag und unter Beteiligung von Maria Fjodorowna nach einer Zeichnung von V. Brenna angefertigt. Katharina II. brachte das Geschenk im Raritätenkabinett der Eremitage unter. Einige analoge Gaben wurden nach dem Tod Katharinas II. aus der Eremitage zuerst ins Michail-Schloß und nach dem tragischen Tod Zar Pauls I. aus dem Michail-Schloß nach Pawlowsk verbracht.

Im Jahr 1793 ,erfand' Maria Fjodorowna ein neues Geschenk für ihre Schwiegermutter. Sie bestellte beim Petersburger Meister H. Gambs einen kleinen, aber prächtig ausgeführten Damenschreibtisch aus Mahagoni mit einer Balustrade aus Elfenbein, verziert mit vergoldeter Bronze und Glasmalerei. Auf der Tischplatte (Abb. S. 53) in einem Medaillon aus Milchglas befand sich die Kopie des Bildes *Venus von den Grazien geschmückt* von Angelika Kauffmann, signiert von Maria Fjodorowna.[15] Zu diesem Schreibtischset gehörten auch ein Satz Schreibgeräte aus Elfenbein und Bernstein, ein Kandelaber für vier Kerzen mit Lampenschirm, verziert mit Medaillons, die die Silhouette von Katharina II. und Figuren aus der Mythologie zeigen (bekanntermaßen beschäftigte sich Maria Fjodorowna auch mit der Anfertigung von Scherenschnitten), sowie ein Siegel mit Bernsteingriff (dort waren auf der in Gold gefaßten Stahlmatrize ein Bienenkorb, eine Rose und eine Biene mit der Aufschrift „Nützliches" abgebildet), außerdem zwei kleine Messer aus Gold und Bernstein und ein Bernsteinetui mit Goldfassung, im Inneren eine Bronzefeder. Katharina II. gab auch diesem Geschenk einen Platz im Raritätenkabinett in der Eremitage.

Es ist bekannt, daß die Hofarchitekten die Pläne für diese Tische, Tempel, Kandelaber, Säulen- und Obelisk-Denkmäler ausgearbeitet und Arbeitsskizzen erstellt haben. In den 80er und 90er Jahren des 18. Jahrhunderts war dies der Architekt Vincenzo Brenna, danach sein Schüler Carlo Rossi. Das bezeugen die Zeichnungen und Pläne für die entsprechenden Gegenstände in Pawlowsk, die sich in den Depots der Schloßmuseen von Pawlowsk und Ostankino befinden.[16]

Im Gobelinzimmer von Schloß Pawlowsk steht ein massiver Schreibtisch, angefertigt ca. 1800 in der Werkstatt von J. Otto und H. Gambs nach einer Zeichnung von Brenna und Rossi (Abb. 9).[17] Dieser Tisch hat als Beine acht Elfenbeinsäulen mit ionischen Bronzekapitellen sowie eine Balustrade und kleine Vasen aus Elfenbein in den Ecken. Das Tischgestell ist verziert „mit 16 Antiken", wie es in Archivdokumenten heißt, d. h. mit Kameenkopien antiker Motive. Zu diesem Ensemble gehören auch zwei Kandelaber für je vier Kerzen (Abb. S. 54) (sie befinden sich derzeit im Familienzimmer) aus Elfenbein, Bernstein und vergoldeter Bronze mit Medaillonkameen. Diese zeigen den Großfürsten Paul, Maria Fjodorowna, das Doppelporträt von Alexander und Konstantin sowie Elisabeth Alexejewna. Die Medaillons sind aus Milchglas nach Modellen von Maria Fjodorowna gefertigt, mit Ausnahme ihres eigenen Porträts, das [von] Leberecht signiert hat.

Weiterhin gehört ein Schreibzeug aus Elfenbein, Bernstein und vergoldeter Bronze zu diesem Ensemble (eine Arbeit des Meister-Drehers Vaye unter Beteiligung von Maria Fjodorowna). Es ist dekoriert mit 14 Antiken aus Glas. Das gesamte Ensemble zierte das Kabinett von Paul I. im Michail-Schloß und war sozusagen Zeuge seines gewaltsamen Todes in der Nacht vom 23. auf den 24. März 1801. Nach dieser Tragödie wurde es, wie zahllose andere Gegenstände des Interieurs, aus dem Michail-Schloß nach Pawlowsk gebracht. Außer den erhaltenen Werken in Pawlowsk berichten Archivdokumente von unzähligen „eigenen Arbeiten" Maria Fjodorownas, die als Spende an Kirchen und Paläste der beiden russischen Hauptstädte gingen. So erhielt beispielsweise die Kirche der Hl. Maria Magdalena in Pawlowsk einen hinter dem Altar befindlichen Kirchenkronleuchter für zwölf Kerzen aus Bernstein und Elfenbein, einen Diskos[18] und einen Kelch zum Geschenk. Die Moskauer Mariä-Himmelfahrtskathedrale im Kreml bekam einen wertvollen Abendmahlskelch und drei Untertassen, die Maria Fjodorowna am 18. September 1788 gedreht hatte, zum Gedenken daran, daß ihr Gatte vom Feldzug gegen die Schweden wohlbehalten zurückgekehrt war.

Man kann das Familienzimmer (Abb. S. 54) im Erdgeschoß von Schloß Pawlowsk, in dem sich die meisten Werke seiner Hausherrin befinden, mit Fug und Recht als Museum der Maria Fjodorowna bezeichnen. Außer vielen von ihr signierten Säulen, Väschen und Obelisken ist hier, unter den gemalten Porträts der Familienmitglieder, praktisch der ganze untere Teil der Wände dicht an dicht von Miniaturen und kleinen Bildern bedeckt (Abb. S. 409). Etwa die Hälfte davon sind Zeichnungen von Maria Fjodorowna, die sie mit Schiefer- und Farbstiften auf Milchglas angefertigt hat, zum Teil auch mit Aquarell- oder Ölfarbe und Gouache. Die frühesten Arbeiten entstammen dem Ende der 80er Jahre des 18. Jahrhunderts. Es sind kleine Medaillons aus Milchglas mit Profildarstellungen verschiedener Figuren der Antike, z. B. *Kopf des Paris*, *Kopf des Apollo*, *Apollo mit Lyra* etc. Die meisten zeigen Repliken von Abbildungen aus den im 18. Jahrhundert modernen Ouvrages[19], die Darstellungen

Abb. 4: Zeichnungen von F. Viollier zu Knöpfen: Ansichten von Pawlowsk (Schloß Pawlowsk, Marienhospital, Altes Chalet, Urne des Schicksals), Papier, Tusche, Feder

antiker Münzen und Medaillen enthalten; bisweilen handelt es sich auch um Kopien von Zeichnungen berühmter Künstler. Die Zeichnung der Minerva wurde von Maria Fjodorowna so signiert: „Copie d'un dessin d'après Raphael Mengs d'une Medaille Greque Marie ... fecit ..."[20]. Nach den bereits erwähnten herausragenden Ensemblearbeiten aus Elfenbein und Bernstein in Form ganzer Tempel, verziert mit Kameen und ähnlichem, sehen diese kleinen Bilder ausgesprochen einfach aus. Hier wird die Hand der Amateurin deutlich. Das hängt natürlich damit zusammen, daß es im 18. Jahrhundert für Frauen unmöglich war, eine künstlerische Ausbildung zu erhalten. Sogar in den Werken der vielgerühmten Angelika Kauffmann zeigt sich nicht selten dieser Mangel an professioneller Schulung. Es heißt, daß Maria Fjodorowna von dem Miniaturisten Henri-François-Gabriel Viollier im Malen von Bildnissen unterrichtet wurde. Bis zu seiner Ankunft in Rußland im Jahr 1780 verbrachte Viollier sechs Jahre im Dienste des Herzogs von Württemberg und war folglich mit der zukünftigen Gattin des russischen Thronfolgers bekannt. Viollier war ein Mensch mit unterschiedlichen Begabungen, die er für den Dienst am Kleinen Hof einsetzen konnte. Neben dem Malen von Miniaturporträts der Familienmitglieder von Paul wirkte er bei Laien-Aufführungen und -Theaterfesten als Schauspieler, auch verfaßte er dafür Couplets. Ihm wurden die Vervollständigung der Stahlstichsammlung und die Erstellung des Katalogs anvertraut. Nach Durchsicht der Unterlagen in den Archiven von Schloß Pawlowsk wurde sogar deutlich, daß er sich mit der Planung des Privatgartens, mit der Innenausstattung des Alten Chalets und der Möblierung dieses Pavillons beschäftigt hat.[21]

1789 dachte sich Maria Fjodorowna erneut Geschenke für ihre Schwiegermutter und ihren Ehegatten aus. Dafür malte Viollier auf einzelnen Blättern runde Miniaturabbildungen mit Ansichten von Pawlowsk, Gatschina und Zarskoje Selo. Maria Fjodorowna kopierte diese kleinen Bilder auf Pergament, sie wurden dann als Knöpfe in Gold gefaßt, die später auf zwei Planchetten montiert wurden. Die erste enthielt 22 Knöpfe mit Ansichten von Zarskoje Selo. Sie wurde zusammen mit einer kleinen Schenkungsurkunde an Katharina II., datiert auf das Jahr 1790, in der „Galerie der Wertgegenstände" in der Eremitage als Werk „von Mitgliedern der hochwohlgeborenen Familie" aufbewahrt. Auf den Knöpfen der zweiten Planchette sind Ansichten von Gatschina, Pawlowsk und Kamennoostrowski (einer weiteren Residenz von Paul in der Nähe von St. Petersburg) abgebildet. Sie war als Geschenk für den Großfürsten bestimmt, den Besitzer der abgebildeten Monumente. Leider wurden diese beiden Planchetten in den 30er Jahren des 20. Jahrhunderts ins Ausland verkauft; wo sie sich heute befinden, ist unbekannt. Im Depot des Schlosses befinden sich einige Blätter mit Abbildungen von Monumenten, die in Kreise mit einem Durchmesser von 2,9 cm eingeschlossen sind und von Violliers Hand stammen (Abb. 4).[22] Dank eines glücklichen Zufalls ist ein kleines Stückchen Pergament mit der Darstellung von Schloß Pawlowsk in einem Kreis erhalten geblieben. Beim Vergleich dieser Zeichnung auf Pergament mit einer ähnlichen Arbeit Violliers fällt ihre weniger professionelle und stärker vereinfachte Ausführung ins Auge. Offensichtlich stammt sie von Maria Fjodorowna. Weil sie von ihr aus irgendeinem Grund für mangelhaft befunden wurde, fand diese Zeichnung bei der Knopfherstellung keine Verwendung.[23] Die Geschichte mit den Knöpfen zeugt von einer engen Zusammenarbeit der Hausherrin von Pawlowsk mit dem talentierten Franzosen. Später, in den 90er Jahren des 18. Jahrhunderts, wiesen die Arbeiten von Maria Fjodorowna mehr Selbständigkeit auf.

Wenn sich Amateure im 18. Jahrhundert mit Zeichnen und Malen beschäftigten, beschränkten sie sich in erster Linie auf das Kopieren von Werken berühmter Meister. In der Sammlung von Pawlowsk befinden sich von Maria Fjodorowna erstellte Kopien von Bildern von Raffael, Lesueur, Angelika Kauffmann und anderen. Sie hatte eine besondere Vorliebe für die Werke dieser Schweizer Künstlerin. Die Empfindsamkeit in den Arbeiten Kauffmanns imponierte der Großfürstin außerordentlich.

Abb. 5: Das Urteil des Paris 1794, Kopie einer Komposition von A. Kauffmann, Milchglas, Aquarell, Gouache

Kat. Nr. 271
Bestickte Bordüre *Halbfiguren zwischen Akanthusblättern*
St. Petersburg, Rußland, Ende des 18. Jahrhunderts
Kreuzstichstickerei, Stramin, Seide
39 x 164 cm, 3 x 3 Kreuze pro cm², Rapportlänge des Musters: 66,5 cm
Inv. Nr. CCh-324-II
Provenienz: Schloß Pawlowsk, ursprünglicher Bestand

Bordüre aus Stramin mit Kreuzstichstickerei. Das horizontal angeordnete Motiv bilden geflügelte Phantasiefiguren, die aus Akanthusblättern hervorgehen. Für das Ornament wurden Seidenfäden in zwei Goldtönen und brauner Seidenfaden verwendet, wodurch die Farbwirkung vergoldeter Bronze entsteht. Die Hintergrundfarbe ist Orange. Das Muster wird von zwei miteinander verflochtenen Strängen eingerahmt, die mit goldfarbenem, braunem und violettem Garn gestickt sind.
Das gestickte Ornament ähnelt einer Zeichnung von Charles Cameron, die als Vorlage für die Stuckverzierung eines Frieses im Weißen Speisesaal bestimmt war. Der Weiße Speisesaal befindet sich im Erdgeschoß von Schloß Pawlowsk. *N. W.*

Kat. Nr. 272
Werk- oder Handarbeitstisch
Rußland, 30er Jahre des 19. Jahrhunderts
Werkstatt unbekannt
Holz mit Einlegearbeiten, Ebenholzfärbung, Seide
77 x 45 x 72 cm
Inv. Nr. CCh-2038-IV
Provenienz: seit 1982 Schloß Pawlowsk, davor Privatbesitz

Auf zwei durch eine Querstrebe verbundenen Säulenbeinen ruht ein dreiteiliges Tischgestell. Unter einer Klappe in der Mitte befindet sich ein Fach zur Aufbewahrung des Nähzeugs. Es ist in sechs Sektionen eingeteilt und enthält ein aufklappbares Nadelkissen. Auch die korbartigen Seitenteile lassen sich öffnen; sie sind zur Aufbewahrung unfertiger Arbeiten bestimmt. Konstruktionsprinzip und Verarbeitungsart des Tisches lassen darauf schließen, daß er in den 30er Jahren des 19. Jahrhunderts von russischen Kunstschreinern gefertigt wurde. *A. A., R. G.*

Abb. 6: Allegorie 1795, Kopie einer Komposition von A. Kauffmann, Milchglas, Aquarell, Gouache

Die erste Kopie geht auf das Bild *Urteil des Paris*[24] von Kauffmann zurück, das die Künstlerin 1781 in einer Ausstellung in der Royal Academy in London gezeigt hatte. In der Komposition von Maria Fjodorowna gibt es jedoch einige Abweichungen vom Original. Möglicherweise existierte aber auch noch eine andere Variante, von der der Nachstich erfolgte, der dann als Ausgangswerk für die Kopie diente. Es kann aber auch sein, daß Maria Fjodorowna selbst die Änderungen in Kauffmanns Komposition einfügte. Das *Urteil des Paris* von Maria Fjodorowna (Abb. 5)[25] zeigt ein liegendes Oval mit einer symmetrischen Komposition, in deren Mitte sich die Figur der vor Paris stehenden Venus wie ein heller Fleck abhebt. Diese Arbeit ist, ebenso wie ähnliche Werke von Maria Fjodorowna, in klaren und leuchtenden Farben gehalten und wirkt damit vermutlich intensiver als ein kolorierter Kupferstich. Sie ist signiert mit „Marie a fait à Gatchina .. avril 1 1794". Eine andere Kopie, signiert mit „Maria finit à Pavlovsk ... 1795", zeigt die Allegorie mit dem komplizierten Titel: *Der Fleiß, das Mündel von Geduld und Beharrlichkeit, wird bekränzt von Ruhm und ausgezeichnet von Überfluß* (Abb. 6).[26] Der Kupferstich, der die Vorlage für diese Kopie war, wurde nach einer Zeichnung von Angelika Kauffmann 1779 von den beiden Graveuren G. S. und J. G. Facius gestochen. Die U-förmige Komposition ist diesmal in ein vertikales Oval eingebettet. Im Vordergrund, links von der Mitte, befindet sich eine Frauenfigur mit einem Bienenkorb, die den Fleiß symbolisiert. Links über ihr erhebt sich die Figur des Ruhms, dargestellt als Frau, die einen Palmenzweig pflückt. Rechts von der Figur des Fleißes, ebenso im Vordergrund, sitzt eine Frau, die Geduld und Beharrlichkeit verkörpert. Diese komplizierte Allegorie, dem Geist jener Zeit entsprechend, stimmte wunderbar mit der Geisteshaltung Maria Fjodorownas überein.

Eine dritte Arbeit, die die Halbfigur einer Frau mit Urne darstellt, wurde von Maria Fjodorowna 1792 auf einem ovalen Milchglas mit einem einfachen Bleistift ausgeführt. Sie erhielt die Bezeichnung *Artemisia* (Abb. 7)[27], da sie als eine Darstellung der ergebenen Gattin angesehen wurde, die die Asche ihres beweinten Ehegatten ausgetrunken hat. In Wirklichkeit hat das Motiv seinen Ursprung in einer Zeichnung Kauffmanns, die der frühzeitig verstorbenen Tochter des Generals Stanwick gewidmet ist. Diese Zeichnung wurde zweimal gestochen, 1767 von der Künstlerin selbst und ein weiteres Mal von W. Ryland.

Wir haben bisher nur wenige Arbeiten erwähnt. Interessant ist jedoch, daß einige „Bilder" von Maria Fjodorowna von Holzrahmen umschlossen sind, die mit Medaillons mit Pulpekameen verziert wurden, d. h. selbst solche Arbeiten, die sie auf der Drehbank angefertigt hatte, behandelte sie wie ein Ensemble. Wahrscheinlich sind ihre interessantesten Werke auf dem Gebiet der bildenden Kunst zwei Darstellungen, die zur Verzierung kunsthandwerklicher Arbeiten dienen. Zum ersten der im Familienzimmer befindliche große Kaminschirm[28], dessen Mahagonirahmen von einem mit Blumengirlanden bemalten Milchglasstreifen eingefaßt ist. In der Mitte der oberen Schirmleiste hängt an einem kleinen Ring ein ovales Medaillon mit einem Gemälde von Maria Fjodorowna. Diese Malerei ist eine Kopie eines der Kupferstiche von G. S. und J. G. Facius aus den Jahren 1783 und 1785 nach A. Kauffmanns Gemälde *Das Vergnügen des Amor*. Das Bildmotiv ist den *Reliquies of Ancient English Poetry,* dem Hauptwerk von Thomas Percy (1729-1811), entlehnt. A. Kauffmann malte zwei Bilder zu Themen aus den *Reliquies*, beide befinden sich heute im Victoria & Albert Museum in London. Maria Fjodorownas Medaillon zeigt einen verlegenen Hirten, der, nicht ohne die Hilfe von Amor, eine schlafende Frau unter einem Baum entdeckt hat. Die Farbkombinationen, ein wunderbares Rosa im Gewand der Frau zu dem Weiß ihres Körpers sowie das

Abb. 7: Artemisia 1792, Milchglas, Schieferstift

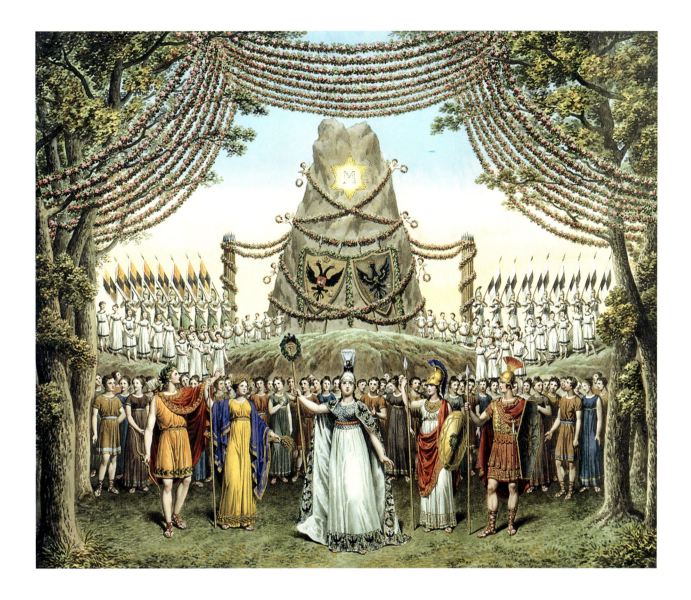

Kat. Nr. 273
Heinrich Stürmer
1774/75 Kirchsberg – 1855 Berlin
Lebendes Bild, inszeniert in Berlin, erstes Viertel des 19. Jahrhunderts
Feder, Pinsel, Tusche, Aquarell, Gouache
50,5 x 59 cm
Unter dem Bild, rechts auf dem Passepartout: *H. Stürmer gezeichnet*
Inv. Nr.: CCh-2139-XI
Provenienz: Schloß Pawlowsk
Ausstellungen: *Splendeur et intimité à la cour impériale de Russie 1780-1820*. Montbéliard 1995

Diese Zeichnung wird in einem der frühen Kataloge der Bibliothek aus dem ersten Viertel des 19. Jahrhunderts geführt. Bis heute gibt es keine Anhaltspunkte für die Interpretation des dargestellten Sujets. Möglicherweise fand diese Aufführung während Maria Fjodorownas Aufenthalt in Berlin im Dezember 1818 statt.

Heinrich Stürmer war Maler und Radierer. Er lernte an der Augsburger Akademie und arbeitete danach in Göttingen und Berlin. Von 1816 an war er Mitglied der Berliner Akademie der Künste. Er befaßte sich mit Historien-, Alltags- und Landschaftsmalerei, außerdem schuf er Miniaturen und Dekorationen. Auch zu einem Album des 1829 in Potsdam gegebenen Fests „Zauber der weißen Rose" hat Stürmer beigetragen. *O. L.*

Goldocker im Gewand des Hirten zum Grün der Landschaft, verleihen dem Kaminschirm ein glanzvolles Äußeres. Das an sich triviale Gebrauchsmöbel wird durch den Bildschmuck zur „Perle" in der Einrichtung dieses Kabinetts. Maria Fjodorowna gelang dieses Kunstwerk im Jahr 1790.

N icht minder erlesen ist der bereits erwähnte kleine Schreibtisch. Auf seiner gläsernen Tischplatte ist in der Mitte in Form eines ovalen Medaillons die *Toilette der Venus* dargestellt, von der Großfürstin als einfache aquarellierte Bleistiftzeichnung ausgeführt. Als Quelle für diese Kopie diente ihr der Kupferstich *Venus und die drei Grazien* von F. Bartolozzi aus dem Jahr 1784; daß sie auf Kompositionen von A. Kauffmann zurückgriff, geschah nicht zufällig. Ab dem Beginn der 80er Jahre des 18. Jahrhunderts kam die Verwendung von Kopien nach Werken von Kauffmann zuerst beim Porzellan und wenig später auch bei Möbeln und anderen Gegenständen geradezu in Mode. Maria Fjodorowna war mit der Wahl der Vorbilder für ihre Kopien deshalb durchaus auf der Höhe der Zeit. Die künstlerische Begabung der Hausherrin von Pawlowsk muß auch unter diesem Gesichtspunkt gewürdigt werden. Mit ihrer geschickten Kombination von Weißglas mit „wohltönenden" Aquarellen erzielte sie effektvolle und dekorative Ergebnisse. Insbesondere trifft das auf die Medaillons *Das Urteil des Paris* und *Das Vergnügen des Amor* zu. Hier gelang es Maria Fjodorowna, Buntheit und Süße zu vermeiden, an denen zuweilen andere Werke der angewandten Kunst ihrer Zeit – vor allem, wenn sie mit Bildern von Angelika Kauffmann verziert waren – litten.

Maria Fjodorowna beschäftigte sich auch mit der Medailleurskunst. In Pawlowsk befand sich eine eigene Werkbank für diese Zwecke, es gab Stahlmatrizen mit von der Großfürstin geschnittenen Emblemen aus der Mythologie und verschiedene Prägestöcke. Bei diesen Arbeiten wurde sie ebenso durch [von] Leberecht angeleitet. Die Schloßsammlung besitzt eine Medaille (Abb. S. 87), die Maria Fjodorowna zu den Krönungsfeierlichkeiten am 5. April 1797[29] angefertigt hatte. Auf der Vorderseite ist das gelungene Brustbild Pauls I. mit Orden eingeprägt. Die Aufschrift im Kreis lautet: „Von Gottes Gnaden Paul I. Zar und Selbstherrscher aller Reußen". Darunter: „Maria f(ecit). 1797." Die Rückseite der Medaille zeigt auf glattem Hintergrund ein eingraviertes Kreuz. Diese Medaille wird in einem hellblauen Samtetui aufbewahrt, das innen mit weißem Atlasgewebe und weißem Samt ausgekleidet ist. Ein Rohlingsabzug der Medaille ist wesentlich kleiner (4,35 cm groß, 9,15 g schwer), aus Gold mit dem Feingehalt 958 und von K. [von] Leberecht signiert. Im Vergleich zur Medaille von Maria Fjodorowna sind hier einige Details leicht verändert: Paul I. trägt neben dem Orden noch ein großes Malteserkreuz an einer Kette.

Viel später, zur grandiosen Feier am 27. Juli 1814 in Pawlowsk, aus Anlaß der Rückkehr von Alexander I. nach seinem Sieg über Napoleon, fertigte Maria Fjodorowna ganz alleine eine Medaille (Kat. 268) an. Als Grundlage der Darstellung dienten ihr Pläne des Staatssekretärs A. N. Olenin (der ab 1815 Präsident der Akademie der Künste in St. Petersburg war), die sie allerdings wesentlich vereinfachte. Der Avers der Medaille zeigt die Profilabbildung von Alexander I. mit Lorbeerkranz und der im Kreis geführten Aufschrift: „Von Gottes Gnaden Alexander I Zar und Selbstherrscher aller Reußen". Auf dem Brustabschnitt klein: „Maria F(ecit)". Die Rückseite zeigt ein hohes Podest mit drei Stufen. Auf dem Podest liegen auf einem Kissen die Krone, das Zepter und der Reichsapfel. Oben ist das „Allsehende Auge" dargestellt, darüber die Aufschrift: „Befreier der Völker". Auf den Stufen befinden sich drei Lorbeerkränze und das Datum: „19. März 1814", darunter die Signatur: „Maria F."

In der zwischen 1822 und 1824 von dem Architekten Rossi angebauten Schloßbibliothek waren in fünf Schaukästen die Sammlung geschnittener Steine und das Münzkabinett untergebracht. In der ersten Vitrine lagen die Kameen aus Onyx, Achat, Chalcedon und Sardonyx mit den Abbildungen von Katharina II., Paul und Alexander, zwei Kameen aus Paste mit der Darstellung von sechs Kindern, alles Arbeiten von Maria Fjodorowna. In den anderen Vitrinen lagen Kameen und Gemmen, 10000 Abdrücke, die auf Geheiß der Zarin von den besten Exemplaren abgenommen worden waren, die in der Eremitage aufbewahrt wurden und die man Maria Fjodorowna geschenkt hatte. Der größte Teil dieser Sammlung ist erhalten.

Maria Fjodorowna verfügte in der Tat über überraschend vielfältige Talente. Sie beschäftigte sich mit Malerei, fertigte Scherenschnitte an, auf denen man die wiedergegebenen Personen deutlich erkennen kann, schnitt Kameen aus Steinen oder stellte solche aus Glaspaste oder Papiermaché her. Sie prägte Medaillen, drehte für monumentale Gegenstände Einzelteile aus Elfenbein und Bernstein und fertigte auch einzelne Gegenstände aus diesen Materialien an. Um all dies so zu bewerkstelligen, bedarf es nicht allein des Fleißes sondern auch einer großen Begabung. Maria Fjodorowna verstand es, auf ungewöhnliche und originelle Art die verschiedensten Materialien und Kunstformen zu verwenden. Mit gleichem Erfolg organisierte sie die Arbeit der Architekten und Kunsthandwerker, die in Pawlowsk tätig waren, wobei sie sich aktiv an den Planungen und Entwürfen beteiligte. Obwohl die Großfürstin und Zarengattin ‚nur' eine Amateur-Künstlerin war, entstanden unter ihrer Leitung und mit ihrer Beteiligung einzigartige Kompositionen von hoher künstlerischer Qualität, wie sie in kaum einer anderen Sammlung zu finden sind.

Maria Fjodorownas künstlerische Tätigkeit wurde auch von ihren Zeitgenossen gewürdigt. Die Kunstakademie Berlin überreichte ihr 1820 ein Diplom mit der Ernennung zum außerordentlichen und ordentlichen Mitglied. Bei dieser Zeremonie hielt der König von Preußen eine feierliche Rede. Der deutsche Schriftsteller und Kunsthistoriker G. K. Nagler fügte Anfang des 19. Jahrhunderts den Namen Maria Fjodorownas in das bibliographische Künstler-Lexikon ein.

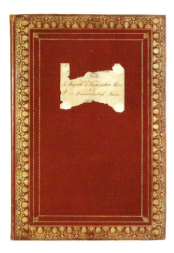

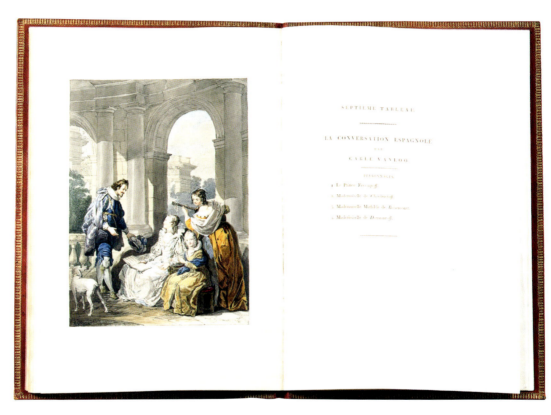

Kat. Nr. 274
Alexandre Pluchart (Hrsg.)
Prachtalbum, 1822
Umschlag: roter Saffian, Goldprägung
Abbildungen: Lithographie, Aquarell
42 Blätter
49,2 x 35 cm
REPRÉSENTATION DE LA FÊTE DONNÉE PAR SA MAJESTÉ L'IMPÉRATRICE MÈRE A SON ALTESSE IMPÉRIALE MADAME LA DUCHESSE HÉRÉDITAIRE DE SAXE-WEIMAR SON AUGUSTE FILLE LORS DE SON SÉJOUR A SAINT PÉTERSBOURG LE 4 FÉVRIER 1822, VIEUX STYLE ANNIVERSAIRE DE LA NAISSANCE DE SON ALTESSE IMPÉRIALE.
Darunter: *De la Typographie et Lithographie du Secrétaire de collège Alexandre Pluchart. M.DCCC.XXII.*
Inv. Nr. CCh-5245-VI
Provenienz: Schloß Pawlowsk

Die im Winterpalast gegebene Feier zur Ankunft von Maria Pawlowna, Großherzogin von Sachsen-Weimar-Eisenach, bestand aus drei Teilen: die ersten beiden stellten eine Folge von lebenden Bildern dar, in denen Gemälde aus der Sammlung der Eremitage *in natura* nachgestellt wurden, unterbrochen von sogenannten „romances in action" und Tanznummern. Die Musik dazu komponierte Caterino Cavos, und die Choreographie übernahm der bekannte Ballettmeister Charles Didelot. Zum Abschluß wurde eine dreiteilige Scharade – „Peri", „Stil" und schließlich „Peristyl" – in zwei Bildern gezeigt: 1. Die Kunst und die Musen, begleitet von Genien, ihre Attribute tragend. 2. Die Muse der Architektur bleibt stehen und gibt ein Zeichen, worauf das Peristyl (der von Säulen umgebene Innenhof) des Römischen Hauses im Park von Weimar erscheint.
Teilnehmer der Vorstellung waren Hofdamen und Vertraute Maria Fjodorownas. Zur Erinnerung an diese Begegnung wurde dieses Album angefertigt, an dem so bekannte Künstler der damaligen Zeit wie Vincenzo Brioschi und Alexander Brjullow mitwirkten. Veröffentlicht wurde es in limitierter Auflage von Alexandre Pluchart. *O. L.*

ZERSTÖRUNG UND WIEDERAUFBAU 1941 BIS HEUTE

DIE EVAKUIERUNG

der Kunstschätze von Schloß Pawlowsk
während des Zweiten Weltkriegs

N. S. Tretjakow

Das Ensemble aus Schloß und Schloßpark Pawlowsk zeichnet sich gegenüber anderen Schloßresidenzen durch seine kunsthistorische Geschlossenheit aus. Mit seinen reichen Sammlungen russischer, westeuropäischer und antiker Kunst ist Schloß Pawlowsk ein Denkmal des russischen Klassizismus Ende des 18., Anfang des 19. Jahrhunderts. Die Jahrzehnte nach seiner Umwandlung in ein Museum im Jahre 1918 waren von Verlusten überschattet: Beschlagnahmungen in den 20er und 30er Jahren, die Besetzung durch deutsche und spanische Truppen im Zweiten Weltkrieg sowie Abtretungen an staatliche Depots, Archive, Bibliotheken und andere Museen in den 50er und 60er Jahren bedeuteten für Schloß Pawlowsk und seine Sammlungen einen erheblichen Aderlaß.

Im Zweiten Weltkrieg ging weit mehr verloren, als es die bloße Statistik der Museumsverluste zum Ausdruck bringt. Das Schloß wurde zerstört und mit ihm wertvolle Bestandteile von Dekor, Interieur und Fassaden: Gipsskulpturen, die das Ägyptische Vestibül, den Thronsaal, den Griechischen Saal und das Kabinett *Fonarik* schmückten, zahlreiche Reliefs, dekorative Simse, Rahmen und Spiegel, Bronzerosetten, prachtvoll gestaltete Türen mit Schnitzereien und Bronzebeschlägen, kunstvoll verlegte Parkette, schmiedeeiserne Geländer an Treppen und Balkonen, Deckengemälde, Fresken wie im Ankleidezimmer von Maria Fjodorowna und an den Schloßfassaden – all dies wurde Opfer des Krieges.

Auch im 600 Hektar großen Schloßpark, einem Juwel der Landschaftsarchitektur, hinterließ der Krieg ein Bild der Verwüstung: Pavillons, Brücken, Anlegestellen, Treppen und Skulpturen wurden stark beschädigt oder völlig zerstört. Von etwa 70.000 Bäumen des Parks blieben nur die Stümpfe zurück. Die Parklandschaften waren mit Bombenkratern übersät, Schützengräben und Befestigungsanlagen verunstalteten das Kunstwerk aus Natur und Architektur, das Kanalsystem des Parks wurde fast vollständig zerstört. Insofern spiegelt der *Katalog der verlorenen Kunstgegenstände* das ganze Ausmaß der Verluste nur sehr bedingt wieder.

Kat. Nr. 275
Tabouret
Sankt Petersburg, 1804-1805
Werkstatt unbekannt, nach einer Zeichnung von Andrej Woronichin
Linde, karelische Birke
51 x 54 x 64 cm
Inv. Nr. CCh-2346-IV
Provenienz: Seit 1805 Schloß Pawlowsk, gehörte nicht zum 1941 evakuierten Inventar, wurde jedoch nach Ende des Zweiten Weltkriegs in Schloß Pawlowsk wieder aufgefunden

Die nach einer Zeichnung von Andrej Woronichin gefertigte Garnitur wurde 1941 nicht mitevakuiert. Das stark beschädigte Gestell eines dieser Tabourets wurde später auf dem Gelände von Pawlowsk gefunden und in den 70er Jahren restauriert. Es diente als Modell für die vollständige Rekonstruktion der Sitzgarnitur des Italienischen Saals. *A. A., R. G.*

Kat. Nr. 276
Tabouret
Vereinigte Restaurationswerkstätten "Rossrestawrazija", 1986
Holz, Gold, Lack in der Art patinierter Bronze
Bezug: Wollgewebe; Bordüre: Kreuzseidenstickerei auf Stramin
51 x 54 x 64 cm
Inv. Nr. CCh-2195-IV
Provenienz: Seit 1986 Schloß Pawlowsk

Für die Restauration des Italienischen Saals nach dem Schloßbrand wurde zwischen 1804 und 1805 eine neue Möbelgarnitur nach Entwürfen von Andrej Woronichin gefertigt, die aus 16 Tabourets und zwei Banquettes (schmalen Bänken) bestand. Die Vierkantbeine der Tabourets enden in Tiertatzen und sind mit geflügelten Satyrfiguren versehen. Die Beine sind in der Art patinierter Bronze lackiert, die Figuren vergoldet. *A. A., R. G.*

Kat. Nr. 277
Anatoli Wladimirowitsch Treskin
1905 – 1986
Die Große Bibliothek von Rossi, 1957
Aquarell, Gouache, Bleistift
40 x 54 cm
Inv. Nr. NVK-3374

Die Große Bibliothek wurde nach Plänen des Architekten Carlo (Karl Iwanowitsch) Rossi von 1822 bis 1824 gebaut und eingerichtet. Der Maler B. Medici schuf das Deckenfresko. Die Möblierung der Bibliothek, bestehend u. a. aus 22 Schränken, zwei langen Schreibtischen und Stühlen, wurde ebenfalls nach Plänen von Rossi im Petersburger Atelier von W. Bobkow aus Birkenholz angefertigt. Diese Bibliothek beherbergte die verschiedensten Sammlungen der Hausherren, darunter die eigentliche, mehr als zwanzigtausend Bände umfassende Bibliothek, aber auch Radierungen, Zeichnungen, Handschriften, Herbarien, numismatische und entomologische Sammlungen.
Mit Ausnahme der Möbel wurde das Interieur der Bibliothek von 1961 bis 1963 rekonstruiert. Bis zum heutigen Tage wurden von den Möbeln nur zwei Schränke, die Bibliotheksleitern und Stühle wiederhergestellt. Dies ist bis heute die einzige nicht rekonstruierte Inneneinrichtung in Schloß Pawlowsk. *R. G.*

Rekrutierung russischer Zwangsarbeiter durch die deutschen Besatzer in Schloß Pawlowsk. Von 1941-1944 waren Schloß und Park von der deutschen Wehrmacht und spanischen Truppen besetzt.

Im Jahr 1936 setzte die Schlösser- und Parkverwaltung des Leningrader Sowjets eine Kommission ein, die mit der Ausarbeitung eines Plans für die Auslagerung der Museumsschätze im Notfall beauftragt wurde. Gemäß diesem Plan wurden aus der Sammlung von Schloß Pawlowsk einzigartige Kunstgegenstände von großem kunsthistorischen Wert ausgewählt und in eine spezielle Liste für die vorrangige Evakuierung aufgenommen. Im Schloß wurden entsprechende Verpackungsmittel vorbereitet. Als Zielorte für die Evakuierung waren die Städte Gorki (das heutige Nishni Nowgorod) und Sarapul (ca. 350 km östlich von Kasan) vorgesehen. Der fertig ausgearbeitete Evakuierungsplan erwies sich als sehr hilfreich, als am 22. Juni 1941 der Ernstfall eintrat und es galt, die Museumsschätze in Sicherheit zu bringen. Noch an diesem Sonntag, an dem Deutschland der Sowjetunion den Krieg erklärte, regelte die Direktion des Schloßmuseums Pawlowsk alle organisatorischen Fragen, und bereits am Morgen des 23. Juni wurde damit begonnen, Kunstgegenstände zu verpacken und Exponate aus den Parkpavillons ins Schloß zu transportieren.

D ie Verpackung einer ersten Gruppe von Exponaten, bestehend aus 655 Einzelstücken, war am 5. Juli abgeschlossen. Zu dieser Gruppe gehörten unter anderem die Toilettengarnitur von Sèvres, Waschtisch und Toilettengarnitur von Maria Fjodorowna nach einer Zeichnung von Woronichin, weitere Porzellangegenstände, französische Gobelins, ein Teil der Bronzen, ein Teil der Gemälde (darunter Werke von Guido Reni und Hubert Robert), Originalpläne der Architekten von Pawlowsk Ch. Cameron, G. Quarenghi, Th. de Thomon, C. Rossi und P. Gonzaga, sowie einige Möbelstücke (Protokoll Nr. 66 vom 6. Juli 1941, Registratursektion des Staatlichen Schloßpark-Museums Pawlowsk). Am 14. Juli 1941 traf diese erste Gruppe von Kunstgegenständen in Gorki ein, wo man sie in der Stroganowkirche und im Heimatkundemuseum einlagerte.

In Pawlowsk hatte man gleich nach dem Abtransport der ersten mit der Vorbereitung der zweiten Gruppe von Exponaten für die Evakuierung begonnen. Gleichzeitig wurde nun auch an der Konservierung des Schlosses und der Parkpavillons gearbeitet. Mit dem Herannahen der Front wurde es von Tag zu Tag schwieriger, all diese Arbeiten durchzuführen; es fehlte an Personal, Verpackungsmaterialien und Kisten. Allen Schwierigkeiten zum Trotz wurde am 13. Juli die zweite, aus 1659 Einzelstücken bestehende Gruppe von Museumsschätzen in Richtung Gorki abtransportiert (Protokoll Nr. 74 vom 13. Juli 1941, Registratursektion des Staatlichen Schloßpark-Museums Pawlowsk).

In einer Sonderverordnung vom 31. Juli 1941 forderte der Leningrader Stadtsowjet die Direktoren der Schloßmuseen von Puschkin und Pawlowsk dazu auf, A. M. Kutschumow in Gorki als verantwortlichen Kustos aller Museumsbestände aus Puschkin, Pawlowsk und Peterhof einzusetzen und ihm Je. G. Lewenfisch zur Seite zu stellen.

Die dritte Gruppe von Exponaten, bestehend aus 3168 Gegenständen, wurde am 20. August aus Pawlowsk abtransportiert (Protokoll Nr. 68 vom 20. August 1941, Registratursektion des Staatlichen Schloßpark-Museums Pawlowsk). Zielort war diesmal Sarapul in Udmurtien. Dort wurden die Kunstgegenstände im Heimatkundemuseum aufbewahrt.

Bereits der Abtransport der dritten Gruppe von Exponaten wurde durch ständigen Artilleriebeschuß und Luftangriffe erschwert. Danach war es nicht mehr möglich, die Kunstschätze ins Hinterland zu transportieren, da die Bahnstrecken von deutschen Truppen blockiert wurden. Das Ziel von drei weiteren Transporten mit insgesamt 2180 Museumsobjekten Anfang September war deshalb Leningrad. Dort diente die Isaakskathedrale als Depot für die Kunstschätze aus den Vororten. Ihre Fenster wurden zugemauert, die Kuppel getarnt. Zwar überstand das Gotteshaus den Einschlag mehrerer Geschosse, jedoch drohten die eingelagerten Exponate wegen fehlender Belüftung und extrem hoher Luftfeuchtigkeit Schaden zu nehmen. Ende 1943 wurden sie deshalb aus der Isaakskathedrale in Gebäude der Staatlichen Eremitage, der Akademie der Künste, des Stadtmuseums und des Hauses der unterhaltsamen Wissenschaft verbracht.

Ab Juli 1941 wurden in Pawlowsk parallel zur Evakuierung der Kunstobjekte Konservierungs- und Schutzmaßnahmen im Schloß und im Park durchgeführt. An eine mögliche Besetzung der Leningrader Vorstädte hatte zu diesem Zeitpunkt niemand ernsthaft gedacht. Die Maßnahmen waren im wesentlichen darauf ausgerichtet, die Objekte gegen Schäden durch Brände und Detonationswellen zu schützen. Die oberen Etagen des Schlosses wur-

Kat. Nr. 278
N. W. Below
*Plan für die Wiederherstellung des Mobiliars
der Großen Bibliothek von Rossi*, 1955
Aquarell, Bleistift
66 x 65 cm
Inv. Nr. NVK-11425

Kat. Nr. 279
N. W. Below
Plan für die Wiederherstellung des Mobiliars der Großen Bibliothek von Rossi, 1955
Aquarell, Bleistift
66 x 65 cm
Inv. Nr. NVK-11426

den leergeräumt und alle Möbelgarnituren vermischt im Erdgeschoß untergebracht. Porzellan, Glas und andere zerbrechliche Gegenstände verstaute man in Lagerräumen im Keller. Auch die antiken Skulpturen wurden in den Keller verbracht, mit Sand bedeckt und eingemauert. In den Schubladen der Kommoden verstaute man Stoffe, z. B. Draperien und Portieren, die man in anderen Etagen abgehängt hatte.

Spiegel und Fensterscheiben wurden mit Stoffen abgedeckt, die Fenster im Erdgeschoß mit Brettern vernagelt. Auf kunstvoll gestaltete Parkette legte man Teppiche (mit dem Flor nach unten) und bedeckte sie mit einer 2-3 cm dicken Sandschicht. Auf den Dachböden und in den Räumlichkeiten des Schlosses wurden Behältnisse mit Sand und Wasser bereitgestellt.

Im August 1941 machte man sich daran, die Skulpturen des Schloßparks zu vergraben. Zu diesem Zweck hob man Gruben aus, deren Boden zunächst mit einer Schicht Sand bedeckt wurde, bevor man die zumeist in Holzkisten verpackten Marmorskulpturen einbrachte. Danach wurden die Gruben wieder zugeschüttet und mit Rasen abgedeckt. Diese Arbeiten wurden unter Geheimhaltung durchgeführt, und die Pläne dafür waren Verschlußsache.

Am 15. September 1941 wurde Pawlowsk von deutschen Truppen besetzt.

I m Archiv von A. M. Kutschumow findet sich ein „Bericht über den Zustand des Schloßpark-Museums Pawlowsk zum Zeitpunkt seiner Aufgabe am 15. September 1941". Wir zitieren aus Kutschumows Buch *Vom Zarenschloß zum Sowjetmuseum* (NVK Nr. 11708, S. 137-138):

„Zum 15. September 1941 war der Allgemeinzustand des Schlosses durchaus zufriedenstellend, abgesehen von einigen zerbrochenen Fensterscheiben war alles in Ordnung.

Der erste Stock des Schlosses war im wesentlichen leergeräumt, die Räumlichkeiten der unteren Etage wurden in folgendem Zustand zurückgelassen:

1. Speisesaal: Plafond, Stuck und Spiegel unversehrt. Besonders wertvoll die vier Gillet-Vasen, in den Zwischenräumen stehen Möbel: eine Konsole, ein Tisch von Roentgen aus dem Gobelinzimmer, ein Schrank mit Kameen, viele Möbel von Jacob (fast alle Möbel aus dem Thronsaal), der Flügel aus den Gesellschaftsräumen.

2. Ankleidezimmer von Paul: Das Spiegelfenster ist zerbrochen, die Bildereinsätze in den Wänden unversehrt. In der Zimmermitte eine Kiste ... Kommoden (in einer davon die Kugel-Uhr). Viele Möbel und Liegen aus den Lagerräumen. Eine Kommode ist mit Büchern gefüllt (schöngeist. Literatur).

3. Neues Arbeitszimmer: In den Zwischenräumen stehen Möbel.

4. Familienzimmer: Viele Bilderrahmen. An der Wand einige unbekannte Bilder und Pastelle.

5. Himbeerzimmer: In den Zwischenräumen stehen Möbel.

6. Durchgangszimmer mit oberer Halbetage: Möbel aus den Paradesälen (hauptsächlich aus dem Italienischen Saal), chinesische Schirmwände aus den Lagerräumen, Schreibtisch von Paul, darunter Pastelle. Viele Rahmen und große Gemälde.

7. Rundes Kabinett (Zimmer des Kammerdieners): Gipsstatue in der Nische unversehrt, zwei Mahagonischränke von Gambs mit Bronze.

8. Pilasterkabinett: Pilaster und Wandmalerei unversehrt. Fensterscheiben heil. An den Wänden Schränke und Rahmen.

9. Kabinett *Fonarik*: Karyatiden und Wandmalerei unversehrt. Fensterscheiben heil. An den Wänden Schränke und Rahmen.

10. Ankleidezimmer von Maria Fjodorowna: In den Zwischenräumen stehen Möbel.

11. Kabinett *Palatka*: In der Nische Bücher aus der Rossi-Bibliothek (120), 18. - Anfang 19. Jahrhundert. Halbrundes Sofa mit Stickerei.

12. Ausstellungssäle für die Stickereien (Speisesaal der Gesellschaftsräume): vollgestellt mit Möbeln und ausgehängten Türen aus den oberen Paradesälen.

13. Eingangszimmer: Möbel und flache Gegenstände aus der Rossi-Bibliothek.

14. Lagerraum Nr. 3 (um den Italienischen Saal herum): Wissenschaftliches Forschungsarchiv, Fotonegativ-Sammlung, geschnitzte Körbe aus Schildpatt und Elfenbein aus der Rossi-Bibliothek, Mirabilien, 4000 Bücher der wissenschaftlichen Handbibliothek, Mineraliensammlung aus der Rossi-Bibliothek, Herbarium.

15. Lagerraum Nr. 2 (hinter der Spiegeltür des Ägyptischen Vestibüls): Teil der antiken Skulpturen aus den Lagerräumen und Marmorleuchter mit Bronzeketten aus den Sälen des Schlosses. Einige Bücher aus der Rossi-Bibliothek.

16. Lagerraum von Korridor und Anrichteraum: Marmorbüsten von Antokolski und vergoldete Rahmen.

17. Lagerräume um den Anrichteraum herum: Alabastervasen des Schlosses, Vasen und Lüster aus der Rossi-Bibliothek, kleine Skulpturen, Mahagonibett, auf diesem zusammengelegt alle Draperien aus den Paradesälen des Schlosses, Porzellan- und Steinvasen, fernöstliches Porzellan, Porzellan mit Bronze aus dem Pilasterkabinett, Stehlampen aus dem Saal des Krieges und dem Saal des Friedens.

Ein großer Teil der übrigen Museumsgegenstände befand sich außerhalb des Museums: in den Lagerräumen des ehemaligen Roten Winkels, im Keller, im Luftschutzkeller und im Innenraum des Tempels der Freundschaft."

Am 24. Januar 1944 wurde Pawlowsk (1919-1944 hieß der Ort Sluzk) von der sowjetischen Armee befreit. Bei einem Brand im selben Monat wurde Schloß Pawlowsk stark beschädigt.

Am 18. Februar 1944 fand eine Sitzung der Denkmalschutzabteilung beim Kunstreferat des Exekutivkomitees des Leningrader Stadtsowjets statt. Auf der Tagesordnung stand der „Zustand der Leningrader Schlösser und Parks nach ihrer barbarischen Zerstörung durch die Faschisten". Der Leiter der Denkmalschutzabteilung N. N. Belechow sagte in seinem Vortrag: „... Wenn auch der Park von Pawlowsk am meisten von allen gelitten hat, so ist doch Schloß Pawlowsk noch relativ am besten erhalten ... und es ist durchaus möglich, es zu restaurieren, zumal die Inneneinrichtung vieler Räume unversehrt geblieben ist."

Die sowjetische Regierung setzte Sonderkommissionen ein, die mit der Untersuchung der Greueltaten der deutsch-faschistischen Eindringlinge und ihrer Mittäter betraut wurden. Im zweiten Halbjahr 1944 legte die Leningrader Stadtkommission ihr Protokoll zu den Schäden an den kunsthistorischen Denkmälern Leningrads vor. In den Jahren 1944 und 1945 begann man in Pawlowsk mit den Aufräumungsarbeiten und mit den dringlichsten Maßnahmen zur Konservierung der erhaltenen Fragmente der künstlerisch wertvollen Innenausstattung. Man begann außerdem damit, in der Umgebung von Schloß und Park nach Museumsgegenständen zu suchen und sie zusammenzutragen. Im April 1944 wurde ein Gemeinschaftsbeschluß der Exekutivkomitees des Leningrader Stadtsowjets und des Leningrader Gebietssowjets der Arbeiterdeputierten zur „Sammlung und Erhaltung von Werken der darstellenden und angewandten Kunst ..." ausgearbeitet. Darin heißt es: „Zur Wiederherstellung der von den faschistischen Eindringlingen verwüsteten Museen sind Werke der darstellenden und angewandten Kunst sowie Gegenstände von historischem Wert zusammenzutragen und zu konservieren."

Auf dem Gelände des Schloßparks, in der Stadt und im Umland von Pawlowsk fand man etwa dreißig Möbelstücke, zwei große Porträts (Peter der Große von Tannauer und Paul I. von Borowikowski), Marmorskulpturen und Vasen. Die im Schloßkeller eingemauerten antiken Skulpturen konnten praktisch unversehrt geborgen werden. Auf der Grundlage einer Anordnung des Komitees für Belange der Kultur- und Bildungseinrichtungen beim Ministerrat der RSFSR reiste A. M. Kutschumow (der damals Direktor des Zentrallagers für die Museumsbestände der umliegenden Schlösser war) im Zeitraum von 1944 bis 1949 mehrmals ins Baltikum, nach Königsberg und Berlin, um nach verlorengegangenen Museumsschätzen zu suchen. Dank dieser Bemühungen Kutschumows konnte vieles wiedergefunden werden. So gelangte z. B. aus Riga die Fotonegativ-Sammlung (ca. 2500 Negative) des Schloßmuseums nach Pawlowsk zurück. In einigen Fällen konnten nur mehr Bruchstücke von kunstvollen Möbelstücken wiedergefunden werden. Diese Originalfragmente wurden bei der Rekonstruktion der Möbel eingearbeitet.

Insgesamt gingen im Zeitraum von 1941 bis 1944 von den ursprünglich 22133 Exponaten des Schloßmuseums Pawlowsk 8715 verloren.

Holztafel mit Aufschrift in deutscher und russischer Sprache,
1941-1944
Ölfarbe, Holz
20 x 50 cm
Inv. Nr. NVK-5887
Provenienz: Fund im Park von Pawlowsk

Auf der Tafel steht unter dem deutschen Schriftzug der gleiche Satz in russischer Sprache, mit einem grammatischen Fehler im letzten Wort. *R. G.*

Kat. Nr. 280
Anatoli Wladimirowitsch Treskin
1905 – 1986
Entwurf für das Fresko von Plafond und Soffitte des Boudoirs der Maria Fjodorowna, 1964
Aquarell, Gouache, Bleistift
80 x 58 cm
Inv. Nr. NVK-6763

Das Interieur des Boudoirs der Maria Fjodorowna wurde im Jahre 1791 fertiggestellt. Der Plan dazu, an dessen Entwurf auch Brenna beteiligt war, stammt von Cameron. Brenna leitete dann die Arbeiten. Nach seinem Plan entstand auch das Fresko des Plafonds. Ein Brand zerstörte 1803 die Decken und beschädigte zudem die Dekoration der Wände beträchtlich. Bei der Wiederherstellung des Schlosses wurden die Fresken des Plafonds und Frieses von dem Maler G. Scotti ausgeführt.
Den Entwurf zur Restaurierung von Plafond und Soffitte des Boudoirs fertigte A. W. Treskin anhand von Fotografien aus der Vorkriegszeit und einem vergleichbaren Muster der Soffitte an. Die Restaurierungsarbeiten im Boudoir der Maria Fjodorowna dauerten von April 1964 bis einschließlich Oktober 1967. *R. G.*

AUS SCHUTT UND ASCHE

– der Wiederaufbau von Pawlowsk nach dem Zweiten Weltkrieg

A. S. Jolkina[1]

Seit fast einem halben Jahrhundert begeistert Schloß Pawlowsk, aus den Ruinen des Zweiten Weltkriegs wiedererstanden, Liebhaber des Schönen aus aller Welt. Obwohl Teile der Anlage aus finanziellen Gründen noch immer nicht rekonstruiert sind, lassen sich das Ausmaß des Schadens und das Entsetzen der Museumsangestellten beim ersten Anblick der Zerstörung heute kaum noch ermessen. Dort, wo man sich früher am Anblick jener berühmten, von gefeierten Architekten liebevoll gestalteten Parklandschaft mit ihrem rhythmischen Wechselspiel offener und geschlossener Räume und den schier unendlichen Variationen von Form, Farbe und Licht erfreuen konnte, dort, wo sich früher ein geschlossener Baumbestand aus jahrhundertealten Kiefern und Tannen in den Teichen spiegelte und bunte Wiesen blühten, zog sich 1944 ein Feld kahler Baumstümpfe bis zum Horizont, hatten Panzer und Bomben einen schlammigen Acker hinterlassen, das komplexe Kanalsystem zerstört, Brücken gesprengt und die Pavillons teilweise bis zur Unkenntlichkeit demoliert.

Ein kostbares Juwel der Landschaftsarchitektur hatte sich in einen Ort gnadenloser Verwüstung verwandelt, über dem das von Brand und Bomben entstellte Gerippe des Schlosses auf dem Hügel emporragte. Der gesamte Dachstuhl war eingestürzt, ebenso wie die Decken aller Stockwerke mitsamt dem Stuckdekor. Ein großer Teil der Wände war heruntergebrochen, der Säulengang des Griechischen Saals war ebenso vernichtet wie die Kolonnade der Kuppel, Koslowskis und Martos' Alabasterkaryatiden im Thronsaal, die Karyatiden Demut-Malinowskis im Kabinett *Fonarik*, die Gonzaga-Fresken, die Rossi-Bibliothek und vieles mehr.

Tatsache ist, daß Eroberer immer schon – von einigen wenigen Ausnahmen abgesehen – große Anlagen genialer Baumeister in Schutt und Asche legten. Einen umfassenden, wissenschaftlich fundierten Wiederaufbau zerstörter architektonischer Meisterwerke hatte die Menschheit dagegen nur selten erlebt. So standen die Verwalter der bei St. Petersburg gelegenen Schlösser 1945 vor einer bis dato nicht gekannten Herausforderung: Sie wußten weder, welche der Residenzen sie wieder aufbauen sollten, noch wie dies zu bewerkstelligen war. Auf dem Londoner Architekturkongreß von 1945 stellte man fest: „Die Kunst und Kultur der Weltgemeinschaft sind durch den Verlust solcher Sehenswürdigkeiten wie Puschkin und Pawlowsk unendlich ärmer geworden." Und nicht wenige Experten von damals glaubten, dieser Spruch werde ewig gelten.

Kat. Nr. 281
Anatoli Wladimirowitsch Treskin
1905 – 1986
Studie für die Wandbemalung des Paradeschlafzimmers, 1964
Aquarell, Gouache, Bleistift
48 x 29 cm
Inv. Nr. NVK-7303

A. W. Treskin, Künstler und Restaurator, verwendete die erhaltenen Seidenfragmente, den Bezug der Garnitur des Schlafgemachs, Fotografien und Probeskizzen von A. T. Stemparshizki als Grundlage für seine Arbeit zur Wiederherstellung der Wandbilder auf Seide.
Die Restaurierung des Interieurs des Paradeschlafzimmers begann im März 1964 und dauerte bis Oktober 1967. Für Besucher wurde der Saal am 7. November 1967 wiedereröffnet. *R. G.*

Kat. Nr. 282
Anatoli Wladimirowitsch Treskin
1905 – 1986
Entwurf für das Fresko des Plafonds im Paradeschlafzimmer, 1958
Aquarell, Gouache, Bleistift
80 x 58 cm
Inv. Nr. NVK-6762

In der Mitte des Entwurfs befindet sich ein rechteckiges Wandbild mit einer illusionistisch gemalten Öffnung in den Himmel. Die ebenfalls nur gemalte, die ovale Öffnung umgebende Brüstung ist in einzelne Rechteckfelder unterteilt, die jeweils eine von Akanthusranken flankierte Maske zeigen. Auf dem Perimeter ist das Fresko wie ein Gitterwerk gestaltet. Das Gitterwerk scheint mit den unterschiedlichsten Blumen berankt. Zwischen ihnen Vögel: ein Taubenpaar, ein Pfau, Hähne und ein Papagei. In der Mitte jeder der vier Seiten sind ovale Medaillons angebracht, die Pfauen als Sinnbilder ehelicher Treue und Blumen zeigen. Diese Skizze, angefertigt anhand von Fotografien, die vor dem Krieg gemacht worden waren, diente als Vorlage für die Wiederherstellung des Paradeschlafzimmers. *R. G.*

Kat. Nr. 283
A. T. Stemparshizki
Vorlage für die Wandbemalung des Paradeschlafzimmers, 1955
Seide, Tempera
120 x 80,5 cm
Inv. Nr. NVK-10481/1

Das Paradeschlafzimmer liegt im ersten Stock des Hauptgebäudes von Schloß Pawlowsk. Die architektonische Ausgestaltung dieses Saales nach Plänen des Architekten V. Brenna wurde 1791 abgeschlossen. Drei Wände des Schlafgemachs sind von den Paneelen bis hinauf zur Decke mit seidenen Wandbildern behängt, auf denen Blumen, Früchte, Gartengeräte und Musikinstrumente abgebildet sind. In der Mitte der östlichen Wand befindet sich der Kamin, mit farbigem Marmor, Malachit, Lapislazuli und Bronze verziert. 1795 beschrieb Maria Fjodorowna diesen Raum folgendermaßen: „Das Schlafzimmer ist beinahe quadratisch, es hat einen wunderschönen Sims, eine bemalte Stuckdecke, die Tapeten sind aus chinesischer Faille nach Zeichnungen von Lyen mit den verschiedensten bäuerlichen Trophäen bemalt. Die Ausführung ist wunderbar, die Malerei bewahrt die Farbe hervorragend und damit erhält man einen Eindruck von Frische; die Einrahmungen sind vergoldet ... In eine andere Wand ist ein großartiger Kamin eingebaut mit einem hübschen Spiegel darüber." Durch den Brand im Schloß 1944 wurden die seidenen Wandbilder und die Deckenbemalung zerstört.
Nach dem Zweiten Weltkrieg blieben bloß einige Stücke des alten Seidenstoffs erhalten, anhand derer A. T. Stemparshizki, Aspirant am Leningrader Institut für Ingenieurs-Bauwesen, ähnliche Muster für die Bemalung der seidenen Wandbilder ausarbeitete. Jedoch gaben die erhaltenen Fragmente keinen genauen Anhaltspunkt bezüglich ihrer ursprünglichen Farbe, da die Farben wegen der über hundertjährigen Sonneneinstrahlung bereits ausgeblichen waren. Ähnliche Skizzen bildeten auch das Ausgangsmaterial für die Arbeiten

Doch bereits während der Blockade Leningrads hatte Anna Iwanowna Selenowa[2], in der belagerten Frontstadt sitzend, einen Wiederaufbauplan für Pawlowsk entworfen. Sie kannte Schloß und Park in- und auswendig, hatte sie doch 1938 die Inventur des Schloßmuseums geleitet. Aus Mangel an Mitarbeitern hatte sie eigenhändig neue Inventarnummern auf Möbeln, Porzellan, Skulpturen und anderen Gegenständen angebracht. Dazu hütete sie ein historisches Archiv über die Bautätigkeit in Pawlowsk in den vergangenen Jahrhunderten.

Im Herbst 1941 stand sie vor der schweren Entscheidung, welche der Meisterwerke ins Hinterland verbracht und welche vor Ort versteckt werden sollten. Als die Hoffnung schwand, daß man Pawlowsk werde halten können, öffnete sie während eines lang andauernden Bombenangriffs eine bereits verpackte und abgefertigte Kiste, nahm einen Ordner mit lithographierten Zeichnungen heraus und legte statt dessen die handgewebten Sesselbezüge der Woronichin-Garnitur aus dem Griechischen Saal hinein. Heute ziert diese wertvolle Serie aus Beauvais die Stoffsammlung des Museums, während die zurückgelassenen Zeichnungen zu den im Krieg verlorengegangenen Kulturgütern zählen.

Als schließlich im letzten Wagen des Konvois, mit dem die Museumsgüter nach Leningrad in die Isaakskathedrale verbracht wurden, nur noch eine einzige freie Ecke vorhanden war, nahm sie dort nicht etwa selbst Platz, sondern stellte eine Kiste mit Elfenbeinlampen hinein, die Maria Fjodorowna für Paul I. angefertigt hatte, dazu eine Truhe mit Stickereien und drei Kisten mit Handschriften aus dem kaiserlichen Familienarchiv. Anna Selenowa selbst überquerte zu Fuß die Frontlinie, bei sich den Plan der Stellen im Park, wo Marmor- und Bronzeskulpturen vergraben waren, die Liste der im Schloßkeller eingemauerten antiken Plastiken, die Evakuierungsprotokolle, die Inhaltsverzeichnisse der Transportkisten sowie den Zustandsbericht der letzten Begehung des Schloßparks vom 15. September 1941. Schließlich noch ein Blankoscheckbuch zur Begleichung der Evakuierungskosten und den Museumsstempel.

Nicht zuletzt dank dieser trotz aller Gefahr und Schwierigkeit hervorragend organisierten Rettungsaktion, dank der lückenlosen historischen Dokumentation und dem vorbildlichen Museumsarchiv war es im Nachhinein möglich, die Rekonstruktion der Anlage zu planen und durchzuführen. Während der 900 Tage im belagerten Leningrad, unter Bomben- und Artilleriefeuer, zweifelte Anna Selenowa keinen Moment daran, daß auch Pawlowsk beschädigt werden würde. Dennoch hat sie das tatsächliche Ausmaß der Zerstörung zutiefst schockiert. Aber schon während des ersten Besuchs in Pawlowsk nach der Befreiung im Januar 1944 gingen ihr Möglichkeiten und Methoden einer Rekonstruktion durch den Kopf. Ihr professionell geschultes Auge

Große Halle/Thronsaal in Schloß Pawlowsk nach dem Brand 1944

registrierte erleichtert eine ganze Reihe von Originalfragmenten sowohl an den beschädigten Wänden als auch im Schutt der eingestürzten Decken.

Und noch im selben Moment begriff sie, was zu tun war: Die verbliebenen Originalbestandteile aus den Schutthaufen mußten geborgen, dem ursprünglichen Standort zugeordnet und als Muster für die Restaurierung archiviert werden. Am Anfang stand jedoch die Sicherung des durch und durch verminten Geländes. Allein auf dem Schloßplatz wurden daraufhin 240 Minen entschärft. (Noch im Frühjahr 2001 wurde unter dem Vorbau des Südflügels eine weitere Mine entdeckt.) Zudem war der gesamte Park einschließlich 800 Bunker und Unterstände – darunter der völlig zerstörte Rosenpavillon – abzusichern. Um weitere Schäden an Konstruktion und Innenausstattung des Schlosses zu verhindern, zog man im Oktober 1944 – im Leningrader Gebiet wurde noch immer gekämpft – über den wertvollsten Räumen, etwa dem Ägyptischen Vestibül, der Paradetreppe, dem Kriegs- und dem Friedenssaal sowie dem Pilasterkabinett, provisorische Bedachungen ein.

Bereits 1945 hatte sich Selenowas Methode bewährt. Sie wurde vom Museumsrat der Stadt Leningrad bestätigt und galt fortan unter dem Titel *Das Studium von Architektur und Interieur der Leningrader Vorstadtschlösser. Methodik und Anleitung für wissenschaftliche Mitarbeiter* als offiziell empfohlener Leitfaden. S. W. Trontschinski, Leiter des Museumsbereichs der Leningrader Kulturverwaltung, schrieb damals: „Es mag zwar vollkommenere Verfahren geben, doch sind in unserem System bisher keine Verbesserungen eingegangen, weshalb wir diese Methode allen anderen Organisationen vorgeschrieben haben. Keine andere Schloßverwaltung hat bisher derart unterschiedliche und komplexe Aufgaben in gleicher Weise bewältigt. Besonders in der Frage der Organisation sucht Pawlowsk seinesgleichen, schließlich hat kaum ein Schloß so stark gelitten wie dieses. Niemand hätte bei diesem Zustand wohl jemals an einen Wiederaufbau gedacht, doch nun wird jene vermeintlich undurchführbare, ja unrealistische Idee Wirklichkeit." Auch die bei der Wiederherstellung der Parkanlagen angewandte Konzeption wurde 1945 als vorbildlich anerkannt und als verbindliche Anleitung für andere Vorstadtparks verbreitet.

Dieser Methodik folgend wurden bis Mai 1945 über 40 000 Bruchstücke gesammelt, konserviert und überprüft, eine Aufbewahrungssystematik für die Originalfragmente erstellt und der Zustand von gut 90 000 architektonischen und dekorativen Elementen in Maßzeichnungen festgehalten. Später kam ein Fotoarchiv hinzu, etwa 50 000 Archivstücke aus Moskau und Leningrad wurden bearbeitet, achtzig verschiedene Untersuchungen des Schlosses angestellt und erste Aufgaben für Planer und Restauratoren definiert. Bereits zu diesem Zeitpunkt war der Zustand der Architektur, Hydrotechnik und historischen Bereiche auf dem gesamten, 600 Hektar umfassenden Areal so gut wie vollständig erfaßt. Insgesamt wurden während der Restaurierung in Pawlowsk 340 wissenschaftliche Arbeiten auf 13 000 Seiten mit 8 000 Abbildungen verfaßt.

Was nun das Schloßgebäude selbst betraf – seine Konstruktion, Innenausstattung, Versorgungsleitungen usw. –, so stellte man fest, daß die Struktur des Mittelbaus im wesentlichen noch der Planung Charles Camerons entsprach: in der Mitte der runde, zwei Stockwerke hohe Italienische Saal mit der von Säulen umstellten Kuppel, dann die beiden Zimmerfluchten Pauls im nördlichen und Maria Fjodorownas im südlichen Teil, deren Abschluß die achteckigen Säle des Krieges und des Friedens bildeten, diese wiederum verbunden durch den rechteckigen Griechischen Saal. Auf der gegenüberliegenden Seite gelangte man über das Obere Vestibül zunächst in das Zimmer des Kammerdieners bzw. das der Kammerjungfer. Doch waren schon zu Lebzeiten und im Auftrag der ersten Eigentümer einige Räume stark verändert worden: Neue Wände waren entstanden, alte verschwunden, Kamine waren versetzt, Türöffnungen zugemauert oder an anderer Stelle durchgebrochen worden. Der Ballsaal hatte seine berühmte korinthische Säulenreihe aus grünem Stuckmarmor erhalten, so daß neben dem Italienischen Saal ein weiterer, „Griechischer" entstanden war.

Ähnlich schrittweise vollzogen sich die Veränderungen in Pauls und Maria Fjodorownas persönlichen Gemächern im Erdgeschoß und in der südlichen Galerie, die nacheinander von allen Architekten des Schlosses – Cameron, Brenna, Quarenghi, Woronichin und Rossi – gestaltet wurden. Unverändert blieb allein, was bereits in sich vollkommen war. Ein Teil der Räume im Erdgeschoß wurde, wie sich herausstellte, sogar noch später modifiziert: Hinter den eingestürzten Wänden und Decken kamen 1944 unversehens Stuckgesimse und vergoldete Friese im Farbton des Cameronschen Tanzsaals zum Vorschein, die offenbar Ende des 19. Jahrhunderts übermalt worden waren.

Aufgrund dieser detaillierten Analyse wurde deutlich, daß eine umfassende originalgetreue Rekonstruktion des Schloßgebäudes mit sämtlichen Dekorelementen seiner Blütezeit (Ende des 18. bis erstes Viertel des 19. Jahrhunderts) durchaus möglich war. Das zu erneuernde historische Gemäuer wurde daraufhin exakt vermessen und überprüft sowie neue Dachbalken aus feuerfestem Material unter Berücksichtigung der ursprünglichen Höhenmaße eingezogen. Für die Rekonstruktion des Stuckmarmors wurden Technik, Äderung und Farbe von erhaltenen Originalfragmenten übernommen. Die mehrschichtige Bemalung der Fassade, der Innenwände und Decken des Schlosses wurde rechtzeitig konserviert, so daß sich anhand der erhaltenen Muster die ursprüngliche Farbgestaltung von Schloß Pawlowsk wiederherstellen ließ. Dank dieser Maßnahme hatte man schon 1944 Scottis Originalfresken über der Paradetreppe und im Ankleidezimmer Maria Fjodorownas sowie in letzterem die Fresken von Martynow retten können. Diesem Umstand war es auch zu verdanken, daß manche Stuckdekore nun sogar in ihrer Originalfassung restauriert werden konnten. Die bei der Bergung, Reinigung und Untersuchung des figürlichen Dekors gesammelten Erfahrungen trugen ebenso dazu bei, daß die zerstörten Karyatiden, das *Stucco lustro* und die Malereien – sei es auf Putz, Leinwand, Seide, Glas oder Marmor – erfolgreich wiederhergestellt werden konnten. Die Statuen wurden von den Bildhauerinnen Malzewa und Schabalkina gefertigt, die dekorativen Bemalungen entstanden unter der Leitung von Anatoli Treskin, dessen Verdienste beim Wiederaufbau auch eine offizielle Anerkennung erfuhren.

Es war nur ein kleines Team wissenschaftlicher Mitarbeiterinnen und Mitarbeiter, das sich damals in Pawlowsk versammelt hatte, doch legten sie alle außergewöhnlichen Fleiß und bedingungsloses Engagement für die gemeinsame Sache an den Tag. Mit der Konservierung des Bestands und den wesentlichen Untersuchungen war beispielsweise Natalja Gromowa betraut, die zuvor an einer Kunstschule Zeichnen unterrichtet und in der Eremitage eine Sammlung westeuropäischer Spitze betreut hatte. 1945 kam sie auf Einladung Anna Selenowas mit ihrem Ehemann, einem Maler, nach Pawlowsk. Das Archiv mit den Originaldokumenten übernahm Selenowas Kollege Nikolaj Wejss, dessen Frau zusätzlich Nachforschungen über die Geschichte der Schloßsäle und Pavillons anstellte. Für den Park war das Ehepaar Kurowski zuständig: Parkkuratorin Xenia übernahm die Baumschule, ihr Mann Georgi, ein diplomierter Landschaftsgärtner, kümmerte sich um die Wiederherstellung der Grünanlagen.

Im Schloß sowie in den Pavillons leitete der Bildhauer Robert Taurit die Konservierung der plastischen Wanddekorationen, während Ab-

Kat. Nr. 284
Anatoli Wladimirowitsch Treskin
1905 – 1986
Entwurf für die Bemalung des Fußbodens des Runden Saales im Rosenpavillon, 70er Jahre des 20. Jahrhunderts
Aquarell, Gouache, Bleistift
71 x 71 cm
Inv. Nr. NVK-12885

In der Mitte des Bildfeldes befindet sich ein achteckiger Stern, darin ein Kranz und ein Blumenstrauß. Der Stern ist eingeschlossen in ein Viereck, das von Blumengirlanden gebildet wird, die sich vom übrigen Fußboden durch einen helleren Farbton abheben. Die halbrunden Nischen sind mit Muschelabbildungen verziert.
Diese Skizze wurde bei der Rekonstruktion des Rosenpavillons nicht umgesetzt. *R. G.*

solventen der Kunstakademie unter Professor Krestowskis Aufsicht Abgüsse von Gipsmodellen für die Gesimse der Säle und anderes Dekor anfertigten. Als erster leitender Architekt des Wiederaufbaus betreute Fjodor Fjodorowitsch Olejnik, den man zu diesem Zweck eigens von der Front zurückgerufen hatte, die Rekonstruktion des Schloßgebäudes, des Bogengerüsts und der Dachkolonnade. Zudem leitete er die für Pawlowsk ins Leben gerufene Planungskommission beim Lenprojekt-Institut. Nach seinem Tod setzte die Architektin Sofia Popowa-Gunitsch seine Arbeit fort.

Mit den ersten allgemeinen Bau- und Rekonstruktionsarbeiten wurde eine Brigade der Staatlichen Flughafenbaudirektion des Sowjetischen Innenministeriums unter der Leitung des Bauingenieurs Sapgir beauftragt. Dies war eine unerhörte Ausnahme für die Behörde des gefürchteten Lawrenti Berija, war es doch die eigentliche Aufgabe dieses Kommandos, Militärflugplätze für die nach Westen vordringende Sowjetarmee zu bauen. Wiederum erreichte Anna Selenowa bei höchster Stelle, daß Sapgirs Truppe von 1944 bis 1953 beim Wiederaufbau von Pawlowsk eingesetzt wurde.

Von 1954 bis zur Beendigung der Arbeiten war der Staatsbetrieb „Fassadremstroi" Hauptbauunternehmer in Pawlowsk. Man beschäftigte dort in erster Linie Absolventen der bereits 1943 im noch belagerten Leningrad gegründeten Restauratorenschule. Zu den ersten, die bereitwillig und engagiert die Spuren des Kriegs in Pawlowsk beseitigten, gehörten übrigens auch deutsche Kriegsgefangene, darunter Berliner Opernsänger. Sie wurden in der Voliere untergebracht, wo man sie des Abends manchmal Arien aus Wagner-Opern singen hörte. Die treibende Kraft des Wiederaufbaus in Pawlowsk war jedoch eindeutig Anna Selenowa.

Tatsächlich hat Anna Selenowa für die Beseitigung großer und kleiner Hindernisse beim Wiederaufbau von Pawlowsk keine Mühen und Opfer gescheut. Als einzige mit einem Passierschein versehen, ging sie zu Fuß die 25 Kilometer bis nach Leningrad, um für die Arbeiter Lebensmittel zu kaufen. Unerschütterlich verteidigte sie das Schloß vor dem begehrlichen Zugriff verschiedener Behörden. So wollte die Stadtverwaltung dort einmal eine Fachschule für Geflügelhaltung, ein anderes Mal ein Tuberkulose-Sanatorium einrichten, das Verteidigungsministerium erklärte gar, auf Anordnung Stalins müsse Pawlowsk zu einer Marineschule umfunktioniert werden. Auch mit den unterschiedlichen Meinungen der Fachkollegen galt es sich auseinanderzusetzen. So mancher pochte nämlich auf eine Rekonstruktion des Schlosses ausschließlich im Geiste Camerons, denn Vincenzo Brenna galt in der offiziellen sowjetischen Kunstgeschichte als Geschäftemacher, Hochstapler und minderwertiger Architekt. Um dieser Gefahr für die Einheit des Schlosses entgegenzuwirken, ließ Anna Selenowa einfach die von Brenna gestalteten Säle – darunter den Rittersaal, den Thronsaal und die Gemäldegalerie – als erste rekonstruieren. Schon 1957 wurden sie zur Besichtigung freigegeben.

Eine andere Aufgabe stand jedoch noch bevor: Die Inneneinrichtung der Säle sollte auf der Grundlage der vorhandenen Quellen möglichst vollständig wiederhergestellt werden. Dazu mußte das während des Krieges verschleppte Inventar aufgespürt und alles unwiederbringlich Verlorene originalgetreu nachgebildet werden. Diese Arbeit übernahm Anatoli Kutschumow, der 1956 Kustos der Museumsbestände von Schloß Pawlowsk wurde. Er veranlaßte die Rekonstruktion von über einhundert Möbelstücken nach vorhandenen Mustern, wobei auch Originalfragmente eingearbeitet wurden, die man 1944 auf dem Gelände des Schloßparks gefunden hatte. Im Moskauer Seideninstitut fertigte man auf alten Maschinen in traditioneller Handarbeit dekorative Stoffe für die Räume in Pawlowsk. Auch die Instandsetzung der Parkanlagen und -bauten wurde mit großem Engagement aufgenommen und fortgeführt.

Die in Pawlowsk gesammelten Erfahrungen stießen bei Architekten verschiedenster Länder auf reges Interesse. So kam man nicht nur aus Polen nach Pawlowsk, um sich über Methoden und Erfolg der Rekonstruktion zu informieren, sondern sogar aus Versailles und anderen Schloßmuseen, die vor ähnlichen Problemen standen. Leider sind viele dieser großen Restauratoren heute nicht mehr am Leben. Der Generationenwechsel und die unsichere Wirtschaftslage im Zuge der Reformen in Rußland führten dazu, daß die Restaurierungsarbeiten auch in Pawlowsk zeitweise zum Erliegen kamen.

Unter dem neuen Museumsdirektor N. S. Tretjakow versucht man heute erneut, Verlorengegangenes wiederherzustellen. Vom Glockenturm der Peter-Pauls-Kapelle ertönt seit kurzem wieder herrliches Glockengeläut, auch die Türme über den quadratischen Schloßbauten sind rekonstruiert worden. Doch warten die Fresken der Gonzaga-Galerie, die Möbel der Rossi-Bibliothek und des Griechischen Saals nach wie vor auf ihre Rekonstruktion und Restaurierung. Das Gleiche gilt für manches Stoffdekor, den Pavillon im Schönen Tal und vieles mehr. Pawlowsk hat inzwischen jedoch auch eine ganze Reihe von Freunden gewonnen, die tatkräftig dazu beitragen, daß die Schönheit dieser einmaligen Anlage gewahrt bleibt.

Kat. Nr. 285
Anatoli Wladimirowitsch Treskin
1905 – 1986
Entwurf für das Deckengemälde des Tanzsaales im Rosenpavillon, 70er Jahre des 20. Jahrhunderts
Aquarell, Bleistift
56 x 70 cm
Inv. Nr. NVK-12886

Der breite Streifen, der eine Soffitte imitiert, zeigt mit dem Rücken zueinander stehende, geflügelte und bekränzte Figuren, die in ihren Händen Leuchter tragen. Von ihren Schultern ranken sich Blättergirlanden herab. Der restliche Bildraum ist mit zahlreichen weiteren Blumengirlanden sowie mit Helmen, Schwertern, Thyrsos-Stäben und einer Lyra gefüllt. *R. G.*

ANHANG

Verzeichnis der ausgestellten Bücher

Ausgewählte Literatur

Anmerkungen zu den Essays

Kat. Nr. 286
George Dawe
1781 London – 1829 London
Zarin Maria Fjodorowna, 1810-20
Öl auf Leinwand
91,5 x 63 cm
Inv. Nr. CCh-3609-III
Provenienz: Schloß Pawlowsk, ursprünglicher Bestand

Nach dem Tod ihres Mannes, des Zaren Pauls I., und dem Verlust einiger ihrer Kinder widmete sich Maria Fjodorowna ausschließlich der Wohltätigkeit. In den Sommermonaten, die sie stets in den Residenzen außerhalb von St. Petersburg, in Pawlowsk und Gatschina, verbrachte, nahm sie Künstler und Gelehrte ihrer Zeit bei sich auf. *N. S.*

VERZEICHNIS DER AUSGESTELLTEN BÜCHER

Kat. Nr. 287
Johann Karl Fischer
Geschichte der Künste und Wissenschaften seit der Wieder[her-stellung derselben bis an das Ende des achtzehnten Jahrhunderts, von einer Gesellschaft gelehrter Männer ausgearbeitet], 2. Band
Johann Friedrich Rower, Göttingen 1802
616 Seiten mit 6 Tabellen
Pappeinband, bezogen mit zimtfarbenem Papier, Lederecken und Lederrücken, farbiger Schnitt
Inv. Nr. B. R.-31

Kat. Nr. 288
Johann Heinrich Pestalozzi
Pestalozzis Elementar-Bücher: ABC der Anschauung, oder Anschauungs-Lehre der Massverhältnisse, 1. Heft
Heinrich Gesner, Zürich, Bern, Tübingen 1803
148 Seiten mit 3 Tabellen
Pappeinband, bezogen mit zimtfarbenem Papier, Lederecken und Lederrücken, farbiger Schnitt
Inv. Nr. B. R.-42

Johann Heinrich Pestalozzi (1746-1827), ein bekannter Pädagoge, stammte aus Zürich. Er schloß sein Studium an der Universität Zürich ab, wollte zuerst Theologe werden, wählte aber dann das juristische Arbeitsgebiet. Er war Anhänger der Lehren von J. J. Rousseau. Der Beginn seiner praktischen Tätigkeit im pädagogischen Bereich verlief nicht erfolgreich, Pestalozzi fehlten die Mittel, um eine Schule für Bauernkinder zu unterhalten. Einen größeren Erfolg errang er als Theoretiker. Seine Werke wurden von der Gesellschaft mit Interesse aufgenommen und legten die Grundlage für die Pädagogik, die sich im Verlauf des 19. Jahrhunderts herausbildete. *I. A.*

Kat. Nr. 289
Hirschmann (Heinrich) Brandeis
Die ächten Hippokratischen Schriften, verdeutscht und erclärt zum Gebrauche für Ärzte und gebildete Wundärzte, 1. Band
Karl Gerold, Wien 1822
231 Seiten mit einer Radierung auf dem Schmutztitel
Brauner Ledereinband mit ornamentaler Goldprägung
Inv. Nr. B. R.-120

Hirschmann (Heinrich) Brandeis wurde 1793 in Prag geboren. Der Verfasser der vorliegenden Schriften war als Arzt in Frankreich, Wien und Riga tätig, wo er sich für längere Zeit niederließ. *A. B.*

Kat. Nr. 290
Georg Heinrich Masius
Untersuchungen und Beobachtungen über natürliche, zufällige und geimpfte Kuhpocken
Heinrich Graff, Leipzig 1803
208 Seiten
Vorderseite des Schmutztitels: „Allerhöchst gebot die Übergabe aus der Kanzlei an die Bibliothek Ihrer kaiserlichen Hoheit am 24. Oktober 1807." Vorsatz: „K Nr. 2204. des Jahres 1807." Roter Ledereinband mit ornamentaler Goldprägung, Goldschnitt
Inv. Nr. B. R.-121

Georg Heinrich Masius war Hofarzt des Herzogs von Mecklenburg-Schwerin und korrespondierendes Mitglied der Gesellschaft für Pharmazie und ärztliche Wissenschaften. *I. A.*

Kat. Nr. 291
Johann Georg Melos
Naturlehre für Bürger- und Volksschulen mit Hinweisung auf biblische Stellen
Rudolstadt 1819
321 Seiten
Grüner Ledereinband mit ornamentaler Goldprägung, Goldschnitt
Inv. Nr. B. R.-122

Johann Georg Melos war Professor am großherzoglichen Gymnasium Weimar und Lehrer am Landschulseminar zu Weimar. *I. A.*

Kat. Nr. 292
Konrad Anton Zwierlein
Nachtrag als neueste Bestätigung meiner Schrift: Die Ziege als Beste und Wohlfeilste Säugamme [empfohlen] ...
Franzen und Gosse, Stendal 1817
48 Seiten mit 3 Radierungen
Pappeinband, bezogen mit farbigem Papier, Lederecken und Lederrücken
Inv. Nr. B. R.-124

Zwierlein war Doktor der Philosophie und Medizin am russischen Hof. *I. A.*

Kat. Nr. 293
Sigismund Friedrich Hermbstaedt
Allgemeine Toxicologie oder Giftkunde[: worin die Gifte des Mineral-, Pflanzen- und Thierreichs aus dem physiologischen, pathologischen und medizinisch-gerichtlichen Gesichtspunkte untersucht werden], 1. Band
Carl Amelang, Berlin [1818-1819]
368 Seiten mit einer radierten Tabelle
Pappeinband, bezogen mit Papier
Inv. Nr. B. R.-126

Mathéo-José Bonaventure Orfila, geb. 1787, hat dieses Werk in französischer Sprache verfaßt. Es wurde zum Standardwerk und erschien in 5 Auflagen, von denen jede in mehrere Sprachen übersetzt wurde. Dr. Sigismund Friedrich Hermbstaedt übersetzte es ins Deutsche und versah es mit Zusätzen und Anmerkungen. *A. B.*

Sigismund Friedrich Hermbstaedt war ordentliches Mitglied der Preußischen Akademie der Wissenschaften und Ritter des Preußischen roten Adlerordens 3. Klasse. *I. A.*

Kat. Nr. 294
Benedickt Friedrich (Franz) Johann Hermann
Naturgeschichte des Kupfers, oder Anleitung zu dessen Kenntniss, Bearbeitung und Gebrauch, 1. Theil
Druckerei der Zaristischen Akademie der Wissenschaften, St. Petersburg 1790
381 Seiten mit 3 Tabellen im Text
Ledereinband mit ornamentaler Goldprägung
Inv. Nr. B. R.-135

Benedikt Friedrich (Franz) Johann Hermann (1755-1815) stammte aus Sachsen. Er war Professor für Technologie an der Universität Wien. 1782 wurde er nach Rußland berufen und 1790 zum Leiter der Hüttenwerke in Jekaterinburg ernannt. Die vorliegende Schrift behandelt die Vervollkommnung dieser Betriebe. Er war Mitglied der Russischen Akademie der Wissenschaften und Mitglied der Freien Ökonomischen Gesellschaft sowie anderer wissenschaftlicher Gesellschaften. *I. A.*

Kat. Nr. 295
Ernst Horn
Oeffentliche Rechenschaft über meine zwölfjährige Dienstführung als zweiter Arzt [des königlichen Charité-Krankenhauses zu Berlin. Nebst Erfahrungen über Krankenhäuser und Irrenanstalten]
Realschulbuchhandlung, Berlin 1818
334 Seiten mit 6 radierten Tabellen
Pappeinband, bezogen mit grünem Papier, mit ornamentaler Goldprägung, Goldschnitt
Inv. Nr. B. R.-144

Ernst Horn war Königlich-Preußischer Medizinalrat und Professor u. a. in der Klinik an der Königlichen Medizinisch-chirurgischen Militärakademie. *I. A.*

Kat. Nr. 296
Christian Heinrich Ribke
Verzeichniss einer Sammlung anatomischer Präparate
Berlin 1819
48 Seiten
Pappeinband, bezogen mit rosafarbenem Papier, mit ornamentaler Goldprägung, Goldschnitt
Inv. Nr. B. R.-149

Christian Heinrich Ribke war Leibarzt der königlichen Familie. *I. A.*

Kat. Nr. 297
Carl Ferdinand [von] Graefe
Ueber Minderung der Gefahr beim Kaiserschnitte nebst der Geschichte eines Falles, in welchem Mutter und Kind erhalten wurden
G. Reimer, Berlin 1826
88 Seiten mit einer radierten Tabelle
Pappeinband, bezogen mit rotem Glanzpapier, mit ornamentaler Goldprägung, Goldschnitt
Inv. Nr. B. R.-228

Carl Ferdinand [von] Graefe war u. a. [3.] Generalstabsarzt der Königlich-Preußischen Armee und Mitdirektor der Medizinisch-chirurgischen Akademie am Friedrich-Wilhelm-Institut. *I. A.*

Kat.. Nr. 298
Ferdinand Ochsenheimer
Die Schmetterlinge Europas, 1. Teil, 2. Heft
Gerhard Fleischer, Leipzig 1808
240 Seiten
Pappeinband, bezogen mit marmorfarbenem Papier
Inv. Nr. B. R.-293

Kat. Nr. 299
Alexander Friedrich Heinrich [Freiherr von] Humboldt
Verzeichniss von in- und ausländischen Pflanzen, welche sich in dem Grossherzoglichen Orangengarten zu Belvedere bey Weimar befinden
Jena 1816
89 gedruckte und 83 handschriftliche Seiten
Grüner Pappeinband mit ornamentaler Goldprägung entlang des Perimeters von Buchdeckel und Rücken, Goldschnitt
Inv. Nr. B. R.-376

„Aristoteles des 19. Jahrhunderts", so wurde A. [von] Humboldt (1769-1859) genannt. Als Kind wurde er im Geiste der Lehren von J. J. Rousseau erzogen, mit Goethe und Schiller war er befreundet. An den Universitäten Frankfurt, Berlin und Göttingen studierte er klassische Literatur, Geschichte, Naturwissenschaften, Mathematik und Archäologie. Seine zahlreichen Forschungsreisen führten ihn u. a. über Teneriffa nach Venezuela, Kolumbien, Ecuador und Mexiko; 1829 bereiste er Ural und Altai, die chinesische Dsungarei und das Kaspische Meer. Die Ergebnisse dieser mineralogisch-geognostischen Reise in den Osten erschienen 1837-1842 in 2 Bänden. Humboldts Hauptwerk ist der *Kosmos*, 1845-1862 erschienen in 5 Bänden. *I. A.*

Kat. Nr. 300
Georg Konrad Horst
Flora, oder die Blumen in ihrer höheren Bedeutung
Florian Kupferberg, Mainz 1821
178 Seiten mit einer farbigen Illustration
Pappeinband mit Lederrücken und Lederecken
Inv. Nr. B. R.-377

Kat. Nr. 301
Blumen Deutung. Auszug aus den neuesten Blumensprachen. Taschenbüchlein zur Unterhaltung
P. Hilscher, Dresden 1822
80 Seiten
Brauner Pappeinband mit Lederrücken und Lederecken
Inv. Nr. B. R.-383

Kat. Nr. 302
August Friedrich Adrian Diel
Versuch einer systematischen Beschreibung [aller] in Teutschland vorhandenen Kernobstsorten ..., 1. Heft
Frankfurt am Main 1799
262 Seiten
Brauner Pappeinband mit Lederrücken und Lederecken
Inv. Nr. B. R.-390

August Friedrich Adrian Diel (1756-1833) war Botaniker. Er hat eine eigene Klassifizierung für die verschiedenen Fruchtsorten und die Obstgewächse insgesamt entwickelt. Zudem hinterließ er viele Arbeiten in den Fachgebieten Medizin und Balneologie, da er aufgrund seiner Ausbildung Arzt war. Die vorliegende Ausgabe ist ein Werk Diels zum Obstbau. *I. A.*

Kat. Nr. 303
Karl Friedrich Burdach
Berichte von der Königlichen anatomischen Anstalt zu Königsberg ...
Leipzig 1818
34 Seiten
Brauner Pappeinband mit Lederrücken und Lederecken
Inv. Nr. B. R.-430

Karl Friedrich Burdach war ein hervorragender Physiologe. Er studierte in Leipzig und erhielt 1789 die Doktorwürde eines Doktors der Philosophie und 1800 die eines Doktors der Medizin. Anfangs praktizierte er als Arzt, unterrichtete dann aber an einer höheren Schule. Er forschte in den verschiedenen Fachgebieten der Medizin und machte Bekanntschaft mit Kant, Fichte, Schelling und Hegel, verfolgte jedoch seine eigene Richtung in der Medizin und der Naturphilosophie. Seine Schriften zeichnen sich aus durch die Klarheit der Gedankenführung und eine streng logische Form bei aller Eleganz des Stils. Seine Verdienste in der Anatomie und Physiologie sind bedeutend. *I. A.*

Kat. Nr. 304
Albini
Ueber den Gesundbrunnen zu Lipetzk
K. Šnor, St. Petersburg 1806
62 Seiten
Pappeinband, bezogen mit grüner Seide
Inv. Nr. B. R.-433

Kat. Nr. 305
Anton Friedrich Büsching
Geschichte der evangelisch-lutherischen Gemeinden im Russischen Reich, Theil 1
Altona 1766
224 Seiten
Brauner Pappeinband mit Lederrücken und Lederecken. Ecken beschädigt
Inv. Nr. B. R.-1175

Anton Friedrich Büsching (1724-1793), der Begründer einer „neuen" Geographie, stammte aus dem Herzogtum Schaumburg-Lippe. Er schloß das Studium der Theologie an der Universität ab. Als Sekretär des Grafen Linar, herzoglicher Botschafter in Rußland, reiste er 1749 nach St. Petersburg, wo er bis 1750 blieb. Seit diesem Zeitpunkt begeisterte sich Büsching für Geographie und begann, seine berühmte *Neue Erdbeschreibung* für den Druck vorzubereiten. Gleichzeitig brachten ihm seine theologischen Ansichten viele Unannehmlichkeiten ein, und es wurde ihm verboten, Vorträge zu dieser Thematik zu halten. 1760 wurde Büsching der Vorschlag unterbreitet, die Stelle des Pastors an der Petersburger evangelisch-lutherischen St.-Peters-Kirche zu bekleiden, den er gerne annahm. Zusammen mit seiner Frau, der seinerzeit berühmten Dichterin Christiane Dilthey, traf Büsching 1761 erneut in Rußland ein. Aufgrund feindseliger Beziehungen zwischen ihm und Feldmarschall Graf Minich verließ Büsching Petersburg jedoch wieder im Jahr 1765 und kehrte nach Deutschland zurück. Das vorliegende Werk ist die Frucht der Betrachtungen Büschings über den Zustand der evangelisch-lutherischen Kirche in Rußland. Es wurde nach seiner Rückkehr nach Deutschland in Altona herausgegeben, wo er noch 26 Jahre bis zum Ende seines Lebens verbrachte. *I. A.*

Kat. Nr. 306
Russisch-Kayserl. Schleswig-Holsteinisches Kriegs-Reglement für die Cavallerie
St. Petersburg 1762
398 Seiten mit 2 eingelegten Plänen
Roter Ledereinband mit Ornament in Goldprägung, Goldschnitt
Inv. Nr. CCh-848 XV, KP-9653/23

Kat. Nr. 307
Materialen zu der Russischen Geschichte seit dem Tode Kaiser's Peter dem Grossen ..., Theil 1
(Johann Friedrich Hartknoch), Riga 1777
2 Radierungen
Roter Ledereinband mit Goldprägung
Inv. Nr. CCh-551 XV, KP-9652/550

Kat. Nr. 308
K. A. Böttiger
Sabina, oder Morgenscenen im Putzzimmer einer reichen Römerin
Leipzig 1803
506 Seiten mit 12 Radierungen im Text und 1 Radierung auf dem Frontispiz
Pappeinband, bezogen mit dunkelgrau-marmorfarbenem Papier, braune Lederecken und Lederrücken
Inv. Nr. CCh-893 XV, KP-9653/68

Kat. Nr. 309
Neuestes Gemälde von Malta
Ronneburg und Leipzig 1789
232 Seiten mit 7 Tabellen im Text und am Ende des Buches
Brauner Ledereinband, grüner Schnitt
Inv. Nr. CCh-894 XV, KP-9653/69

Kat. Nr. 310
Christian [Conrad] Wilhelm von Dohm
Denkwürdigkeiten meiner Zeit oder Beiträge zur Geschichte [vom letzten Viertel des achtzehnten und vom Anfang des neunzehnten Jahrhunderts] 1778 bis 1806, Band III
Hannover 1817
368 Seiten
Einband in marmorfarbenem Papier in Zimt-Ton auf Kartongrund, hellblau-farbiger Schnitt
Inv. Nr. CCh-907 XV, KP-9653/82

Christian [Conrad] Wilhelm von Dohm (1751-1820) war deutscher Staatsmann, Publizist und Historiker. Er lebte in Braunschweig, wo er Professor für Finanzwissenschaften und Statistik an der dortigen Universität war. Später diente er als Bevollmächtigter Minister und führte verschiedene diplomatische Aufträge aus. Als [3.] preußischer Gesandter nahm er am Rastatter Kongreß 1797-1798 teil. Nach dem Tilsiter Frieden war er Botschafter des westfälischen Königs Jérôme (Jérôme Bonaparte, jüngster Bruder Napoleons) in Dresden. Bei dem vorliegenden Werk handelt es sich um von Dohms Denkschriften. *I. A.*

Kat. Nr. 311
Heinrich Storch
Statistische Uebersicht der Statthalterschaften des russischen Reiches[, nach ihren merkwürdigsten Kulturverhältnissen in Tabellen]
Riga 1793
132 Seiten
Grüner Ledereinband mit Goldprägung auf den Buchdeckeln und dem Rücken
Inv. Nr. CCh-966 XV, KP-9653/141
Heinrich Storch (in Rußland nannte er sich Andrej Karlowitsch, geboren 1766, gestorben 1835) war aufgrund seiner Ausbildung und seiner Berufung Wirtschaftsfachmann und Statistiker. Als erster machte er in Rußland die Ideen von Adam Smith populär. Storch stammte aus Livland und studierte an den Universitäten von Heidelberg und Jena. Ab 1789 lehrte er Statistik am Petersburger Kadettencorps. Er war Mitglied der Akademie der Wissenschaften St. Petersburg. Ab 1799 bekleidete er das Amt des Hauslehrers der Großfürstinnen, der Töchter Pauls I., später war er Lehrer für politische Wirtschaft der Großfürsten Nikolaj Pawlowitsch und Michail Pawlowitsch. Die Vorträge in diesem Fach, die Storch den Großfürsten gehalten hat, liegen seiner bedeutendsten Arbeit *Kurs über die politische Wirtschaft* zugrunde, die im weiteren in französischer Sprache gedruckt und eines der besten Lehrwerke wurde. Auch das vorliegende Buch ist eine sehr fundierte Arbeit zu den politischen und wirtschaftlichen Lebensbedingungen in Rußland Ende des 18. Jahrhunderts, es enthält ausgesprochen wertvolles, übersichtlich angeordnetes Material zu diesem Thema. *I. A.*

Kat. Nr. 312
Des Corpus Constitutionum Marchicarum Erster Theil von die Religion, auserlichern Gottesdienst, Jurisdiction, Kirchen-Visitation {bis 1736}
15 + 572 + 268 + 820 + 256 + 136 + 168 Seiten
Brauner Ledereinband mit Goldprägung auf den Buchdeckeln, farbiger Schnitt, gotische Schrift
Inv. Nr. CCh-990 XV, KP-9653/165

Kat. Nr. 313
Johann Gottlieb Georgi
Versuch einer Beschreibung [der] Russisch-Kaiserl. Residenzstadt und der Merkwürdigkeiten der Gegend ... St. Petersburg
St. Petersburg 1790
340 Seiten mit einem Plan (Radierung, Aquarell)
Roter Ledereinband mit Goldprägung, Goldschnitt
Inv. Nr. CCh-1006 XV, KP-9653/181

Johann Gottlieb Georgi (?-1802) stammte aus Pommern, war Völkerkundler, Reisender und Professor für Mineralogie an der Universität St. Petersburg. Er unternahm viele Expeditionen durch Rußland und hinterließ aufschlußreiche Reisenotizen. Auf seinen Fahrten zeichnete er alles Ungewöhnliche und besonders Auffällige, das ihn beeindruckte. Aus diesem Material wurde die große Sammlung von Abbildungen der Völker Rußlands zusammengestellt, die Georgi ab 1775 in Form der Zeitschrift *Rußland entdecken* herausgab. Danach erschien seine gesamte Beschreibung der Völker, die Rußland besiedelten. Das vorliegende Werk von Georgi ist die erste Ausgabe über die Denkwürdigkeiten von St. Petersburg. *I. A.*

Kat. Nr. 314
Jonas Kanway
Beschreibung seiner Reisen von London durch Russland und Persien ..., Theil 1
Hamburg und Leipzig 1754
480 Seiten mit einer Karte
Brauner Ledereinband mit Goldprägung, auf dem Schmutztitel eine Radierung aus dem Jahr 1754
Inv. Nr. CCh-1055XV, KP-9653/230

Kat. Nr. 315
Anton Friedrich Büsching
Neuer Erdbeschreibung ... Theil III, welcher das teutsche Reich nach seiner gegenwärtigen Staatsverfassung enthält
Hamburg 1761
1272 Seiten
Hellbrauner Ledereinband mit Goldprägung, zwischen den Seiten 658 und 659 Einlage einer Handschrift auf „Hoonic et Zoonen"-Papier
Inv.Nr. CCh-1028 XV, KP-9653/203

Kat. Nr. 316
Christian Otto Mylius
[Repertorium] Corporis Constitutionum Marchicarum, oder Königl. Preußis. Und Churfürstl. Brandenburgische in der Chur und Marck Brandenburg[, auch incorporirten Landen publicirte und ergangene Ordnungen, Edicta, Mandata, Rescripta etc.: Von Zeiten Friedrichs I. Churfürstens zu Brandenburg, etc. biß ietzo unter der Regierung Friderich Wilhelms Königs in Preussen etc. ad annum 1736 inclusive ...]
[Buchladen des Waysenhauses,] Berlin (bis 1736)

Hellbrauner Ledereinband mit Goldprägung, marmorfarbener Schnitt
Inv. Nr. CCh-989 XV, KP 9653/161

Kat. Nr. 317
Christian Otto Mylius
[Repertorium] Corporis Constitutionum Marchicarum, Oder Königl. Preußis. Und Churfürstl. Brandenburgische in der Chur und Marck Brandenburg ...
Berlin (von 1737 bis 1740)
Hellbrauner Ledereinband mit Goldprägung, marmorfarbener Schnitt
Inv. Nr. CCh-987 XV, KP-9653/162

Kat. Nr. 318
Johann Philipp Seip
Beschreibung der Pyrmontischen Mineralwasser [und Stahlbrunnen:] derselben Historie, mineralischer Gehalt, Arzneykräfte, Gebrauch und Nutzen, beydes vom Trinken und Baden; mit dem Anhange der Pyrmontischen Krankengeschichte, auch Landkarte ...
[Förster,] Hannover und Pyrmont 1750
588 Seiten mit 2 radierten Karten
Brauner Ledereinband mit Goldprägung auf dem Buchrücken
Inv. Nr. CCh-1181 XV, KP 9653/356

Eine der Töchter von Paul I. und Maria Fjodorowna, Maria Pawlowna, verheiratete Erbherzogin von Sachsen-Weimar-Eisenach, hielt sich vom 25.6.1806 bis 31.7.1806 auf Anraten der Weimarer Ärzte in Bad Pyrmont auf, wo sie ihre rege Korrespondenz mit ihrer Mutter fortsetzte, so daß auch Maria Fjodorowna gut über die Heilwasser des Bades unterrichtet war.

Kat. Nr. 319
August Rode
Beschreibung des Fürstlichen Anhalt-Dessauschen Landhauses und englischen Gartens zu Wörlitz
Dessau 1798
309 Seiten mit 2 radierten Plänen
Roter Ledereinband mit Goldprägung, Goldschnitt
Inv. Nr. CCh-1182, KP 9653/357

Nicht zufällig wird sich August Rodes Beschreibung des von Fürst Leopold III. Friedrich Franz von Anhalt-Dessau erbauten Schlosses und angelegten Parks in Wörlitz in der Bibliothek von Maria Fjodorowna gefunden haben. Zarin Katharina II. war eine geborene Prinzessin von Anhalt-Zerbst. Sie zählt zu den Tanten des Fürsten Leopold III. Friedrich Franz von Anhalt-Dessau. Der Architekt des Wörlitzer Schlosses und Berater des Dessauer Fürsten, Friedrich Wilhelm von Erdmannsdorff, war in Rom mit Charles Louis Clérisseau bekannt geworden und zeichnete unter seiner Anleitung antike Architektur. Fürst Franz und Erdmannsdorff blieben fast vier Jahrzehnte mit dem Künstler in Kontakt. Katharina II. erwarb 1779 zwanzig Bände seiner Architekturzeichnungen mit insgesamt über 1000 Blättern und berief ihn nach St. Petersburg. Clérisseau beeinflußte Charles Cameron und Vincenzo Brenna, die wiederum direkte oder indirekte Kontakte zum Dessau-Wörlitzer Kulturkreis unterhielten. So verwundert es nicht, daß Wörlitz durchaus als ein Vorläufer auch von Pawlowsk angesehen werden kann. Dort handelt es sich um eleganten fürstlichen Frühklassizismus mit deutlich englischer Note, hier um einen ausgeprägten Stil in imperialen Dimensionen. *Uwe Quilitzsch*

Kat. Nr. 320
Gawrila Sarytschew
Sarytschew's Gawrila, russisch-kaiserlichen Generalmajors von der Flotte, achtjährige Reise im nordöstlichen Sibirien, auf dem Eismeere und dem nordöstlichen Ozean
Leipzig 1805
309 Seiten mit 2 radierten Plänen
Pappeinband, bezogen mit marmorfarbenem Papier, Lederrücken
Inv. Nr. CCh-1197, KP 9653/372

Dies ist die deutsche Ausgabe der Reise von Admiral Gawril Sarytschew (1763-1831) durch Sibirien und die Nordmeere. Sarytschew leitete 1829-1830 das russische Marineministerium. Da er aufgrund seiner Ausbildung Hydrograph war, stellte er einen Atlas des Stillen Ozeans zusammen und verfaßte ebenso den ersten genauen und zutreffenden Plan von St. Petersburg. *I. A.*

AUSGEWÄHLTE ALLGEMEINE LITERATUR ZU DEN EXPONATEN

I. HANDBÜCHER ZU SCHLOSS, PARK UND SAMMLUNG

Pavlovsk. I. The Palace and Park. Paris 1993

Pavlovsk. II. The Collections. Paris 1993

Kučumov, A. M. *Pavlovsk. Dvorec i park*. Leningrad 1976

Kučumov, A. M. *Russkoje dekorativno-prikladnoe iskusstvo v sobranii Pavlovskogo dvorca-muzeja*. Leningrad 1981

II. GEMÄLDE

Alekseeva, T. V. *Vladimir Lukič Borovikovskij i chudožestvennaja russkaja kul'tura na rubeže 18-19 vekov*. Moskau 1975

Anton Raphael Mengs. Master of World Paintings. Leningrad 1984

Aulanier, Ch. *Histoire du Palais et du Musée du Louvre*. 1955

Baumgärtel, Bettina (Hrsg.) *Angelika Kauffmann*. Ausst.-Kat., Düsseldorf 1998

Chessex, Pierre *A. L. R. Ducros (1748-1810). Paysages d'Italie à l'époque de Goethe*. Genf 1986

Clark, A. *Pompeo Batoni*. Oxford 1990

Eckardt, Götz (Hrsg.) *Ein Potsdamer Maler in Rom. Briefe des Batoni-Schülers Johann Gottlieb Puhlmann aus den Jahren 1774-1787*. Berlin 1979

Ilatovskaja, T. A. *Ja.-F. Chakkert i ego risunki v sobranii Ėrmitaža*, in: *Zapadnoevropejskoe iskusstvo XVIII veka. Publikacii i issledovanija*. Leningrad 1987

Images of the Grand Tour. Louis Ducros 1748-1810. Ausst.-Kat., London, Manchester, Lausanne 1985-1986

Ingersoll-Smouse, F. *Joseph Vernet*. Paris 1926

Kamenskaja, T. D. *Gjuber Rober*. Leningrad 1939

Kaznakoff, S. *Gatchina, la vie et la cour*, in: *Starye gody*. Juli-September 1914

Komelova, G. N. *D. I. Evreinov – russkij miniatjurist na ėmali*, in: *Pamjatniki kul'tury. Novye otkrytija*. 1979

Kronig, W. *Philipp Hackert und Rußland*, in: *Wallraf-Richartz Jahrbuch*. Bd. XXVIII, Köln 1966

Kučumov, A. M. *Kartiny Gjubera Robera v Pavlovskom dvorce*. Manuskript, 1971

Kuznecov, Ju. I. *Novoe ob Adriane fon Ėmonte*, in: *Zapadnoevropejskoe iskusstvo*. Leningrad 1970

Kuznecov, Ju. I., Linnik, I. V. *Gollandskaja živopis' v muzejach Sovetskogo sojuza*. Leningrad 1984

Labensky, F. *Livret de la Galerie Impériale de Saint-Petersbourg*. 1838

Lagrange, L. *Joseph Vernet*. Paris 1864

Manners, V., Williamson, Dr. G. C. *Angelica Kauffmann, R. A. Her Life and Her Works*. London 1924

Markina, A. A. *Novye dannye o tvorčestve nemeckogo chudožnika L. K. Pfancel'ta*. Moskau 1987

Migdal, D. M. *Vnov' otkrytoe proizvedenie Levickogo*, in: *Russkoe iskusstvo XVIII v.* Moskau 1968

Montgolfier, B. de *Hubert Robert, peintre de Paris au Musée Carnavalet*, in: *Bulletin du Musée Carnavalet*. 1964

Munich, E. *Catalogue des tableaux qui se trouvent dans les Galeries et dans les Cabinets du Palais Impérial de S-Petersbourg*. St. Petersburg 1774

Nezabyvaemaja Rossija. Russkie i Rossija glazami britancev XVII-XIX vek. Moskau 1997

Nikulin, N. N. *Jakob Philipp Hackert*. St. Petersburg 1998

Nikulin, N. N. *Nemeckaja i Avstrijskaja živopis' XV-XVIII veka*, in: *Sobranie zapadnoevropejskoj živopisi*. Ausst.-Kat. Eremitage, Leningrad 1987

Nikulin, N. N. *Pis'ma I. F. Rejfenštejna*, in: *Problemy razvitija zarubežnogo iskusstva*. St. Petersburg 1996

Nikulin, N. N. *Pis'ma Ja. F. Chakkerta N. B. Jusupovu*, in: *Problemy razvitija zarubežnogo iskusstva*. St. Petersburg 1995

Nordhoff, C., Reimer, H. *Jakob Philipp Hackert 1737-1807. Verzeichnis seiner Werke*. Berlin 1994

Orest Adamovič Kiprenskij. Živopis'. Ausst.-Kat., Leningrad 1988

Reau, L. *Catalogue de l'art français dans les musées russes*, in: *Bulletin de la Société de l'histoire de l'art français*. 1928

Reau, L. *Catalogue de l'œuvre d'Hubert Robert en Russie*, in: *Bulletin de la Société de l'histoire de l'art français*. 1913

Reau, L. *L'Œuvre d'Hubert Robert en Russie*, in: *Gazette des beaux-arts*. 1914

Roettgen, S. *Anton Raphael Mengs 1728-1779 and his British Patrons*. London 1993

Sahut, M.-C. *Le Louvre d'Hubert Robert*. Ausst.-Kat., Paris 1979

Somov, A. *Imperatorskij Ėrmitaž. Katalog kartinnoj galerei*. St. Petersburg 1897

Trubnikov, A. *Francuzskaja škola v Gatčinskom dvorce*, in: *Starye gody*. Juli-September 1916

Trubnikov, A. *Kartiny Pavlovskogo dvorca*, in: *Starye gody*. Oktober 1912, S. 20

Vejner, P. P. *Ubranstvo Gatčinskogo dvorca*, in: *Starye gody*. Juli-September 1914

Vrangel', N. *Iskusstvo i gosudar' Nikolaj Pavlovič*, in: *Starye gody*. Juli-September 1913

Zapiski Jakoba Štellina ob izjaščnych iskusstvach v Rossii. Moskau 1990

III. GRAFIK UND ARCHITEKTURENTWÜRFE

Adarjukov. V. Ja. *Gravër Ivan Vasil'evič Českij*. Moskau 1924

Alekseeva, A. V. *„Risunki na trinadcati listach...' iz Pavlovskogo dvorca-muzeja*, in: *Pamjatniki kul'tury. Novye otkrytija 1990*. Moskau 1992

Alekseeva, A. V. *Novoe ob avtorstve Spal'ni Pavlovskogo dvorca*, in: *Pamjatniki kul'tury. Novye otkrytija 1995*. Moskau 1996

Belavskaja, K. P. *Chudožnik Fransua Violl'e i ego raboty v Pavlovske*, in: *Pamjatniki kul'tury. Novye otkrytija 1977*. Moskau 1977

Djad'kovskij A. *O Kitterlinuse*, in: *Bjulleten' naučnoj časti Gatčinskogo dvorca-muzeja*. 1939

Gavrilova, E. I. *O miniatjuriste A.-F. Violl'e*, in: *Stranicy istorii otečestvennogo iskusstva X-XX vv. Vypusk III*. Leningrad 1997

Grimm, G. G. *Architektor Voronichin*. Leningrad, Moskau 1963

Kaparulina, O. S. *Risunki i akvareli G. S. Sergeeva v Russkom muzee*, in: *Konferencija, posvjaščennaja itogam naučno-issledova-tel'skoj raboty za 1999 god i 125-letiju so dnja roždenija P. I. Nera-dovskogo (1875-1962). Tezisy dokladov*. St. Petersburg 2000

Karl Ivanovič Rossi. 1775-1849. Katalog architekturnych čertežej i proektov predmetov prikladnogo iskusstva. Sost. N. I. Nikulin, N. G. Efinova. Leningrad 1975

Komelova, G. N. *Serija gravirovannych vidov okrestnostej Peterburga načala XIX veka (k istorii graviroval'no-landšaftnogo klassa Akademii chudožestv)*, in: *Kul'tura i iskusstvo Rossii XIX veka*. Leningrad 1985

Koršunova, M. F. *Malyj Trianon v akvareljach Kloda Lui Šatle*, in: *Pamjatniki kul'tury. Novye otkrytija 1990*. Moskau 1992

Korolev, E. V. *Grečeskij zal Pavlovskogo dvorca. Avtory i prototipy. Sochrannost' i restavracija predmetov inter'era. Materialy konferen-cii*. St. Petersburg 2000

Michajlovskij zamok. Zamysel i voploščenie. St. Petersburg 2000

Oščepkov, G. D. *Toma de Tomon*. Moskau 1950

P'etro Gottardo Gonzaga. Ausst.-Kat. Leningrad 1980

Rovinskij. D. A. *Podrobnyj slovar' russkich gravirovannych portretov*. St. Petersburg 1888

Stroganoff. The Palace and Collections of a Russian Noble Family. Ausst.-Kat. Portland 2000

Šujskij, V. K. *Vinčenco Brenna*. Leningrad 1986

Syrkina, F. Ja. *P'etro Gottardo Gonzaga*. Moskau 1974

Taleporovskij, V. N. *Čarl'z Kameron*. Moskau 1939

Thieme, Becker *Allgemeines Lexikon der Bildenden Künstler*. Leipzig 1960

Vrangel', N. N. *Chudožestvennaja zabava Imperatricy Marii Fedorovny*, in: *Starye gody*. 7-9/1913

Vues des palais impéreaux des environs de Saint-Petersbourg. Pawlowsk, Paris 1992

IV. SKULPTUREN

Antičnaja chudožestvennaja bronza. Ausst.- Kat. Staatliche Eremitage, Leningrad 1973

Antikov belych mramornych raznoj veličiny tridcat' vosem' - 38. RGIA (Historisches Staatsarchiv Rußlands), f. 493, op. 7, d. 1023, 1845 g., Opis' veščam i mebeljam v Srednem Étaže Pavlovskogo dvorca

Babelon, E. Blanchet, J.-A. *Catalogue des bronzes antiques de la Bibliothèque nationale*. Paris 1895

Bliz Monumenta 40 mramornych drevnich rimskich peplochraniliščej - 40. RGIA (Historisches Staatsarchiv Rußlands), f. 493, op. 7, d. 86, 1801 g. L. 1-2, Nr. 10

Boube-Piccot, Ch. *Les bronzes antiques du Maroc*. Rabat 1969

Bouchey, A.-E. *Recherches historiques sur la ville, la principauté, la République de Mandeure*. Besançon 1862

Di Macco, Michela *Il soggiorno dei Conti del Nord a Torino nel 1782*, in: *San Pietroburgo 1703 - 1825. Arte die corte dal Museo dell' Ermitage*. Torino 1991

Esperandieu, E., Rolland H. *Bronzes antiques de la Seine-Maritime*. Paris 1959

Evdokimova, V. A. *Skul'pturnye portrety Pavla I v sobranii Jusupovych*, in: *Pavlovskie čtenija. Sbornik materialov naučnych konferencij 1996 - 1997 gg*. St. Petersburg 1998

Eckardt, Götz *Johann Gottfried Schadow 1764 - 1850. Der Bildhauer*. Leipzig 1990

Graillot, H. *Le culte de Cybèle, Mère des dieux, à Roma et dans l'Empire romain*. Paris 1912

Hill, D. K. *Catalogue of Classical Bronze Sculpture in the Walters Art Gallery*. Baltimore 1949

Jakovkin, I. *Istorija Sela Carskogo. Čast' tret'ja*. St. Petersburg 1831

Johann Gottfried Schadow 1764 - 1850. Bildwerke und Zeichnungen. Staatliche Museen zu Berlin, Nationalgalerie, 1965

Jones S. *The Sculptures of the Museo Capitolino*. Oxford 1912

Korolev, E. V., Kučumov, A. M. *Antičnaja skul'ptura Pavlovska v 1918 - 1922 gg, i problemy muzejnoj specializacii*, in: *Antičnoe iskusstvo v sovetskom muzeevedenii*. Leningrad 1986

Korolev, E. V. *Sculpture ornamentale e decorative*, in: Alain de Gourcuff (Hrsg.) *Pavlovsk. Les collections*. Paris 1993

Korolev, E. V. *Skul'ptura Ital'anskogo zala Pavlovskogo dvorca*, in: *Pamjatniki kul'tury. Novye otkrytija*. Ježegodnik RAN (Jahrbuch der Russischen Akademie der Wissenschaften) 1995

Korolev, E. V. *Skul'ptory Ivan Prokof'ev i Agostino Triskorni - restavratory antičnoj skul'ptury*, in: *Pavlovskie čtenija. Sbornik materialov naučnych konferencij 1996 - 1997 gg*. St. Petersburg 1998

Korolev, E.V. *Raboty skul'ptorov brat'ev Kollini v Pavlovskom dvorce*, in: *Pamjatniki kul'tury. Novye otkrytija*. Ježegodnik RAN (Jahrbuch der Russischen Akademie der Wissenschaften) 1994, Moskau 1996

Kovalenskaja, N. *Martos*. Moskau - Leningrad 1938

Kultura i sztuka Rosji konca XVIII i poczatku XIX wieku. Zamek Kniazat Pomorckich w Szczecinie. Czewiec-sierpien 1996

Lebel, P. *Catalogue des Collections archéologiques du Montbéliard. III. Les Bronzes figurés*. Paris 1962

Picard, Charles: *Manuel d'archéologie grecque. La sculpture. Periode classique – Vième / IVième siècle*. Bde. II,2, III,1-2, IV,1-2 und V in 6 Bdn. Paris, Picard, 1939-1966

Planiscic, L. *Die Bronzeplastiken*. Ausst.-Kat. Kunsthistorisches Museum Wien, 1924

Rolland, H. *Bronzes antiques de la Haute-Provence*. Paris 1965

Roux, H. et Barre, L. *Herculanum et Pompei. I - VIII*. Paris 1837-40

Sinn, Friederike *Stadtrömische Marmorurnen*. Mainz am Rhein 1987

Skul'ptura XVIII - načala XX veka. Ausst.-Kat. Staatliches Russisches Museum, Leningrad 1988

Skul'ptura XVIII - XIX vekov. Ausst.-Kat. Staatliche Tretjakow-Galerie, Moskau 2000

Smith, C. H., Hutton, C. A. *Catalogue of the Antiquities in the Collection of the Late Wyndham Francis Cook*. London 1908

Splendeur et intimité de la cour impériale de Russie 1780-1820. Ausst.-Kat. Montbéliard 1995

Stephani, Ludolf *Sobranie drevnich pamjatnikov iskusstva v Pavlovske*. St. Petersburg 1872

Walters, H. B. *Select Bronzes*. British Museum, London 1915

Wagner, Jan *Neborow*. Nationalmuseum Warschau 1961

V. MOBILIAR

Alekseeva, A. V. *Mebel' Anri Žakoba v Pavlovskom dvorce*, in: *Pavlovsk. Imperatorskij dvorec. Stranicy istorii*. St. Petersburg 1997

Alekseeva, A. V. *Novoe ob avtorstve Paradnoj spal'ni Pavlovskogo dvorca*, in: *Pamjatniki kul'tury. Novye otkrytija 1996*. Moskau 1996

Anna Pavlovna en Het Russische hof 1795-1865. Ausst.-Kat. Apeldoorn 1995

Chenevièvre, Antoine. *Russian Furniture. The Golden Age 1780-1840*. London 1988

Ein Jahrhundert Möbel für den Fürstenhof: Karlsruhe, Mannheim, Sankt Petersburg 1750 bis 1850. Ausst.-Kat. 1994

Fabian, D. *Abraham und David Roentgen*. Bad Neustadt/Saale 1996

Fabian, D. *Roentgen-Möbel aus Neuwied*. 1986

Geres, B. *Tvorčestvo Davida Rentgena dlja Rossii i ego svjaz' s russkim mebel'nym iskusstvom konca XVIII – načala XIX veka*. Leningrad 1979 (unveröffentlichte Dissertation)

Greber, J. M. *Abraham und David Roentgen. Möbel für Europa*. 1980

Soboleva, N. N. (Hrsg.) *Obmery mebeli. Obrazcy mebeli russkoj raboty konca XVIII-XIX veka*. Moskau 1940

Palaces of St. Petersburg. Russian Imperial Style. Mississippi Arts Pavilion. Ausst.-Kat. Jackson 1996

Sokolova, T. M. *Očerki po istorii chudožestvennoj mebeli XV-XIX vv.* Leningrad 1967

Stroganoff. The Palace and Collections of a Russian Noble Family. Ausst.-Kat. Portland 2000

Veršinina, N. M. *Francuzskie dekorativnye vyšivki konca XVIII v.*, in: *Pamjatniki kul'tury. Novye otkrytija 1985*. Moskau 1987

VI. TEXTILIEN

Anna Pavlovna and the Russian court 1795-1865. Ausst.-Kat. Amsterdam 1995

Grigorovič, D. V. *Petrovskij dvorec*

Jakuševa, L. S. *Dekorativnye kovrovye tkani i obivki dlja mebeli - rabota francuzskich manufaktur v Pavlovske*. Pawlowsk 1970

Kocebu, A. *Kratkoe opisanie Imperatorskogo Michajlovskogo dvorca* (1801), in: *Russkij archiv*. Moskau 1870

Koršunova, T. T. *Russkie špalery*, in: *Chudožnik RSFSR*. Leningrad 1975

Kultura i sztuka Rosji konca XVIII i poczatku XIX wieku. Ausst.-Kat. Szczecin 1996

Trofimov, A. *Michajlovskij zamok*, in: *Russkij bibliofil*. 1916

Verchinina, N. M. *Silk, Tapestries and Embroideries (Pavlovsk. The Collections)*. Paris 1993

Verchinina, N. M. *Vyšitye bordjury russkoj raboty n. XIX v. v. sobranii Pavlovskogo dvorca*, in: *Pavlovsk imperatorskij dvorec*. St. Petersburg 1997

VII. PORZELLAN

Birjukova, N. Ju. *Francuzskaja farforovaja plastika XVIII veka v sobranii Gosudarstvennogo Ėrmitaža*. Leningrad 1960

Brunet, M. Preaud T. *Sèvre*. 1978

Brunet, M. *Les marques de Sèvre*. Paris o. J.

Ennes, P. *The visit of the Conte and Contesse du Nord to the Sevres manufactory*, in: *Apollo* März 1989, S. 183

Ennes, P. *Buste de Marie-Antoinette* in *Musée du Louvre. Nouvelles acquisitions du département des Objets d'art*. 1980 - 1984

Flach, Hans Dieter *Ludwigsburger Porzellan. Fayence, Steingut, Kacheln, Fliesen*. 2000

Kazakevič, N. I. *Proizvedenija Ljudvigsburgskoj farforovoj manufaktury v sobranii Pavlovskogo dvorca-muzeja*, in: *Pamjatniki kul'tury. Novye materialy i otkrytija*. 1978

Kultura i sztuka Rosji konca XVIII i poczatku XIX wieku. Ausst.-Kat. Szczecin 1996

Nesterova, E. D. *La collection de porcelaine de Pavlovsk*, in: *La table des tsars. Porcelaines du palais de Pavlovsk*. Ausst.-Kat. Montbéliard 1994

Nesterova, E. D. *Porcelaines et céramiques*, in: Gourcuff, Alain de (Hrsg.) *Pavlovsk. Les collections*. Paris 1993

Nesterova, E. D., Pachomova-Gores, W., in: *Von Sanssouci nach Europa - Geschenke Friedrichs des Großen an europäische Höfe*. Ausst.-Kat. Potsdam-Sanssouci 1994

Nesterova, E. D., in: *Splendori della Corte degli zar*. Mailand 1999

Nesterova, E. D., in: *Splendeur et intimité à la impériale de Russie*. Montbeliard 1995

Nesterova, E. D. *Russie-France, Le siècle des Lumier*. Paris 1986

Vol'f (Hrsg.) *Imperatorskij Farforovyj zavod 1744 - 1904*. St. Petersburg 1906

VIII. BRONZEN, KAMEEN, MOSAIKEN

Budanov, S. M. *Russkoe kamnereznoe iskusstvo na Altae v konce XVIII veka – pervoj polovine XIX v. Dissertacija na soiskanie učenoj stepeni kandidata isskusstvovedenija*. Moskau 1980

Kučumov, A. M. *Russkoe dekorativno-prikladnoe iskusstvo v sobranii Pavlovskogo dvorca-museja*. Leningrad 1981

Kučumov, A. M. *Mozaičnyj master Georg Vekler i ego raboty v Pavlovskom dvorce*, in: *Pavlovsk. Imperatorskij dvorec. Stranicy istorii*. St. Petersburg 1997

Ottomeyer, H., Prechel, P. *Vergoldete Bronzen*. München 1986

Vasil'eva, A. A. *Velikaja knjaginja Marija Fedorovna – chudožnica*, in: *Pavlovsk. Imperatorskij dvorec. Stranicy istorii*. St. Petersburg 1997

Vasil'eva A. A., Sek Ju. Ja. *Dekorativnaja bronza Žana Antuana Gudona v Ėrmitaže i Pavlovskom dvorce*, in: *Zapadno-evropejskoe iskusstvo XVIII v. Sbornik statej*. Leningrad 1987

Vejner, P. P. *Ubranstvo Gatčinskogo dvorca*, in: *Starye gody. Ijul' – sentjabr'*. 1914

Verlet, P. *Les bronzes dores français du XVIII siecle*. Paris 1987

ANMERKUNGEN ZU DEN ESSAYS

MARIA FJODOROWNA
UND DIE MODE IHRER ZEIT
(S. 54-76)

[1] *Pis'mo Ekateriny II g-že B'elke, 5 sentjabrja 1776 g.*, in: *Sbornik Russkogo istoričeskogo obščestva*. Bd. XXVII, 1880

[2] *Fragment pis'ma v.k. Pavla Petroviča imperatrice Ekaterine II 11 ijulja 1776 g.*, in: *Sbornik Russkogo istoričeskogo obščestva*. Bd. XXVII, 1880

[3] *Zapiski Bošomona. Cesarevič Pavel Petrovič vo Francii*, in: *Russkaja starina*. St. Petersburg 1882, Buch 11, S. 322

[4] Langlade, Emile *La Marchande de modes de Marie-Antoinette*. Paris 1911, S. 54

[5] Damas (franz.), deutsch Damast: Bezeichnung eines unifarbenen Seidenstoffes mit glänzendem Muster auf mattem Grund. Dieser Effekt wurde durch verschiedene Bindung – Atlasmuster auf Sergegrund – erzielt.

[6] Dauphine (franz.): Prachtvoller Seidenstoff, in den Blumen eingewebt sind, manchmal mit Mustern, die an Jaspis erinnern. Wurde im 18. Jahrhundert für Galakleider verwendet.

[7] *Memoires de la baronne D'Oberkirch*, in: *Mercure de France*. 1989, S. 145

[8] Kobeko, D. *Cesarevič Pavel Petrovič*. St. Petersburg 2001, S. 166

[9] RGIA (Historisches Staatsarchiv Rußlands) f. 759. op. 1 d. 169

[10] Fichu (franz.): Dreieckige Tücher aus leichtem Stoff, mit denen tiefe Dekolletés verdeckt wurden.

[11] Im Zeitraum von 1770 bis 1790 waren hoch aufgetürmte Frisuren in Mode. Um derartige Konstruktionen zu ermöglichen, wurde ein kissenförmiger, mit Roßhaar gefüllter Aufsatz, den man französisch *pouff* nannte, oben am Kopf befestigt. Danach wurden die Haare und allerlei Zierat wie Spitzen, Bänder, Kunstblumen, Federn usw. um dieses Kissen herum kunstvoll angeordnet und mit Haarnadeln festgesteckt.

[12] Das Porträt befindet sich in der Nationalgalerie Washington.

[13] Kobeko, D. *Cesarevič Pavel Petrovič*. St. Petersburg 2001, S. 166

[14] Kobeko, D. *Cesarevič Pavel Petrovič*. St. Petersburg 2001, S. 195

[15] Originaltitel der Denkschrift von M. Schtscherbatow: *O povreždenii nravov v Rossii*

[16] Zarin Elisabeth

[17] Die ursprünglichen Spitzen sind nicht erhalten. Zu einem unbekannten Zeitpunkt wurden sie durch Spitzen ersetzt, die vom Ende des 19. Jahrhunderts datieren.

[18] Katharina II. war eine unverhohlene Anhängerin des Neoklassizismus in der Kunst. Als sie noch im Jahre 1796 ihre Schwiegertochter zu sich einlud, teilte sie ihr in einem Brief mit, in welchem Kleid sie erscheinen möge: „Liebe Tochter, kommt zum Mittagessen in einem griechischen Kleid zu mir, wenn Euch das keine zu großen Umstände bereitet." (*Russkaja starina*. St. Petersburg 1874, Bd. 11, S. 476-477)

[19] Zamyslovskij, E. E. und Petrov, I. I. *Istoričeskij očerk rossijskich ordenov i sbornik osnovnych ordenskich statutov*. St. Petersburg 1891, Nr. 6, S. 64

[20] Šumigorskij, E. S. Imperatrica *Marija Fëdorovna*. St. Petersburg 1882, S. 93

[21] *Kamerfur'erskij žurnal za 1797 god*. St. Petersburg 1897, S. 1258-1267

[22] Kaznakov, S. *Pavlovskaja Gatčina*, in: *Starye gody*. Juli-September 1914, S. 162-163

[23] Die Originalspitzen sind nicht erhalten und wurden bei der Restaurierung des Kleides 1995 durch Spitzen vom Ende des 19. Jahrhunderts aus der Sammlung des Museums ersetzt. Als Vorlage für die Restaurierung diente eine Darstellung des Ordenskleides in dem Abbildungswerk „Beschreibung der Orden" von 1797, das in der Bibliothek von Schloß Pawlowsk aufbewahrt wird.

[24] Liven, D. Ch. *Končina imperatora Pavla*, in: *Istoričeskij Vestnik*. Mai 1906, S. 425

[25] *O damskich plat'jach vysočajših osob, koi chranilis' v Varšave v Bel'vedere*. RGIA, f. 472. op. 13, d. 365, 1832

[26] *O damskich plat'jach vysočajših osob, koi chranilis' v Varšave v Bel'vedere*. RGIA, f. 472. op. 13, d. 365, 1832

[27] Elisabeth Alexejewna, die Frau von Zar Alexander I.

[28] Wassenar, Cornelie de *A Visit to St. Petersbourg, 1824-1825*. Norwich 1994, S. 46

[29] Lacroix, Pierre *Histoire de la vie et du regne de Nicolas I.*, in: *Russkaja Starina*. St. Petersburg 1878, Bd. 23, S. 441

[30] Wassenar, Cornelie de *A Visit to St. Petersbourg, 1824-1825*. Norwich 1994, S. 38

MARIA FJODOROWNA
UND DIE MEDAILLENKUNST
(S. 78-95)

[1] In erster, 1773 geschlossener Ehe war Großfürst Paul mit der Prinzessin Wilhelmine von Hessen-Darmstadt (1755-1776) verheiratet gewesen, die nach ihrem Übertritt zum orthodoxen Glauben den Namen Natalja Alexejewna angenommen hatte.

[2] Vgl. Montbéliard 1993. Les Ducs de Wurtemberg à Montbéliard. Ausst. Kat. Château de Wurtemberg à Montbéliard 1993.

[3] Paris, Bibl. nat., Médailles russes, Inv. Nr. 144. Bronze. 65 mm. vgl. Paris 1986, *La France et la Russie au Siècle des Lumières. Relation artistique entre la France et la Russie au 18e siècle*. Ausst. Kat. Grand Palais, Paris 1986/87, Kat. Nr. 638.

[4] Die Lebensdaten dieses aus Sachsen stammenden Medailleurs sind nicht bekannt. Spätestens seit 1772 ist er in Rußland nachweisbar. Die von ihm geschaffenen Medaillen beziehen sich auf Ereignisse der Jahre zwischen 1773 und 1778. Im letztgenannten Jahr wurde er krankheitshalber vorzeitig von seiner Lehrtätigkeit an der St. Petersburger Akademie entbunden.

[5] Abb. s. Essen 1990. *St. Petersburg um 1800. Ein goldenes Zeitalter des russischen Zarenreiches*. Ausst. Kat. Villa Hügel, Essen 1990, Kat. Nr. 136. – hierzu auch Nikolai Tretjakow, *Pawlowsk, Kaiserliches Schloß und Park (Führer)*. St. Petersburg 1998, S. 2: „Sie war um einen Kopf größer als Paul, rotwangig und eine fröhliche Schönheit, die sich für Botanik interessierte, die Natur liebte und sich in ihrer Heimat mit dem Park- und Gartenbau befaßt hatte."

[6] „Ce cher mari est un ange, je l'aime à la folie." Brief vom 16. Dezember 1776. Zitiert nach *Henriette Louise Oberkirch, Mémoires de la Baronne d'Oberkirch sur la cour de Louis XVI et la société française avant 1789*. Hg. Suzanne Burkard, Paris 1989. Le temps rétrouvé, 21, S. 86.

[7] Farbabb. s. Ausst. Kat. Essen (vgl. Anm. 5), Kat. Nr. 26, Abb. S. 162.

[8] Vgl. London 2000/ 2001, *Treasures of Catherine the Great*. Ausst. Kat. hg. Mikhail B. Piotrovski, Hermitage Rooms at Somerset House, London 2000, Kat. Nr. 73 und 74, Nr. 74 mit Abb.

[9] Vgl. die Aufstellung bei Christian Binder, *Württembergische Münz- und Medaillenkunde*. Neu bearb. von Julius Ebner, Bd. II, Heft 1, Stuttgart 1912 unter: *Abschnitt XXIX: Weibliche Glieder des Hauses Württemberg, Maria Feodorowna*. Kat. Nr. 89-96.

[10] Abb. von Avers und Revers der Medaille in: Amsterdam 1996/97, *Catharina, de keizerin en de kunsten. Uit de schatkamers van de Hermitage*. Ausst. Kat. Nieuwe Kerk, Amsterdam 1996, Kat. Nr. 226, Farbabb. auf Taf. S. 231. – Sie ist zur Zeit auch in London zu sehen (vgl. Anm. 8, Kat. Nr. 91 mit Abb. nur des Avers).

[11] Inv. Nr. 545.233. Maria Feodorowna. 1797. Goldmedaille. 64 mm. Gewicht: 120,2 Gramm.

[12] Inv. Nr. ERZj 1733. 1796/97. Öl auf Lwd., 154 x 116 cm. S. auch Ausst. Kat. Amsterdam 1996 (vgl. Anm. 10), Kat. Nr. 28 – Das Bildnis existiert auch in ganzfiguriger Form, so in der Tretjakow-Galerie in Moskau.
In diesem Fall ist die Jahreszahl in die Signatur integriert, wobei das dahinterstehende „G" die Abkürzung für „God"(Jahr) („Godu" = im Jahre) ist.

[13] Vgl. L. Forrer, *Biographical Dictionary of Metallists. 1-8*. 8 Bde., London 1902-1930, Neudr. New York 1970, Bd. III, 1907, Abb. im Artikel: K. Leberecht S. 354.

[14] Auch hier spielte Maria Fjodorowna eine entscheidende Rolle, die eigens für die im Sommer 1814 stattfindenden Feierlichkeiten zu Ehren ihres Sohnes einen riesigen Ballsaal an den erst 1811/1812 von Andreij Woronichin (1760-1814) errichteten Rosenpavillon im Park von Pawlowsk anbauen ließ. Im 2. Weltkrieg völlig zerstört, steht die Rekonstruktion des „Pavillon des Roses" mittlerweile kurz vor dem Abschluß.

[15] Inv. Nr. MK, Alter Bestand. Bronze. 66 mm. vgl. Ch. Binder 1912 (s. Anm. 9), Nr. 99, S. 59.

[16] Inv. Nr. KMM, ehem. Kunstbesitz der Anna-Amalie-Bibliothek Weimar. Bronze. 66 mm.

[17] Vgl. Helmut Börsch-Supan, *Die Kataloge der Berliner Akademieausstellungen 1786-1850*. 1 – 3. 3 Bde. Berlin 1971, Quellen u. Schriften z. bild. Kunst 4, Bd. 1, (1820), Spalte VII – IX u. S. 32.

[18] Streng genommen hatte sie auch gar keine andere Wahl, weil die beiden übrigen von ihr geschaffenen Medaillen aus den Jahren 1793 und 1797 keinen Gegenwartsbezug mehr hatten.

[19] Abdruck der Briefe auf den S. 186-191 bei: Wilhelm von Kügelgen, *Zwischen Jugend und Reife des Alten Mannes 1820-1840*, hg. Johannes Werner. Leipzig 1925. Wilhelm v. Kügelgen, *Erinnerungen 1802-1867*, Bd. 2. – Vielleicht hatte der Finanzminister mit der Aufforderung an den jungen deutschen Maler seine Kompetenzen auch ganz einfach überschritten, und die Entscheidungskompetenz lag in ganz anderen Händen, letztlich natürlich in denen von Nikolaus I.

[20] Inv. Nr. 1987/34. Gold. 68 mm. Gewicht: 206,82 g. vgl. Ch. Binder 1912 (s. Anm. 9), Nr.105/106, S. 60. – Die beiden unterschiedlichen Künstlersignaturen könnten darauf hindeuten, daß vielleicht – wie im Falle der Vermählungsmedaille aus dem Jahre 1776 – zwei verschiedene Hände an der Medaille beteiligt waren, wobei das Bildnis der Zarinmutter auf den weit jüngeren russischen Medailleur zurückgehen könnte.

[21] Darstellung im folgenden nach Susanne Dieterich, *Württemberg und Rußland. Geschichte einer Beziehung*. 2. Aufl. Leinfelden-Echterdingen 1995, Kap.: Tu felix Württembergia nube: Das Haus Württemberg und die Romanows, bes. S. 68-79.

[22] Der äußere Anlaß für den Denkmalauftrag, den die Stadt Halle Rauch erteilte, war die 100. Wiederkehr seines Todestages am 8. Juni 1827. Die Herstellung und besonders auch der Guß zogen sich jedoch länger hin, so daß die Einweihung erst zwei Jahre später, am 5. November 1829, erfolgen konnte. S. Jutta von Simson, *Christian Daniel Rauch*. Oeuvre-Katalog. Berlin 1996. Bildhauer des 19. Jh., Kat. Nr. 140-143: Francke-Denkmal. – schon vorher: Dietmar Vogel, *Christian Daniel Rauch: „Glaube – Liebe – Hoffnung." Eine Figurengruppe in der Arolser Stadtkirche*, in: Geschichtsbl. für Waldeck Bd. 80. 1992, S. 111-196. – Der Hinweis auf die Vorbildlichkeit der beiden Kinderfiguren für die Gedenkmedaille für Maria Fjodorowna wurde bereits bei Ch. Binder 1912, Nr. 105/106 (vgl. Anm. 9) gegeben, aber als zu entlegen von der Rauch-Forschung bisher nicht zur Kenntnis genommen.

[23] Vgl. die bei D. Vogel (s. Anm. 22) gegebene Aufstellung: Übersichtsliste aller nachweisbaren Repliken, S. 186-189, die eine ungebrochene Wertschätzung bis an die Schwelle der 60er Jahre des 19. Jh. belegt.

[24] Vgl. *Berichte der Staatlichen Kunstsammlungen, Neuerwerbungen 1987*. Württembergisches Landesmuseum, Münzkabinett (Ulrich Klein) in: *Jahrb. d. Kunstsammlungen*. Baden-Württemberg Bd. 25. 1988, S. 294-296, Abb. S. 295 a. – Zitat nach: Heinrich Weizsäcker, *Maria Fjodorowna, die russische Kaiserin aus dem Hause Württemberg*, in: *Württemberg*. Vierteljahresschr. für Landesgesch. Bd. 42. 1936, S. 286-300, Anm. 3.

DIE GRAND TOUR DES COMTE UND DER COMTESSE DU NORD
(S. 98-149)

[1] Baron Karl Iwanowitsch von Osten-Sacken, russischer Gesandter am dänischen Hof

[2] *Sbornik Imperatorskogo Istoričeskogo Obščestva*. St. Petersburg 1877, Bd. 20, S. 433

[3] Brief Josephs II. an Leopold von Toskana vom 12. Januar 1782, in: Arneth, Alfred Ritter v. (Hrsg.) *Joseph II. und Leopold von Toskana. Ihr Briefwechsel von 1781-90*. Wien 1872, Bd. 1, Anh. III., S. 332ff.

[4] Nikolaj Alexandrowitsch Sablukow (1776-1818), von Paul I. während seiner Regierungszeit hochgeschätzter General, nach der Ermordung Pauls I. kurze Zeit Befehlshaber der Wache von Maria Fjodorowna, lange Zeit in England ansässig

[5] *Zapiski N. A. Sablukova*, in: *Zareubijstvo 11 marta 1801*. St. Petersburg 1907, S. 12

[6] Internationale Stiftung Mozarteum Salzburg (Hrsg.) *Mozart. Briefe und Aufzeichnungen (Gesammelt und erläutert von Wilhelm A. Bauer und Otto Erich Deutsch)*. Kassel etc. 1963, Bd. III: 1780-86, S. 143f.

[7] Op. cit., S. 176f.

[8] Op. cit., S. 178

[9] Op. cit., S. 191ff.

[10] Šil'der, N. K. *Imperator Pavel I. Istoriko-biografičeskij očerk*. St. Petersburg 1901, Moskau 1996

[11] Brief Leopolds von Toskana an Joseph II., undatiert (5. Juni 1782), in: Arneth, Alfred Ritter v. (Hrsg.) *Joseph II. und Leopold von Toskana. Ihr Briefwechsel von 1781-90*. Wien 1872, Bd. 1, S. 115ff.

[12] Eine ausführliche Beschreibung des Aufenthalts von Paul und Maria in Venedig ist nachzulesen in: Androsova, M. I. *Toržestvennaja vstreča grafov Severnych v Venecii*, in: *Dvorcy Russkogo muzeja*. Palace Edition 1999, S. 48-59.

[13] *Grafinja Chotek. Vyderžki iz zapisnoj knižki*, in: *Russkij Archiv*. 1873, Bd. 3, S. 1968-1975

[14] Op. cit., S. 1973

[15] In der Bibliothek der Akademie der Künste in St. Petersburg wird eine Mappe mit kolorierten Stichen aufbewahrt. Dreißig davon zeigen die verschiedenen Boote, die an der Festregatta teilnahmen, weitere fünf stellen eine Allegorie der Prozession dar.

[16] Peota: historisches venezianisches Boot

[17] *Pis'ma Cesareviča Pavla Petroviča k ego zakonoučitelju Platonu*, in: *Russkij Archiv*. St. Petersburg 1887, S. 20

[18] Eckhardt, G. (Hrsg.) *Ein Potsdamer Maler in Rom. Briefe des Batoni-Schülers Johann Gottlieb Puhlmann 1774-1787*. Berlin 1979

[19] *Mémoires de la baronne d'Oberkirch sur la cour de Louis XVI et la société française avant 1789*. Verfaßt 1789, franz. Erstausgabe 1853, weitere Ausgaben Paris 1970, 1989, 2000

[20] *Mémoires de la baronne d'Oberkirch sur la cour de Louis XVI et la société française avant 1789*. Mercure de France, 1989, S. 266

PAWLOWSK UND SEINE ARCHITEKTEN
(S. 152-191)

[1] Alpatov, M. V. *Chudožestvennoe značenie Pavlovska*, in: *Ežegodnik instituta istorii iskusstv*. Moskau 1954, S. 201-237

[2] Loukomski, G. *Charles Cameron*. London 1943

[3] Sapožnikova, T. *Kameron v Pavlovske*, in: *Sredi kollekcionerov*. 1923, S. 30-35

[4] Taleporovskij, V. N. *Čarl'z Kameron*. Moskau 1939

[5] Rae, Isobel *Charles Cameron. Architect to the Court of Russia*. London 1971

[6] Shvidkovsky, Dimitri *The Empress and the Architect. British Architecture and Gardens at the Court of Catherine the Great*. New Haven, London 1996

Švidkovskij, D. O. *Trudnaja žizn' Čarl'za Kamerona*, in: *Panorama iskusstv*. Moskau 1988

Švidkovskij, *Kameron i Italija*, in: *Džakomo Kvarengi i neoklassicizm XVIII veka. Tezisy dokladov konferencii*. St. Petersburg 1994, S. 50-54

[7] Cameron, Charles *The Baths of the Romans, with the Restorations of Palladio*. London 1772

[8] *Pis'ma imperatricy Ekateriny II*, in: *Sbornik Rossijskogo Istoričeskogo Obščestva*, Bd. 17, S. 199

[9] *Perepiska Ekateriny II s Grimmom*, in: *Sbornik Rossijskogo Istoričeskogo Obščestva* 1876, Bd. 10

[10] *Naučno-vspomogatel'nyj kabinet PDM. Perepiska v. k. Pavla Petroviča i v. k. Marii Fëdorovny s K. I. Kjuchel'bekerom*. Inv. Nr. 1732 (aus dem Handschriftenarchiv des Schloßmuseums Pawlowsk. *Correspondance durant le voyage de Leurs Majestés l'année 1781 et 1782*. CCh-23, XIII, Blatt 1-119)

[11] *Naučno-vspomogatel'nyj kabinet PDM*. Inv. Nr. 1732, Blatt 16

[12] Op. cit., Blatt 16

[13] Op. cit., Blatt 17

[14] Alekseeva, A. V. *Mebel' Anri Žakoba v Pavlovskom dvorce*, in: *Pavlovsk. Imperatorskij dvorec. Stranicy istorii*. St. Petersburg 1997, S. 362

[15] *Naučno-vspomogatel'nyj kabinet PDM*. Inv. Nr. 1732

[16] Op. cit.

[17] Taleporovskij, V. N. *Čarl'z Kameron*. Moskau 1939

[18] Guzanov, A. N. *Inter'ery Kvarengi v Pavlovskom dvorce*, in: *Tezisy dokladov konferencii "Džakomo Kvarengi i neoklassicizm XVIII veka", k 250-letiju so dnja roždenija architektora*, S. 33-35

[19] *Archiv Knjazej Voroncovych*. Moskau 1876, Bd. 10, S. 45

[20] *Naučno-vspomogatel'nyj kabinet PDM*. Inv. Nr. 1847/3; Akkerman, T. A. *Naučnoe opisanie biblioteki Rossi*. 1948-1961, Anhang Nr. 1, Blatt 16

[21] Op. cit., Blatt 43

HUBERT ROBERT UND DER NOUVEAU GOÛT IN PAWLOWSK
(S. 194-202)

[1] Cayeux, J. de *Hubert Robert et les jardins*. Paris 1987, S. 82

[2] Gabillot, C. *Hubert Robert et son temps*. Paris 1895, S. 223

[3] *Hubert Robert et Saint-Pétersbourg. Les Commandes de la famille impériale et des princes russes entre 1773 et 1802*. Ausst.-Kat. Valence 1999, S. 154-159

[4] Zolotov, Ju. K. *Pis'ma francuzskich chudožnikov XIII veka v sovetskich archivach*, in: *Vestnik istorii mirovoj kul'tury*. 1958, September-Oktober Nr. 5 (11), S. 146-156

[5] s. Anm. 4

[6] Koval, L. *Six peintures d'Hubert Robert à l'exposition à Montbéliard*, in: *Les Grands Peintres Européens dans les Musées Russes*. Ausst.- Kat. Montbéliard 1997, S. 21-24

[7] Réau, L. *L'œuvre d'Hubert Robert en Russie*, in: *Gazette des beaux-arts*. 1914, S. 180

ERINNERUNG UND IMAGINATION
(S. 226-278)

[1] Aus dem Briefwechsel zwischen Maria Fjodorowna und dem Direktor des Parks Pawlowsk Karl Küchelbecker im Jahr 1782, zit. n. Michail Semevskij, *Pavlovsk. Očerk istorii i opisanie. 1777-1877*. St. Petersburg 1877 (Reprint: 1997), S. 519.

[2] Als Verfasser des Beitrags über russische Gärten gibt Hirschfeld einen gewissen Wirklichen Staatsrat von Staehelin an. Zweifellos ist damit der 1709 in Memmingen geborene Jacob von Stähelin (von Storcksburg) gemeint; sein Todesjahr fällt mit dem Erscheinungsjahr des fünften Bandes der *Theorie der Gartenkunst* Hirschfelds zusammen. Stähelin hatte sich in Leipzig u.a. im Perspektivzeichnen ausgebildet und verkehrte nahezu täglich im Umfeld von Johann Christoph Gottsched und Carl Philipp Emanuel Bach. In der literarischen Öffentlichkeit machte er sich in dieser Zeit durch eine Übertragung von Gedichten der Sappho aus dem Griechischen in deutsche Verse und durch die Übersetzung eines arkadischen Singspiels aus dem Italienischen einen Namen. Wegen seiner über die Grenzen Deutschlands hinaus bekannt gewordenen Fähigkeiten auf dem Gebiet der allegorischen Feuerwerkskunst wurde er 1735 nach St. Petersburg berufen, wo er ab 1737 als ordentlicher Professor der Eloquenz und Poesie in der historischen Klasse der russischen Akademie angestellt war. Nebenbei betätigte er sich als Hofpoet und Veranstalter von Feuerwerken. Zwischen 1742 und 1745 war er als Erzieher des Großfürsten, des späteren Zaren Peter III., tätig und wurde danach kaiserlicher Hofrat und Bibliothekar. Nach dem Sturz Peters III. war er als russischer, seit 1775 als Wirklicher Staatsrat im Dienste Katharinas II. und als Sekretär der Akademie der Wissenschaften in St. Petersburg tätig. Seine Publikationen griffen vielfältige Themen aus dem Bereich der Kunst und der Kulturgeschichte auf. Insbesondere seine Arbeiten zur Musikgeschichte und zur Theatergeschichte Rußlands gelten bis heute als maßgeblich. Auch mit der Herausgabe einer deutschsprachigen Zeitschrift nach dem Vorbild des englischen *Spectator* hat sich Stähelin in St. Petersburg befaßt.

[3] C. C. L. Hirschfeld, *Theorie der Gartenkunst*, Band 5, Leipzig 1785. *Zweyter Anhang: Kurze Nachrichten von Gärten, Lustschlössern, Landhäusern, Gartengebäuden und Gartenprospekten. Kapitel VIII: Rußland*, S. 286-292. S. 290.

[4] Zu Beginn des 18 Jhds. etablierte sich die Gartenkunst im Kanon der Künste und beanspruchte für eine Zeit sogar die Spitzenposition innerhalb der Hierarchie der Künste für sich. Zu diesem Zeitpunkt wurde die Theorie und Praxis des neuen Gartenstils zu dem Medium, in dem wesentliche Momente und Veränderungen sozialgeschichtlicher, politischer und philosophischer Art diskutiert und gelebt werden konnten.
Die ästhetische Grundlage eines regelmäßigen Gartens bildete die Vorstellung von der Welt und Natur als einer universalen Gesetzlichkeit. Den philosophischen Aspekten von Einförmigkeit und Regularität entsprachen strenge geometrische Formen der gesamten Parkanlage, gerade, vom Schloß aus laufende Alleen, allegorische Ornamente der Blumenbeete oder in Boskette gesetzte Figuren von gestutzten Bäumen und Sträuchern. Im Sinne der alten Analogie von Garten und staatlicher Ordnung galt besonders der reguläre Garten französischer Provenienz mit seiner strengen Architektonik, seiner Symmetrie und Formalität als Symbol absolutistischer Herrschaft, als Repräsentation der Macht.
In der Kunst des Landschaftsgartens, der auch als unregelmäßiger oder englischer Park bezeichnet wird, gewann die ursprünglich aus der aktuellen politischen Situation in England stammende Antithese von „Court" (Hof) und „Country" (Land) einen institutionalisierten Rahmen. Es entstand eine Gartenwelt, die die Idealität einer neu verstandenen Natur und eine neuartige Konzeption von Subjektivität zum Ausdruck brachte. Große Wiesenflächen, gewelltes Gelände, Baumgruppen und ausgedehnte Wasserflächen wurden die Hauptmerkmale des Landschaftsgartens. Verstärkte künstlerische Aspekte (in Form zahlreicher architektonischer Elemente wie antiker Tempel oder exotischer Pavillons) in einem der Natur angenäherten Garten sind besonders für den *Jardin anglois-chinois* charakteristisch, einen Typ des Landschaftsgartens, der auf dem Kontinent bevorzugt wurde.

[5] C. C. L. Hirschfeld, *Theorie der Gartenkunst*, Leipzig 1785, Bd. 5, Kapitel VIII

[6] *Die Gärten der Herzöge von Württemberg im 18. Jahrhundert*,

hrsg. von Andrea Berger-Fix u. Klaus Merten, Ausst.-Kat. Schloß Ludwigsburg Württemberg. Landesmuseum, Stuttgart, Worms 1981, S. 94-95 – Karl Friedrich Schinkel fertigte 1809 drei Federzeichnungen des ehemals herzoglichen Gartens in Treptow für Maria Fjodorowna an. In den 30er Jahren des 19. Jhds. entwickelte Schinkel ein Idealkonzept der Residenz eines Fürstenpaares.

[7] Michel Wittig, *Le Château d'Étupes*, in: *Bulletin de la Société d'Émulation de Montbéliard* 116 (1993), Montbéliard 1993, S.115-183 [erweiterte Neuauflage 2001, im Druck].

[8] George-Louis le Rouge, *Jardins Anglo-Chinois*, Paris 1775-1790, Jg. 1788, Heft 20, Tafel 8 XX. Neudruck: Hrsg. und komment. von Iris Lauterbach, Nördlingen 2001.

[9] *Mémoires de la Baronne d'Oberkirch sur la cour de Louis XVI et la société française avant 1789*, Hrsg. Suzanne Burkard, Paris 1989, S. 42ff.

[10] Der Garten von Étupes wurde infolge der Französischen Revolution 1796 restlos beseitigt, nachdem im Jahre 1791 die herzogliche Familie Montbéliard verlassen hatte. Im Sommer 1790 widmete Maria Fjodorowna ihrer Mutter, der Herzogin Friederike Sophie Dorothée, sechs Miniaturen mit, wie darauf angegeben, den Motiven aus dem Garten von Étupes. – Vgl: *Die Gärten der Herzöge von Württemberg im 18. Jahrhundert*, hrsg. von Andrea Berger-Fix u. Klaus Merten, Ausst.-Kat. Schloß Ludwigsburg Württemberg. Landesmuseum, Stuttgart, Worms 1981, S. 98.

[11] „Ich liebe jetzt leidenschaftlich Gärten im englischen Geschmack, ungerade Linien, flache Hügel, Teiche in Form der See, Halbinseln in dem festen Grund, und verabscheue zutiefst gerade Linien. Ich hasse Fontänen, die das Wasser quälen, ihm eine Strömung gebend, die der Natur trotzt; kurz gesagt, Anglomanie überwiegt in meiner Plantomanie." In: *Sbornik Russkago Istoričeskago Obščestva,* St. Petersburg 1873, Band 13, S. 238 [Übersetzung A. A.].

[12] Eine umfangreiche Studie zu der Person Johann Buschs und seinem Werk hat Marcus Köhler vorgelegt: Marcus Köhler, *„...thinking himself the greatest gardener in the world" – der Pflanzenhändler und Hofgärtner Johann Busch. Eine Studie zur europäischen Gartengeschichte in der zweiten Hälfte des 18. Jahrhunderts,* Diss., Berlin 1996.

[13] Der Katalog der Reisebibliothek Katharinas II. mit einer handschriftlichen Überschrift von Maria Fjodorowna: „Note d'une bibliothèque portative de feu l'Impératrice et écrite de sa main." Publiziert in: *Russkaja Starina. Ežemesjačnoe istoričeskoe izsdanie,* 1874, Bd. 9, S. 46-50. Thomas Whately, *Observations on Modern Gardening,* Dublin 1770; franz.: *L'Art de former les jardins modernes ou l'art des jardins anglais*, Paris 1771; dt.: *Betrachtungen über das heutige Gartenwesen, durch Beispiele erläutert*, 1771.

[14] William Chambers, *Designs on Chinese Buildings, Furniture, Dresses, Machines and Utensils*, 1757; Ders., *Dissertation on Oriental Gardening*, 1771; franz.: *Dissertation sur le jardinage de l'Orient, ouvrage traduit de l'anglais*, 1772; dt.: *Über die orientalische Gartenkunst*, 1775; russ. *O Kitajskich sadach*, St. Petersburg 1771.

[15] Markus Köhler, *...thinking himself,* 1996, S. 180ff.

[16] Zit. n.: Arkadij Vergunov, Vladislav Gorochov, *Vertograd: Sadovoparkovoe iskusstvo Rossii*, Moskau 1996, S. 157 [Übersetzung A. A.]. Nach dem Tod Grigori Orlows 1784 wurde die Parkanlage erneut zum Staatseigentum und ging in den Besitz Paul Petrowitschs über. Charles-Joseph de Ligne lieferte folgende Erwähnung von Gatschina in seinem 1795 erschienenen Werk *Coup d'oeil sur Beloeil et sur une grande partie des jardins d' Europe*: „Gatsina, was dem Fürsten Orlow gehört, ist eine Nachahmung von verschiedenen englischen Gärten und schließt große Schönheiten in sich. (Außer den Veränderungen, die darin vorgenommen wurden, muß auch bemerkt werden, daß Gatsina gegenwärtig dem Großfürsten (dem jetzigen Kaiser) gehört)." Zit. n.: *Der Garten zu Beloeil nebst einer kritischen Uebersicht der meisten Gärten Europens. Aus dem Französischen des Herrn Fürsten de Ligne übersetzt, und mit einigen Anmerkungen und einer Vorrede begleitet von W. G. Becker,* Dresden 1799, 2. Teil, S. 29-30.

[17] Michail Semevskij, *Pavlovsk. Očerk istorii i opisanie. 1777-1877*, St. Petersburg 1877 (Reprint: 1997). „Krik" S. 326-328 mit Abb., „Krak" S. 419.

[18] Semevskij, op. cit., S. 312-313.

[19] Charles Cameron (1745-1812) annoncierte 1767 in London das Erscheinen seiner *Thermae of the Roman Emperors*. Cameron führte die Grabungen am Erdgeschoß der Titus-Thermen durch, wobei er auf Neros Domus stieß. Nach Veröffentlichung der Grabungsergebnisse in *The Baths of the Romans* 1772 galt er bald als einer der führenden Kenner antiker Architektur. Cameron siedelte 1779 nach Rußland über. Er wohnte in Zarskoje Selo und heiratete bald Catherine Busch, Tochter des Hofgärtners Johann Busch, der die Parks von Zarskoje Selo gestaltete. Pawlowsk gilt als das Hauptwerk Camerons. Vgl. K. G. Sauer, *Allgemeines Künstlerlexikon. Die Bildenden Künstler aller Zeiten und Völker*, München, Leipzig 1997, Bd. 15, S. 669-671 und Dimitri Shvidkovsky, *The Empress and the Architect: British Architecture and Gardens at the Court of Catherine the Great*, New Haven u.a. 1996.

[20] Der englische Landsitz bestand nicht nur aus dem Park, einen wesentlichen Teil dieses Gesamtkunstwerks bildete die Villa bzw. das Landhaus selbst. Der vorherrschende Stil dieser Landvillen in England war ab ca. 1720 der Neopalladianismus, der sich auf italienische Vorbilder, speziell die Bauwerke Andrea Palladios (1508-1580) bezog. Variationen der Villa Rotonda etablieren sich als Beispiel der klassischen Einfachheit. Das palladianische Landhaus und der natürliche Landschaftspark stehen in England für das Ideal der Freiheit. Vgl. dazu Adrian von Buttlar, *Der englische Landsitz 1715-1760. Symbol eines liberalen Weltentwurfs*, Mittenwald 1982.

[21] Vgl. Buttlar, op. cit., S. 48-52.

[22] Adrian von Buttlar, *Retreats or Attacks? Der Garten zwischen Ar-

cadia und Utopia, in: *Die Gartenkunst*, 1997, Heft 1, S. 15-26, S. 20.
[23] Zur weiteren Verbreitung chinesischer Gartenmotive im Zusammenhang mit dem englischen Landschaftsgarten auf dem Kontinent tragen maßgeblich folgende Texte bei: William Chambers (s. Anm. 14), Thomas Whately (s. Anm. 13), weiterhin die Reisebeschreibungen des französischen Jesuitenpaters Du Halde (russisch 1774) und des französischen Chinareisendenden Pater Attiret, *Lettres édifiantes* (1743).
[24] Vgl. dazu Adrian von Buttlar, *Englische Gärten in Deutschland. Bemerkungen zur Modifikation ihrer Ikonologie*, in: *Sind die Briten hier? Relations between British and Continental Art 1660-1860*, München 1981; Elisabeth Syzmczyk-Eggert, *Die Dörfle-Mode in den Gärten des ausgehenden 18. Jahrhunderts,* in: *Die Gartenkunst*, 8, Heft 1 (1996), S. 59-74; Ute Klostermann, Günter Oesterle, Harald Tausch, *Vom sentimentalen zum sentimentalischen Dörfle. Der Garten von Hohenheim als Modell divergierender Erinnerungskonzepte bei Hirschfeld, Rapp und Schiller,* in: Wofram Martini (Hrsg.), *Architektur und Erinnerung*, Göttingen 1999, S. 129-158.
[25] Der Milchhof, als ein Bauprojekt von Cameron mit 1779 datiert, wurde 1782 gebaut. Auf den Milchhof („laiterie") beziehen sich Briefe von der Europareise der Großfürsten (3. März 1782 aus Rom, von L.H. Nicolay geschrieben, enthält einen Plan des Pavillons „Milchkammer" des Herzogs von Württemberg auf drei Blättern; zwei Briefe von Maria Fjodorowna vom 14. April und 25. Oktober, in beiden erkundigt sie sich über den Stand der Bauarbeiten an dem Milchhof in Pawlowsk). 1798 wurden drei Zimmer des Milchhofs mit russischen Kacheln im „holländischen" Stil ausgestattet. Neben dem Pavillon befand sich ein Viehhof (bis 1786 diente einer der vier Räume des Pavillons als Kuhstall), der erst mit dem Bau der *Ferma* ca. 1801 versetzt wurde.
[26] Günter Oesterle, *Der prekäre Frieden des Gartens. Herders garten- und architekturästhetische Alternative zu Kants Autonomieästhetik und die Freiheitsutopie der spätaufklärerischen Landesverschönerung*, in: Klaus Garber (Hrsg.), *Der Frieden – Rekonstruktion einer europäischen Vision*, München 2000. Ute Klostermann u.a., *Vom sentimentalen zum sentimentalischen Dörfle,* Göttingen 1999, S. 129-158.
[27] Die *Ferma* wird zwischen 1801 und 1805 von Andrej Woronichin im russischen Stil gebaut; in den 20er Jahren des 19. Jahrhunderts nimmt Carlo Rossi eine Reihe Veränderungen im gotischen Stil vor.
[28] Alexandr Uspenskij, *Imperatorskie dvorcy,* Moskau 1913, Bd. 2, S. 469. Beschreibung des Pavillons S. 471-472.
[29] Michail Semevskij, *Pavlovsk*, 1877 (1997), S. 310, Abb. S. 311.
[30] Aus dem Brief von Karl Küchelbecker an Maria Fjodorowna vom 19. Juni 1782. Zit. n. Alexandr Uspenskij, *Imperatorskie dvorcy*, 1913, Bd. 2, S. 470 [Übersetzung A. A.].
[31] Vgl. Louis Renard, *L'Étrange destin de deux Romanof – Montbéliard*, in: *Bulletin de la Société d'Émulation de Montbéliard 66*, Montbéliard 1967, S. 67-173; – speziell zur Europareise: Kapitel VII.

Voyage dans les capitales Européennes, S.92-106; Aleksej Guzanov, *Zagraničnoe putešestvie*, in: *Imperatrica Marija Fëdorovna*, Pawlowsk, St. Petersburg 2000, S. 14-17.
[32] Louis-Joseph de Bourbon-Condé (1736-1818) war für Chantilly ab 1753 verantwortlich. Er ließ die bereits bestehenden Anlagen verändern, durch Hinzufügen „aktueller" Bauten und durch Anlegen eines kleinen englischen Gartens in den 70er Jahren des 18. Jahrhunderts. Wenige Jahre nach dem beschriebenen Besuch in Chantilly schenkte der Prince de Condé dem russischen Großherzogspaar einen 1784 datierten Sammelband mit 32 Plänen und Ansichten des Schlosses und der Gärten von Chantilly und seiner Umgebung. Die äußerst sorgfältig ausgeführten und kolorierten, großformatigen Tafeln dokumentieren den Zustand von Schloß und Gärten sehr genau. Der Band ist in rotes Maroquinleder gebunden, das in Goldprägung das russische Doppeladlerwappen zeigt. Titel: „Recueil des Plans des Châteaux Parcs et Jardins de Chantilly levé en 1784." Format der Seiten 64,5 x 48,5 cm. Es befindet sich in der Bibliothek des Musée Condé in Chantilly unter der Bezeichnung „Album du Comte du Nord". 1789 verließ der Prince de Condé Frankreich und begab sich ins Exil nach Rußland, wo er über einen längeren Zeitraum als Gast Pauls in Gatschina lebte. Vgl.: Iris Lauterbach, *Der Garten von Chantilly im Jahre 1784. Das Album du Comte du Nord im Musée Condé*, in: *Die Gartenkunst*, 1990, Heft 2, S. 217-237.
[33] Gottlob Heinrich Rapp, *Carl's Gartenfeste in Hohenheim*, in: *Taschenkalender auf das Jahr 1797 für Natur und Gartenfreunde*, Tübingen 1795-1806 (Repr.: Stuttgart 1992-1995), S. 140-144.
[34] Ute Klostermann u.a., *Vom sentimentalen zum sentimentalischen Dörfle*, S. 129-158.
[35] Die Verfasserin arbeitet seit 1998 an einem Dissertationsvorhaben zu dem Thema „Park und Gartengestaltung in Rußland zwischen 1700-1850 und ihre poetische Bearbeitung unter besonderer Berücksichtigung deutsch-russischer Beziehungen". Die Arbeit ist dem Sonderforschungsprojekt „Erinnern und Erfinden. Ein ästhetisch-soziales Wechselspiel zwischen poetisierten Gärten und Festen und literarischer Kunst des Erinnerns" unter der Leitung von Prof. Dr. Günter Oesterle (SFB „Erinnerungskulturen", Justus-Liebig-Universität Gießen) assoziiert.
[36] Friedrich Maximilian Klinger (1752-1831), der auf Empfehlung Johann Georg Schlossers und durch Friedrich Eugen v. Württemberg nach Rußland vermittelt worden war, war mit dem Posten des Vorlesers für Paul I. betraut. Den größten Teil seines Werkes verfaßte er in Rußland, wo er zeitweise seinen Wohnsitz in der Parkanlage von Pawlowsk zugewiesen bekommen hatte. Die „Empfindsamkeit" als literarischer Epochenbegriff und der Darmstädter Kreis der Literaten um die Landgräfin Caroline, dem u.a. der junge Johann Wolfgang Goethe, Johann Gottfried Herder, Johann Heinrich Merck und mittelbar auch Friedrich Maximilian Klinger zugehörten, ist ohne die Entwicklung der veränderten Auffassung der Gar-

tenästhetik gar nicht denkbar.

37 Ludwig Heinrich Nicolay (1737-1820), Schriftsteller und Wissenschaftler, war seit 1797 der Direktor der Akademie der Wissenschaften in St. Petersburg, veröffentlichte ein großes, in deutscher Sprache verfaßtes Poem über seinen Park mit dem Titel „Das Landgut Monrepos" – ein ossianischer Park in Wyborg im heutigen Grenzgebiet zwischen Rußland und Finnland. Der in Petersburg ansässige Elsässer L. H. Nicolay führte eine ausführliche, vor wenigen Jahren publizierte Korrespondenz, teilweise auf Französisch, mit Christoph Friedrich Nicolai in Berlin, der sich u.a. als Vermittler zwischen west- und osteuropäischer Aufklärung einen Namen gemacht hatte.

38 Der Schriftsteller Franz Hermann Lafermière (1737-1796) ging nach dem Studium in Straßburg nach Paris, wo er mit den Enzyklopädisten Diderot und D'Alembert verkehrte. Durch die Vermittlung von Fürst Woronzow bekam er den Posten des Bibliothekars bei Paul I. Er ist u.a. Verfasser verschiedener Librettos zu Opern des russischen Komponisten Dmitri Borotnjanski (1751-1825), die im Park von Pawlowsk uraufgeführt wurden.

39 Andrej Afanassjewitsch Samborski (1732-1815) betreute über mehrere Jahre die Kirche der russischen Botschaft in London und arbeitete gleichzeitig im Auftrag Katharinas an einer Abhandlung, die unter dem Titel *Opisanie praktičeskogo anglijskogo zemledelija, sobrannoe iz raznych anglijskich pisatelej* (dt. *Beschreibung der praktischen englischen Landwirtschaft, zusammengetragen aus Werken verschiedener englischer Schriftsteller*) 1781 in Moskau erschien.

40 Johann Wolfgang von Goethe, *Jakob Philipp von Hackert*, in: *Sämtliche Werke* (Münchner Ausgabe), Bd. 9, München, Wien 1987, S.749f. – Da Goethe die Biographie seines Freundes und zeitweiligen Weggefährten Jakob Philipp Hackert während seiner Italienreise nach dessen handschriftlichen autobiographischen Aufzeichnungen verfaßt hat, kann man diesen Bemerkungen einen gewissen Quellencharakter nicht absprechen. Die von Goethe erwähnten Verhandlungen zwischen den Großfürsten und Hackert um eine Anstellung in St. Petersburg scheiterten an zu hohen finanziellen Forderungen Hackerts.

41 Karl Küchelbecker (1748-1809) hatte den ersten Gartendirektor, den Fürsten Gagarin, abgelöst und bekleidete dieses Amt bis 1789. Er stammte aus Sachsen und hatte an der Universität Leipzig studiert.

42 C. C. L. Hirschfeld, *Theorie der Gartenkunst,* Leipzig 1785, Bd. 5, S. VI.

43 *Sbornik Russkago Istoričeskago Obščestva,* St. Petersburg 1872, Band 9, S. 145-147 [Übersetzung A. A.].

44 Vincenzo Brenna (1745-1820), Maler und Architekt, geboren in Florenz, ausgebildet in Rom und Paris. 1777-1780 studierte er antike Denkmäler in Rom und fertigte Veduten-Stiche. 1780 ging er nach Polen, von wo aus er 1783 nach Rußland engagiert wurde. Er verließ 1800 Rußland und starb zwanzig Jahre später in Dresden. Vgl.: *Architektory. Kratkij biografičeskij slovar'*. Moskau 2000, S. 64-65; Andrea Corna, *Dizionario della storia dell'arte in Italia*, Piacenza 1930, Bd. 2; Agostino Mario Comanducci, *Dizionario illustrato dei pittori, disegnatori e incisori italiani moderni e contemporanei*, Mailand 1970-74, Bd. 5.

45 Pietro di Gottardo Gonzaga (1751-1831) arbeitete als Bühnenmaler in Venedig, Mailand, Genua und Rom, wo er u.a. die *Vier Bücher über Architektur* von Andrea Palladio studierte und sich intensiv mit dem Werk von Piranesi auseinandersetzte *(Architetture e Prospettive,* vor allem *Carceri)*. Das Interesse Gonzagas in dieser Zeit galt in erster Linie den Wahrnehmungstechniken; er vertrat die Auffassung der Landschaftsmalerei als eines Porträts der Natur. 1782 bekam er seinen ersten Auftrag für eine Wandmalerei und erstellte eine Landschaft *al fresco* im Palazzo Venturi-Petorelli in Parma. Er erhielt 1791 eine Einladung des Theaters La Fenice in Venedig (Einfluß von Francesco Guardi); weiterhin entwarf er Bühnendekorationen für La Scala in Mailand, so entstanden dort z.B. im Jahr 1791 nach seinen Entwürfen Dekorationen zu elf Theaterstücken. Fürst Nikolaj Borissowitsch Jussupow (1750-1831), ab 1783 russischer Gesandter am Hof des Königs von Sardinien in Turin, lernte Gonzaga als Bühnendekorateur in der Mailänder Scala kennen und verschaffte ihm 1791, in seiner neuen Funktion als Direktor für „Musik und Prunk" des russischen Hofes, eine Einladung nach Rußland, wo der Künstler ab Juni 1792 unter Vertrag stand.

46 Der Name „Sylvia" soll vermutlich an den Parc de Sylvie von Chantilly erinnern. Vgl. Arkadij Vergunov, Vladislav Gorochov, *Vertograd: Sadovo-parkovoe iskusstvo Rossii*, Moskau 1996, S. 186.

47 Der Pavillon ist vergleichbar mit dem Zeltzimmer im Schloß Charlottenhof, Sanssouci, dessen Architekt Karl Friedrich Schinkel war. „Wände, Decke, Bettvorhänge und die Stühle sind hier mit weißblau gestreiften Stoffen überzogen. Ursprünglich war der Raum für die Hofdamen bestimmt, diente dann aber als Gästezimmer, in dem unter anderem Schinkel und Wilhelm von Humboldt übernachteten." – Frank Maier-Solg, Andreas Greuter, *Landschaftsgärten in Deutschland*, Darmstadt 1997, S. 164.

48 Flora Syrkina, *Pietro di Gottardo Gonzaga (1751-1831). Žizn' i tvorčestvo. Sočinenija*. Moskau 1974. S. 45, Anm. 1.

49 Andrej Woronichin (1759-1814) gestaltete später die Steinbrücke neben dem Kalten Bad neu, indem er sie vor allem mit mehreren Kentaurenstatuen aus Marmor verzierte. Er stellte damit einen interessanten Zusammenhang zu Entdeckungen in der Villa Hadrian in Tivoli her. Durch dieses Beispiel einer produktiven Umdeutung und spielerischen Einbeziehung eines archäologischen Fundes in das gartenarchitektonische Ensemble verlieh er nicht nur der Brücke eine neue Bedeutungsebene, sondern setzte auch mittelbar das über die Brücke zugängliche Bad in einen neuen assoziativen Bezug zu den Bädern der Villa Hadriana in Tivoli.

50 Peter Simon Pallas, *Flora Rossica,* St. Petersburg 1788.

51 Andrej Bolotov, *Ėkonomičeskij Magazin*, Moskau 1780-1789.

52 Daß gleichzeitig die Faszination, die von exotischen Pflanzen

ausging, ungebrochen war und weiterhin gärtnerische Verwendung fand, zeigt die folgende, in der Literatur zu Pawlowsk überlieferte Begebenheit. Bereits im Jahr 1786 zählte der Park fünf Treibhäuser. 1793 war eine weitere neue Orangerie in Pawlowsk fertig, für die Maria Fjodorowna sich einige neue Pflanzen aus der Südseeregion wünschte. Die Bestellung ging an den britischen Gesandten in St. Petersburg, woraufhin sie 1795 von König Georg III. eine Pflanzenkollektion aus 126 seltenen Pflanzen aus dem Londoner Kew Garden geschenkt bekam. Außerdem bekam sie nicht nur die Pläne der Orangerie Cape House in Kew und gestochene und gemalte Abbildungen der Pflanzenkollektion, sondern auch einen Gärtner namens Noe, der die wertvolle Fracht des speziell für den Pflanzentransport ausgestatteten Schiffs *Venus* begleitete.

[53] Heinrich Storch, *Gemählde von St. Petersburg*, Riga 1794, T. 1.
[54] Flora Syrkina, *Pietro di Gottardo Gonzaga*, Moskau 1974; Suzanne Massie, *Pavlovsk. The Life of a Russian Palace*, Boston u.a. 1990, S. 85.
[55] Syrkina, op. cit., S. 77.
[56] Adrian von Buttlar, *Zum Transzendenten im Landschaftsgarten*, in: *Garten, Landschaft, Wahlverwandschaften*. Fondazione Benetton Studi Ricerche, Treviso/Mailand 1993, S. 47-62.
[57] Vgl. dazu Erwin Panofsky, *Et in Arcadia ego. Poussin und die Tradition des Elegischen*, in: Ders., *Sinn und Deutung in der bildenden Kunst*, Köln 1978, S. 351-377.
[58] Platon Storch, *Putevoditel' po parku i gorodu Pavlovsku*, St. Petersburg 1843, S. 45.
[59] Alexandr Efros, *Gonzago v Pavlovske*, in: Ders., *Mastera raznych épo ch*, Moskau 1979, S. 69-109, S. 70.
[60] Vgl. Michael Gamper, *Die Natur ist republikanisch. Zu den ästhetischen, anthropologischen und politischen Konzepten der deutschen Gartenliteratur im 18. Jahrhundert*, Würzburg 1998, S. 222-225: „Die Aktivierung der privaten Erinnerungsarbeit ist ein wesentlicher Grundzug des Landschaftsgartens gewesen. Es wurde versucht, die Einbildungskraft der Besucher zu erregen und an gewissen Stellen der Anlage die persönliche Geschichte der Betrachtenden zu aktualisieren. ... Die Gäste werden aufgefordert, ihr individualbiografisches Wissen einzubringen und im Garten eine Topographie der Intimität zu erstellen."
[61] Heinrich von Storch, *Gemählde von St. Petersburg*, Riga 1794, T. 1, S. 101.
[62] Heinrich Friedrich von Storch (1766-1835) studierte in Jena und Heidelberg Staatswissenschaften, wurde Kaiserl. russ. Staatsrat, 1788 Professor der schönen Literatur am Kadettencorps in St. Petersburg und später Erzieher der Töchter und der beiden jüngeren Söhne Maria Fjodorownas. Vgl. den Beitrag auf S. 307-312.
[63] Die früheste poetische Bezugnahme auf den Park von Pawlowsk ist nicht zur Veröffentlichung gelangt und gilt als verschollen. Es handelt sich dabei um eine Ode des deutschen Sturm-und-Drang-Dichters Jakob Reinhold Michael Lenz, der bereits im Jahr 1780 die Grundsteinlegung für den Tempel der Freundschaft durch Joseph II. zum Anlaß genommen hatte, dieses Ereignis poetisch zu würdigen.
[64] Platon Storch, *Putevoditel' po parku i gorodu Pavlovsku*, St. Petersburg 1843.
[65] Vasilij Žukovskij, *Sel'skoe kladbišče* (1802), zit.n.: Vasilij Žukovskij, *Sobranie sočinenij v 4-ch tomach*. Moskau, Leningrad 1959-1960, Bd. 1.
[66] Vasilij Žukovskij, *Slavjanka* (1815), op. cit. [Übersetzung A. A.].
[67] Žukovskij, op. cit.
[68] Žukovskij, op. cit.

PARKBESCHREIBUNG UND GARTENERLEBNIS
(S. 307-312)

[1] Benua, Aleksandr *Chudožestvennye pis'ma. Pariž 1930–1936*. Moskau 1997
[2] Storch, Platon *Putevoditel' po parku i gorodu Pavlovsku*. St. Petersburg 1843
[3] Mit Storchs nationalökonomischer Theorie setzte sich sogar Karl Marx in seinen *Grundrissen der Kritik der politischen Ökonomie* auseinander.
[4] Vgl. Grasshoff, Annelies *Heinrich Storch (1756-1835). Wissenschaftliche Statistik und russische Literaturgeschichtsschreibung im 18. Jahrhundert*, in: Reinalter, Helmut (Hrsg.) *Gesellschaft und Kultur Mittel-, Ost- und Südeuropas im 18. und beginnenden 19. Jahrhundert. Festschrift für Erich Donnert zum 65. Geburtstag*. Frankfurt am Main 1994, S. 109-116; Schumann, Jochen *Heinrich von Storch. Originäre nationalökonomische Beiträge eines russischen Klassikers deutscher Herkunft*. Münster 1991; Rentrup, Konrad *Heinrich von Storch, das „Handbuch der Nationalwirthschaftslehre" und die Konzeption der „inneren Güter"*. Heidelberg 1989; Rentrup, Konrad *An Economist who Sank into Oblivion. Heinrich von Storch. Some Observations on his Work and his Concept of „Inward Goods"*. Münster 1990
[5] Storch, Heinrich *Gemählde von St. Petersburg*. Riga 1794, T. 1, S. 99ff.
[6] In der 1755 erschienenen Schrift *Gedanken über die Nachahmung der griechischen Werke in der Malerei* faßt Johann Joachim Winckelmann unter der Formel der edlen Einfalt und stillen Größe zusammen, was er als das strukturelle Kennzeichen der griechischen Kunst entdeckt zu haben glaubt. Storch bedient sich dieses Musters, insofern als er in seinem *Gemählde von St. Petersburg* den Park von Pawlowsk unter dem Beschreibungskriterium der edlen Einfalt darstellt, während er für die Schilderung einiger Partien des Parks von Zarskoje Selo auf den Topos der stillen Größe zurückgreift: „Zarskoe Selo, das prächtigste Heiligthum der Natur und der Kunst, ist zugleich der schönste Tempel des Verdienstes. Aus den

Grundgebirgen unserer Erde geformt, thürmen sich hier Denkmäler großer Thaten himmelan, ohne den zerstörenden Wechsel der Zeit zu befürchten. Ein marmorner Obelisk erinnert an den Sieg beym Kagul und an den Sieger *Rumanzow-Sadunaiskoi*. Dem Tag bey Tschesme und dem Helden *Orlow-Tschesmenskoi* ist eine marmorne Säule auf einem Fußgestelle von Granit gewidmet. ... Einfach und riesenhaft, wie die Gedanken der Helden, deren Andenken in diesen Felsmassen lebt, stehen sie da, von der freundlichen Natur umgeben, die ihre Majestät durch den Schleyer kunstloser Grazie mildert. Die heilige Stille, welche in dem Bezirk dieses Thatentempels wohnt, erhebt den Flügelschlag der Fantasie, die sich hier von den sinnlichen Erinnerungen moralischer Größe zu dem Ideal der Vollkommenheit emporschwingt.

Dies ist der Eindruck, mit welchem man den Sommersitz *Katharinens* verläßt. – Überall sind die höchsten Bestrebungen der Kunst sichtbar, denen sich die spröde Natur nach einer hartnäckigen Weigerung nur um so willfähriger überlassen zu haben scheint; überall die Spuren dieser idealen Gemeinschaft, deren Zeugungen den Adel ihres Stammes verrathen. Diese ganze Schöpfung ist Ein schöner Gedanke, der sich in die Vollkommenheit seiner einzelnen Bestandteile auflöst." Storch, op. cit., S. 97f.

[7] Storch, Heinrich op. cit., S. 76

[8] Die Verfasserin folgt hier den Ausführungen Michael Gampers, der in seiner maßgeblichen Studie die wirkungsästhetischen Grundlagen der deutschen Gartenliteratur im 18. Jahrhundert offenlegt und die literarischen Qualitäten der Gattung diskutiert. Gamper geht davon aus, daß die kulturgeschichtliche Bedeutung des Landschaftsgartens, der wie kaum eine andere Kunstgattung im ausgehenden 18. Jahrhundert in der Lage gewesen ist, Umbrüche des gesellschaftlichen Verhaltens in sich aufzunehmen, auch in den Gartenschilderungen ihren Niederschlag gefunden hat.

Die Studie Gampers führt den Nachweis, daß die Gartenliteratur eine große Anzahl sehr unterschiedlicher poetologischer Meinungen zu integrieren verstanden hat und damit einen heterogenen Korpus von Texten darstellt, die mit unterschiedlichen, immer wieder neu ansetzenden Problemlösungsstrategien eine Gattung konstituieren, die durch literarischen Anspruch und kulturgeschichtliche Relevanz gekennzeichnet ist. Vgl. Gamper, Michael *Die Natur ist republikanisch. Zu den ästhetischen, anthropologischen und politischen Konzepten der deutschen Gartenliteratur im 18. Jahrhundert*. Würzburg 1998, S. 5f.; S. 96; S. 113

[9] Diese Diskussion ist gegen Ende des 18. Jahrhunderts so aufgefächert, daß verschiedene Parkanlagen in Deutschland bereits über unterschiedliche Gartenschilderungen mit konkurrierenden Beschreibungsverfahren verfügen. Am deutlichsten zeigt sich dieses Phänomen in den teilweise sehr konträren Beschreibungen zu der Gartenanlage von Machern in der Nähe von Leipzig: Andreä, P. E. G. *Machern, für Freunde der Natur- und Gartenkunst. Nebst einem alphab. Verzeichnisse der daselbst befindlichen ausländischen Gewächse*. Leipzig 1796; *Die Spazierfahrt nach Machern, oder Taschenbuch und Wegweiser für die, welche von Leipzig aus den großen und schönen Garten daselbst besehen wollen*. Leipzig 1797; Glasewald, F. W. (Hrsg.) *Beschreibung des Gartens zu Machern, mit besonderer Rücksicht auf die in demselben befindlichen Holzarten*. Berlin 1799; *Ansichten der vorzüglichsten Partien der Gärten zu Machern*. Berlin 1799

[10] Gamper, op. cit., S. 86

[11] Gamper, op. cit., S. 90f.

[12] Gamper, op. cit., S. 105

[13] Gamper, op. cit., S. 109

[14] Gamper, op. cit., S. 105f.

[15] Einer von Michail Semevskij in seiner umfassenden Schrift zum hundertjährigen Jubiläum von Pawlowsk referierten Überlieferung zufolge sind die Briefe an Jacques Delille gerichtet, mit dem Ziel, den seinerzeit wohl berühmtesten Gartenpoeten, der damals mit einer Überarbeitung seines Gartenpoems *Les Jardins* beschäftigt war, zu einer Passage über Pawlowsk zu inspirieren. Solche Ansuchen und Aufforderungen sind einer anderen Quelle zufolge in so großer Zahl an Delille herangetragen worden, daß er sich von den Wünschen zahlreicher Gartenbesitzer förmlich überschüttet gefühlt haben muß. In der überarbeiteten Fassung des Gartenpoems erscheint dann auch lediglich eine Strophe über Gärten in Rußland, die einen allgemeinen Charakter hat. Delille geht auf keine konkreten russischen Anlagen ein und läßt auch keinerlei Bezug zu der Gartenbeschreibung von Storch erkennen. Vgl. dazu Semevskij, Michail *Pavlovsk. Očerk istorii i opisanie. 1777-1877*. St. Petersburg 1877 und Delil', Žak *Sady*. Leningrad 1988.

Ein gewisser Zusammenhang zwischen dem Gartenpoem Delilles und den *Briefen über den Garten zu Pawlowsk* besteht allerdings, insofern als Storch nämlich im zweiten Brief eine längere Passage aus *Les Jardins* in seine Gartenschilderung einfügt. Anstelle der Vermutung, Storch habe Delille damit für den Park von Pawlowsk einnehmen wollen, sei hier eine andere Lesart vorgeschlagen, die in der Plazierung des Delille-Zitats in der Gartenbeschreibung eine Anspielung Storchs auf einen gewissen Entstehungszusammenhang zwischen dem Park von Pawlowsk und dem Gartengedicht Delilles sieht. Die Überreichung eines Widmungsexemplars des Gartenpoems an Großfürst Paul und die Großfürstin Maria Fjodorowna während ihrer großen Europareise von 1782, ein Ereignis, das eine breite und nachhaltige Rezeption des Delilleschen Gartengedichts in Rußland zur Folge hat, koinzidiert mit den umfangreichen Ausgestaltungsplänen des Thronfolgerpaares für den Park von Pawlowsk.

[16] Heinrich Storch setzt sich damit von zahlreichen positiven Urteilen über den Wörlitzer Vulkan ab, für die stellvertretend Charles-Joseph de Lignes *Coup d'oeil sur Beloeil et sur une grande partie des jardins d' Europe* (1795) zu nennen wäre. Im gleichen Werk hat de Ligne sich übrigens auch über den Park von Pawlowsk geäußert: „Bei Czarskozelo verdient Pawleskoe, welches der Großfürstin

gehört, gesehen zu werden. Da es mitten im Gehölze liegt, und sie, anstatt der Natur entgegen zu handeln, sich desselben auf eine geschickte Art zu Nutze gemacht hat; so gewähren daselbst alle Gegenstände viel Annehmlichkeit, und die Ungleichheiten des Erdreiches sind sehr gut benützt. Die kleine Ruine, die Brücke, die ein so altes Ansehen hat, die Milch- und Sennhütte, die, von aussen Hütte, inwendig den niedlichsten Sallon vom vortreflichsten Geschmack enthält, wie man ihn in den artigen kleinen Häusern von Paris antrifft, und der Tempel der Eintracht: alle diese Anlagen machen dem Geschmack der Großfürstin Ehre." Zit. n. Ligne, Charles-Joseph de *Der Garten zu Beloeil nebst einer kritischen Uebersicht der meisten Gärten Europens*. Dresden 1799, Teil 2, S. 27

MOBILIAR
(S. 316-334)

[1] Archiv Schloß Pawlowsk, Handschriftenabteilung, Akte III, Bd. I, Brief Nr. 25.
Der Elsässer Ludwig Heinrich Nikolay (1737-1820) ging 1769 als Hofmeister nach Rußland, wo er Erzieher des Großfürsten Paul wurde. Ab 1797 Direktor der kaiserlichen Akademie der Wissenschaften in St. Petersburg, ab 1800 Geheimer Rat und Mitglied des Kabinetts. Nach dem Tod Zar Pauls I. zog er sich 1801 auf seinen Landsitz Monrepos in der Nähe von Wyborg zurück.
[2] Archiv Schloß Pawlowsk, Handschriftenabteilung, Akte III, Bd. I, Brief Nr. 19
[3] Ebd., Brief Nr. 26
[4] Ebd.
[5] Ebd., Inv. Nr. 18-23/I-8, Blatt 38 ff.
[6] Ebd., Brief Nr. 26
[7] Archiv Schloß Pawlowsk, Graphiksammlung, Tuschezeichnungen, aquarelliert (20,1 x 29,7 cm; 32,6 x 20,6 cm). Inv. Nr. 843-855-XII (auf 13 Blättern)
[8] *De Dugourc à Pernon*, in: *Nouvelles acquisitions graphiques pour les musées. Les dossiers du Musée des tissus*. Nr. 3. Lyon 1990, S. 102
[9] *Mémoires de la baronne d'Oberkirch sur la cour de Louis XVI et de la société française avant 1789*, Bd. II. Paris 1853, S. 44
[10] Der erwähnte Schreibtisch, versehen mit einem Stempel des Kunsttischlers Martin Carlin und mit einem Etikett von Daguerre, befindet sich heute im J. P. Getty Museum (Los Angeles, Kalifornien); das Metropolitan Museum (New York) besitzt von ebendiesem Carlin einen der beiden von Maria Fjodorowna erwähnten Schreibschränke.
[11] Archiv Schloß Pawlowsk, Handschriftenfond, Akte 112, Bd. II, Brief Nr. 129
[12] Ebd. „Arrivée des différents meubles pour le Palais de Pawlowsk", April 1786, Akte 1828/20, Blätter 1-2
[13] Ebd. „Inventaire des meubles rapportés de Saint-Pétersbourg pour le palais", April 1789, Akte 1831/20-39, Blatt 2
[14] Über Hagemann ist bekannt, daß er zwischen 1803 und 1808 den Möbelschreiner Wilhelm Haas, den Holzschnitzer Karl Scheibe und den Vergolder Fjodor Keller für sich arbeiten ließ.
[15] Aufgrund der Bedrohung, die der Rußland-Feldzug Napoleons im Jahre 1814 und die Besetzung Moskaus für St. Petersburg darstellen, organisiert Maria Fjodorowna die Verbringung von Kunstgegenständen (Gemälde, Bronzen, Porzellan, Objekte aus Elfenbein und Bernstein) von Pawlowsk nach Serdobol und Sveaborg. Das einzige damals in Sicherheit gebrachte Möbelstück war der Schrank von Gambs mit den Stickereien Maria Fjodorownas. (Diese Information stammt von A. M. Kutschumow).
[16] Historisches Zentralarchiv von St. Petersburg, Abteilung 493, Inv. 2, Akte 8243, 1817, Blatt 39

DIE KÜNSTLERIN MARIA FJODOROWNA
(S. 392-416)

[1] Archiv des Schloßmuseums Pawlowsk, Inv. Nr. CCh-738-XIII
[2] Tisch: rotes Holz, Elfenbein, vergoldete Bronze. Maße: 122 x 219 x 135 cm, Werkstatt von J. Otto und H. Gambs unter Beteiligung von Maria Fjodorowna. Tischschmuck in Form eines Tempel-Portikus der Göttin Vesta: Elfenbein, Bernstein, vergoldete und patinierte Bronze, Holz, Glasmalerei, Schieferstift. Maße: 72 x 86 x 55 cm; nach einer Zeichnung von V. Brenna, Dreher-Meister N. Vaye unter Beteiligung von Maria Fjodorowna. Innen auf der Grundfläche Signatur mit Tinte: *TOSES VAYE DOLER A. S. Petersbourg 29 juli 1794*. Kandelaber-Paar: Elfenbein, Bernstein, vergoldete Bronze, Milchglas. Höhe: 70 cm, nach einer Zeichnung von V. Brenna, Dreher-Meister N. Vaye unter Beteiligung von Maria Fjodorowna. Schreibzeug: Elfenbein, Bernstein, Glas, vergoldete Bronze. Maße: 15 x 32 x 16 cm, Dreher-Meister N. Vaye unter Beteiligung von Maria Fjodorowna. Signatur unten am Rand: *Marie ce 29 juni 1795*
[3] Tafelaufsatz in Form einer Tempel-Kolonnade, 1790: Elfenbein, Bernstein. Maße: 60 x 136 x 88 cm, nach einer Zeichnung von Brenna, Dreher-Meister N. Vaye unter Beteiligung von Maria Fjodorowna. Am Postament innen im Tempel eingeschnitten: *Marie cd 20 Dec. An. 1790*
[4] Brief von Katharina II. an Baron F. M. Grimm vom 18. September 1790: *Sbornik imperatorskogo Russkogo istoričeskogo obščestva*. St. Petersburg 1878, Bd. 23, S. 498-499
[5] Kagan, Ju. O. *K ikonografii Marii Fedorovny: Kamni i pasty iz sobranija Ėrmitaža*, in: *Pavlovskie čtenija*. Pawlowsk 1999, S. 45
[6] Kobeko, D. F. *Imperatrica Marija Fedorovna kak chudožnica*, in:

Vestnik izjaščnych iskusstv. 1884, Bd. 2, S. 401-402

[7] Kamee *Porträt von Katharina II.* 1789, Staatliche Eremitage (Inv. Nr. K1077), Jaspis, Gold, Maße: 6,3 x 4,1 cm. Signatur auf dem Brustabschnitt mit Datum: *MARIA F. 21. APR. 1789*

[8] Reilly, R. und Savage, G. *Wedgwood the Portrait Medaillons.* London 1973, S. 85

[9] Kamee *Porträt der Großfürsten Alexander und Konstantin* 1791, Staatliche Eremitage (Inv. Nr. K1092), Achatonyx, Gold. Maße: 7 x 5,3 cm. Signatur mit Datum unten auf dem Hintergrund: *MARIA F. 21 APRIL 1791*

[10] Kamee *Porträt der Großfürsten Alexander und Konstantin* 1791, Staatliche Eremitage (Inv. Nr. K1092), Achatonyx, Gold. Maße: 7 x 5,3 cm. Signatur mit Datum unten auf dem Hintergrund: *MARIA F. 21 APRIL 1791*

[11] Georgi, I. G. *Opisanie stoličnogo goroda Sankt-Peterburga.* St. Petersburg 1794, S. 444, 520

[12] Für diese Information danken wir der Höheren Wissenschaftlichen Mitarbeiterin der Eremitage Lilija Kusnezowa.

[13] Kaminschirm mit Medaillon *Mutter mit Kind* 1796 (Inv. Nr. CCh-290-V), Elfenbein, Mahagoni, vergoldete Bronze, Papiermaché, Milchglas, Schieferstift. Maße: 152 x 124 cm. Nach einer Zeichnung von V. Brenna. Werkstatt H. Gambs, Dreher-Meister N. Vaye unter Beteiligung von Maria Fjodorowna. Signatur auf dem Medaillon mit Zeichnung unten: *Marie ce 11 fev. 1796 St. Petersbourg*

[14] Tafelaufsatz *Antike Lampe* 1791: Elfenbein, Bernstein, vergoldete Bronze, Holz. Maße: 31 x 41,9 cm, Nach einer Zeichnung von V. Brenna, Dreher-Meister N. Vaye unter Beteiligung von Maria Fjodorowna. Am Postament eingeschnitten: *Marie ce 21 april 1791*

[15] Schreibtisch mit Szene *Venus und die 3 Grazien* auf der Tischplatte 1793: Mahagoni, Glas eglomisiert, Milchglas, Elfenbein, vergoldete Bronze, Glasmalerei, Schieferstift. Maße: 85 x 85 x 59 cm, Nach einer Zeichnung von N. A. Lwow (?), Werkstatt H. Gambs, Dreher-Meister N. Vaye unter Beteiligung der Großfürstin Maria Fjodorowna. Signatur auf der Tischplatte: *Marie ce 12 novembre à Gathschina 1793*

[16] Kučumov, A. M. *Russkoe dekorativno-prikladnoe iskusstvo v sobranii Pavlovskogo dvorca-muzeja.* Leningrad 1981, S. 89-90

[17] Tisch 1800: Mahagoni, Elfenbein, vergoldete Bronze, Milchglas. Maße: 92 x 198 x 103 cm, nach einer Zeichnung von V. Brenna und K. Rossi, Werkstatt J. Otto und H. Gambs, unter Beteiligung von Maria Fjodorowna. Kandelaber-Paar: Elfenbein, Bernstein, vergoldete Bronze, Milchglas. Höhe: 65 cm, nach einer Zeichnung von V. Brenna, Dreher-Meister N. Vaye unter Beteiligung von Maria Fjodorowna. Schreibzeug: Elfenbein, Bernstein, vergoldete Bronze, Milchglas, Maße: 17,5 x 29 x 16 cm, nach einer Zeichnung von V. Brenna und K. Rossi, Dreher-Meister N. Vaye unter Beteiligung von Maria Fjodorowna

[18] Dies ist in der orthodoxen Liturgie für die Abendmahlsfeier neben dem Kelch das wichtigste Altargerät, bestimmt für die „Schlachtung des Lamms", d. h. die Zerteilung des Abendmahlsbrots. Im Westen ist dieser Ritus unbekannt.

[19] Reich illustrierte großformatige Prunkbände, meist mit Kupferstichen und Radierungen

[20] Zeichnung *Minerva*: Schieferstift auf Milchglas. Maße: 17 x 14,5 cm

[21] Belavskaja, K. P. *Chudožnik F. Viol'e i ego raboty v Pavlovske*, in: *Pamjatniki kul'tury. Novye otkrytija.* Moskau 1977, S. 309

[22] Zeichnung von F. Viollier für Knöpfe *Ansichten von Pawlowsk* (Schloß Pawlowsk, Marienhospital, Altes Chalet, Urne des Schicksals): Papier, Tusche, Feder. Durchmesser: 2,9 cm

[23] Zeichnung von Maria Fjodorowna für Knöpfe *Ansicht von Schloß Pawlowsk*: Pergament, Feder, Tinte. Durchmesser: 3 cm

[24] Vgl. Baumgärtel, Bettina *Angelika Kauffmann.* Düsseldorf 1998, Kat. 201

[25] *Das Urteil des Paris* 1794: Milchglas, Aquarell, Gouache. Maße: 35 x 45 cm

[26] *Allegorie* 1795: Milchglas, Aquarell, Gouache. Maße: 38 x 29 cm

[27] *Allegorie* 1792: Milchglas, Schieferstift. Signatur mit Datum unten: *Marie ce 15 Fevrier 1792 f a St. Petersbourg*

[28] Kaminschirm mit Medaillon 1790: Mahagoni, vergoldete Bronze, Milchglas bemalt. Maße: 160 x 125 cm, Werkstatt von H. Gambs unter Beteiligung von Maria Fjodorowna. Medaillon *Das Vergnügen des Amor*: Milchglas, Bleistift, Aquarell. Maße: 37 x 47,5 cm, Signatur unten: *Maria fecit Gatchina ...1790*

[29] Krönungsmedaille 1797: Gold (Feingehalt 1000), Gewicht: 122,4 g, Durchmesser: 6,5 cm, Signatur unten: *MARIJA R. 1797*

AUS SCHUTT UND ASCHE
(S. 428-434)

[1] Adelaida Jolkina, 1934 Museumsführerin in Pawlowsk. 1938 stellvertretende wissenschaftliche Direktorin, August 1942 - Januar 1972 Direktorin des Schloßmuseums Pawlowsk. 1942 Leiterin der Museumsabteilung in der Kulturbehörde der belagerten Stadt Leningrad.

[2] Anna Iwanowna Selenowa (1913 Petersburg – 1980 Pawlowsk), Absolventin des A.-I.-Herzen-Instituts für Pädagogik der Universität Leningrad. Initiierte den Wiederaufbau von Schloß Pawlowsk, verfaßte dafür eine wissenschaftliche Methodik. Einen Doktortitel, den man ihr ohne Vorlage einer Dissertation anbot, lehnte sie mit der Begründung ab, man dürfe sich „mit einer solchen Tragödie wie dem Krieg keinen akademischen Titel verdienen". Ausgezeichnet mit der Medaille „Für die Verteidigung Leningrads", dem Orden der Oktoberrevolution sowie dem Titel „Verdiente Kulturschaffende Rußlands". Für die erfolgreiche Aufbauarbeit erhielt sie das „Ehrenabzeichen" von Schloß Pawlowsk. Auch eine der Straßen in Pawlowsk trägt ihren Namen.

Unser Dank geht an die Leihgeber:

Badisches Landesmuseum Karlsruhe
Collection du Musée des Beaux-Arts de Quimper
Staatliche Schlösser und Gärten Baden-Württemberg,
Schloß Ludwigsburg
Staatliches Museum und Naturschutzpark Pawlowsk,
St. Petersburg
The J. Paul Getty Museum, Los Angeles
Victoria-Luise Gräfin von Stackelberg-von Goerne,
München
Gisela Zick, Köln

Wir danken den Mitarbeitern von Schloß Pawlowsk, die an der Vorbereitung der Ausstellung beteiligt waren:

G. N. KONDAKOWA: Stellvertretende Direktorin Restaurierung
L. N. GRINENKOWA: Chefbuchhalterin
N. W. FJODOROWA: Leitung Registratur
JE. N. GUMENJUK: Wissenschaftliche Mitarbeit Registratur
I. W. MICHAJLOWA: Wissenschaftliche Mitarbeit Registratur
N. M. KUSNEZOWA: Wissenschaftliche Mitarbeit Museumsarchiv
W. P. ANGELOW: Restaurierung Bronzen
W. P. LOSSEW: Restaurierung Gemälde
T. M. TELJUKOWA: Restaurierung Vergoldungen
JE. A. PLATONOWA: Restaurierung Porzellan, Steinskulpturen
A. S. KUPRIJANOW: Restaurierung Möbel
S. A. BOGOMOLOWA: Restaurierung Gewänder und Stoffe
I. P. WASSILJEWA: Restaurierung Gewänder und Stoffe
G. A. MARTYNOWA: Restaurierung Gewänder und Stoffe
N. N. MOSSHAROWA: Restaurierung Gewänder und Stoffe

Restaurationswerkstätten:
FILIGRAN (Grafik): S. P. Danilow und O. B. Petrowa
KATE (Steinskulpturen): K. G. Stulow
DEDAL (Möbel): L. W. Fischtschenko
DWOREZ: Direktor Je. B. Krasnow
JU. SCH. KINZURASCHWILI: Schloßmodell

N. M. SOLOWJOWA: Photographien

Übersetzungen aus dem Russischen:

ANNETTE BÖHM: Die Künstlerin Maria Fjodorowna; Werkbeschreibungen
MATTHIAS DONDL: Die Besitzer von Schloß Pawlowsk; Maria Fjodorowna und die Mode ihrer Zeit; Die Grand Tour des Comte und der Comtesse du Nord; Hubert Rubert, der noveau goût und ihr Einfluß auf die Entstehung von Pawlowsk; Die Evakuierung der Kunstschätze von Schloß Pawlowsk während des Zweiten Weltkriegs; Werkbeschreibungen
DAVID DREVS: Pawlowsk und seine Architekten; Aus Schutt und Asche – der Wiederaufbau von Pawlowsk nach dem Zweiten Weltkrieg; Werkbeschreibungen
UTE OBERNOLTE: Der Schloßpark zu Pawlowsk – ein Musterstück russischen Kunstgeschmacks aus der Zeit des ausgehenden 18. und des beginnenden 19. Jahrhunderts; Werkbeschreibungen
ANNA DORIS SCHÜLLER: Werkbeschreibungen

Übersetzungen aus dem Französischen:

BERNADETTE OTT: Mobiliar
NIKOLAUS G. SCHNEIDER: Porzellan und Keramik

Autorenkürzel:

A. A.: Alexandra Alexejewa
O. B.: Olga Bashenowa
H. G.: Hubertus Gaßner
R. G.: Rifat Gafifullin
Je. K.: Jewgeni Korolew
O. L.: Olga Lameko
E. N.: Eleanora Nesterowa
N. S.: Nina Stadnitschuk
N. W.: Natalja Werschinina
G. Z.: Gisela Zick

Russische Verfilmung von „Krieg und Frieden":
Progress Filmverleih, Berlin

Diese Ausstellung wurde ermöglicht von

BMC

Business Management Consultant GmbH
Leopoldstraße 11 a
80802 München
Tel. 089-3883750

Impressum

Haus der Kunst München
Direktor: Christoph Vitali

Prinzregentenstraße 1
80538 München
Tel. 089 / 211 27 123
Fax. 089 / 211 27 157

Ausstellung
9. November 2001 – 10. Februar 2002
Täglich 10–22 Uhr

Konzeption:
Hubertus Gaßner, Alexej Gusanow

Ausstellungssekretariat:
Margit Eberhardt, Isabella Kredler, Antje Longhi

Öffentlichkeitsarbeit:
Anna Schüller

Organisation:
Tina Köhler

Assistenz:
Sylvia Clasen, Cassandre Schmid

Technische Leitung:
Anton Köttl, Glen Rossiter

Konservatorische Betreuung:
Jesús del Pozo

Ausstellungsarchitektur:
Simone Schmaus

Katalog
Herausgeber:
Haus der Kunst München

Redaktion:
Hubertus Gaßner

Kataloggestaltung und Satz:
Sabine Schmid und Lutz Widmaier, München

Lithografie, Druck und Verarbeitung:
DZA Druckerei zu Altenburg

Umschlagbeflockung:
Flock-Tec GmbH, Gomaringen

© 2001 bei Haus der Kunst, für die Beiträge bei den Autoren
© 2001 Foto: Staatliches Museum und Naturschutzpark Pawlowsk, St. Petersburg
Badisches Landesmuseum Karlsruhe, S. 352
Collection du Musée des Beaux-Arts de Quimper, S. 119
Staatliche Schlösser und Gärten Baden-Württemberg, Schloß Ludwigsburg, S. 346
The J. Paul Getty Museum, Los Angeles, S. 322-324
© 2001 Dölling und Galitz Verlag GmbH, Hamburg · München
Am Kreuzweg 2, 82067 Ebenhausen
Ehrenbergstraße 62, 22767 Hamburg

Die Deutsche Bibliothek – CIP-Einheitsaufnahme
Ein Titelsatz für diese Publikation ist bei der Deutschen Bibliothek erhältlich.
1. Auflage 2001
ISBN 3-935549-09-1

Die Ausstellung wurde unterstützt von